මහමෙව්නාවේ බෝධිඥාන ත්‍රිපිටක ග්‍රන්ථ මාලා 11

සූත්‍ර පිටකයට අයත්

ආශ්චර්යවත් ශ්‍රී සද්ධර්මය

සංයුත්ත නිකායේ

(පස් වෙනි කොටස)

මහා වර්ගය (1)

පරිවර්තනය

පූජ්‍ය කිරිබත්ගොඩ ඤාණානන්ද ස්වාමීන් වහන්සේ

ප්‍රකාශනය

මහාමේඝ ප්‍රකාශකයෝ

වඩුවාව, යටිගල්ඔළුව, පොල්ගහවෙල.

දුර : 037 2053300, 076 8255703

ඊ-මේල් : mahameghapublishers@gmail.com

ශ්‍රී. බු.ව. 2557   ව්‍යවහාර වර්ෂ : 2014

මහමෙව්නාවේ බෝධිඥාන ත්‍රිපිටක ග්‍රන්ථ මාලාව - 11

සූත්‍ර පිටකයට අයත් ආශ්චර්යවත් ශ්‍රී සද්ධර්මය

සංයුත්ත නිකාය 5 - I කොටස

(මහා වර්ගය)

පරිවර්තනය : පූජ්‍ය කිරිබත්ගොඩ ඤාණානන්ද ස්වාමීන් වහන්සේ

ISBN : 978-955-687-040-4

ප්‍රථම මුද්‍රණය : ශ්‍රී බුද්ධ වර්ෂ 2557/ ව්‍යවහාරික වර්ෂ 2014

- පරිගණක අකුරු සැකසුම සහ ප්‍රකාශනය -
මහාමේඝ ප්‍රකාශකයෝ
වඩුවාව, යටිගල්ඔළුව, පොල්ගහවෙල.
දුර : (+94) 37 20 53 300, (+94) 76 82 55 703
ඊ-මේල් : mahameghapublishers@gmail.com

Mahamevnawa Bodhiñāna Tripitaka Series, Volume 11

The Wonderful Dhamma in the Suttantapitaka

SAMYUTTA NIKĀYA

(THE GROUPED DISCOURES OF THE TATHĀGATA SAMMĀSAMBUDDHA)

Part 05
MAHA VAGGA (1)

Translated
By

VEN. KIRIBATHGODA ÑĀNĀNANDA BHIKKHU

PUBLISHED BY:

Mahamegha Publishers
Waduwawa, Yatigal-oluwa, Polgahawela, Sri Lanka.
Tel : (+94) 37 20 53 300, (+94) 76 82 55 703

e-mail : mahameghapublishers@gmail.com

B. E. 2557   C.E. 2014

"ධම්මෝ හි වාසෙට්ඨා, සෙට්ඨෝ ජනේතස්මිං
දිට්ඨේ චේව ධම්මේ, අභිසම්පරායේච."

වාසෙට්ඨයෙනි, මෙලොවෙහි ත්, පරලොවෙහි ත් සත්වයන් අතර
ධර්මය ම ශ්‍රේෂ්ඨ වෙයි !

- අපගේ ශාස්තෘන් වහන්සේ

පටුන

සංයුත්ත නිකායේ මහා වර්ගය

මග්ග සංයුත්තය

1. අවිජ්ජා වර්ගය

1. විහාර වර්ගය

3. මිච්ඡත්ත වර්ගය

4. පටිපත්ති වර්ගය

5. අඤ්ඤතිත්ථිය පෙයයාලය

6. සූරිය පෙයයාලය

7. ඒකධම්ම පෙයයාලය

8. දුතිය ඒකධම්ම පෙය්‍යාලය

9. ගංගා පෙය්‍යාලය

10. දුතිය ගංගා පෙය්‍යාලය

11. තතිය ගංගා පෙයාාලය

13. අප්පමාද වර්ගය

14. බලකරණීය වර්ගය

15. ඒසනා වර්ගය

16. ඔස වර්ගය

බොජ්ඣංග සංයුත්තය
1. පබ්බත වර්ගය

2. ගිලාන වර්ගය

3. උදායී වර්ගය

4. නීවරණ වර්ගය

5. චක්කවත්ති වර්ගය

6. බොජ්ඣංග වර්ගය

7. ආනාපාන වර්ගය

8. නිරෝධ වර්ගය

9. ගංගා පෙයයාල වර්ගය

10. අප්පමාද වර්ගය

11. බලකරණීය වර්ගය

12. ඒසනා වර්ගය

13. ඔස වර්ගය

14. පුන ගංගා පෙයයාල වර්ගය

15. පුන අප්පමාද වර්ගය

16. පුන බලකරණීය වර්ගය

17. පුන ඒසනා වර්ගය

18. පුන ඕඝ වර්ගය

සතිපට්ඨාන සංයුත්තය

1. අම්බපාලී වර්ගය

4. අනනුස්සුත වර්ගය

5. අමත වර්ගය

6. ගංගා පෙයයාල වර්ගය

7. අප්පමාද වර්ගය

8. බලකරණීය වර්ගය

9. ඒසනා වර්ගය

10. ඔස වර්ගය

ඉන්ද්‍රිය සංයුත්තය

1. සුද්ධක වර්ගය

2. මුදුතර වර්ගය

3. ඵළින්දිය වර්ගය

4. සුඛින්ද්‍රිය වර්ගය

5. ජරා වර්ගය

6. සූකරබත වර්ගය

9. අප්පමාද වර්ගය

10. බලකරණීය වර්ගය

11. ඒසනා වර්ගය

12. ඔස වර්ගය

13. පුන ගංගා පෙයයාල වර්ගය

14. පුන අප්පමාද වර්ගය

15. පුන බලකරණීය වර්ගය

16. පුන ඒසනා වර්ගය

17. පුන ඕඝ වර්ගය

සම්මප්පධාන සංයුත්තය

1. ගංගා පෙය්‍යාලය

2. අප්පමාද වර්ගය

3. බලකරණීය වර්ගය

4. ඒසනා වර්ගය

5. ඕඝ වර්ගය

බල සංයුත්තය

1. ගංගා පෙය්‍යාලය

2. අප්පමාද වර්ගය

3. බලකරණීය වර්ගය

4. ඒසනා වර්ගය

5. ඕඝ වර්ගය

6. පුන ගංගා පෙය්‍යාල වර්ගය

7. පුන අප්පමාද වර්ගය

8. පුන බලකරණීය වර්ගය

9. පුන ඒසනා වර්ගය

10. පුන ඕස වර්ගය

දසබලසේලප්පභවා නිබ්බානමහාසමුද්දපරියන්තා
අට්ඨංග මග්ගසලිලා ජිනවචනනදී චිරං වහතූති

දසබලයන් වහන්සේ නමැති ශෛලමය පර්වතයෙන් පැන නැගී
අමා මහ නිවන නම් වූ මහා සාගරය අවසන් කොට ඇති
ආර්ය අෂ්ටාංගික මාර්ගය නම් වූ සිහිල් දිය දහරින් හෙබි
උතුම් ශ්‍රී මුඛ බුද්ධ වචන ගංගාව (ලෝ සතුන්ගේ සසර දුක් නිවාලමින්)
බොහෝ කල් ගලාබස්නා සේක්වා !

(සළායතන සංයුත්තය - උද්දාන ගාථා)

සූත්‍ර පිටකයට අයත්
සංයුත්ත නිකාය
පස්වෙනි කොටස

මහා වර්ගය
(පළමු කොටස)

නමෝ තස්ස භගවතෝ අරහතෝ සම්මාසම්බුද්ධස්ස
ඒ භාග්‍යවත් අරහත් සම්මා සම්බුදුරජාණන් වහන්සේට නමස්කාර වේවා!

සූත්‍ර පිටකයට අයත්

සංයුත්ත නිකාය
මහා වර්ගය

1. මග්ග සංයුත්තය

1. අවිජ්ජා වර්ගය

1.1.1.
අවිජ්ජා සූත්‍රය
අවිද්‍යාව පිළිබඳව වදාළ දෙසුම

මා විසින් මෙසේ අසන ලදී. එක් සමයක භාග්‍යවතුන් වහන්සේ සැවැත් නුවර ජේතවන නම් අනේපිඬු සිටුහුගේ ආරාමයෙහි වැඩවසන සේක. එකල්හී භාග්‍යවතුන් වහන්සේ 'මහණෙනි'යි භික්ෂූන් වහන්සේලා අමතා වදාළ සේක. 'පින්වතුන් වහන්සැ'යි ඒ භික්ෂූහු භාග්‍යවතුන් වහන්සේට පිළිතුරු දුන්නාහු ය. භාග්‍යවතුන් වහන්සේ මෙය වදාළ සේක.

මහණෙනි, පාපය කෙරෙහි ලැජ්ජා නැති බව ත්, භය නැති බව ත් එකතු වී ඇති අකුසල ධර්මයන්ගේ පැවැත්මට මුල් කරුණ වන්නේ අවිද්‍යාව යි. මහණෙනි, අවිද්‍යාවෙන් යුක්ත වූවහුට අවිද්‍යාව තුළින් දකින්නහුට වැරදි දෘෂ්ටිය හටගනියි. වැරදි දෘෂ්ටියෙන් යුක්ත වූවහුට වැරදි සංකල්පනා හටගනියි. වැරදි සංකල්පනා ඇතියහුට වැරදි වචන හටගනියි. වැරදි වචන ඇතියහුට වැරදි කායික ක්‍රියා හටගනියි. වැරදි කායික ක්‍රියා ඇත්තහුට වැරදි ජීවිකාව හටගනියි. වැරදි ජීවිකාව ඇත්තහුට වැරදි වීර්යය හටගනියි. වැරදි වීර්යය ඇත්තහුට වැරදි සිහිය හටගනියි. වැරදි සිහිය ඇත්තහුට වැරදි චිත්තේකාග්‍රතාව හටගනියි.

මහණෙනි, පාපය කෙරෙහි ඇති ලැජ්ජාව ත්, භය ත් එකතු වී ඇති කුසල ධර්මයන්ගේ පැවැත්මට මුල් කරුණ වන්නේ විද්‍යාව යි. මහණෙනි, විද්‍යාවෙන් යුක්ත වූවහුට, විද්‍යාව තුළින් දකින්නහුට නිවැරදි දෘෂ්ටිය හටගනියි. නිවැරදි දෘෂ්ටියෙන් යුක්ත වූවහුට නිවැරදි සංකල්පනා හටගනියි. නිවැරදි සංකල්පනා ඇතියහුට නිවැරදි වචන හටගනියි. නිවැරදි වචන ඇතියහුට නිවැරදි කායික ක්‍රියා හටගනියි. නිවැරදි කායික ක්‍රියා ඇත්තහුට නිවැරදි ජීවිකාව හටගනියි. නිවැරදි ජීවිකාව ඇත්තහුට නිවැරදි වීර්යය හටගනියි. නිවැරදි වීර්යය ඇත්තහුට නිවැරදි සිහිය හටගනියි. නිවැරදි සිහිය ඇත්තහුට නිවැරදි චිත්තේකාග්‍රතාව හටගනියි.

සාදු! සාදු!! සාදු!!!

අවිජ්ජා සූත්‍රය නිමා විය.

1.1.2.
උපඩ්ඪ සූත්‍රය
'හරි අඩක්' මුල්කොට වදාළ දෙසුම

මා විසින් මෙසේ අසන ලදී. එක් සමයක භාග්‍යවතුන් වහන්සේ ශාක්‍ය රාජධානියෙහි නාගරක නම් ශාක්‍යයන්ගේ නියම්ගමෙහි වැඩවාසය කරන සේක. එකල්හී ආයුෂ්මත් ආනන්දයන් වහන්සේ භාග්‍යවතුන් වහන්සේ යම් තැනක වැඩසිටිත් ද, එතැනට පැමිණ භාග්‍යවතුන් වහන්සේට සකසා වන්දනා කොට එකත්පස් ව හිඳගත්හ. එකත්පස් ව හුන් ආයුෂ්මත් ආනන්දයන් වහන්සේ භාග්‍යවතුන් වහන්සේට මෙකරුණ පැවසූහ.

"ස්වාමීනී, මේ නිවන් මගෙහි හරි අඩක් ම පවතින්නේ කල්‍යාණමිත්‍රයන් ඇති බව මත ය. කල්‍යාණ සහායකයන් ඇති බව මත ය. කලණ මිතුරන්ගේ ඇසුරට ඇති නැඹුරු වීම මත ය."

"ආනන්දයෙනි, එසේ නොපවසව. ආනන්දයෙනි, එසේ නොපවසව. ආනන්දයෙනි, මේ නිවන් මග මුළුමනින් ම පවතින්නේ කල්‍යාණමිත්‍රයන් ඇති බව මත ය. කල්‍යාණ සහායකයන් ඇති බව මත ය. කලණ මිතුරන්ගේ ඇසුරට ඇති නැඹුරු වීම මත ය. ආනන්දයෙනි, කලණ මිතුරන් සිටින, කලණ සහායකයන් සිටින, කලණ මිතුරු ඇසුරට නැඹුරු ව සිටින භික්ෂුව ආර්ය අෂ්ටාංගික මාර්ගය තමා තුළ දියුණු කරගන්නේ ය, ආර්ය අෂ්ටාංගික මාර්ගය තමා තුළ බහුල ව ප්‍රගුණ කරගන්නේ ය යන කරුණ කැමති විය යුතුය.

ආනන්දයෙනි, කලණ මිතුරන් සිටින, කලණ සහායකයන් සිටින, කලණ මිතුරු ඇසුරට නැඹුරු ව සිටින භික්ෂුව ආර්ය අෂ්ටාංගික මාර්ගය තමා තුළ දියුණු කරගන්නේ, ආර්ය අෂ්ටාංගික මාර්ගය තමා තුළ බහුල ව ප්‍රගුණ කරගන්නේ කෙසේද?

ආනන්දයෙනි, මෙහිලා භික්ෂුව කාය චිත්ත විවේකයෙන් යුක්ත ව, විරාගී සිතින් යුක්ත ව, අකුසල් නිරුද්ධ කරන සිතින් යුක්ත ව, නිවනට නැඹුරු වූ සිතින් යුක්ත ව, නිවැරදි දෘෂ්ටිය තමා තුළ දියුණු කරගනියි.

කාය චිත්ත විවේකයෙන් යුක්ත ව, විරාගී සිතින් යුක්ත ව, අකුසල් නිරුද්ධ කරන සිතින් යුක්ත ව, නිවනට නැඹුරු වූ සිතින් යුක්ත ව, නිවැරදි කල්පනා කිරීම් තමා තුළ දියුණු කරගනියි.

කාය චිත්ත විවේකයෙන් යුක්ත ව, විරාගී සිතින් යුක්ත ව, අකුසල් නිරුද්ධ කරන සිතින් යුක්ත ව, නිවනට නැඹුරු වූ සිතින් යුක්ත ව, නිවැරදි වචන භාවිතය තමා තුළ දියුණු කරගනියි.

කාය චිත්ත විවේකයෙන් යුක්ත ව, විරාගී සිතින් යුක්ත ව, අකුසල් නිරුද්ධ කරන සිතින් යුක්ත ව, නිවනට නැඹුරු වූ සිතින් යුක්ත ව, නිවැරදි කායික ක්‍රියා තමා තුළ දියුණු කරගනියි.

කාය චිත්ත විවේකයෙන් යුක්ත ව, විරාගී සිතින් යුක්ත ව, අකුසල් නිරුද්ධ කරන සිතින් යුක්ත ව, නිවනට නැඹුරු වූ සිතින් යුක්ත ව, නිවැරදි ජීවිකාව තමා තුළ දියුණු කරගනියි.

කාය චිත්ත විවේකයෙන් යුක්ත ව, විරාගී සිතින් යුක්ත ව, අකුසල් නිරුද්ධ කරන සිතින් යුක්ත ව, නිවනට නැඹුරු වූ සිතින් යුක්ත ව, නිවැරදි වීර්යය තමා තුළ දියුණු කරගනියි.

කාය චිත්ත විවේකයෙන් යුක්ත ව, විරාගී සිතින් යුක්ත ව, අකුසල් නිරුද්ධ කරන සිතින් යුක්ත ව, නිවනට නැඹුරු වූ සිතින් යුක්ත ව, නිවැරදි සිහිය තමා තුළ දියුණු කරගනියි.

කාය චිත්ත විවේකයෙන් යුක්ත ව, විරාගී සිතින් යුක්ත ව, අකුසල් නිරුද්ධ කරන සිතින් යුක්ත ව, නිවනට නැඹුරු වූ සිතින් යුක්ත ව, නිවැරදි චිත්තේකාග්‍රතාව තමා තුළ දියුණු කරගනියි.

ආනන්දයෙනි, කලණ මිතුරන් සිටින, කලණ සහායකයන් සිටින, කලණ මිතුරු ඇසුරට නැඹුරු ව සිටින භික්ෂුව ආර්ය අෂ්ටාංගික මාර්ගය තමා තුළ දියුණු කරගන්නේ, ආර්ය අෂ්ටාංගික මාර්ගය තමා තුළ බහුල ව ප්‍රගුණ කරගන්නේ ඔය අයුරිනි.

ආනන්දයෙනි, මේ නිවන් මග මුළුමනින් ම පවතින්නේ කල්‍යාණමිත්‍රයන් මත ය. කල්‍යාණ සහායකයන් මත ය. කලණ මිතුරන්ගේ ඇසුරට ඇති නැඹුරු වීම මත ය යන කරුණ මේ ක්‍රමයෙනුත් දැනගත යුත්තේ ය.

ආනන්දයෙනි, ඉපදීම උරුම කොට සිටි සත්වයෝ කල්‍යාණමිත්‍ර වූ මා වෙත පැමිණ ඉපදීමෙන් නිදහස් වෙති. ජරාව උරුම කොට සිටි සත්වයෝ ජරාවෙන් නිදහස් වෙති. මරණය උරුම කොට සිටි සත්වයෝ මරණයෙන් නිදහස් වෙති. සෝක, වැළපීම්, කායික දුක්, මානසික දුක්, සුසුම්, ලතැවුල් උරුම කොට සිටි සත්වයෝ සෝක, වැළපීම්, කායික් දුක්, සුසුම්, ලතැවුල් වලින් නිදහස් වෙති.

ආනන්දයෙනි, මේ නිවන් මග මුළුමනින් ම පවතින්නේ කල්‍යාණමිත්‍රයන් ඇති බව මත ය. කල්‍යාණ සහායකයන් ඇති බව මත ය. කලණ මිතුරන්ගේ ඇසුරට ඇති නැඹුරු වීම මත ය යන කරුණ ඔය ක්‍රමයෙනුත් දැනගත යුත්තේ ය.

සාදු! සාදු!! සාදු!!!

උපඩ්ඪ සූත්‍රය නිමා විය.

1.1.3.
සාරිපුත්ත සූත්‍රය
සැරියුත් තෙරුන්ට වදාළ දෙසුම

සැවැත් නුවර දී ය...........

එකල්හී ආයුෂ්මත් සාරිපුත්තයන් වහන්සේ භාග්‍යවතුන් වහන්සේ යම් තැනක වැඩසිටි සේක් ද, එතැනට පැමිණියහ. පැමිණ භාග්‍යවතුන් වහන්සේට සකසා වන්දනා කොට එකත්පස් ව හිඳගත්හ. එකත්පස් ව හුන් ආයුෂ්මත් සාරිපුත්තයන් වහන්සේ භාග්‍යවතුන් වහන්සේට මෙකරුණ පැවසූහ.

"ස්වාමීනී, මේ නිවන් මග මුළුමනින් ම පවතින්නේ කල්‍යාණමිත්‍රයන් ඇති බව මත ය. කල්‍යාණ සහායකයන් ඇති බව මත ය. කලණ මිතුරන්ගේ ඇසුරට ඇති නැඹුරු වීම මත ය."

"සාදු! සාදු! සාරිපුත්තයෙනි. සාරිපුත්තයෙනි, මේ නිවන් මග මුළුමනින් ම පවතින්නේ කල්‍යාණමිත්‍රයන් ඇති බව මත ය. කල්‍යාණ සහායකයන් ඇති බව මත ය. කලණ මිතුරන්ගේ ඇසුරට ඇති නැඹුරු වීම මත ය. සාරිපුත්තයෙනි, කලණ මිතුරන් සිටින, කලණ සහායකයන් සිටින, කලණ මිතුරු ඇසුරට නැඹුරුව සිටින භික්ෂුව ආර්ය අෂ්ටාංගික මාර්ගය තමා තුළ දියුණු කරගන්නේ ය, ආර්ය අෂ්ටාංගික මාර්ගය තමා තුළ බහුල ව ප්‍රගුණ කරගන්නේ ය යන කරුණ කැමති විය යුතුය.

සාරිපුත්තයෙනි, කලණ මිතුරන් සිටින, කලණ සහායකයන් සිටින, කලණ මිතුරු ඇසුරට නැඹුරු ව සිටින භික්ෂුව ආර්ය අෂ්ටාංගික මාර්ගය තමා තුළ දියුණු කරගන්නේ, ආර්ය අෂ්ටාංගික මාර්ගය තමා තුළ බහුල ව ප්‍රගුණ කරගන්නේ කෙසේද?

සාරිපුත්තයෙනි, මෙහිලා භික්ෂුව කාය චිත්ත විවේකයෙන් යුක්ත ව, විරාගී සිතින් යුක්ත ව, අකුසල් නිරුද්ධ කරන සිතින් යුක්ත ව, නිවනට නැඹුරු වූ සිතින් යුක්ත ව, නිවැරදි දෘෂ්ටිය තමා තුළ දියුණු කරගනියි. ....(පෙ).... නිවැරදි කල්පනා කිරීම් තමා තුළ දියුණු කරගනියි. ....(පෙ).... නිවැරදි වචන භාවිතය තමා තුළ දියුණු කරගනියි. ....(පෙ).... නිවැරදි කායික ක්‍රියා තමා තුළ දියුණු කරගනියි. ....(පෙ).... නිවැරදි ජීවිකාව තමා තුළ දියුණු කරගනියි. ....(පෙ)....

නිවැරදි වීර්යය තමා තුළ දියුණු කරගනියි. ....(පෙ).... නිවැරදි සිහිය තමා තුළ දියුණු කරගනියි. කාය චිත්ත විවේකයෙන් යුක්ත ව, විරාගී සිතින් යුක්ත ව, අකුසල් නිරුද්ධ කරන සිතින් යුක්ත ව, නිවනට නැඹුරු වූ සිතින් යුක්ත ව, නිවැරදි චිත්තේකාග්‍රතාව තමා තුළ දියුණු කරගනියි.

සාරිපුත්තයෙනි, කලණ මිතුරන් සිටින, කලණ සහායකයන් සිටින, කලණ මිතුරු ඇසුරට නැඹුරු ව සිටින භික්ෂුව ආර්ය අෂ්ටාංගික මාර්ගය තමා තුළ දියුණු කරගන්නේ, ආර්ය අෂ්ටාංගික මාර්ගය තමා තුළ බහුල ව ප්‍රගුණ කරගන්නේ ඔය අයුරිනි.

සාරිපුත්තයෙනි, මේ නිවන් මග මුළුමනින් ම පවතින්නේ කල්‍යාණමිත්‍රයන් ඇති බව මත ය. කල්‍යාණ සහායකයන් ඇති බව මත ය. කලණ මිතුරන්ගේ ඇසුරට ඇති නැඹුරු වීම මත ය යන කරුණ මේ ක්‍රමයෙනුත් දැනගත යුත්තේ ය.

සාරිපුත්තයෙනි, ඉපදීම උරුම කොට සිටි සත්වයෝ කල්‍යාණමිත්‍ර වූ මා වෙත පැමිණ ඉපදීමෙන් නිදහස් වෙති. ජරාව උරුම කොට සිටි සත්වයෝ ජරාවෙන් නිදහස් වෙති. මරණය උරුම කොට සිටි සත්වයෝ මරණයෙන් නිදහස් වෙති. සෝක, වැළපීම්, කායික දුක්, මානසික දුක්, සුසුම්, ලතැවුල් උරුම කොට සිටි සත්වයෝ සෝක, වැළපීම්, කායික දුක්, මානසික දුක්, සුසුම්, ලතැවුල් වලින් නිදහස් වෙති.

සාරිපුත්තයෙනි, මේ නිවන් මග මුළුමනින් ම පවතින්නේ කල්‍යාණමිත්‍රයන් ඇති බව මත ය. කල්‍යාණ සහායකයන් ඇති බව මත ය. කලණ මිතුරන්ගේ ඇසුරට ඇති නැඹුරු වීම මත ය යන කරුණ ඔය ක්‍රමයෙනුත් දැනගත යුත්තේ ය.

සාදු! සාදු!! සාදු!!!

සාරිපුත්ත සූත්‍රය නිමා විය.

1.1.4.
බ්‍රාහ්මණ සූත්‍රය
බ්‍රාහ්මණයෙකු මුල්කොට වදාළ දෙසුම

සැවැත් නුවර දී ය...........

එකල්හී ආයුෂ්මත් ආනන්දයන් වහන්සේ උදේ වරුවෙහි සිවුර මැනැවින් පොරොවා පාත්‍රය සහ සඟල සිවුර ගෙන සැවැත් නුවරට පිඬු පිණිස පිවිසියහ. එවිට ආයුෂ්මත් ආනන්දයන් වහන්සේ මුළුමනින් ම සුදු පැහැයෙන් යුතු වෙළඹුන් යෙදූ රථයෙන් සැවැත් නුවරින් නික්ම යන ජාණුස්සෝණි බ්‍රාහ්මණයා දුටහ. ඒ රථයෙහි යොදවනු ලැබූ සුදු පැහැ අශ්වයෝ සුදු පැහැ පළඳනා ඇත්තාහු ය. සුදු පැහැ ගත් රථය සුදු පැහැ පරිවාර උපකරණ සහිත ය. රැහැන් පට ද සුදු ය. කෙවිට ද සුදු ය. ඡත්‍රය ද සුදු ය. ඔහු පැළැඳි නළල් පට ද සුදු ය. හැඳි වස්ත්‍ර ද සුදු ය. පැළැඳි පාවහන් ද සුදු ය. ඔහුට පවන් සළනුයේ ඉතා සුදු සෙමෙරයකිනි. එකල්හී මොහු දකින මහජන තෙමේ මෙසේ කියයි. 'භවත්නි, සැබැවින් ම බ්‍රහ්ම යානයක් නොවැ. භවත්නි, සැබැවින් ම මහා බඹහුගේ රථය වැනි නොවැ'යි.

ඉක්බිති ආයුෂ්මත් ආනන්දයන් වහන්සේ සැවැතෙහි පිඬු පිණිස පිවිස දානයෙන් පසු පිණ්ඩපාතයෙන් වැළකී භාග්‍යවතුන් වහන්සේ වෙත එළැඹියහ. එළැඹ භාග්‍යවතුන් වහන්සේට සකසා වන්දනා කොට එකත්පස් ව හිඳගත්හ. එකත්පස් ව හුන් ආයුෂ්මත් ආනන්දයන් වහන්සේ භාග්‍යවතුන් වහන්සේට මෙකරුණ සැළකළහ.

"ස්වාමීනී, මම් මෙහි පෙරවරුවෙහි සිවුරු පොරොවා පාත්‍රය සහ සඟල සිවුර ගෙන සැවැත් නුවරට පිඬු පිණිස පිවිසියෙමි. එකල්හී ස්වාමීනී, මම මුළුමනින් ම සුදු පැහැයෙන් යුතු වෙළඹුන් යෙදූ රථයෙන් සැවැත් නුවරින් නික්ම යන ජාණුස්සෝණි බ්‍රාහ්මණයා දුටුයෙමි. ඒ රථයෙහි යොදවනු ලැබූ සුදු පැහැ අශ්වයෝ සුදු පැහැ පළඳනා ඇත්තාහු ය. සුදු පැහැ ගත් රථය සුදු පැහැ පරිවාර උපකරණ සහිත ය. රැහැන් පට ද සුදු ය. කෙවිට ද සුදු ය. ඡත්‍රය ද සුදු ය. ඔහු පැළැඳි නළල් පට ද සුදු ය. හැඳි වස්ත්‍ර ද සුදු ය. පැළැඳි පාවහන් ද සුදු ය. ඔහුට පවන් සළනුයේ ඉතා සුදු සෙමෙරයකිනි. එකල්හී මොහු දකින මහජන තෙමේ මෙසේ කියයි. 'භවත්නි, සැබැවින් ම බ්‍රහ්ම යානයක් නොවැ.

භවත්නි, සැබැවින් ම මහා බඹහුගේ රථය වැනි නොවැ'යි. ස්වාමීනී, මේ බුද්ධ ශාසනයෙහි ත්, බ්‍රහ්ම යානයක් පණවන්නට හැකි සේක් ද?"

"පුළුවනි, ආනන්දයෙනි" යි භාග්‍යවතුන් වහන්සේ වදාළ සේක.

"ආනන්දයෙනි, මේ ආර්ය අෂ්ටාංගික මාර්ගයට ම 'බ්‍රහ්ම යානය' යන නම ඇත්තේ ය. 'ධර්ම යානය' යන නම ඇත්තේ ය. 'මාර යුද්ධය ජයගත් අනුත්තරීය දෙය' යන නම ඇත්තේ ය. ආනන්දයෙනි, තමා තුළ දියුණුවට පත් කළ, බහුල බවට පත් කළ නිවැරදි දෘෂ්ටිය රාගය දුරු කරලීමෙන් නිමාවට යයි. ද්වේෂය දුරු කරලීමෙන් නිමාවට යයි. මෝහය දුරු කරලීමෙන් නිමාවට යයි.

ආනන්දයෙනි, තමා තුළ දියුණුවට පත් කළ, බහුල බවට පත් කළ නිවැරදි කල්පනා කිරීම් රාගය දුරු කරලීමෙන් නිමාවට යයි. ද්වේෂය දුරු කරලීමෙන් නිමාවට යයි. මෝහය දුරු කරලීමෙන් නිමාවට යයි.

ආනන්දයෙනි, තමා තුළ දියුණුවට පත් කළ, බහුල බවට පත් කළ නිවැරදි වචන භාවිතය රාගය දුරු කරලීමෙන් නිමාවට යයි. ද්වේෂය දුරු කරලීමෙන් නිමාවට යයි. මෝහය දුරු කරලීමෙන් නිමාවට යයි.

ආනන්දයෙනි, තමා තුළ දියුණුවට පත් කළ, බහුල බවට පත් කළ නිවැරදි කායික ක්‍රියා රාගය දුරු කරලීමෙන් නිමාවට යයි. ද්වේෂය දුරු කරලීමෙන් නිමාවට යයි. මෝහය දුරු කරලීමෙන් නිමාවට යයි.

ආනන්දයෙනි, තමා තුළ දියුණුවට පත් කළ, බහුල බවට පත් කළ නිවැරදි ජීවිකාව රාගය දුරු කරලීමෙන් නිමාවට යයි. ද්වේෂය දුරු කරලීමෙන් නිමාවට යයි. මෝහය දුරු කරලීමෙන් නිමාවට යයි.

ආනන්දයෙනි, තමා තුළ දියුණුවට පත් කළ, බහුල බවට පත් කළ නිවැරදි වීර්යය රාගය දුරු කරලීමෙන් නිමාවට යයි. ද්වේෂය දුරු කරලීමෙන් නිමාවට යයි. මෝහය දුරු කරලීමෙන් නිමාවට යයි.

ආනන්දයෙනි, තමා තුළ දියුණුවට පත් කළ, බහුල බවට පත් කළ නිවැරදි සිහිය රාගය දුරු කරලීමෙන් නිමාවට යයි. ද්වේෂය දුරු කරලීමෙන් නිමාවට යයි. මෝහය දුරු කරලීමෙන් නිමාවට යයි.

ආනන්දයෙනි, තමා තුළ දියුණුවට පත් කළ, බහුල බවට පත් කළ නිවැරදි චිත්තේකාග්‍රතාව රාගය දුරු කරලීමෙන් නිමාවට යයි. ද්වේෂය දුරු කරලීමෙන් නිමාවට යයි. මෝහය දුරු කරලීමෙන් නිමාවට යයි.

ආනන්දයෙනි, යම් සේ මේ ආර්ය අෂ්ටාංගික මාර්ගයට ම 'බ්‍රහ්ම යානය' යන නම ඇති බව ත්, 'ධර්ම යානය' යන නම ඇති බව ත්, 'මාර යුද්ධය ජයගත් අනුත්තර වූ දෙය' යන නම ඇති බව ත් ඔය ක්‍රමයෙනුත් තේරුම් ගත යුතුයි."

භාග්‍යවතුන් වහන්සේ මෙය වදාළ සේක. සුගත වූ ශාස්තෘන් වහන්සේ මෙය වදාරා ඉනික්බිති ව අනිකක් වූ මේ ගාථාවන් ද වදාළ සේක.

(ගාථා:)

1. යමෙකුගේ දහම් රථයෙහි ශ්‍රද්ධාව සහ නුවණ යන මේ ධර්මයන් නිරතුරු ව පෙරට පැමිණ තිබෙයි නම්, පවට ලැජ්ජාව නැමැති රිය හිස සහ මනස නැමැති රැහැන ද ගෙන සිහිය නම් වූ ආරක්ෂක රියැදුරා ද සිටියි නම්,

2. සීලයෙන් මනාව සුසැදි ඒ රථයෙහි ධ්‍යානය නම් කඩඇණයෙන් සිර කරන ලද වීර්යයෙන් කළ රෝදයෝ ඇත්තාහු ය. උපේක්ෂාධුර සමාධිය ඉදිරියට ගෙන රථයේ පිරිවර වශයෙන් තෘෂ්ණා රහිත සිත ඇති ව,

3. ද්වේෂය නැති බව ත්, හිංසා නැති බව ත්, විවේකය ත් යන ආයුධයන් යමෙකුට ඇත්තේ ද, එය ද ගෙන ඉවසීම නම් වූ යුද ඇඳුම ඇඳ කෙලෙසුන් ගෙන් නිදහස් වූ තැන බලා ගමන් කරයි.

4. මේ අයුරින් තමා තුළ අනුත්තර වූ බ්‍රහ්ම යානය උපදවා ගත් විට ප්‍රාඥයෝ මෙලොවින් නික්ම යති. සැබැවින් ම ඔවුන්ට ජයෙන් ජය ම ලැබෙන්නේ ය.

සාදු! සාදු!! සාදු!!!

බ්‍රාහ්මණ සූත්‍රය නිමා විය.

1.1.5.
කිමත්ථිය සූත්‍රය
කුමක් සඳහා ද යන්න වදාළ දෙසුම

සැවැත් නුවර දී ය...........

එකල්හී බොහෝ භික්ෂූහු භාග්‍යවතුන් වහන්සේ යම් තැනක වැඩසිටි සේක් ද එතැනට එළැඹියහ. එළැඹ භාග්‍යවතුන් වහන්සේ සකසා වන්දනා කොට එකත්පස් ව හිඳගත්හ. එකත්පස් ව හුන් ඒ භික්ෂූහු භාග්‍යවතුන් වහන්සේට මෙකරුණ සැළකළහ.

"ස්වාමීනී, මෙහි අන්‍යතීර්ථක පරිබ්‍රාජකවරු අපගෙන් මෙසේ විමසත්. 'ආයුෂ්මත, ශ්‍රමණ ගෞතමයන් වහන්සේගේ ශාසනයෙහි බඹසර හැසිරෙන්නේ කුමක් සඳහා ද?' යනුවෙනි. මෙසේ විමසූ විට ස්වාමීනී, අපි ඒ අන්‍ය තීර්ථක පරිබ්‍රාජකවරු හට මෙලෙස පිළිතුරු දෙමු. 'ආයුෂ්මත, දුක පිරිසිඳ අවබෝධ කරගැනීම සඳහායි භාග්‍යවතුන් වහන්සේගේ ශාසනයෙහි බඹසර හැසිරෙන්නේ' යි."

"කිම? ස්වාමීනී, එසේ විමසූ කල්හී අපි ඔය අයුරින් පිළිතුරු දෙන්නමෝ භාග්‍යවතුන් වහන්සේ වදාළ දැයක් ම කියන්නමෝ වෙමු ද? භාග්‍යවතුන් වහන්සේට අසත්‍යයකින් චෝදනා නොකරන්නමෝ ද? කරුණු සහිත කොට පැවසූ දෙයක් ඉදිරියෙහි එය ගැරහිය යුතු දෙයක් බවට පත් නොවන්නේ ද?"

"මහණෙනි, ඒකාන්තයෙන් ම එසේ විමසූ කල්හී ඔය අයුරින් පිළිතුරු දෙන ඔබ මවිසින් පැවසූ දෙයක් කීවහු ය. මා හට අසත්‍ය කරුණෙකින් චෝදනා නොකළාහු ය. ධර්මයට අනුගත වූවක් ම කීවාහු ය. කරුණු සහිත කොට පැවසූ දෙයක් ඉදිරියේ එය ගැරහිය යුතු තැනකට නොපත් වන්නේ ය.

මහණෙනි, මාගේ සසුනෙහි බඹසර හැසිරෙන්නේ දුක් පිරිසිඳ අවබෝධ කිරීම සඳහා ම ය. යම් හෙයකින් මහණෙනි, අන්‍ය තීර්ථක පරිබ්‍රාජකයෝ මෙසේ ත් අසත් නම් 'ආයුෂ්මත, මේ දුකෙහි පිරිසිඳ අවබෝධය පිණිස කිසියම් මාර්ගයක් තිබේද? ප්‍රතිපදාවක් තිබේද?' යි. මහණෙනි, මෙසේ විමසන ලද ඒ අන්‍යතීර්ථක පරිබ්‍රාජකයන් හට ඔබ මේ අයුරින් පිළිවදන් දෙව්. 'ආයුෂ්මත, මේ දුකෙහි පිරිසිඳ අවබෝධය පිණිස මාර්ගයක් ඇත්තේ ම ය. ප්‍රතිපදාවක් ඇත්තේ ම ය' යි.

මහණෙනි, මේ දුකෙහි පිරිසිඳ අවබෝධ කිරීම සඳහා ඇති මාර්ගය කුමක්ද? ප්‍රතිපදාව කුමක්ද? එනම් මේ ආර්ය අෂ්ටාංගික මාර්ගය යි. එනම් නිවැරදි දෘෂ්ටිය ය, නිවැරදි සංකල්පනාවන් ය, නිවැරදි වචන භාවිතය ය, නිවැරදි කායික ක්‍රියාවන් ය, නිවැරදි ජීවිකාව ය, නිවැරදි වීර්ය ය, නිවැරදි සිහිය ය, නිවැරදි චිත්තේකාග්‍රතාවය ය. මහණෙනි, මේ මාර්ගය, මේ ප්‍රතිපදාව තිබෙන්නේ දුක පිරිසිඳ අවබෝධ කරගනු පිණිස ම ය. මහණෙනි, එසේ විමසන ලද ඒ අන්‍ය තීර්ථක පරිබ්‍රාජකයන්ට ඔබ මෙසේ පිළිතුරු දෙව්.

සාදු! සාදු!! සාදු!!!

කිමත්ථිය සූත්‍රය නිමා විය.

1.1.6.
භික්ඛු සූත්‍රය
එක්තරා භික්ෂුවකට වදාළ දෙසුම

සැවැත් නුවර දී ය...........

එකල්හී එක්තරා භික්ෂුවක් භාග්‍යවතුන් වහන්සේ යම් තැනක වැඩසිටි සේක් ද, එතැනට පැමිණියේ ය. පැමිණ භාග්‍යවතුන් වහන්සේට සකසා වන්දනා කොට එකත්පස් ව හිඳගත්තේ ය. එකත්පස් ව හුන් ඒ භික්ෂුව භාග්‍යවතුන් වහන්සේට මෙය පැවසුවේ ය.

"ස්වාමීනි, 'බඹසර, බඹසර' යනුවෙන් කියනු ලැබේ. ස්වාමීනී, බඹසර යනු කුමක්ද? බඹසර අවසන් වීම යනු කුමක්ද?"

"භික්ෂුව, බඹසර යනු මේ ආර්ය අෂ්ටාංගික මාර්ගය ම යි. එනම් නිවැරදි දෘෂ්ටිය ....(පෙ).... නිවැරදි චිත්තේකාග්‍රතාවය යි. භික්ෂුව, යම් රාගය ක්ෂය වීමක් ඇද්ද, ද්වේෂය ක්ෂය වීමක් ඇද්ද, මෝහය ක්ෂය වීමක් ඇද්ද මෙය බඹසර අවසන් වීම යි."

සාදු! සාදු!! සාදු!!!

භික්ඛු සූත්‍රය නිමා විය.

1.1.7.
දුතිය භික්ඛු සූත්‍රය
එක්තරා භික්ෂුවකට වදාළ දෙවන දෙසුම

සැවැත් නුවර දී ය...........

එකල්හී එක්තරා භික්ෂුවක් භාග්‍යවතුන් වහන්සේ යම් තැනක වැඩසිටි සේක් ද, එතැනට පැමිණියේ ය. පැමිණ භාග්‍යවතුන් වහන්සේට සකසා වන්දනා කොට එකත්පස් ව හිඳගත්තේ ය. එකත්පස් ව හුන් ඒ භික්ෂුව භාග්‍යවතුන් වහන්සේට මෙය පැවසුවේ ය.

"ස්වාමීනි, 'රාගය දුරුලීම ය, ද්වේෂය දුරුලීම ය, මෝහය දුරුලීම ය' යනුවෙන් කියනු ලැබේ. ස්වාමීනී, රාගය දුරුලීම යනු, ද්වේෂය දුරුලීම යනු, මෝහය දුරුලීම යනු කුමකට කියන නමක් ද?"

"භික්ෂුව, රාගය දුරුලීම යනු, ද්වේෂය දුරුලීම යනු, මෝහය දුරුලීම යනු නිර්වාණ ධාතුවට කියන නමකි. එකරුණෙන් ආශ්‍රවයන්ගේ ක්ෂය වීම යනුවෙනුත් කියනු ලැබේ."

මෙසේ වදාළ කල්හී ඒ භික්ෂුව භාග්‍යවතුන් වහන්සේගෙන් මෙය විමසූයේ ය.

"ස්වාමීනී, 'අමෘතය, අමෘතය' යැයි කියනු ලැබේ. ස්වාමීනී, අමෘතය යනු කුමක් ද? අමෘතය කරා ගෙන යන මාර්ගය කුමක් ද?"

"භික්ෂුව යම් රාගය ක්ෂය වීමක් ඇද්ද, ද්වේෂය ක්ෂය වීමක් ඇද්ද, මෝහය ක්ෂය වීමක් ඇද්ද මෙය අමෘතය යැයි කියනු ලැබේ. යම් මේ ආර්ය අෂ්ටාංගික මාර්ගයක් ඇද්ද අමෘතය කරා ගෙන යන මාර්ගය යනු මෙයයි. එනම් නිවැරදි දෘෂ්ටිය ....(පෙ).... නිවැරදි චිත්තේකාග්‍රතාවය යි."

සාදු! සාදු!! සාදු!!!

දුතිය භික්ඛු සූත්‍රය නිමා විය.

1.1.8.
විභංග සූත්‍රය
විග්‍රහ කොට වදාළ දෙසුම

සැවැත් නුවර දී ය...........

"මහණෙනි, ඔබට ආර්ය අෂ්ටාංගික මාර්ගය ගැන දෙසන්නෙමි. විග්‍රහ කොට පවසන්නෙමි. එව අසව්. මැනැවින් මෙනෙහි කරව්. පවසන්නෙමි."

"එසේ ය, ස්වාමීනී" යි ඒ භික්ෂූහු භාග්‍යවතුන් වහන්සේට පිළිවදන් දුන්හ. භාග්‍යවතුන් වහන්සේ මෙය වදාළ සේක.

"මහණෙනි, ආර්ය අෂ්ටාංගික මාර්ගය යනු කුමක්ද? එනම් නිවැරදි දෘෂ්ටිය ....(පෙ).... නිවැරදි චිත්තේකාග්‍රතාවය යන මෙය යි. මහණෙනි, නිවැරදි දෘෂ්ටිය යනු කුමක්ද? මහණෙනි, දුක පිළිබඳ ව යම් අවබෝධ ඥානයක් ඇද්ද, දුකෙහි හටගැනීම පිළිබඳ ව යම් අවබෝධ ඥානයක් ඇද්ද, දුක නිරුද්ධ වීම පිළිබඳ ව යම් අවබෝධ ඥානයක් ඇද්ද, දුක නිරුද්ධ වීම කරා ගෙන යන ප්‍රතිපදාව පිළිබඳ ව යම් අවබෝධ ඥානයක් ඇද්ද, මහණෙනි, මෙය නිවැරදි දෘෂ්ටිය යැයි කියනු ලැබේ.

මහණෙනි, නිවැරදි සංකල්පනා යනු කුමක් ද? මහණෙනි, අකුසලයන් ගෙන් නික්මී ගිය යම් කල්පනාවක් ඇද්ද, ද්වේෂයෙන් තොර වූ යම් කල්පනාවක් ඇද්ද, හිංසාවෙන් තොර වූ යම් කල්පනාවක් ඇද්ද, මහණෙනි, මෙය නිවැරදි සංකල්පනා යැයි කියනු ලැබේ.

මහණෙනි, නිවැරදි වචන භාවිතය යනු කුමක් ද? මහණෙනි, යම් සත්‍යය නොවන දේ පැවසීමෙන් වැළකී සිටීමක් ඇද්ද, කේලාම් කීමෙන් වැළකී සිටීමක් ඇද්ද, දරුණු වචන පැවසීමෙන් වැළකී සිටීමක් ඇද්ද, නිසරු දේ පැවසීමෙන් වැළකී සිටීමක් ඇද්ද, මහණෙනි, මෙය නිවැරදි වචන භාවිතය යැයි කියනු ලැබේ.

මහණෙනි, නිවැරදි කායික ක්‍රියා යනු කුමක් ද? මහණෙනි, සත්ව ඝාතනයෙන් යම් වැළකීමක් ඇද්ද, නුදුන් දේ ගැනීමෙන් යම් වැළකීමක් ඇද්ද, බඹසරට හානිවන හැසිරීමෙන් යම් වැළකීමක් ඇද්ද, මහණෙනි, මෙය නිවැරදි කායික ක්‍රියා යැයි කියනු ලැබේ.

මහණෙනි, නිවැරදි ජීවිකාව යනු කුමක්ද? මහණෙනි, මෙහිලා ආර්ය ශ්‍රාවකයා වැරදි ජීවිකාව ඇත්හැර නිවැරදි ජීවිකාවෙන් දිවි ගෙවයි. මහණෙනි, මෙය නිවැරදි ජීවිකාව යැයි කියනු ලැබේ.

මහණෙනි, නිවැරදි වීර්යය යනු කුමක්ද? මහණෙනි, මෙහිලා භික්ෂුව තමා තුළ නූපන් පවිටු අකුසල් දහම් නොහටගනු වස් කැමැත්ත උපදවයි. වෑයම් කරයි. වීර්යය පටන් ගනියි. සිතින් දැඩි උත්සාහයක යෙදෙයි. දැඩි උත්සාහයක් සිතෙහි තර ව පිහිටුවා ගනියි.

තමා තුළ හටගත් පවිටු අකුසල් දහම් දුරැලීම පිණිස කැමැත්ත උපදවයි. වෑයම් කරයි. වීර්යය පටන් ගනියි. සිතින් දැඩි උත්සාහයක යෙදෙයි. දැඩි උත්සාහයක් සිතෙහි තර ව පිහිටුවා ගනියි.

තමා තුළ පහළ නොවූ කුසල් දහම් උපදවා ගැනීම පිණිස කැමැත්ත උපදවයි. වෑයම් කරයි. වීර්යය පටන් ගනියි. සිතින් දැඩි උත්සාහයක යෙදෙයි. දැඩි උත්සාහයක් සිතෙහි තර ව පිහිටුවා ගනියි.

තමා තුළ පහළ කරගත් කුසල් දහම් පවත්වා ගැනීම පිණිස ත්, එය අමතක නොවනු පිණිස ත්, වැඩි දියුණු වීම පිණිස ත්, වඩාත් දියුණු වීම පිණිස ත්, යළි යළි ප්‍රගුණ කොට සම්පූර්ණ කරගැනීම පිණිස ත් කැමැත්ත උපදවයි. වෑයම් කරයි. වීර්යය පටන් ගනියි. සිතින් දැඩි උත්සාහයක යෙදෙයි. දැඩි උත්සාහයක් සිතෙහි තර ව පිහිටුවා ගනියි. මහණෙනි, මෙය නිවැරදි වීර්යය යැයි කියනු ලැබේ.

මහණෙනි, නිවැරදි සිහිය යනු කුමක්ද? මහණෙනි, මෙහිලා භික්ෂුව කෙලෙස් පෙළන වීර්යයෙන් යුක්ත ව නුවණ මැනැවින් යොදමින්, සිහිය මැනැවින් පවත්වමින් තම ලෝකයෙහි ඇති ලෝභය ත්, දොම්නස ත් දුරු කොට කය පිළිබඳ ව කායානුපස්සනා භාවනාවෙන් කල් ගෙවයි.

කෙලෙස් පෙළන වීර්යයෙන් යුක්ත ව නුවණ මැනැවින් යොදමින්, සිහිය මැනැවින් පවත්වමින් තම ලෝකයෙහි ඇති ලෝභය ත්, දොම්නස ත් දුරු කොට විඳීම් පිළිබඳ ව වේදනානුපස්සනා භාවනාවෙන් කල් ගෙවයි.

කෙලෙස් පෙළන වීර්යයෙන් යුක්ත ව නුවණ මැනැවින් යොදමින්, සිහිය මැනැවින් පවත්වමින් තම ලෝකයෙහි ඇති ලෝභය ත්, දොම්නස ත් දුරු කොට සිත පිළිබඳ ව චිත්තානුපස්සනා භාවනාවෙන් කල් ගෙවයි.

කෙලෙස් පෙළන වීර්යයෙන් යුක්ත ව නුවණ මැනැවින් යොදමින්,

සිහිය මැනැවින් පවත්වමින් තම ලෝකයෙහි ඇති ලෝභය ත්, දොම්නස ත් දුරු කොට ධර්මයන් පිළිබඳ ව ධම්මානුපස්සනා භාවනාවෙන් කල් ගෙවයි. මහණෙනි, මෙය නිවැරදි සිහිය යැයි කියනු ලැබෙයි.

මහණෙනි, නිවැරදි චිත්තේකාග්‍රතාවය යනු කුමක්ද? මහණෙනි, මෙහිලා භික්ෂුව කාමයන්ගෙන් වෙන් ව, අකුසල් දහමින් වෙන් ව, විතර්ක සහිත ව, විචාර සහිත ව, විවේකයෙන් උපන් ප්‍රීතිය සහ සුඛය ඇති පළමු ධ්‍යානයට සමවැදී වාසය කරයි.

විතර්ක විචාරයන්ගේ සංසිඳීමෙන්, සිත තුළ මහත් සුපහන් බවින් යුතුව, සිතෙහි එකඟ බවින් යුතුව, විතර්ක රහිත ව, විචාර රහිත ව, සමාධියෙන් උපන් ප්‍රීතිය සහ සුඛය ඇති දෙවෙනි ධ්‍යානයට සම වැදී වාසය කරයි.

ප්‍රීතියට ඇති ඇල්ම දුරු කිරීමෙන් උපේක්ෂාවෙන් යුතුව වාසය කරයි. සිහියෙන් යුතුව මනා නුවණින් යුතුව කයින් සුවයක් ද විඳියි. ආර්යයන් වහන්සේලා උපේක්ෂාවෙන් සහ සිහියෙන් යුතු සුඛ විහරණය තිබෙන්නේ යැයි යම් ධ්‍යානයකට කියත් ද, ඒ තුන්වෙනි ධ්‍යානයට සමවැදී වාසය කරයි.

සුඛය ද නැතිවීමෙන්, දුක ද නැතිවීමෙන් කලින් ම සොම්නස්, දොම්නස් ගෙවා දැමීමෙන් දුක් සැප රහිත වූ උපේක්ෂාව සහ සිහියෙන් යුතු පාරිශුද්ධ වූ සිව්වෙනි ධ්‍යානයටත් සමවැදී වාසය කරයි. මහණෙනි, මෙය නිවැරදි චිත්තේකාග්‍රතාවය යැයි කියනු ලැබේ.

සාදු! සාදු!! සාදු!!!

විභංග සූත්‍රය නිමා විය.

1.1.9.

සූක සූත්‍රය

නණ්ඩුව උපමා කොට වදාළ දෙසුම

සැවැත් නුවර දී ය...........

මහණෙනි, එය මෙබඳු දෙයකි. හැල් නණ්ඩුවක් හෝ යව නණ්ඩුවක් හෝ වැරදි අයුරින් තබන ලද්දේ නම් අතින් හෝ පයින් හෝ මැඩුණු කල්හී අත හෝ පය හෝ තුවාල වේ ය, ලේ මතු වන්නේ ය යන කරුණ සිදුවන්නට

හේතුවක් නැත්තේ ය. මක් නිසාද යත්, මහණෙනි, නණ්ඩුව තබන ලද්දේ වැරදි ක්‍රමයට නිසා ය.

ඒ අයුරින් ම මහණෙනි, වැරදි ලෙස ඇති කරගත් දෘෂ්ටියකින්, වැරදි ලෙස පිහිටුවා ගත් මාර්ගයක් ප්‍රගුණ කිරීමෙන් භික්ෂුව අවිද්‍යාව බිඳින්නේ ය, විද්‍යාව උපදවන්නේ ය, නිවන අත්දකින්නේ ය යන කරුණ සිදුවන්නට හේතුවක් නැත්තේ ය. මක් නිසාද යත්, තමා දෘෂ්ටිය වරදවා පිහිටුවා ගත් නිසා ය.

මහණෙනි, එය මෙබඳු දෙයකි. හැල් නණ්ඩුවක් හෝ යව නණ්ඩුවක් හෝ නිසි අයුරින් තබන ලද්දේ නම් අතින් හෝ පයින් හෝ මැඩුණු කල්හී අත හෝ පය හෝ තුවාල වේ ය, ලේ මතු වන්නේ ය යන කරුණ සිදුවිය හැකි කරුණකි. මක් නිසාද යත්, මහණෙනි, නණ්ඩුව තබන ලද්දේ නිවැරදි ක්‍රමයට නිසා ය.

ඒ අයුරින් ම මහණෙනි, නිවැරදි ලෙස ඇති කරගත් දෘෂ්ටියකින්, නිවැරදි ලෙස පිහිටුවා ගත් මාර්ගයක් ප්‍රගුණ කිරීමෙන් භික්ෂුව අවිද්‍යාව බිඳින්නේ ය, විද්‍යාව උපදවන්නේ ය, නිවන අත්දකින්නේ ය යන කරුණ සිදුවන දෙයකි. මක් නිසාද යත්, තමා දෘෂ්ටිය නිවැරදි ව පිහිටුවා ගත් නිසා ය.

මහණෙනි, නිවැරදි ලෙස පිහිටුවා ගත් දෘෂ්ටියකින්, නිවැරදි ලෙස පිහිටුවා ගත් මාර්ගයක් ප්‍රගුණ කිරීමෙන්, භික්ෂුව අවිද්‍යාව බිඳින්නේ ත්, විද්‍යාව උපදවන්නේ ත්, නිවන අත්දකින්නේ ත් කෙසේද?

මහණෙනි, මෙහිලා භික්ෂුව කාය චිත්ත විවේකයෙන් යුක්ත ව, විරාගී සිතින් යුක්ත ව, අකුසල් නිරුද්ධ කරන සිතින් යුක්ත ව, නිවනට නැඹුරු වූ සිතින් යුක්ත ව, නිවැරදි දෘෂ්ටිය තමා තුළ දියුණු කරගනියි. ....(පෙ).... කාය චිත්ත විවේකයෙන් යුක්ත ව, විරාගී සිතින් යුක්ත ව, අකුසල් නිරුද්ධ කරන සිතින් යුක්ත ව, නිවනට නැඹුරු වූ සිතින් යුක්ත ව, නිවැරදි චිත්තේකාග්‍රතාව තමා තුළ දියුණු කරගනියි.

මහණෙනි, නිවැරදි ලෙස පිහිටුවා ගත් දෘෂ්ටියකින්, නිවැරදි ලෙස පිහිටුවා ගත් මාර්ගයක් ප්‍රගුණ කිරීමෙන්, භික්ෂුව අවිද්‍යාව බිඳින්නේ ත්, විද්‍යාව උපදවන්නේ ත්, නිවන අත්දකින්නේ ත් ඔය අයුරිනි.”

සාදු! සාදු!! සාදු!!!

සූක සූත්‍රය නිමා විය.

1.1.10.
නන්දිය සූත්‍රය
නන්දිය පිරිවැජියාට වදාළ දෙසුම

සැවැත් නුවර දී ය...........

එකල්හී නන්දිය පරිබ්‍රාජක තෙමේ භාග්‍යවතුන් වහන්සේ යම් තැනක වැඩසිටි සේක් ද එතැනට පැමිණියේ ය. පැමිණ භාග්‍යවතුන් වහන්සේ සමඟ සතුටු විය. සුහද කතා බහේ යෙදී එකත්පස් ව හිඳ ගත්තේ ය. එකත්පස් ව හුන් නන්දිය පරිබ්‍රාජකයා භාග්‍යවතුන් වහන්සේට මෙය පැවසී ය.

"භවත් ගෞතමයන් වහන්ස, තමා තුළ කොතෙක් ධර්මයන් දියුණු කරගැනීමෙන් ද, බහුල ව ප්‍රගුණ කරගැනීමෙන් ද නිවන කරා යන්නේ? නිවන පිහිට කරගන්නේ? නිවනින් කෙළවර කරගන්නේ?"

"නන්දිය, ධර්මයන් අටක් තමා තුළ දියුණු කරගත් විට, බහුල ව ප්‍රගුණ කරගත් විට නිවන කරා යන්නේ ය. නිවන් පිහිට සැළසෙන්නේ ය. නිවනින් සමාප්ත වන්නේ ය. ඒ කවර ධර්මයන් අටක් ද යත්, සම්මා දිට්ඨිය ....(පෙ).... සම්මා සමාධිය යන මෙය යි. නන්දිය, මේ ධර්මයන් අට තමා තුළ දියුණු කරගත් විට, බහුල ව ප්‍රගුණ කරගත් විට නිවන කරා යන්නේ ය. නිවන් පිහිට සැළසෙන්නේ ය. නිවනින් සමාප්ත වන්නේ ය."

මෙසේ වදාළ කල්හී නන්දිය පිරිවැජි තෙමේ භාග්‍යවතුන් වහන්සේට මෙය පැවසීය.

"භවත් ගෞතමයන් වහන්ස, ඉතා මනහර ය. භවත් ගෞතමයන් වහන්ස, ඉතා මනහර ය. භවත් ගෞතමයන් වහන්ස, යටිකුරු ව තිබූ දෙයක් උඩුකුරු කරන්නේ යම් සේ ද, වසා තිබූ දෙයක් විවෘත කර පෙන්වන්නේ යම් සේ ද, මං මුලා වූවහුට නිසි මග පවසන්නේ යම් සේ ද, ඇස් ඇත්තෝ රූප දකිත්වා යි අඳුරෙහි තෙල් පහනක් දරන්නේ යම් සේ ද, එසෙයින් ම භවත් ගෞතමයන් වහන්සේ විසින් අනේක අයුරින් ධර්මය වදාරණ ලද්දේ ය. ස්වාමීනී, ඒ මම් භවත් ගෞතමයන් වහන්සේ ව සරණ යමි. ධර්මය ත්, භික්ෂු සංඝයාත් සරණ යමි. භවත් ගෞතමයන් වහන්ස, අද පටන් දිවි හිමියෙන් සරණ ගිය උපාසකයෙකු වශයෙන් මාව පිළිගන්නා සේක්වා!"

සාදු! සාදු!! සාදු!!!

නන්දිය සූත්‍රය නිමා විය.

පළමුවෙනි අවිජ්ජා වර්ගය අවසන් විය.

- එහි පිළිවෙල උද්දානයයි :

අවිජ්ජා සූත්‍රය, උපඩ්ඪ සූත්‍රය, සාරිපුත්ත සූත්‍රය, බ්‍රාහ්මණ සූත්‍රය, කිමත්ථිය සූත්‍රය, භික්ඛු සූත්‍ර දෙක, විභංග සූත්‍රය, සූක සූත්‍රය, නන්දිය සූත්‍රය වශයෙන් මෙහි සූත්‍ර දසයකි.

2. විහාර වර්ගය

1.2.1.
විහාර සූත්‍රය
විහරණය ගැන වදාළ දෙසුම

සැවැත් නුවර දී ය ....

"මහණෙනි, මම අඩමසක් හුදෙකලා ව වසන්නට කැමැත්තෙමි. පිණ්ඩපාතය රැගෙන එන භික්ෂුව හැරුණු විට අන් කිසිවෙකු නොපැමිණිය යුතුය."

"එසේ ය, ස්වාමීනී" යි ඒ භික්ෂූහු භාග්‍යවතුන් වහන්සේට පිළිවදන් දී පිණ්ඩපාතය රැගෙන යන භික්ෂුව හැරුණු කොට අන් කිසිවෙකුත් භාග්‍යවතුන් වහන්සේ වෙත නොඑළඹෙති. ඉක්බිති ඒ අඩමස ඇවෑමෙන් භාග්‍යවතුන් වහන්සේ බවුන් වැඩීමෙන් නැගීසිටි සේක් භික්ෂූන් ඇමතූ සේක.

"මහණෙනි, ඒ මම් සම්බුද්ධත්වයෙන් පළමු කොට යම් විහරණයකින් විසුවෙම් ද, එයින් එක්තරා විහරණයකින් යුතුව වාසය කළෙමි. එය මම් මෙසේ දනිමි. 'වැරදි දෘෂ්ටිය නිසා ත් විඳීම් උපදියි. නිවැරදි දෘෂ්ටිය නිසා ත් විඳීම් උපදියි. වැරදි සංකල්පනා නිසා ත් විඳීම් උපදියි. නිවැරදි සංකල්පනා නිසා ත් විඳීම් උපදියි. වැරදි වචන නිසා ත් විඳීම් උපදියි. නිවැරදි වචන නිසා ත් විඳීම් උපදියි. වැරදි කායික ක්‍රියා නිසා ත් විඳීම් උපදියි. නිවැරදි කායික ක්‍රියා නිසා ත් විඳීම් උපදියි. වැරදි ජීවිකාව නිසා ත් විඳීම් උපදියි. නිවැරදි ජීවිකාව නිසා ත් විඳීම් උපදියි. වැරදි වීර්යය නිසා ත් විඳීම් උපදියි. නිවැරදි වීර්යය නිසා ත් විඳීම් උපදියි. වැරදි සිහිය නිසා ත් විඳීම් උපදියි. නිවැරදි සිහිය නිසා ත් විඳීම් උපදියි. වැරදි සමාධිය නිසා ත් විඳීම් උපදියි. නිවැරදි සමාධිය නිසා ත් විඳීම් උපදියි. කැමැත්ත නිසා ත් විඳීම් උපදියි. විතර්ක නිසා ත් විඳීම් උපදියි. හඳුනා ගැනීම් නිසා ත් විඳීම් උපදියි.

කැමැත්ත ත් නොසංසිඳුණේ වෙයි නම්, විතර්ක ත් නොසංසිඳුණේ වෙයි නම්, හඳුනාගැනීම් ද නොසංසිඳුණේ වෙයි නම් ඒ නිසා ත් විඳීම් උපදියි. කැමැත්ත ත් සංසිඳුණේ වෙයි නම්, එනමුදු විතර්ක ත් නොසංසිඳුණේ වෙයි නම්, හඳුනාගැනීම් ද නොසංසිඳුණේ වෙයි නම් ඒ නිසා ත් විඳීම් උපදියි. කැමැත්ත ත් සංසිඳුණේ වෙයි නම්, විතර්ක ත් සංසිඳුණේ වෙයි නම්, එනමුදු හඳුනාගැනීම් ද නොසංසිඳුණේ වෙයි නම් ඒ නිසා ත් විඳීම් උපදියි. කැමැත්ත ත් සංසිඳුණේ වෙයි නම්, විතර්ක ත් සංසිඳුණේ වෙයි නම්, හඳුනාගැනීම් ද සංසිඳුණේ වෙයි නම් ඒ නිසා ත් විඳීම් උපදියි. නොපත් අරහත්වයට පැමිණීම සඳහා වීර්යය ද ඇත්තේ ය. එකරුණ පැමිණි කල්හී ඒ නිසා ත් විඳීම් උපදියි."

සාදු! සාදු!! සාදු!!!

විහාර සූත්‍රය නිමා විය.

1.2.2.
දුතිය විහාර සූත්‍රය
විහරණය ගැන වදාළ දෙවෙනි දෙසුම

සැවැත් නුවර දී ය ....

"මහණෙනි, මම තුන්මසක් හුදෙකලා ව වසන්නට කැමැත්තෙමි. පිණ්ඩපාතය රැගෙන එන භික්ෂුව හැරුණු විට අන් කිසිවෙකු නොපැමිණිය යුතුය."

"එසේ ය, ස්වාමීනී" යි ඒ භික්ෂූහු භාග්‍යවතුන් වහන්සේට පිළිවදන් දී පිණ්ඩපාතය රැගෙන යන භික්ෂුව හැරුණු කොට අන් කිසිවෙකුත් භාග්‍යවතුන් වහන්සේ වෙත නොඑළඹෙති. ඉක්බිති ඒ තුන්මස ඇවෑමෙන් භාග්‍යවතුන් වහන්සේ බවුන් වැඩීමෙන් නැගීසිටි සේක් භික්ෂූන් ඇමතූ සේක.

"මහණෙනි, ඒ මම් සම්බුද්ධත්වයෙන් පළමු කොට යම් විහරණයකින් විසුවෙම් ද, එයින් එක්තරා විහරණයකින් යුතුව වාසය කළෙමි. එය මම් මෙසේ දනිමි. 'වැරදි දෘෂ්ටිය නිසා ත් විඳීම් උපදියි. වැරදි දෘෂ්ටිය නැතිවීමෙනුත් විඳීම් උපදියි. නිවැරදි දෘෂ්ටිය නිසා ත් විඳීම් උපදියි. නිවැරදි දෘෂ්ටිය නැතිවීමෙනුත් විඳීම් උපදියි. වැරදි සංකල්පනා නිසා ත් විඳීම් උපදියි. වැරදි කල්පනා නැතිවීමෙනුත් විඳීම් උපදියි. නිවැරදි සංකල්පනා නිසා ත් විඳීම් උපදියි. නිවැරදි

සංකල්පනා නැතිවීමෙනුත් විඳීම් උපදියි.

වැරදි වචන නිසා ත් විඳීම් උපදියි. වැරදි වචන නැතිවීම නිසා ත් විඳීම් උපදියි. නිවැරදි වචන නිසා ත් විඳීම් උපදියි. නිවැරදි වචන නැතිවීමෙනුත් විඳීම් උපදියි. වැරදි කායික ක්‍රියා නිසා ත් විඳීම් උපදියි. වැරදි කායික ක්‍රියා නැතිවීමෙනුත් විඳීම් උපදියි. නිවැරදි කායික ක්‍රියා නිසා ත් විඳීම් උපදියි. නිවැරදි කායික ක්‍රියා නැතිවීමෙනුත් විඳීම් උපදියි. වැරදි ජීවිකාව නිසා ත් විඳීම් උපදියි. වැරදි ජීවිකාව නැතිවීම නිසාත් විඳීම් උපදියි. නිවැරදි ජීවිකාව නිසා ත් විඳීම් උපදියි. නිවැරදි ජීවිකාව නැතිවීම නිසා ත් විඳීම් උපදියි.

වැරදි වීර්යය නිසා ත් විඳීම් උපදියි. වැරදි වීර්යය නැතිවීම නිසාත් විඳීම් උපදියි. නිවැරදි වීර්යය නිසා ත් විඳීම් උපදියි. නිවැරදි වීර්යය නැතිවීම නිසාත් විඳීම් උපදියි. වැරදි සිහිය නිසා ත් විඳීම් උපදියි. වැරදි සිහිය නැතිවීම නිසා ත් විඳීම් උපදියි. නිවැරදි සිහිය නිසා ත් විඳීම් උපදියි. නිවැරදි සිහිය නැතිවීම නිසාත් විඳීම් උපදියි. වැරදි සමාධිය නිසා ත් විඳීම් උපදියි. වැරදි සමාධිය නැතිවීම නිසාත් විඳීම් උපදියි. නිවැරදි සමාධිය නිසා ත් විඳීම් උපදියි. නිවැරදි සමාධිය නැතිවීම නිසා ත් විඳීම් උපදියි.

කැමැත්ත නිසා ත් විඳීම් උපදියි. කැමැත්ත නැති වීමෙනුත් විඳීම් උපදියි. විතර්ක නිසා ත් විඳීම් උපදියි. විතර්ක නැතිවීමෙනුත් විඳීම් උපදියි. හඳුනා ගැනීම් නිසා ත් විඳීම් උපදියි. හඳුනාගැනීම නැතිවීම නිසා ත් විඳීම් උපදියි.

කැමැත්ත ත් නොසංසිඳුණේ වෙයි නම්, විතර්ක ත් නොසංසිඳුණේ වෙයි නම්, හඳුනාගැනීම් ද නොසංසිඳුණේ වෙයි නම් ඒ නිසා ත් විඳීම් උපදියි. කැමැත්ත ත් සංසිඳුණේ වෙයි නම්, එනමුදු විතර්ක ත් නොසංසිඳුණේ වෙයි නම්, හඳුනාගැනීම් ද නොසංසිඳුණේ වෙයි නම් ඒ නිසා ත් විඳීම් උපදියි. කැමැත්ත ත් සංසිඳුණේ වෙයි නම්, විතර්ක ත් සංසිඳුණේ වෙයි නම්, එනමුදු හඳුනාගැනීම් ද නොසංසිඳුණේ වෙයි නම් ඒ නිසා ත් විඳීම් උපදියි. කැමැත්ත ත් සංසිඳුණේ වෙයි නම්, විතර්ක ත් සංසිඳුණේ වෙයි නම්, හඳුනාගැනීම් ද සංසිඳුණේ වෙයි නම් ඒ නිසා ත් විඳීම් උපදියි. නොපත් අරහත්වයට පැමිණීම සඳහා වීර්යය ද ඇත්තේ ය. එකරුණ පැමිණි කල්හී ඒ නිසා ත් විඳීම් උපදියි.”

සාදු! සාදු!! සාදු!!!

දුතිය විහාර සූත්‍රය නිමා විය.

1.2.3.
සේඛ සූත්‍රය
හික්මෙන ශ්‍රාවකයා ගැන වදාළ දෙසුම

සැවැත් නුවර දී ය ....

එකල්හී එක්තරා භික්ෂුවක් භාග්‍යවතුන් වහන්සේ යම් තැනක වැඩසිටි සේක් ද, එතැනට පැමිණියේ ය. පැමිණ භාග්‍යවතුන් වහන්සේට සකසා වන්දනා කොට එකත්පස් ව හිඳගත්තේ ය. එකත්පස් ව හුන් ඒ භික්ෂුව භාග්‍යවතුන් වහන්සේට මෙකරුණ පැවසී ය.

"ස්වාමීනී, 'සේඛ, සේඛ' යැයි කියනු ලැබේ. ස්වාමීනි, සේඛ හෙවත් හික්මෙන කෙනෙක් වන්නේ කවර කරුණු මත ද?"

"භික්ෂුව, මෙසසුනෙහි භික්ෂුවක් නිවැරදි දෘෂ්ටියක හික්මෙන්නේ වෙයි ද, නිවැරදි කල්පනාවක හික්මෙන්නේ වෙයි ද, නිවැරදි වචන භාවිතයක හික්මෙන්නේ වෙයි ද, නිවැරදි කායික ක්‍රියාවක හික්මෙන්නේ වෙයි ද, නිවැරදි ජීවිකාවෙක හික්මෙන්නේ වෙයි ද, නිවැරදි වීර්යයක හික්මෙන්නේ වෙයි ද, නිවැරදි සිහියක හික්මෙන්නේ වෙයි ද, නිවැරදි සමාධියක හික්මෙන්නේ වෙයි ද භික්ෂුව මෙපමණකින් සේඛ නම් වේ."

සාදු! සාදු!! සාදු!!!

සේඛ සූත්‍රය නිමා විය.

1.2.4.
උප්පාද සූත්‍රය
පහළවීම ගැන වදාළ දෙසුම

සැවැත් නුවර දී ය ....

මහණෙනි, මැනැවින් දියුණු කරන ලද, බහුල ව ප්‍රගුණ කරන ලද මේ ධර්මයන් අට තථාගත අරහත් සම්මා සම්බුදුරජාණන් වහන්සේගේ පහළ

වීමෙන් විනා අන් කාලයක ඇති නොවූ ත්, අන් කාලයක ඇති නොවන්නා වූ ත් දෙයකි. ඒ කවර ධර්ම අටක් ද යත්, එනම්; සම්මා දිට්ඨිය ....(පෙ).... සම්මා සමාධිය යි. මහණෙනි, මැනැවින් දියුණු කරන ලද, බහුල ව ප්‍රගුණ කරන ලද මේ ධර්මයන් අට තථාගත අරහත් සම්මා සම්බුදුරජාණන් වහන්සේගේ පහළ වීමෙන් විනා අන් කාලයක ඇති නොවූ ත්, අන් කාලයක ඇති නොවන්නා වූ ත් දෙයකි.

සාදු! සාදු!! සාදු!!!

උප්පාද සූත්‍රය නිමා විය.

1.2.5.
දුතිය උප්පාද සූත්‍රය
පහළවීම ගැන වදාළ දෙවෙනි දෙසුම

සැවැත් නුවර දී ය ....

මහණෙනි, මැනැවින් දියුණු කරන ලද, බහුල ව ප්‍රගුණ කරන ලද මේ ධර්මයන් අට සුගත විනයෙහි හෙවත් බුදු සසුනෙක විනා අන් කිසි තැනක ඇති නොවූ ත්, අන් කිසි තැනක ඇති නොවන්නා වූ ත් දෙයකි. ඒ කවර ධර්ම අටක් ද යත්, එනම්; සම්මා දිට්ඨිය ....(පෙ).... සම්මා සමාධිය යි. මහණෙනි, මැනැවින් දියුණු කරන ලද, බහුල ව ප්‍රගුණ කරන ලද මේ ධර්මයන් අට සුගත විනයෙහි හෙවත් බුදු සසුනෙක විනා අන් කිසි තැනක ඇති නොවූ ත්, අන් කිසි තැනක ඇති නොවන්නා වූ ත් දෙයකි.

සාදු! සාදු!! සාදු!!!

දුතිය උප්පාද සූත්‍රය නිමා විය.

1.2.6.
පරිසුද්ධ සූත්‍රය
පිරිසිදු නිවන් මග ගැන වදාළ දෙසුම

සැවැත් නුවර දී ය ....

මහණෙනි, පිරිසිදු ව බබලන්නා වූ, කෙලෙස් රහිත වූ, උපක්ලේශ රහිත වූ මේ ධර්මයන් අට තථාගත අරහත් සම්මා සම්බුදුරජාණන් වහන්සේගේ පහළ වීමෙන් විනා අන් කාලයක ඇති නොවූ ත්, අන් කාලයක ඇති නොවන්නා වූ ත් දෙයකි. ඒ කවර ධර්ම අටක් ද යත්, එනම්; සම්මා දිට්ඨිය ....(පෙ).... සම්මා සමාධිය යි. මහණෙනි, පිරිසිදු ව බබලන්නා වූ, කෙලෙස් රහිත වූ, උපක්ලේශ රහිත වූ මේ ධර්මයන් අට තථාගත අරහත් සම්මා සම්බුදුරජාණන් වහන්සේගේ පහළ වීමෙන් විනා අන් කාලයක ඇති නොවූ ත්, අන් කාලයක ඇති නොවන්නා වූ ත් දෙයකි.

සාදු! සාදු!! සාදු!!!

පරිසුද්ධ සූත්‍රය නිමා විය.

1.2.7.
දුතිය පරිසුද්ධ සූත්‍රය
පිරිසිදු නිවන් මග ගැන වදාළ දෙවෙනි දෙසුම

සැවැත් නුවර දී ය ....

මහණෙනි, පිරිසිදු ව බබලන්නා වූ, කෙලෙස් රහිත වූ, උපක්ලේශ රහිත වූ මේ ධර්මයන් අට සුගත විනයෙහි හෙවත් බුදු සසුනෙක විනා අන් කිසි තැනක ඇති නොවූ ත්, අන් කිසි තැනක ඇති නොවන්නා වූ ත් දෙයකි. ඒ කවර ධර්ම අටක් ද යත්, එනම්; සම්මා දිට්ඨිය ....(පෙ).... සම්මා සමාධිය යි. මහණෙනි, පිරිසිදු ව බබලන්නා වූ, කෙලෙස් රහිත වූ, උපක්ලේශ රහිත වූ මේ ධර්මයන් අට සුගත විනයෙහි හෙවත් බුදු සසුනෙක විනා අන් කිසි තැනක ඇති නොවූ ත්, අන් කිසි තැනක ඇති නොවන්නා වූ ත් දෙයකි.

සාදු! සාදු!! සාදු!!!

දුතිය පරිසුද්ධ සූත්‍රය නිමා විය.

1.2.8.
කුක්කුටාරාම සූත්‍රය
කුක්කුටාරාමයේ දී වදාළ දෙසුම

මා විසින් මෙසේ අසන ලදී. එක් සමයක ආයුෂ්මත් ආනන්දයන් වහන්සේ ත්, ආයුෂ්මත් භද්ද තෙරණුවෝ ත් පාටලීපුත්‍ර නගරයෙහි කුක්කුටාරාමයෙහි වැඩවෙසෙති. එකල්හී ආයුෂ්මත් භද්ද තෙරණුවෝ සවස් වරුවෙහි භාවනාවෙන් නැගිට ආයුෂ්මත් ආනන්දයන් වහන්සේ වෙත එළඹියහ. එළඹ ආයුෂ්මත් ආනන්දයන් වහන්සේ සමඟ සතුටු වූහ. සතුටු විය යුතු සිහි කටයුතු පිළිසඳර කතාබහ නිමවා එකත්පස් ව හිඳගත්හ. එකත්පස් ව හුන් ආයුෂ්මත් භද්ද තෙරණුවෝ ආයුෂ්මත් ආනන්දයන් වහන්සේට මෙය පැවසූහ.

"ආයුෂ්මත් ආනන්දයෙනි, 'අබ්‍රහ්මචරියාව, අබ්‍රහ්මචරියාව' යැයි කියනු ලැබේ. ආයුෂ්මත, අබ්‍රහ්මචරියාව යනු කුමක් ද?"

"ආයුෂ්මත් භද්දයෙනි, යහපති, යහපති. ආයුෂ්මත් භද්දයෙනි, ඔබගේ ප්‍රශ්න විමසීම යහපති. වැටහීම යහපති. නැවත නැවත විමසීම යහපති. ආයුෂ්මත් භද්දයෙනි, ඔබ 'ආයුෂ්මත් ආනන්දයෙනි, 'අබ්‍රහ්මචරියාව, අබ්‍රහ්මචරියාව' යැයි කියනු ලැබේ. ආයුෂ්මත, අබ්‍රහ්මචරියාව යනු කුමක් ද?' යනුවෙන් මෙසේ අසන්නෙහි ද?"

"එසේ ය, ආයුෂ්මත"

"ආයුෂ්මත, අබ්‍රහ්මචරියාව යනු මේ මිථ්‍යා අෂ්ටාංගික මාර්ගය ම ය. එනම් වැරදි දෘෂ්ටිය ය, වැරදි සංකල්පනා ය, වැරදි වචන භාවිතය ය, වැරදි කායික ක්‍රියා ය, වැරදි ජීවිකාව ය, වැරදි උත්සාහය ය, වැරදි සිහිය ය, වැරදි චිත්තේකාග්‍රතාවය ය."

සාදු! සාදු!! සාදු!!!

කුක්කුටාරාම සූත්‍රය නිමා විය.

1.2.9.
දුතිය කුක්කුටාරාම සූත්‍රය
කුක්කුටාරාමයේ දී වදාළ දෙවෙනි දෙසුම

පාටලීපුත්‍ර නගරයෙහි දී ය ......

එකත්පස් ව හුන් ආයුෂ්මත් භද්ද තෙරණුවෝ ආයුෂ්මත් ආනන්දයන් වහන්සේට මෙය පැවසූහ.

"ආයුෂ්මත් ආනන්දයෙනි, 'බ්‍රහ්මචරියාව, බ්‍රහ්මචරියාව' යැයි කියනු ලැබේ. ආයුෂ්මත, බ්‍රහ්මචරියාව යනු කුමක් ද? බ්‍රහ්මචරිය නිමාවට පත් වීම යනු කුමක්ද?"

"ආයුෂ්මත් භද්දයෙනි, යහපති, යහපති. ආයුෂ්මත් භද්දයෙනි, ඔබගේ ප්‍රශ්න විමසීම යහපති. වැටහීම යහපති. නැවත නැවත විමසීම යහපති. ආයුෂ්මත් භද්දයෙනි, ඔබ 'ආයුෂ්මත් ආනන්දයෙනි, 'බ්‍රහ්මචරියාව, බ්‍රහ්මචරියාව' යැයි කියනු ලැබේ. ආයුෂ්මත, බ්‍රහ්මචරියාව යනු කුමක් ද? බ්‍රහ්මචරිය නිමාවට පත්වීම යනු කුමක්ද?' යනුවෙන් මෙසේ අසන්නෙහි ද?"

"එසේ ය, ආයුෂ්මත"

"ආයුෂ්මත, බ්‍රහ්මචරියාව යනු මේ ආර්‍ය අෂ්ටාංගික මාර්ගය ම ය. එනම් නිවැරදි දෘෂ්ටිය ය, ...(පෙ).... නිවැරදි චිත්තේකාග්‍රතාවය ය. ආයුෂ්මත, යම් රාගය ක්ෂය වීමක් ඇද්ද, ද්වේෂය ක්ෂය වීමක් ඇද්ද, මෝහය ක්ෂය වීමක් ඇද්ද, මෙය බ්‍රහ්මචරිය නිමාවට පත්වීම යැයි කියනු ලැබේ."

සාදු! සාදු!! සාදු!!!

දුතිය කුක්කුටාරාම සූත්‍රය නිමා විය.

1.2.10.
තතිය කුක්කුටාරාම සූත්‍රය
කුක්කුටාරාමයේ දී වදාළ තෙවෙනි දෙසුම

පාටලීපුත්‍ර නගරයෙහි දී ය ......

"ආයුෂ්මත් ආනන්දයෙනි, 'බ්‍රහ්මචරියාව, බ්‍රහ්මචරියාව' යැයි කියනු ලැබේ. ආයුෂ්මත, බ්‍රහ්මචරියාව යනු කුමක් ද? බඹසරෙහි හැසිරෙන්නා යනු කවුද? බඹසරෙහි අවසානය යනු කුමක් ද?"

"ආයුෂ්මත් භද්දයෙනි, යහපති, යහපති. ආයුෂ්මත් භද්දයෙනි, ඔබගේ ප්‍රශ්න විමසීම යහපති. වැටහීම යහපති. නැවත නැවත විමසීම යහපති. ආයුෂ්මත් භද්දයෙනි, ඔබ 'ආයුෂ්මත් ආනන්දයෙනි, 'බ්‍රහ්මචරියාව, බ්‍රහ්මචරියාව' යැයි කියනු ලැබේ. ආයුෂ්මත, බ්‍රහ්මචරියාව යනු කුමක් ද? බඹසරෙහි හැසිරෙන්නා යනු කවුද? බඹසරෙහි අවසානය යනු කුමක් ද?' යනුවෙන් මෙසේ අසන්නෙහි ද?"

"එසේ ය, ආයුෂ්මත"

"ආයුෂ්මත, බ්‍රහ්මචරියාව යනු මේ ආර්ය අෂ්ටාංගික මාර්ගය ම ය. එනම් නිවැරදි දෘෂ්ටිය ය, ...(පෙ).... නිවැරදි චිත්තේකාග්‍රතාවය ය.

ආයුෂ්මත, යමෙක් මේ ආර්ය අෂ්ටාංගික මාර්ගයෙන් යුක්ත වූයේ වෙයි ද, ඔහු බඹසරෙහි හැසිරෙන්නා යැයි කියනු ලැබේ. ආයුෂ්මත, යම් රාගය ක්ෂය වීමක් ඇද්ද, ද්වේෂය ක්ෂය වීමක් ඇද්ද, මෝහය ක්ෂය වීමක් ඇද්ද, මෙය බඹසරෙහි අවසානය යි."

සාදු! සාදු!! සාදු!!!

තතිය කුක්කුටාරාම සූත්‍රය නිමා විය.

දෙවෙනි විහාර වර්ගය අවසන් විය.

- එහි පිළිවෙල උද්දානයයි :

විහාර සූත්‍ර දෙක, සේඛ සූත්‍රය, උප්පාද සූත්‍ර දෙක, පරිසුද්ධ සූත්‍ර දෙක සහ කුක්කුටාරාම සූත්‍ර තුන වශයෙන් මෙහි සූත්‍ර දසයකි.

3. මිච්ඡත්ත වර්ගය

1.3.1.
මිච්ඡත්ත සූත්‍රය
වරදවා ගත් බව ගැන වදාළ දෙසුම

සැවැත් නුවර දී ය .....

මහණෙනි, ඔබට වරදවා ගත් බව ද, නිවැරදි බව ද දේශනා කරන්නෙමි. එය අසව්.

මහණෙනි, වරදවා ගත් බව යනු කුමක් ද? එනම්, වැරදි දෘෂ්ටිය ය, වැරදි සංකල්පනා ය, වැරදි වචන භාවිතය ය, වැරදි කායික ක්‍රියා ය, වැරදි ජීවිකාව ය, වැරදි උත්සාහය ය, වැරදි සිහිය ය, වැරදි චිත්තේකාග්‍රතාවය ය. මහණෙනි, මෙය වරදවා ගත් බව යැයි කියනු ලැබේ.

මහණෙනි, නිවැරදි බව යනු කුමක් ද? එනම්, නිවැරදි දෘෂ්ටිය ය, නිවැරදි සංකල්පනා ය, නිවැරදි වචන භාවිතය ය, නිවැරදි කායික ක්‍රියා ය, නිවැරදි ජීවිකාව ය, නිවැරදි උත්සාහය ය, නිවැරදි සිහිය ය, නිවැරදි චිත්තේකාග්‍රතාවය ය. මහණෙනි, මෙය නිවැරදි බව යැයි කියනු ලැබේ.

සාදු! සාදු!! සාදු!!!

මිච්ඡත්ත සූත්‍රය නිමා විය.

1.3.2.
අකුසලධම්ම සූත්‍රය
අකුසල් දහම් ගැන වදාළ දෙසුම

සැවැත් නුවර දී ය .....

මහණෙනි, ඔබට අකුසල් දහම් ද, කුසල් දහම් ද දේශනා කරන්නෙමි. එය අසව්.

මහණෙනි, අකුසල් දහම් යනු කුමක් ද? එනම්, වැරදි දෘෂ්ටිය ය, ...(පෙ).... වැරදි චිත්තේකාග්‍රතාවය ය. මහණෙනි, මේවා අකුසල් දහම් යැයි කියනු ලැබේ.

මහණෙනි, කුසල් දහම් යනු කුමක් ද? එනම්, නිවැරදි දෘෂ්ටිය ය, ...(පෙ).... නිවැරදි චිත්තේකාග්‍රතාවය ය. මහණෙනි, මේවා කුසල් දහම් යැයි කියනු ලැබේ.

සාදු! සාදු!! සාදු!!!

අකුසලධම්ම සූත්‍රය නිමා විය.

1.3.3.
පටිපදා සූත්‍රය
ප්‍රතිපදාව ගැන වදාළ දෙසුම

සැවැත් නුවර දී ය .....

මහණෙනි, ඔබට වැරදි ප්‍රතිපදාව ද, නිවැරදි ප්‍රතිපදාව ද දේශනා කරන්නෙමි. එය අසව්.

මහණෙනි, වැරදි ප්‍රතිපදාව යනු කුමක් ද? එනම්, වැරදි දෘෂ්ටිය ය, ...(පෙ).... වැරදි චිත්තේකාග්‍රතාවය ය. මහණෙනි, මෙය වැරදි ප්‍රතිපදාව යැයි කියනු ලැබේ.

මහණෙනි, නිවැරදි ප්‍රතිපදාව යනු කුමක් ද? එනම්, නිවැරදි දෘෂ්ටිය ය,

....(පෙ).... නිවැරදි චිත්තේකාග්‍රතාවය ය. මහණෙනි, මෙය නිවැරදි ප්‍රතිපදාව යැයි කියනු ලැබේ.

සාදු! සාදු!! සාදු!!!

පටිපදා සූත්‍රය නිමා විය.

1.3.4.
දුතිය පටිපදා සූත්‍රය
ප්‍රතිපදාව ගැන වදාළ දෙවෙනි දෙසුම

සැවැත් නුවර දී ය .....

මහණෙනි, මම ගිහියෙකුගේ වේවා, පැවිද්දෙකුගේ වේවා වැරදි ප්‍රතිපදාව වර්ණනා නොකරමි. මහණෙනි, ගිහියෙක් හෝ පැවිද්දෙක් හෝ වැරද්දට බැස ගත්තේ, වැරදි පිළිවෙතෙහි පිහිටීම නම් වූ අර්බුදය හේතුවෙන් ආර්ය මාර්ග සංඛ්‍යාත කුසල ධර්මය නොලබන්නෙක් වෙයි.

මහණෙනි, වැරදි ප්‍රතිපදාව යනු කුමක් ද? එනම්, වැරදි දෘෂ්ටිය ය, ...(පෙ).... වැරදි චිත්තේකාග්‍රතාවය ය. මහණෙනි, මෙය වැරදි ප්‍රතිපදාව යැයි කියනු ලැබේ.

මහණෙනි, මම ගිහියෙකුගේ වේවා, පැවිද්දෙකුගේ වේවා වැරදි ප්‍රතිපදාව වර්ණනා නොකරමි. මහණෙනි, ගිහියෙක් හෝ පැවිද්දෙක් හෝ වැරද්දට බැස ගත්තේ, වැරදි පිළිවෙතෙහි පිහිටීම නම් වූ අර්බුදය හේතුවෙන් ආර්ය මාර්ග සංඛ්‍යාත කුසල ධර්මය නොලබන්නෙක් වෙයි.

මහණෙනි, මම ගිහියෙකුගේ වේවා, පැවිද්දෙකුගේ වේවා නිවැරදි ප්‍රතිපදාව වර්ණනා කරමි. මහණෙනි, ගිහියෙක් හෝ පැවිද්දෙක් හෝ නිවැරදි දෙයට බැස ගත්තේ, නිවැරදි පිළිවෙතෙහි පිහිටීම නම් වූ යහපත හේතුවෙන් ආර්ය මාර්ග සංඛ්‍යාත කුසල ධර්මය ලබන්නෙක් වෙයි.

මහණෙනි, නිවැරදි ප්‍රතිපදාව යනු කුමක් ද? එනම්, නිවැරදි දෘෂ්ටිය ය, ...(පෙ).... නිවැරදි චිත්තේකාග්‍රතාවය ය. මහණෙනි, මෙය නිවැරදි ප්‍රතිපදාව යැයි කියනු ලැබේ.

මහණෙනි, මම ගිහියෙකුගේ වේවා, පැවිද්දෙකුගේ වේවා නිවැරදි ප්‍රතිපදාව වර්ණනා කරමි. මහණෙනි, ගිහියෙක් හෝ පැවිද්දෙක් හෝ නිවැරදි දෙයට බැස ගත්තේ, නිවැරදි පිළිවෙතෙහි පිහිටීම නම් වූ යහපත හේතුවෙන් ආර්‍ය මාර්ග සංඛ්‍යාත කුසල ධර්මය ලබන්නෙක් වෙයි.

සාදු! සාදු!! සාදු!!!

දුතිය පටිපදා සූත්‍රය නිමා විය.

1.3.5.
අසප්පුරිස සූත්‍රය
අසත්පුරුෂයා ගැන වදාළ දෙසුම

සැවැත් නුවර දී ය .....

මහණෙනි, ඔබට අසත්පුරුෂයා ගැන ත්, සත්පුරුෂයා ගැන ත් දේශනා කරන්නෙමි. එය අසව්.

මහණෙනි, අසත්පුරුෂයා යනු කවුද? මහණෙනි, මෙහිලා ඇතැම් පුද්ගලයෙක් වැරදි දෘෂ්ටියෙන් යුක්ත වෙයි. වැරදි සංකල්පනාවෙන් යුක්ත වෙයි. වැරදි වචන භාවිතයෙන් යුක්ත වෙයි. වැරදි කායික ක්‍රියාවෙන් යුක්ත වෙයි. වැරදි ජීවිකාවෙන් යුක්ත වෙයි. වැරදි උත්සාහයෙන් යුක්ත වෙයි. වැරදි සිහියෙන් යුක්ත වෙයි. වැරදි චිත්තේකාග්‍රතාවයෙන් යුක්ත වෙයි. මහණෙනි, මොහු අසත්පුරුෂයා යැයි කියනු ලැබේ.

මහණෙනි, සත්පුරුෂයා යනු කවුද? මහණෙනි, මෙහිලා ඇතැම් පුද්ගලයෙක් නිවැරදි දෘෂ්ටියෙන් යුක්ත වෙයි. නිවැරදි සංකල්පනාවෙන් යුක්ත වෙයි. නිවැරදි වචන භාවිතයෙන් යුක්ත වෙයි. නිවැරදි කායික ක්‍රියාවෙන් යුක්ත වෙයි. නිවැරදි ජීවිකාවෙන් යුක්ත වෙයි. නිවැරදි උත්සාහයෙන් යුක්ත වෙයි. නිවැරදි සිහියෙන් යුක්ත වෙයි. නිවැරදි චිත්තේකාග්‍රතාවයෙන් යුක්ත වෙයි. මහණෙනි, මොහු සත්පුරුෂයා යැයි කියනු ලැබේ.

සාදු! සාදු!! සාදු!!!

අසප්පුරිස සූත්‍රය නිමා විය.

1.3.6.
දුතිය අසප්පුරිස සූත්‍රය
අසත්පුරුෂයා ගැන වදාළ දෙවෙනි දෙසුම

සැවැත් නුවර දී ය .....

මහණෙනි, ඔබට අසත්පුරුෂයා ගැන ත්, අසත්පුරුෂයාට ත් වඩා අසත්පුරුෂයා ගැන ත්, සත්පුරුෂයා ගැන ත්, සත්පුරුෂයාට ත් වඩා සත්පුරුෂයා ගැන ත් දේශනා කරන්නෙමි. එය අසව්.

මහණෙනි, අසත්පුරුෂයා යනු කවුද? මහණෙනි, මෙහිලා ඇතැම් පුද්ගලයෙක් වැරදි දෘෂ්ටියෙන් යුක්ත වෙයි. ....(පෙ).... වැරදි චිත්තේකාග්‍රතාවයෙන් යුක්ත වෙයි. මහණෙනි, මොහු අසත්පුරුෂයා යැයි කියනු ලැබේ.

මහණෙනි, අසත්පුරුෂයාට ත් වඩා අසත්පුරුෂයා යනු කවුද? මහණෙනි, මෙහිලා ඇතැම් පුද්ගලයෙක් වැරදි දෘෂ්ටියෙන් යුක්ත වෙයි. ....(පෙ).... වැරදි චිත්තේකාග්‍රතාවයෙන් යුක්ත වෙයි. වැරදි ඥානයෙන් යුක්ත වෙයි. වැරදි විමුක්තියෙන් යුක්ත වෙයි. මහණෙනි, මොහු අසත්පුරුෂයාට ත් වඩා අසත්පුරුෂයා යැයි කියනු ලැබේ.

මහණෙනි, සත්පුරුෂයා යනු කවුද? මහණෙනි, මෙහිලා ඇතැම් පුද්ගලයෙක් නිවැරදි දෘෂ්ටියෙන් යුක්ත වෙයි. ....(පෙ).... නිවැරදි චිත්තේකාග්‍රතාවයෙන් යුක්ත වෙයි. මහණෙනි, මොහු සත්පුරුෂයා යැයි කියනු ලැබේ.

මහණෙනි, සත්පුරුෂයාට ත් වඩා සත්පුරුෂයා යනු කවුද? මහණෙනි, මෙහිලා ඇතැම් පුද්ගලයෙක් නිවැරදි දෘෂ්ටියෙන් යුක්ත වෙයි. ....(පෙ).... නිවැරදි චිත්තේකාග්‍රතාවයෙන් යුක්ත වෙයි. නිවැරදි ඥානයෙන් යුක්ත වෙයි. නිවැරදි විමුක්තියෙන් යුක්ත වෙයි. මහණෙනි, මොහු සත්පුරුෂයාට ත් වඩා සත්පුරුෂයා යැයි කියනු ලැබේ.

සාදු! සාදු!! සාදු!!!

දුතිය අසප්පුරිස සූත්‍රය නිමා විය.

1.3.7.
කුම්භ සූත්‍රය
කළය උපමා කොට වදාළ දෙසුම

සැවැත් නුවර දී ය .....

යම් සේ මහණෙනි, ආධාරකයක් නොමැති ව තිබෙන කළය පහසුවෙන් පෙරළිය හැක්කේ වෙයි ද, ආධාරකයක් මත තිබෙන කළය පහසුවෙන් පෙරළිය නොහැක්කේ වෙයි ද, එසෙයින් ම මහණෙනි, ආධාරකයක් රහිත වූ සිත පහසුවෙන් පෙරළිය හැක්කේ වෙයි. ආධාරකයක් සහිත වූ සිත පහසුවෙන් පෙරළිය නොහැක්කේ වෙයි. මහණෙනි, සිතට ඇති ආධාරකය කුමක් ද? ඒ මේ ආර්ය අෂ්ටාංගික මාර්ගය ම ය. එනම් නිවැරදි දෘෂ්ටිය ය ....(පෙ).... නිවැරදි චිත්තේකාග්‍රතාවය ය. මහණෙනි, මෙය සිතට ඇති ආධාරකය යැයි කියනු ලැබේ.

යම් සේ මහණෙනි, ආධාරකයක් නොමැති ව තිබෙන කළය පහසුවෙන් පෙරළිය හැක්කේ වෙයි ද, ආධාරකයක් මත තිබෙන කළය පහසුවෙන් පෙරළිය නොහැක්කේ වෙයි ද, එසෙයින් ම මහණෙනි, ආධාරකයක් රහිත වූ සිත පහසුවෙන් පෙරළිය හැක්කේ වෙයි. ආධාරකයක් සහිත වූ සිත පහසුවෙන් පෙරළිය නොහැක්කේ වෙයි.

සාදු! සාදු!! සාදු!!!

කුම්භ සූත්‍රය නිමා විය.

1.3.8.
සමාධි සූත්‍රය
සමාධිය ගැන වදාළ දෙසුම

සැවැත් නුවර දී ය .....

මහණෙනි, ඔබට හේතු සම්පත් සහිත වූ, අවශ්‍ය දේ සහිත වූ ආර්ය සම්මා සමාධිය ගැන දේශනා කරන්නෙමි. එය අසව්.

මහණෙනි, හේතු සම්පත් සහිත වූ, අවශ්‍ය දේ සහිත වූ ආර්ය සම්මා සමාධිය කුමක්ද? එනම් නිවැරදි දෘෂ්ටිය ය, නිවැරදි සංකල්පනා ය, නිවැරදි වචන භාවිතය ය, නිවැරදි කායික ක්‍රියා ය, නිවැරදි ජීවිකාව ය, නිවැරදි උත්සාහය ය, නිවැරදි සිහිය ය. මහණෙනි, මේ සප්ත අංගයන්ගෙන් යුක්ත ව සිතෙහි ඇති යම් ඒකාග්‍රතාවයක් ඇත්නම් එය අවශ්‍ය දේ සහිත බවින් යුක්ත වෙයි. මහණෙනි, ආර්ය සම්මා සමාධිය මෙසේ හේතු සම්පත් සහිත යැයි ද, මෙසේ අවශ්‍ය දේ සහිත යැයි ද කියනු ලැබේ.

සාදු! සාදු!! සාදු!!!

සමාධි සූත්‍රය නිමා විය.

1.3.9.
වේදනා සූත්‍රය
විඳීම් ගැන වදාළ දෙසුම

සැවැත් නුවර දී ය .....

මහණෙනි, මේ විඳීම් තුනකි. ඒ කවර තුනක් ද යත්; සැප විඳීම ය, දුක් විඳීම ය, දුක් සැප රහිත විඳීම ය. මහණෙනි, මේ වනාහී විඳීම් තුන යි. මහණෙනි. මේ විඳීම් තුන පිරිසිඳ දකිනු පිණිස ආර්ය අෂ්ටාංගික මාර්ගය වැඩිය යුත්තේ ය. ආර්ය අෂ්ටාංගික මාර්ගය යනු කුමක් ද? එනම් සම්මා දිට්ඨිය ....(පෙ).... සම්මා සමාධිය ය. මහණෙනි, මේ තුන් විඳීම් පිරිසිඳ දකිනු පිණිස මෙම ආර්ය අෂ්ටාංගික මාර්ගය වැඩිය යුත්තේ ය.

සාදු! සාදු!! සාදු!!!

වේදනා සූත්‍රය නිමා විය.

1.3.10.
උත්තිය සූත්‍රය
උත්තිය තෙරුන්ට වදාළ දෙසුම

සැවැත් නුවර දී ය .....

එකල්හී ආයුෂ්මත් උත්තිය තෙරණුවෝ භාග්‍යවතුන් වහන්සේ වෙත පැමිණියහ. පැමිණ භාග්‍යවතුන් වහන්සේට සකසා වන්දනා කොට එකත්පස් ව හිඳගත්හ. එකත්පස් ව හුන් ආයුෂ්මත් උත්තිය තෙරණුවෝ භාග්‍යවතුන් වහන්සේට මෙය පැවසූහ.

"ස්වාමීනී, මෙහි හුදෙකලාවෙහි බවුන් වඩමින් සිටි මා හට මෙබඳු චිත්ත පරිවිතර්කයක් ඇතිවූයේ ය. එනම්, 'භාග්‍යවතුන් වහන්සේ විසින් පංච කාම ගුණයෝ වදාරණ ලද්දාහ. භාග්‍යවතුන් වහන්සේ විසින් වදාරණ ලද ඒ පංච කාම ගුණයෝ මොනවා ද යන්න' යි."

"උත්තිය, යහපති, යහපති. උත්තිය, මා විසින් මේ පංච කාම ගුණයෝ පවසන ලද්දාහු ය. ඒ කවර පසක් ද යත්; ඉෂ්ට වූ, කාන්ත වූ, මනාප වූ, ප්‍රිය ස්වභාව ඇති, කාමූපසංහිත වූ, කෙලෙස් උපදවන සුළු වූ ඇසින් දක්ක යුතු රූපයෝ ය. ....(පෙ).... කනින් ඇසිය යුතු ශබ්දයෝ ය. ....(පෙ).... නාසයෙන් දත යුතු ගන්ධයෝ ය. ....(පෙ).... දිවෙන් දත යුතු රසයෝ ය. ඉෂ්ට වූ, කාන්ත වූ, මනාප වූ, ප්‍රිය ස්වභාව ඇති, කාමූපසංහිත වූ, කෙලෙස් උපදවන සුළු වූ කයින් දත යුතු ස්පර්ශයෝ ය. උත්තිය, මේ වනාහී මා විසින් පවසන ලද පංච කාම ගුණයෝ ය.

උත්තිය, මේ පංච කාම ගුණයන්ගේ ප්‍රහාණය පිණිස ආර්ය අෂ්ටාංගික මාර්ගය වැඩිය යුත්තේ ය. ඒ කවර ආර්ය අෂ්ටාංගික මාර්ගයක් ද යත්; එනම් සම්මා දිට්ඨිය ....(පෙ).... සම්මා සමාධිය යි. උත්තිය, මේ පංච කාම ගුණයන්ගේ ප්‍රහාණය පිණිස වැඩිය යුත්තේ මේ ආර්ය අෂ්ටාංගික මාර්ගය යි."

සාදු! සාදු!! සාදු!!!

උත්තිය සූත්‍රය නිමා විය.

තුන්වෙනි මිච්ඡත්ත වර්ගය අවසන් විය.

- **එහි පිළිවෙල උද්දානයයි :**

මිච්ඡත්ත සූත්‍රය, අකුසලධම්ම සූත්‍රය, පටිපදා සූත්‍ර දෙක, අසප්පුරිස සූත්‍ර දෙක, කුම්භ සූත්‍රය, සමාධි සූත්‍රය, වේදනා සූත්‍රය සහ උත්තිය සූත්‍රය වශයෙන් මෙහි සූත්‍ර දසයකි.

4. පටිපත්ති වර්ගය

1.4.1.
පටිපත්ති සූත්‍රය
ප්‍රතිපත්තිය ගැන වදාළ දෙසුම

සැවැත් නුවර දී ය .....

මහණෙනි, ඔබට වැරදි ප්‍රතිපත්තිය ද, නිවැරදි ප්‍රතිපත්තිය ද දේශනා කරන්නෙමි. එය අසව්.

මහණෙනි, වැරදි ප්‍රතිපත්තිය යනු කුමක් ද? එනම්, වැරදි දෘෂ්ටිය ය, ...(පෙ).... වැරදි චිත්තේකාග්‍රතාවය ය. මහණෙනි, මෙය වැරදි ප්‍රතිපත්තිය යැයි කියනු ලැබේ.

මහණෙනි, නිවැරදි ප්‍රතිපත්තිය යනු කුමක් ද? එනම්, නිවැරදි දෘෂ්ටිය ය, ...(පෙ).... නිවැරදි චිත්තේකාග්‍රතාවය ය. මහණෙනි, මෙය නිවැරදි ප්‍රතිපත්තිය යැයි කියනු ලැබේ.

සාදු! සාදු!! සාදු!!!

පටිපත්ති සූත්‍රය නිමා විය.

1.4.2.
පටිපන්න සූත්‍රය
ප්‍රතිපත්තියෙහි බැසගැනීම ගැන වදාළ දෙසුම

සැවැත් නුවර දී ය .....

මහණෙනි, ඔබට වැරදි ප්‍රතිපත්තියෙහි බැසගත් කෙනා ගැන ත්, නිවැරදි ප්‍රතිපත්තියෙහි බැසගත් කෙනා ගැන ත් දේශනා කරන්නෙමි. එය අසව්.

මහණෙනි, වැරදි ප්‍රතිපත්තියෙහි බැසගැනීම යනු කුමක් ද? මහණෙනි, මෙලොවෙහි ඇතැමෙක් වැරදි දෘෂ්ටියක් ගත්තේ වෙයි. ....(පෙ).... වැරදි චිත්තේකාග්‍රතාවයෙන් යුක්ත වූයේ වෙයි. මහණෙනි, මෙය වැරදි ප්‍රතිපත්තියෙහි පිළිපන්නේ යැයි කියනු ලැබේ.

මහණෙනි, නිවැරදි ප්‍රතිපත්තියෙහි බැසගැනීම යනු කුමක් ද? මහණෙනි, මෙලොවෙහි ඇතැමෙක් නිවැරදි දෘෂ්ටියෙන් යුක්ත වූයේ වෙයි. ....(පෙ).... නිවැරදි චිත්තේකාග්‍රතාවයෙන් යුක්ත වූයේ වෙයි. මහණෙනි, මෙය නිවැරදි ප්‍රතිපත්තියෙහි පිළිපන්නේ යැයි කියනු ලැබේ.

සාදු! සාදු!! සාදු!!!

පටිපන්න සූත්‍රය නිමා විය.

1.4.3.
විරද්ධ සූත්‍රය
වරද්දා ගැනීම ගැන වදාළ දෙසුම

සැවැත් නුවර දී ය .....

මහණෙනි, යම්කිසි කෙනෙකුන් විසින් ආර්ය අෂ්ටාංගික මාර්ගය වරද්දා ගත්තේ නම් ඔවුන්ට වැරදී ගියේ මැනැවින් දුක් ක්ෂය කරන්නා වූ ආර්ය අෂ්ටාංගික මාර්ගය යි.

මහණෙනි, යම්කිසි කෙනෙකුන් විසින් ආර්ය අෂ්ටාංගික මාර්ගය අරඹන ලද්දේ නම්, ඔවුන් විසින් අරඹන ලද්දේ මැනැවින් දුක් ක්ෂය කරන්නා වූ ආර්ය අෂ්ටාංගික මාර්ගය යි.

මහණෙනි, ආර්ය අෂ්ටාංගික මාර්ගය යනු කුමක් ද? එනම්, නිවැරදි දෘෂ්ටිය ය, ...(පෙ).... නිවැරදි චිත්තේකාග්‍රතාවය ය.

මහණෙනි, යම්කිසි කෙනෙකුන් විසින් ආර්ය අෂ්ටාංගික මාර්ගය වරද්දා ගත්තේ නම් ඔවුන්ට වැරදී ගියේ මැනැවින් දුක් ක්ෂය කරන්නා වූ ආර්ය අෂ්ටාංගික මාර්ගය යි.

මහණෙනි, යම්කිසි කෙනෙකුන් විසින් ආර්ය අෂ්ටාංගික මාර්ගය අරඹන ලද්දේ නම් ඔවුන් විසින් අරඹන ලද්දේ මැනැවින් දුක් ක්ෂය කරන්නා වූ ආර්ය අෂ්ටාංගික මාර්ගය යි.

සාදු! සාදු!! සාදු!!!

විරද්ධ සූත්‍රය නිමා විය.

1.4.4.
පාරංගම සූත්‍රය
එතෙරට යාම ගැන වදාළ දෙසුම

සැවැත් නුවර දී ය .....

මහණෙනි, මේ අෂ්ට ධර්මය භාවිත කරන ලද්දේ, බහුල ව ප්‍රගුණ කරන ලද්දේ මෙතෙරින් එතෙරට යාම පිණිස පවතින්නේ ය. ඒ කවර අටක් ද යත්; එනම්, නිවැරදි දෘෂ්ටිය ය, ...(පෙ).... නිවැරදි චිත්තේකාග්‍රතාවය ය. මහණෙනි, මේ අෂ්ට ධර්මය භාවිත කරන ලද්දේ, බහුල ව ප්‍රගුණ කරන ලද්දේ මෙතෙරින් එතෙරට යාම පිණිස පවතින්නේ ය.

භාග්‍යවතුන් වහන්සේ මෙය වදාළ සේක. මෙය වදාළ සුගත වූ ශාස්තෘන් වහන්සේ නැවත මෙය ද වදාළ සේක.

(ගාථා)

1. මිනිසුන් අතර යම් ජනතාවක් සසරින් එතෙරට යත් නම්, ඔවුහු ඉතා ස්වල්ප දෙනෙකි. නමුත් මේ අවශේෂ ප්‍රජාව මෙතෙර නම් වූ සසරෙහි ම ඔබ මොබ දුව යති.

2. යම් කෙනෙක් මැනැවින් වදාරණ ලද ධර්මයට අනුකූල ව සිට ධර්මානුධර්ම ප්‍රතිපදාවෙන් යුක්ත ව සිටිත් ද, ඔවුහු එතෙර වීමට දුෂ්කර වූ මාරයාගේ බල ප්‍රදේශය හැර එතෙර වන්නාහු ය.

3. කළු පැහැ අකුසල් දහම් දුරු කොට නුවණැත්තා සුදු පැහැ කුසල් දහම් වඩයි. යම් විවේකයක දුක සේ ඇලී වාසය කළ යුතු ද, කාමයන් අත්හැර, කාම රහිත වූ නිවනට පැමිණ එහි ඇලී වසයි.

4. කාමයන් අත්හැර කිසිවක් නැති හේ නිවනට ඇලී වසන්නේ ය. ඒ නුවණැති තැනැත්තා තම සිත කෙලෙසුන්ගෙන් පිරිසිදු කරන්නේ ය.

5. යම් කෙනෙකුන්ගේ සිත බොජ්ඣංග ධර්මයන්හී මැනැවින් වඩන ලද්දේ ද, අල්ලා ගැනීම් අත්හරින ලද්දේ, උපාදාන රහිත වූ නිවනෙහි ඇලුණු යම් කෙනෙක් වෙත් ද, ඒ ලොව බබුළුවන ක්ෂීණාශ්‍රව රහත්හු ලෝකයෙහි පිරිනිවී ගියාහු ය.

සාදු! සාදු!! සාදු!!!

පාරංගම සූත්‍රය නිමා විය.

1.4.5.
සාමඤ්ඤ සූත්‍රය
මහණකම ගැන වදාළ දෙසුම

මහණෙනි, ඔබට මහණකම ත්, මහණකමෙන් ලැබෙන ප්‍රතිඵල ගැන ත් දේශනා කරන්නෙමි. එය අසව්.

මහණෙනි, මහණකම යනු කුමක් ද? ඒ මේ ආර්ය අෂ්ටාංගික මාර්ගය ම යි. එනම්, නිවැරදි දෘෂ්ටිය ය, ...(පෙ).... නිවැරදි චිත්තේකාග්‍රතාවය ය. මහණෙනි, මෙය මහණකම යැයි කියනු ලැබේ.

මහණෙනි, මහණකමෙන් ලැබෙන ප්‍රතිඵල මොනවා ද? සෝවාන්

ඵලය ය, සකදාගාමී ඵලය ය, අනාගාමී ඵලය ය, අරහත් ඵලය යන මෙය යි. මහණෙනි, මේවා මහණකමෙන් ලැබෙන ප්‍රතිඵල යැයි කියනු ලැබේ.

සාදු! සාදු!! සාදු!!!

සාමඤ්ඤ සූත්‍රය නිමා විය.

1.4.6.
දුතිය සාමඤ්ඤ සූත්‍රය
මහණකම ගැන වදාළ දෙවෙනි දෙසුම

මහණෙනි, ඔබට මහණකම ත්, මහණකමෙන් ලැබෙන යහපත ගැන ත් දේශනා කරන්නෙමි. එය අසව්.

මහණෙනි, මහණකම යනු කුමක් ද? ඒ මේ ආර්ය අෂ්ටාංගික මාර්ගය ම යි. එනම් නිවැරදි දෘෂ්ටිය ය, ...(පෙ).... නිවැරදි චිත්තේකාග්‍රතාවය ය. මහණෙනි, මෙය මහණකම යැයි කියනු ලැබේ.

මහණෙනි, මහණකමෙන් ලැබෙන යහපත කුමක් ද? මහණෙනි, යම් රාගය ක්ෂය වීමක් ඇද්ද, යම් ද්වේෂය ක්ෂය වීමක් ඇද්ද, යම් මෝහය ක්ෂය වීමක් ඇද්ද, මහණෙනි, මෙය මහණකමෙන් ලැබෙන යහපත යැයි කියනු ලැබේ.

සාදු! සාදු!! සාදු!!!

දුතිය සාමඤ්ඤ සූත්‍රය නිමා විය.

1.4.7.
බ්‍රහ්මඤ්ඤ සූත්‍රය
ශ්‍රේෂ්ඨත්වය ගැන වදාළ දෙසුම

මහණෙනි, ඔබට ශ්‍රේෂ්ඨ ජීවිතය ත්, ශ්‍රේෂ්ඨ ජීවිතයෙන් ලැබන ප්‍රතිඵල

ත් දේශනා කරන්නෙමි. එය අසව්.

මහණෙනි, ශ්‍රේෂ්ඨ ජීවිතය යනු කුමක් ද? ඒ මේ ආර්ය අෂ්ටාංගික මර්ගය ම යි. එනම් නිවැරදි දෘෂ්ටිය ය, ...(පෙ).... නිවැරදි චිත්තේකාග්‍රතාවය ය. මහණෙනි, මෙය ශ්‍රේෂ්ඨ ජීවිතය යැයි කියනු ලැබේ.

මහණෙනි, ශ්‍රේෂ්ඨ ජීවිතයෙන් ලැබෙන ප්‍රතිඵල මොනවා ද? සෝවාන් ඵලය ය, සකදාගාමී ඵලය ය, අනාගාමී ඵලය ය, අරහත් ඵලය යන මෙය යි. මහණෙනි, මේවා ශ්‍රේෂ්ඨ ජීවිතයෙන් ලැබෙන ප්‍රතිඵල යැයි කියනු ලැබේ.

සාදු! සාදු!! සාදු!!!

බ්‍රහ්මඤ්ඤ සූත්‍රය නිමා විය.

1.4.8.
දුතිය බ්‍රහ්මඤ්ඤ සූත්‍රය
ශ්‍රේෂ්ඨත්වය ගැන වදාළ දෙවෙනි දෙසුම

මහණෙනි, ඔබට ශ්‍රේෂ්ඨ ජීවිතය ත්, ශ්‍රේෂ්ඨ ජීවිතයෙන් ලැබෙන යහපත ත් දේශනා කරන්නෙමි. එය අසව්.

මහණෙනි, ශ්‍රේෂ්ඨ ජීවිතය යනු කුමක් ද? ඒ මේ ආර්ය අෂ්ටාංගික මාර්ගය ම යි. එනම් නිවැරදි දෘෂ්ටිය ය, ...(පෙ).... නිවැරදි චිත්තේකාග්‍රතාවය ය. මහණෙනි, මෙය ශ්‍රේෂ්ඨ ජීවිතය යැයි කියනු ලැබේ.

මහණෙනි, ශ්‍රේෂ්ඨ ජීවිතයෙන් ලැබෙන යහපත කුමක් ද? මහණෙනි, යම් රාගය ක්ෂය වීමක් ඇද්ද, යම් ද්වේෂය ක්ෂය වීමක් ඇද්ද, යම් මෝහය ක්ෂය වීමක් ඇද්ද, මහණෙනි, මෙය ශ්‍රේෂ්ඨ ජීවිතයෙන් ලැබෙන යහපත යැයි කියනු ලැබේ.

සාදු! සාදු!! සාදු!!!

දුතිය බ්‍රහ්මඤ්ඤ සූත්‍රය නිමා විය.

1.4.9.
බ්‍රහ්මචරිය සූත්‍රය
බඹසර ගැන වදාළ දෙසුම

මහණෙනි, ඔබට බඹසර ත්, බඹසරින් ලැබෙන ප්‍රතිඵල ගැන ත් දේශනා කරන්නෙමි. එය අසව්.

මහණෙනි, බඹසර යනු කුමක් ද? ඒ මේ ආර්ය අෂ්ටාංගික මර්ගය ම යි. එනම් නිවැරදි දෘෂ්ටිය ය, ...(පෙ).... නිවැරදි චිත්තේකාග්‍රතාවය ය. මහණෙනි, මෙය බඹසර යැයි කියනු ලැබේ.

මහණෙනි, බඹසරින් ලැබෙන ප්‍රතිඵල මොනවා ද? සෝවාන් ඵලය ය, සකදාගාමී ඵලය ය, අනාගාමී ඵලය ය, අරහත් ඵලය යන මෙය යි. මහණෙනි, මේවා බඹසරින් ලැබෙන ප්‍රතිඵල යැයි කියනු ලැබේ.

සාදු! සාදු!! සාදු!!!

බ්‍රහ්මචරිය සූත්‍රය නිමා විය.

1.4.10.
දුතිය බ්‍රහ්මචරිය සූත්‍රය
බඹසර ගැන වදාළ දෙවෙනි දෙසුම

මහණෙනි, ඔබට බඹසර ත්, බඹසරින් ලැබෙන යහපත ත් දේශනා කරන්නෙමි. එය අසව්.

මහණෙනි, බඹසර යනු කුමක් ද? ඒ මේ ආර්ය අෂ්ටාංගික මර්ගය ම යි. එනම් නිවැරදි දෘෂ්ටිය ය, ...(පෙ).... නිවැරදි චිත්තේකාග්‍රතාවය ය. මහණෙනි, මෙය බඹසර යැයි කියනු ලැබේ.

මහණෙනි, බඹසරින් ලැබෙන යහපත කුමක් ද? මහණෙනි, යම් රාගය ක්ෂය වීමක් ඇද්ද, යම් ද්වේෂය ක්ෂය වීමක් ඇද්ද, යම් මෝහය ක්ෂය වීමක් ඇද්ද, මහණෙනි, මෙය බඹසරින් ලැබෙන යහපත යැයි කියනු ලැබේ.

සාදු! සාදු!! සාදු!!!

දුතිය බ්‍රහ්මචරිය සූත්‍රය නිමා විය.

(සියල්ල සැවැත් නුවර ම නිදාන කොට ඇත)

සිව්වෙනි පටිපත්ති වර්ගය අවසන් විය.

- එහි පිළිවෙල උද්දානයයි :

පටිපත්ති සූත්‍රය, පටිපන්න සූත්‍රය, විරද්ධ සූත්‍රය, පාරංගම සූත්‍රය, සාමඤ්ඤ සූත්‍ර දෙක, බ්‍රහ්මඤ්ඤ සූත්‍ර දෙක සහ බ්‍රහ්මචරිය සූත්‍ර දෙක වශයෙන් මෙහි සූත්‍ර දසයකි.

5. අඤ්ඤතිත්ථිය පෙය්‍යාලය

1.5.1.
විරාග සූත්‍රය
විරාගය ගැන වදාළ දෙසුම

සැවැත් නුවර දී ය .....

එකල්හී බොහෝ භික්ෂූහු භාග්‍යවතුන් වහන්සේ යම් තැනක වැඩවෙසෙන සේක් ද එතැනට පැමිණියහ. පැමිණ භාග්‍යවතුන් වහන්සේට සකසා වන්දනා කොට එකත්පස් ව හිඳගත්හ. එකත්පස් ව හුන් ඒ භික්ෂූන්ට භාග්‍යවතුන් වහන්සේ මෙය වදාළ සේක.

"මහණෙනි, ඉදින් අන්‍යතීර්ථක පරිබ්‍රාජකයෝ ඔබෙන් මෙසේ අසත් නම්, 'ආයුෂ්මත්නි, කුමක් සඳහා ශ්‍රමණ ගෞතමයන්ගේ සසුනෙහි බඹසර හැසිරෙනු ලැබෙයි ද?' යි. මහණෙනි, මෙසේ අසන ලද ඔබ ඒ අන්‍ය තීර්ථක පරිබ්‍රාජකයන් හට මෙසේ පිළිවදන් දෙව්.

'ආයුෂ්මත්නි, භාග්‍යවතුන් වහන්සේගේ සසුනෙහි බඹසර හැසිරෙන්නේ රාගය දුරුලීම පිණිස ය' යනුවෙනි.

ඉදින් මහණෙනි, අන්‍යතීර්ථක පරිබ්‍රාජකයෝ මෙසේ අසන්නාහු නම්, 'ආයුෂ්මත්නි, රාගය දුරුලීම පිණිස මාර්ගයක් තිබේ ද? ප්‍රතිපදාවක් තිබේ ද?' යි. මහණෙනි, මෙසේ විමසන ලද ඒ අන්‍යතීර්ථක පරිබ්‍රාජකයන්ට ඔබ මෙසේ පිළිතුරු දෙව්.

'ආයුෂ්මත්නි, රාගය දුරුලීම පිණිස මාර්ගයක් ඇත්තේ ය. ප්‍රතිපදාවක් ඇත්තේ ය' යනුවෙනි.

මහණෙනි, රාගය දුරුලීම පිණිස වූ මාර්ගය කුමක් ද? ප්‍රතිපදාව කුමක් ද? ඒ මේ ආර්ය අෂ්ටාංගික මාර්ගය ම යි. එනම් නිවැරදි දෘෂ්ටිය ය, ...(පෙ).... නිවැරදි චිත්තේකාග්‍රතාවය ය. මහණෙනි, රාගය දුරුලීම පිණිස වූ මාර්ගය මෙය යි. ප්‍රතිපදාව මෙය යි. මහණෙනි, මෙසේ අසන ලද ඔබ ඒ අන්‍යතීර්ථක පරිබ්‍රාජකයන්ට මෙසේ පිළිතුරු දෙව්."

සාදු! සාදු!! සාදු!!!

විරාග සූත්‍රය නිමා විය.

1.5.2.
සංයෝජන සූත්‍රය
කෙලෙස් බන්ධන ගැන වදාළ දෙසුම

මහණෙනි, ඉදින් අන්‍යතීර්ථක පරිබ්‍රාජකයෝ ඔබෙන් මෙසේ අසත් නම්, 'ආයුෂ්මත්නි, කුමක් සඳහා ශ්‍රමණ ගෞතමයන්ගේ සසුනෙහි බඹසර හැසිරෙනු ලැබෙයි ද?' යි. මහණෙනි, මෙසේ අසන ලද ඔබ ඒ අන්‍ය තීර්ථක පරිබ්‍රාජකයන් හට මෙසේ පිළිවදන් දෙව්.

'ආයුෂ්මත්නි, භාග්‍යවතුන් වහන්සේගේ සසුනෙහි බඹසර හැසිරෙන්නේ කෙලෙස් බන්ධන ප්‍රහාණය කිරීම පිණිස ය' යනුවෙනි.

ඉදින් මහණෙනි, අන්‍යතීර්ථක පරිබ්‍රාජකයෝ ඔබෙන් මෙසේ අසන්නාහු නම්, 'ආයුෂ්මත්නි, කෙලෙස් බන්ධන ප්‍රහාණය පිණිස මාර්ගයක් තිබේ ද? ප්‍රතිපදාවක් තිබේ ද?' යි. මහණෙනි, මෙසේ විමසන ලද ඒ අන්‍යතීර්ථක පරිබ්‍රාජකයන්ට ඔබ මෙසේ පිළිතුරු දෙව්.

'ආයුෂ්මත්නි, කෙලෙස් බන්ධන ප්‍රහාණය පිණිස මාර්ගයක් ඇත්තේ ය. ප්‍රතිපදාවක් ඇත්තේ ය' යනුවෙනි.

මහණෙනි, කෙලෙස් බන්ධන ප්‍රහාණය පිණිස වූ මාර්ගය කුමක් ද? ප්‍රතිපදාව කුමක් ද? ඒ මේ ආර්ය අෂ්ටාංගික මාර්ගය ම යි. එනම් නිවැරදි දෘෂ්ටිය ය, ...(පෙ).... නිවැරදි චිත්තේකාග්‍රතාවය ය. මහණෙනි, කෙලෙස් බන්ධන ප්‍රහාණය පිණිස වූ මාර්ගය මෙය යි. ප්‍රතිපදාව මෙය යි. මහණෙනි, මෙසේ අසන ලද ඔබ ඒ අන්‍යතීර්ථක පරිබ්‍රාජකයන්ට මෙසේ පිළිතුරු දෙව්."

සාදු! සාදු!! සාදු!!!

සංයෝජන සූත්‍රය නිමා විය.

1.5.3.
අනුසය සූත්‍රය
අප්‍රකට ව පවතින කෙලෙස් ගැන වදාළ දෙසුම

මහණෙනි, ඉදින් අන්‍යතීර්ථක පරිබ්‍රාජකයෝ ඔබෙන් මෙසේ අසත් නම්, 'ආයුෂ්මත්නි, කුමක් සඳහා ශ්‍රමණ ගෞතමයන්ගේ සසුනෙහි බඹසර හැසිරෙනු ලැබෙයි ද?' යි. මහණෙනි, මෙසේ අසන ලද ඔබ ඒ අන්‍ය තීර්ථක පරිබ්‍රාජකයන් හට මෙසේ පිළිවදන් දෙව්.

'ආයුෂ්මත්නි, භාග්‍යවතුන් වහන්සේගේ සසුනෙහි බඹසර හැසිරෙන්නේ අප්‍රකට ව පවතින කෙලෙස් නැසීම පිණිස ය' යනුවෙනි.

ඉදින් මහණෙනි, අන්‍යතීර්ථක පරිබ්‍රාජකයෝ ඔබෙන් මෙසේ අසන්නාහු නම්, 'ආයුෂ්මත්නි, අප්‍රකට ව පවතින කෙලෙස් නැසීම පිණිස මාර්ගයක් තිබේ ද? ප්‍රතිපදාවක් තිබේ ද?' යි. මහණෙනි, මෙසේ විමසන ලද ඒ අන්‍යතීර්ථක පරිබ්‍රාජකයන්ට මෙසේ පිළිතුරු දෙව්.

'ආයුෂ්මත්නි, අප්‍රකට ව පවතින කෙලෙස් ප්‍රහාණය නැසීම පිණිස මාර්ගයක් ඇත්තේ ය. ප්‍රතිපදාවක් ඇත්තේ ය' යනුවෙනි.

මහණෙනි, අප්‍රකට ව පවතින කෙලෙස් ප්‍රහාණය පිණිස වූ මාර්ගය කුමක් ද? ප්‍රතිපදාව කුමක් ද? ඒ මේ ආර්ය අෂ්ටාංගික මාර්ගය ම යි. එනම් නිවැරදි දෘෂ්ටිය ය, ...(පෙ).... නිවැරදි චිත්තේකාග්‍රතාවය ය. මහණෙනි, අප්‍රකට ව පවතින කෙලෙස් නැසීම පිණිස වූ මාර්ගය මෙය යි. ප්‍රතිපදාව මෙය යි. මහණෙනි, මෙසේ අසන ලද ඔබ ඒ අන්‍යතීර්ථක පරිබ්‍රාජකයන්ට මෙසේ පිළිතුරු දෙව්."

සාදු! සාදු!! සාදු!!!

අනුසය සූත්‍රය නිමා විය.

1.5.4.

අද්ධාන සූත්‍රය

දිගු සසර ගමන ගැන වදාළ දෙසුම

මහණෙනි, ඉදින් අන්‍යතීර්ථක පරිබ්‍රාජකයෝ ඔබෙන් මෙසේ අසත් නම්, 'ආයුෂ්මත්නි, කුමක් සඳහා ශ්‍රමණ ගෞතමයන්ගේ සසුනෙහි බඹසර හැසිරෙනු ලැබෙයි ද?' යි. මහණෙනි, මෙසේ අසන ලද ඔබ ඒ අන්‍ය තීර්ථක පරිබ්‍රාජකයන් හට මෙසේ පිළිවදන් දෙව්.

'ආයුෂ්මත්නි, භාග්‍යවතුන් වහන්සේගේ සසුනෙහි බඹසර හැසිරෙන්නේ දිගු සසර ගමන පිරිසිඳ දැනීම පිණිස ය' යනුවෙනි.

ඉදින් මහණෙනි, අන්‍යතීර්ථක පරිබ්‍රාජකයෝ ඔබෙන් මෙසේ අසන්නාහු නම්, 'ආයුෂ්මත්නි, දිගු සසර ගමන පිරිසිඳ දැනීම පිණිස මාර්ගයක් තිබේ ද? ප්‍රතිපදාවක් තිබේ ද?' යි. මහණෙනි, මෙසේ විමසන ලද ඒ අන්‍යතීර්ථක පරිබ්‍රාජකයන්ට ඔබ මෙසේ පිළිතුරු දෙව්.

'ආයුෂ්මත්නි, දිගු සසර ගමන පිරිසිඳ දැනීම පිණිස මාර්ගයක් ඇත්තේ ය. ප්‍රතිපදාවක් ඇත්තේ ය' යනුවෙනි.

මහණෙනි, දිගු සසර ගමන පිරිසිඳ දැනීම පිණිස වූ මාර්ගය කුමක් ද? ප්‍රතිපදාව කුමක් ද? ඒ මේ ආර්ය අෂ්ටාංගික මාර්ගය ම යි. එනම් නිවැරදි දෘෂ්ටිය ය, ...(පෙ).... නිවැරදි චිත්තේකාග්‍රතාවය ය. මහණෙනි, දිගු සසර ගමන පිරිසිඳ දැනීම පිණිස වූ මාර්ගය මෙය යි. ප්‍රතිපදාව මෙය යි. මහණෙනි, මෙසේ අසන ලද ඔබ ඒ අන්‍යතීර්ථක පරිබ්‍රාජකයන්ට මෙසේ පිළිතුරු දෙව්.”

සාදු! සාදු!! සාදු!!!

අද්ධාන සූත්‍රය නිමා විය.

1.5.5.
ආසවක්ඛය සූත්‍රය
ආශ්‍රවයන් ක්ෂය කිරීම ගැන වදාළ දෙසුම

මහණෙනි, ඉදින් අන්‍යතීර්ථක පරිබ්‍රාජකයෝ ඔබෙන් මෙසේ අසත් නම්, 'ආයුෂ්මත්නි, කුමක් සඳහා ශ්‍රමණ ගෞතමයන්ගේ සසුනෙහි බඹසර හැසිරෙනු ලැබෙයි ද?' යි. මහණෙනි, මෙසේ අසන ලද ඔබ ඒ අන්‍ය තීර්ථක පරිබ්‍රාජකයන් හට මෙසේ පිළිවදන් දෙව්.

'ආයුෂ්මත්නි, භාග්‍යවතුන් වහන්සේගේ සසුනෙහි බඹසර හැසිරෙන්නේ ආශ්‍රවයන් ක්ෂය කිරීම පිණිස ය' යනුවෙනි.

ඉදින් මහණෙනි, අන්‍යතීර්ථක පරිබ්‍රාජකයෝ ඔබෙන් මෙසේ අසන්නාහු නම්, 'ආයුෂ්මත්නි, ආශ්‍රවයන් ක්ෂය කිරීම පිණිස මාර්ගයක් තිබේ ද? ප්‍රතිපදාවක් තිබේ ද?' යි. මහණෙනි, මෙසේ විමසන ලද ඒ අන්‍යතීර්ථක පරිබ්‍රාජකයන්ට ඔබ මෙසේ පිළිතුරු දෙව්.

'ආයුෂ්මත්නි, ආශ්‍රවයන් ක්ෂය කිරීම පිණිස මාර්ගයක් ඇත්තේ ය. ප්‍රතිපදාවක් ඇත්තේ ය' යනුවෙනි.

මහණෙනි, ආශ්‍රවයන් ක්ෂය කිරීම පිණිස වූ මාර්ගය කුමක් ද? ප්‍රතිපදාව කුමක් ද? ඒ මේ ආර්ය අෂ්ටාංගික මාර්ගය ම යි. එනම් නිවැරදි දෘෂ්ටිය ය, ...(පෙ).... නිවැරදි චිත්තේකාග්‍රතාවය ය. මහණෙනි, ආශ්‍රවයන් ක්ෂය කිරීම පිණිස වූ මාර්ගය මෙය යි. ප්‍රතිපදාව මෙය යි. මහණෙනි, මෙසේ අසන ලද ඔබ ඒ අන්‍යතීර්ථක පරිබ්‍රාජකයන්ට මෙසේ පිළිතුරු දෙව්."

සාදු! සාදු!! සාදු!!!

ආසවක්ඛය සූත්‍රය නිමා විය.

1.5.6.
විජ්ජාවිමුත්ති සූත්‍රය
විද්‍යා විමුක්ති ඵලය සාක්ෂාත් කිරීම ගැන වදාළ දෙසුම

මහණෙනි, ඉදින් අන්‍යතීර්ථක පරිබ්‍රාජකයෝ ඔබෙන් මෙසේ අසත් නම්, 'ආයුෂ්මත්නි, කුමක් සඳහා ශ්‍රමණ ගෞතමයන්ගේ සසුනෙහි බඹසර හැසිරෙනු ලැබෙයි ද?' යි. මහණෙනි, මෙසේ අසන ලද ඔබ ඒ අන්‍ය තීර්ථක පරිබ්‍රාජකයන් හට මෙසේ පිළිවදන් දෙව්.

'ආයුෂ්මත්නි, භාග්‍යවතුන් වහන්සේගේ සසුනෙහි බඹසර හැසිරෙන්නේ විද්‍යා විමුක්ති ඵලය සාක්ෂාත් කිරීම පිණිස ය' යනුවෙනි.

ඉදින් මහණෙනි, අන්‍යතීර්ථක පරිබ්‍රාජකයෝ ඔබෙන් මෙසේ අසන්නාහු නම්, 'ආයුෂ්මත්නි, විද්‍යා විමුක්ති ඵලය සාක්ෂාත් කිරීම පිණිස මාර්ගයක් තිබේ ද? ප්‍රතිපදාවක් තිබේ ද?' යි. මහණෙනි, මෙසේ විමසන ලද ඒ අන්‍යතීර්ථක පරිබ්‍රාජකයන්ට ඔබ මෙසේ පිළිතුරු දෙව්.

'ආයුෂ්මත්නි, විද්‍යා විමුක්ති ඵලය සාක්ෂාත් කිරීම පිණිස මාර්ගයක් ඇත්තේ ය. ප්‍රතිපදාවක් ඇත්තේ ය' යනුවෙනි.

මහණෙනි, විද්‍යා විමුක්ති ඵලය සාක්ෂාත් කිරීම පිණිස වූ මාර්ගය කුමක් ද? ප්‍රතිපදාව කුමක් ද? ඒ මේ ආර්ය අෂ්ටාංගික මාර්ගය ම යි. එනම් නිවැරදි දෘෂ්ටිය ය, ...(පෙ).... නිවැරදි චිත්තේකාග්‍රතාවය ය. මහණෙනි, විද්‍යා විමුක්ති ඵලය සාක්ෂාත් කිරීම පිණිස වූ මාර්ගය මෙය යි. ප්‍රතිපදාව මෙය යි. මහණෙනි, මෙසේ අසන ලද ඔබ ඒ අන්‍යතීර්ථක පරිබ්‍රාජකයන්ට මෙසේ පිළිතුරු දෙව්."

සාදු! සාදු!! සාදු!!!

විජ්ජාවිමුත්ති සූත්‍රය නිමා විය.

1.5.7.
ඤාණදස්සන සූත්‍රය
ඥානදර්ශනය ගැන වදාළ දෙසුම

මහණෙනි, ඉදින් අන්‍යතීර්ථක පරිබ්‍රාජකයෝ ඔබෙන් මෙසේ අසත් නම්, 'ආයුෂ්මත්නි, කුමක් සඳහා ශ්‍රමණ ගෞතමයන්ගේ සසුනෙහි බඹසර හැසිරෙනු ලැබෙයි ද?' යි. මහණෙනි, මෙසේ අසන ලද ඔබ ඒ අන්‍ය තීර්ථක පරිබ්‍රාජකයන් හට මෙසේ පිළිවදන් දෙව්.

'ආයුෂ්මත්නි, භාග්‍යවතුන් වහන්සේගේ සසුනෙහි බඹසර හැසිරෙන්නේ ඥානදර්ශනය පිණිස ය' යනුවෙනි.

ඉදින් මහණෙනි, අන්‍යතීර්ථක පරිබ්‍රාජකයෝ ඔබෙන් මෙසේ අසන්නාහු නම්, 'ආයුෂ්මත්නි, ඥානදර්ශනය පිණිස මාර්ගයක් තිබේ ද? ප්‍රතිපදාවක් තිබේ ද?' යි. මහණෙනි, මෙසේ විමසන ලද ඒ අන්‍යතීර්ථක පරිබ්‍රාජකයන්ට ඔබ මෙසේ පිළිතුරු දෙව්.

'ආයුෂ්මත්නි, ඥානදර්ශනය පිණිස මාර්ගයක් ඇත්තේ ය. ප්‍රතිපදාවක් ඇත්තේ ය' යනුවෙනි.

මහණෙනි, ඥානදර්ශනය පිණිස වූ මාර්ගය කුමක් ද? ප්‍රතිපදාව කුමක් ද? ඒ මේ ආර්ය අෂ්ටාංගික මාර්ගය ම යි. එනම් නිවැරදි දෘෂ්ටිය ය, ...(පෙ).... නිවැරදි චිත්තේකාග්‍රතාවය ය. මහණෙනි, ඥානදර්ශනය පිණිස වූ මාර්ගය මෙය යි. ප්‍රතිපදාව මෙය යි. මහණෙනි, මෙසේ අසන ලද ඔබ ඒ අන්‍යතීර්ථක පරිබ්‍රාජකයන්ට මෙසේ පිළිතුරු දෙව්."

සාදු! සාදු!! සාදු!!!

ඤාණදස්සන සූත්‍රය නිමා විය.

1.5.8.
අනුපාදා සූත්‍රය
උපාදාන රහිත වීම ගැන වදාළ දෙසුම

මහණෙනි, ඉදින් අන්‍යතීර්ථක පරිබ්‍රාජකයෝ ඔබෙන් මෙසේ අසත් නම්, 'ආයුෂ්මත්නි, කුමක් සඳහා ශ්‍රමණ ගෞතමයන්ගේ සසුනෙහි බඹසර හැසිරෙනු ලැබෙයි ද?' යි. මහණෙනි, මෙසේ අසන ලද ඔබ ඒ අන්‍ය තීර්ථක පරිබ්‍රාජකයන් හට මෙසේ පිළිවදන් දෙව්.

'ආයුෂ්මත්නි, භාග්‍යවතුන් වහන්සේගේ සසුනෙහි බඹසර හැසිරෙන්නේ උපාදාන රහිත ව පිරිනිවන් පෑම පිණිස ය' යනුවෙනි.

ඉදින් මහණෙනි, අන්‍යතීර්ථක පරිබ්‍රාජකයෝ ඔබෙන් මෙසේ අසන්නාහු නම්, 'ආයුෂ්මත්නි, උපාදාන රහිත ව පිරිනිවන් පෑම පිණිස මාර්ගයක් තිබේ ද? ප්‍රතිපදාවක් තිබේ ද?' යි. මහණෙනි, මෙසේ විමසන ලද ඒ අන්‍යතීර්ථක පරිබ්‍රාජකයන්ට ඔබ මෙසේ පිළිතුරු දෙව්.

'ආයුෂ්මත්නි, උපාදාන රහිත ව පිරිනිවන් පෑම පිණිස මාර්ගයක් ඇත්තේ ය. ප්‍රතිපදාවක් ඇත්තේ ය' යනුවෙනි.

මහණෙනි, උපාදාන රහිත ව පිරිනිවන් පෑම පිණිස වූ මාර්ගය කුමක් ද? ප්‍රතිපදාව කුමක් ද? ඒ මේ ආර්ය අෂ්ටාංගික මාර්ගය ම යි. එනම් නිවැරදි දෘෂ්ටිය ය, ...(පෙ).... නිවැරදි චිත්තේකාග්‍රතාවය ය. මහණෙනි, උපාදාන රහිත ව පිරිනිවන් පෑම පිණිස වූ මාර්ගය මෙය යි. ප්‍රතිපදාව මෙය යි. මහණෙනි, මෙසේ අසන ලද ඔබ ඒ අන්‍යතීර්ථකයන්ට මෙසේ පිළිතුරු දෙව්."

සාදු! සාදු!! සාදු!!!

අනුපාදා සූත්‍රය නිමා විය.

(සියල්ල සැවැත් නුවර දී ය...)

පස්වෙනි අඤ්ඤතිත්ථිය පෙය්‍යාලය අවසන් විය.

- එහි පිළිවෙල උද්දානයයි :

විරාග සූත්‍රය, සංයෝජන සූත්‍රය, අනුසය සූත්‍රය, අද්ධාන සූත්‍රය, ආසවක්ඛය සූත්‍රය, විජ්ජාවිමුත්ති සූත්‍රය, ඤාණදස්සන සූත්‍රය සහ අනුපාදා සූත්‍රය වශයෙන් මෙහි සූත්‍ර අටකි.

6. සුරිය පෙය්‍යාලය

1.6.1.
කල්‍යාණමිත්ත සූත්‍රය
කල්‍යාණමිත්‍රයා ගැන වදාළ දෙසුම

මේ සියළු දෙසුමන් වදාරණ ලද්දේ සැවැත් නුවර දී ය .....

මහණෙනි, හිරු මඬල නැග එන විට මුල් ම සළකුණ මෙය යි. මුල් ම නිමිත්ත මෙය යි. එනම් අරුණෝදය ඇතිවීම යි. මහණෙනි, එසෙයින් ම භික්ෂුවකට ආර්ය අෂ්ටාංගික මාර්ගය හටගැනීම පිණිස මුල් ම සළකුණ මෙය යි. මුල් ම නිමිත්ත මෙය යි. එනම් කල්‍යාණමිත්‍රයන් ඇති බව යි.

මහණෙනි, කල්‍යාණමිත්‍රයන් සිටින භික්ෂුව ආර්ය අෂ්ටාංගික මාර්ගය දියුණු කරන්නේ ය, ආර්ය අෂ්ටාංගික මාර්ගය බහුල ව ප්‍රගුණ කරන්නේ ය යන්න කැමති විය යුතු ය.

මහණෙනි, කලණමිතුරන් සිටින භික්ෂුව ආර්ය අෂ්ටාංගික මාර්ගය දියුණු කරන්නේ කෙසේ ද? ආර්ය අෂ්ටාංගික මාර්ගය බහුල ව ප්‍රගුණ කරන්නේ කෙසේ ද?

මහණෙනි, මෙහිලා භික්ෂුව කාය චිත්ත විවේකයෙන් යුතු ව, විරාගී සිතින් යුතු ව, අකුසල් නිරුද්ධ කරන සිතින් යුතු ව, නිවනට නැඹුරු වූ සිතින් යුතු ව, නිවැරදි දෘෂ්ටිය දියුණු කරයි. ....(පෙ).... නිවැරදි සංකල්පනා දියුණු කරයි. ....(පෙ).... නිවැරදි වචන භාවිතය දියුණු කරයි. ....(පෙ).... නිවැරදි කායික ක්‍රියා දියුණු කරයි. ....(පෙ).... නිවැරදි දිවිපෙවෙත දියුණු කරයි. ....(පෙ).... නිවැරදි උත්සාහය දියුණු කරයි. ....(පෙ).... නිවැරදි සිහිය දියුණු කරයි. කාය චිත්ත විවේකයෙන් යුතු ව, විරාගී සිතින් යුතු ව, අකුසල් නිරුද්ධ කරන සිතින් යුතු

ව, නිවනට නැඹුරු වූ සිතින් යුතු ව, නිවැරදි චිත්තේකාග්‍රතාවය දියුණු කරයි. මහණෙනි, කලණමිතුරන් සිටින භික්ෂුව ආර්ය අෂ්ටාංගික මාර්ගය දියුණු කරන්නේ, ආර්ය අෂ්ටාංගික මාර්ගය බහුල ව ප්‍රගුණ කරන්නේ මේ අයුරිනි.

සාදු! සාදු!! සාදු!!!

කල්‍යාණමිත්ත සූත්‍රය නිමා විය.

1.6.2.
සීල සූත්‍රය
සීලය ගැන වදාළ දෙසුම

මහණෙනි, හිරු මඬල නැග එන විට මුල් ම සළකුණ මෙය යි. මුල් ම නිමිත්ත මෙය යි. එනම් අරුණෝදය ඇතිවීම යි. මහණෙනි, එසෙයින් ම භික්ෂුවකට ආර්ය අෂ්ටාංගික මාර්ගය හටගැනීම පිණිස මුල් ම සළකුණ මෙය යි. මුල් ම නිමිත්ත මෙය යි. එනම් සීල සම්පත් ඇති බව යි.

මහණෙනි, සීල සම්පන්න ව සිටින භික්ෂුව ආර්ය අෂ්ටාංගික මාර්ගය දියුණු කරන්නේ ය, ආර්ය අෂ්ටාංගික මාර්ගය බහුල ව ප්‍රගුණ කරන්නේ ය යන්න කැමති විය යුතු ය.

මහණෙනි, සීල සම්පන්න ව සිටින භික්ෂුව ආර්ය අෂ්ටාංගික මාර්ගය දියුණු කරන්නේ කෙසේ ද? ආර්ය අෂ්ටාංගික මාර්ගය බහුල ව ප්‍රගුණ කරන්නේ කෙසේ ද?

මහණෙනි, මෙහිලා භික්ෂුව කාය චිත්ත විවේකයෙන් යුතු ව, විරාගී සිතින් යුතු ව, අකුසල් නිරුද්ධ කරන සිතින් යුතු ව, නිවනට නැඹුරු වූ සිතින් යුතු ව, නිවැරදි දෘෂ්ටිය දියුණු කරයි. ....(පෙ).... කාය චිත්ත විවේකයෙන් යුතු ව, විරාගී සිතින් යුතු ව, අකුසල් නිරුද්ධ කරන සිතින් යුතු ව, නිවනට නැඹුරු වූ සිතින් යුතු ව, නිවැරදි චිත්තේකාග්‍රතාවය දියුණු කරයි. මහණෙනි, සීල සම්පන්න ව සිටින භික්ෂුව ආර්ය අෂ්ටාංගික මාර්ගය දියුණු කරන්නේ, ආර්ය අෂ්ටාංගික මාර්ගය බහුල ව ප්‍රගුණ කරන්නේ මේ අයුරිනි.

1.6.3.
ඡන්ද සූත්‍රය
දුකෙන් මිදෙනු කැමති වීම ගැන වදාළ දෙසුම

මහණෙනි, හිරු මඬල නැග එන විට මුල් ම සළකුණ මෙය යි. මුල් ම නිමිත්ත මෙය යි. එනම් අරුණෝදය ඇතිවීම යි. මහණෙනි, එසෙයින් ම භික්ෂුවකට ආර්ය අෂ්ටාංගික මාර්ගය හටගැනීම පිණිස මුල් ම සළකුණ මෙය යි. මුල් ම නිමිත්ත මෙය යි. එනම් දුකෙන් මිදීමට කැමැත්ත ඇති බව නම් වූ සම්පත්තිය යි. ....(පෙ).... ආර්ය අෂ්ටාංගික මාර්ගය බහුල ව ප්‍රගුණ කරන්නේ මේ අයුරිනි.

1.6.4.
අත්ත සූත්‍රය
සිත පිහිටුවීම ගැන වදාළ දෙසුම

මහණෙනි, හිරු මඬල නැග එන විට මුල් ම සළකුණ මෙය යි. මුල් ම නිමිත්ත මෙය යි. එනම් අරුණෝදය ඇතිවීම යි. මහණෙනි, එසෙයින් ම භික්ෂුවකට ආර්ය අෂ්ටාංගික මාර්ගය හටගැනීම පිණිස මුල් ම සළකුණ මෙය යි. මුල් ම නිමිත්ත මෙය යි. එනම් දුකෙන් මිදීමට සිත පිහිටුවීම නම් වූ සම්පත්තිය යි. ....(පෙ).... ආර්ය අෂ්ටාංගික මාර්ගය බහුල ව ප්‍රගුණ කරන්නේ මේ අයුරිනි.

1.6.5.
දිට්ඨි සූත්‍රය
දෘෂ්ටි සම්පත් ඇති බව ගැන වදාළ දෙසුම

මහණෙනි, හිරු මඬල නැග එන විට මුල් ම සළකුණ මෙය යි. මුල් ම නිමිත්ත මෙය යි. එනම් අරුණෝදය ඇතිවීම යි. මහණෙනි, එසෙයින් ම භික්ෂුවකට ආර්ය අෂ්ටාංගික මාර්ගය හටගැනීම පිණිස මුල් ම සළකුණ මෙය

යි. මුල් ම නිමිත්ත මෙය යි. එනම් නිවැරදි දැක්ම නමැති සම්පත්තිය ඇති බව යි. ....(පෙ).... ආර්ය අෂ්ටාංගික මාර්ගය බහුල ව ප්‍රගුණ කරන්නේ මේ අයුරිනි.

1.6.6.
අප්පමාද සූත්‍රය
අප්‍රමාදය ගැන වදාළ දෙසුම

මහණෙනි, හිරු මඬල නැග එන විට මුල් ම සළකුණ මෙය යි. මුල් ම නිමිත්ත මෙය යි. එනම් අරුණෝදය ඇතිවීම යි. මහණෙනි, එසෙයින් ම භික්ෂුවකට ආර්ය අෂ්ටාංගික මාර්ගය හටගැනීම පිණිස මුල් ම සළකුණ මෙය යි. මුල් ම නිමිත්ත මෙය යි. එනම් අප්‍රමාද සම්පත්තිය ඇති බව යි. ....(පෙ).... ආර්ය අෂ්ටාංගික මාර්ගය බහුල ව ප්‍රගුණ කරන්නේ මේ අයුරිනි.

1.6.7.
යෝනිසෝ සූත්‍රය
නුවණ යොදා මෙනෙහි කිරීම ගැන වදාළ දෙසුම

මහණෙනි, හිරු මඬල නැග එන විට මුල් ම සළකුණ මෙය යි. මුල් ම නිමිත්ත මෙය යි. එනම් අරුණෝදය ඇතිවීම යි. මහණෙනි, එසෙයින් ම භික්ෂුවකට ආර්ය අෂ්ටාංගික මාර්ගය හටගැනීම පිණිස මුල් ම සළකුණ මෙය යි. මුල් ම නිමිත්ත මෙය යි. එනම් නුවණ යොදා මෙනෙහි කිරීම නම් වූ සම්පත්තිය ඇති බව යි.

මහණෙනි, නුවණ යොදා මෙනෙහි කරමින් සිටින භික්ෂුව ආර්ය අෂ්ටාංගික මාර්ගය දියුණු කරන්නේ ය, ආර්ය අෂ්ටාංගික මාර්ගය බහුල ව ප්‍රගුණ කරන්නේ ය යන්න කැමති විය යුතු ය.

මහණෙනි, නුවණ යොදා මෙනෙහි කරමින් සිටින භික්ෂුව ආර්ය අෂ්ටාංගික මාර්ගය දියුණු කරන්නේ කෙසේ ද? ආර්ය අෂ්ටාංගික මාර්ගය බහුල ව ප්‍රගුණ කරන්නේ කෙසේ ද?

මහණෙනි, මෙහිලා භික්ෂුව කාය චිත්ත විවේකයෙන් යුතු ව, විරාගී සිතින් යුතු ව, අකුසල් නිරුද්ධ කරන සිතින් යුතු ව, නිවනට නැඹුරු වූ සිතින්

යුතු ව, නිවැරදි දෘෂ්ටිය දියුණු කරයි. ....(පෙ).... කාය චිත්ත විවේකයෙන් යුතු ව, විරාගී සිතින් යුතු ව, අකුසල් නිරුද්ධ කරන සිතින් යුතු ව, නිවනට නැඹුරු වූ සිතින් යුතු ව, නිවැරදි චිත්තේකාග්‍රතාවය දියුණු කරයි. මහණෙනි, නුවණ යොදා මෙනෙහි කරමින් සිටින භික්ෂුව ආර්ය අෂ්ටාංගික මාර්ගය දියුණු කරන්නේ, ආර්ය අෂ්ටාංගික මාර්ගය බහුල ව ප්‍රගුණ කරන්නේ මේ අයුරිනි.

1.6.8.
දුතිය කල්‍යාණමිත්ත සූත්‍රය
කල්‍යාණමිත්‍රයා ගැන වදාළ දෙවෙනි දෙසුම

මහණෙනි, හිරු මඬල නැග එන විට මුල් ම සළකුණ මෙය යි. මුල් ම නිමිත්ත මෙය යි. එනම් අරුණෝදය ඇතිවීම යි. මහණෙනි, එසෙයින් ම භික්ෂුවකට ආර්ය අෂ්ටාංගික මාර්ගය හටගැනීම පිණිස මුල් ම සළකුණ මෙය යි. මුල් ම නිමිත්ත මෙය යි. එනම් කල්‍යාණමිත්‍රයන් ඇති බව යි.

මහණෙනි, කල්‍යාණමිත්‍රයන් සිටින භික්ෂුව ආර්ය අෂ්ටාංගික මාර්ගය දියුණු කරන්නේ ය, ආර්ය අෂ්ටාංගික මාර්ගය බහුල ව ප්‍රගුණ කරන්නේ ය යන්න කැමති විය යුතු ය.

මහණෙනි, කලණමිතුරන් සිටින භික්ෂුව ආර්ය අෂ්ටාංගික මාර්ගය දියුණු කරන්නේ කෙසේ ද? ආර්ය අෂ්ටාංගික මාර්ගය බහුල ව ප්‍රගුණ කරන්නේ කෙසේ ද?

මහණෙනි, මෙහිලා භික්ෂුව රාගය දුරු කිරීම අවසානය කොට ගෙන, ද්වේෂය දුරු කිරීම අවසානය කොට ගෙන, මෝහය දුරු කිරීම අවසානය කොට ගෙන නිවැරදි දෘෂ්ටිය දියුණු කරයි. ....(පෙ).... රාගය දුරු කිරීම අවසානය කොට ගෙන, ද්වේෂය දුරු කිරීම අවසානය කොට ගෙන, මෝහය දුරු කිරීම අවසානය කොට ගෙන නිවැරදි චිත්තේකාග්‍රතාවය දියුණු කරයි. මහණෙනි, කලණමිතුරන් සිටින භික්ෂුව ආර්ය අෂ්ටාංගික මාර්ගය දියුණු කරන්නේ, ආර්ය අෂ්ටාංගික මාර්ගය බහුල ව ප්‍රගුණ කරන්නේ මේ අයුරිනි.

1.6.9.
දුතිය සීල සූත්‍රය
සීලය ගැන වදාළ දෙවෙනි දෙසුම

මහණෙනි, හිරු මඬල නැග එන විට මුල් ම සළකුණ මෙය යි. මුල් ම නිමිත්ත මෙය යි. එනම් අරුණෝදය ඇතිවීම යි. මහණෙනි, එසෙයින් ම භික්ෂුවකට ආර්ය අෂ්ටාංගික මාර්ගය හටගැනීම පිණිස මුල් ම සළකුණ මෙය යි. මුල් ම නිමිත්ත මෙය යි. එනම් සීල සම්පත් ඇති බව යි.

මහණෙනි, සීල සම්පන්න ව සිටින භික්ෂුව ආර්ය අෂ්ටාංගික මාර්ගය දියුණු කරන්නේ ය, ආර්ය අෂ්ටාංගික මාර්ගය බහුල ව ප්‍රගුණ කරන්නේ ය යන්න කැමති විය යුතු ය. ....(පෙ).... ආර්ය අෂ්ටාංගික මාර්ගය බහුල ව ප්‍රගුණ කරන්නේ මේ අයුරිනි.

1.6.10.
දුතිය ඡන්ද සූත්‍රය
දුකෙන් මිදෙනු කැමති වීම ගැන වදාළ දෙවෙනි දෙසුම

මහණෙනි, හිරු මඬල නැග එන විට මුල් ම සළකුණ මෙය යි. මුල් ම නිමිත්ත මෙය යි. එනම් අරුණෝදය ඇතිවීම යි. මහණෙනි, එසෙයින් ම භික්ෂුවකට ආර්ය අෂ්ටාංගික මාර්ගය හටගැනීම පිණිස මුල් ම සළකුණ මෙය යි. මුල් ම නිමිත්ත මෙය යි. එනම් දුකෙන් මිදීමට කැමැත්ත ඇති බව නම් වූ සම්පත්තිය යි. ....(පෙ).... ආර්ය අෂ්ටාංගික මාර්ගය බහුල ව ප්‍රගුණ කරන්නේ මේ අයුරිනි.

1.6.11.
දුතිය අත්ත සූත්‍රය
සිත පිහිටුවීම ගැන වදාළ දෙවෙනි දෙසුම

මහණෙනි, හිරු මඬල නැග එන විට මුල් ම සළකුණ මෙය යි. මුල් ම නිමිත්ත මෙය යි. එනම් අරුණෝදය ඇතිවීම යි. මහණෙනි, එසෙයින් ම භික්ෂුවකට ආර්ය අෂ්ටාංගික මාර්ගය හටගැනීම පිණිස මුල් ම සළකුණ මෙය යි. මුල් ම නිමිත්ත මෙය යි. එනම් දුකෙන් මිදීමට සිත පිහිටුවීම නම් වූ සම්පත්තිය යි. ....(පෙ).... ආර්ය අෂ්ටාංගික මාර්ගය බහුල ව ප්‍රගුණ කරන්නේ මේ අයුරිනි.

1.6.12.
දුතිය දිට්ඨි සූත්‍රය
දෘෂ්ටි සම්පත් ඇති බව ගැන වදාළ දෙවෙනි දෙසුම

මහණෙනි, හිරු මඬල නැග එන විට මුල් ම සළකුණ මෙය යි. මුල් ම නිමිත්ත මෙය යි. එනම් අරුණෝදය ඇතිවීම යි. මහණෙනි, එසෙයින් ම භික්ෂුවකට ආර්ය අෂ්ටාංගික මාර්ගය හටගැනීම පිණිස මුල් ම සළකුණ මෙය යි. මුල් ම නිමිත්ත මෙය යි. එනම් නිවැරදි දැක්ම නමැති සම්පත්තිය ඇති බව යි. ....(පෙ).... ආර්ය අෂ්ටාංගික මාර්ගය බහුල ව ප්‍රගුණ කරන්නේ මේ අයුරිනි.

1.6.13.
දුතිය අප්පමාද සූත්‍රය
අප්‍රමාදය ගැන වදාළ දෙවෙනි දෙසුම

මහණෙනි, හිරු මඬල නැග එන විට මුල් ම සළකුණ මෙය යි. මුල් ම නිමිත්ත මෙය යි. එනම් අරුණෝදය ඇතිවීම යි. මහණෙනි, එසෙයින් ම භික්ෂුවකට ආර්ය අෂ්ටාංගික මාර්ගය හටගැනීම පිණිස මුල් ම සළකුණ මෙය යි. මුල් ම නිමිත්ත මෙය යි. එනම් අප්‍රමාද සම්පත්තිය ඇති බව යි. ....(පෙ).... ආර්ය අෂ්ටාංගික මාර්ගය බහුල ව ප්‍රගුණ කරන්නේ මේ අයුරිනි.

1.6.14.
දුතිය යෝනිසෝ සූත්‍රය
නුවණ යොදා මෙනෙහි කිරීම ගැන වදාළ දෙවෙනි දෙසුම

මහණෙනි, හිරු මඬල නැග එන විට මුල් ම සළකුණ මෙය යි. මුල් ම නිමිත්ත මෙය යි. එනම් අරුණෝදය ඇතිවීම යි. මහණෙනි, එසෙයින් ම භික්ෂුවකට ආර්ය අෂ්ටාංගික මාර්ගය හටගැනීම පිණිස මුල් ම සළකුණ මෙය යි. මුල් ම නිමිත්ත මෙය යි. එනම් නුවණ යොදා මෙනෙහි කිරීම නම් වූ සම්පත්තිය ඇති බව යි.

මහණෙනි, නුවණ යොදා මෙනෙහි කරමින් සිටින භික්ෂුව ආර්ය අෂ්ටාංගික මාර්ගය දියුණු කරන්නේ ය, ආර්ය අෂ්ටාංගික මාර්ගය බහුල ව ප්‍රගුණ කරන්නේ ය යන්න කැමති විය යුතු ය.

මහණෙනි, නුවණ යොදා මෙනෙහි කරමින් සිටින භික්ෂුව ආර්ය අෂ්ටාංගික මාර්ගය දියුණු කරන්නේ කෙසේ ද? ආර්ය අෂ්ටාංගික මාර්ගය බහුල ව ප්‍රගුණ කරන්නේ කෙසේ ද?

මහණෙනි, මෙහිලා භික්ෂුව රාගය දුරු කිරීම අවසානය කොට ගෙන, ද්වේෂය දුරු කිරීම අවසානය කොට ගෙන, මෝහය දුරු කිරීම අවසානය කොට ගෙන නිවැරදි දෘෂ්ටිය දියුණු කරයි. ....(පෙ).... රාගය දුරු කිරීම අවසානය කොට ගෙන, ද්වේෂය දුරු කිරීම අවසානය කොට ගෙන, මෝහය දුරු කිරීම අවසානය කොට ගෙන නිවැරදි චිත්තේකාග්‍රතාවය දියුණු කරයි. මහණෙනි, නුවණ යොදා මෙනෙහි කරමින් සිටින භික්ෂුව ආර්ය අෂ්ටාංගික මාර්ගය දියුණු කරන්නේ, ආර්ය අෂ්ටාංගික මාර්ගය බහුල ව ප්‍රගුණ කරන්නේ මේ අයුරිනි.

සාදු! සාදු!! සාදු!!!

දුතිය යෝනිසෝ සූත්‍රය නිමා විය.

සය වෙනි සූරිය පෙය්‍යාලය අවසන් විය.

- එහි පිළිවෙල උද්දානයයි :

කල්‍යාණමිත්ත, සීල, ඡන්ද, අත්ත, දිට්ඨි, අප්පමාද වශයෙන් සූත්‍ර යුගල සයකි. යෝනිසෝ සූත්‍ර යුගලය සත් වෙනි වෙයි. මෙහි සූත්‍ර දහහතරකි.

7. ඒකධම්ම පෙය්‍යාලය

1.7.1.
කල්‍යාණමිත්ත සූත්‍රය
කල්‍යාණමිත්‍රයා ගැන වදාළ දෙසුම

සැවැත් නුවර දී ය .....

මහණෙනි, ආර්ය අෂ්ටාංගික මාර්ගය උපදවා ගැනීම පිණිස එක ධර්මයක් බොහෝ සෙයින් උපකාරී වෙයි. ඒ කවර එක ධර්මයක් ද යත්, එනම් කල්‍යාණමිත්‍රයන් ඇති බව යි.

මහණෙනි, කල්‍යාණමිත්‍රයන් සිටින භික්ෂුව ආර්ය අෂ්ටාංගික මාර්ගය දියුණු කරන්නේ ය, ආර්ය අෂ්ටාංගික මාර්ගය බහුල ව පුරුණ කරන්නේ ය යන්න කැමති විය යුතු ය.

මහණෙනි, කලණමිතුරන් සිටින භික්ෂුව ආර්ය අෂ්ටාංගික මාර්ගය දියුණු කරන්නේ කෙසේ ද? ආර්ය අෂ්ටාංගික මාර්ගය බහුල ව පුරුණ කරන්නේ කෙසේ ද?

මහණෙනි, මෙහිලා භික්ෂුව කාය චිත්ත විවේකයෙන් යුතු ව, විරාගී සිතින් යුතු ව, අකුසල් නිරුද්ධ කරන සිතින් යුතු ව, නිවනට නැඹුරු වූ සිතින් යුතු ව, නිවැරදි දෘෂ්ටිය දියුණු කරයි. ....(පෙ).... කාය චිත්ත විවේකයෙන් යුතු ව, විරාගී සිතින් යුතු ව, අකුසල් නිරුද්ධ කරන සිතින් යුතු ව, නිවනට නැඹුරු වූ සිතින් යුතු ව, නිවැරදි චිත්තේකාග්‍රතාවය දියුණු කරයි. මහණෙනි, කලණමිතුරන් සිටින භික්ෂුව ආර්ය අෂ්ටාංගික මාර්ගය දියුණු කරන්නේ, ආර්ය අෂ්ටාංගික මාර්ගය බහුල ව පුරුණ කරන්නේ මේ අයුරිනි.

සාදු! සාදු!! සාදු!!!

කල්‍යාණමිත්ත සූත්‍රය නිමා විය.

1.7.2.
සීල සූත්‍රය
සීලය ගැන වදාළ දෙසුම

මහණෙනි, ආර්ය අෂ්ටාංගික මාර්ගය උපදවා ගැනීම පිණිස එක ධර්මයක් බොහෝ සෙයින් උපකාරී වෙයි. ඒ කවර එක ධර්මයක් ද යත්, එනම් සීල සම්පත් ඇති බව යි.

මහණෙනි, සීල සම්පන්න ව සිටින භික්ෂුව ආර්ය අෂ්ටාංගික මාර්ගය දියුණු කරන්නේ ය, ආර්ය අෂ්ටාංගික මාර්ගය බහුල ව ප්‍රගුණ කරන්නේ ය යන්න කැමති විය යුතු ය.

මහණෙනි, සීල සම්පන්න ව සිටින භික්ෂුව ආර්ය අෂ්ටාංගික මාර්ගය දියුණු කරන්නේ කෙසේ ද? ආර්ය අෂ්ටාංගික මාර්ගය බහුල ව ප්‍රගුණ කරන්නේ කෙසේ ද?

මහණෙනි, මෙහිලා භික්ෂුව කාය චිත්ත විවේකයෙන් යුතු ව, විරාගී සිතින් යුතු ව, අකුසල් නිරුද්ධ කරන සිතින් යුතු ව, නිවනට නැඹුරු වූ සිතින් යුතු ව, නිවැරදි දෘෂ්ටිය දියුණු කරයි. ....(පෙ).... කාය චිත්ත විවේකයෙන් යුතු ව, විරාගී සිතින් යුතු ව, අකුසල් නිරුද්ධ කරන සිතින් යුතු ව, නිවනට නැඹුරු වූ සිතින් යුතු ව, නිවැරදි චිත්තේකාග්‍රතාවය දියුණු කරයි. මහණෙනි, සීල සම්පන්න ව සිටින භික්ෂුව ආර්ය අෂ්ටාංගික මාර්ගය දියුණු කරන්නේ, ආර්ය අෂ්ටාංගික මාර්ගය බහුල ව ප්‍රගුණ කරන්නේ මේ අයුරිනි.

1.7.3.
ඡන්ද සූත්‍රය
දුකෙන් මිදෙනු කැමති වීම ගැන වදාළ දෙසුම

මහණෙනි, ආර්ය අෂ්ටාංගික මාර්ගය උපදවා ගැනීම පිණිස එක ධර්මයක් බොහෝ සෙයින් උපකාරී වෙයි. ඒ කවර එක ධර්මයක් ද යත්, එනම් දුකෙන් මිදීමට කැමැත්ත ඇති බව නම් වූ සම්පත්තිය යි. ....(පෙ).... ආර්ය අෂ්ටාංගික මාර්ගය බහුල ව ප්‍රගුණ කරන්නේ මේ අයුරිනි.

1.7.4.
අත්ත සූත්‍රය
සිත පිහිටුවීම ගැන වදාළ දෙසුම

මහණෙනි, ආර්ය අෂ්ටාංගික මාර්ගය උපදවා ගැනීම පිණිස එක ධර්මයක් බොහෝ සෙයින් උපකාරී වෙයි. ඒ කවර එක ධර්මයක් ද යත්, එනම් දුකෙන් මිදීමට සිත පිහිටුවීම නම් වූ සම්පත්තිය යි. ....(පෙ).... ආර්ය අෂ්ටාංගික මාර්ගය බහුල ව ප්‍රගුණ කරන්නේ මේ අයුරිනි.

1.7.5.
දිට්ඨි සූත්‍රය
දෘෂ්ටි සම්පත් ඇති බව ගැන වදාළ දෙසුම

මහණෙනි, ආර්ය අෂ්ටාංගික මාර්ගය උපදවා ගැනීම පිණිස එක ධර්මයක් බොහෝ සෙයින් උපකාරී වෙයි. ඒ කවර එක ධර්මයක් ද යත්, එනම් නිවැරදි දැක්ම නමැති සම්පත්තිය ඇති බව යි. ....(පෙ).... ආර්ය අෂ්ටාංගික මාර්ගය බහුල ව ප්‍රගුණ කරන්නේ මේ අයුරිනි.

1.7.6.
අප්පමාද සූත්‍රය
අප්‍රමාදය ගැන වදාළ දෙසුම

මහණෙනි, ආර්ය අෂ්ටාංගික මාර්ගය උපදවා ගැනීම පිණිස එක ධර්මයක් බොහෝ සෙයින් උපකාරී වෙයි. ඒ කවර එක ධර්මයක් ද යත්, එනම් අප්‍රමාද සම්පත්තිය ඇති බව යි. ....(පෙ).... ආර්ය අෂ්ටාංගික මාර්ගය බහුල ව ප්‍රගුණ කරන්නේ මේ අයුරිනි.

1.7.7.
යෝනිසෝ සූත්‍රය
නුවණ යොදා මෙනෙහි කිරීම ගැන වදාළ දෙසුම

මහණෙනි, ආර්ය අෂ්ටාංගික මාර්ගය උපදවා ගැනීම පිණිස එක ධර්මයක් බොහෝ සෙයින් උපකාරී වෙයි. ඒ කවර එක ධර්මයක් ද යත්, එනම් නුවණ යොදා මෙනෙහි කිරීම නම් වූ සම්පත්තිය ඇති බව යි.

මහණෙනි, නුවණ යොදා මෙනෙහි කරමින් සිටින භික්ෂුව ආර්ය අෂ්ටාංගික මාර්ගය දියුණු කරන්නේ ය, ආර්ය අෂ්ටාංගික මාර්ගය බහුල ව ප්‍රගුණ කරන්නේ ය යන්න කැමති විය යුතු ය.

මහණෙනි, නුවණ යොදා මෙනෙහි කරමින් සිටින භික්ෂුව ආර්ය අෂ්ටාංගික මාර්ගය දියුණු කරන්නේ කෙසේ ද? ආර්ය අෂ්ටාංගික මාර්ගය බහුල ව ප්‍රගුණ කරන්නේ කෙසේ ද?

මහණෙනි, මෙහිලා භික්ෂුව කාය චිත්ත විවේකයෙන් යුතු ව, විරාගී සිතින් යුතු ව, අකුසල් නිරුද්ධ කරන සිතින් යුතු ව, නිවනට නැඹුරු වූ සිතින් යුතු ව, නිවැරදි දෘෂ්ටිය දියුණු කරයි. ....(පෙ).... කාය චිත්ත විවේකයෙන් යුතු ව, විරාගී සිතින් යුතු ව, අකුසල් නිරුද්ධ කරන සිතින් යුතු ව, නිවනට නැඹුරු වූ සිතින් යුතු ව, නිවැරදි චිත්තේකාග්‍රතාවය දියුණු කරයි. මහණෙනි, නුවණ යොදා මෙනෙහි කරමින් සිටින භික්ෂුව ආර්ය අෂ්ටාංගික මාර්ගය දියුණු කරන්නේ, ආර්ය අෂ්ටාංගික මාර්ගය බහුල ව ප්‍රගුණ කරන්නේ මේ අයුරිනි.

1.7.8.
දුතිය කල්‍යාණමිත්ත සූත්‍රය
කල්‍යාණමිත්‍රයා ගැන වදාළ දෙවෙනි දෙසුම

සැවැත් නුවර දී ය ....

මහණෙනි, ආර්ය අෂ්ටාංගික මාර්ගය උපදවා ගැනීම පිණිස එක ධර්මයක් බොහෝ සෙයින් උපකාරී වෙයි. ඒ කවර එක ධර්මයක් ද යත්, එනම්

කල්‍යාණමිත්‍රයන් ඇති බව යි.

මහණෙනි, කල්‍යාණමිත්‍රයන් සිටින භික්ෂුව ආර්ය අෂ්ටාංගික මාර්ගය දියුණු කරන්නේ ය, ආර්ය අෂ්ටාංගික මාර්ගය බහුල ව ප්‍රගුණ කරන්නේ ය යන්න කැමති විය යුතු ය.

මහණෙනි, කලණමිතුරන් සිටින භික්ෂුව ආර්ය අෂ්ටාංගික මාර්ගය දියුණු කරන්නේ කෙසේ ද? ආර්ය අෂ්ටාංගික මාර්ගය බහුල ව ප්‍රගුණ කරන්නේ කෙසේ ද?

මහණෙනි, මෙහිලා භික්ෂුව රාගය දුරු කිරීම අවසානය කොට ගෙන, ද්වේෂය දුරු කිරීම අවසානය කොට ගෙන, මෝහය දුරු කිරීම අවසානය කොට ගෙන නිවැරදි දෘෂ්ටිය දියුණු කරයි. ....(පෙ).... රාගය දුරු කිරීම අවසානය කොට ගෙන, ද්වේෂය දුරු කිරීම අවසානය කොට ගෙන, මෝහය දුරු කිරීම අවසානය කොට ගෙන නිවැරදි චිත්තේකාග්‍රතාවය දියුණු කරයි. මහණෙනි, කලණමිතුරන් සිටින භික්ෂුව ආර්ය අෂ්ටාංගික මාර්ගය දියුණු කරන්නේ, ආර්ය අෂ්ටාංගික මාර්ගය බහුල ව ප්‍රගුණ කරන්නේ මේ අයුරිනි.

1.7.9.
දුතිය සීල සූත්‍රය
සීලය ගැන වදාළ දෙවෙනි දෙසුම

මහණෙනි, ආර්ය අෂ්ටාංගික මාර්ගය උපදවා ගැනීම පිණිස එක ධර්මයක් බොහෝ සෙයින් උපකාරී වෙයි. ඒ කවර එක ධර්මයක් ද යත්, එනම් සීල සම්පත් ඇති බව යි.

මහණෙනි, සීල සම්පන්න ව සිටින භික්ෂුව ආර්ය අෂ්ටාංගික මාර්ගය දියුණු කරන්නේ ය, ආර්ය අෂ්ටාංගික මාර්ගය බහුල ව ප්‍රගුණ කරන්නේ ය යන්න කැමති විය යුතු ය.

මහණෙනි, සීල සම්පන්න ව සිටින භික්ෂුව ආර්ය අෂ්ටාංගික මාර්ගය දියුණු කරන්නේ කෙසේ ද? ආර්ය අෂ්ටාංගික මාර්ගය බහුල ව ප්‍රගුණ කරන්නේ කෙසේ ද?

මහණෙනි, මෙහිලා භික්ෂුව රාගය දුරු කිරීම අවසානය කොට ගෙන, ද්වේෂය දුරු කිරීම අවසානය කොට ගෙන, මෝහය දුරු කිරීම අවසානය කොට

ගෙන නිවැරදි දෘෂ්ටිය දියුණු කරයි. ....(පෙ).... රාගය දුරු කිරීම අවසානය කොට ගෙන, ද්වේෂය දුරු කිරීම අවසානය කොට ගෙන, මෝහය දුරු කිරීම අවසානය කොට ගෙන නිවැරදි චිත්තේකාග්‍රතාවය දියුණු කරයි. මහණෙනි, සීල සම්පන්න ව සිටින භික්ෂුව ආර්‍ය අෂ්ටාංගික මාර්ගය දියුණු කරන්නේ, ආර්‍ය අෂ්ටාංගික මාර්ගය බහුල ව ප්‍රගුණ කරන්නේ මේ අයුරිනි.

1.7.10.
දුතිය ඡන්ද සූත්‍රය
දුකෙන් මිදෙනු කැමති වීම ගැන වදාළ දෙවෙනි දෙසුම

මහණෙනි, ආර්‍ය අෂ්ටාංගික මාර්ගය උපදවා ගැනීම පිණිස එක ධර්මයක් බොහෝ සෙයින් උපකාරී වෙයි. ඒ කවර එක ධර්මයක් ද යත්, එනම් දුකෙන් මිදීමට කැමැත්ත ඇති බව නම් වූ සම්පත්තිය යි. ....(පෙ).... ආර්‍ය අෂ්ටාංගික මාර්ගය බහුල ව ප්‍රගුණ කරන්නේ මේ අයුරිනි.

1.7.11.
දුතිය අත්ත සූත්‍රය
සිත පිහිටුවීම ගැන වදාළ දෙවෙනි දෙසුම

මහණෙනි, ආර්‍ය අෂ්ටාංගික මාර්ගය උපදවා ගැනීම පිණිස එක ධර්මයක් බොහෝ සෙයින් උපකාරී වෙයි. ඒ කවර එක ධර්මයක් ද යත්, එනම් දුකෙන් මිදීමට සිත පිහිටුවීම නම් වූ සම්පත්තිය යි. ....(පෙ).... ආර්‍ය අෂ්ටාංගික මාර්ගය බහුල ව ප්‍රගුණ කරන්නේ මේ අයුරිනි.

1.7.12.
දුතිය දිට්ඨි සූත්‍රය
දෘෂ්ටි සම්පත් ඇති බව ගැන වදාළ දෙවෙනි දෙසුම

මහණෙනි, ආර්‍ය අෂ්ටාංගික මාර්ගය උපදවා ගැනීම පිණිස එක ධර්මයක්

බොහෝ සෙයින් උපකාරී වෙයි. ඒ කවර එක ධර්මයක් ද යත්, එනම් නිවැරදි දැක්ම නමැති සම්පත්තිය ඇති බව යි. ....(පෙ).... ආර්ය අෂ්ටාංගික මාර්ගය බහුල ව ප්‍රගුණ කරන්නේ මේ අයුරිනි.

1.7.13.
දුතිය අප්පමාද සූත්‍රය
අප්‍රමාදය ගැන වදාළ දෙවෙනි දෙසුම

මහණෙනි, ආර්ය අෂ්ටාංගික මාර්ගය උපදවා ගැනීම පිණිස එක ධර්මයක් බොහෝ සෙයින් උපකාරී වෙයි. ඒ කවර එක ධර්මයක් ද යත්, එනම් අප්‍රමාද සම්පත්තිය ඇති බව යි. ....(පෙ).... ආර්ය අෂ්ටාංගික මාර්ගය බහුල ව ප්‍රගුණ කරන්නේ මේ අයුරිනි.

1.7.14.
දුතිය යෝනිසෝ සූත්‍රය
නුවණ යොදා මෙනෙහි කිරීම ගැන වදාළ දෙවෙනි දෙසුම

මහණෙනි, ආර්ය අෂ්ටාංගික මාර්ගය උපදවා ගැනීම පිණිස එක ධර්මයක් බොහෝ සෙයින් උපකාරී වෙයි. ඒ කවර එක ධර්මයක් ද යත්, එනම් නුවණ යොදා මෙනෙහි කිරීම නම් වූ සම්පත්තිය ඇති බව යි.

මහණෙනි, නුවණ යොදා මෙනෙහි කරමින් සිටින භික්ෂුව ආර්ය අෂ්ටාංගික මාර්ගය දියුණු කරන්නේ ය, ආර්ය අෂ්ටාංගික මාර්ගය බහුල ව ප්‍රගුණ කරන්නේ ය යන්න කැමති විය යුතු ය.

මහණෙනි, නුවණ යොදා මෙනෙහි කරමින් සිටින භික්ෂුව ආර්ය අෂ්ටාංගික මාර්ගය දියුණු කරන්නේ කෙසේ ද? ආර්ය අෂ්ටාංගික මාර්ගය බහුල ව ප්‍රගුණ කරන්නේ කෙසේ ද?

මහණෙනි, මෙහිලා භික්ෂුව රාගය දුරු කිරීම අවසානය කොට ගෙන, ද්වේෂය දුරු කිරීම අවසානය කොට ගෙන, මෝහය දුරු කිරීම අවසානය කොට ගෙන නිවැරදි දෘෂ්ටිය දියුණු කරයි. ....(පෙ).... රාගය දුරු කිරීම අවසානය

කොට ගෙන, ද්වේෂය දුරු කිරීම අවසානය කොට ගෙන, මෝහය දුරු කිරීම අවසානය කොට ගෙන නිවැරදි චිත්තේකාග්‍රතාවය දියුණු කරයි. මහණෙනි, නුවණ යොදා මෙනෙහි කරමින් සිටින භික්ෂුව ආර්ය අෂ්ටාංගික මාර්ගය දියුණු කරන්නේ, ආර්ය අෂ්ටාංගික මාර්ගය බහුල ව ප්‍රගුණ කරන්නේ මේ අයුරිනි.

සාදු! සාදු!! සාදු!!!

දුතිය යෝනිසෝ සූත්‍රය නිමා විය.

සත් වෙනි ඒකධම්ම පෙය්‍යාලය අවසන් විය.

- එහි පිළිවෙල උද්දානයයි :

කල්‍යාණමිත්ත, සීල, ඡන්ද, අත්ත, දිට්ඨි, අප්පමාද වශයෙන් සූත්‍ර යුගල සයකි. යෝනිසෝ සූත්‍ර යුගලය සත් වෙනි වෙයි. මෙහි සූත්‍ර දහහතරකි.

8. දුතිය ඒකධම්ම පෙයාාලය

1.8.1.
කලාාණමිත්ත සූත්‍රය
කලාාණමිත්‍රයා ගැන වදාළ දෙසුම

සැවැත් නුවර දී ය .....

මහණෙනි, යමක් හේතු කොට ගෙන නූපන් ආර්ය අෂ්ටාංගික මාර්ගය උපදියි නම්, උපන් ආර්ය අෂ්ටාංගික මාර්ගය දියුණු වීමෙන් පරිපූර්ණත්වයට යයි නම්, මහණෙනි, යම් බඳු මේ කලාාණමිත්‍රයන් සිටින බව වැනි අන් එක් ධර්මයක් වත් මම නොදකිමි.

මහණෙනි, කලාාණමිත්‍රයන් සිටින භික්ෂුව ආර්ය අෂ්ටාංගික මාර්ගය දියුණු කරන්නේ ය, ආර්ය අෂ්ටාංගික මාර්ගය බහුල ව ප්‍රගුණ කරන්නේ ය යන්න කැමති විය යුතු ය.

මහණෙනි, කලණමිතුරන් සිටින භික්ෂුව ආර්ය අෂ්ටාංගික මාර්ගය දියුණු කරන්නේ කෙසේ ද? ආර්ය අෂ්ටාංගික මාර්ගය බහුල ව ප්‍රගුණ කරන්නේ කෙසේ ද?

මහණෙනි, මෙහිලා භික්ෂුව කාය චිත්ත විවේකයෙන් යුතු ව, විරාගී සිතින් යුතු ව, අකුසල් නිරුද්ධ කරන සිතින් යුතු ව, නිවනට නැඹුරු වූ සිතින් යුතු ව, නිවැරදි දෘෂ්ටිය දියුණු කරයි. ....(පෙ).... කාය චිත්ත විවේකයෙන් යුතු ව, විරාගී සිතින් යුතු ව, අකුසල් නිරුද්ධ කරන සිතින් යුතු ව, නිවනට නැඹුරු වූ සිතින් යුතු ව, නිවැරදි චිත්තේකාග්‍රතාවය දියුණු කරයි. මහණෙනි, කලණමිතුරන් සිටින භික්ෂුව ආර්ය අෂ්ටාංගික මාර්ගය දියුණු කරන්නේ, ආර්ය අෂ්ටාංගික මාර්ගය බහුල ව ප්‍රගුණ කරන්නේ මේ අයුරිනි.

සාදු! සාදු!! සාදු!!!

කලාාණමිත්ත සූත්‍රය නිමා විය.

1.8.2.
සීල සූත්‍රය
සීලය ගැන වදාළ දෙසුම

මහණෙනි, යමක් හේතු කොට ගෙන නූපන් ආර්ය අෂ්ටාංගික මාර්ගය උපදියි නම්, උපන් ආර්ය අෂ්ටාංගික මාර්ගය දියුණු වීමෙන් පරිපූර්ණත්වයට යයි නම්, මහණෙනි, යම් බඳු මේ සීල සම්පත් ඇති බව වැනි අන් එක් ධර්මයක් වත් මම නොදකිමි.

මහණෙනි, සීල සම්පන්න ව සිටින භික්ෂුව ආර්ය අෂ්ටාංගික මාර්ගය දියුණු කරන්නේ ය, ආර්ය අෂ්ටාංගික මාර්ගය බහුල ව ප්‍රගුණ කරන්නේ ය යන්න කැමති විය යුතු ය.

මහණෙනි, සීල සම්පන්න ව සිටින භික්ෂුව ආර්ය අෂ්ටාංගික මාර්ගය දියුණු කරන්නේ කෙසේ ද? ආර්ය අෂ්ටාංගික මාර්ගය බහුල ව ප්‍රගුණ කරන්නේ කෙසේ ද?

මහණෙනි, මෙහිලා භික්ෂුව කාය චිත්ත විවේකයෙන් යුතු ව, විරාගී සිතින් යුතු ව, අකුසල් නිරුද්ධ කරන සිතින් යුතු ව, නිවනට නැඹුරු වූ සිතින් යුතු ව, නිවැරදි දෘෂ්ටිය දියුණු කරයි. ....(පෙ).... කාය චිත්ත විවේකයෙන් යුතු ව, විරාගී සිතින් යුතු ව, අකුසල් නිරුද්ධ කරන සිතින් යුතු ව, නිවනට නැඹුරු වූ සිතින් යුතු ව, නිවැරදි චිත්තේකාග්‍රතාවය දියුණු කරයි. මහණෙනි, සීල සම්පන්න ව සිටින භික්ෂුව ආර්ය අෂ්ටාංගික මාර්ගය දියුණු කරන්නේ, ආර්ය අෂ්ටාංගික මාර්ගය බහුල ව ප්‍රගුණ කරන්නේ මේ අයුරිනි.

1.8.3.
ඡන්ද සූත්‍රය
දුකෙන් මිදෙනු කැමති වීම ගැන වදාළ දෙසුම

මහණෙනි, යමක් හේතු කොට ගෙන නූපන් ආර්ය අෂ්ටාංගික මාර්ගය උපදියි නම්, උපන් ආර්ය අෂ්ටාංගික මාර්ගය දියුණු වීමෙන් පරිපූර්ණත්වයට යයි නම්, මහණෙනි, යම් බඳු මේ දුකින් මිදීමට ඇති කැමැත්ත නම් වූ සම්පත්තිය

වැනි අන් එක් ධර්මයක් වත් මම නොදකිමි. ....(පෙ).... ආර්ය අෂ්ටාංගික මාර්ගය බහුල ව ප්‍රගුණ කරන්නේ මේ අයුරිනි.

1.8.4.
අත්ත සූත්‍රය
සිත පිහිටුවීම ගැන වදාළ දෙසුම

මහණෙනි, යමක් හේතු කොට ගෙන නූපන් ආර්ය අෂ්ටාංගික මාර්ගය උපදියි නම්, උපන් ආර්ය අෂ්ටාංගික මාර්ගය දියුණු වීමෙන් පරිපූර්ණත්වයට යයි නම්, මහණෙනි, යම් බඳු මේ දුකින් මිදීමට සිත පිහිටුවීම නම් වූ සම්පත්තිය වැනි අන් එක් ධර්මයක් වත් මම නොදකිමි. ....(පෙ).... ආර්ය අෂ්ටාංගික මාර්ගය බහුල ව ප්‍රගුණ කරන්නේ මේ අයුරිනි.

1.8.5.
දිට්ඨි සූත්‍රය
දෘෂ්ටි සම්පත් ඇති බව ගැන වදාළ දෙසුම

මහණෙනි, යමක් හේතු කොට ගෙන නූපන් ආර්ය අෂ්ටාංගික මාර්ගය උපදියි නම්, උපන් ආර්ය අෂ්ටාංගික මාර්ගය දියුණු වීමෙන් පරිපූර්ණත්වයට යයි නම්, මහණෙනි, යම් බඳු මේ නිවැරදි දැක්ම නම් වූ සම්පත්තිය වැනි අන් එක් ධර්මයක් වත් මම නොදකිමි. ....(පෙ).... ආර්ය අෂ්ටාංගික මාර්ගය බහුල ව ප්‍රගුණ කරන්නේ මේ අයුරිනි.

1.8.6.
අප්පමාද සූත්‍රය
අප්‍රමාදය ගැන වදාළ දෙසුම

මහණෙනි, යමක් හේතු කොට ගෙන නූපන් ආර්ය අෂ්ටාංගික මාර්ගය උපදියි නම්, උපන් ආර්ය අෂ්ටාංගික මාර්ගය දියුණු වීමෙන් පරිපූර්ණත්වයට

යයි නම්, මහණෙනි, යම් බඳු මේ අප්‍රමාදය නම් වූ සම්පත්තිය වැනි අන් එක් ධර්මයක් වත් මම නොදකිමි. ....(පෙ).... ආර්ය අෂ්ටාංගික මාර්ගය බහුල ව ප්‍රගුණ කරන්නේ මේ අයුරිනි.

1.8.7.
යෝනිසෝ සූත්‍රය
නුවණ යොදා මෙනෙහි කිරීම ගැන වදාළ දෙසුම

මහණෙනි, යමක් හේතු කොට ගෙන නූපන් ආර්ය අෂ්ටාංගික මාර්ගය උපදියි නම්, උපන් ආර්ය අෂ්ටාංගික මාර්ගය දියුණු වීමෙන් පරිපූර්ණත්වයට යයි නම්, මහණෙනි, යම් බඳු මේ නුවණ යොදා මෙනෙහි කිරීම නම් වූ සම්පත්තිය වැනි අන් එක් ධර්මයක් වත් මම නොදකිමි.

මහණෙනි, නුවණ යොදා මෙනෙහි කරමින් සිටින භික්ෂුව ආර්ය අෂ්ටාංගික මාර්ගය දියුණු කරන්නේ ය, ආර්ය අෂ්ටාංගික මාර්ගය බහුල ව ප්‍රගුණ කරන්නේ ය යන්න කැමති විය යුතු ය.

මහණෙනි, නුවණ යොදා මෙනෙහි කරමින් සිටින භික්ෂුව ආර්ය අෂ්ටාංගික මාර්ගය දියුණු කරන්නේ කෙසේ ද? ආර්ය අෂ්ටාංගික මාර්ගය බහුල ව ප්‍රගුණ කරන්නේ කෙසේ ද?

මහණෙනි, මෙහිලා භික්ෂුව කාය චිත්ත විවේකයෙන් යුතු ව, විරාගී සිතින් යුතු ව, අකුසල් නිරුද්ධ කරන සිතින් යුතු ව, නිවනට නැඹුරු වූ සිතින් යුතු ව, නිවැරදි දෘෂ්ටිය දියුණු කරයි. ....(පෙ).... කාය චිත්ත විවේකයෙන් යුතු ව, විරාගී සිතින් යුතු ව, අකුසල් නිරුද්ධ කරන සිතින් යුතු ව, නිවනට නැඹුරු වූ සිතින් යුතු ව, නිවැරදි චිත්තේකාග්‍රතාවය දියුණු කරයි. මහණෙනි, නුවණ යොදා මෙනෙහි කරමින් සිටින භික්ෂුව ආර්ය අෂ්ටාංගික මාර්ගය දියුණු කරන්නේ, ආර්ය අෂ්ටාංගික මාර්ගය බහුල ව ප්‍රගුණ කරන්නේ මේ අයුරිනි.

1.8.8.
දුතිය කල්‍යාණමිත්ත සූත්‍රය
කල්‍යාණමිත්‍රයා ගැන වදාළ දෙවෙනි දෙසුම

මහණෙනි, යමක් හේතු කොට ගෙන නූපන් ආර්ය අෂ්ටාංගික මාර්ගය උපදියි නම්, උපන් ආර්ය අෂ්ටාංගික මාර්ගය දියුණු වීමෙන් පරිපූර්ණත්වයට යයි නම්, මහණෙනි, යම් බඳු මේ කල්‍යාණමිත්‍රයන් ඇති බව නම් වූ සම්පත්තිය වැනි අන් එක් ධර්මයක් වත් මම නොදකිමි.

මහණෙනි, කල්‍යාණමිත්‍රයන් සිටින භික්ෂුව ආර්ය අෂ්ටාංගික මාර්ගය දියුණු කරන්නේ ය, ආර්ය අෂ්ටාංගික මාර්ගය බහුල ව ප්‍රගුණ කරන්නේ ය යන්න කැමති විය යුතු ය.

මහණෙනි, කලණමිතුරන් සිටින භික්ෂුව ආර්ය අෂ්ටාංගික මාර්ගය දියුණු කරන්නේ කෙසේ ද? ආර්ය අෂ්ටාංගික මාර්ගය බහුල ව ප්‍රගුණ කරන්නේ කෙසේ ද?

මහණෙනි, මෙහිලා භික්ෂුව රාගය දුරු කිරීම අවසානය කොට ගෙන, ද්වේෂය දුරු කිරීම අවසානය කොට ගෙන, මෝහය දුරු කිරීම අවසානය කොට ගෙන නිවැරදි දෘෂ්ටිය දියුණු කරයි. ....(පෙ).... රාගය දුරු කිරීම අවසානය කොට ගෙන, ද්වේෂය දුරු කිරීම අවසානය කොට ගෙන, මෝහය දුරු කිරීම අවසානය කොට ගෙන නිවැරදි චිත්තේකාග්‍රතාවය දියුණු කරයි. මහණෙනි, කලණමිතුරන් සිටින භික්ෂුව ආර්ය අෂ්ටාංගික මාර්ගය දියුණු කරන්නේ, ආර්ය අෂ්ටාංගික මාර්ගය බහුල ව ප්‍රගුණ කරන්නේ මේ අයුරිනි.

1.8.9.
දුතිය සීල සූත්‍රය
සීලය ගැන වදාළ දෙවෙනි දෙසුම

මහණෙනි, යමක් හේතු කොට ගෙන නූපන් ආර්ය අෂ්ටාංගික මාර්ගය උපදියි නම්, උපන් ආර්ය අෂ්ටාංගික මාර්ගය දියුණු වීමෙන් පරිපූර්ණත්වයට යයි නම්, මහණෙනි, යම් බඳු මේ සීලය නම් වූ සම්පත්තිය වැනි අන් එක් ධර්මයක් වත් මම නොදකිමි.

මහණෙනි, සීල සම්පන්න ව සිටින භික්ෂුව ආර්ය අෂ්ටාංගික මාර්ගය දියුණු කරන්නේ ය, ආර්ය අෂ්ටාංගික මාර්ගය බහුල ව ප්‍රගුණ කරන්නේ ය යන්න කැමති විය යුතු ය.

මහණෙනි, සීල සම්පන්න ව සිටින භික්ෂුව ආර්ය අෂ්ටාංගික මාර්ගය දියුණු කරන්නේ කෙසේ ද? ආර්ය අෂ්ටාංගික මාර්ගය බහුල ව ප්‍රගුණ කරන්නේ කෙසේ ද?

මහණෙනි, මෙහිලා භික්ෂුව රාගය දුරු කිරීම අවසානය කොට ගෙන, ද්වේෂය දුරු කිරීම අවසානය කොට ගෙන, මෝහය දුරු කිරීම අවසානය කොට ගෙන නිවැරදි දෘෂ්ටිය දියුණු කරයි. ....(පෙ).... රාගය දුරු කිරීම අවසානය කොට ගෙන, ද්වේෂය දුරු කිරීම අවසානය කොට ගෙන, මෝහය දුරු කිරීම අවසානය කොට ගෙන නිවැරදි චිත්තේකාග්‍රතාවය දියුණු කරයි. මහණෙනි, සීල සම්පන්න ව සිටින භික්ෂුව ආර්ය අෂ්ටාංගික මාර්ගය දියුණු කරන්නේ, ආර්ය අෂ්ටාංගික මාර්ගය බහුල ව ප්‍රගුණ කරන්නේ මේ අයුරිනි.

1.8.10.
දුතිය ඡන්ද සූත්‍රය
දුකෙන් මිදෙනු කැමති වීම ගැන වදාළ දෙවෙනි දෙසුම

මහණෙනි, යමක් හේතු කොට ගෙන නූපන් ආර්ය අෂ්ටාංගික මාර්ගය උපදියි නම්, උපන් ආර්ය අෂ්ටාංගික මාර්ගය දියුණු වීමෙන් පරිපූර්ණත්වයට යයි නම්, මහණෙනි, යම් බඳු මේ දුකින් මිදීමට ඇති කැමැත්ත නම් වූ සම්පත්තිය වැනි අන් එක් ධර්මයක් වත් මම නොදකිමි. ....(පෙ).... ආර්ය අෂ්ටාංගික මාර්ගය බහුල ව ප්‍රගුණ කරන්නේ මේ අයුරිනි.

1.8.11.
දුතිය අත්ත සූත්‍රය
සිත පිහිටුවීම ගැන වදාළ දෙවෙනි දෙසුම

මහණෙනි, යමක් හේතු කොට ගෙන නූපන් ආර්ය අෂ්ටාංගික මාර්ගය උපදියි නම්, උපන් ආර්ය අෂ්ටාංගික මාර්ගය දියුණු වීමෙන් පරිපූර්ණත්වයට

යයි නම්, මහණෙනි, යම් බඳු මේ දුකින් මිදීමට සිත පිහිටුවීම නම් වූ සම්පත්තිය වැනි අන් එක් ධර්මයක් වත් මම නොදකිමි. ....(පෙ).... ආර්ය අෂ්ටාංගික මාර්ගය බහුල ව ප්‍රගුණ කරන්නේ මේ අයුරිනි.

1.8.12.
දුතිය දිට්ඨි සූත්‍රය
දෘෂ්ටි සම්පත් ඇති බව ගැන වදාළ දෙවෙනි දෙසුම

මහණෙනි, යමක් හේතු කොට ගෙන නූපන් ආර්ය අෂ්ටාංගික මාර්ගය උපදියි නම්, උපන් ආර්ය අෂ්ටාංගික මාර්ගය දියුණු වීමෙන් පරිපූර්ණත්වයට යයි නම්, මහණෙනි, යම් බඳු මේ නිවැරදි දැක්ම නම් වූ සම්පත්තිය වැනි අන් එක් ධර්මයක් වත් මම නොදකිමි. ....(පෙ).... ආර්ය අෂ්ටාංගික මාර්ගය බහුල ව ප්‍රගුණ කරන්නේ මේ අයුරිනි.

1.8.13.
දුතිය අප්පමාද සූත්‍රය
අප්‍රමාදය ගැන වදාළ දෙවෙනි දෙසුම

මහණෙනි, යමක් හේතු කොට ගෙන නූපන් ආර්ය අෂ්ටාංගික මාර්ගය උපදියි නම්, උපන් ආර්ය අෂ්ටාංගික මාර්ගය දියුණු වීමෙන් පරිපූර්ණත්වයට යයි නම්, මහණෙනි, යම් බඳු මේ අප්‍රමාදය නම් වූ සම්පත්තිය වැනි අන් එක් ධර්මයක් වත් මම නොදකිමි. ....(පෙ).... ආර්ය අෂ්ටාංගික මාර්ගය බහුල ව ප්‍රගුණ කරන්නේ මේ අයුරිනි.

1.8.14.
දුතිය යෝනිසෝ සූත්‍රය
නුවණ යොදා මෙනෙහි කිරීම ගැන වදාළ දෙවෙනි දෙසුම

මහණෙනි, යමක් හේතු කොට ගෙන නූපන් ආර්ය අෂ්ටාංගික මාර්ගය

උපදියි නම්, උපන් ආර්ය අෂ්ටාංගික මාර්ගය දියුණු වීමෙන් පරිපූර්ණත්වයට යයි නම්, මහණෙනි, යම් බඳු මේ නුවණ යොදා මෙනෙහි කිරීම නම් වූ සම්පත්තිය වැනි අන් එක් ධර්මයක් වත් මම නොදකිමි.

මහණෙනි, නුවණ යොදා මෙනෙහි කරමින් සිටින භික්ෂුව ආර්ය අෂ්ටාංගික මාර්ගය දියුණු කරන්නේ ය, ආර්ය අෂ්ටාංගික මාර්ගය බහුල ව ප්‍රගුණ කරන්නේ ය යන්න කැමති විය යුතු ය.

මහණෙනි, නුවණ යොදා මෙනෙහි කරමින් සිටින භික්ෂුව ආර්ය අෂ්ටාංගික මාර්ගය දියුණු කරන්නේ කෙසේ ද? ආර්ය අෂ්ටාංගික මාර්ගය බහුල ව ප්‍රගුණ කරන්නේ කෙසේ ද?

මහණෙනි, මෙහිලා භික්ෂුව රාගය දුරු කිරීම අවසානය කොට ගෙන, ද්වේෂය දුරු කිරීම අවසානය කොට ගෙන, මෝහය දුරු කිරීම අවසානය කොට ගෙන නිවැරදි දෘෂ්ටිය දියුණු කරයි. ....(පෙ).... රාගය දුරු කිරීම අවසානය කොට ගෙන, ද්වේෂය දුරු කිරීම අවසානය කොට ගෙන, මෝහය දුරු කිරීම අවසානය කොට ගෙන නිවැරදි චිත්තේකාග්‍රතාවය දියුණු කරයි. මහණෙනි, නුවණ යොදා මෙනෙහි කරමින් සිටින භික්ෂුව ආර්ය අෂ්ටාංගික මාර්ගය දියුණු කරන්නේ, ආර්ය අෂ්ටාංගික මාර්ගය බහුල ව ප්‍රගුණ කරන්නේ මේ අයුරිනි.

සාදු! සාදු!! සාදු!!!

දුතිය යෝනිසෝ සූත්‍රය නිමා විය.

අටවෙනි දුතිය ඒකධම්ම පෙය්‍යාලය අවසන් විය.

- එහි පිළිවෙල උද්දානයයි :

කල්‍යාණමිත්ත, සීල, ඡන්ද, අත්ත, දිට්ඨි, අප්පමාද වශයෙන් සූත්‍ර යුගල සයකි. යෝනිසෝ සූත්‍ර යුගලය සත් වෙනි වෙයි. මෙහි සූත්‍ර දහහතරකි.

9. ගංගා පෙය්‍යාලය

1.9.1.
පාචීනනින්න සූත්‍රය
පෙරදිගට නැමී තිබීම ගැන වදාළ දෙසුම

සැවැත් නුවර දී ය .....

මහණෙනි, ගංගා නදිය පෙරදිගට නැමී, පෙරදිගට නැඹුරු වී, පෙරදිගට බර වී ඇත්තේ යම් සේ ද, එසෙයින් ම මහණෙනි, ආර්ය අෂ්ටාංගික මාර්ගය දියුණු කරන්නා වූ, ආර්ය අෂ්ටාංගික මාර්ගය බහුල ව ප්‍රගුණ කරන්නා වූ භික්ෂුව නිවනට නැමුණේ වෙයි. නිවනට නැඹුරු වූයේ වෙයි. නිවනට බර වූයේ වෙයි.

මහණෙනි, භික්ෂුවක් නිවනට නැමී සිටින්නේ, නිවනට නැඹුරු වන්නේ, නිවනට බර වන්නේ, කුමන අයුරින් ආර්ය අෂ්ටාංගික මාර්ගය දියුණු කරන විට ද? කුමන අයුරින් ආර්ය අෂ්ටාංගික මාර්ගය බහුල ව ප්‍රගුණ කරන විට ද?

මහණෙනි, මෙහිලා භික්ෂුව කාය චිත්ත විවේකයෙන් යුතු ව, විරාගී සිතින් යුතු ව, අකුසල් නිරුද්ධ කරන සිතින් යුතු ව, නිවනට නැඹුරු වූ සිතින් යුතු ව, නිවැරදි දෘෂ්ටිය දියුණු කරයි. ....(පෙ).... කාය චිත්ත විවේකයෙන් යුතු ව, විරාගී සිතින් යුතු ව, අකුසල් නිරුද්ධ කරන සිතින් යුතු ව, නිවනට නැඹුරු වූ සිතින් යුතු ව, නිවැරදි චිත්තේකාග්‍රතාවය දියුණු කරයි.

මහණෙනි, භික්ෂුවක් නිවනට නැමී සිටින්නේ, නිවනට නැඹුරු වන්නේ, නිවනට බර වන්නේ, මේ අයුරින් ආර්ය අෂ්ටාංගික මාර්ගය දියුණු කරන විට ය. මේ අයුරින් ආර්ය අෂ්ටාංගික මාර්ගය බහුල ව ප්‍රගුණ කරන විට ය.

සාදු! සාදු!! සාදු!!!

පාචීනනින්න සූත්‍රය නිමා විය.

1.9.2.
දුතිය පාචීනනින්න සූත්‍රය
පෙරදිගට නැමී තිබීම ගැන වදාළ දෙවෙනි දෙසුම

මහණෙනි, යමුනා නදිය පෙරදිගට නැමී, පෙරදිගට නැඹුරු වී, පෙරදිගට බර වී ඇත්තේ යම් සේ ද, එසෙයින් ම මහණෙනි, භික්ෂුවක් ....(පෙ).... නිවනට බර වූයේ වෙයි.

1.9.3.
තතිය පාචීනනින්න සූත්‍රය
පෙරදිගට නැමී තිබීම ගැන වදාළ තෙවෙනි දෙසුම

මහණෙනි, අචිරවතී නදිය පෙරදිගට නැමී, පෙරදිගට නැඹුරු වී, පෙරදිගට බර වී ඇත්තේ යම් සේ ද, එසෙයින් ම මහණෙනි, භික්ෂුවක් ....(පෙ).... නිවනට බර වූයේ වෙයි.

1.9.4.
චතුත්ථ පාචීනනින්න සූත්‍රය
පෙරදිගට නැමී තිබීම ගැන වදාළ සිව්වෙනි දෙසුම

මහණෙනි, සරභූ නදිය පෙරදිගට නැමී, පෙරදිගට නැඹුරු වී, පෙරදිගට බර වී ඇත්තේ යම් සේ ද, එසෙයින් ම මහණෙනි, භික්ෂුවක් ....(පෙ).... නිවනට බර වූයේ වෙයි.

1.9.5.
පඤ්චම පාචීනනින්න සූත්‍රය
පෙරදිගට නැමී තිබීම ගැන වදාළ පස්වෙනි දෙසුම

මහණෙනි, මහී නදිය පෙරදිගට නැමී, පෙරදිගට නැඹුරු වී, පෙරදිගට බර වී ඇත්තේ යම් සේ ද, එසෙයින් ම මහණෙනි, භික්ෂුවක් ....(පෙ).... නිවනට බර වූයේ වෙයි.

1.9.6.
ඡට්ඨ පාචීනනින්න සූත්‍රය
පෙරදිගට නැමී තිබීම ගැන වදාළ සයවෙනි දෙසුම

මහණෙනි, යම්කිසි මහා නදීහු වෙත් ද, එනම්; ගංගා ය, යමුනා ය, අචිරවතී ය, සරභූ ය, මහී ය. ඒ සියළු ගංගාවෝ පෙරදිගට නැමී, පෙරදිගට නැඹුරු වී, පෙරදිගට බර වී ඇත්තේ යම් සේ ද, එසෙයින් ම මහණෙනි, භික්ෂුවක් ....(පෙ).... නිවනට බර වූයේ වෙයි.

1.9.7.
සමුද්දනින්න සූත්‍රය
සමුද්‍රයට නැමී තිබීම ගැන වදාළ දෙසුම

මහණෙනි, ගංගා නදිය සමුද්‍රයට නැමී, සමුද්‍රයට නැඹුරු වී, සමුද්‍රයට බර වී ඇත්තේ යම් සේ ද, එසෙයින් ම මහණෙනි, ආර්ය අෂ්ටාංගික මාර්ගය දියුණු කරන්නා වූ, ආර්ය අෂ්ටාංගික මාර්ගය බහුල ව ප්‍රගුණ කරන්නා වූ භික්ෂුව නිවනට නැමුණේ වෙයි. නිවනට නැඹුරු වූයේ වෙයි. නිවනට බර වූයේ වෙයි.

මහණෙනි, භික්ෂුවක් නිවනට නැමී සිටින්නේ, නිවනට නැඹුරු වන්නේ, නිවනට බර වන්නේ, කුමන අයුරින් ආර්ය අෂ්ටාංගික මාර්ගය දියුණු කරන විට ද? කුමන අයුරින් ආර්ය අෂ්ටාංගික මාර්ගය බහුල ව ප්‍රගුණ කරන විට ද?

මහණෙනි, මෙහිලා භික්ෂුව කාය චිත්ත විවේකයෙන් යුතු ව, විරාගී සිතින් යුතු ව, අකුසල් නිරුද්ධ කරන සිතින් යුතු ව, නිවනට නැඹුරු වූ සිතින් යුතු ව, නිවැරදි දෘෂ්ටිය දියුණු කරයි. ....(පෙ).... කාය චිත්ත විවේකයෙන් යුතු ව, විරාගී සිතින් යුතු ව, අකුසල් නිරුද්ධ කරන සිතින් යුතු ව, නිවනට නැඹුරු වූ සිතින් යුතු ව, නිවැරදි චිත්තේකාග්‍රතාවය දියුණු කරයි.

මහණෙනි, භික්ෂුවක් නිවනට නැමී සිටින්නේ, නිවනට නැඹුරු වන්නේ, නිවනට බර වන්නේ, මේ අයුරින් ආර්ය අෂ්ටාංගික මාර්ගය දියුණු කරන විට ය. මේ අයුරින් ආර්ය අෂ්ටාංගික මාර්ගය බහුල ව ප්‍රගුණ කරන විට ය.

සාදු! සාදු!! සාදු!!!

සමුද්දනින්න සූත්‍රය නිමා විය.

1.9.8.
දුතිය සමුද්දනින්න සූත්‍රය
සමුද්‍රයට නැමී තිබීම ගැන වදාළ දෙවෙනි දෙසුම

මහණෙනි, යමුනා නදිය සමුද්‍රයට නැමී, සමුද්‍රයට නැඹුරු වී, සමුද්‍රයට බර වී ඇත්තේ යම් සේ ද, එසෙයින් ම මහණෙනි, භික්ෂුවක් ....(පෙ).... නිවනට බර වූයේ වෙයි.

1.9.9.
තතිය සමුද්දනින්න සූත්‍රය
සමුද්‍රයට නැමී තිබීම ගැන වදාළ තෙවෙනි දෙසුම

මහණෙනි, අචිරවතී නදිය සමුද්‍රයට නැමී, සමුද්‍රයට නැඹුරු වී, සමුද්‍රයට බර වී ඇත්තේ යම් සේ ද, එසෙයින් ම මහණෙනි, භික්ෂුවක් ....(පෙ).... නිවනට බර වූයේ වෙයි.

1.9.10.
චතුත්ථ සමුද්දනින්න සූත්‍රය
සමුද්‍රයට නැමී තිබීම ගැන වදාළ සිව්වෙනි දෙසුම

මහණෙනි, සරභූ නදිය සමුද්‍රයට නැමී, සමුද්‍රයට නැඹුරු වී, සමුද්‍රයට බර වී ඇත්තේ යම් සේ ද, එසෙයින් ම මහණෙනි, භික්ෂුවක් ....(පෙ).... නිවනට බර වූයේ වෙයි.

1.9.11.
පඤ්චම සමුද්දනින්න සූත්‍රය
සමුද්‍රයට නැමී තිබීම ගැන වදාළ පස්වෙනි දෙසුම

මහණෙනි, මහී නදිය සමුද්‍රයට නැමී, සමුද්‍රයට නැඹුරු වී, සමුද්‍රයට බර වී ඇත්තේ යම් සේ ද, එසෙයින් ම මහණෙනි, භික්ෂුවක් ....(පෙ).... නිවනට බර වූයේ වෙයි.

1.9.12.
ඡට්ඨ සමුද්දනින්න සූත්‍රය
සමුද්‍රයට නැමී තිබීම ගැන වදාළ සයවෙනි දෙසුම

මහණෙනි, යම්කිසි මහා නදීහු වෙත් ද, එනම්; ගංගා ය, යමුනා ය, අචිරවතී ය, සරභූ ය, මහී ය. ඒ සියළු ගංගාවෝ සමුද්‍රයට නැමී, සමුද්‍රයට නැඹුරු වී, සමුද්‍රයට බර වී ඇත්තේ යම් සේ ද, එසෙයින් ම මහණෙනි, ආර්ය අෂ්ටාංගික මාර්ගය දියුණු කරන්නා වූ, ආර්ය අෂ්ටාංගික මාර්ගය බහුල ව ප්‍රගුණ කරන්නා වූ භික්ෂුව නිවනට නැමුණේ වෙයි. නිවනට නැඹුරු වූයේ වෙයි. නිවනට බර වූයේ වෙයි.

මහණෙනි, භික්ෂුවක් නිවනට නැමී සිටින්නේ, නිවනට නැඹුරු වන්නේ, නිවනට බර වන්නේ, කුමන අයුරින් ආර්ය අෂ්ටාංගික මාර්ගය දියුණු කරන විට ද? කුමන අයුරින් ආර්ය අෂ්ටාංගික මාර්ගය බහුල ව ප්‍රගුණ කරන විට ද?

මහණෙනි, මෙහිලා භික්ෂුව කාය චිත්ත විවේකයෙන් යුතු ව, විරාගී සිතින් යුතු ව, අකුසල් නිරුද්ධ කරන සිතින් යුතු ව, නිවනට නැඹුරු වූ සිතින් යුතු ව, නිවැරදි දෘෂ්ටිය දියුණු කරයි. ....(පෙ).... කාය චිත්ත විවේකයෙන් යුතු ව, විරාගී සිතින් යුතු ව, අකුසල් නිරුද්ධ කරන සිතින් යුතු ව, නිවනට නැඹුරු වූ සිතින් යුතු ව, නිවැරදි චිත්තේකාග්‍රතාවය දියුණු කරයි.

මහණෙනි, භික්ෂුවක් නිවනට නැමී සිටින්නේ, නිවනට නැඹුරු වන්නේ, නිවනට බර වන්නේ, මේ අයුරින් ආර්ය අෂ්ටාංගික මාර්ගය දියුණු කරන විට ය. මේ අයුරින් ආර්ය අෂ්ටාංගික මාර්ගය බහුල ව ප්‍රගුණ කරන විට ය.

නව වෙනි ගංගා පෙය්‍යාලය අවසන් විය.

- එහි පිළිවෙල උද්දානයයි :

පාචීනනින්න සූත්‍රය සයකි. සමුද්දනින්න සූත්‍ර සයකි. මෙසේ සය බැගින් දෙකක් වූ කළ සූත්‍ර දොළොසකි. එයින් වර්ගය යැයි කියනු ලැබේ.

10. දුතිය ගංගා පෙය්‍යාලය

1.10.1.
පාචීනනින්න සූත්‍රය
පෙරදිගට නැමී තිබීම ගැන වදාළ දෙසුම

මහණෙනි, ගංගා නදිය පෙරදිගට නැමී, පෙරදිගට නැඹුරු වී, පෙරදිගට බර වී ඇත්තේ යම් සේ ද, එසෙයින් ම මහණෙනි, ආර්ය අෂ්ටාංගික මාර්ගය දියුණු කරන්නා වූ, ආර්ය අෂ්ටාංගික මාර්ගය බහුල ව ප්‍රගුණ කරන්නා වූ භික්ෂුව නිවනට නැමුණේ වෙයි. නිවනට නැඹුරු වූයේ වෙයි. නිවනට බර වූයේ වෙයි.

මහණෙනි, භික්ෂුවක් නිවනට නැමී සිටින්නේ, නිවනට නැඹුරු වන්නේ, නිවනට බර වන්නේ, කුමන අයුරින් ආර්ය අෂ්ටාංගික මාර්ගය දියුණු කරන විට ද? කුමන අයුරින් ආර්ය අෂ්ටාංගික මාර්ගය බහුල ව ප්‍රගුණ කරන විට ද?

මහණෙනි, මෙහිලා භික්ෂුව රාගය දුරු කිරීම අවසානය කොට ගෙන, ද්වේෂය දුරු කිරීම අවසානය කොට ගෙන, මෝහය දුරු කිරීම අවසානය කොට ගෙන නිවැරදි දෘෂ්ටිය දියුණු කරයි. ....(පෙ).... රාගය දුරු කිරීම අවසානය කොට ගෙන, ද්වේෂය දුරු කිරීම අවසානය කොට ගෙන, මෝහය දුරු කිරීම අවසානය කොට ගෙන නිවැරදි චිත්තේකාග්‍රතාවය දියුණු කරයි.

මහණෙනි, භික්ෂුවක් නිවනට නැමී සිටින්නේ, නිවනට නැඹුරු වන්නේ, නිවනට බර වන්නේ, මේ අයුරින් ආර්ය අෂ්ටාංගික මාර්ගය දියුණු කරන විට ය. මේ අයුරින් ආර්ය අෂ්ටාංගික මාර්ගය බහුල ව ප්‍රගුණ කරන විට ය.

සාදු! සාදු!! සාදු!!!

පාචීනනින්න සූත්‍රය නිමා විය.

1.10.2.
දුතිය පාචීනනින්න සූත්‍රය
පෙරදිගට නැමී තිබීම ගැන වදාළ දෙවෙනි දෙසුම

මහණෙනි, යමුනා නදිය පෙරදිගට නැමී, පෙරදිගට නැඹුරු වී, පෙරදිගට බර වී ඇත්තේ යම් සේ ද, එසෙයින් ම මහණෙනි, භික්ෂුවක් ....(පෙ).... නිවනට බර වූයේ වෙයි.

1.10.3.
තතිය පාචීනනින්න සූත්‍රය
පෙරදිගට නැමී තිබීම ගැන වදාළ තෙවෙනි දෙසුම

මහණෙනි, අචිරවතී නදිය පෙරදිගට නැමී, පෙරදිගට නැඹුරු වී, පෙරදිගට බර වී ඇත්තේ යම් සේ ද, එසෙයින් ම මහණෙනි, භික්ෂුවක් ....(පෙ).... නිවනට බර වූයේ වෙයි.

1.10.4.
චතුත්ථ පාචීනනින්න සූත්‍රය
පෙරදිගට නැමී තිබීම ගැන වදාළ සිව්වෙනි දෙසුම

මහණෙනි, සරභූ නදිය පෙරදිගට නැමී, පෙරදිගට නැඹුරු වී, පෙරදිගට බර වී ඇත්තේ යම් සේ ද, එසෙයින් ම මහණෙනි, භික්ෂුවක් ....(පෙ).... නිවනට බර වූයේ වෙයි.

1.10.5.
පඤ්චම පාචීනනින්න සූත්‍රය
පෙරදිගට නැමී තිබීම ගැන වදාළ පස්වෙනි දෙසුම

මහණෙනි, මහී නදිය පෙරදිගට නැමී, පෙරදිගට නැඹුරු වී, පෙරදිගට බර වී ඇත්තේ යම් සේ ද, එසෙයින් ම මහණෙනි, භික්ෂුවක් ....(පෙ).... නිවනට බර වූයේ වෙයි.

1.10.6.
ඡට්ඨ පාචීනනින්න සූත්‍රය
පෙරදිගට නැමී තිබීම ගැන වදාළ සයවෙනි දෙසුම

මහණෙනි, යම්කිසි මහා නදීහු වෙත් ද, එනම්; ගංගා ය, යමුනා ය, අචිරවතී ය, සරභූ ය, මහී ය. ඒ සියළු ගංගාවෝ පෙරදිගට නැමී, පෙරදිගට නැඹුරු වී, පෙරදිගට බර වී ඇත්තේ යම් සේ ද, එසෙයින් ම මහණෙනි, භික්ෂුවක් ....(පෙ).... නිවනට බර වූයේ වෙයි.

1.10.7.
සමුද්දනින්න සූත්‍රය
සමුද්‍රයට නැමී තිබීම ගැන වදාළ දෙසුම

මහණෙනි, ගංගා නදිය සමුද්‍රයට නැමී, සමුද්‍රයට නැඹුරු වී, සමුද්‍රයට බර වී ඇත්තේ යම් සේ ද, එසෙයින් ම මහණෙනි, ආර්ය අෂ්ටාංගික මාර්ගය දියුණු කරන්නා වූ, ආර්ය අෂ්ටාංගික මාර්ගය බහුල ව ප්‍රගුණ කරන්නා වූ භික්ෂුව නිවනට නැමුණේ වෙයි. නිවනට නැඹුරු වූයේ වෙයි. නිවනට බර වූයේ වෙයි.

මහණෙනි, භික්ෂුවක් නිවනට නැමී සිටින්නේ, නිවනට නැඹුරු වන්නේ, නිවනට බර වන්නේ, කුමන අයුරින් ආර්ය අෂ්ටාංගික මාර්ගය දියුණු කරන විට ද? කුමන අයුරින් ආර්ය අෂ්ටාංගික මාර්ගය බහුල ව ප්‍රගුණ කරන විට ද?

මහණෙනි, මෙහිලා භික්ෂුව රාගය දුරු කිරීම අවසානය කොට ගෙන, ද්වේෂය දුරු කිරීම අවසානය කොට ගෙන, මෝහය දුරු කිරීම අවසානය කොට ගෙන නිවැරදි දෘෂ්ටිය දියුණු කරයි. ....(පෙ).... රාගය දුරු කිරීම අවසානය කොට ගෙන, ද්වේෂය දුරු කිරීම අවසානය කොට ගෙන, මෝහය දුරු කිරීම අවසානය කොට ගෙන නිවැරදි චිත්තේකාග්‍රතාවය දියුණු කරයි.

මහණෙනි, භික්ෂුවක් නිවනට නැමී සිටින්නේ, නිවනට නැඹුරු වන්නේ, නිවනට බර වන්නේ, මේ අයුරින් ආර්ය අෂ්ටාංගික මාර්ගය දියුණු කරන විට ය. මේ අයුරින් ආර්ය අෂ්ටාංගික මාර්ගය බහුල ව ප්‍රගුණ කරන විට ය.

1.10.8.
දුතිය සමුද්දනින්න සූත්‍රය
සමුද්‍රයට නැමී තිබීම ගැන වදාළ දෙවෙනි දෙසුම

මහණෙනි, යමුනා නදිය සමුද්‍රයට නැමී, සමුද්‍රයට නැඹුරු වී, සමුද්‍රයට බර වී ඇත්තේ යම් සේ ද, එසෙයින් ම මහණෙනි, භික්ෂුවක් ....(පෙ).... නිවනට බර වූයේ වෙයි.

1.10.9.
තතිය සමුද්දනින්න සූත්‍රය
සමුද්‍රයට නැමී තිබීම ගැන වදාළ තෙවෙනි දෙසුම

මහණෙනි, අචිරවතී නදිය සමුද්‍රයට නැමී, සමුද්‍රයට නැඹුරු වී, සමුද්‍රයට බර වී ඇත්තේ යම් සේ ද, එසෙයින් ම මහණෙනි, භික්ෂුවක් ....(පෙ).... නිවනට බර වූයේ වෙයි.

1.10.10.
චතුත්ථ සමුද්දනින්න සූත්‍රය
සමුද්‍රයට නැමී තිබීම ගැන වදාළ සිව්වෙනි දෙසුම

මහණෙනි, සරභූ නදිය සමුද්‍රයට නැමී, සමුද්‍රයට නැඹුරු වී, සමුද්‍රයට බර වී ඇත්තේ යම් සේ ද, එසෙයින් ම මහණෙනි, භික්ෂුවක් ....(පෙ).... නිවනට බර වූයේ වෙයි.

1.10.11.
පඤ්චම සමුද්දනින්න සූත්‍රය
සමුද්‍රයට නැමී තිබීම ගැන වදාළ පස්වෙනි දෙසුම

මහණෙනි, මහී නදිය නදිය සමුද්‍රයට නැමී, සමුද්‍රයට නැඹුරු වී, සමුද්‍රයට

බර වී ඇත්තේ යම් සේ ද, එසෙයින් ම මහණෙනි, භික්ෂුවක් ....(පෙ).... නිවනට බර වූයේ වෙයි.

1.10.12.
ඡට්ඨ සමුද්දනින්න සූත්‍රය
සමුද්‍රයට නැමී තිබීම ගැන වදාළ සයවෙනි දෙසුම

මහණෙනි, යම්කිසි මහා නදීහු වෙත් ද, එනම්; ගංගා ය, යමුනා ය, අචිරවතී ය, සරභූ ය, මහී ය. ඒ සියළු ගංගාවෝ සමුද්‍රයට නැමී, සමුද්‍රයට නැඹුරු වී, සමුද්‍රයට බර වී ඇත්තේ යම් සේ ද, එසෙයින් ම මහණෙනි, ආර්ය අෂ්ටාංගික මාර්ගය දියුණු කරන්නා වූ, ආර්ය අෂ්ටාංගික මාර්ගය බහුල ව ප්‍රගුණ කරන්නා වූ භික්ෂුව නිවනට නැමුණේ වෙයි. නිවනට නැඹුරු වූයේ වෙයි. නිවනට බර වූයේ වෙයි.

මහණෙනි, භික්ෂුවක් නිවනට නැමී සිටින්නේ, නිවනට නැඹුරු වන්නේ, නිවනට බර වන්නේ, කුමන අයුරින් ආර්ය අෂ්ටාංගික මාර්ගය දියුණු කරන විට ද? කුමන අයුරින් ආර්ය අෂ්ටාංගික මාර්ගය බහුල ව ප්‍රගුණ කරන විට ද?

මහණෙනි, මෙහිලා භික්ෂුව රාගය දුරු කිරීම අවසානය කොට ගෙන, ද්වේෂය දුරු කිරීම අවසානය කොට ගෙන, මෝහය දුරු කිරීම අවසානය කොට ගෙන නිවැරදි දෘෂ්ටිය දියුණු කරයි. ....(පෙ).... රාගය දුරු කිරීම අවසානය කොට ගෙන, ද්වේෂය දුරු කිරීම අවසානය කොට ගෙන, මෝහය දුරු කිරීම අවසානය කොට ගෙන නිවැරදි චිත්තේකාග්‍රතාවය දියුණු කරයි.

මහණෙනි, භික්ෂුවක් නිවනට නැමී සිටින්නේ, නිවනට නැඹුරු වන්නේ, නිවනට බර වන්නේ, මේ අයුරින් ආර්ය අෂ්ටාංගික මාර්ගය දියුණු කරන විට ය. මේ අයුරින් ආර්ය අෂ්ටාංගික මාර්ගය බහුල ව ප්‍රගුණ කරන විට ය.

දස වෙනි දුතිය ගංගා පෙය්‍යාලය අවසන් විය.

- එහි පිළිවෙල උද්දානයයි :

පාචීනනින්න සූත්‍රය සයකි. සමුද්දනින්න සූත්‍ර සයකි. මෙසේ සය බැගින් දෙකක් වූ කළ සූත්‍ර දොළොසකි. එයින් වර්ගය යැයි කියනු ලැබේ.

11. තතිය ගංගා පෙය්‍යාලය

1.11.1.
පාචීනනින්න සූත්‍රය
පෙරදිගට නැමී තිබීම ගැන වදාළ දෙසුම

මහණෙනි, ගංගා නදිය පෙරදිගට නැමී, පෙරදිගට නැඹුරු වී, පෙරදිගට බර වී ඇත්තේ යම් සේ ද, එසෙයින් ම මහණෙනි, ආර්ය අෂ්ටාංගික මාර්ගය දියුණු කරන්නා වූ, ආර්ය අෂ්ටාංගික මාර්ගය බහුල ව ප්‍රගුණ කරන්නා වූ භික්ෂුව නිවනට නැමුණේ වෙයි. නිවනට නැඹුරු වූයේ වෙයි. නිවනට බර වූයේ වෙයි.

මහණෙනි, භික්ෂුවක් නිවනට නැමී සිටින්නේ, නිවනට නැඹුරු වන්නේ, නිවනට බර වන්නේ, කුමන අයුරින් ආර්ය අෂ්ටාංගික මාර්ගය දියුණු කරන විට ද? කුමන අයුරින් ආර්ය අෂ්ටාංගික මාර්ගය බහුල ව ප්‍රගුණ කරන විට ද?

මහණෙනි, මෙහිලා භික්ෂුව අමෘතයට බැස ගෙන, අමෘතය පිහිට කොට ගෙන, අමෘතය අවසානය කොට ගෙන නිවැරදි දෘෂ්ටිය දියුණු කරයි. ....(පෙ).... අමෘතයට බැස ගෙන, අමෘතය පිහිට කොට ගෙන, අමෘතය අවසානය කොට ගෙන නිවැරදි චිත්තේකාග්‍රතාවය දියුණු කරයි.

මහණෙනි, භික්ෂුවක් නිවනට නැමී සිටින්නේ, නිවනට නැඹුරු වන්නේ, නිවනට බර වන්නේ, මේ අයුරින් ආර්ය අෂ්ටාංගික මාර්ගය දියුණු කරන විට ය. මේ අයුරින් ආර්ය අෂ්ටාංගික මාර්ගය බහුල ව ප්‍රගුණ කරන විට ය.

සාදු! සාදු!! සාදු!!!

පාචීනනින්න සූත්‍රය නිමා විය.

1.11.2.
දුතිය පාචීනනින්න සූත්‍රය
පෙරදිගට නැමී තිබීම ගැන වදාළ දෙවෙනි දෙසුම

මහණෙනි, යමුනා නදිය පෙරදිගට නැමී, පෙරදිගට නැඹුරු වී, පෙරදිගට බර වී ඇත්තේ යම් සේ ද, එසෙයින් ම මහණෙනි, භික්ෂුවක් ....(පෙ).... නිවනට බර වූයේ වෙයි.

1.11.3.
තතිය පාචීනනින්න සූත්‍රය
පෙරදිගට නැමී තිබීම ගැන වදාළ තෙවෙනි දෙසුම

මහණෙනි, අචිරවතී නදිය පෙරදිගට නැමී, පෙරදිගට නැඹුරු වී, පෙරදිගට බර වී ඇත්තේ යම් සේ ද, එසෙයින් ම මහණෙනි, භික්ෂුවක් ....(පෙ).... නිවනට බර වූයේ වෙයි.

1.11.4.
චතුත්ථ පාචීනනින්න සූත්‍රය
පෙරදිගට නැමී තිබීම ගැන වදාළ සිව්වෙනි දෙසුම

මහණෙනි, සරභූ නදිය පෙරදිගට නැමී, පෙරදිගට නැඹුරු වී, පෙරදිගට බර වී ඇත්තේ යම් සේ ද, එසෙයින් ම මහණෙනි, භික්ෂුවක් ....(පෙ).... නිවනට බර වූයේ වෙයි.

1.11.5.
පඤ්චම පාචීනනින්න සූත්‍රය
පෙරදිගට නැමී තිබීම ගැන වදාළ පස්වෙනි දෙසුම

මහණෙනි, මහී නදිය පෙරදිගට නැමී, පෙරදිගට නැඹුරු වී, පෙරදිගට බර වී ඇත්තේ යම් සේ ද, එසෙයින් ම මහණෙනි, භික්ෂුවක් ....(පෙ).... නිවනට බර වූයේ වෙයි.

1.11.6.
ඡට්ඨ පාචීනනින්න සූත්‍රය
පෙරදිගට නැමී තිබීම ගැන වදාළ සයවෙනි දෙසුම

මහණෙනි, යම්කිසි මහා නදීහු වෙත් ද, එනම්; ගංගා ය, යමුනා ය, අචිරවතී ය, සරභූ ය, මහී ය. ඒ සියළු ගංගාවෝ පෙරදිගට නැමී, පෙරදිගට නැඹුරු වී, පෙරදිගට බර වී ඇත්තේ යම් සේ ද, එසෙයින් ම මහණෙනි, භික්ෂුවක් ....(පෙ).... නිවනට බර වූයේ වෙයි.

1.11.7.
සමුද්දනින්න සූත්‍රය
සමුද්‍රයට නැමී තිබීම ගැන වදාළ දෙසුම

මහණෙනි, ගංගා නදිය සමුද්‍රයට නැමී, සමුද්‍රයට නැඹුරු වී, සමුද්‍රයට බර වී ඇත්තේ යම් සේ ද, එසෙයින් ම මහණෙනි, ආර්ය අෂ්ටාංගික මාර්ගය දියුණු කරන්නා වූ, ආර්ය අෂ්ටාංගික මාර්ගය බහුල ව ප්‍රගුණ කරන්නා වූ භික්ෂුව නිවනට නැමුණේ වෙයි. නිවනට නැඹුරු වූයේ වෙයි. නිවනට බර වූයේ වෙයි.

මහණෙනි, භික්ෂුවක් නිවනට නැමී සිටින්නේ, නිවනට නැඹුරු වන්නේ, නිවනට බර වන්නේ, කුමන අයුරින් ආර්ය අෂ්ටාංගික මාර්ගය දියුණු කරන විට ද? කුමන අයුරින් ආර්ය අෂ්ටාංගික මාර්ගය බහුල ව ප්‍රගුණ කරන විට ද?

මහණෙනි, මෙහිලා භික්ෂුව අමෘතයට බැස ගෙන, අමෘතය පිහිට කොට ගෙන, අමෘතය අවසානය කොට ගෙන නිවැරදි දෘෂ්ටිය දියුණු කරයි. ....(පෙ).... අමෘතයට බැස ගෙන, අමෘතය පිහිට කොට ගෙන, අමෘතය අවසානය කොට ගෙන නිවැරදි චිත්තේකාග්‍රතාවය දියුණු කරයි.

මහණෙනි, භික්ෂුවක් නිවනට නැමී සිටින්නේ, නිවනට නැඹුරු වන්නේ, නිවනට බර වන්නේ, මේ අයුරින් ආර්ය අෂ්ටාංගික මාර්ගය දියුණු කරන විට ය. මේ අයුරින් ආර්ය අෂ්ටාංගික මාර්ගය බහුල ව ප්‍රගුණ කරන විට ය.

සාදු! සාදු!! සාදු!!!

සමුද්දනින්න සූත්‍රය නිමා විය.

1.11.8.
දුතිය සමුද්දනින්න සූත්‍රය
සමුද්‍රයට නැමී තිබීම ගැන වදාළ දෙවෙනි දෙසුම

මහණෙනි, යමුනා නදිය සමුද්‍රයට නැමී, සමුද්‍රයට නැඹුරු වී, සමුද්‍රයට බර වී ඇත්තේ යම් සේ ද, එසෙයින් ම මහණෙනි, භික්ෂුවක් ....(පෙ).... නිවනට බර වූයේ වෙයි.

1.11.9.
තතිය සමුද්දනින්න සූත්‍රය
සමුද්‍රයට නැමී තිබීම ගැන වදාළ තෙවෙනි දෙසුම

මහණෙනි, අචිරවතී නදිය සමුද්‍රයට නැමී, සමුද්‍රයට නැඹුරු වී, සමුද්‍රයට බර වී ඇත්තේ යම් සේ ද, එසෙයින් ම මහණෙනි, භික්ෂුවක් ....(පෙ).... නිවනට බර වූයේ වෙයි.

1.11.10.
චතුත්ථ සමුද්දනින්න සූත්‍රය
සමුද්‍රයට නැමී තිබීම ගැන වදාළ සිව්වෙනි දෙසුම

මහණෙනි, සරභූ නදිය සමුද්‍රයට නැමී, සමුද්‍රයට නැඹුරු වී, සමුද්‍රයට බර වී ඇත්තේ යම් සේ ද, එසෙයින් ම මහණෙනි, භික්ෂුවක් ....(පෙ).... නිවනට බර වූයේ වෙයි.

1.11.11.
පඤ්චම සමුද්දනින්න සූත්‍රය
සමුද්‍රයට නැමී තිබීම ගැන වදාළ පස්වෙනි දෙසුම

මහණෙනි, මහී නදිය නදිය සමුද්‍රයට නැමී, සමුද්‍රයට නැඹුරු වී, සමුද්‍රයට බර වී ඇත්තේ යම් සේ ද, එසෙයින් ම මහණෙනි, භික්ෂුවක් ....(පෙ).... නිවනට බර වූයේ වෙයි.

1.11.12.
ඡට්ඨ සමුද්දනින්න සූත්‍රය
සමුද්‍රයට නැමී තිබීම ගැන වදාළ සයවෙනි දෙසුම

මහණෙනි, යම්කිසි මහා නදීහු වෙත් ද, එනම්; ගංගා ය, යමුනා ය, අචිරවතී ය, සරභූ ය, මහී ය. ඒ සියළු ගංගාවෝ සමුද්‍රයට නැමී, සමුද්‍රයට නැඹුරු වී, සමුද්‍රයට බර වී ඇත්තේ යම් සේ ද, එසෙයින් ම මහණෙනි, ආර්ය අෂ්ටාංගික මාර්ගය දියුණු කරන්නා වූ, ආර්ය අෂ්ටාංගික මාර්ගය බහුල ව ප්‍රගුණ කරන්නා වූ භික්ෂුව නිවනට නැමුණේ වෙයි. නිවනට නැඹුරු වූයේ වෙයි. නිවනට බර වූයේ වෙයි.

මහණෙනි, භික්ෂුවක් නිවනට නැමී සිටින්නේ, නිවනට නැඹුරු වන්නේ, නිවනට බර වන්නේ, කුමන අයුරින් ආර්ය අෂ්ටාංගික මාර්ගය දියුණු කරන විට ද? කුමන අයුරින් ආර්ය අෂ්ටාංගික මාර්ගය බහුල ව ප්‍රගුණ කරන විට ද?

මහණෙනි, මෙහිලා භික්ෂුව අමෘතයට බැස ගෙන, අමෘතය පිහිට කොට ගෙන, අමෘතය අවසානය කොට ගෙන නිවැරදි දෘෂ්ටිය දියුණු කරයි. ....(පෙ).... අමෘතයට බැස ගෙන, අමෘතය පිහිට කොට ගෙන, අමෘතය අවසානය කොට ගෙන නිවැරදි චිත්තේකාග්‍රතාවය දියුණු කරයි.

මහණෙනි, භික්ෂුවක් නිවනට නැමී සිටින්නේ, නිවනට නැඹුරු වන්නේ, නිවනට බර වන්නේ, මේ අයුරින් ආර්ය අෂ්ටාංගික මාර්ගය දියුණු කරන විට ය. මේ අයුරින් ආර්ය අෂ්ටාංගික මාර්ගය බහුල ව ප්‍රගුණ කරන විට ය.

එකොළොස් වෙනි තතිය ගංගා පෙය්‍යාලය අවසන් විය.

- එහි පිළිවෙල උද්දානයයි :

පාචීනනින්න සූත්‍රය සයකි. සමුද්දනින්න සූත්‍ර සයකි. මෙසේ සය බැගින් දෙකක් වූ කළ සූත්‍ර දොළොසකි. එයින් වර්ගය යැයි කියනු ලැබේ.

12. චතුත්ථ ගංගා පෙය්‍යාලය

1.12.1.
පාචීනනින්න සූත්‍රය
පෙරදිගට නැමී තිබීම ගැන වදාළ දෙසුම

මහණෙනි, ගංගා නදිය පෙරදිගට නැමී, පෙරදිගට නැඹුරු වී, පෙරදිගට බර වී ඇත්තේ යම් සේ ද, එසෙයින් ම මහණෙනි, ආර්ය අෂ්ටාංගික මාර්ගය දියුණු කරන්නා වූ, ආර්ය අෂ්ටාංගික මාර්ගය බහුල ව ප්‍රගුණ කරන්නා වූ භික්ෂුව නිවනට නැමුණේ වෙයි. නිවනට නැඹුරු වූයේ වෙයි. නිවනට බර වූයේ වෙයි.

මහණෙනි, භික්ෂුවක් නිවනට නැමී සිටින්නේ, නිවනට නැඹුරු වන්නේ, නිවනට බර වන්නේ, කුමන අයුරින් ආර්ය අෂ්ටාංගික මාර්ගය දියුණු කරන විට ද? කුමන අයුරින් ආර්ය අෂ්ටාංගික මාර්ගය බහුල ව ප්‍රගුණ කරන විට ද?

මහණෙනි, මෙහිලා භික්ෂුව නිවනට නැමී, නිවනට නැඹුරු වී, නිවනට බර වී නිවැරදි දෘෂ්ටිය දියුණු කරයි. ....(පෙ).... නිවනට නැමී, නිවනට නැඹුරු වී, නිවනට බර වී නිවැරදි චිත්තේකාග්‍රතාවය දියුණු කරයි.

මහණෙනි, භික්ෂුවක් නිවනට නැමී සිටින්නේ, නිවනට නැඹුරු වන්නේ, නිවනට බර වන්නේ, මේ අයුරින් ආර්ය අෂ්ටාංගික මාර්ගය දියුණු කරන විට ය. මේ අයුරින් ආර්ය අෂ්ටාංගික මාර්ගය බහුල ව ප්‍රගුණ කරන විට ය.

සාදු! සාදු!! සාදු!!!

පාචීනනින්න සූත්‍රය නිමා විය.

1.12.2.
දුතිය පාචීනනින්න සූත්‍රය
පෙරදිගට නැමී තිබීම ගැන වදාළ දෙවෙනි දෙසුම

මහණෙනි, යමුනා නදිය පෙරදිගට නැමී, පෙරදිගට නැඹුරු වී, පෙරදිගට බර වී ඇත්තේ යම් සේ ද, එසෙයින් ම මහණෙනි, භික්ෂුවක් ....(පෙ).... නිවනට බර වූයේ වෙයි.

1.12.3.
තතිය පාචීනනින්න සූත්‍රය
පෙරදිගට නැමී තිබීම ගැන වදාළ තෙවෙනි දෙසුම

මහණෙනි, අචිරවතී නදිය පෙරදිගට නැමී, පෙරදිගට නැඹුරු වී, පෙරදිගට බර වී ඇත්තේ යම් සේ ද, එසෙයින් ම මහණෙනි, භික්ෂුවක් ....(පෙ).... නිවනට බර වූයේ වෙයි.

1.12.4.
චතුත්ථ පාචීනනින්න සූත්‍රය
පෙරදිගට නැමී තිබීම ගැන වදාළ සිව්වෙනි දෙසුම

මහණෙනි, සරභූ නදිය පෙරදිගට නැමී, පෙරදිගට නැඹුරු වී, පෙරදිගට බර වී ඇත්තේ යම් සේ ද, එසෙයින් ම මහණෙනි, භික්ෂුවක් ....(පෙ).... නිවනට බර වූයේ වෙයි.

1.12.5.
පඤ්චම පාචීනනින්න සූත්‍රය
පෙරදිගට නැමී තිබීම ගැන වදාළ පස්වෙනි දෙසුම

මහණෙනි, මහී නදිය පෙරදිගට නැමී, පෙරදිගට නැඹුරු වී, පෙරදිගට බර වී ඇත්තේ යම් සේ ද, එසෙයින් ම මහණෙනි, භික්ෂුවක් ....(පෙ).... නිවනට බර වූයේ වෙයි.

1.12.6.
ඡට්ඨ පාචීනනින්න සූත්‍රය
පෙරදිගට නැමී තිබීම ගැන වදාළ සයවෙනි දෙසුම

මහණෙනි, ගංගා නදිය පෙරදිගට නැමී, පෙරදිගට නැඹුරු වී, පෙරදිගට බර වී ඇත්තේ යම් සේ ද, එසෙයින් ම මහණෙනි, ආර්ය අෂ්ටාංගික මාර්ගය දියුණු කරන්නා වූ, ආර්ය අෂ්ටාංගික මාර්ගය බහුල ව ප්‍රගුණ කරන්නා වූ භික්ෂුව නිවනට නැමුණේ වෙයි. නිවනට නැඹුරු වූයේ වෙයි. නිවනට බර වූයේ වෙයි.

මහණෙනි, භික්ෂුවක් නිවනට නැමී සිටින්නේ, නිවනට නැඹුරු වන්නේ, නිවනට බර වන්නේ, කුමන අයුරින් ආර්ය අෂ්ටාංගික මාර්ගය දියුණු කරන විට ද? කුමන අයුරින් ආර්ය අෂ්ටාංගික මාර්ගය බහුල ව ප්‍රගුණ කරන විට ද?

මහණෙනි, මෙහිලා භික්ෂුව නිවනට නැමී, නිවනට නැඹුරු වී, නිවනට බර වී නිවැරදි දෘෂ්ටිය දියුණු කරයි. ....(පෙ).... නිවනට නැමී, නිවනට නැඹුරු වී, නිවනට බර වී නිවැරදි චිත්තේකාග්‍රතාවය දියුණු කරයි.

මහණෙනි, භික්ෂුවක් නිවනට නැමී සිටින්නේ, නිවනට නැඹුරු වන්නේ, නිවනට බර වන්නේ, මේ අයුරින් ආර්ය අෂ්ටාංගික මාර්ගය දියුණු කරන විට ය. මේ අයුරින් ආර්ය අෂ්ටාංගික මාර්ගය බහුල ව ප්‍රගුණ කරන විට ය.

1.12.7.
සමුද්දනින්න සූත්‍රය
සමුද්‍රයට නැමී තිබීම ගැන වදාළ දෙසුම

මහණෙනි, ගංගා නදිය සමුද්‍රයට නැමී, සමුද්‍රයට නැඹුරු වී, සමුද්‍රයට බර වී ඇත්තේ යම් සේ ද, එසෙයින් ම මහණෙනි, ආර්ය අෂ්ටාංගික මාර්ගය දියුණු කරන්නා වූ, ආර්ය අෂ්ටාංගික මාර්ගය බහුල ව ප්‍රගුණ කරන්නා වූ භික්ෂුව නිවනට නැමුණේ වෙයි. නිවනට නැඹුරු වූයේ වෙයි. නිවනට බර වූයේ වෙයි.

මහණෙනි, භික්ෂුවක් නිවනට නැමී සිටින්නේ, නිවනට නැඹුරු වන්නේ, නිවනට බර වන්නේ, කුමන අයුරින් ආර්ය අෂ්ටාංගික මාර්ගය දියුණු කරන

විට ද? කුමන අයුරින් ආර්ය අෂ්ටාංගික මාර්ගය බහුල ව ප්‍රගුණ කරන විට ද?

මහණෙනි, මෙහිලා භික්ෂුව නිවනට නැමී, නිවනට නැඹුරු වී, නිවනට බර වී නිවැරදි දෘෂ්ටිය දියුණු කරයි. ....(පෙ).... නිවනට නැමී, නිවනට නැඹුරු වී, නිවනට බර වී නිවැරදි චිත්තේකාග්‍රතාවය දියුණු කරයි.

මහණෙනි, භික්ෂුවක් නිවනට නැමී සිටින්නේ, නිවනට නැඹුරු වන්නේ, නිවනට බර වන්නේ, මේ අයුරින් ආර්ය අෂ්ටාංගික මාර්ගය දියුණු කරන විට ය. මේ අයුරින් ආර්ය අෂ්ටාංගික මාර්ගය බහුල ව ප්‍රගුණ කරන විට ය.

සාදු! සාදු!! සාදු!!!

සමුද්දනින්න සූත්‍රය නිමා විය.

1.12.8.
දුතිය සමුද්දනින්න සූත්‍රය
සමුද්‍රයට නැමී තිබීම ගැන වදාළ දෙවෙනි දෙසුම

මහණෙනි, යමුනා නදිය සමුද්‍රයට නැමී, සමුද්‍රයට නැඹුරු වී, සමුද්‍රයට බර වී ඇත්තේ යම් සේ ද, එසෙයින් ම මහණෙනි, භික්ෂුවක් ....(පෙ).... නිවනට බර වූයේ වෙයි.

1.12.9.
තතිය සමුද්දනින්න සූත්‍රය
සමුද්‍රයට නැමී තිබීම ගැන වදාළ තෙවෙනි දෙසුම

මහණෙනි, අචිරවතී නදිය සමුද්‍රයට නැමී, සමුද්‍රයට නැඹුරු වී, සමුද්‍රයට බර වී ඇත්තේ යම් සේ ද, එසෙයින් ම මහණෙනි, භික්ෂුවක් ....(පෙ).... නිවනට බර වූයේ වෙයි.

1.12.10.
චතුත්ථ සමුද්දනින්න සූත්‍රය
සමුද්‍රයට නැමී තිබීම ගැන වදාළ සිව්වෙනි දෙසුම

මහණෙනි, සරභූ නදිය සමුද්‍රයට නැමී, සමුද්‍රයට නැඹුරු වී, සමුද්‍රයට බර වී ඇත්තේ යම් සේ ද, එසෙයින් ම මහණෙනි, භික්ෂුවක් ....(පෙ).... නිවනට බර වූයේ වෙයි.

1.12.11.
පඤ්චම සමුද්දනින්න සූත්‍රය
සමුද්‍රයට නැමී තිබීම ගැන වදාළ පස්වෙනි දෙසුම

මහණෙනි, මහී නදිය නදිය සමුද්‍රයට නැමී, සමුද්‍රයට නැඹුරු වී, සමුද්‍රයට බර වී ඇත්තේ යම් සේ ද, එසෙයින් ම මහණෙනි, භික්ෂුවක් ....(පෙ).... නිවනට බර වූයේ වෙයි.

1.12.12.
ඡට්ඨ සමුද්දනින්න සූත්‍රය
සමුද්‍රයට නැමී තිබීම ගැන වදාළ සයවෙනි දෙසුම

මහණෙනි, යම්කිසි මහා නදීහු වෙත් ද, එනම්; ගංගා ය, යමුනා ය, අචිරවතී ය, සරභූ ය, මහී ය. ඒ සියළු ගංගාවෝ සමුද්‍රයට නැමී, සමුද්‍රයට නැඹුරු වී, සමුද්‍රයට බර වී ඇත්තේ යම් සේ ද, එසෙයින් ම මහණෙනි, ආර්ය අෂ්ටාංගික මාර්ගය දියුණු කරන්නා වූ, ආර්ය අෂ්ටාංගික මාර්ගය බහුල ව ප්‍රගුණ කරන්නා වූ භික්ෂුව නිවනට නැමුණේ වෙයි. නිවනට නැඹුරු වූයේ වෙයි. නිවනට බර වූයේ වෙයි.

මහණෙනි, භික්ෂුවක් නිවනට නැමී සිටින්නේ, නිවනට නැඹුරු වන්නේ, නිවනට බර වන්නේ, කුමන අයුරින් ආර්ය අෂ්ටාංගික මාර්ගය දියුණු කරන විට ද? කුමන අයුරින් ආර්ය අෂ්ටාංගික මාර්ගය බහුල ව ප්‍රගුණ කරන විට ද?

මහණෙනි, මෙහිලා භික්ෂුව නිවනට නැමී, නිවනට නැඹුරු වී, නිවනට බර වී නිවැරදි දෘෂ්ටිය දියුණු කරයි. ....(පෙ).... නිවනට නැමී, නිවනට නැඹුරු

වී, නිවනට බර වී නිවැරදි චිත්තේකාග්‍රතාවය දියුණු කරයි.

මහණෙනි, භික්ෂුවක් නිවනට නැමී සිටින්නේ, නිවනට නැඹුරු වන්නේ, නිවනට බර වන්නේ, මේ අයුරින් ආර්ය අෂ්ටාංගික මාර්ගය දියුණු කරන විට ය. මේ අයුරින් ආර්ය අෂ්ටාංගික මාර්ගය බහුල ව ප්‍රගුණ කරන විට ය.

දොළොස් වෙනි චතුත්ථ ගංගා පෙය්‍යාලය අවසන් විය.

- **එහි පිළිවෙල උද්දානයයි :**

පාචීනනින්න සූත්‍රය සයකි. සමුද්දනින්න සූත්‍ර සයකි. මෙසේ සය බැගින් දෙකක් වූ කළ සූත්‍ර දොළොසකි. එයින් වර්ගය යැයි කියනු ලැබේ.

13. අප්පමාද වර්ගය

1.13.1.
තථාගත සූත්‍රය
තථාගතයන් වහන්සේ ගැන වදාළ දෙසුම

සැවැත් නුවර දී ය ....

මහණෙනි, පා රහිත වූ හෝ දෙපා ඇත්තා වූ හෝ සිවු පා ඇත්තා වූ හෝ බොහෝ පා ඇත්තා වූ හෝ රූප ලෝකයෙහි සිටින්නා වූ හෝ අරූප ලෝකයෙහි සිටින්නා වූ හෝ සංඥා ඇත්තා වූ හෝ සංඥා නැත්තා වූ හෝ නේවසංඥීනාසංඥී වූ හෝ යම්තාක් සත්වයෝ සිටිත් ද, ඔවුන් අතර තථාගත අරහත් සම්මා සම්බුදුරජාණන් වහන්සේ අග්‍ර යැයි කියනු ලැබේ. එසෙයින් ම මහණෙනි, යම්කිසි කුසල් දහම් ඇද්ද, ඒ සියළු කුසල් දහම් අප්‍රමාදය මුල් කොට ඇත්තේ ය. අප්‍රමාදය වටා එක් වන්නේ ය. ඒ කුසල් දහම්වලට අප්‍රමාදය අග්‍ර යැයි කියනු ලැබේ. මහණෙනි, ආර්ය අෂ්ටාංගික මාර්ගය වඩන්නේ ය, ආර්ය අෂ්ටාංගික මාර්ගය බහුල ව ප්‍රගුණ කරන්නේ ය යන කරුණ අප්‍රමාදී භික්ෂුව විසින් කැමති විය යුත්තේ ය.

මහණෙනි, අප්‍රමාදී භික්ෂුවක් ආර්ය අෂ්ටාංගික මාර්ගය දියුණු කරන්නේ කෙසේ ද? ආර්ය අෂ්ටාංගික මාර්ගය බහුල ව ප්‍රගුණ කරන්නේ කෙසේ ද?

මහණෙනි, මෙහිලා භික්ෂුව කාය චිත්ත විවේකයෙන් යුතු ව, විරාගී සිතින් යුතු ව, අකුසල් නිරුද්ධ කරන සිතින් යුතු ව, නිවනට නැඹුරු වූ සිතින් යුතු ව, නිවැරදි දෘෂ්ටිය දියුණු කරයි. ....(පෙ).... කාය චිත්ත විවේකයෙන් යුතු ව, විරාගී සිතින් යුතු ව, අකුසල් නිරුද්ධ කරන සිතින් යුතු ව, නිවනට නැඹුරු වූ සිතින් යුතු ව, නිවැරදි චිත්තේකාග්‍රතාවය දියුණු කරයි.

මහණෙනි, අප්‍රමාදී භික්ෂුව මෙසේ ආර්ය අෂ්ටාංගික මාර්ගය දියුණු කරයි. මෙසේ ආර්ය අෂ්ටාංගික මාර්ගය බහුල ව ප්‍රගුණ කරයි.

සාදු! සාදු!! සාදු!!!

තථාගත සූත්‍රය නිමා විය.

1.13.2.
දුතිය තථාගත සූත්‍රය
තථාගතයන් වහන්සේ ගැන වදාළ දෙවෙනි දෙසුම

මහණෙනි, පා රහිත වූ හෝ දෙපා ඇත්තා වූ හෝ සිවු පා ඇත්තා වූ හෝ බොහෝ පා ඇත්තා වූ හෝ රූප ලෝකයෙහි සිටින්නා වූ හෝ අරූප ලෝකයෙහි සිටින්නා වූ හෝ සංඥා ඇත්තා වූ හෝ සංඥා නැත්තා වූ හෝ නේවසංඥීනාසංඥී වූ හෝ යම්තාක් සත්වයෝ සිටිත් ද, ඔවුන් අතර තථාගත අරහත් සම්මා සම්බුදුරජාණන් වහන්සේ අග්‍ර යැයි කියනු ලැබේ. එසෙයින් ම මහණෙනි, යම්කිසි කුසල් දහම් ඇද්ද, ඒ සියළු කුසල් දහම් අප්‍රමාදය මුල් කොට ඇත්තේ ය. අප්‍රමාදය වටා එක් වන්නේ ය. ඒ කුසල් දහම්වලට අප්‍රමාදය අග්‍ර යැයි කියනු ලැබේ. මහණෙනි, ආර්ය අෂ්ටාංගික මාර්ගය වඩන්නේ ය, ආර්ය අෂ්ටාංගික මාර්ගය බහුල ව ප්‍රගුණ කරන්නේ ය යන කරුණ අප්‍රමාදී භික්ෂුව විසින් කැමති විය යුත්තේ ය.

මහණෙනි, අප්‍රමාදී භික්ෂුවක් ආර්ය අෂ්ටාංගික මාර්ගය දියුණු කරන්නේ කෙසේ ද? ආර්ය අෂ්ටාංගික මාර්ගය බහුල ව ප්‍රගුණ කරන්නේ කෙසේ ද?

මහණෙනි, මෙහිලා භික්ෂුව රාගය දුරු කිරීම අවසානය කොට ගෙන, ද්වේෂය දුරු කිරීම අවසානය කොට ගෙන, මෝහය දුරු කිරීම අවසානය කොට ගෙන නිවැරදි දෘෂ්ටිය දියුණු කරයි. ....(පෙ).... රාගය දුරු කිරීම අවසානය කොට ගෙන, ද්වේෂය දුරු කිරීම අවසානය කොට ගෙන, මෝහය දුරු කිරීම අවසානය කොට ගෙන නිවැරදි චිත්තේකාග්‍රතාවය දියුණු කරයි.

මහණෙනි, අප්‍රමාදී භික්ෂුව මෙසේ ආර්ය අෂ්ටාංගික මාර්ගය දියුණු කරයි. මෙසේ ආර්ය අෂ්ටාංගික මාර්ගය බහුල ව ප්‍රගුණ කරයි.

සාදු! සාදු!! සාදු!!!

දුතිය තථාගත සූත්‍රය නිමා විය.

1.13.3.
තතිය තථාගත සූත්‍රය
තථාගතයන් වහන්සේ ගැන වදාළ තෙවෙනි දෙසුම

මහණෙනි, පා රහිත වූ හෝ දෙපා ඇත්තා වූ හෝ සිවු පා ඇත්තා වූ හෝ බොහෝ පා ඇත්තා වූ හෝ රූප ලෝකයෙහි සිටින්නා වූ හෝ අරූප ලෝකයෙහි සිටින්නා වූ හෝ සංඥා ඇත්තා වූ හෝ සංඥා නැත්තා වූ හෝ නේවසංඥීනාසංඥී වූ හෝ යම්තාක් සත්වයෝ සිටිත් ද, ඔවුන් අතර තථාගත අරහත් සම්මා සම්බුදුරජාණන් වහන්සේ අග්‍ර යැයි කියනු ලැබේ. එසෙයින් ම මහණෙනි, යම්කිසි කුසල් දහම් ඇද්ද, ඒ සියළු කුසල් දහම් අප්‍රමාදය මුල් කොට ඇත්තේ ය. අප්‍රමාදය වටා එක් වන්නේ ය. ඒ කුසල් දහම්වලට අප්‍රමාදය අග්‍ර යැයි කියනු ලැබේ. මහණෙනි, ආර්ය අෂ්ටාංගික මාර්ගය වඩන්නේ ය, ආර්ය අෂ්ටාංගික මාර්ගය බහුල ව ප්‍රගුණ කරන්නේ ය යන කරුණ අප්‍රමාදී භික්ෂුව විසින් කැමති විය යුත්තේ ය.

මහණෙනි, අප්‍රමාදී භික්ෂුවක් ආර්ය අෂ්ටාංගික මාර්ගය දියුණු කරන්නේ කෙසේ ද? ආර්ය අෂ්ටාංගික මාර්ගය බහුල ව ප්‍රගුණ කරන්නේ කෙසේ ද?

මහණෙනි, මෙහිලා භික්ෂුව අමෘතයට බැස ගෙන, අමෘතය පිහිට කොට ගෙන, අමෘතය අවසානය කොට ගෙන නිවැරදි දෘෂ්ටිය දියුණු කරයි. ....(පෙ).... අමෘතයට බැස ගෙන, අමෘතය පිහිට කොට ගෙන, අමෘතය අවසානය කොට ගෙන නිවැරදි චිත්තේකාග්‍රතාවය දියුණු කරයි.

මහණෙනි, අප්‍රමාදී භික්ෂුව මෙසේ ආර්ය අෂ්ටාංගික මාර්ගය දියුණු කරයි. මෙසේ ආර්ය අෂ්ටාංගික මාර්ගය බහුල ව ප්‍රගුණ කරයි.

සාදු! සාදු!! සාදු!!!

තතිය තථාගත සූත්‍රය නිමා විය.

1.13.4.
චතුත්ථ තථාගත සූත්‍රය
තථාගතයන් වහන්සේ ගැන වදාළ සිව්වෙනි දෙසුම

මහණෙනි, පා රහිත වූ හෝ දෙපා ඇත්තා වූ හෝ සිවු පා ඇත්තා වූ හෝ බොහෝ පා ඇත්තා වූ හෝ රූප ලෝකයෙහි සිටින්නා වූ හෝ අරූප ලෝකයෙහි සිටින්නා වූ හෝ සංඥා ඇත්තා වූ හෝ සංඥා නැත්තා වූ හෝ නේවසංඥීනාසංඥී වූ හෝ යම්තාක් සත්වයෝ සිටිත් ද, ඔවුන් අතර තථාගත අරහත් සම්මා සම්බුදුරජාණන් වහන්සේ අග්‍ර යැයි කියනු ලැබේ. එසෙයින් ම මහණෙනි, යම්කිසි කුසල් දහම් ඇද්ද, ඒ සියළු කුසල් දහම් අප්‍රමාදය මුල් කොට ඇත්තේ ය. අප්‍රමාදය වටා එක් වන්නේ ය. ඒ කුසල් දහම්වලට අප්‍රමාදය අග්‍ර යැයි කියනු ලැබේ. මහණෙනි, ආර්ය අෂ්ටාංගික මාර්ගය වඩන්නේ ය, ආර්ය අෂ්ටාංගික මාර්ගය බහුල ව ප්‍රගුණ කරන්නේ ය යන කරුණ අප්‍රමාදී භික්ෂුව විසින් කැමති විය යුත්තේ ය.

මහණෙනි, අප්‍රමාදී භික්ෂුවක් ආර්ය අෂ්ටාංගික මාර්ගය දියුණු කරන්නේ කෙසේ ද? ආර්ය අෂ්ටාංගික මාර්ගය බහුල ව ප්‍රගුණ කරන්නේ කෙසේ ද?

මහණෙනි, මෙහිලා භික්ෂුව නිවනට නැමී, නිවනට නැඹුරු වී, නිවනට බර වී නිවැරදි දෘෂ්ටිය දියුණු කරයි. ....(පෙ).... නිවනට නැමී, නිවනට නැඹුරු වී, නිවනට බර වී නිවැරදි චිත්තේකාග්‍රතාවය දියුණු කරයි.

මහණෙනි, අප්‍රමාදී භික්ෂුව මෙසේ ආර්ය අෂ්ටාංගික මාර්ගය දියුණු කරයි. මෙසේ ආර්ය අෂ්ටාංගික මාර්ගය බහුල ව ප්‍රගුණ කරයි.

සාදු! සාදු!! සාදු!!!

චතුත්ථ තථාගත සූත්‍රය නිමා විය.

1.13.5.-8.
පද සූත්‍රයෝ
පියවර සටහන ගැන වදාළ දෙසුම්

මහණෙනි, යම් සේ ඇවිද යන සතුන්ගේ යම්කිසි පා සටහන් ඇද්ද, ඒ සියළු පා සටහන් ඇත්පියවරෙහි දැමිය හැක්කේ ය. යම් මේ විශාලත්වයෙන් ඇත් පියවර ඒ සියළු පියවරයන්ට වඩා අග්‍ර යැයි කියනු ලැබේ. එසෙයින් ම මහණෙනි, යම්කිසි කුසල් දහම් ඇද්ද, ඒ සියළු කුසල් දහම් අප්‍රමාදය මුල් කොට ඇත්තේ ය. අප්‍රමාදය වටා එක් වන්නේ ය. ඒ කුසල් දහම්වලට අප්‍රමාදය අග්‍ර යැයි කියනු ලැබේ. මහණෙනි, ආර්ය අෂ්ටාංගික මාර්ගය වඩන්නේ ය, ආර්ය අෂ්ටාංගික මාර්ගය බහුල ව ප්‍රගුණ කරන්නේ ය යන කරුණ අප්‍රමාදී භික්ෂුව විසින් කැමති විය යුත්තේ ය. ....(පෙ).... මෙසේ ආර්ය අෂ්ටාංගික මාර්ගය බහුල ව ප්‍රගුණ කරයි.

(තථාගත සූත්‍රය විස්තර කළ අයුරින් මේ සූත්‍ර විස්තර කළ යුත්තේ ය.)

1.13.9.-12.
කූට සූත්‍රයෝ
කූටාගාර ගැන වදාළ දෙසුම්

මහණෙනි, යම් සේ උස් මුදුන් ඇති නිවසක යම්කිසි පරාල වෙත් නම්, ඒ සියළු පරාල මුදුනට ගියේ ය. මුදුනට නැමී ඇත්තේ ය. මුදුන හා එකතු ව ඇත්තේ ය. මුදුන ඒ පරාලයන්ට අග්‍ර යැයි කියනු ලැබේ. එසෙයින් ම මහණෙනි, යම්කිසි කුසල් දහම් ඇද්ද, ...(පෙ).... මෙසේ ආර්ය අෂ්ටාංගික මාර්ගය බහුල ව ප්‍රගුණ කරයි.

1.13.13.-16.
මූල සූත්‍රයෝ
මුල් ගැන වදාළ දෙසුම්

මහණෙනි, යම් සේ කිසියම් මුල් සුවඳ ඇද්ද, ඒ මුල් සුවඳ අතර කළු

අගිල් මුල් සුවඳ අග්‍ර යැයි කියනු ලැබේ. එසෙයින් ම මහණෙනි, යම්කිසි කුසල් දහම් ඇද්ද, ...(පෙ).... මෙසේ ආර්ය අෂ්ටාංගික මාර්ගය බහුල ව ප්‍රගුණ කරයි.

1.13.17.-20.
සාර සූත්‍රයෝ
අරටු ගැන වදාළ දෙසුම්

මහණෙනි, යම් සේ කිසියම් අරටු සුවඳ ඇද්ද, ඒ අරටු සුවඳ අතර රත් සඳුන් අරටු සුවඳ අග්‍ර යැයි කියනු ලැබේ. එසෙයින් ම මහණෙනි, යම්කිසි කුසල් දහම් ඇද්ද, ...(පෙ).... මෙසේ ආර්ය අෂ්ටාංගික මාර්ගය බහුල ව ප්‍රගුණ කරයි.

1.13.21.-24.
වස්සික සූත්‍රයෝ
දෑසමන් ගැන වදාළ දෙසුම්

මහණෙනි, යම් සේ කිසියම් මල් සුවඳ ඇද්ද, ඒ මල් සුවඳ අතර දෑ සමන් මල් සුවඳ අග්‍ර යැයි කියනු ලැබේ. එසෙයින් ම මහණෙනි, යම්කිසි කුසල් දහම් ඇද්ද, ...(පෙ).... මෙසේ ආර්ය අෂ්ටාංගික මාර්ගය බහුල ව ප්‍රගුණ කරයි.

1.13.25.-28.
රාජ සූත්‍රයෝ
රජු ගැන වදාළ දෙසුම්

මහණෙනි, යම් සේ කිසියම් කුඩා රජවරු සිටිත් ද, ඒ සියළු රජවරු සක්විති රජුට අනුව යන්නෝ වෙති. සක්විති රජු ඒ රජවරුන්ට අග්‍ර යැයි කියනු ලැබේ. එසෙයින් ම මහණෙනි, යම්කිසි කුසල් දහම් ඇද්ද, ...(පෙ).... මෙසේ ආර්ය අෂ්ටාංගික මාර්ගය බහුල ව ප්‍රගුණ කරයි.

1.13.29.-32.
චන්දිම සූත්‍රයෝ
සඳ ගැන වදාළ දෙසුම්

මහණෙනි, යම් සේ තරු වලින් විහිදෙන යම්කිසි එළියක් ඇත්නම් ඒ සියල්ල සඳ එළියෙන් සොළොස් කලාවෙන් එක් කලාවක් වත් නොඅගියි. සඳ එළිය ඒ සියල්ලට අග්‍ර යැයි කියනු ලැබේ. එසෙයින් ම මහණෙනි, යම්කිසි කුසල් දහම් ඇද්ද, ...(පෙ).... මෙසේ ආර්ය අෂ්ටාංගික මාර්ගය බහුල ව ප්‍රගුණ කරයි.

1.13.33.-36.
සූරිය සූත්‍රයෝ
හිරු ගැන වදාළ දෙසුම්

මහණෙනි, යම් සේ ශරත් කාලයෙහි පහ ව ගිය වළාකුළු ඇති වැසි නැති අහසෙහි හිරු නැගෙන විට අහසෙහි තිබුණු සියළු අන්ධකාරය වෙසෙසින් නසා හිරු ම දිළෙයි ද, තවයි ද, බබලයි ද, එසෙයින් ම මහණෙනි, යම්කිසි කුසල් දහම් ඇද්ද, ...(පෙ).... මෙසේ ආර්ය අෂ්ටාංගික මාර්ගය බහුල ව ප්‍රගුණ කරයි.

1.13.37.-40.
වත්ථ සූත්‍රයෝ
වස්ත්‍ර ගැන වදාළ දෙසුම්

මහණෙනි, යම් සේ නූලෙන් වියන ලද යම්කිසි වස්ත්‍ර ඇද්ද, ඒවා අතර කසී වස්ත්‍රය අග්‍ර යැයි කියනු ලැබේ. එසෙයින් ම මහණෙනි, යම්කිසි කුසල් දහම් ඇද්ද, ඒ සියළු කුසල් දහම් අප්‍රමාදය මුල් කොට ඇත්තේ ය. අප්‍රමාදය වටා එක් වන්නේ ය. ඒ කුසල් දහම්වලට අප්‍රමාදය අග්‍ර යැයි කියනු ලැබේ. මහණෙනි, ආර්ය අෂ්ටාංගික මාර්ගය වඩන්නේ ය, ආර්ය අෂ්ටාංගික මාර්ගය බහුල ව ප්‍රගුණ කරන්නේ ය යන කරුණ අප්‍රමාදී භික්ෂුව විසින් කැමති විය යුත්තේ ය.

මහණෙනි, අප්‍රමාදී භික්ෂුවක් ආර්ය අෂ්ටාංගික මාර්ගය දියුණු කරන්නේ

කෙසේ ද? ආර්ය අෂ්ටාංගික මාර්ගය බහුල ව ප්‍රගුණ කරන්නේ කෙසේ ද?

මහණෙනි, මෙහිලා භික්ෂුව කාය චිත්ත විවේකයෙන් යුතු ව, විරාගී සිතින් යුතු ව, අකුසල් නිරුද්ධ කරන සිතින් යුතු ව, නිවනට නැඹුරු වූ සිතින් යුතු ව, නිවැරදි දෘෂ්ටිය දියුණු කරයි. ....(පෙ).... කාය චිත්ත විවේකයෙන් යුතු ව, විරාගී සිතින් යුතු ව, අකුසල් නිරුද්ධ කරන සිතින් යුතු ව, නිවනට නැඹුරු වූ සිතින් යුතු ව, නිවැරදි චිත්තේකාග්‍රතාවය දියුණු කරයි.

මහණෙනි, අප්‍රමාදී භික්ෂුව මෙසේ ආර්ය අෂ්ටාංගික මාර්ගය දියුණු කරයි. මෙසේ ආර්ය අෂ්ටාංගික මාර්ගය බහුල ව ප්‍රගුණ කරයි.

(සියල්ල ම වදාරණ ලද්දේ සැවැත් නුවර දී ය. තථාගත සූත්‍රය විස්තර කළ අයුරින් මේ සූත්‍ර සියල්ල විස්තර කළ යුත්තේ ය.)

දහතුන් වෙනි අප්පමාද වර්ගය අවසන් විය.

- එහි පිළිවෙල උද්දානයයි :

තථාගත, පද, කූට, මූල, සාර, වස්සික, රාජ, චන්දිම, සූරිය යැයි සූත්‍ර සතර බැගින් නවයකි. වත්ථ නමින් සූත්‍ර සතරකි. වර්ගයේ මුළු සූත්‍ර ගණන සතළිසකි.

14. බලකරණීය වර්ගය

1.14.1.
බල සූත්‍රය
සවිය ගැන වදාළ දෙසුම

සැවැත් නුවර දී ය ....

මහණෙනි, යම් සේ කායික සවියෙන් යුතු ව කළ යුතු යම් කිසි කර්මාන්තාදිය කරත් නම්, ඒ සියල්ල පොළොව නිසා, පොළොවෙහි පිහිටා මෙසේ මේ කාය බලයෙන් කළ යුතු කර්මාන්ත කරනු ලැබේ.

එසෙයින් ම මහණෙනි, භික්ෂුව සීලය නිසා, සීලයෙහි පිහිටා ආර්ය අෂ්ටාංගික මාර්ගය වඩයි. ආර්ය අෂ්ටාංගික මාර්ගය බහුල කරයි.

මහණෙනි, භික්ෂුව සීලය නිසා, සීලයෙහි පිහිටා ආර්ය අෂ්ටාංගික මාර්ගය දියුණු කරන්නේ කෙසේ ද? ආර්ය අෂ්ටාංගික මාර්ගය බහුල ව ප්‍රගුණ කරන්නේ කෙසේ ද?

මහණෙනි, මෙහිලා භික්ෂුව කාය චිත්ත විවේකයෙන් යුතු ව, විරාගී සිතින් යුතු ව, අකුසල් නිරුද්ධ කරන සිතින් යුතු ව, නිවනට නැඹුරු වූ සිතින් යුතු ව, නිවැරදි දෘෂ්ටිය දියුණු කරයි. ....(පෙ).... කාය චිත්ත විවේකයෙන් යුතු ව, විරාගී සිතින් යුතු ව, අකුසල් නිරුද්ධ කරන සිතින් යුතු ව, නිවනට නැඹුරු වූ සිතින් යුතු ව, නිවැරදි චිත්තේකාග්‍රතාවය දියුණු කරයි.

මහණෙනි, භික්ෂුව සීලය නිසා, සීලයෙහි පිහිටා මෙසේ ආර්ය අෂ්ටාංගික මාර්ගය දියුණු කරයි. මෙසේ ආර්ය අෂ්ටාංගික මාර්ගය බහුල ව ප්‍රගුණ කරයි.

සාදු! සාදු!! සාදු!!!

බල සූත්‍රය නිමා විය.

1.14.2.
දුතිය බල සූත්‍රය
සවිය ගැන වදාළ දෙවෙනි දෙසුම

මහණෙනි, යම් සේ කායික සවියෙන් යුතු ව කළ යුතු යම්කිසි කර්මාන්තාදිය කරත් නම්, ඒ සියල්ල පොළොව නිසා, පොළොවෙහි පිහිටා මෙසේ මේ කාය බලයෙන් කළ යුතු කර්මාන්ත කරනු ලැබේ.

එසෙයින් ම මහණෙනි, භික්ෂුවක් සීලය නිසා, සීලයෙහි පිහිටා ආර්ය අෂ්ටාංගික මාර්ගය වඩයි. ආර්ය අෂ්ටාංගික මාර්ගය බහුල කරයි.

මහණෙනි, භික්ෂුව සීලය නිසා, සීලයෙහි පිහිටා ආර්ය අෂ්ටාංගික මාර්ගය දියුණු කරන්නේ කෙසේ ද? ආර්ය අෂ්ටාංගික මාර්ගය බහුල ව ප්‍රගුණ කරන්නේ කෙසේ ද?

මහණෙනි, මෙහිලා භික්ෂුව රාගය දුරු කිරීම අවසානය කොට ගෙන, ද්වේෂය දුරු කිරීම අවසානය කොට ගෙන, මෝහය දුරු කිරීම අවසානය කොට ගෙන නිවැරදි දෘෂ්ටිය දියුණු කරයි. ....(පෙ).... රාගය දුරු කිරීම අවසානය කොට ගෙන, ද්වේෂය දුරු කිරීම අවසානය කොට ගෙන, මෝහය දුරු කිරීම අවසානය කොට ගෙන නිවැරදි චිත්තේකාග්‍රතාවය දියුණු කරයි.

මහණෙනි, භික්ෂුව සීලය නිසා, සීලයෙහි පිහිටා මෙසේ ආර්ය අෂ්ටාංගික මාර්ගය දියුණු කරයි. මෙසේ ආර්ය අෂ්ටාංගික මාර්ගය බහුල ව ප්‍රගුණ කරයි.

සාදු! සාදු!! සාදු!!!

දුතිය බල සූත්‍රය නිමා විය.

1.14.3.
තතිය බල සූත්‍රය
සවිය ගැන වදාළ තෙවෙනි දෙසුම

මහණෙනි, යම් සේ කායික සවියෙන් යුතු ව කළ යුතු යම්කිසි කර්මාන්තාදිය කරත් නම්, ඒ සියල්ල පොළොව නිසා, පොළොවෙහි පිහිටා මෙසේ මේ කාය බලයෙන් කළ යුතු කර්මාන්ත කරනු ලැබේ.

එසෙයින් ම මහණෙනි, භික්ෂුවක් සීලය නිසා, සීලයෙහි පිහිටා ආර්ය අෂ්ටාංගික මාර්ගය වඩයි. ආර්ය අෂ්ටාංගික මාර්ගය බහුල කරයි.

මහණෙනි, භික්ෂුව සීලය නිසා, සීලයෙහි පිහිටා ආර්ය අෂ්ටාංගික මාර්ගය දියුණු කරන්නේ කෙසේ ද? ආර්ය අෂ්ටාංගික මාර්ගය බහුල ව ප්‍රගුණ කරන්නේ කෙසේ ද?

මහණෙනි, මෙහිලා භික්ෂුව අමෘතයට බැස ගෙන, අමෘතය පිහිට කොට ගෙන, අමෘතය අවසානය කොට ගෙන නිවැරදි දෘෂ්ටිය දියුණු කරයි. ....(පෙ).... අමෘතයට බැස ගෙන, අමෘතය පිහිට කොට ගෙන, අමෘතය අවසානය කොට ගෙන නිවැරදි චිත්තේකාග්‍රතාවය දියුණු කරයි.

මහණෙනි, භික්ෂුව සීලය නිසා, සීලයෙහි පිහිටා මෙසේ ආර්ය අෂ්ටාංගික මාර්ගය දියුණු කරයි. මෙසේ ආර්ය අෂ්ටාංගික මාර්ගය බහුල ව ප්‍රගුණ කරයි.

සාදු! සාදු!! සාදු!!!

තතිය බල සූත්‍රය නිමා විය.

1.14.4.
චතුත්ථ බල සූත්‍රය
සවිය ගැන වදාළ සිව්වෙනි දෙසුම

මහණෙනි, යම් සේ කායික සවියෙන් යුතු ව කළ යුතු යම්කිසි

කර්මාන්තාදිය කරත් නම්, ඒ සියල්ල පොළොව නිසා, පොළොවෙහි පිහිටා මෙසේ මේ කාය බලයෙන් කළ යුතු කර්මාන්ත කරනු ලැබේ.

එසෙයින් ම මහණෙනි, භික්ෂුවක් සීලය නිසා, සීලයෙහි පිහිටා ආර්ය අෂ්ටාංගික මාර්ගය වඩයි. ආර්ය අෂ්ටාංගික මාර්ගය බහුල කරයි.

මහණෙනි, භික්ෂුව සීලය නිසා, සීලයෙහි පිහිටා ආර්ය අෂ්ටාංගික මාර්ගය දියුණු කරන්නේ කෙසේ ද? ආර්ය අෂ්ටාංගික මාර්ගය බහුල ව ප්‍රගුණ කරන්නේ කෙසේ ද?

මහණෙනි, මෙහිලා භික්ෂුව නිවනට නැමී, නිවනට නැඹුරු වී, නිවනට බර වී නිවැරදි දෘෂ්ටිය දියුණු කරයි. ....(පෙ).... නිවනට නැමී, නිවනට නැඹුරු වී, නිවනට බර වී නිවැරදි චිත්තේකාග්‍රතාවය දියුණු කරයි.

මහණෙනි, භික්ෂුව සීලය නිසා, සීලයෙහි පිහිටා මෙසේ ආර්ය අෂ්ටාංගික මාර්ගය දියුණු කරයි. මෙසේ ආර්ය අෂ්ටාංගික මාර්ගය බහුල ව ප්‍රගුණ කරයි.

සාදු! සාදු!! සාදු!!!

චතුත්ථ බල සූත්‍රය නිමා විය.

1.14.5.-8.
බීජ සූත්‍රයෝ
බීජ ගැන වදාළ දෙසුම්

මහණෙනි, යම් සේ කිසියම් ඇට වර්ග - පැළ වර්ග වැඩී, ලොකු වී, විපුල බවට පත් වෙයි නම් ඒ සියල්ල පොළොව නිසා, පොළොවෙහි පිහිටා මෙසේ මේ ඇට වර්ග - පැළ වර්ග වැඩී, ලොකු වී, විපුල බවට පැමිණෙයි. එසෙයින් ම මහණෙනි, භික්ෂුවක් සීලය නිසා, සීලයෙහි පිහිටා ආර්ය අෂ්ටාංගික මාර්ගය වඩන්නේ, ආර්ය අෂ්ටාංගික මාර්ගය බහුල කරන්නේ, බෝධිපාක්ෂික ධර්මයන් තුළ වැඩී, දියුණු වී, විපුල බවට පත්වෙයි.

මහණෙනි, භික්ෂුව සීලය නිසා, සීලයෙහි පිහිටා බෝධි පාක්ෂික ධර්මයන් තුළ වැඩී, දියුණු වී, විපුල බවට පත්වන ලෙසින් ආර්ය අෂ්ටාංගික මාර්ගය

දියුණු කරන්නේ, ආර්ය අෂ්ටාංගික මාර්ගය බහුල ව ප්‍රගුණ කරන්නේ කෙසේ ද?

මහණෙනි, මෙහිලා භික්ෂුව කාය චිත්ත විවේකයෙන් යුතු ව, විරාගී සිතින් යුතු ව, අකුසල් නිරුද්ධ කරන සිතින් යුතු ව, නිවනට නැඹුරු වූ සිතින් යුතු ව, නිවැරදි දෘෂ්ටිය දියුණු කරයි. ....(පෙ).... කාය චිත්ත විවේකයෙන් යුතු ව, විරාගී සිතින් යුතු ව, අකුසල් නිරුද්ධ කරන සිතින් යුතු ව, නිවනට නැඹුරු වූ සිතින් යුතු ව, නිවැරදි චිත්තේකාග්‍රතාවය දියුණු කරයි.

මහණෙනි, භික්ෂුව සීලය නිසා, සීලයෙහි පිහිටා බෝධි පාක්ෂික ධර්මයන් තුළ වැඩී, දියුණු වී, විපුල බවට පත්වන ලෙසින් මෙසේ ආර්ය අෂ්ටාංගික මාර්ගය දියුණු කරයි. මෙසේ ආර්ය අෂ්ටාංගික මාර්ගය බහුල ව ප්‍රගුණ කරයි.

1.14.9.-12.
නාග සූත්‍රයෝ
නාගයන් ගැන වදාළ දෙසුම්

මහණෙනි, හිමාල පර්වත රාජයා ඇසුරු කොට නාගයෝ කය වර්ධනය කරගනිති. බලය වැඩි කරගනිති. ඔවුහු එහි කය වඩා, බලය වැඩිකොට ගෙන කුඩා දිය වළට බසිති. කුඩා දිය වළට බැස මහා දිය වළට බසිති. මහා දිය වළට බැස කුඩා ගංගාවලට බසිති. කුඩා ගංගාවලට බැස මහා ගංගාවලට බසිති. මහා ගංගාවලට බැස මහා සමුද්‍රය නම් වූ සාගරයට බසිති. එහිදී ඔවුහු කයෙන් විශාලත්වයට ත්, විපුලත්වයට ත් යම් සේ පැමිණෙන්නාහු ද, එසෙයින් ම මහණෙනි, භික්ෂුවක් සීලය නිසා, සීලයෙහි පිහිටා ආර්ය අෂ්ටාංගික මාර්ගය වඩන්නේ, ආර්ය අෂ්ටාංගික මාර්ගය බහුල කරන්නේ, බෝධිපාක්ෂික ධර්මයන් තුළ මහත් සේ දියුණු වී, විපුල බවට පත්වෙයි.

මහණෙනි, භික්ෂුව සීලය නිසා, සීලයෙහි පිහිටා බෝධි පාක්ෂික ධර්මයන් තුළ මහත් සේ දියුණු වී, විපුල බවට පත්වන ලෙසින් ආර්ය අෂ්ටාංගික මාර්ගය දියුණු කරන්නේ, ආර්ය අෂ්ටාංගික මාර්ගය බහුල ව ප්‍රගුණ කරන්නේ කෙසේ ද?

මහණෙනි, මෙහිලා භික්ෂුව කාය චිත්ත විවේකයෙන් යුතු ව, විරාගී සිතින් යුතු ව, අකුසල් නිරුද්ධ කරන සිතින් යුතු ව, නිවනට නැඹුරු වූ සිතින්

යුතු ව, නිවැරදි දෘෂ්ටිය දියුණු කරයි. ....(පෙ).... කාය චිත්ත විවේකයෙන් යුතු ව, විරාගී සිතින් යුතු ව, අකුසල් නිරුද්ධ කරන සිතින් යුතු ව, නිවනට නැඹුරු වූ සිතින් යුතු ව, නිවැරදි චිත්තේකාග්‍රතාවය දියුණු කරයි.

මහණෙනි, භික්ෂුව සීලය නිසා, සීලයෙහි පිහිටා බෝධි පාක්ෂික ධර්මයන් තුළ මහත් සේ දියුණු වී, විපුල බවට පත්වන ලෙසින් මෙසේ ආර්ය අෂ්ටාංගික මාර්ගය දියුණු කරයි. මෙසේ ආර්ය අෂ්ටාංගික මාර්ගය බහුල ව ප්‍රගුණ කරයි.

1.14.13.-16.
රුක්ඛ සූත්‍රයෝ
රුක් ගැන වදාළ දෙසුම්

මහණෙනි, යම් සේ වෘක්ෂයක් පෙරදිගට නැමී, පෙරදිගට නැඹුරු වී, පෙරදිගට බර වී තිබෙයි නම්, ඒ වෘක්ෂය මුලින් සිඳින කල්හී වැටෙන්නේ කවර ප්‍රපාතයකට ද? 'ස්වාමීනී, වෘක්ෂය යම් දෙසකට නැමුණේ ද, යම් දෙසකට නැඹුරු වූයේ ද, යම් දෙසකට බර වූයේ ද, එදෙසට ය.' එසෙයින් ම මහණෙනි, භික්ෂුව ආර්ය අෂ්ටාංගික මාර්ගය වඩන්නේ, ආර්ය අෂ්ටාංගික මාර්ගය බහුල කරන්නේ, නිවනට නැමුණේ වෙයි. නිවනට නැඹුරු වූයේ වෙයි. නිවනට බර වූයේ වෙයි.

මහණෙනි, භික්ෂුව නිවනට නැමී, නිවනට නැඹුරු වී, නිවනට බර වී ආර්ය අෂ්ටාංගික මාර්ගය දියුණු කරන්නේ, ආර්ය අෂ්ටාංගික මාර්ගය බහුල ව ප්‍රගුණ කරන්නේ කෙසේ ද?

මහණෙනි, මෙහිලා භික්ෂුව කාය චිත්ත විවේකයෙන් යුතු ව, විරාගී සිතින් යුතු ව, අකුසල් නිරුද්ධ කරන සිතින් යුතු ව, නිවනට නැඹුරු වූ සිතින් යුතු ව, නිවැරදි දෘෂ්ටිය දියුණු කරයි. ....(පෙ).... කාය චිත්ත විවේකයෙන් යුතු ව, විරාගී සිතින් යුතු ව, අකුසල් නිරුද්ධ කරන සිතින් යුතු ව, නිවනට නැඹුරු වූ සිතින් යුතු ව, නිවැරදි චිත්තේකාග්‍රතාවය දියුණු කරයි.

මහණෙනි, භික්ෂුව නිවනට නැමී, නිවනට නැඹුරු වී, නිවනට බර වී මෙසේ ආර්ය අෂ්ටාංගික මාර්ගය දියුණු කරයි. මෙසේ ආර්ය අෂ්ටාංගික මාර්ගය බහුල ව ප්‍රගුණ කරයි.

1.14.17.-20.
කුම්භ සූත්‍රයෝ
කළය ගැන වදාළ දෙසුම්

මහණෙනි, යම් සේ කළයක් යටට හැර වූ විට දිය වගුරුවන්නේ ම වෙයි. ඒ වගුරුවන දිය යළි ඇතුළට නොගනියි. එසෙයින් ම මහණෙනි, භික්ෂුව ආර්ය අෂ්ටාංගික මාර්ගය වඩන්නේ, ආර්ය අෂ්ටාංගික මාර්ගය බහුල කරන්නේ, පාපී අකුසල ධර්මයන් වමාරන්නේ ම වෙයි. ඒ වමාරන ලද දෙය යළි ඇතුළට නොගන්නේ වෙයි.

මහණෙනි, භික්ෂුව කෙසේ නම් ආර්ය අෂ්ටාංගික මාර්ගය දියුණු කරන්නේ, ආර්ය අෂ්ටාංගික මාර්ගය බහුල ව ප්‍රගුණ කරන්නේ, පාපී අකුසල ධර්මයන් වමාරන්නේ ම වෙයි ද? නැවත ඇතුළට නොගන්නේ වෙයි ද?

මහණෙනි, මෙහිලා භික්ෂුව කාය චිත්ත විවේකයෙන් යුතු ව, විරාගී සිතින් යුතු ව, අකුසල් නිරුද්ධ කරන සිතින් යුතු ව, නිවනට නැඹුරු වූ සිතින් යුතු ව, නිවැරදි දෘෂ්ටිය දියුණු කරයි. ....(පෙ).... කාය චිත්ත විවේකයෙන් යුතු ව, විරාගී සිතින් යුතු ව, අකුසල් නිරුද්ධ කරන සිතින් යුතු ව, නිවනට නැඹුරු වූ සිතින් යුතු ව, නිවැරදි චිත්තේකාග්‍රතාවය දියුණු කරයි.

මහණෙනි, භික්ෂුව මෙසේ ආර්ය අෂ්ටාංගික මාර්ගය දියුණු කරන්නේ, මෙසේ ආර්ය අෂ්ටාංගික මාර්ගය බහුල ව ප්‍රගුණ කරන්නේ පාපී අකුසල ධර්මයන් වමාරන්නේ ම වෙයි. යළි ඇතුළට නොගන්නේ ම වෙයි.

1.14.21.-24.
සූක සූත්‍රයෝ
නණ්ඩුව ගැන වදාළ දෙසුම්

මහණෙනි, යම් සේ හැල් නණ්ඩුවක් හෝ යව නණ්ඩුවක් හෝ නිසි අයුරින් තැබුවොත් අතින් හෝ පයින් හෝ ඇක්මුන විට අත හෝ පය හෝ බිඳෙන්නේ ය, ලේ හෝ උපදවන්නේ ය යන කරුණ සිදුවිය හැකි දෙයකි. ඒ

මක් නිසා ද යත්, මහණෙනි, තණ්ඩුව නිසි අයුරින් තබන ලද නිසා ය. එසෙයින් මහණෙනි, නිසි අයුරින් පිහිටුවා ගත් දෘෂ්ටියකින්, නිසි අයුරින් පිහිටුවා දියුණු කරගත් මාර්ගයකින් ඒ භික්ෂුව ඒකාන්තයෙන් අවිද්‍යාව බිඳින්නේ ය, විද්‍යාව උපදවන්නේ ය, නිවන සාක්ෂාත් කරන්නේ ය යන කරුණ විය හැකි දෙයකි. ඒ මක් නිසා ද යත්, මහණෙනි, නිසි අයුරින් දෘෂ්ටිය පිහිටුවා ගත් නිසා ය.

මහණෙනි, භික්ෂුවක් නිසි අයුරින් පිහිටුවා ගත් දෘෂ්ටියකින්, නිසි අයුරින් පිහිටුවා ගත් මාර්ගයක් දියුණු කිරීමෙන් අවිද්‍යාව බිඳ දමන්නේ, විද්‍යාව උපදවන්නේ, නිවන සාක්ෂාත් කරන්නේ කෙසේ ද?

මහණෙනි, මෙහිලා භික්ෂුව කාය චිත්ත විවේකයෙන් යුතු ව, විරාගී සිතින් යුතු ව, අකුසල් නිරුද්ධ කරන සිතින් යුතු ව, නිවනට නැඹුරු වූ සිතින් යුතු ව, නිවැරදි දෘෂ්ටිය දියුණු කරයි. ....(පෙ).... කාය චිත්ත විවේකයෙන් යුතු ව, විරාගී සිතින් යුතු ව, අකුසල් නිරුද්ධ කරන සිතින් යුතු ව, නිවනට නැඹුරු වූ සිතින් යුතු ව, නිවැරදි චිත්තේකාග්‍රතාවය දියුණු කරයි.

මහණෙනි, භික්ෂුවක් නිසි අයුරින් පිහිටුවා ගත් දෘෂ්ටියකින්, නිසි අයුරින් පිහිටුවා ගත් මාර්ගයක් දියුණු කිරීමෙන් අවිද්‍යාව බිඳ දමන්නේ, විද්‍යාව උපදවන්නේ, නිවන සාක්ෂාත් කරන්නේ මෙසේ ය.

1.14.25.-28.
ආකාස සූත්‍රයෝ
අහස ගැන වදාළ දෙසුම්

මහණෙනි, යම් සේ අහසෙහි විවිධ අයුරින් සුළං හමයි. පෙරදිගිනුත් සුළං හමයි. බටහිරිනුත් සුළං හමයි. උතුරිනුත් සුළං හමයි. දකුණිනුත් සුළං හමයි. දූහුවිලි සහිත ව ත් සුළං හමයි. දූහුවිලි රහිත ව ත් සුළං හමයි. සීතලෙනුත් සුළං හමයි. උණුසුමෙනුත් සුළං හමයි. ස්වල්ප වශයෙනුත් සුළං හමයි. ඉතා බලවත් ලෙස ත් සුළං හමයි.

එසෙයින් ම මහණෙනි, ආර්ය අෂ්ටාංගික මාර්ගය දියුණු කරන විට, ආර්ය අෂ්ටාංගික මාර්ගය බහුල ව ප්‍රගුණ කරන විට භික්ෂුව තුළ සතර සතිපට්ඨානය ත් වැඩීමෙන් පිරිපුන් බවට යයි. සතර සම්‍යක් ප්‍රධානය ත් වැඩීමෙන් පිරිපුන් බවට යයි. සතර ඉර්ධිපාද ත් වැඩීමෙන් පිරිපුන් බවට යයි. පංච ඉන්ද්‍රියයනුත්

වැඩීමෙන් පිරිපුන් බවට යයි. පංච බලයනුත් වැඩීමෙන් පිරිපුන් බවට යයි. සතක් වූ බොජ්ඣංගයනුත් වැඩීමෙන් පිරිපුන් බවට යයි. මහණෙනි, ආර්ය අෂ්ටාංගික මාර්ගය කෙසේ වඩද්දී ද, ආර්ය අෂ්ටාංගික මාර්ගය කෙසේ බහුල ව ප්‍රගුණ කරද්දී ද, භික්ෂුව තුළ සතර සතිපට්ඨානය ත් වැඩීමෙන් පිරිපුන් බවට යන්නේ? සතර සම්‍යක් ප්‍රධාන වීර්යය ....(පෙ).... සතර ඉර්ධිපාද ....(පෙ).... පංච ඉන්ද්‍රිය ....(පෙ).... පංච බල ....(පෙ).... සප්ත බොජ්ඣංගයනුත් වැඩීමෙන් පිරිපුන් බවට යන්නේ?

මහණෙනි, මෙහිලා භික්ෂුව කාය චිත්ත විවේකයෙන් යුතු ව, විරාගී සිතින් යුතු ව, අකුසල් නිරුද්ධ කරන සිතින් යුතු ව, නිවනට නැඹුරු වූ සිතින් යුතු ව, නිවැරදි දෘෂ්ටිය දියුණු කරයි. ....(පෙ).... කාය චිත්ත විවේකයෙන් යුතු ව, විරාගී සිතින් යුතු ව, අකුසල් නිරුද්ධ කරන සිතින් යුතු ව, නිවනට නැඹුරු වූ සිතින් යුතු ව, නිවැරදි චිත්තේකාග්‍රතාවය දියුණු කරයි.

මහණෙනි, ආර්ය අෂ්ටාංගික මාර්ගය මෙසේ වඩද්දී, ආර්ය අෂ්ටාංගික මාර්ගය මෙසේ බහුල ව ප්‍රගුණ කරද්දී, භික්ෂුව තුළ සතර සතිපට්ඨානය ත් වැඩීමෙන් පිරිපුන් බවට යන්නේ ය. සතර සම්‍යක් ප්‍රධාන වීර්යය ....(පෙ).... සතර ඉර්ධිපාද ....(පෙ).... පංච ඉන්ද්‍රිය ....(පෙ).... පංච බල ....(පෙ).... සප්ත බොජ්ඣංගයනුත් වැඩීමෙන් පිරිපුන් බවට යන්නේ ය.

1.14.29.-32.
මේඝ සූත්‍රයෝ
වැස්ස ගැන වදාළ දෙසුම්

මහණෙනි, යම් සේ පායන කාලයෙහි අවසාන මාසයෙහි උඩට නැගුණු දූහුවිලි දූමාරය මහා අකල් වැස්සෙන් සැණෙකින් නොපෙනී යයි ද, සංසිඳෙයි ද, එසෙයින් ම මහණෙනි, භික්ෂුවක් ආර්ය අෂ්ටාංගික මාර්ගය වඩන්නේ, ආර්ය අෂ්ටාංගික මාර්ගය බහුල ව ප්‍රගුණ කරන්නේ, උපනූපන් පාපී අකුසල ධර්මයන් සැණෙකින් අතුරුදහන් කරයි. සංසිඳුවයි.

මහණෙනි, භික්ෂුවක් ආර්ය අෂ්ටාංගික මාර්ගය කෙසේ වඩද්දී ද, ආර්ය අෂ්ටාංගික මාර්ගය කෙසේ බහුල කරද්දී ද, උපනූපන් පාපී අකුසල දහම් සැණෙකින් අතුරුදහන් කරන්නේ? සංසිඳුවන්නේ?

මහණෙනි, මෙහිලා භික්ෂුව කාය චිත්ත විවේකයෙන් යුතු ව, විරාගී සිතින් යුතු ව, අකුසල් නිරුද්ධ කරන සිතින් යුතු ව, නිවනට නැඹුරු වූ සිතින් යුතු ව, නිවැරදි දෘෂ්ටිය දියුණු කරයි. ....(පෙ).... කාය චිත්ත විවේකයෙන් යුතු ව, විරාගී සිතින් යුතු ව, අකුසල් නිරුද්ධ කරන සිතින් යුතු ව, නිවනට නැඹුරු වූ සිතින් යුතු ව, නිවැරදි චිත්තේකාග්‍රතාවය දියුණු කරයි.

මහණෙනි, භික්ෂුවක් ආර්ය අෂ්ටාංගික මාර්ගය මෙසේ වඩද්දී ය, ආර්ය අෂ්ටාංගික මාර්ගය මෙසේ බහුල කරද්දී ය, උපනූපන් පාපී අකුසල දහම් සැණෙකින් අතුරුදහන් කරන්නේ, සංසිඳුවන්නේ.

1.14.33.-36.
දුතිය මේඝ සූත්‍රයෝ
වැස්ස ගැන වදාළ දෙවෙනි දෙසුම්

මහණෙනි, යම් සේ හටගත් මහා වැස්ස මහා සුළඟකින් අතරමග දී ම අතුරුදහන් කරවයි ද, සංසිඳුවයි ද, එසෙයින් ම මහණෙනි, භික්ෂුවක් ආර්ය අෂ්ටාංගික මාර්ගය වඩන්නේ, ආර්ය අෂ්ටාංගික මාර්ගය බහුල ව ප්‍රගුණ කරන්නේ, උපනූපන් පාපී අකුසල ධර්මයන් හටගත් අතරමග ම අතුරුදහන් කරයි. සංසිඳුවයි.

මහණෙනි, භික්ෂුවක් ආර්ය අෂ්ටාංගික මාර්ගය කෙසේ වඩද්දී ද, ආර්ය අෂ්ටාංගික මාර්ගය කෙසේ බහුල කරද්දී ද, උපනූපන් පාපී අකුසල දහම් හටගත් අතරමග දී ම අතුරුදහන් කරන්නේ? සංසිඳුවන්නේ?

මහණෙනි, මෙහිලා භික්ෂුව කාය චිත්ත විවේකයෙන් යුතු ව, විරාගී සිතින් යුතු ව, අකුසල් නිරුද්ධ කරන සිතින් යුතු ව, නිවනට නැඹුරු වූ සිතින් යුතු ව, නිවැරදි දෘෂ්ටිය දියුණු කරයි. ....(පෙ).... කාය චිත්ත විවේකයෙන් යුතු ව, විරාගී සිතින් යුතු ව, අකුසල් නිරුද්ධ කරන සිතින් යුතු ව, නිවනට නැඹුරු වූ සිතින් යුතු ව, නිවැරදි චිත්තේකාග්‍රතාවය දියුණු කරයි.

මහණෙනි, භික්ෂුවක් ආර්ය අෂ්ටාංගික මාර්ගය මෙසේ වඩද්දී ය, ආර්ය අෂ්ටාංගික මාර්ගය මෙසේ බහුල කරද්දී ය, උපනූපන් පාපී අකුසල දහම් හටගත් අතරමග දී ම අතුරුදහන් කරන්නේ, සංසිඳුවන්නේ.

1.14.37.-40.
නාවා සූත්‍රයෝ
නැව ගැන වදාළ දෙසුම්

මහණෙනි, යම් සේ වේවැල් කඹයෙන් බඳින ලද මුහුදු යන නැව සය මසක් මුහුදෙහි ගමන් කොට ශීත කාලයෙහි ගොඩට නගා තැබූ විට අව් සුළඟට මැඩෙන්නා වූ ඒ වේවැල් බන්ධන වැසි කාලයේ දී වැස්සෙන් හාත්පස තෙමෙමින් තිබී සුළු උත්සාහයකින් ලෙහී යයි ද, කුණු වී යයි ද, එසෙයින් ම මහණෙනි, භික්ෂුවක් ආර්ය අෂ්ටාංගික මාර්ගය වඩන්නේ, ආර්ය අෂ්ටාංගික මාර්ගය බහුල ව ප්‍රගුණ කරන්නේ, සුළු උත්සාහයකින් සංයෝජනයන් ලෙහී යයි. කුණු වී යයි.

මහණෙනි, භික්ෂුවක් ආර්ය අෂ්ටාංගික මාර්ගය කෙසේ වඩද්දී ද, ආර්ය අෂ්ටාංගික මාර්ගය කෙසේ බහුල කරද්දී ද, සුළු උත්සාහයකින් සංයෝජනයන් ලෙහී යන්නේ? කුණු වී යන්නේ?

මහණෙනි, මෙහිලා භික්ෂුව කාය චිත්ත විවේකයෙන් යුතු ව, විරාගී සිතින් යුතු ව, අකුසල් නිරුද්ධ කරන සිතින් යුතු ව, නිවනට නැඹුරු වූ සිතින් යුතු ව, නිවැරදි දෘෂ්ටිය දියුණු කරයි. ....(පෙ).... කාය චිත්ත විවේකයෙන් යුතු ව, විරාගී සිතින් යුතු ව, අකුසල් නිරුද්ධ කරන සිතින් යුතු ව, නිවනට නැඹුරු වූ සිතින් යුතු ව, නිවැරදි චිත්තේකාග්‍රතාවය දියුණු කරයි.

මහණෙනි, භික්ෂුවක් ආර්ය අෂ්ටාංගික මාර්ගය මෙසේ වඩද්දී ය, ආර්ය අෂ්ටාංගික මාර්ගය මෙසේ බහුල කරද්දී ය, සුළු උත්සාහයකින් සංයෝජනයන් ලෙහී යන්නේ, කුණු වී යන්නේ.

1.14.41.-44.
ආගන්තුක සූත්‍රයෝ
ආගන්තුක ගෘහය ගැන වදාළ දෙසුම්

මහණෙනි, යම් සේ අම්බලමක් ඇද්ද, පෙරදිගින් ද පැමිණ එහි වාසය

කරති. බටහිර දෙසින් ද පැමිණ එහි වාසය කරති. උතුරු දෙසින් ද පැමිණ එහි වාසය කරති. දකුණු දෙසින් ද පැමිණ එහි වාසය කරති. ක්ෂත්‍රියයෝ ත් ඇවිත් වාසය කරති. බ්‍රාහ්මණයෝ ත් ඇවිත් වාසය කරති. වෛශ්‍යයෝ ත් ඇවිත් වාසය කරති. ශූද්‍රයෝ ත් ඇවිත් වාසය කරති.

එසෙයින් ම මහණෙනි, භික්ෂුවක් ආර්ය අෂ්ටාංගික මාර්ගය වඩන්නේ, ආර්ය අෂ්ටාංගික මාර්ගය බහුල ව ප්‍රගුණ කරන්නේ, යම් ධර්මයක් විශිෂ්ට ඥානයෙන් පිරිසිඳ දැක්ක යුතු ද, ඒ ධර්මයන් විශිෂ්ට ඥානයෙන් පිරිසිඳ දකියි. යම් ධර්මයක් විශිෂ්ට ඥානයෙන් ප්‍රහාණය කළ යුතු ද, ඒ ධර්මයන් විශිෂ්ට ඥානයෙන් ප්‍රහාණය කරයි. යම් ධර්මයක් විශිෂ්ට ඥානයෙන් සාක්ෂාත් කළ යුතු ද, ඒ ධර්මයන් විශිෂ්ට ඥානයෙන් සාක්ෂාත් කරයි. යම් ධර්මයක් විශිෂ්ට ඥානයෙන් දියුණු කළ යුතු ද, ඒ ධර්මයන් විශිෂ්ට ඥානයෙන් දියුණු කරයි.

මහණෙනි, විශිෂ්ට ඥානයෙන් පිරිසිඳ දැක්ක යුතු ධර්මයන් මොනවා ද? එයට කිව යුත්තේ පංච උපාදානස්කන්ධය කියා ය. ඒ කවර පසක් ද යත්, රූප උපාදානස්කන්ධය ය ....(පෙ).... විඤ්ඤාණ උපාදානස්කන්ධය ය. මහණෙනි, මේ වනාහී විශිෂ්ට ඥානයෙන් පිරිසිඳ දත යුතු ධර්මයන් ය.

මහණෙනි, විශිෂ්ට ඥානයෙන් ප්‍රහාණය කළ යුතු ධර්මයන් මොනවා ද? එනම් අවිද්‍යාව ත්, භව තණ්හාව ත් ය. මහණෙනි, මේ වනාහී විශිෂ්ට ඥානයෙන් ප්‍රහාණය කළ යුතු ධර්මයන් ය.

මහණෙනි, විශිෂ්ට ඥානයෙන් සාක්ෂාත් කළ යුතු ධර්මයන් මොනවා ද? එනම් විද්‍යාව ත්, විමුක්තිය ත් ය. මහණෙනි, මේ වනාහී විශිෂ්ට ඥානයෙන් සාක්ෂාත් කළ යුතු ධර්මයන් ය.

මහණෙනි, විශිෂ්ට ඥානයෙන් දියුණු කළ යුතු ධර්මයන් මොනවා ද? එනම් සමථය ත්, විදර්ශනාව ත් ය. මහණෙනි, මේ වනාහී විශිෂ්ට ඥානයෙන් දියුණු කළ යුතු ධර්මයන් ය.

මහණෙනි, භික්ෂුවක් කෙසේ ආර්ය අෂ්ටාංගික මාර්ගය වඩද්දී ද, කෙසේ ආර්ය අෂ්ටාංගික මාර්ගය බහුල කරද්දී ද, යම් ධර්මයක් විශිෂ්ට ඥානයෙන් පිරිසිඳ දත යුතු නම්, ඒ ධර්මයන් විශිෂ්ට ඥානයෙන් පිරිසිඳ දැනගන්නේ? ....(පෙ).... යම් ධර්මයක් විශිෂ්ට ඥානයෙන් දියුණු කළ යුතු නම්, ඒ ධර්මයන් විශිෂ්ට ඥානයෙන් දියුණු කරන්නේ?

මහණෙනි, මෙහිලා භික්ෂුව කාය චිත්ත විවේකයෙන් යුතු ව, විරාගී සිතින් යුතු ව, අකුසල් නිරුද්ධ කරන සිතින් යුතු ව, නිවනට නැඹුරු වූ සිතින්

යුතු ව, නිවැරදි දෘෂ්ටිය දියුණු කරයි. ....(පෙ).... කාය චිත්ත විවේකයෙන් යුතු ව, විරාගී සිතින් යුතු ව, අකුසල් නිරුද්ධ කරන සිතින් යුතු ව, නිවනට නැඹුරු වූ සිතින් යුතු ව, නිවැරදි චිත්තේකාග්‍රතාවය දියුණු කරයි.

මහණෙනි, භික්ෂුවක් මෙසේ ආර්ය අෂ්ටාංගික මාර්ගය වඩද්දී ය, මෙසේ ආර්ය අෂ්ටාංගික මාර්ගය බහුල කරද්දී ය, යම් ධර්මයක් විශිෂ්ට ඥානයෙන් පිරිසිඳ දත යුතු නම්, ඒ ධර්මයන් විශිෂ්ට ඥානයෙන් පිරිසිඳ දැනගන්නේ. යම් ධර්මයක් විශිෂ්ට ඥානයෙන් ප්‍රහාණය කළ යුතු නම්, ඒ ධර්මයන් විශිෂ්ට ඥානයෙන් ප්‍රහාණය කරන්නේ. යම් ධර්මයක් විශිෂ්ට ඥානයෙන් සාක්ෂාත් කළ යුතු නම්, ඒ ධර්මයන් විශිෂ්ට ඥානයෙන් සාක්ෂාත් කරන්නේ. යම් ධර්මයක් විශිෂ්ට ඥානයෙන් දියුණු කළ යුතු නම්, ඒ ධර්මයන් දියුණු කරන්නේ.

1.14.45.-48.
නදී සූත්‍රයෝ
නදිය ගැන වදාළ දෙසුම්

"මහණෙනි, යම් සේ ගංගා නදිය පෙරදිගට නැමී, පෙරදිගට නැඹුරු වී, පෙරදිගට බර වී තිබෙන්නේ වෙයි ද, එකල්හී මහා ජනකායක් උදළු, පැසි රැගෙන 'අපි මේ ගංගා නදිය බටහිරට නැමුණක් කරන්නෙමු. බටහිරට නැඹුරු කරන්නෙමු. බටහිරට බර කරන්නෙමු' යි පැමිණෙත් නම්, මහණෙනි, ඒ කිමැයි හඟිව් ද? ඒ මහා ජනකාය ඒ ගංගා නදිය බටහිරට නැමීමක්, බටහිරට නැඹුරු වූවක්, බටහිරට බර වූවක් කරන්නේ ද?"

"ස්වාමීනී, එය නොවේ ම ය."

"එයට හේතුව කුමක් ද?"

"ස්වාමීනී, ගංගා නදිය පෙරදිගට නැමී, පෙරදිගට නැඹුරු වී, පෙරදිගට බර වී ඇත්තේ ය. එය බටහිරට නම්මවා, බටහිරට නැඹුරු කරවා, බටහිරට බර කරවා තබන්නට පහසු නොවෙයි. ඒ මහා ජනකාය හුදෙක් ක්ලාන්තයට ත්, පීඩාවට ත් බඳුන් වන්නේ ය."

"එසෙයින් ම මහණෙනි, ආර්ය අෂ්ටාංගික මාර්ගය වඩන්නා වූ, ආර්ය අෂ්ටාංගික මාර්ගය බහුල ව ප්‍රගුණ කරන්නා වූ භික්ෂුවකට රජවරු වේවා, රාජ මහාමාත්‍යයෝ වේවා, මිත්‍රයෝ වේවා, සහචරයෝ වේවා, නෑයෝ වේවා, ලේ

නැයෝ වේවා, භෝග සම්පත් පවරා මෙසේ කියත් නම්, 'එම්බා පුරුෂය, මේ සිවුරු පෙරවීමෙන් ඇති ඵලය කිම? කුමකට නම් හිස මුඩු කොට, කබලක් අතින් ගෙන හැසිරෙන්නෙහි ද? එව. හීන වූ ගිහි බවට පැමිණ භෝග සම්පත් ද අනුභව කරව. පිනුත් කරව' යි. මහණෙනි, ආර්ය අෂ්ටාංගික මාර්ගය වඩන්නා වූ, ආර්ය අෂ්ටාංගික මාර්ගය බහුල කරන්නා වූ ඒ භික්ෂුව ඒකාන්තයෙන් ශික්ෂාව ප්‍රතික්ෂේප කොට හීන වූ ගිහි බවට වැටෙන්නේ ය යන කරුණ සිදුවිය නොහැක්කේ ය. ඒ මක් නිසා ද යත්, මහණෙනි, යම් හෙයකින් ඒ සිත බොහෝ කලක් විවේකයට නැමී, විවේකයට නැඹුරු වී, විවේකයට බර වී ඇති නිසා ය. ඒකාන්තයෙන් ඒ සිත හීන වූ ගිහි බවට පත්වන්නේ ය යන කරුණ සිදු නොවන දෙයකි.

මහණෙනි, භික්ෂුවක් ආර්ය අෂ්ටාංගික මාර්ගය වඩන්නේ, ආර්ය අෂ්ටාංගික මාර්ගය බහුල ව ප්‍රගුණ කරන්නේ කෙසේ ද?

මහණෙනි, මෙහිලා භික්ෂුව කාය චිත්ත විවේකයෙන් යුතු ව, විරාගී සිතින් යුතු ව, අකුසල් නිරුද්ධ කරන සිතින් යුතු ව, නිවනට නැඹුරු වූ සිතින් යුතු ව, නිවැරදි දෘෂ්ටිය දියුණු කරයි. ....(පෙ).... කාය චිත්ත විවේකයෙන් යුතු ව, විරාගී සිතින් යුතු ව, අකුසල් නිරුද්ධ කරන සිතින් යුතු ව, නිවනට නැඹුරු වූ සිතින් යුතු ව, නිවැරදි චිත්තේකාග්‍රතාවය දියුණු කරයි.

මහණෙනි, භික්ෂුවක් මෙසේ ආර්ය අෂ්ටාංගික මාර්ගය වඩන්නේ ය. ආර්ය අෂ්ටාංගික මාර්ගය බහුල ව ප්‍රගුණ කරන්නේ ය.

(බල සූත්‍ර විස්තර කළ අයුරින් මේ සූත්‍ර සියල්ල විස්තර කළ යුත්තේ ය.)

දහහතර වෙනි බලකරණීය වර්ගය අවසන් විය.

- එහි පිළිවෙල උද්දානයයි :

බල, බීජ, නාග, රුක්ඛ, කුම්භ, සූක, ආකාස වශයෙන් සතර බැගින් වූ සූත්‍ර සතකි. සතර බැගින් වූ මේඝ සූත්‍ර දෙකකි. නාවා, ආගන්තුක, නදී වශයෙන් සතර බැගින් වූ සූත්‍ර තුනකි. සූත්‍ර සියල්ල හතළිස් අටකි.

15. ඒසනා වර්ගය

1.15.1.
ඒසනා සූත්‍රය
සෙවීම් ගැන වදාළ දෙසුම

මහණෙනි, මේ සෙවීම් තුනකි. ඒ කවර තුනක් ද යත්; කාමයන් සෙවීම ය. භවයන් සෙවීම ය. වැරදි මාර්ගයෙන් විමුක්තිය සෙවීම ය. මහණෙනි, මේ වනාහී සෙවීම් තුන යි. මහණෙනි, මේ සෙවීම් තුන විශිෂ්ට ඥානයෙන් අවබෝධ කරනු පිණිස ආර්ය අෂ්ටාංගික මාර්ගය වැඩිය යුත්තේ ය. කවර ආර්ය අෂ්ටාංගික මාර්ගයක් ද යත්, මහණෙනි, මෙහිලා භික්ෂුව කාය චිත්ත විවේකයෙන් යුතු ව, විරාගී සිතින් යුතු ව, අකුසල් නිරුද්ධ කරන සිතින් යුතු ව, නිවනට නැඹුරු වූ සිතින් යුතු ව, නිවැරදි දෘෂ්ටිය දියුණු කරයි. ....(පෙ).... කාය චිත්ත විවේකයෙන් යුතු ව, විරාගී සිතින් යුතු ව, අකුසල් නිරුද්ධ කරන සිතින් යුතු ව, නිවනට නැඹුරු වූ සිතින් යුතු ව, නිවැරදි චිත්තේකාග්‍රතාවය දියුණු කරයි. මහණෙනි, මේ සෙවීම් තුන විශිෂ්ට ඥානයෙන් අවබෝධ කරනු පිණිස මේ ආර්ය අෂ්ටාංගික මාර්ගය වැඩිය යුත්තේ ය.

1.15.2.
දුතිය ඒසනා සූත්‍රය
සෙවීම් ගැන වදාළ දෙවෙනි දෙසුම

මහණෙනි, මේ සෙවීම් තුනකි. ඒ කවර තුනක් ද යත්; කාමයන් සෙවීම ය. භවයන් සෙවීම ය. වැරදි මාර්ගයෙන් විමුක්තිය සෙවීම ය. මහණෙනි, මේ වනාහී සෙවීම් තුන යි. මහණෙනි, මේ සෙවීම් තුන විශිෂ්ට ඥානයෙන් අවබෝධ කරනු පිණිස ආර්ය අෂ්ටාංගික මාර්ගය වැඩිය යුත්තේ ය. කවර ආර්ය අෂ්ටාංගික මාර්ගයක් ද යත්, මහණෙනි, මෙහිලා භික්ෂුව රාගය දුරු කිරීම

අවසානය කොට ගෙන, ද්වේෂය දුරු කිරීම අවසානය කොට ගෙන, මෝහය දුරු කිරීම අවසානය කොට ගෙන නිවැරදි දෘෂ්ටිය දියුණු කරයි. ....(පෙ).... රාගය දුරු කිරීම අවසානය කොට ගෙන, ද්වේෂය දුරු කිරීම අවසානය කොට ගෙන, මෝහය දුරු කිරීම අවසානය කොට ගෙන නිවැරදි චිත්තේකාග්‍රතාවය දියුණු කරයි. මහණෙනි, මේ සෙවීම් තුන විශිෂ්ට ඥානයෙන් අවබෝධ කරනු පිණිස මේ ආර්ය අෂ්ටාංගික මාර්ගය වැඩිය යුත්තේ ය.

1.15.3.
තතිය ඒසනා සූත්‍රය
සෙවීම් ගැන වදාළ තෙවෙනි දෙසුම

මහණෙනි, මේ සෙවීම් තුනකි. ඒ කවර තුනක් ද යත්; කාමයන් සෙවීම ය. භවයන් සෙවීම ය. වැරදි මාර්ගයෙන් විමුක්තිය සෙවීම ය. මහණෙනි, මේ වනාහී සෙවීම් තුන යි. මහණෙනි, මේ සෙවීම් තුන විශිෂ්ට ඥානයෙන් අවබෝධ කරනු පිණිස ආර්ය අෂ්ටාංගික මාර්ගය වැඩිය යුත්තේ ය. කවර ආර්ය අෂ්ටාංගික මාර්ගයක් ද යත්, මහණෙනි, මෙහිලා භික්ෂුව අමෘතයට බැස ගෙන, අමෘතය පිහිට කොට ගෙන, අමෘතය අවසානය කොට ගෙන නිවැරදි දෘෂ්ටිය දියුණු කරයි. ....(පෙ).... අමෘතයට බැස ගෙන, අමෘතය පිහිට කොට ගෙන, අමෘතය අවසානය කොට ගෙන නිවැරදි චිත්තේකාග්‍රතාවය දියුණු කරයි. මහණෙනි, මේ සෙවීම් තුන විශිෂ්ට ඥානයෙන් අවබෝධ කරනු පිණිස මේ ආර්ය අෂ්ටාංගික මාර්ගය වැඩිය යුත්තේ ය.

1.15.4.
චතුත්ථ ඒසනා සූත්‍රය
සෙවීම් ගැන වදාළ සිව්වෙනි දෙසුම

මහණෙනි, මේ සෙවීම් තුනකි. ඒ කවර තුනක් ද යත්; කාමයන් සෙවීම ය. භවයන් සෙවීම ය. වැරදි මාර්ගයෙන් විමුක්තිය සෙවීම ය. මහණෙනි, මේ වනාහී සෙවීම් තුන යි. මහණෙනි, මේ සෙවීම් තුන විශිෂ්ට ඥානයෙන් අවබෝධ කරනු පිණිස ආර්ය අෂ්ටාංගික මාර්ගය වැඩිය යුත්තේ ය. කවර

ආර්ය අෂ්ටාංගික මාර්ගයක් ද යත්, මහණෙනි, මෙහිලා භික්ෂුව නිවනට නැමී, නිවනට නැඹුරු වී, නිවනට බර වී නිවැරදි දෘෂ්ටිය දියුණු කරයි. ....(පෙ).... නිවනට නැමී, නිවනට නැඹුරු වී, නිවනට බර වී නිවැරදි චිත්තේකාග්‍රතාවය දියුණු කරයි. මහණෙනි, මේ සෙවීම් තුන විශිෂ්ට ඥානයෙන් අවබෝධ කරනු පිණිස මේ ආර්ය අෂ්ටාංගික මාර්ගය වැඩිය යුත්තේ ය.

1.15.5.-8.
5-8 ඒසනා සූත්‍රයෝ
සෙවීම් ගැන වදාළ දෙසුම්

මහණෙනි, මේ සෙවීම් තුනකි. ඒ කවර තුනක් ද යත්; කාමයන් සෙවීම ය. භවයන් සෙවීම ය. වැරදි මාර්ගයෙන් විමුක්තිය සෙවීම ය. මහණෙනි, මේ වනාහී සෙවීම් තුන යි. මහණෙනි, මේ සෙවීම් තුන පිරිසිඳ දැනගැනීම පිණිස ....(පෙ).... මේ ආර්ය අෂ්ටාංගික මාර්ගය වැඩිය යුත්තේ ය.

(විශිෂ්ට ඥානයෙන් අවබෝධ කිරීම පිණිස යනුවෙන් පැවසූ සූත්‍ර සෙයින් විස්තර කළ යුත්තේ ය.)

1.15.9.-12.
9-12 ඒසනා සූත්‍රයෝ
සෙවීම් ගැන වදාළ දෙසුම්

මහණෙනි, මේ සෙවීම් තුනකි. ඒ කවර තුනක් ද යත්; කාමයන් සෙවීම ය. භවයන් සෙවීම ය. වැරදි මාර්ගයෙන් විමුක්තිය සෙවීම ය. මහණෙනි, මේ වනාහී සෙවීම් තුන යි. මහණෙනි, මේ සෙවීම් තුන ක්ෂය කිරීම පිණිස ....(පෙ).... මේ ආර්ය අෂ්ටාංගික මාර්ගය වැඩිය යුත්තේ ය.

(විශිෂ්ට ඥානයෙන් අවබෝධ කිරීම පිණිස යනුවෙන් පැවසූ සූත්‍ර සෙයින් විස්තර කළ යුත්තේ ය.)

1.15.13.-16.
13-16 ඒසනා සූත්‍රයෝ
සෙවීම් ගැන වදාළ දෙසුම්

මහණෙනි, මේ සෙවීම් තුනකි. ඒ කවර තුනක් ද යත්; කාමයන් සෙවීම ය. භවයන් සෙවීම ය. වැරදි මාර්ගයෙන් විමුක්තිය සෙවීම ය. මහණෙනි, මේ වනාහී සෙවීම් තුන යි. මහණෙනි, මේ සෙවීම් තුන ප්‍රහාණය පිණිස ආර්ය අෂ්ටාංගික මාර්ගය වැඩිය යුත්තේ ය. කවර ආර්ය අෂ්ටාංගික මාර්ගයක් ද යත්, මහණෙනි, මෙහිලා භික්ෂුව කාය චිත්ත විවේකයෙන් යුතුව, විරාගයෙන් යුතුව, තෘෂ්ණා නිරෝධයෙන් යුතුව, නිවනට නැඹුරු වී නිවැරදි දෘෂ්ටිය දියුණු කරයි. ....(පෙ).... කාය චිත්ත විවේකයෙන් යුතුව, විරාගයෙන් යුතුව, තෘෂ්ණා නිරෝධයෙන් යුතුව, නිවනට නැඹුරු වී නිවැරදි චිත්තේකාග්‍රතාවය දියුණු කරයි. මහණෙනි, මේ සෙවීම් තුන ප්‍රහාණය පිණිස මේ ආර්ය අෂ්ටාංගික මාර්ගය වැඩිය යුත්තේ ය.

(විශිෂ්ට ඥානයෙන් අවබෝධ කිරීම පිණිස යනුවෙන් පැවසූ සූත්‍ර සෙයින් විස්තර කළ යුත්තේ ය.)

1.15.17.-32
විධා සූත්‍රයෝ
මාන්නය ගැන වදාළ දෙසුම්

මහණෙනි, මේ මාන තුනකි. ඒ කවර තුනක් ද යත්; 'මම ශ්‍රේෂ්ඨ කෙනෙක්මි' යනුවෙන් මාන්නයකි. 'මම සමාන කෙනෙක්මි' යනුවෙන් මාන්නයකි. 'මම හීන කෙනෙක්මි' යනුවෙන් මාන්නයකි. මහණෙනි, මේ වනාහී මාන තුන යි. මහණෙනි, මේ මාන තුන විශිෂ්ට ඥානයෙන් අවබෝධ කරනු පිණිස ....(පෙ).... පිරිසිඳ දැනීම පිණිස ....(පෙ).... ක්ෂය කිරීම පිණිස ....(පෙ).... ප්‍රහාණය පිණිස ආර්ය අෂ්ටාංගික මාර්ගය වැඩිය යුත්තේ ය. කවර ආර්ය අෂ්ටාංගික මාර්ගයක් ද යත්, මහණෙනි, මෙහිලා භික්ෂුව කාය චිත්ත විවේකයෙන් යුතු ව, විරාගී සිතින් යුතු ව, අකුසල් නිරුද්ධ කරන සිතින් යුතු ව, නිවනට නැඹුරු වූ සිතින් යුතු ව, නිවැරදි දෘෂ්ටිය දියුණු කරයි. ....(පෙ).... කාය චිත්ත විවේකයෙන් යුතු ව, විරාගී සිතින් යුතු ව, අකුසල් නිරුද්ධ කරන

සිතින් යුතු ව, නිවනට නැඹුරු වූ සිතින් යුතු ව, නිවැරදි චිත්තේකාග්‍රතාවය දියුණු කරයි. මහණෙනි, මේ මාන තුන විශිෂ්ට ඥානයෙන් අවබෝධ කරනු පිණිස ....(පෙ).... පිරිසිඳ දැනීම පිණිස ....(පෙ).... ක්ෂය කිරීම පිණිස ....(පෙ).... ප්‍රහාණය පිණිස මේ ආර්‍ය අෂ්ටාංගික මාර්ගය වැඩිය යුත්තේ ය.

(ඒසනා සූත්‍ර සෙයින් විස්තර කළ යුත්තේ ය.)

1.15.33.-48
ආසව සූත්‍රයෝ
ආශ්‍රව ගැන වදාළ දෙසුම්

මහණෙනි, මේ ආශ්‍රව තුනකි. ඒ කවර තුනක් ද යත්; කාමාශ්‍රව, භවාශ්‍රව, අවිජ්ජාශ්‍රව ය. මහණෙනි, මේ වනාහී ආශ්‍රව තුන යි. මහණෙනි, මේ ආශ්‍රව තුන විශිෂ්ට ඥානයෙන් අවබෝධ කරනු පිණිස ....(පෙ).... පිරිසිඳ දැනීම පිණිස ....(පෙ).... ක්ෂය කිරීම පිණිස ....(පෙ).... ප්‍රහාණය පිණිස ආර්‍ය අෂ්ටාංගික මාර්ගය වැඩිය යුත්තේ ය. කවර ආර්‍ය අෂ්ටාංගික මාර්ගයක් ද යත්, මහණෙනි, මෙහිලා භික්ෂුව කාය චිත්ත විවේකයෙන් යුතු ව, විරාගී සිතින් යුතු ව, අකුසල් නිරුද්ධ කරන සිතින් යුතු ව, නිවනට නැඹුරු වූ සිතින් යුතු ව, නිවැරදි දෘෂ්ටිය දියුණු කරයි. ....(පෙ).... කාය චිත්ත විවේකයෙන් යුතු ව, විරාගී සිතින් යුතු ව, අකුසල් නිරුද්ධ කරන සිතින් යුතු ව, නිවනට නැඹුරු වූ සිතින් යුතු ව, නිවැරදි චිත්තේකාග්‍රතාවය දියුණු කරයි. මහණෙනි, මේ ආශ්‍රව තුන විශිෂ්ට ඥානයෙන් අවබෝධ කරනු පිණිස ....(පෙ).... පිරිසිඳ දැනීම පිණිස ....(පෙ).... ක්ෂය කිරීම පිණිස ....(පෙ).... ප්‍රහාණය පිණිස මේ ආර්‍ය අෂ්ටාංගික මාර්ගය වැඩිය යුත්තේ ය.

1.15.49.-64
භව සූත්‍රයෝ
භවය ගැන වදාළ දෙසුම්

මහණෙනි, මේ භව තුනකි. ඒ කවර තුනක් ද යත්; කාම භවය, රූප භවය, අරූප භවය ය. මහණෙනි, මේ වනාහී භව තුන යි. මහණෙනි, මේ භව

තුන විශිෂ්ට ඥානයෙන් අවබෝධ කරනු පිණිස ....(පෙ).... පිරිසිඳ දැනීම පිණිස ....(පෙ).... ක්ෂය කිරීම පිණිස ....(පෙ).... ප්‍රහාණය පිණිස ආර්ය අෂ්ටාංගික මාර්ගය වැඩිය යුත්තේ ය. කවර ආර්ය අෂ්ටාංගික මාර්ගයක් ද යත්, මහණෙනි, මෙහිලා භික්ෂුව කාය චිත්ත විවේකයෙන් යුතු ව, විරාගී සිතින් යුතු ව, අකුසල් නිරුද්ධ කරන සිතින් යුතු ව, නිවනට නැඹුරු වූ සිතින් යුතු ව, නිවැරදි දෘෂ්ටිය දියුණු කරයි. ....(පෙ).... කාය චිත්ත විවේකයෙන් යුතු ව, විරාගී සිතින් යුතු ව, අකුසල් නිරුද්ධ කරන සිතින් යුතු ව, නිවනට නැඹුරු වූ සිතින් යුතු ව, නිවැරදි චිත්තේකාග්‍රතාවය දියුණු කරයි. මහණෙනි, මේ භව තුන විශිෂ්ට ඥානයෙන් අවබෝධ කරනු පිණිස ....(පෙ).... පිරිසිඳ දැනීම පිණිස ....(පෙ).... ක්ෂය කිරීම පිණිස ....(පෙ).... ප්‍රහාණය පිණිස මේ ආර්ය අෂ්ටාංගික මාර්ගය වැඩිය යුත්තේ ය.

1.15.65.-80
දුක්ඛතා සූත්‍රයෝ
දුක් බව ගැන වදාළ දෙසුම්

මහණෙනි, මේ දුක්ඛ භාවයන් තුනකි. ඒ කවර තුනක් ද යත්; දුකෙහි ඇති දුක් බව ය, සංස්කාරයන් කෙරෙහි ඇති දුක් බව ය, වෙනස්වීමෙහි ඇති දුක් බව ය. මහණෙනි, මේ වනාහී දුක්ඛ භාවයන් තුන යි. මහණෙනි, මේ දුක්ඛ භාවයන් තුන විශිෂ්ට ඥානයෙන් අවබෝධ කරනු පිණිස ....(පෙ).... පිරිසිඳ දැනීම පිණිස ....(පෙ).... ක්ෂය කිරීම පිණිස ....(පෙ).... ප්‍රහාණය පිණිස ආර්ය අෂ්ටාංගික මාර්ගය වැඩිය යුත්තේ ය. කවර ආර්ය අෂ්ටාංගික මාර්ගයක් ද යත්, මහණෙනි, මෙහිලා භික්ෂුව කාය චිත්ත විවේකයෙන් යුතු ව, විරාගී සිතින් යුතු ව, අකුසල් නිරුද්ධ කරන සිතින් යුතු ව, නිවනට නැඹුරු වූ සිතින් යුතු ව, නිවැරදි දෘෂ්ටිය දියුණු කරයි. ....(පෙ).... කාය චිත්ත විවේකයෙන් යුතු ව, විරාගී සිතින් යුතු ව, අකුසල් නිරුද්ධ කරන සිතින් යුතු ව, නිවනට නැඹුරු වූ සිතින් යුතු ව, නිවැරදි චිත්තේකාග්‍රතාවය දියුණු කරයි. මහණෙනි, මේ දුක්ඛ භාවයන් තුන විශිෂ්ට ඥානයෙන් අවබෝධ කරනු පිණිස ....(පෙ).... පිරිසිඳ දැනීම පිණිස ....(පෙ).... ක්ෂය කිරීම පිණිස ....(පෙ).... ප්‍රහාණය පිණිස මේ ආර්ය අෂ්ටාංගික මාර්ගය වැඩිය යුත්තේ ය.

1.15.81.-96
ඛීල සූත්‍රයෝ
හුල් ගැන වදාළ දෙසුම්

මහණෙනි, මේ හුල් තුනකි. ඒ කවර තුනක් ද යත්; රාග හුල ය, ද්වේෂ හුල ය, මෝහ හුල ය. මහණෙනි, මේ වනාහී හුල් තුන යි. මහණෙනි, මේ හුල් තුන විශිෂ්ට ඥානයෙන් අවබෝධ කරනු පිණිස ....(පෙ).... පිරිසිඳ දැනීම පිණිස ....(පෙ).... ක්ෂය කිරීම පිණිස ....(පෙ).... ප්‍රහාණය පිණිස ආර්ය අෂ්ටාංගික මාර්ගය වැඩිය යුත්තේ ය. කවර ආර්ය අෂ්ටාංගික මාර්ගයක් ද යත්, මහණෙනි, මෙහිලා භික්ෂුව කාය චිත්ත විවේකයෙන් යුතු ව, විරාගී සිතින් යුතු ව, අකුසල් නිරුද්ධ කරන සිතින් යුතු ව, නිවනට නැඹුරු වූ සිතින් යුතු ව, නිවැරදි දෘෂ්ටිය දියුණු කරයි. ....(පෙ).... කාය චිත්ත විවේකයෙන් යුතු ව, විරාගී සිතින් යුතු ව, අකුසල් නිරුද්ධ කරන සිතින් යුතු ව, නිවනට නැඹුරු වූ සිතින් යුතු ව, නිවැරදි චිත්තේකාග්‍රතාවය දියුණු කරයි. මහණෙනි, මේ හුල් තුන විශිෂ්ට ඥානයෙන් අවබෝධ කරනු පිණිස ....(පෙ).... පිරිසිඳ දැනීම පිණිස ....(පෙ).... ක්ෂය කිරීම පිණිස ....(පෙ).... ප්‍රහාණය පිණිස මේ ආර්ය අෂ්ටාංගික මාර්ගය වැඩිය යුත්තේ ය.

1.15.97.-112
මල සූත්‍රයෝ
කිලිටි ගැන වදාළ දෙසුම්

මහණෙනි, මේ කිලිටි තුනකි. ඒ කවර තුනක් ද යත්; රාගයෙන් කිලිටි වීම ය, ද්වේෂයෙන් කිලිටි වීම ය, මෝහයෙන් කිලිටි වීම ය. මහණෙනි, මේ වනාහී කිලිටි තුන යි. මහණෙනි, මේ කිලිටි තුන විශිෂ්ට ඥානයෙන් අවබෝධ කරනු පිණිස ....(පෙ).... පිරිසිඳ දැනීම පිණිස ....(පෙ).... ක්ෂය කිරීම පිණිස ....(පෙ).... ප්‍රහාණය පිණිස ආර්ය අෂ්ටාංගික මාර්ගය වැඩිය යුත්තේ ය. කවර ආර්ය අෂ්ටාංගික මාර්ගයක් ද යත්, මහණෙනි, මෙහිලා භික්ෂුව කාය චිත්ත විවේකයෙන් යුතු ව, විරාගී සිතින් යුතු ව, අකුසල් නිරුද්ධ කරන සිතින් යුතු ව, නිවනට නැඹුරු වූ සිතින් යුතු ව, නිවැරදි දෘෂ්ටිය දියුණු කරයි. ....(පෙ)....

කාය චිත්ත විවේකයෙන් යුතු ව, විරාගී සිතින් යුතු ව, අකුසල් නිරුද්ධ කරන සිතින් යුතු ව, නිවනට නැඹුරු වූ සිතින් යුතු ව, නිවැරදි චිත්තේකාග්‍රතාවය දියුණු කරයි. මහණෙනි, මේ කිලිටි තුන විශිෂ්ට ඥානයෙන් අවබෝධ කරනු පිණිස ....(පෙ).... පිරිසිඳ දැනීම පිණිස ....(පෙ).... ක්ෂය කිරීම පිණිස ....(පෙ).... ප්‍රහාණය පිණිස මේ ආර්ය අෂ්ටාංගික මාර්ගය වැඩිය යුත්තේ ය.

1.15.113.-128
නීඝ සූත්‍රයෝ
දුක් ගැන වදාළ දෙසුම්

මහණෙනි, මේ දුක් තුනකි. ඒ කවර තුනක් ද යත්; රාග දුක ය, ද්වේෂ දුක ය, මෝහ දුක ය. මහණෙනි, මේ වනාහී දුක් තුන යි. මහණෙනි, මේ දුක් තුන විශිෂ්ට ඥානයෙන් අවබෝධ කරනු පිණිස ....(පෙ).... පිරිසිඳ දැනීම පිණිස ....(පෙ).... ක්ෂය කිරීම පිණිස ....(පෙ).... ප්‍රහාණය පිණිස ආර්ය අෂ්ටාංගික මාර්ගය වැඩිය යුත්තේ ය. කවර ආර්ය අෂ්ටාංගික මාර්ගයක් ද යත්, මහණෙනි, මෙහිලා භික්ෂුව කාය චිත්ත විවේකයෙන් යුතු ව, විරාගී සිතින් යුතු ව, අකුසල් නිරුද්ධ කරන සිතින් යුතු ව, නිවනට නැඹුරු වූ සිතින් යුතු ව, නිවැරදි දෘෂ්ටිය දියුණු කරයි. ....(පෙ).... කාය චිත්ත විවේකයෙන් යුතු ව, විරාගී සිතින් යුතු ව, අකුසල් නිරුද්ධ කරන සිතින් යුතු ව, නිවනට නැඹුරු වූ සිතින් යුතු ව, නිවැරදි චිත්තේකාග්‍රතාවය දියුණු කරයි. මහණෙනි, මේ දුක් තුන විශිෂ්ට ඥානයෙන් අවබෝධ කරනු පිණිස ....(පෙ).... පිරිසිඳ දැනීම පිණිස ....(පෙ).... ක්ෂය කිරීම පිණිස ....(පෙ).... ප්‍රහාණය පිණිස මේ ආර්ය අෂ්ටාංගික මාර්ගය වැඩිය යුත්තේය.

1.15.129.-144
වේදනා සූත්‍රයෝ
විඳීම් ගැන වදාළ දෙසුම්

මහණෙනි, මේ විඳීම් තුනකි. ඒ කවර තුනක් ද යත්; සැප වේදනාව ය, දුක් වේදනාව ය, දුක් සැප රහිත වේදනාව ය. මහණෙනි, මේ වනාහී විඳීම් තුන යි. මහණෙනි, මේ විඳීම් තුන විශිෂ්ට ඥානයෙන් අවබෝධ කරනු පිණිස ....(පෙ).... පිරිසිඳ දැනීම පිණිස ....(පෙ).... ක්ෂය කිරීම පිණිස ....(පෙ).... ප්‍රහාණය

පිණිස ආර්ය අෂ්ටාංගික මාර්ගය වැඩිය යුත්තේ ය. කවර ආර්ය අෂ්ටාංගික මාර්ගයක් ද යත්, මහණෙනි, මෙහිලා භික්ෂුව කාය චිත්ත විවේකයෙන් යුතු ව, විරාගී සිතින් යුතු ව, අකුසල් නිරුද්ධ කරන සිතින් යුතු ව, නිවනට නැඹුරු වූ සිතින් යුතු ව, නිවැරදි දෘෂ්ටිය දියුණු කරයි. ....(පෙ).... කාය චිත්ත විවේකයෙන් යුතු ව, විරාගී සිතින් යුතු ව, අකුසල් නිරුද්ධ කරන සිතින් යුතු ව, නිවනට නැඹුරු වූ සිතින් යුතු ව, නිවැරදි චිත්තේකාග්‍රතාවය දියුණු කරයි. මහණෙනි, මේ වේදනා තුන විශිෂ්ට ඥානයෙන් අවබෝධ කරනු පිණිස ....(පෙ).... පිරිසිඳ දැනීම පිණිස ....(පෙ).... ක්ෂය කිරීම පිණිස ....(පෙ).... ප්‍රහාණය පිණිස මේ ආර්ය අෂ්ටාංගික මාර්ගය වැඩිය යුත්තේ ය.

1.15.145.-160
තණ්හා සූත්‍රයෝ
තණ්හාව ගැන වදාළ දෙසුම්

මහණෙනි, මේ තණ්හා තුනකි. ඒ කවර තුනක් ද යත්; කාම තණ්හාව ය, භව තණ්හාව ය, විභව තණ්හාව ය. මහණෙනි, මේ වනාහී තණ්හා තුන යි. මහණෙනි, මේ තණ්හා තුන විශිෂ්ට ඥානයෙන් අවබෝධ කරනු පිණිස ....(පෙ).... පිරිසිඳ දැනීම පිණිස ....(පෙ).... ක්ෂය කිරීම පිණිස ....(පෙ).... ප්‍රහාණය පිණිස ආර්ය අෂ්ටාංගික මාර්ගය වැඩිය යුත්තේ ය. කවර ආර්ය අෂ්ටාංගික මාර්ගයක් ද යත්, මහණෙනි, මෙහිලා භික්ෂුව කාය චිත්ත විවේකයෙන් යුතු ව, විරාගී සිතින් යුතු ව, අකුසල් නිරුද්ධ කරන සිතින් යුතු ව, නිවනට නැඹුරු වූ සිතින් යුතු ව, නිවැරදි දෘෂ්ටිය දියුණු කරයි. ....(පෙ).... කාය චිත්ත විවේකයෙන් යුතු ව, විරාගී සිතින් යුතු ව, අකුසල් නිරුද්ධ කරන සිතින් යුතු ව, නිවනට නැඹුරු වූ සිතින් යුතු ව, නිවැරදි චිත්තේකාග්‍රතාවය දියුණු කරයි. මහණෙනි, මේ තණ්හා තුන විශිෂ්ට ඥානයෙන් අවබෝධ කරනු පිණිස ....(පෙ).... පිරිසිඳ දැනීම පිණිස ....(පෙ).... ක්ෂය කිරීම පිණිස ....(පෙ).... ප්‍රහාණය පිණිස මේ ආර්ය අෂ්ටාංගික මාර්ගය වැඩිය යුත්තේ ය.

(ඒසනා සූත්‍ර සෙයින් සියල්ල විස්තර කළ යුත්තේ ය.)

පහළොස් වෙනි ඒසනා වර්ගය අවසන් විය.

- **එහි පිළිවෙල උද්දානයයි :**

ඒසනා, විධා, ආසව, භව, දුක්ඛතා, ඛීල, මල, නීඝ, වේදනා, තණ්හා වශයෙන් සොළොස් අයුරින් දසයකි. හෙවත් සූත්‍ර එකසිය හැටකි.

16. ඕඝ වර්ගය

1.16.1.-16.
ඕඝ සූත්‍රයෝ
සැඩ පහර ගැන වදාළ දෙසුම්

මහණෙනි, මේ ඕඝ සතරකි. ඒ කවර සතරක් ද යත්; කාමය නම් වූ සැඩ පහර ය, භවය නම් වූ සැඩ පහර ය, දෘෂ්ටි නම් වූ සැඩ පහර ය. අවිද්‍යාව නම් වූ සැඩ පහර ය. මහණෙනි, මේ වනාහී ඕඝ සතර යි. මහණෙනි, මේ සතර ඕඝයන් විශිෂ්ට ඥානයෙන් අවබෝධ කරනු පිණිස ....(පෙ).... පිරිසිඳ දැනීම පිණිස ....(පෙ).... ක්ෂය කිරීම පිණිස ....(පෙ).... ප්‍රහාණය පිණිස ආර්ය අෂ්ටාංගික මාර්ගය වැඩිය යුත්තේ ය. කවර ආර්ය අෂ්ටාංගික මාර්ගයක් ද යත්, මහණෙනි, මෙහිලා භික්ෂුව නිවැරදි දෘෂ්ටිය දියුණු කරයි. ....(පෙ).... කාය චිත්ත විවේකයෙන් යුතු ව, විරාගී සිතින් යුතු ව, අකුසල් නිරුද්ධ කරන සිතින් යුතු ව, නිවනට නැඹුරු වූ සිතින් යුතු ව, නිවැරදි චිත්තේකාග්‍රතාවය දියුණු කරයි. මහණෙනි, මේ සතර ඕඝයන් විශිෂ්ට ඥානයෙන් අවබෝධ කරනු පිණිස ....(පෙ).... පිරිසිඳ දැනීම පිණිස ....(පෙ).... ක්ෂය කිරීම පිණිස ....(පෙ).... ප්‍රහාණය පිණිස මේ ආර්ය අෂ්ටාංගික මාර්ගය වැඩිය යුත්තේ ය.

(ඒසනා සූත්‍ර සෙයින් සියල්ල විස්තර කළ යුත්තේ ය.)

1.16.17.-32.
යෝග සූත්‍රයෝ
යෙදීම් ගැන වදාළ දෙසුම්

මහණෙනි, මේ යෙදීම් සතරකි. ඒ කවර සතරක් ද යත්; කාමයෙහි යෙදීම ය, භවයෙහි යෙදීම ය, දෘෂ්ටියෙහි යෙදීම ය. අවිද්‍යාවෙහි යෙදීම ය. මහණෙනි, මේ වනාහී යෝග සතර යි. මහණෙනි, මේ සතර යෝගයන් විශිෂ්ට ඥානයෙන් අවබෝධ කරනු පිණිස ....(පෙ).... පිරිසිඳ දැනීම පිණිස ....(පෙ).... ක්ෂය කිරීම පිණිස ....(පෙ).... ප්‍රහාණය පිණිස ආර්ය අෂ්ටාංගික මාර්ගය වැඩිය යුත්තේ ය. කවර ආර්ය අෂ්ටාංගික මාර්ගයක් ද යත්, මහණෙනි, මෙහිලා භික්ෂුව නිවැරදි දෘෂ්ටිය දියුණු කරයි. ....(පෙ).... කාය චිත්ත විවේකයෙන් යුතු ව, විරාගී සිතින් යුතු ව, අකුසල් නිරුද්ධ කරන සිතින් යුතු ව, නිවනට නැඹුරු වූ සිතින් යුතු ව, නිවැරදි චිත්තේකාග්‍රතාවය දියුණු කරයි. මහණෙනි, මේ සතර යෝගයන් විශිෂ්ට ඥානයෙන් අවබෝධ කරනු පිණිස ....(පෙ).... පිරිසිඳ දැනීම පිණිස ....(පෙ).... ක්ෂය කිරීම පිණිස ....(පෙ).... ප්‍රහාණය පිණිස මේ ආර්ය අෂ්ටාංගික මාර්ගය වැඩිය යුත්තේ ය.

1.16.33.-48.
උපාදාන සූත්‍රයෝ
ග්‍රහණය වීම් ගැන වදාළ දෙසුම්

මහණෙනි, මේ ග්‍රහණය වීම් සතරකි. ඒ කවර සතරක් ද යත්; කාමයට ග්‍රහණය වීම ය, දෘෂ්ටීන්ට ග්‍රහණය වීම ය, සීල-ව්‍රතයන්ට ග්‍රහණය වීම ය, ආත්ම වාදයට ග්‍රහණය වීම ය. මහණෙනි, මේ වනාහී උපාදාන සතර යි. මහණෙනි, මේ සතර උපාදානයන් විශිෂ්ට ඥානයෙන් අවබෝධ කරනු පිණිස ....(පෙ).... පිරිසිඳ දැනීම පිණිස ....(පෙ).... ක්ෂය කිරීම පිණිස ....(පෙ).... ප්‍රහාණය පිණිස ආර්ය අෂ්ටාංගික මාර්ගය වැඩිය යුත්තේ ය. කවර ආර්ය අෂ්ටාංගික මාර්ගයක් ද යත්, මහණෙනි, මෙහිලා භික්ෂුව නිවැරදි දෘෂ්ටිය දියුණු කරයි. ....(පෙ).... කාය චිත්ත විවේකයෙන් යුතු ව, විරාගී සිතින් යුතු ව, අකුසල් නිරුද්ධ කරන සිතින් යුතු ව, නිවනට නැඹුරු වූ සිතින් යුතු ව, නිවැරදි චිත්තේකාග්‍රතාවය

දියුණු කරයි. මහණෙනි, මේ සතර උපාදානයන් විශිෂ්ට ඥානයෙන් අවබෝධ කරනු පිණිස ....(පෙ).... පිරිසිඳ දැනීම පිණිස ....(පෙ).... ක්ෂය කිරීම පිණිස ....(පෙ).... ප්‍රහාණය පිණිස මේ ආර්ය අෂ්ටාංගික මාර්ගය වැඩිය යුත්තේ ය.

1.16.49.-64.
ගන්ථ සූත්‍රයෝ
ගෙතීම් ගැන වදාළ දෙසුම්

මහණෙනි, මේ ගෙතීම් සතරකි. ඒ කවර සතරක් ද යත්; ලෝභයෙන් ගෙතෙන කෙලෙස් ය, ව්‍යාපාදයෙන් ගෙතෙන කෙලෙස් ය, සීලබ්බත පරාමාසයෙන් ගෙතෙන කෙලෙස් ය, 'මෙය ම සත්‍යය ය'යි දැඩි ව බැසගැනීමෙන් ගෙතෙන කෙලෙස් ය. මහණෙනි, මේ වනාහී ගෙතීම් සතර යි. මහණෙනි, මේ සතර ගෙතීම් විශිෂ්ට ඥානයෙන් අවබෝධ කරනු පිණිස ....(පෙ).... පිරිසිඳ දැනීම පිණිස ....(පෙ).... ක්ෂය කිරීම පිණිස ....(පෙ).... ප්‍රහාණය පිණිස ආර්ය අෂ්ටාංගික මාර්ගය වැඩිය යුත්තේ ය. කවර ආර්ය අෂ්ටාංගික මාර්ගයක් ද යත්, මහණෙනි, මෙහිලා භික්ෂුව නිවැරදි දෘෂ්ටිය දියුණු කරයි. ....(පෙ).... කාය චිත්ත විවේකයෙන් යුතු ව, විරාගී සිතින් යුතු ව, අකුසල් නිරුද්ධ කරන සිතින් යුතු ව, නිවනට නැඹුරු වූ සිතින් යුතු ව, නිවැරදි චිත්තේකාග්‍රතාවය දියුණු කරයි. මහණෙනි, මේ සතර ගෙතීම් විශිෂ්ට ඥානයෙන් අවබෝධ කරනු පිණිස ....(පෙ).... පිරිසිඳ දැනීම පිණිස ....(පෙ).... ක්ෂය කිරීම පිණිස ....(පෙ).... ප්‍රහාණය පිණිස මේ ආර්ය අෂ්ටාංගික මාර්ගය වැඩිය යුත්තේ ය.

1.16.65.-80.
අනුසය සූත්‍රයෝ
අප්‍රකට කෙලෙස් ගැන වදාළ දෙසුම්

මහණෙනි, මේ අප්‍රකට කෙලෙස් සතකි. ඒ කවර සතක් ද යත්; අප්‍රකට ව ඇති කාමරාගය ය, අප්‍රකට ව ඇති පටිඝය ය, අප්‍රකට ව ඇති දෘෂ්ටීන් ය, අප්‍රකට ව ඇති සැකය ය, අප්‍රකට ව ඇති මාන්නය ය, අප්‍රකට ව ඇති භවරාගය ය, අප්‍රකට ව ඇති අවිද්‍යාව ය. මහණෙනි, මේ වනාහී අනුසය සත යි. මහණෙනි, මේ සතක් වූ අනසයයන් විශිෂ්ට ඥානයෙන් අවබෝධ කරනු පිණිස ....(පෙ).... පිරිසිඳ දැනීම පිණිස ....(පෙ).... ක්ෂය කිරීම පිණිස ....(පෙ)....

ප්‍රහාණය පිණිස ආර්ය අෂ්ටාංගික මාර්ගය වැඩිය යුත්තේ ය. කවර ආර්ය අෂ්ටාංගික මාර්ගයක් ද යත්, මහණෙනි, මෙහිලා භික්ෂුව නිවැරදි දෘෂ්ටිය දියුණු කරයි. ....(පෙ).... කාය චිත්ත විවේකයෙන් යුතු ව, විරාගී සිතින් යුතු ව, අකුසල් නිරුද්ධ කරන සිතින් යුතු ව, නිවනට නැඹුරු වූ සිතින් යුතු ව, නිවැරදි චිත්තේකාග්‍රතාවය දියුණු කරයි. මහණෙනි, මේ සතක් වූ අනුසයයන් විශිෂ්ට ඥානයෙන් අවබෝධ කරනු පිණිස ....(පෙ).... පිරිසිඳ දැනීම පිණිස ....(පෙ).... ක්ෂය කිරීම පිණිස ....(පෙ).... ප්‍රහාණය පිණිස මේ ආර්ය අෂ්ටාංගික මාර්ගය වැඩිය යුත්තේ ය.

1.16.81.-96.
කාමගුණ සූත්‍රයෝ
කාමගුණ ගැන වදාළ දෙසුම්

මහණෙනි, මේ කාමගුණ පසකි. ඒ කවර පසක් ද යත්; ඉෂ්ට වූ, කාන්ත වූ, මනාප වූ, ප්‍රිය ස්වරූප ඇති, කාමූපසංහිත වූ, කෙලෙස් උපදවන, ඇසින් දැක්ක යුතු රූපයෝ ය. ....(පෙ).... කනින් ඇසිය යුතු ශබ්දයෝ ය. ....(පෙ).... නාසයෙන් දත යුතු ගන්ධයෝ ය. ....(පෙ).... දිවෙන් දත යුතු රසයෝ ය. ඉෂ්ට වූ, කාන්ත වූ, මනාප වූ, ප්‍රිය ස්වරූප ඇති, කාමූපසංහිත වූ, කෙලෙස් උපදවන, කයෙන් දත යුතු ස්පර්ශයෝ ය. මහණෙනි, මේ වනාහී පංච කාමගුණයෝ ය. මහණෙනි, මේ පංච කාමගුණයන් විශිෂ්ට ඥානයෙන් අවබෝධ කරනු පිණිස ....(පෙ).... පිරිසිඳ දැනීම පිණිස ....(පෙ).... ක්ෂය කිරීම පිණිස ....(පෙ).... ප්‍රහාණය පිණිස ආර්ය අෂ්ටාංගික මාර්ගය වැඩිය යුත්තේ ය. කවර ආර්ය අෂ්ටාංගික මාර්ගයක් ද යත්, මහණෙනි, මෙහිලා භික්ෂුව නිවැරදි දෘෂ්ටිය දියුණු කරයි. ....(පෙ).... කාය චිත්ත විවේකයෙන් යුතු ව, විරාගී සිතින් යුතු ව, අකුසල් නිරුද්ධ කරන සිතින් යුතු ව, නිවනට නැඹුරු වූ සිතින් යුතු ව, නිවැරදි චිත්තේකාග්‍රතාවය දියුණු කරයි. මහණෙනි, මේ පංච කාමගුණයන් විශිෂ්ට ඥානයෙන් අවබෝධ කරනු පිණිස ....(පෙ).... පිරිසිඳ දැනීම පිණිස ....(පෙ).... ක්ෂය කිරීම පිණිස ....(පෙ).... ප්‍රහාණය පිණිස මේ ආර්ය අෂ්ටාංගික මාර්ගය වැඩිය යුත්තේ ය.

1.16.97.-112.
නීවරණ සූත්‍රයෝ
නීවරණ ගැන වදාළ දෙසුම්

මහණෙනි, මේ නීවරණ පසකි. ඒ කවර පසක් ද යත්; කාමච්ඡන්ද නීවරණය ය, ව්‍යාපාද නීවරණය ය, ථීනමිද්ධ නීවරණය ය, උද්ධච්ච කුක්කුච්ච නීවරණය ය, විචිකිච්ඡා නීවරණය ය. මහණෙනි, මේ වනාහී පංච නීවරණයෝ ය. මහණෙනි, මේ පංච නීවරණයන් විශිෂ්ට ඥානයෙන් අවබෝධ කරනු පිණිස ....(පෙ).... පිරිසිඳ දැනීම පිණිස ....(පෙ).... ක්ෂය කිරීම පිණිස ....(පෙ).... ප්‍රහාණය පිණිස ආර්ය අෂ්ටාංගික මාර්ගය වැඩිය යුත්තේ ය. කවර ආර්ය අෂ්ටාංගික මාර්ගයක් ද යත්, මහණෙනි, මෙහිලා භික්ෂුව නිවැරදි දෘෂ්ටිය දියුණු කරයි. ....(පෙ).... කාය චිත්ත විවේකයෙන් යුතු ව, විරාගී සිතින් යුතු ව, අකුසල් නිරුද්ධ කරන සිතින් යුතු ව, නිවනට නැඹුරු වූ සිතින් යුතු ව, නිවැරදි චිත්තේකාග්‍රතාවය දියුණු කරයි. මහණෙනි, මේ පංච නීවරණයන් විශිෂ්ට ඥානයෙන් අවබෝධ කරනු පිණිස ....(පෙ).... පිරිසිඳ දැනීම පිණිස ....(පෙ).... ක්ෂය කිරීම පිණිස ....(පෙ).... ප්‍රහාණය පිණිස මේ ආර්ය අෂ්ටාංගික මාර්ගය වැඩිය යුත්තේ ය.

1.16.113.-128.
උපාදානක්ඛන්ධ සූත්‍රයෝ
උපාදානස්කන්ධ ගැන වදාළ දෙසුම්

මහණෙනි, මේ උපාදානස්කන්ධ පසකි. ඒ කවර පසක් ද යත්; රූප උපාදානස්කන්ධය ය, වේදනා උපාදානස්කන්ධය ය, සංඥා උපාදානස්කන්ධය ය, සංස්කාර උපාදානස්කන්ධය ය, විඤ්ඤාණ උපාදානස්කන්ධය ය. මහණෙනි, මේ වනාහී පංච උපාදානස්කන්ධයෝ ය. මහණෙනි, මේ පංච උපාදානස්කන්ධයන් විශිෂ්ට ඥානයෙන් අවබෝධ කරනු පිණිස ....(පෙ).... පිරිසිඳ දැනීම පිණිස ....(පෙ).... ක්ෂය කිරීම පිණිස ....(පෙ).... ප්‍රහාණය පිණිස ආර්ය අෂ්ටාංගික මාර්ගය වැඩිය යුත්තේ ය. කවර ආර්ය අෂ්ටාංගික මාර්ගයක් ද යත්, මහණෙනි, මෙහිලා භික්ෂුව නිවැරදි දෘෂ්ටිය දියුණු කරයි. ....(පෙ).... කාය චිත්ත විවේකයෙන් යුතු ව, විරාගී සිතින් යුතු ව, අකුසල් නිරුද්ධ කරන

සිතින් යුතු ව, නිවනට නැඹුරු වූ සිතින් යුතු ව, නිවැරදි චිත්තේකාග්‍රතාවය දියුණු කරයි. මහණෙනි, මේ පංච උපාදානස්කන්ධයන් විශිෂ්ට ඥානයෙන් අවබෝධ කරනු පිණිස ....(පෙ).... පිරිසිඳ දැනීම පිණිස ....(පෙ).... ක්ෂය කිරීම පිණිස ....(පෙ).... ප්‍රහාණය පිණිස මේ ආර්ය අෂ්ටාංගික මාර්ගය වැඩිය යුත්තේ ය.

1.16.129.-144.
ඕරම්භාගිය සංයෝජන සූත්‍රයෝ
ඕරම්භාගිය සංයෝජන ගැන වදාළ දෙසුම්

මහණෙනි, මේ ඕරම්භාගිය සංයෝජන පසකි. ඒ කවර පසක් ද යත්; සක්කාය දිට්ඨිය ය, විචිකිච්ඡාව ය, සීලබ්බත පරාමාසය ය, කාමච්ඡන්දය ය, ව්‍යාපාදය ය. මහණෙනි, මේ වනාහී පංච ඕරම්භාගිය සංයෝජනයෝ ය. මහණෙනි, මේ පංච ඕරම්භාගිය සංයෝජනයන් විශිෂ්ට ඥානයෙන් අවබෝධ කරනු පිණිස ....(පෙ).... පිරිසිඳ දැනීම පිණිස ....(පෙ).... ක්ෂය කිරීම පිණිස ....(පෙ).... ප්‍රහාණය පිණිස ආර්ය අෂ්ටාංගික මාර්ගය වැඩිය යුත්තේ ය. කවර ආර්ය අෂ්ටාංගික මාර්ගයක් ද යත්, මහණෙනි, මෙහිලා භික්ෂුව නිවැරදි දෘෂ්ටිය දියුණු කරයි. ....(පෙ).... කාය චිත්ත විවේකයෙන් යුතු ව, විරාගී සිතින් යුතු ව, අකුසල් නිරුද්ධ කරන සිතින් යුතු ව, නිවනට නැඹුරු වූ සිතින් යුතු ව, නිවැරදි චිත්තේකාග්‍රතාවය දියුණු කරයි. මහණෙනි, මේ පංච ඕරම්භාගිය සංයෝජනයන් විශිෂ්ට ඥානයෙන් අවබෝධ කරනු පිණිස ....(පෙ).... පිරිසිඳ දැනීම පිණිස ....(පෙ).... ක්ෂය කිරීම පිණිස ....(පෙ).... ප්‍රහාණය පිණිස මේ ආර්ය අෂ්ටාංගික මාර්ගය වැඩිය යුත්තේ ය.

1.16.145.-160.
උද්ධම්භාගිය සංයෝජන සූත්‍රයෝ
උද්ධම්භාගිය සංයෝජන ගැන වදාළ දෙසුම්

මහණෙනි, මේ උද්ධම්භාගිය සංයෝජන පසකි. ඒ කවර පසක් ද යත්; රූපරාගය ය, අරූපරාගය ය, මාන්නය ය, උද්ධච්චය ය, අවිද්‍යාව ය. මහණෙනි,

මේ වනාහී පංච උද්ධම්භාගිය සංයෝජනයෝ ය. මහණෙනි, මේ පංච උද්ධම්භාගිය සංයෝජනයන් විශිෂ්ට ඥානයෙන් අවබෝධ කරනු පිණිස ....(පෙ).... පිරිසිඳ දැනීම පිණිස ....(පෙ).... ක්ෂය කිරීම පිණිස ....(පෙ).... ප්‍රහාණය පිණිස ආර්ය අෂ්ටාංගික මාර්ගය වැඩිය යුත්තේ ය. කවර ආර්ය අෂ්ටාංගික මාර්ගයක් ද යත්, මහණෙනි, මෙහිලා භික්ෂුව නිවැරදි දෘෂ්ටිය දියුණු කරයි. ....(පෙ).... කාය චිත්ත විවේකයෙන් යුතු ව, විරාගී සිතින් යුතු ව, අකුසල් නිරුද්ධ කරන සිතින් යුතු ව, නිවනට නැඹුරු වූ සිතින් යුතු ව, නිවැරදි චිත්තේකාග්‍රතාවය දියුණු කරයි. මහණෙනි, මේ පංච උද්ධම්භාගිය සංයෝජනයන් විශිෂ්ට ඥානයෙන් අවබෝධ කරනු පිණිස ....(පෙ).... පිරිසිඳ දැනීම පිණිස ....(පෙ).... ක්ෂය කිරීම පිණිස ....(පෙ).... ප්‍රහාණය පිණිස මේ ආර්ය අෂ්ටාංගික මාර්ගය වැඩිය යුත්තේ ය.

(ඒසනා සූත්‍ර සෙයින් සියළු පෙය්‍යාලයන්හි සූත්‍ර සොළොස සොළොස විස්තර කළ යුත්තේ ය.)

දහසය වෙනි ඕඝ වර්ගය අවසන් විය.

- **එහි පිළිවෙල උද්දානයයි :**

ඕඝ, යෝග, උපාදාන, ගන්ථ, අනුසය, කාමගුණ, නීවරණ, ඛන්ධ, ඕරම්භාගිය, උද්ධම්භාගිය යැයි සොළොස් ආකාරයෙන් දසයකි. සූත්‍ර එකසිය හැටකි.

මග්ග සංයුත්තය අවසන් විය.

- **එහි වර්ග නාමාවලිය :**

පළමුවෙනි අවිජ්ජා වර්ගය, දෙවෙනි විහාර වර්ගය, තුන්වෙනි මිච්ඡත්ත වර්ගය, සිව්වෙනි පටිපත්ති වර්ගය, පස්වෙනි අඤ්ඤතිත්ථිය වර්ගය, හයවෙනි සූරිය පෙය්‍යාලය, ඒකධම්ම වර්ග දෙකකි. ගංගා පෙය්‍යාල සතරකි. දහතුන් වෙනි අප්‍රමාද වර්ගය, දහහතර වෙනි බලකරණීය වර්ගය, පසළොස් වෙනි ඒසනා වර්ගය සහ සොළොස් වෙනි ඕඝ වර්ගය යි.

2. බොජ්ඣංග සංයුත්තය

1. පබ්බත වර්ගය

2.1.1.
හිමවන්ත සූත්‍රය
හිමාල පර්වතය ගැන වදාළ දෙසුම

සැවැත් නුවර දී ය ....

මහණෙනි, හිමාල පර්වත රාජයා ඇසුරු කොට නාගයෝ කය වර්ධනය කරගනිති. බලය වැඩි කරගනිති. ඔවුහු එහි කය වඩා, බලය වැඩිකොට ගෙන කුඩා දිය වළට බසිති. කුඩා දිය වළට බැස මහා දිය වළට බසිති. මහා දිය වළට බැස කුඩා ගංගාවලට බසිති. කුඩා ගංගාවලට බැස මහා ගංගාවලට බසිති. මහා ගංගාවලට බැස මහා සමුද්‍රය නම් වූ සාගරයට බසිති. එහිදී ඔවුහු කයෙන් විශාලත්වයට ත්, විපුලත්වයට ත් පැමිණෙති. එසෙයින් ම මහණෙනි, භික්ෂුවක් සීලය නිසා, සීලයෙහි පිහිටා සප්ත බොජ්ඣංගයන් වඩන්නේ, සප්ත බොජ්ඣංගයන් බහුල කරන්නේ, බෝධිපාක්ෂික ධර්මයන් තුළ මහත් සේ දියුණු වී, විපුල බවට පත්වෙයි.

මහණෙනි, භික්ෂුව සීලය නිසා, සීලයෙහි පිහිටා බෝධි පාක්ෂික ධර්මයන් තුළ මහත් සේ දියුණු වී, විපුල බවට පත්වන ලෙසින් සප්ත බොජ්ඣංගයන් දියුණු කරන්නේ, සප්ත බොජ්ඣංගයන් බහුල ව ප්‍රගුණ කරන්නේ කෙසේ ද?

මහණෙනි, මෙහිලා භික්ෂුව කාය චිත්ත විවේකයෙන් යුතු ව, විරාගී සිතින් යුතු ව, අකුසල් නිරුද්ධ කරන සිතින් යුතු ව, නිවනට නැඹුරු වූ සිතින් යුතු ව, සති සම්බොජ්ඣංගය දියුණු කරයි.

කාය චිත්ත විවේකයෙන් යුතු ව, විරාගී සිතින් යුතු ව, අකුසල් නිරුද්ධ කරන සිතින් යුතු ව, නිවනට නැඹුරු වූ සිතින් යුතු ව, ධම්මවිචය සම්බොජ්ඣංගය දියුණු කරයි.

කාය චිත්ත විවේකයෙන් යුතු ව, විරාගී සිතින් යුතු ව, අකුසල් නිරුද්ධ කරන සිතින් යුතු ව, නිවනට නැඹුරු වූ සිතින් යුතු ව, විරිය සම්බොජ්ඣංගය දියුණු කරයි.

කාය චිත්ත විවේකයෙන් යුතු ව, විරාගී සිතින් යුතු ව, අකුසල් නිරුද්ධ කරන සිතින් යුතු ව, නිවනට නැඹුරු වූ සිතින් යුතු ව, පීති සම්බොජ්ඣංගය දියුණු කරයි.

කාය චිත්ත විවේකයෙන් යුතු ව, විරාගී සිතින් යුතු ව, අකුසල් නිරුද්ධ කරන සිතින් යුතු ව, නිවනට නැඹුරු වූ සිතින් යුතු ව, පස්සද්ධි සම්බොජ්ඣංගය දියුණු කරයි.

කාය චිත්ත විවේකයෙන් යුතු ව, විරාගී සිතින් යුතු ව, අකුසල් නිරුද්ධ කරන සිතින් යුතු ව, නිවනට නැඹුරු වූ සිතින් යුතු ව, සමාධි සම්බොජ්ඣංගය දියුණු කරයි.

කාය චිත්ත විවේකයෙන් යුතු ව, විරාගී සිතින් යුතු ව, අකුසල් නිරුද්ධ කරන සිතින් යුතු ව, නිවනට නැඹුරු වූ සිතින් යුතු ව, උපෙක්ඛා සම්බොජ්ඣංගය දියුණු කරයි.

මහණෙනි, භික්ෂුව සීලය නිසා, සීලයෙහි පිහිටා බෝධි පාක්ෂික ධර්මයන් තුළ මහත් සේ දියුණු වී, විපුල බවට පත්වන ලෙසින් මෙසේ සප්ත බොජ්ඣංග යන් දියුණු කරයි. මෙසේ සප්ත බොජ්ඣංගයන් බහුල ව ප්‍රගුණ කරයි.

සාදු! සාදු!! සාදු!!!

හිමවන්ත සූත්‍රය නිමා විය.

2.1.2.
කාය සූත්‍රය
කය ගැන වදාළ දෙසුම

සැවැත් නුවර දී ය ....

මහණෙනි, යම් සේ මේ කය ආහාරයෙන් පවතියි ද, ආහාරය හේතු කොට පවතියි ද, ආහාර නැති ව නොපවතියි ද, එසෙයින් ම මහණෙනි, පංච නීවරණයෝ ආහාරයෙන් පවතිත්. ආහාර හේතු කොට පවතිත්. ආහාර නැති ව නොපවතිත්.

මහණෙනි, නූපන් කාමච්ඡන්දයෙහි ඉපදීම පිණිස ත්, උපන් කාමච්ඡන්දය බොහෝ සෙයින් බලවත් වීම පිණිස ත්, ආහාරය වන්නේ කුමක් ද? මහණෙනි, සුභ නිමිත්තක් ඇත්තේ ය. ඒ පිළිබඳ ව නුවණින් තොර ව බහුල ව මෙනෙහි කිරීමක් ඇද්ද, නූපන් කාමච්ඡන්දය ඉපදීම පිණිස ත්, උපන් කාමච්ඡන්දය බොහෝ සෙයින් බලවත් වීම පිණිස ත්, මෙය ආහාරය වෙයි.

මහණෙනි, නූපන් ද්වේෂයෙහි ඉපදීම පිණිස ත්, උපන් ද්වේෂය බොහෝ සෙයින් බලවත් වීම පිණිස ත්, ආහාරය වන්නේ කුමක් ද? මහණෙනි, පටිඝ නිමිත්තක් ඇත්තේ ය. ඒ පිළිබඳ ව නුවණින් තොර ව බහුල ව මෙනෙහි කිරීමක් ඇද්ද, නූපන් ද්වේෂය ඉපදීම පිණිස ත්, උපන් ද්වේෂය බොහෝ සෙයින් බලවත් වීම පිණිස ත්, මෙය ආහාරය වෙයි.

මහණෙනි, නූපන් ථීනමිද්ධයෙහි ඉපදීම පිණිස ත්, උපන් ථීනමිද්ධය බොහෝ සෙයින් බලවත් වීම පිණිස ත්, ආහාරය වන්නේ කුමක් ද? මහණෙනි, හුදෙකලා වාසයේ ත්, කුසල් දහම්වල ත් නොඇලෙන බව හෙවත් අරතියක් ඇත්තේ ය. කම්මැලිකමක් ඇත්තේ ය. ඇනුම් ඇරීමක් ඇත්තේ ය. බත්මතයක් ඇත්තේ ය. සිතෙහි හැකිලීමක් ඇත්තේ ය. ඒ පිළිබඳ ව නුවණින් තොර ව බහුල ව මෙනෙහි කිරීමක් ඇද්ද, නූපන් ථීනමිද්ධය ඉපදීම පිණිස ත්, උපන් ථීනමිද්ධය බොහෝ සෙයින් බලවත් වීම පිණිස ත්, මෙය ආහාරය වෙයි.

මහණෙනි, නූපන් උද්ධච්ච කුක්කුච්චයෙහි ඉපදීම පිණිස ත්, උපන් උද්ධච්ච කුක්කුච්චය බොහෝ සෙයින් බලවත් වීම පිණිස ත්, ආහාරය වන්නේ කුමක් ද? මහණෙනි, සිතෙහි නොසංසිඳීමක් ඇත්තේ ය. ඒ පිළිබඳ ව නුවණින් තොර ව බහුල ව මෙනෙහි කිරීමක් ඇද්ද, නූපන් උද්ධච්ච කුක්කුච්චයෙහි

ඉපදීම පිණිස ත්, උපන් උද්ධච්ච කුක්කුච්චය බොහෝ සෙයින් බලවත් වීම පිණිස ත්, මෙය ආහාරය වෙයි.

මහණෙනි, නූපන් විචිකිච්ඡාවෙහි ඉපදීම පිණිස ත්, උපන් විචිකිච්ඡාව බොහෝ සෙයින් බලවත් වීම පිණිස ත්, ආහාරය වන්නේ කුමක් ද? මහණෙනි, සැකය උපදවන කරුණු ඇත්තේ ය. ඒ පිළිබඳ ව නුවණින් තොර ව බහුල ව මෙනෙහි කිරීමක් ඇද්ද, නූපන් විචිකිච්ඡාව ඉපදීම පිණිස ත්, උපන් විචිකිච්ඡාව බොහෝ සෙයින් බලවත් වීම පිණිස ත්, මෙය ආහාරය වෙයි.

මහණෙනි, යම් සේ මේ කය ආහාරයෙන් පවතියි ද, ආහාරය හේතු කොට පවතියි ද, ආහාර නැති ව නොපවතියි ද, එසෙයින් ම මහණෙනි, මේ පංච නීවරණයෝ ආහාරයෙන් පවතිත්. ආහාර හේතු කොට පවතිත්. ආහාර නැති ව නොපවතිත්.

මහණෙනි, යම් සේ මේ කය ආහාරයෙන් පවතියි ද, ආහාරය හේතු කොට පවතියි ද, ආහාර නැති ව නොපවතියි ද, එසෙයින් ම මහණෙනි, සප්ත බොජ්ඣංගයෝ ආහාරයෙන් පවතිත්. ආහාර හේතු කොට පවතිත්. ආහාර නැති ව නොපවතිත්.

මහණෙනි, නූපන් සති සම්බොජ්ඣංගයෙහි ඉපදීම පිණිස ත්, උපන් සති සම්බොජ්ඣංගය භාවනාවෙන් සම්පූර්ණ වීම පිණිස ත් ආහාරය වන්නේ කුමක් ද? මහණෙනි, සති සම්බොජ්ඣංගයට හිත වූ කරුණු ඇත්තේ ය. ඒ පිළිබඳ ව නුවණින් යුක්ත ව බහුල ව මෙනෙහි කිරීමක් ඇද්ද, නූපන් සති සම්බොජ්ඣංගය ඉපදීම පිණිස ත්, උපන් සතිසම්බොජ්ඣංගය භාවනාවෙන් සම්පූර්ණ වීම පිණිස ත්, මෙය ආහාරය වෙයි.

මහණෙනි, නූපන් ධම්මවිචය සම්බොජ්ඣංගයෙහි ඉපදීම පිණිස ත්, උපන් ධම්මවිචය සම්බොජ්ඣංගය භාවනාවෙන් සම්පූර්ණ වීම පිණිස ත් ආහාරය වන්නේ කුමක් ද? මහණෙනි, කුසලාකුසල ධර්මයන්, වැරදි - නිවැරදි ධර්මයන්, හීන - ප්‍රණීත ධර්මයන්, කළු - සුදු පැහැ ගත් ධර්මයන් ඇත්තේ ය. ඒ පිළිබඳ ව නුවණින් යුක්ත ව බහුල ව මෙනෙහි කිරීමක් ඇද්ද, නූපන් ධම්මවිචය සම්බොජ්ඣංගය ඉපදීම පිණිස ත්, උපන් ධම්මවිචය සම්බොජ්ඣංගය භාවනාවෙන් සම්පූර්ණ වීම පිණිස ත්, මෙය ආහාරය වෙයි.

මහණෙනි, නූපන් විරිය සම්බොජ්ඣංගයෙහි ඉපදීම පිණිස ත්, උපන් විරිය සම්බොජ්ඣංගය භාවනාවෙන් සම්පූර්ණ වීම පිණිස ත් ආහාරය වන්නේ කුමක් ද? මහණෙනි, පටන් ගන්නා වීරියක් ඇත්තේ ය. අලස බවින් නික්මුණු වීරියක් ඇත්තේ ය. බලවත් ලෙස දැඩි ව උපදවා ගන්නා වීරියක් ඇත්තේ ය.

ඒ පිළිබඳ ව නුවණින් යුක්ත ව බහුල ව මෙනෙහි කිරීමක් ඇද්ද, නූපන් විරිය සම්බොජ්ඣංගය ඉපදීම පිණිස ත්, උපන් විරිය සම්බොජ්ඣංගය භාවනාවෙන් සම්පූර්ණ වීම පිණිස ත්, මෙය ආහාරය වෙයි.

මහණෙනි, නූපන් පීති සම්බොජ්ඣංගයෙහි ඉපදීම පිණිස ත්, උපන් පීති සම්බොජ්ඣංගය භාවනාවෙන් සම්පූර්ණ වීම පිණිස ත් ආහාරය වන්නේ කුමක් ද? මහණෙනි, පීති සම්බොජ්ඣංගයට හිත වූ කරුණු ඇත්තේ ය. ඒ පිළිබඳ ව නුවණින් යුක්ත ව බහුල ව මෙනෙහි කිරීමක් ඇද්ද, නූපන් පීති සම්බොජ්ඣංගය ඉපදීම පිණිස ත්, උපන් පීති සම්බොජ්ඣංගය භාවනාවෙන් සම්පූර්ණ වීම පිණිස ත්, මෙය ආහාරය වෙයි.

මහණෙනි, නූපන් පස්සද්ධි සම්බොජ්ඣංගයෙහි ඉපදීම පිණිස ත්, උපන් පස්සද්ධි සම්බොජ්ඣංගය භාවනාවෙන් සම්පූර්ණ වීම පිණිස ත් ආහාරය වන්නේ කුමක් ද? මහණෙනි, කයෙහි සැහැල්ලු බව ත්, සිතෙහි සැහැල්ලු බව ත් ඇත්තේ ය. ඒ පිළිබඳ ව නුවණින් යුක්ත ව බහුල ව මෙනෙහි කිරීමක් ඇද්ද, නූපන් පස්සද්ධි සම්බොජ්ඣංගය ඉපදීම පිණිස ත්, උපන් පස්සද්ධි සම්බොජ්ඣංගය භාවනාවෙන් සම්පූර්ණ වීම පිණිස ත්, මෙය ආහාරය වෙයි.

මහණෙනි, නූපන් සමාධි සම්බොජ්ඣංගයෙහි ඉපදීම පිණිස ත්, උපන් සමාධි සම්බොජ්ඣංගය භාවනාවෙන් සම්පූර්ණ වීම පිණිස ත් ආහාරය වන්නේ කුමක් ද? මහණෙනි, සමථ නිමිත්ත ත්, ඒකාග්‍ර නිමිත්ත ත් ඇත්තේ ය. ඒ පිළිබඳ ව නුවණින් යුක්ත ව බහුල ව මෙනෙහි කිරීමක් ඇද්ද, නූපන් සමාධි සම්බොජ්ඣංගය ඉපදීම පිණිස ත්, උපන් සමාධි සම්බොජ්ඣංගය භාවනාවෙන් සම්පූර්ණ වීම පිණිස ත්, මෙය ආහාරය වෙයි.

මහණෙනි, නූපන් උපෙක්ඛා සම්බොජ්ඣංගයෙහි ඉපදීම පිණිස ත්, උපන් උපෙක්ඛා සම්බොජ්ඣංගය භාවනාවෙන් සම්පූර්ණ වීම පිණිස ත් ආහාරය වන්නේ කුමක් ද? මහණෙනි, උපෙක්ඛා සම්බොජ්ඣංගයට හිත වූ කරුණු ඇත්තේ ය. ඒ පිළිබඳ ව නුවණින් යුක්ත ව බහුල ව මෙනෙහි කිරීමක් ඇද්ද, නූපන් උපෙක්ඛා සම්බොජ්ඣංගය ඉපදීම පිණිස ත්, උපන් උපෙක්ඛා සම්බොජ්ඣංගය භාවනාවෙන් සම්පූර්ණ වීම පිණිස ත්, මෙය ආහාරය වෙයි.

මහණෙනි, යම් සේ මේ කය ආහාරයෙන් පවතියි ද, ආහාරය හේතු කොට පවතියි ද, ආහාර නැති ව නොපවතියි ද, එසෙයින් ම මහණෙනි, මේ සප්ත බොජ්ඣංගයෝ ආහාරයෙන් පවතිත්. ආහාර හේතු කොට පවතිත්. ආහාර නැති ව නොපවතිත්.

සාදු! සාදු!! සාදු!!!

කාය සූත්‍රය නිමා විය.

2.1.3.
සීල සූත්‍රය
සීලය ගැන වදාළ දෙසුම

මහණෙනි, යම් ඒ භික්ෂූහු සීලයෙන් යුක්ත වෙත් ද, සමාධියෙන් යුක්ත වෙත් ද, ප්‍රඥාවෙන් යුක්ත වෙත් ද, විමුක්තියෙන් යුක්ත වෙත් ද, විමුක්ති ඥාන දර්ශනයෙන් යුක්ත වෙත් ද, මහණෙනි, ඒ භික්ෂූන්ගේ දැකීම පවා බොහෝ උපකාර යැයි මම කියමි. මහණෙනි, ඒ භික්ෂූන්ට සවන්දීම පවා බොහෝ උපකාර යැයි මම කියමි. මහණෙනි, ඒ භික්ෂූන් වෙත එළඹීම පවා බොහෝ උපකාර යැයි මම කියමි. මහණෙනි, ඒ භික්ෂූන් ඇසුරු කිරීම පවා බොහෝ උපකාර යැයි මම කියමි. මහණෙනි, ඒ භික්ෂූන් පිළිබඳ ව සිහි කිරීම පවා බොහෝ උපකාර යැයි මම කියමි. මහණෙනි, ඒ භික්ෂූන් අනුව පැවිදි වීම පවා බොහෝ උපකාර යැයි මම කියමි. ඒ මක් නිසා ද යත්, මහණෙනි, එබඳු වූ භික්ෂූන්ගෙන් ධර්මය අසා කාය විවේකයෙනුත්, චිත්ත විවේකයෙනුත් යන මේ දෙවැදෑරුම් විවේකයෙන් යුතු ව වසන නිසා ය. ඔහු එසේ හුදෙකලාවෙහි වසමින් ඒ ධර්මය සිහි කරයි. නැවත නැවත විතර්ක කරයි.

මහණෙනි, යම් කලක භික්ෂුවක් එසේ හුදෙකලාවෙහි වසමින් ඒ ධර්මය සිහි කරයි ද, අනුවිතර්ක කරයි ද, එකල ඒ භික්ෂුව විසින් සති සම්බොජ්ඣංගය පටන් ගන්නා ලද්දේ වෙයි. යම් කලක භික්ෂුව සතිසම්බොජ්ඣංගය වඩයි ද, එකල භික්ෂුවගේ සතිසම්බොජ්ඣංගය වැඩීමෙන් සම්පූර්ණත්වයට යයි. ඔහු එසේ සිහියෙන් වාසය කරන්නේ ඒ ධර්මය ප්‍රඥාවෙන් විමසයි. ප්‍රඥාව හසුරුවයි. මැනැවින් විමසීමට පැමිණෙයි.

මහණෙනි, යම් කලක භික්ෂුවක් යම් සේ සිහියෙන් වසමින් ඒ ධර්මය ප්‍රඥාවෙන් විමසයි ද, හසුරුවයි ද, මැනැවින් විමසීමට පැමිණෙයි ද, එකල ඒ භික්ෂුව විසින් ධම්මවිචය සම්බොජ්ඣංගය පටන් ගන්නා ලද්දේ වෙයි. යම් කලක භික්ෂුව ධම්මවිචය සම්බොජ්ඣංගය වඩයි ද, එකල භික්ෂුවගේ ධම්මවිචය සම්බොජ්ඣංගය වැඩීමෙන් සම්පූර්ණත්වයට යයි. ඒ ධර්මය ප්‍රඥාවෙන් විමසන, ප්‍රඥාව හසුරුවන, මැනැවින් විමසීමට පැමිණෙන ඔහු තුළ වීර්යය පටන් ගන්නා ලද්දේ වෙයි. නොහැකිළුණේ වෙයි.

මහණෙනි, යම් කලක ඒ ධර්මය ප්‍රඥාවෙන් විමසන, ප්‍රඥාවෙන් හසුවරුවන, මැනැවින් විමසීමට පැමිණෙන භික්ෂුව තුළ වීර්යය පටන්ග

න්නා ලද්දේ වෙයි ද, නොහැකිළුණේ වෙයි ද, එකල ඒ භික්ෂුව විසින් විරිය සම්බොජ්ඣංගය පටන් ගන්නා ලද්දේ වෙයි. යම් කලෙක භික්ෂුව විරිය සම්බොජ්ඣංගය වඩයි ද, එකල භික්ෂුව තුළ විරිය සම්බොජ්ඣංගය වැඩීමෙන් සම්පූර්ණත්වයට යයි. පටන්ගත් වීරිය ඇත්තහුට නිරාමිස ප්‍රීතිය උපදියි.

මහණෙනි, යම් කලෙක පටන්ගත් වීරිය ඇති භික්ෂුව තුළ නිරාමිස ප්‍රීතිය උපදියි ද, එකල භික්ෂුව විසින් ප්‍රීති සම්බොජ්ඣංගය පටන්ගන්නා ලද්දේ වෙයි. යම් කලෙක භික්ෂුව ප්‍රීති සම්බොජ්ඣංගය වඩයි ද, එකල භික්ෂුව තුළ ප්‍රීති සම්බොජ්ඣංගය වැඩීමෙන් සම්පූර්ණත්වයට යයි. ප්‍රීති මනස ඇත්තහුගේ කය ත් සැහැල්ලු වෙයි. සිත ත් සැහැල්ලු වෙයි.

මහණෙනි, යම් කලෙක ප්‍රීති සිතින් යුතු භික්ෂුවගේ කය ත් සැහැල්ලු වෙයි ද, සිත ත් සැහැල්ලු වෙයි ද, එකල භික්ෂුව විසින් පස්සද්ධි සම්බොජ්ඣංගය පටන්ගන්නා ලද්දේ වෙයි. යම් කලෙක භික්ෂුව පස්සද්ධි සම්බොජ්ඣංගය වඩයි ද, එකල භික්ෂුව තුළ පස්සද්ධි සම්බොජ්ඣංගය වැඩීමෙන් සම්පූර්ණත්වයට යයි. සැහැල්ලු කය ඇත්තහුට සැපයක් ඇත්තේ ය. සැප ඇත්තහුගේ සිත සමාධිමත් වෙයි.

මහණෙනි, යම් කලෙක සැහැල්ලු කයෙන් සැප සේ සිටින භික්ෂුවගේ සිත සමාධිමත් වෙයි ද, එකල භික්ෂුව විසින් සමාධි සම්බොජ්ඣංගය පටන් ගන්නා ලද්දේ වෙයි. යම් කලෙක භික්ෂුව සමාධි සම්බොජ්ඣංගය වඩයි ද, එකල භික්ෂුව තුළ සමාධි සම්බොජ්ඣංගය භාවනාවෙන් සම්පූර්ණත්වයට යයි. ඔහු එසේ සමාධිමත් වූ සිත දෙස මනාකොට මැදහත් ව බලන්නේ වෙයි.

මහණෙනි, යම් කලෙක භික්ෂුවක් එසේ සමාධිමත් වූ සිත දෙස මනාකොට මැදහත් ව බලන්නේ වෙයි ද, එකල භික්ෂුව විසින් උපේක්ෂා සම්බොජ්ඣංගය පටන්ගන්නා ලද්දේ වෙයි. යම් කලෙක භික්ෂුව උපේක්ෂා සම්බොජ්ඣංගය වඩයි ද, එකල භික්ෂුව තුළ උපේක්ෂා සම්බොජ්ඣංගය වැඩීමෙන් සම්පූර්ණත්වයට පත්වෙයි.

මහණෙනි, සප්ත බොජ්ඣංගයන් මෙසේ වැඩූ කල්හී, මෙසේ බහුල කළ කල්හී ප්‍රතිඵල සතක්, අනුසස් සතක් කැමති විය යුත්තේ ය. ඒ කවර ප්‍රතිඵල සතක් ද? කවර අනුසස් සතක් ද? යත්,

මෙලොව දී ම කලින් ම අරහත්වයට පත්වෙයි. ඉදින් මෙලොව දී කලින් ම අරහත්වයට පත් නොවෙයි නම්, එකල්හී මරණ කාලයෙහි අරහත්වයට පත්වෙයි. ඉදින් මෙලොවදී ම කලින් ම අරහත්වයට පත් නොවෙයි නම්, ඉදින් මරණ කාලයෙහි ත් අරහත්වයට පත් නොවෙයි නම්, එකල්හී පසක් වූ

ඕරම්භාගිය සංයෝජනයන් ක්ෂය කිරීමෙන් අන්තරා පරිනිබ්බායී වෙයි.

ඉදින් මෙලොව දී ම කලින් ම අරහත්වයට පත් නොවෙයි නම්, ඉදින් මරණ කාලයේත් අරහත්වයට පත් නොවෙයි නම්, ඉදින් පසක් වූ ඕරම්භාගිය සංයෝජනයන් ක්ෂය කිරීමෙන් අන්තරා පරිනිබ්බායී නොවෙයි නම්, එකල්හී පසක් වූ ඕරම්භාගිය සංයෝජනයන් ක්ෂය කිරීමෙන් උපහච්ච පරිනිබ්බායී වෙයි.

ඉදින් මෙලොව දී ම කලින් ම අරහත්වයට පත් නොවෙයි නම්, ඉදින් මරණ කාලයේත් අරහත්වයට පත් නොවෙයි නම්, ඉදින් පසක් වූ ඕරම්භාගය සංයෝජනයන් ක්ෂය කිරීමෙන් අන්තරා පරිනිබ්බායී නොවෙයි නම්, ඉදින් පසක් වූ ඕරම්භාගිය සංයෝජනයන් ක්ෂය කිරීමෙන් උපහච්ච පරිනිබ්බායී නොවෙයි නම්, එකල්හී පසක් වූ ඕරම්භාගීය සංයෝජනයන් ක්ෂය කිරීමෙන් අසංඛාර පරිනිබ්බායී වෙයි.

ඉදින් මෙලොව දී ම කලින් ම අරහත්වයට පත් නොවෙයි නම්, ඉදින් මරණ කාලයේත් අරහත්වයට පත් නොවෙයි නම්, ඉදින් පසක් වූ ඕරම්භාගිය සංයෝජනයන් ක්ෂය කිරීමෙන් අන්තරා පරිනිබ්බායී නොවෙයි නම්, ඉදින් පසක් වූ ඕරම්භාගිය සංයෝජනයන් ක්ෂය කිරීමෙන් උපහච්ච පරිනිබ්බායී නොවෙයි නම්, ඉදින් පසක් වූ ඕරම්භාගීය සංයෝජනයන් ක්ෂය කිරීමෙන් අසංඛාර පරිනිබ්බායී නොවෙයි නම්, එකල්හී පසක් වූ ඕරම්භාගීය සංයෝජනයන් ක්ෂය කිරීමෙන් සසංඛාර පරිනිබ්බායී වෙයි.

ඉදින් මෙලොව දී ම කලින් ම අරහත්වයට පත් නොවෙයි නම්, ඉදින් මරණ කාලයේත් අරහත්වයට පත් නොවෙයි නම්, ඉදින් පසක් වූ ඕරම්භාගිය සංයෝජනයන් ක්ෂය කිරීමෙන් අන්තරා පරිනිබ්බායී නොවෙයි නම්, ඉදින් පසක් වූ ඕරම්භාගිය සංයෝජනයන් ක්ෂය කිරීමෙන් උපහච්ච පරිනිබ්බායී නොවෙයි නම්, ඉදින් පසක් වූ ඕරම්භාගීය සංයෝජනයන් ක්ෂය කිරීමෙන් අසංඛාර පරිනිබ්බායී නොවෙයි නම්, ඉදින් පසක් වූ ඕරම්භාගීය සංයෝජනයන් ක්ෂය කිරීමෙන් සසංඛාර පරිනිබ්බායී නොවෙයි නම්, එකල්හී පසක් වූ ඕරම්භාගීය සංයෝජනයන් ක්ෂය කිරීමෙන් උද්ධංසෝත අකනිට්ඨගාමී වෙයි.

මහණෙනි, සප්ත බොජ්ඣංගයන් මෙසේ වැඩූ කල්හී, මෙසේ බහුල කළ කල්හී මේ ප්‍රතිඵල සත, අනුසස් සත කැමති විය යුත්තාහු ය.

සාදු! සාදු!! සාදු!!!

සීල සූත්‍රය නිමා විය.

2.1.4.
වත්ථ සූත්‍රය
වස්ත්‍රය උපමා කොට වදාළ දෙසුම

එක් සමයක ආයුෂ්මත් සාරිපුත්තයන් වහන්සේ සැවැත් නුවර ජේතවනය නම් වූ අනේපිඬු සිටුහුගේ ආරාමයෙහි වැඩවෙසෙන සේක. එහිදී ආයුෂ්මත් සාරිපුත්තයන් වහන්සේ 'ආයුෂ්මත් මහණෙනි' යි භික්ෂූන් ඇමතූ සේක. 'ආයුෂ්මතුන් වහන්සැ' යි ඒ භික්ෂූහු ආයුෂ්මත් සාරිපුත්තයන් වහන්සේට පිළිවදන් දුන්හ. ආයුෂ්මත් සාරිපුත්තයන් වහන්සේ මෙය වදාළ සේක.

"ආයුෂ්මත්නි, මේ බොජ්ඣංගයෝ සතකි. ඒ කවර සතක් ද යත්, සතිසම්බොජ්ඣංගය ය, ධම්මවිචය සම්බොජ්ඣංගය ය, විරිය සම්බොජ්ඣංගය ය, පීති සම්බොජ්ඣංගය ය, පස්සද්ධි සම්බොජ්ඣංගය ය, සමාධි සම්බොජ්ඣංගය ය, උපෙක්ඛා සම්බොජ්ඣංගය ය. ආයුෂ්මත්නි, මේ වනාහී සප්ත බොජ්ඣංග යෝ ය.

ආයුෂ්මත්නි, මේ සප්ත බොජ්ඣංගයන්ගෙන් යම් යම් බොජ්ඣංග යකින් පෙරවරුවෙහි වාසය කරන්නට කැමති වෙම් නම් ඒ ඒ බොජ්ඣංග යෙන් පෙරවරුවෙහි වාසය කරමි. යම් යම් බොජ්ඣංගයකින් මධ්‍යාහ්නයෙහි වාසය කරන්නට කැමති වෙම් නම් ඒ ඒ බොජ්ඣංගයෙන් මධ්‍යාහ්නයෙහි වාසය කරමි. යම් යම් බොජ්ඣංගයකින් සවස් වරුවෙහි වාසය කරන්නට කැමති වෙම් නම් ඒ ඒ බොජ්ඣංගයෙන් සවස් වරුවෙහි වාසය කරමි.

ආයුෂ්මත්නි, ඉදින් මෙසේ සති සම්බොජ්ඣංගය මා තුළ වෙයි නම්, එය අප්‍රමාණ ලෙස ඇතැයි මට සිතෙයි. එය බලවත් සේ ඇතැයි මට සිතෙයි. එය පවතින විට පවතියි යැයි දැනගනිමි. ඉදින් මා තුළින් බොජ්ඣංගය නැති වෙයි නම්, මේ හේතුවෙන් මාගේ බොජ්ඣංගය නැති වූයේ යැයි දැනගනිමි. ....(පෙ).... ආයුෂ්මත්නි, ඉදින් මෙසේ උපෙක්ඛා සම්බොජ්ඣංගය මා තුළ වෙයි නම්, එය අප්‍රමාණ ලෙස ඇතැයි මට සිතෙයි. එය බලවත් සේ ඇතැයි මට සිතෙයි. එය පවතින විට පවතියි යැයි දැනගනිමි. ඉදින් මා තුළින් බොජ්ඣංගය නැති වෙයි නම්, මේ හේතුවෙන් මාගේ බොජ්ඣංගය නැති වූයේ යැයි දැනගනිමි.

ආයුෂ්මත්නි, එය මෙබඳු දෙයකි. රජෙකුගේ හෝ රාජ මහාමාත්‍යයෙකුගේ හෝ නොයෙක් වර්ණයෙන් සායම් පොවන ලද වස්ත්‍රයෙන් පිරුණු පෙට්ටග

මක් වෙයි ද, ඔහු පෙරවරුවෙහි යම් යම් වස්ත්‍ර යුගලක් පොරවන්නට කැමති වෙයි ද, ඒ ඒ වස්ත්‍ර යුගල ම පෙරවරුවෙහි පොරවයි. යම් යම් වස්ත්‍ර යුගලක් දහවලෙහි පොරවන්නට කැමති වෙයි ද, ඒ ඒ වස්ත්‍ර යුගල ම දහවල්හි පොරොවයි. යම් යම් වස්ත්‍ර යුගලක් සවස් වරුවෙහි පොරොවන්නට කැමැති වෙයි ද, ඒ ඒ වස්ත්‍ර යුගල ම සවස් වරුවෙහි පොරොවයි.

එසෙයින් ම ආයුෂ්මත්නි, මම මේ සප්ත බොජ්ඣංගයන්ගෙන් යම් යම් බොජ්ඣංගයකින් පෙරවරුවෙහි වාසය කරන්නට කැමති වෙම් නම් ඒ ඒ බොජ්ඣංගයෙන් පෙරවරුවෙහි වාසය කරමි. යම් යම් බොජ්ඣංගයකින් මධ්‍යාහ්නයෙහි වාසය කරන්නට කැමති වෙම් නම් ඒ ඒ බොජ්ඣංගයෙන් මධ්‍යාහ්නයෙහි වාසය කරමි. යම් යම් බොජ්ඣංගයකින් සවස් වරුවෙහි වාසය කරන්නට කැමති වෙම් නම් ඒ ඒ බොජ්ඣංගයෙන් සවස් වරුවෙහි වාසය කරමි.

ආයුෂ්මත්නි, ඉදින් මෙසේ සති සම්බොජ්ඣංගය මා තුළ වෙයි නම්, එය අප්‍රමාණ ලෙස ඇතැයි මට සිතෙයි. එය බලවත් සේ ඇතැයි මට සිතෙයි. එය පවතින විට පවතියි යැයි දැනගනිමි. ඉදින් මා තුළින් බොජ්ඣංගය නැති වෙයි නම්, මේ හේතුවෙන් මාගේ බොජ්ඣංගය නැති වූයේ යැයි දැනගනිමි. ....(පෙ).... ආයුෂ්මත්නි, ඉදින් මෙසේ උපෙක්ඛා සම්බොජ්ඣංගය මා තුළ වෙයි නම්, එය අප්‍රමාණ ලෙස ඇතැයි මට සිතෙයි. එය බලවත් සේ ඇතැයි මට සිතෙයි. එය පවතින විට පවතියි යැයි දැනගනිමි. ඉදින් මා තුළින් බොජ්ඣංගය නැති වෙයි නම්, මේ හේතුවෙන් මාගේ බොජ්ඣංගය නැති වූයේ යැයි දැනගනිමි.

සාදු! සාදු!! සාදු!!!

වත්ථ සූත්‍රය නිමා විය.

2.1.5.
භික්ඛු සූත්‍රය
භික්ෂුවකට වදාළ දෙසුම

එකල්හී එක්තරා භික්ෂුවක් භාග්‍යවතුන් වහන්සේ වෙත පැමිණියේ ය. ....(පෙ).... එකත්පස් ව හුන් ඒ භික්ෂුව භාග්‍යවතුන් වහන්සේට මෙය පැවසුවේ ය.

"ස්වාමීනී, 'බොජ්ඣංග, බොජ්ඣංග' යැයි කියනු ලැබේ. ස්වාමීනී, බොජ්ඣංග යැයි කියනු ලබන්නේ කුමන කරුණු මත ද?"

"භික්ෂුව, අවබෝධය පිණිස පවතින්නේ ය යන කරුණෙන් බොජ්ඣංග යැයි කියනු ලැබේ. භික්ෂුව, මෙහිලා භික්ෂුවක් කාය චිත්ත විවේකයෙන් යුතු ව, විරාගී සිතින් යුතු ව, අකුසල් නිරුද්ධ කරන සිතින් යුතු ව, නිවනට නැඹුරු වූ සිතින් යුතු ව සති සම්බොජ්ඣංගය වඩයි. ....(පෙ).... කාය චිත්ත විවේකයෙන් යුතු ව, විරාගී සිතින් යුතු ව, අකුසල් නිරුද්ධ කරන සිතින් යුතු ව, නිවනට නැඹුරු වූ සිතින් යුතු ව උපෙක්ඛා සම්බොජ්ඣංගය වඩයි.

මේ සප්ත බොජ්ඣංගයන් වඩන ඔහුගේ සිත කාමාශ්‍රවයෙනුත් නිදහස් වෙයි. භවාශ්‍රවයෙනුත් සිත නිදහස් වෙයි. අවිද්‍යා ආශ්‍රවයෙනුත් සිත නිදහස් වෙයි. නිදහස් වූ කල්හී නිදහස් වූයේ ය යන ඥානය ඇතිවෙයි. ඉපදීම ක්ෂය විය. බඹසර වැස නිමවන ලදී. කළ යුත්ත කරන ලදී. නිවන පිණිස කළ යුතු වෙනත් දෙයක් නැතැ යි දැනගනියි.

භික්ෂුව, අවබෝධය පිණිස පවතින්නේ ය යන කරුණෙන් බොජ්ඣංග යැයි කියනු ලැබේ.

සාදු! සාදු!! සාදු!!!

භික්ඛු සූත්‍රය නිමා විය.

2.1.6.
කුණ්ඩලිය සූත්‍රය
කුණ්ඩලිය පරිබ්‍රාජකයාට වදාළ දෙසුම

එක් සමයක භාග්‍යවතුන් වහන්සේ සාකේත නුවර අංජන වන මිගදායෙහි වැඩවෙසෙන සේක. එකල්හී කුණ්ඩලිය පරිබ්‍රාජකයා භාග්‍යවතුන් වහන්සේ වෙත පැමිණියේ ය. පැමිණ භාග්‍යවතුන් වහන්සේ සමඟ සතුටු වූයේ ය. සතුටු විය යුතු සිහි කටයුතු කථාව නිමවා එකත්පස් ව හිඳගත්තේ ය. එකත්පස් ව හුන් කුණ්ඩලිය පරිබ්‍රාජකයා භාග්‍යවතුන් වහන්සේට මෙය පැවසුවේ ය.

"භවත් ගෞතමයෙනි, මම ආරාමවල ලැගුම් ගන්නෙම් පිරිස් අතර වාද කරමින් හැසිරෙන්නෙක්මි. භවත් ගෞතමයෙනි, උදය ආහාර අනුභව කළ

මට පසුබත් කාලයෙහි මේ සිරිත වෙයි. ආරාමයෙන් ආරාමයට, උද්‍යානයෙන් උද්‍යානයට මම සක්මන් කරමි. අනුව හැසිරෙමි. ඒ මම 'මෙසේ වාදයන්ගෙන් නිදහස් වන්නේ ය. මෙසේ වාද කරන්නේ ය' යන අනුසස් මතුකොට කථා කියන ඇතැම් ශ්‍රමණ බ්‍රාහ්මණයන් එහිදී දකිමි. භවත් ගෞතමයාණෝ කුමක් අනුසස් කොට වාසය කරත් ද?"

"කුණ්ඩලිය, තථාගතයන් වහන්සේ විද්‍යා විමුක්ති ඵල ආනිශංස කොට ගෙන වාසය කරති."

"භවත් ගෞතමයෙනි, කවර ධර්මයන් භාවිත කිරීමෙන් ද, බහුල කිරීමෙන් ද විද්‍යා විමුක්තිය සම්පූර්ණ වන්නේ?"

"කුණ්ඩලිය, සප්ත බොජ්ඣංගයන් භාවිත කිරීමෙන්, බහුල කිරීමෙන් විද්‍යා විමුක්තිය සම්පූර්ණ වන්නේ ය."

"භවත් ගෞතමයෙනි, කවර ධර්මයන් භාවිත කිරීමෙන් ද, බහුල කිරීමෙන් ද සප්ත බොජ්ඣංගයන් සම්පූර්ණ වන්නේ?"

"කුණ්ඩලිය, සතර සතිපට්ඨානයන් භාවිත කිරීමෙන්, බහුල කිරීමෙන් සප්ත බොජ්ඣංගය සම්පූර්ණ වන්නේ ය."

"භවත් ගෞතමයෙනි, කවර ධර්මයන් භාවිත කිරීමෙන් ද, බහුල කිරීමෙන් ද සතර සතිපට්ඨානය සම්පූර්ණ වන්නේ?"

"කුණ්ඩලිය, ත්‍රිවිධ සුචරිතය භාවිත කිරීමෙන්, බහුල කිරීමෙන් සතර සතිපට්ඨානය සම්පූර්ණ වන්නේ ය."

"භවත් ගෞතමයෙනි, කවර ධර්මයන් භාවිත කිරීමෙන් ද, බහුල කිරීමෙන් ද ත්‍රිවිධ සුචරිතය සම්පූර්ණ වන්නේ?"

"කුණ්ඩලිය, ඉන්ද්‍රිය සංවරය භාවිත කිරීමෙන්, බහුල කිරීමෙන් ත්‍රිවිධ සුචරිතය සම්පූර්ණ වන්නේ ය.

කුණ්ඩලිය, කෙසේ භාවිත කරන ලද, කෙසේ බහුල කරන ලද ඉන්ද්‍රිය සංවරය ත්‍රිවිධ සුචරිතයන් සම්පූර්ණ කරයි ද?

කුණ්ඩලිය, මෙහිලා භික්ෂුව ඇසින් රූපයක් දැක මනාප අරමුණට ආශා නොකරයි. එයින් ලැබෙන සතුටින් නොපෙළෙයි. රාගය නූපදවයි. ඔහුගේ කය වෙනස් නොවී සිටියේ වෙයි. සිත සිටියේ වෙයි. ආධ්‍යාත්මයෙහි මැනැවින් පිහිටියේ වෙයි. මැනැවින් මිදුණේ වෙයි. ඇසින් ම අමනාප රූපයක් දැක

නොහැකිලෙයි. නොසංසුන් සිත් නැත්තේ වෙයි. බැගෑපත් සිත් නැත්තේ වෙයි. දුෂ්ට සිත් නැත්තේ වෙයි. ඔහුගේ කය සිටියේ වෙයි. සිත ත් සිටියේ වෙයි. ආධ්‍යාත්මයෙහි මැනැවින් පිහිටියේ වෙයි. මැනැවින් මිදුණේ වෙයි.

තව ද කුණ්ඩලිය, භික්ෂුව කනින් ශබ්දයක් අසා ....(පෙ).... නාසයෙන් ගන්ධයක් ආඝ්‍රාණය කොට ....(පෙ).... දිවෙන් රසයක් විඳ ....(පෙ).... කයෙන් පහසක් ලබා ....(පෙ).... මනසින් අරමුණක් දැන මනාප අරමුණට ආශා නොකරයි. එයින් ලැබෙන සතුටින් නොපෙළෙයි. රාගය නූපදවයි. ඔහුගේ කය වෙනස් නොවී සිටියේ වෙයි. සිත සිටියේ වෙයි. ආධ්‍යාත්මයෙහි මැනැවින් පිහිටියේ වෙයි. මැනැවින් මිදුණේ වෙයි. මනසින් ම අමනාප අරමුණක් දැන නොහැකිලෙයි. නොසංසුන් සිත් නැත්තේ වෙයි. බැගෑපත් සිත් නැත්තේ වෙයි. දුෂ්ට සිත් නැත්තේ වෙයි. ඔහුගේ කය සිටියේ වෙයි. සිත ත් සිටියේ වෙයි. අධ්‍යාත්මයෙහි මැනැවින් පිහිටියේ වෙයි. මැනැවින් මිදුණේ වෙයි.

කුණ්ඩලිය, යම් කලෙක ඇසෙන් රූපයක් දැක මනාප - අමනාප රූපයන් පිළිබඳ ව භික්ෂුවගේ කය නොවෙනස් ව සිටියේ වෙයි ද, සිත සිටියේ වෙයි ද, ආධ්‍යාත්මයෙහි මැනැවින් පිහිටියේ වෙයි ද, මැනැවින් මිදුණේ වෙයි ද, කනින් ශබ්දයක් අසා ....(පෙ).... නාසයෙන් ගන්ධයක් ආඝ්‍රාණය කොට ....(පෙ).... දිවෙන් රසයක් විඳ ....(පෙ).... කයෙන් පහසක් ලබා ....(පෙ).... මනසින් අරමුණක් දැන මනාප - අමනාප අරමුණු පිළිබඳ ව භික්ෂුවගේ කය නොවෙනස් ව සිටියේ වෙයි ද, සිත සිටියේ වෙයි ද, ආධ්‍යාත්මයෙහි මැනැවින් පිහිටියේ වෙයි ද, මැනැවින් මිදුණේ වෙයි ද, කුණ්ඩලිය, මෙසේ වඩන ලද, මෙසේ බහුල කරන ලද ඉන්ද්‍රිය සංවරය ත්‍රිවිධ සුචරිතය සම්පූර්ණ කරයි.

කුණ්ඩලිය, කෙසේ භාවිත කරන ලද, කෙසේ බහුල කරන ලද ත්‍රිවිධ සුචරිතය සතර සතිපට්ඨානයන් සම්පූර්ණ කරයි ද? කුණ්ඩලිය, මෙහිලා භික්ෂුව කාය දුශ්චරිතය බැහැර කොට කාය සුචරිතය වඩයි. වචී දුශ්චරිතය බැහැර කොට වචී සුචරිතය වඩයි. මනෝ දුශ්චරිතය බැහැර කොට මනෝ සුචරිතය වඩයි. කුණ්ඩලිය, මෙසේ වඩන ලද, මෙසේ බහුල කරන ලද ත්‍රිවිධ සුචරිතය සතර සතිපට්ඨානයන් සම්පූර්ණ කරයි.

කුණ්ඩලිය, කෙසේ භාවිත කරන ලද, කෙසේ බහුල කරන ලද සතර සතිපට්ඨානයෝ සප්ත බොජ්ඣංගයන් සම්පූර්ණ කරත් ද? කුණ්ඩලිය මෙහිලා භික්ෂුව කෙලෙස් තවන වීරියෙන් යුතු ව, නුවණින් යුතු ව, සිහියෙන් යුතු ව, ලෝකයෙහි ඇලීම ත්, ගැටීම ත් දුරු කොට කය පිළිබඳ ව කායානුපස්සනාවෙන් වාසය කරයි. වේදනාවන් පිළිබඳ ව ....(පෙ).... සිත පිළිබඳ ව ....(පෙ).... කෙලෙස්

තවන වීරියෙන් යුතු ව, නුවණින් යුතු ව, සිහියෙන් යුතු ව, ලෝකයෙහි ඇලීම ත්, ගැටීම ත් දුරු කොට ධර්මයන් පිළිබඳ ව ධම්මානුපස්සනාවෙන් වාසය කරයි. කුණ්ඩලිය, මෙසේ වඩන ලද, මෙසේ බහුල කරන ලද සතර සතිපට්ඨානයෝ සප්ත බොජ්ඣංගයන් සම්පූර්ණ කරති.

කුණ්ඩලිය, කෙසේ භාවිත කරන ලද, කෙසේ බහුල කරන ලද, සප්ත බොජ්ඣංගයෝ විද්‍යා විමුක්තිය සම්පූර්ණ කරත් ද? කුණ්ඩලිය, මෙහිලා භික්ෂුව කාය චිත්ත විවේකයෙන් යුතු ව, විරාගී සිතින් යුතු ව, අකුසල් නිරුද්ධ කරන සිතින් යුතු ව, නිවනට නැඹුරු වූ සිතින් යුතු ව සති සම්බොජ්ඣංගය වඩයි. ....(පෙ).... කාය චිත්ත විවේකයෙන් යුතු ව, විරාගී සිතින් යුතු ව, අකුසල් නිරුද්ධ කරන සිතින් යුතු ව, නිවනට නැඹුරු වූ සිතින් යුතු ව උපෙක්ඛා සම්බොජ්ඣංගය වඩයි. කුණ්ඩලිය. මෙසේ භාවිත කරන ලද, මෙසේ බහුල කරන ලද, සප්ත බොජ්ඣංගයෝ විද්‍යා විමුක්තිය සම්පූර්ණ කරති."

මෙසේ වදාළ කල්හී කුණ්ඩලිය පරිබ්‍රාජක තෙමේ භාග්‍යවතුන් වහන්සේට මෙය පැවසුවේ ය.

"භවත් ගෞතමයන් වහන්ස, ඉතා මනහර ය. ....(පෙ).... දිවි හිමියෙන් සරණ ගිය උපාසකයෙකු ලෙස පිළිගන්නා සේක්වා!"

සාදු! සාදු!! සාදු!!!

කුණ්ඩලිය සූත්‍රය නිමා විය.

2.1.7.
කූටාගාර සූත්‍රය
උස් මුදුන් වහළ ඇති නිවස ගැන වදාළ දෙසුම

මහණෙනි, එය මෙබඳු දෙයකි. උස් මුදුන් වහළ ඇති නිවසක යම්කිසි පරාල ඇද්ද, ඒ සියල්ල මුදුනට නැමී තිබෙයි. මුදුනට නැඹුරු ව තිබෙයි. මුදුනට බර වී තිබෙයි. එසෙයින් ම මහණෙනි, භික්ෂුවක් සප්ත බොජ්ඣංග යන් වඩන්නේ, සප්ත බොජ්ඣංගයන් බහුල කරන්නේ නිවනට නැමුණේ වෙයි. නිවනට නැඹුරු වූයේ වෙයි. නිවනට බර වූයේ වෙයි.

මහණෙනි, භික්ෂුවක් නිවනට නැමුණේ, නිවනට නැඹුරු වූයේ, නිවනට

බර වූයේ සප්ත බොජ්ඣංගයන් වඩන්නේ කෙසේ ද? සප්ත බොජ්ඣංගයන් බහුල කරන්නේ කෙසේ ද?

මහණෙනි, මෙහිලා භික්ෂුව කාය චිත්ත විවේකයෙන් යුතු ව, විරාගී සිතින් යුතු ව, අකුසල් නිරුද්ධ කරන සිතින් යුතු ව, නිවනට නැඹුරු වූ සිතින් යුතු ව සති සම්බොජ්ඣංගය වඩයි. ....(පෙ).... කාය චිත්ත විවේකයෙන් යුතු ව, විරාගී සිතින් යුතු ව, අකුසල් නිරුද්ධ කරන සිතින් යුතු ව, නිවනට නැඹුරු වූ සිතින් යුතු ව උපෙක්ඛා සම්බොජ්ඣංගය වඩයි.

මහණෙනි, භික්ෂුවක් මේ අයුරින් සප්ත බොජ්ඣංගයන් වඩන්නේ, සප්ත බොජ්ඣංගයන් බහුල කරන්නේ, නිවනට නැමුණේ වෙයි. නිවනට නැඹුරු වූයේ වෙයි. නිවනට බර වූයේ වෙයි.

සාදු! සාදු!! සාදු!!!

කූටාගාර සූත්‍රය නිමා විය.

2.1.8.
උපවාන සූත්‍රය
උපවාන තෙරුන්ට වදාළ දෙසුම

එක් සමයක ආයුෂ්මත් උපවාන තෙරණුවෝ ද, ආයුෂ්මත් සාරිපුත්තයන් වහන්සේ ද කොසඹෑ නුවර ඝෝෂිතාරාමයෙහි වැඩවෙසෙති. එකල්හී ආයුෂ්මත් සාරිපුත්තයන් වහන්සේ සවස් වරුවෙහි භාවනාවෙන් නැගිට ආයුෂ්මත් උපවාන තෙරුන් වෙත වැඩියහ. වැඩම කොට ආයුෂ්මත් උපවාන තෙරුන් සමඟ සතුටු වූහ. සතුටු විය යුතු සිහිකටයුතු පිළිසඳර නිමවා එකත්පස් ව වැඩහුන්හ. එකත් පස් ව වැඩහුන් ආයුෂ්මත් සාරිපුත්තයන් වහන්සේ ආයුෂ්මත් උපවාන තෙරුන්ට මෙය වදාළහ.

"ආයුෂ්මත් උපවානයෙනි, භික්ෂුවක් නුවණින් යුතු ව මෙනෙහි කිරීමෙන් 'මෙසේ මා විසින් මැනැවින් අරඹන ලද සප්ත බොජ්ඣංගයෝ පහසු විහරණය පිණිස පවතිත්' කියා තමා ම දැනගන්නේ ද?"

"ආයුෂ්මත් සාරිපුත්තයෙනි, භික්ෂුවක් නුවණින් යුතු ව මෙනෙහි කිරීමෙන් 'මෙසේ මා විසින් මැනැවින් අරඹන ලද සප්ත බොජ්ඣංගයෝ පහසු

විහරණය පිණිස පවතිත්' කියා තමා ම දැනගන්නේ ය.

ආයුෂ්මත, භික්ෂුවක් සති සම්බොජ්ඣංගය පටන්ගන්නේ 'මාගේ සිත ද මැනැවින් නිදහස් වුයේ ය. ථීනමිද්ධය ද මා තුළ සහමුලින් ම නැසුණේ ය. උද්ධච්ච කුක්කුච්චය ද මා විසින් මැනැවින් දුරු කරන ලද්දේ ය. වීරිය ද මා විසින් පටන් ගන්නා ලද්දේ ය. සිත නොහැකිළුණේ ය. මැනැවින් අවධානය යොමු කොට අරුත් සළකා මෙනෙහි කරමි' යි දැනගනියි. ....(පෙ).... ආයුෂ්මත භික්ෂුවක් උපේක්ඛා සම්බොජ්ඣංගය පටන්ගන්නේ 'මාගේ සිත මැනැවින් නිදහස් වුයේ ය. ථීනමිද්ධය ද මා තුළ සහමුලින් ම නැසුණේ ය. උද්ධච්ච කුක්කුච්චය ද මා විසින් මැනැවින් දුරු කරන ලද්දේ ය. වීරිය ද මා විසින් පටන් ගන්නා ලද්දේ ය. සිත නොහැකිළුණේ ය. මැනැවින් අවධානය යොමු කොට අරුත් සළකා මෙනෙහි කරමි' යි දැනගනියි.

මෙසේ ආයුෂ්මත් සාරිපුත්තයෙනි, භික්ෂුවක් නුවණින් යුතු ව මෙනෙහි කිරීමෙන් 'මෙසේ මා විසින් මැනැවින් බලවත් කරන ලද සප්ත බොජ්ඣංග යෝ පහසු විහරණය පිණිස පවතිත්' කියා තමා ම දැනගන්නේ ය.

සාදු! සාදු!! සාදු!!!

උපවාන සූත්‍රය නිමා විය.

2.1.9.
උප්පාද සූත්‍රය
බොජ්ඣංග ධර්මයන්ගේ උපත ගැන වදාළ දෙසුම

මහණෙනි, මේ වඩන ලද, බහුල කරන ලද සප්ත බොජ්ඣංගයෝ තථාගත අරහත් සම්මා සම්බුදුරජුන්ගේ පහළ වීමෙන් තොර ව අන් කලෙක නූපදින්නාහු ය. කවර සතක් ද යත්; සති සම්බොජ්ඣංගය ය, ...(පෙ).... උපෙක්ඛා සම්බොජ්ඣංගය ය. මහණෙනි, මේ වඩන ලද, බහුල කරන ලද සප්ත බොජ්ඣංගයෝ තථාගත අරහත් සම්මා සම්බුදුරජුන්ගේ පහළ වීමෙන් තොර ව අන් කලෙක නූපදින්නාහු ය.

සාදු! සාදු!! සාදු!!!

උප්පාද සූත්‍රය නිමා විය.

2.1.10.
දුතිය උප්පාද සූත්‍රය
බොජ්ඣංග ධර්මයන්ගේ උපත ගැන වදාළ දෙවෙනි දෙසුම

මහණෙනි, මේ වඩන ලද, බහුල කරන ලද සප්ත බොජ්ඣංගයෝ සුගත විනය නම් වූ බුදු සසුනෙන් තොර ව අන් කලෙක නූපදින්නාහු ය. කවර සතක් ද යත්; සති සම්බොජ්ඣංගය ය, ...(පෙ).... උපෙක්ඛා සම්බොජ්ඣංගය ය. මහණෙනි, මේ වඩන ලද, බහුල කරන ලද සප්ත බොජ්ඣංගයෝ සුගත විනය නම් වූ බුදු සසුනෙන් තොර ව අන් කලෙක නූපදින්නාහු ය.

සාදු! සාදු!! සාදු!!!

දුතිය උප්පාද සූත්‍රය නිමා විය.

පළමු වෙනි පබ්බත වර්ගය අවසන් විය.

- එහි පිළිවෙල උද්දානයයි :

හිමවන්ත සූත්‍රය, කාය සූත්‍රය, සීල සූත්‍රය, වත්ථ සූත්‍රය, භික්ඛු සූත්‍රය, කුණ්ඩලිය සූත්‍රය, කූටාගාර සූත්‍රය, උපවාන සූත්‍රය සහ උප්පාද සූත්‍ර දෙක වශයෙන් මෙහි සූත්‍ර දසයකි.

2. ගිලාන වර්ගය

2.2.1.
පාණ සූත්‍රය
සත්වයින් ගැන වදාළ දෙසුම

මහණෙනි, යම් සේ යම්කිසි සත්වයෝ වෙලාවකට ගමනින් ද, වෙලාවකට සිටීමෙන් ද, වෙලාවකට වාඩිවීමෙන් ද, වෙලාවකට සැතපීමෙන් ද, සතර ඉරියව් පවත්වත් ද, ඒ සියළු සත්වයෝ පොළොව ඇසුරු කොට, පොළොවෙහි පිහිටා එසේ ඒ සතර ඉරියව් පවත්වති.

එසෙයින් ම මහණෙනි, භික්ෂුවක් සීලය නිසා, සීලයෙහි පිහිටා සප්ත බොජ්ඣංගයන් වඩයි. සප්ත බොජ්ඣංගයන් බහුල කරයි. මහණෙනි, භික්ෂුව සීලය නිසා, සීලයෙහි පිහිටා සප්ත බොජ්ඣංගයන් දියුණු කරන්නේ කෙසේ ද? සප්ත බොජ්ඣංගයන් බහුල ව ප්‍රගුණ කරන්නේ කෙසේ ද?

මහණෙනි, මෙහිලා භික්ෂුව කාය චිත්ත විවේකයෙන් යුතු ව, විරාගී සිතින් යුතු ව, අකුසල් නිරුද්ධ කරන සිතින් යුතු ව, නිවනට නැඹුරු වූ සිතින් යුතු ව, සති සම්බොජ්ඣංගය වඩයි. ....(පෙ).... කාය චිත්ත විවේකයෙන් යුතු ව, විරාගී සිතින් යුතු ව, අකුසල් නිරුද්ධ කරන සිතින් යුතු ව, නිවනට නැඹුරු වූ සිතින් යුතු ව, උපේක්ෂා සම්බොජ්ඣංගය වඩයි.

මහණෙනි, භික්ෂුව මෙසේ සීලය නිසා, සීලයෙහි පිහිටා සප්ත බොජ්ඣංගයන් දියුණු කරන්නේ ය. සප්ත බොජ්ඣංගයන් බහුල ව ප්‍රගුණ කරන්නේ ය.

සාදු! සාදු!! සාදු!!!

පාණ සූත්‍රය නිමා විය.

2.2.2.
සූරිය සූත්‍රය
හිරු ගැන වදාළ දෙසුම

මහණෙනි, හිරු මඬල නැග එන විට මුල් ම සළකුණ මෙය යි. මුල් ම නිමිත්ත මෙය යි. එනම් අරුණෝදය ඇතිවීම යි. මහණෙනි, එසෙයින් ම භික්ෂුවකට සප්ත බොජ්ඣංගයන් හටගැනීම පිණිස මුල් ම සළකුණ මෙය යි. මුල් ම නිමිත්ත මෙය යි. එනම් කල්‍යාණමිත්‍රයන් ඇති බව යි.

මහණෙනි, කලණ මිතුරන් ඇති භික්ෂුව සප්ත බොජ්ඣංගයන් වඩන්නේ ය, සප්ත බොජ්ඣංගයන් බහුල කරන්නේ ය යන්න කැමති විය යුත්තේ ය. මහණෙනි, කලණ මිතුරන් ඇති භික්ෂුව සප්ත බොජ්ඣංගයන් දියුණු කරන්නේ කෙසේ ද? සප්ත බොජ්ඣංගයන් බහුල ව ප්‍රගුණ කරන්නේ කෙසේ ද?

මහණෙනි, මෙහිලා භික්ෂුව කාය චිත්ත විවේකයෙන් යුතු ව, විරාගී සිතින් යුතු ව, අකුසල් නිරුද්ධ කරන සිතින් යුතු ව, නිවනට නැඹුරු වූ සිතින් යුතු ව, සති සම්බොජ්ඣංගය වඩයි. ....(පෙ).... කාය චිත්ත විවේකයෙන් යුතු ව, විරාගී සිතින් යුතු ව, අකුසල් නිරුද්ධ කරන සිතින් යුතු ව, නිවනට නැඹුරු වූ සිතින් යුතු ව, උපේක්ෂා සම්බොජ්ඣංගය වඩයි.

මහණෙනි, කලණ මිතුරන් ඇති භික්ෂුව මෙසේ සප්ත බොජ්ඣංගයන් දියුණු කරන්නේ ය. සප්ත බොජ්ඣංගයන් බහුල ව ප්‍රගුණ කරන්නේ ය.

සාදු! සාදු!! සාදු!!!

සූරිය සූත්‍රය නිමා විය.

2.2.3.
දුතිය සූරිය සූත්‍රය
හිරු ගැන වදාළ දෙවෙනි දෙසුම

මහණෙනි, හිරු මඬල නැග එන විට මුල් ම සළකුණ මෙය යි. මුල් ම නිමිත්ත මෙය යි. එනම් අරුණෝදය ඇතිවීම යි. මහණෙනි, එසෙයින් ම භික්ෂුවකට සප්ත බොජ්ඣංගයන් හටගැනීම පිණිස මුල් ම සළකුණ මෙය යි. මුල් ම නිමිත්ත මෙය යි. එනම් නුවණින් යුක්ත ව මෙනෙහි කිරීම යි.

මහණෙනි, නුවණින් යුක්ත ව මෙනෙහි කරන භික්ෂුව සප්ත බොජ්ඣංගයන් වඩන්නේ ය, සප්ත බොජ්ඣංගයන් බහුල කරන්නේ ය යන්න කැමති විය යුත්තේ ය. මහණෙනි, නුවණින් යුක්ත ව මෙනෙහි කරන භික්ෂුව සප්ත බොජ්ඣංගයන් දියුණු කරන්නේ කෙසේ ද? සප්ත බොජ්ඣංගයන් බහුල ව ප්‍රගුණ කරන්නේ කෙසේ ද?

මහණෙනි, මෙහිලා භික්ෂුව කාය චිත්ත විවේකයෙන් යුතු ව, විරාගී සිතින් යුතු ව, අකුසල් නිරුද්ධ කරන සිතින් යුතු ව, නිවනට නැඹුරු වූ සිතින් යුතු ව, සති සම්බොජ්ඣංගය වඩයි. ....(පෙ).... කාය චිත්ත විවේකයෙන් යුතු ව, විරාගී සිතින් යුතු ව, අකුසල් නිරුද්ධ කරන සිතින් යුතු ව, නිවනට නැඹුරු වූ සිතින් යුතු ව, උපේක්ෂා සම්බොජ්ඣංගය වඩයි.

මහණෙනි, නුවණින් යුක්ත ව මෙනෙහි කරන භික්ෂුව මෙසේ සප්ත බොජ්ඣංගයන් දියුණු කරන්නේ ය. සප්ත බොජ්ඣංගයන් බහුල ව ප්‍රගුණ කරන්නේ ය.

සාදු! සාදු!! සාදු!!!

දුතිය සූරිය සූත්‍රය නිමා විය.

2.2.4.
ගිලාන සූත්‍රය
මහාකස්සප තෙරුන්ගේ ගිලන් වීම ගැන වදාළ දෙසුම

මා විසින් මෙසේ අසන ලදී. එක් සමයක භාග්‍යවතුන් වහන්සේ රජගහ නුවර කලන්දක නිවාප නම් වූ වේළුවනයෙහි වැඩවෙසෙන සේක. එසමයෙහි ආයුෂ්මත් මහාකස්සපයන් වහන්සේ රෝගී ව, දුකට පත් ව, බොහෝ සේ ගිලන් ව පිප්ඵලී ගුහාවෙහි වැඩවෙසෙති. එකල්හී භාග්‍යවතුන් වහන්සේ සවස් වරුවෙහි භාවනාවෙන් නැගී සිටි සේක් ආයුෂ්මත් මහාකස්සපයන් වහන්සේ වෙත වැඩම කළ සේක. වැඩම කොට පණවන ලද අසුනෙහි වැඩහුන් සේක. වැඩහුන් භාග්‍යවතුන් වහන්සේ ආයුෂ්මත් මහාකස්සපයන් වහන්සේට මෙය වදාළ සේක.

"කිම, කස්සපයෙනි, ඔබට ඉවසිය හැක්කේ ද? කිම, යැපිය හැක්කේ ද? කිම, දුක් වේදනා අඩුවෙයි ද, වැඩි නොවෙයි ද? අඩුවීමක් පෙනෙයි ද, වැඩිවීමෙක් නොපෙනෙයි ද?"

"ස්වාමීනී, මා හට ඉවසිය නොහැකි ය. යැපිය නොහැකි ය. මා තුළ දැඩි වූ දුක් වේදනා වැඩිවෙයි. අඩු නොවෙයි. වැඩිවීමක් පෙනෙයි. අඩුවීමක් නොපෙනෙයි."

"කස්සපයෙනි, මා විසින් මේ සප්ත බොජ්ඣංගයෝ මැනැවින් පවසන ලද්දාහු ය. භාවිත කරන ලද්දාහු ය. බහුල කරන ලද්දාහු ය. ඒවා විශිෂ්ට ඥානය පිණිස, අවබෝධය පිණිස, නිවන පිණිස පවතින්නාහු ය. ඒ කවර සතක් ද යත්;

කස්සපයෙනි, සති සම්බොජ්ඣංගය වනාහී මා විසින් මැනැවින් පවසන ලද්දේ ය. භාවිත කරන ලද්දේ ය. බහුල කරන ලද්දේ ය. එය විශිෂ්ට ඥානය පිණිස, අවබෝධය පිණිස, නිවන පිණිස පවතින්නේ ය.

කස්සපයෙනි, ධම්මවිචය සම්බොජ්ඣංගය වනාහී මා විසින් මැනැවින් පවසන ලද්දේ ය. භාවිත කරන ලද්දේ ය. බහුල කරන ලද්දේ ය. එය විශිෂ්ට ඥානය පිණිස, අවබෝධය පිණිස, නිවන පිණිස පවතින්නේ ය.

කස්සපයෙනි, විරිය සම්බොජ්ඣංගය වනාහී මා විසින් මැනැවින් පවසන

ලද්දේ ය. භාවිත කරන ලද්දේ ය. බහුල කරන ලද්දේ ය. එය විශිෂ්ට ඥානය පිණිස, අවබෝධය පිණිස, නිවන පිණිස පවතින්නේ ය.

කස්සපයෙනි, ප්‍රීති සම්බොජ්ඣංගය වනාහී මා විසින් මැනැවින් පවසන ලද්දේ ය. භාවිත කරන ලද්දේ ය. බහුල කරන ලද්දේ ය. එය විශිෂ්ට ඥානය පිණිස, අවබෝධය පිණිස, නිවන පිණිස පවතින්නේ ය.

කස්සපයෙනි, පස්සද්ධි සම්බොජ්ඣංගය වනාහී මා විසින් මැනැවින් පවසන ලද්දේ ය. භාවිත කරන ලද්දේ ය. බහුල කරන ලද්දේ ය. එය විශිෂ්ට ඥානය පිණිස, අවබෝධය පිණිස, නිවන පිණිස පවතින්නේ ය.

කස්සපයෙනි, සමාධි සම්බොජ්ඣංගය වනාහී මා විසින් මැනැවින් පවසන ලද්දේ ය. භාවිත කරන ලද්දේ ය. බහුල කරන ලද්දේ ය. එය විශිෂ්ට ඥානය පිණිස, අවබෝධය පිණිස, නිවන පිණිස පවතින්නේ ය.

කස්සපයෙනි, උපෙක්ඛා සම්බොජ්ඣංගය වනාහී මා විසින් මැනැවින් පවසන ලද්දේ ය. භාවිත කරන ලද්දේ ය. බහුල කරන ලද්දේ ය. එය විශිෂ්ට ඥානය පිණිස, අවබෝධය පිණිස, නිවන පිණිස පවතින්නේ ය.

කස්සපයෙනි, මා විසින් මේ සප්ත බොජ්ඣංගයෝ මැනැවින් පවසන ලද්දාහු ය. භාවිත කරන ලද්දාහු ය. බහුල කරන ලද්දාහු ය. ඒවා විශිෂ්ට ඥානය පිණිස, අවබෝධය පිණිස, නිවන පිණිස පවතින්නාහු ය."

"භාග්‍යවතුන් වහන්ස, ඒකාන්තයෙන් ම බොජ්ඣංගයෝ ය. සුගතයන් වහන්ස, ඒකාන්තයෙන් ම බොජ්ඣංගයෝ ය."

භාග්‍යවතුන් වහන්සේ මෙය වදාළ සේක. සතුටු සිත් ඇති ආයුෂ්මත් මහාකස්සපයන් වහන්සේ භාග්‍යවතුන් වහන්සේගේ භාෂිතය සතුටින් පිළිගත්හ. ආයුෂ්මත් මහා කස්සපයන් වහන්සේ ඒ ආබාධයෙන් නැගී සිටියහ. ආයුෂ්මත් මහාකස්සපයන් වහන්සේගේ ඒ ආබාධය එසෙයින් ම ප්‍රහාණය වී ගියේ ම ය.

සාදු! සාදු!! සාදු!!!

ගිලාන සූත්‍රය නිමා විය.

2.2.5.
දුතිය ගිලාන සූත්‍රය
මහා මොග්ගල්ලාන තෙරුන්ගේ ගිලන් වීම ගැන වදාළ දෙසුම

එක් සමයක භාග්‍යවතුන් වහන්සේ රජගහ නුවර කලන්දක නිවාප නම් වූ වේළුවනයෙහි වැඩවෙසෙන සේක. එසමයෙහි ආයුෂ්මත් මහාමොග්ගල්ලානයන් වහන්සේ රෝගී ව, දුකට පත් ව, බොහෝ සේ ගිලන් ව ගිජ්ඣකූට පර්වතයෙහි වැඩවෙසෙති. එකල්හී භාග්‍යවතුන් වහන්සේ සවස් වරුවෙහි භාවනාවෙන් නැගී සිටි සේක් ආයුෂ්මත් මහාමොග්ගල්ලානයන් වහන්සේ වෙත වැඩම කළ සේක. වැඩම කොට පණවන ලද අසුනෙහි වැඩහුන් සේක. වැඩහුන් භාග්‍යවතුන් වහන්සේ ආයුෂ්මත් මහාමොග්ගල්ලානයන් වහන්සේට මෙය වදාළ සේක.

"කිම, මොග්ගල්ලානයෙනි, ඔබට ඉවසිය හැක්කේ ද? කිම, යැපිය හැක්කේ ද? කිම, දුක් වේදනා අඩුවෙයි ද, වැඩි නොවෙයි ද? අඩුවීමක් පෙනෙයි ද, වැඩිවීමෙක් නොපෙනෙයි ද?"

"ස්වාමීනී, මා හට ඉවසිය නොහැකි ය. යැපිය නොහැකි ය. මා තුළ දැඩි වූ දුක් වේදනා වැඩිවෙයි. අඩු නොවෙයි. වැඩිවීමක් පෙනෙයි. අඩුවීමක් නොපෙනෙයි."

"මොග්ගල්ලානයෙනි, මා විසින් මේ සප්ත බොජ්ඣංගයෝ මැනැවින් පවසන ලද්දාහු ය. භාවිත කරන ලද්දාහු ය. බහුල කරන ලද්දාහු ය. ඒවා විශිෂ්ට ඥානය පිණිස, අවබෝධය පිණිස, නිවන පිණිස පවතින්නාහු ය. ඒ කවර සතක් ද යත්;

මොග්ගල්ලානයෙනි, සති සම්බොජ්ඣංගය වනාහී මා විසින් මැනැවින් පවසන ලද්දේ ය. භාවිත කරන ලද්දේ ය. බහුල කරන ලද්දේ ය. එය විශිෂ්ට ඥානය පිණිස, අවබෝධය පිණිස, නිවන පිණිස පවතින්නේ ය.

මොග්ගල්ලානයෙනි, ධම්මවිචය සම්බොජ්ඣංගය වනාහී මා විසින් මැනැවින් පවසන ලද්දේ ය. භාවිත කරන ලද්දේ ය. බහුල කරන ලද්දේ ය. එය විශිෂ්ට ඥානය පිණිස, අවබෝධය පිණිස, නිවන පිණිස පවතින්නේ ය.

මොග්ගල්ලානයෙනි, විරිය සම්බොජ්ඣංගය වනාහී මා විසින් මැනැවින්

පවසන ලද්දේ ය. භාවිත කරන ලද්දේ ය. බහුල කරන ලද්දේ ය. එය විශිෂ්ට ඥානය පිණිස, අවබෝධය පිණිස, නිවන පිණිස පවතින්නේ ය.

මොග්ගල්ලානයෙනි, ප්‍රීති සම්බොජ්ඣංගය වනාහී මා විසින් මැනැවින් පවසන ලද්දේ ය. භාවිත කරන ලද්දේ ය. බහුල කරන ලද්දේ ය. එය විශිෂ්ට ඥානය පිණිස, අවබෝධය පිණිස, නිවන පිණිස පවතින්නේ ය.

මොග්ගල්ලානයෙනි, පස්සද්ධි සම්බොජ්ඣංගය වනාහී මා විසින් මැනැවින් පවසන ලද්දේ ය. භාවිත කරන ලද්දේ ය. බහුල කරන ලද්දේ ය. එය විශිෂ්ට ඥානය පිණිස, අවබෝධය පිණිස, නිවන පිණිස පවතින්නේ ය.

මොග්ගල්ලානයෙනි, සමාධි සම්බොජ්ඣංගය වනාහී මා විසින් මැනැවින් පවසන ලද්දේ ය. භාවිත කරන ලද්දේ ය. බහුල කරන ලද්දේ ය. එය විශිෂ්ට ඥානය පිණිස, අවබෝධය පිණිස, නිවන පිණිස පවතින්නේ ය.

මොග්ගල්ලානයෙනි, උපෙක්ඛා සම්බොජ්ඣංගය වනාහී මා විසින් මැනැවින් පවසන ලද්දේ ය. භාවිත කරන ලද්දේ ය. බහුල කරන ලද්දේ ය. එය විශිෂ්ට ඥානය පිණිස, අවබෝධය පිණිස, නිවන පිණිස පවතින්නේ ය.

මොග්ගල්ලානයෙනි, මා විසින් මේ සප්ත බොජ්ඣංගයෝ මැනැවින් පවසන ලද්දාහු ය. භාවිත කරන ලද්දාහු ය. බහුල කරන ලද්දාහු ය. ඒවා විශිෂ්ට ඥානය පිණිස, අවබෝධය පිණිස, නිවන පිණිස පවතින්නාහු ය."

"භාග්‍යවතුන් වහන්ස, ඒකාන්තයෙන් ම බොජ්ඣංගයෝ ය. සුගතයන් වහන්ස, ඒකාන්තයෙන් ම බොජ්ඣංගයෝ ය."

භාග්‍යවතුන් වහන්සේ මෙය වදාළ සේක. සතුටු සිත් ඇති ආයුෂ්මත් මහාමොග්ගල්ලානයන් වහන්සේ භාග්‍යවතුන් වහන්සේගේ භාෂිතය සතුටින් පිළිගත්හ. ආයුෂ්මත් මහාමොග්ගල්ලානයන් වහන්සේ ඒ ආබාධයෙන් නැගී සිටියහ. ආයුෂ්මත් මහාමොග්ගල්ලානයන් වහන්සේගේ ඒ ආබාධය එසෙයින් ම ප්‍රහාණය වී ගියේ ම ය.

සාදු! සාදු!! සාදු!!!

දුතිය ගිලාන සූත්‍රය නිමා විය.

2.2.6.
තතිය ගිලාන සූත්‍රය
භාග්‍යවතුන් වහන්සේගේ ගිලන් වීම ගැන වදාළ දෙසුම

එක් සමයක භාග්‍යවතුන් වහන්සේ රජගහ නුවර කලන්දක නිවාප නම් වූ වේළුවනයෙහි වැඩවෙසෙන සේක. එසමයෙහි භාග්‍යවතුන් වහන්සේ රෝගී වූ සේක්, දුකට පත් වූ සේක්, බොහෝ සේ ගිලන් ව වැඩවෙසෙන සේක. එකල්හී ආයුෂ්මත් මහා චුන්ද තෙරණුවෝ භාග්‍යවතුන් වහන්සේ වෙත එළඹියහ. එළඹ භාග්‍යවතුන් වහන්සේට සකසා වන්දනා කොට එකත්පස් ව හිඳගත්හ. එකත්පස් ව වැඩහුන් ආයුෂ්මත් මහා චුන්ද තෙරුන්ට භාග්‍යවතුන් වහන්සේ මෙය වදාළ සේක.

"චුන්දයෙනි, ඔබට බොජ්ඣංගයෝ වැටහෙත්වා !"

"ස්වාමීනී, භාග්‍යවතුන් වහන්සේ විසින් මේ සප්ත බොජ්ඣංගයෝ මැනැවින් පවසන ලද්දාහු ය. භාවිත කරන ලද්දාහු ය. බහුල කරන ලද්දාහු ය. ඒවා විශිෂ්ට ඥානය පිණිස, අවබෝධය පිණිස, නිවන පිණිස පවතින්නාහු ය. ඒ කවර සතක් ද යත්;

ස්වාමීනී, සති සම්බොජ්ඣංගය වනාහී භාග්‍යවතුන් වහන්සේ විසින් මැනැවින් පවසන ලද්දේ ය. භාවිත කරන ලද්දේ ය. බහුල කරන ලද්දේ ය. එය විශිෂ්ට ඥානය පිණිස, අවබෝධය පිණිස, නිවන පිණිස පවතින්නේ ය.

ස්වාමීනී, ධම්මවිචය සම්බොජ්ඣංගය වනාහී භාග්‍යවතුන් වහන්සේ විසින් මැනැවින් පවසන ලද්දේ ය. භාවිත කරන ලද්දේ ය. බහුල කරන ලද්දේ ය. එය විශිෂ්ට ඥානය පිණිස, අවබෝධය පිණිස, නිවන පිණිස පවතින්නේ ය.

ස්වාමීනී, විරිය සම්බොජ්ඣංගය වනාහී භාග්‍යවතුන් වහන්සේ විසින් මැනැවින් පවසන ලද්දේ ය. භාවිත කරන ලද්දේ ය. බහුල කරන ලද්දේ ය. එය විශිෂ්ට ඥානය පිණිස, අවබෝධය පිණිස, නිවන පිණිස පවතින්නේ ය.

ස්වාමීනී, ප්‍රීති සම්බොජ්ඣංගය වනාහී භාග්‍යවතුන් වහන්සේ විසින් මැනැවින් පවසන ලද්දේ ය. භාවිත කරන ලද්දේ ය. බහුල කරන ලද්දේ ය. එය විශිෂ්ට ඥානය පිණිස, අවබෝධය පිණිස, නිවන පිණිස පවතින්නේ ය.

ස්වාමීනී, පස්සද්ධි සම්බොජ්ඣංගය වනාහී භාග්‍යවතුන් වහන්සේ විසින් මැනැවින් පවසන ලද්දේ ය. භාවිත කරන ලද්දේ ය. බහුල කරන ලද්දේ ය. එය විශිෂ්ට ඥානය පිණිස, අවබෝධය පිණිස, නිවන පිණිස පවතින්නේ ය.

ස්වාමීනී, සමාධි සම්බොජ්ඣංගය වනාහී භාග්‍යවතුන් වහන්සේ විසින් මැනැවින් පවසන ලද්දේ ය. භාවිත කරන ලද්දේ ය. බහුල කරන ලද්දේ ය. එය විශිෂ්ට ඥානය පිණිස, අවබෝධය පිණිස, නිවන පිණිස පවතින්නේ ය.

ස්වාමීනී, උපෙක්ඛා සම්බොජ්ඣංගය වනාහී භාග්‍යවතුන් වහන්සේ විසින් මැනැවින් පවසන ලද්දේ ය. භාවිත කරන ලද්දේ ය. බහුල කරන ලද්දේ ය. එය විශිෂ්ට ඥානය පිණිස, අවබෝධය පිණිස, නිවන පිණිස පවතින්නේ ය.

ස්වාමීනී, භාග්‍යවතුන් වහන්සේ විසින් මේ සප්ත බොජ්ඣංගයෝ මැනැවින් පවසන ලද්දාහු ය. භාවිත කරන ලද්දාහු ය. බහුල කරන ලද්දාහු ය. ඒවා විශිෂ්ට ඥානය පිණිස, අවබෝධය පිණිස, නිවන පිණිස පවතින්නාහු ය."

"චුන්දයෙනි, ඒකාන්තයෙන් ම බොජ්ඣංගයෝ ය. චුන්දයෙනි, ඒකාන්තයෙන් ම බොජ්ඣංගයෝ ය."

ආයුෂ්මත් මහාචුන්ද තෙරණුවෝ මෙය වදාළහ. ශාස්තෘන් වහන්සේ එය අනුමත කළ සේක. භාග්‍යවතුන් වහන්සේ ඒ ආබාධයෙන් නැගී සිටි සේක. භාග්‍යවතුන් වහන්සේගේ ඒ ආබාධය එසෙයින් ම ප්‍රහාණය වී ගියේ ම ය.

සාදු! සාදු!! සාදු!!!

තතිය ගිලාන සූත්‍රය නිමා විය.

2.2.7.
අපාර සූත්‍රය
මෙතෙර ගැන වදාළ දෙසුම

මහණෙනි, මේ සප්ත බොජ්ඣංගයන් භාවිත කරන ලද්දේ, බහුල වශයෙන් ප්‍රගුණ කරන ලද්දේ මෙතෙරින් එතෙරට යාම පිණිස පවතින්නේ ය. ඒ කවර

සප්ත බොජ්ඣංගයක් ද යත්; එනම්, සති සම්බොජ්ඣංගය ය, ...(පෙ).... උපෙක්ඛා සම්බොජ්ඣංගය ය. මහණෙනි, මේ සප්ත බොජ්ඣංගයන් භාවිත කරන ලද්දේ, බහුල ව ප්‍රගුණ කරන ලද්දේ මෙතෙරින් එතෙරට යාම පිණිස පවතින්නේ ය.

භාග්‍යවතුන් වහන්සේ මෙය වදාළ සේක. මෙය වදාළ සුගත වූ ශාස්තෘන් වහන්සේ නැවත මෙය ද වදාළ සේක.

(ගාථා)

1. මිනිසුන් අතර යම් ජනතාවක් සසරින් එතෙරට යත් නම්, ඔවුහු ඉතා ස්වල්ප දෙනෙකි. නමුත් මේ අවශේෂ ප්‍රජාව මෙතෙර නම් වූ සසරෙහි ම ඔබ මොබ දුව යති.

2. යම් කෙනෙක් මැනැවින් වදාරණ ලද ධර්මයට අනුකූල ව සිට ධර්මානුධර්ම ප්‍රතිපදාවෙහි යුක්ත ව සිටිත් ද, ඔවුහු එතෙර වීමට දුෂ්කර වූ මාරයාගේ බල ප්‍රදේශය හැර එතෙර වන්නාහු ය.

3. කළු පැහැ අකුසල් දහම් දුරු කොට නුවණැත්තා සුදු පැහැ කුසල් දහම් වඩයි. යම් විවේකයක දුක සේ ඇලී වාසය කළ යුතු ද, කාමයන් අත්හැර, කාම රහිත වූ නිවනට පැමිණ එහි ඇලී වසයි.

4. කාමයන් අත්හැර කිසිවක් නැති හේ නිවනට ඇලී වසන්නේ ය. ඒ නුවණැති තැනැත්තා තම සිත කෙලෙසුන්ගෙන් පිරිසිදු කරන්නේ ය.

5. යම් කෙනෙකුන්ගේ සිත බොජ්ඣංග ධර්මයන්හී මැනැවින් වඩන ලද්දේ ද, අල්ලා ගත් දේ දුරු කිරීමෙන් උපාදාන රහිත වූ නිවනෙහි ඇලුණු යම් කෙනෙක් වෙත් ද, ඒ ලොව බබුළුවන ක්ෂීණාශ්‍රව රහත්හු ලෝකයෙහි පිරිනිවී ගියාහු ය.

සාදු! සාදු!! සාදු!!!

අපාර සූත්‍රය නිමා විය.

2.2.8.
ආරද්ධ සූත්‍රය
හරි ලෙස ගැනීම ගැන වදාළ දෙසුම

මහණෙනි, යම්කිසි කෙනෙකුන් විසින් සප්ත බොජ්ඣංගයන් වරද්දා ගත්තේ නම් ඔවුන්ට වැරදී ගියේ මැනැවින් දුක් ක්ෂය කරන්නා වූ ආර්ය මාර්ගය යි.

මහණෙනි, යම්කිසි කෙනෙකුන් විසින් සප්ත බොජ්ඣංගයන් හරි ලෙස ගත්තේ නම් ඔවුන්ට හරි ගියේ මැනැවින් දුක් ක්ෂය කරන්නා වූ ආර්ය මාර්ගය යි. ඒ කවර සප්ත බොජ්ඣංගයක් ද යත්; එනම්, සති සම්බොජ්ඣංගය ය, ...(පෙ).... උපෙක්ඛා සම්බොජ්ඣංගය ය.

මහණෙනි, යම්කිසි කෙනෙකුන් විසින් මේ සප්ත බොජ්ඣංගයන් වරද්දා ගත්තේ නම් ඔවුන්ට වැරදී ගියේ මැනැවින් දුක් ක්ෂය කරන්නා වූ ආර්ය මාර්ගය යි.

මහණෙනි, යම්කිසි කෙනෙකුන් විසින් මේ සප්ත බොජ්ඣංගයන් හරි ලෙස ගත්තේ නම් ඔවුන්ට හරි ගියේ මැනැවින් දුක් ක්ෂය කරන්නා වූ ආර්ය මාර්ගය යි.

සාදු! සාදු!! සාදු!!!

ආරද්ධ සූත්‍රය නිමා විය.

2.2.9.
අරිය සූත්‍රය
ආර්ය වූ බොජ්ඣංගයන් ගැන වදාළ දෙසුම

මහණෙනි, ආර්ය වූ, නිවනට පමුණුවන්නා වූ, මේ සප්ත බොජ්ඣංග යෝ භාවිතා කරන, බහුල කරන, පිළිපදින තැනැත්තා හට මැනැවින් දුක් ක්ෂය කිරීමට පමුණුවති. ඒ කවර සප්ත බොජ්ඣංගයක් ද යත්; එනම්, සති

සම්බොජ්ඣංගය ය, ...(පෙ).... උපෙක්ඛා සම්බොජ්ඣංගය ය. මහණෙනි, ආර්ය වූ, නිවනට පමුණුවන්නා වූ, මේ සප්ත බොජ්ඣංගයෝ භාවිතා කරන, බහුල කරන, පිළිපදින තැනැත්තා හට මැනැවින් දුක් ක්ෂය කිරීමට පමුණුවති.

සාදු! සාදු!! සාදු!!!

අරිය සූත්‍රය නිමා විය.

2.2.10.
නිබ්බිදා සූත්‍රය
සසර කලකිරීම ගැන වදාළ දෙසුම

මහණෙනි, මේ සප්ත බොජ්ඣංගයන් භාවිත කළ විට, බහුල ව ප්‍රගුණ කළ විට ඒකාන්තයෙන් සසර කලකිරීම පිණිස, නොඇල්ම පිණිස, තෘෂ්ණා නිරෝධය පිණිස, කෙලෙස් සංසිඳීම පිණිස, විශිෂ්ට ඥානය පිණිස, අවබෝධය පිණිස, නිවන පිණිස පවතින්නේ ය. ඒ කවර සප්ත බොජ්ඣංගයක් ද යත්; එනම්, සති සම්බොජ්ඣංගය ය, ...(පෙ).... උපෙක්ඛා සම්බොජ්ඣංගය ය. මහණෙනි, මේ සප්ත බොජ්ඣංගයන් භාවිත කළ විට, බහුල ව ප්‍රගුණ කළ විට ඒකාන්තයෙන් සසර කලකිරීම පිණිස, නොඇල්ම පිණිස, තෘෂ්ණා නිරෝධය පිණිස, කෙලෙස් සංසිඳීම පිණිස, විශිෂ්ට ඥානය පිණිස, අවබෝධය පිණිස, නිවන පිණිස පවතින්නේ ය.

සාදු! සාදු!! සාදු!!!

නිබ්බිදා සූත්‍රය නිමා විය.

දෙවෙනි ගිලාන වර්ගය අවසන් විය.

- එහි පිළිවෙල උද්දානයයි :

පාණ සූත්‍රය, සුරියෝපම සූත්‍ර දෙක, ගිලාන සූත්‍ර තුන, අපාර සූත්‍රය, ආරද්ධ සූත්‍රය, අරිය සූත්‍රය සහ නිබ්බිදා සූත්‍රය වශයෙන් සූත්‍ර දසයකි.

3. උදායී වර්ගය

2.3.1.
බෝධාය සූත්‍රය
අවබෝධය පිණිස පැවතීම ගැන වදාළ දෙසුම

එකල්හී එක්තරා භික්ෂුවක් භාග්‍යවතුන් වහන්සේ වෙත පැමිණියේ ය. පැමිණ භාග්‍යවතුන් වහන්සේට සකසා වන්දනා කොට එකත්පස් ව හිඳගත්තේ ය. එකත්පස් ව හුන් ඒ භික්ෂුව භාග්‍යවතුන් වහන්සේට මෙය පැවසුවේ ය.

"ස්වාමීනී, 'බොජ්ඣංග, බොජ්ඣංග' යැයි කියනු ලැබේ. ස්වාමීනී, බොජ්ඣංග යැයි කියනු ලබන්නේ කුමන කරුණු මත ද?"

"භික්ෂුව, අවබෝධය පිණිස පවතින්නේ ය යන කරුණෙන් බොජ්ඣංග යැයි කියනු ලැබේ. භික්ෂුව, මෙහිලා භික්ෂුවක් කාය චිත්ත විවේකයෙන් යුතු ව, විරාගී සිතින් යුතු ව, අකුසල් නිරුද්ධ කරන සිතින් යුතු ව, නිවනට නැඹුරු වූ සිතින් යුතු ව සති සම්බොජ්ඣංගය වඩයි. ....(පෙ).... කාය චිත්ත විවේකයෙන් යුතු ව, විරාගී සිතින් යුතු ව, අකුසල් නිරුද්ධ කරන සිතින් යුතු ව, නිවනට නැඹුරු වූ සිතින් යුතු ව උපෙක්ඛා සම්බොජ්ඣංගය වඩයි. භික්ෂුව, අවබෝධය පිණිස පවතින්නේ ය යන කරුණෙන් බොජ්ඣංග යැයි කියනු ලැබේ."

සාදු! සාදු!! සාදු!!!

බෝධාය සූත්‍රය නිමා විය.

2.3.2.
දේසනා සූත්‍රය
දේශනා කිරීම ගැන වදාළ දෙසුම

මහණෙනි, මේ සප්ත බොජ්ඣංගයන් ගැන දේශනා කරන්නෙමි. එය අසව්. මහණෙනි, ඒ සප්ත බොජ්ඣංගයෝ කවරහු ද? සති සම්බොජ්ඣංගය ....(පෙ).... උපෙක්ඛා සම්බොජ්ඣංගය ය. මහණෙනි, මේ වනාහී සප්ත බොජ්ඣංගයෝ ය.

සාදු! සාදු!! සාදු!!!

දේසනා සූත්‍රය නිමා විය.

2.3.3.
ඨාන සූත්‍රය
කරුණ ගැන වදාළ දෙසුම

මහණෙනි, කාමරාගයට හිත වූ ධර්මයන් බහුල ව මෙනෙහි කිරීමෙන්, නූපන් කාමච්ඡන්දය ත් උපදියි. උපන් කාමච්ඡන්දය ත් බොහෝ සෙයින් විපුල බවට පත්වෙයි.

මහණෙනි, ව්‍යාපාදයට හිත වූ ධර්මයන් බහුල ව මෙනෙහි කිරීමෙන්, නූපන් ව්‍යාපාදය ත් උපදියි. උපන් ව්‍යාපාදය ත් බොහෝ සෙයින් විපුල බවට පත්වෙයි.

මහණෙනි, ථීනමිද්ධයට හිත වූ ධර්මයන් බහුල ව මෙනෙහි කිරීමෙන්, නූපන් ථීනමිද්ධය ත් උපදියි. උපන් ථීනමිද්ධය ත් බොහෝ සෙයින් විපුල බවට පත්වෙයි.

මහණෙනි, උද්ධච්චකුක්කුච්චයට හිත වූ ධර්මයන් බහුල ව මෙනෙහි කිරීමෙන්, නූපන් උද්ධච්චකුක්කුච්චය ත් උපදියි. උපන් උද්ධච්චකුක්කුච්චය ත් බොහෝ සෙයින් විපුල බවට පත්වෙයි.

මහණෙනි, විචිකිච්ඡාවට හිත වූ ධර්මයන් බහුල ව මෙනෙහි කිරීමෙන්, නූපන් විචිකිච්ඡාව ත් උපදියි. උපන් විචිකිච්ඡාව ත් බොහෝ සෙයින් විපුල බවට පත්වෙයි.

මහණෙනි, සති සම්බොජ්ඣංගයට හිත වූ ධර්මයන් බහුල ව මෙනෙහි කිරීමෙන් නූපන් සති සම්බොජ්ඣංගය ත් උපදියි. උපන් සති සම්බොජ්ඣංගය ත් වැඩීමෙන් සම්පූර්ණත්වයට යයි. ....(පෙ).... මහණෙනි, උපෙක්ඛා සම්බොජ්ඣංගයට හිත වූ ධර්මයන් බහුල ව මෙනෙහි කිරීමෙන් නූපන් උපෙක්ඛා සම්බොජ්ඣංගය ත් උපදියි. උපන් උපෙක්ඛා සම්බොජ්ඣංගය ත් වැඩීමෙන් සම්පූර්ණත්වයට යයි.

සාදු! සාදු!! සාදු!!!

ඨාන සූත්‍රය නිමා විය.

2.3.4.
යෝනිසෝ සූත්‍රය
නුවණින් යුක්ත ව මෙනෙහි කිරීම ගැන වදාළ දෙසුම

මහණෙනි, නුවණින් තොර ව මෙනෙහි කිරීමෙන් නූපන් කාමච්ඡන්දය ත් උපදියි. උපන් කාමච්ඡන්දය ත් බොහෝ සෙයින් විපුල බවට පත්වෙයි. නූපන් ව්‍යාපාදය ත් උපදියි. උපන් ව්‍යාපාදය ත් බොහෝ සෙයින් විපුල බවට පත්වෙයි. නූපන් ථීනමිද්ධය ත් උපදියි. උපන් ථීනමිද්ධය ත් බොහෝ සෙයින් විපුල බවට පත්වෙයි. නූපන් උද්ධච්චකුක්කුච්චය ත් උපදියි. උපන් උද්ධච්චකුක්කුච්චය ත් බොහෝ සෙයින් විපුල බවට පත්වෙයි. නූපන් විචිකිච්ඡාව ත් උපදියි. උපන් විචිකිච්ඡාව ත් බොහෝ සෙයින් විපුල බවට පත්වෙයි. නූපන් සති සම්බොජ්ඣංගය ත් නූපදියි. උපන් සති සම්බොජ්ඣංගය ත් නිරුද්ධ වෙයි. ....(පෙ).... නූපන් උපෙක්ඛා සම්බොජ්ඣංගය ත් නූපදියි. උපන් උපෙක්ඛා සම්බොජ්ඣංගය ත් නිරුද්ධ වෙයි.

මහණෙනි, නුවණින් යුක්ත ව මෙනෙහි කිරීමෙන් නූපන් කාමච්ඡන්දය ත් නූපදියි. උපන් කාමච්ඡන්දය ත් ප්‍රහීණ වෙයි. නූපන් ව්‍යාපාදය ත් නූපදියි. උපන් ව්‍යාපාදය ත් ප්‍රහීණ වෙයි. නූපන් ථීනමිද්ධය ත් නූපදියි. උපන් ථීනමිද්ධය ත් ප්‍රහීණ වෙයි. නූපන් උද්ධච්ච කුක්කුච්චය ත් නූපදියි. උපන් උද්ධච්ච කුක්කුච්චය

ත් ප්‍රහීණ වෙයි. නූපන් විචිකිච්ඡාව ත් නූපදියි. උපන් විචිකිච්ඡාව ත් ප්‍රහීණ වෙයි. නූපන් සති සම්බොජ්ඣංගය ත් උපදියි. උපන් සති සම්බොජ්ඣංගය ත් වැඩීමෙන් සම්පූර්ණත්වයට යයි ....(පෙ).... නූපන් උපෙක්ඛා සම්බොජ්ඣංගය ත් උපදියි. උපන් උපෙක්ඛා සම්බොජ්ඣංගය ත් වැඩීමෙන් සම්පූර්ණත්වයට යයි.

සාදු! සාදු!! සාදු!!!

ඨාන සූත්‍රය නිමා විය.

2.3.5.
අපරිහානිය සූත්‍රය
නොපිරිහීමට කරුණු ගැන වදාළ දෙසුම

මහණෙනි, ඔබට නොපිරිහීම පිණිස හේතුවන කරුණු සතක් දේශනා කරන්නෙමි. එය අසව්. මහණෙනි, ඒ සප්ත අපරිහානීය ධර්මයෝ මොනවා ද? මේ සප්ත බොජ්ඣංගයෝ ය. ඒ කවර සතක් ද යත්; සති සම්බොජ්ඣංගය ය, ...(පෙ).... උපෙක්ඛා සම්බොජ්ඣංගය ය. මහණෙනි, මේ වනාහී සප්ත අපරිහානීය ධර්මයෝ ය.

සාදු! සාදු!! සාදු!!!

අපරිහානිය සූත්‍රය නිමා විය.

2.3.6.
ඛය සූත්‍රය
තණ්හාව ක්ෂය වීම ගැන වදාළ දෙසුම

මහණෙනි, යම් මාර්ගයක්, යම් ප්‍රතිපදාවක් තණ්හාව ක්ෂය වීම පිණිස පවතියි නම්, ඒ මාර්ගය ත්, ඒ ප්‍රතිපදාව ත් භාවිත කරව්. මහණෙනි, තණ්හාව ක්ෂය වීම පිණිස පවතින ඒ මාර්ගය කුමක් ද? ඒ ප්‍රතිපදාව කුමක් ද? මේ සප්ත

බොජ්ඣංගයෝ ය. ඒ කවර සතක් ද යත්; සති සම්බොජ්ඣංගය ය, ...(පෙ).... උපෙක්ඛා සම්බොජ්ඣංගය ය.

මෙසේ වදාළ කල්හී ආයුෂ්මත් උදායී තෙරණුවෝ භාග්‍යවතුන් වහන්සේට මෙය සැළ කළේ ය.

"ස්වාමීනී, කෙසේ භාවිත කරන ලද, කෙසේ බහුල කරන ලද සප්ත බොජ්ඣංගයෝ තෘෂ්ණාව ක්ෂය වීම පිණිස පවතින්නාහු ද?"

"උදායී, මෙහිලා භික්ෂුව කාය චිත්ත විවේකයෙන් යුතු ව, විරාගී සිතින් යුතු ව, අකුසල් නිරුද්ධ කරන සිතින් යුතු ව, නිවනට නැඹුරු වූ සිතින් යුතු ව විපුල වූ, මහග්ගත වූ, අප්‍රමාණ වූ, නිදුක් වූ සති සම්බොජ්ඣංගය වඩයි. කාය චිත්ත විවේකයෙන් යුතු ව, විරාගී සිතින් යුතු ව, අකුසල් නිරුද්ධ කරන සිතින් යුතු ව, නිවනට නැඹුරු වූ සිතින් යුතු ව විපුල වූ, මහග්ගත වූ, අප්‍රමාණ වූ, නිදුක් වූ සති සම්බොජ්ඣංගය වඩන ඔහුගේ තෘෂ්ණාව ප්‍රහීණ වෙයි. ....(පෙ).... කාය චිත්ත විවේකයෙන් යුතු ව, විරාගී සිතින් යුතු ව, අකුසල් නිරුද්ධ කරන සිතින් යුතු ව, නිවනට නැඹුරු වූ සිතින් යුතු ව විපුල වූ, මහග්ගත වූ, අප්‍රමාණ වූ, නිදුක් වූ උපෙක්ඛා සම්බොජ්ඣංගය වඩයි. කාය චිත්ත විවේකයෙන් යුතු ව, විරාගී සිතින් යුතු ව, අකුසල් නිරුද්ධ කරන සිතින් යුතු ව, නිවනට නැඹුරු වූ සිතින් යුතු ව විපුල වූ, මහග්ගත වූ, අප්‍රමාණ වූ, නිදුක් වූ උපෙක්ඛා සම්බොජ්ඣංගය වඩන ඔහුගේ තෘෂ්ණාව ප්‍රහීණ වෙයි. තෘෂ්ණාව ප්‍රහාණය වීමෙන් කර්මය ප්‍රහීණ වෙයි. කර්මය ප්‍රහාණය වීමෙන් දුක ප්‍රහාණය වෙයි. මෙසේ උදායී, තෘෂ්ණාව ක්ෂය වීමෙන් කර්මය ක්ෂය වෙයි. කර්මය ක්ෂය වීමෙන් දුක්ඛක්ෂය වෙයි."

සාදු! සාදු!! සාදු!!!

බය සූත්‍රය නිමා විය.

2.3.7.
නිරෝධ සූත්‍රය
තණ්හාව නිරුද්ධ වීම ගැන වදාළ දෙසුම

මහණෙනි, යම් මාර්ගයක්, යම් ප්‍රතිපදාවක් තණ්හාව නිරුද්ධ වීම පිණිස පවතියි නම්, ඒ මාර්ගය ත්, ඒ ප්‍රතිපදාව ත් භාවිත කරව්. මහණෙනි, තණ්හාව

නිරුද්ධ වීම පිණිස පවතින ඒ මාර්ගය කුමක් ද? ඒ ප්‍රතිපදාව කුමක් ද? මේ සප්ත බොජ්ඣංගයෝ ය. ඒ කවර සතක් ද යත්; සති සම්බොජ්ඣංගය ය, ...(පෙ).... උපෙක්ඛා සම්බොජ්ඣංගය ය.

මහණෙනි, කෙසේ භාවිත කරන ලද, කෙසේ බහුල කරන ලද සප්ත බොජ්ඣංගයෝ තෘෂ්ණාව නිරුද්ධ වීම පිණිස පවතින්නාහු ද?

මහණෙනි, මෙහිලා භික්ෂුව ....(පෙ).... සති සම්බොජ්ඣංගය වඩයි. ....(පෙ).... කාය චිත්ත විවේකයෙන් යුතු ව, විරාගී සිතින් යුතු ව, අකුසල් නිරුද්ධ කරන සිතින් යුතු ව, නිවනට නැඹුරු වූ සිතින් යුතු ව උපෙක්ඛා සම්බොජ්ඣංගය වඩයි. මහණෙනි, මෙසේ භාවිත කරන ලද, මෙසේ බහුල කරන ලද සප්ත බොජ්ඣංගයෝ තෘෂ්ණාව නිරුද්ධ වීම පිණිස පවතිත්.

සාදු! සාදු!! සාදු!!!

නිරෝධ සූත්‍රය නිමා විය.

2.3.8.
නිබ්බේධ සූත්‍රය
කෙලෙස් නැසීමට හිත කරුණ ගැන වදාළ දෙසුම

මහණෙනි, කෙලෙස් නැසීම පිණිස හේතු වන මාර්ගය ඔබට දේශනා කරන්නෙමි. එය අසව්. මහණෙනි, කෙලෙස් නැසීම පිණිස හේතුවන මාර්ගය කුමක් ද? මේ සප්ත බොජ්ඣංගයෝ ය. ඒ කවර සතක් ද යත්; සති සම්බොජ්ඣංගය ය, ...(පෙ).... උපෙක්ඛා සම්බොජ්ඣංගය ය.

මෙසේ වදාළ කල්හී ආයුෂ්මත් උදායී තෙරණුවෝ භාග්‍යවතුන් වහන්සේට මෙය සැළකළහ.

"ස්වාමීනී, කෙසේ භාවිත කරන ලද, කෙසේ බහුල කරන ලද සප්ත බොජ්ඣංගයෝ කෙලෙස් නැසීම පිණිස පවතින්නාහු ද?"

"උදායී, මෙහිලා භික්ෂුව කාය චිත්ත විවේකයෙන් යුතු ව, විරාගී සිතින් යුතු ව, අකුසල් නිරුද්ධ කරන සිතින් යුතු ව, නිවනට නැඹුරු වූ සිතින් යුතු ව විපුල වූ මහද්ගත වූ අප්‍රමාණ ව බාධාවකින් තොර ව සති සම්බොජ්ඣංගය වඩයි. ඔහු සති සම්බොජ්ඣංගය වැඩූ සිතින් නොනැසූ විරූ, නොපැලූ විරූ,

ලෝභ ස්කන්ධය නසයි. පළයි. නොනැසූ විරූ, නොපැලූ විරූ, ද්වේෂ ස්කන්ධය නසයි. පළයි. නොනැසූ විරූ, නොපැලූ විරූ, මෝහ ස්කන්ධය නසයි. පළයි. ....(පෙ).... කාය චිත්ත විවේකයෙන් යුතු ව, විරාගී සිතින් යුතු ව, අකුසල් නිරුද්ධ කරන සිතින් යුතු ව, නිවනට නැඹුරු වූ සිතින් යුතු ව විපුල වූ මහද්ගත වූ අප්‍රමාණ ව බාධාවකින් තොර ව උපේක්ෂා සම්බොජ්ඣංගය වඩයි. ඔහු උපේක්ෂා සම්බොජ්ඣංගය වැඩූ සිතින් නොනැසූ විරූ, නොපැලූ විරූ, ලෝභ ස්කන්ධය නසයි. පළයි. නොනැසූ විරූ, නොපැලූ විරූ, ද්වේෂ ස්කන්ධය නසයි. පළයි. නොනැසූ විරූ, නොපැලූ විරූ, මෝහ ස්කන්ධය නසයි. පළයි.

උදායී, මෙසේ භාවිත කරන ලද, මෙසේ බහුල කරන ලද සප්ත බොජ්ඣංගයෝ කෙලෙස් නැසීම පිණිස පවතිත්."

සාදු! සාදු!! සාදු!!!

නිබ්බේධ සූත්‍රය නිමා විය.

2.3.9.
ඒකධම්ම සූත්‍රය
එක් ධර්මයක් ගැන වදාළ දෙසුම

මහණෙනි, යම් ධර්මයක් මෙසේ භාවිත කරගත් විට, බහුල ව ප්‍රගුණ කරගත් විට සංයෝජනයන්ට හිත වූ ධර්මයන් ප්‍රහාණය පිණිස පවතියි නම්, මහණෙනි, යම් බඳු වූ මේ සප්ත බොජ්ඣංගයෝ වෙත් ද, එබඳු වූ අන් එක ධර්මයක් වත් මම නොදකිමි. ඒ කවර සතක් ද යත්; සති සම්බොජ්ඣංගය ය, ...(පෙ).... උපෙක්ඛා සම්බොජ්ඣංගය ය.

මහණෙනි, කෙසේ වඩන ලද, කෙසේ බහුල ව ප්‍රගුණ කරන ලද සප්ත බොජ්ඣංගයන් ද සංයෝජනයන්ට හිත වූ ධර්මයන් ප්‍රහාණය කිරීම පිණිස පවතින්නේ? මහණෙනි, මෙහිලා භික්ෂුව කාය චිත්ත විවේකයෙන් යුතු ව, විරාගී සිතින් යුතු ව, අකුසල් නිරුද්ධ කරන සිතින් යුතු ව, නිවනට නැඹුරු වූ සිතින් යුතු ව සති සම්බොජ්ඣංගය වඩයි. ....(පෙ).... කාය චිත්ත විවේකයෙන් යුතු ව, විරාගී සිතින් යුතු ව, අකුසල් නිරුද්ධ කරන සිතින් යුතු ව, නිවනට නැඹුරු වූ සිතින් යුතු ව උපෙක්ඛා සම්බොජ්ඣංගය වඩයි. මහණෙනි, මෙසේ වඩන ලද, මෙසේ බහුල ව ප්‍රගුණ කරන ලද සප්ත බොජ්ඣංගයන් සංයෝජනයන්ට

හිත වූ ධර්මයන් ප්‍රහාණය කිරීම පිණිස පවතින්නේ ය.

මහණෙනි, සංයෝජනයන්ට හිත වූ ධර්මයන් මොනවා ද? මහණෙනි, ඇස යනු කෙලෙස් බන්ධනයන්ට හිතකර ධර්මයකි. මෙහි ඒ සංයෝජනයන්ට බැඳුණු බැසගැනීම් උපදිති. ....(පෙ).... මනස යනු කෙලෙස් බන්ධනයන්ට හිතකර ධර්මයකි. මෙහි ඒ සංයෝජනයන්ට බැඳුණු බැසගැනීම් උපදිති. මහණෙනි, මේවා සංයෝජනයන්ට හිතකර ධර්මයන් යැයි කියනු ලැබේ.

සාදු! සාදු!! සාදු!!!

ඒකධම්ම සූත්‍රය නිමා විය.

2.3.10.
උදායී සූත්‍රය
උදායී තෙරුන්ට වදාළ දෙසුම

එක් සමයක භාග්‍යවතුන් වහන්සේ සුම්භ ජනපදයෙහි සේතක නම් සුම්භයන්ගේ නියම්ගමෙහි වැඩවසන සේක. එකල්හී ආයුෂ්මත් උදායී තෙරණුවෝ භාග්‍යවතුන් වහන්සේ වෙත පැමිණියහ. ....(පෙ).... එකත්පස් ව හුන් ආයුෂ්මත් උදායී තෙරණුවෝ භාග්‍යවතුන් වහන්සේට මෙය සැලකළහ.

"ස්වාමීනී, ආශ්චර්යයකි! ස්වාමීනී, අද්භූතයකි! ස්වාමීනී, භාග්‍යවතුන් වහන්සේ කෙරෙහි මා තුළ ප්‍රේමය ත්, ගෞරවය ත්, ලැජ්ජා භය ත්, කෙතෙක් බුහුමන් කරන ලද්දේ ද යත්, ස්වාමීනී, කලින් ගිහි ව සිටිද්දී මම ධර්මයෙන් බුහුමන් කරන ලද්දේ නොවෙමි. සංඝයා විසින් බුහුමන් කරන ලද්දේ නොවෙමි. ස්වාමීනී, ඒ මම භාග්‍යවතුන් වහන්සේ කෙරෙහි ප්‍රේමය ත්, ගෞරවය ත්, ලැජ්ජාව ත්, භය ත් දකිමින් ගිහි ගෙය අත්හැර අනගාරික සසුනෙහි පැවිදි වීමි. ඒ මට භාග්‍යවතුන් වහන්සේ ධර්මය දේශනා කළ සේක. එනම් 'මෙසේ රූපය ය. මෙසේ රූපයේ හටගැනීම ය. මෙසේ රූපයෙහි නැතිවීම ය. මෙසේ විඳීම ය ....(පෙ).... මෙසේ සංඥාව ය ....(පෙ).... මෙසේ සංස්කාරයන් ය ....(පෙ).... මෙසේ විඤ්ඤාණය ය. මෙසේ විඤ්ඤාණයේ හටගැනීම ය. මෙසේ විඤ්ඤාණයේ නැතිවීම ය' වශයෙනි.

ස්වාමීනී, ඒ මම නිදහස් තැනකට ගොස් මේ පංච උපාදානස්කන්ධයන් පිළිබඳ ව හටගැනීම - වැනසීම නුවණින් විමසා බලමින් මේ දුක යැයි ඒ වූ

සැටියෙන් ම අවබෝධ කළෙමි. මේ දුකෙහි හටගැනීම යැයි ඒ වූ සැටියෙන් ම අවබෝධ කළෙමි. මේ දුකෙහි නිරුද්ධ වීම යැයි ඒ වූ සැටියෙන් ම අවබෝධ කළෙමි. මේ දුක නිරුද්ධ වන්නා වූ මාර්ගය යැයි ඒ වූ සැටියෙන් ම අවබෝධ කළෙමි. ස්වාමීනී, මා විසින් ධර්මය ත් අවබෝධ කරන ලදී. මාර්ගය ත් ලබන ලදී. මා විසින් යම් මාර්ගයක් භාවිත කරන ලද්දේ ද, බහුල කරන ලද්දේ ද, ඒ ඒ අයුරින් වාසය කරද්දී ඒ අයුරින් ම ප්‍රතිඵලයට පමුණුවන්නේ ය. යම් සේ මම 'ඉපදීම ක්ෂය විය. බඹසර වාසය නිමවන ලදී. කළ යුත්ත කරන ලදී. නිවන පිණිස වෙන කළ යුතු දෙයක් නැත්තේ යැ'යි දැනගන්නෙම් ද, එසේ ය.

ස්වාමීනී, මා විසින් සති සම්බොජ්ඣංගය ලබන ලදී. මා විසින් යම් බොජ්ඣංගයක් භාවිත කරන ලද්දේ ද, බහුල කරන ලද්දේ ද, ඒ ඒ අයුරින් වාසය කරද්දී ඒ අයුරින් ම ප්‍රතිඵලයට පමුණුවන්නේ ය. යම් සේ මම 'ඉපදීම ක්ෂය විය. බඹසර වාසය නිමවන ලදී. කළ යුත්ත කරන ලදී. නිවන පිණිස වෙන කළ යුතු දෙයක් නැත්තේ යැ'යි දැනගන්නෙම් ද, එසේ ය. ....(පෙ).... ස්වාමීනී, මා විසින් උපෙක්ඛා සම්බොජ්ඣංගය ලබන ලදී. මා විසින් යම් බොජ්ඣංගයක් භාවිත කරන ලද්දේ ද, බහුල කරන ලද්දේ ද, ඒ ඒ අයුරින් වාසය කරද්දී ඒ අයුරින් ම ප්‍රතිඵලයට පමුණුවන්නේ ය. යම් සේ මම 'ඉපදීම ක්ෂය විය. බඹසර වාසය නිමවන ලදී. කළ යුත්ත කරන ලදී. නිවන පිණිස වෙන කළ යුතු දෙයක් නැත්තේ යැ'යි දැනගන්නෙම් ද, එසේ ය."

"ස්වාමීනී, මා විසින් මේ මාර්ගය ලබන ලදී. ඒ ඒ අයුරින් ඒ ඒ අයුරින් වාසය කරද්දී ඒ අයුරින් ම ප්‍රතිඵලයට පමුණුවන්නේ ය. යම් සේ මම 'ඉපදීම ක්ෂය විය. බඹසර වාසය නිමවන ලදී. කළ යුත්ත කරන ලදී. නිවන පිණිස වෙන කළ යුතු දෙයක් නැත්තේ යැ'යි දැනගන්නෙම් ද, එසේ ය."

"උදායී, යහපති, යහපති. උදායී, ඔබ විසින් මේ මාර්ගය ලබන ලද්දේ ය. ඔබ විසින් යම් මාර්ගයක් වඩන ලද්දේ ද, බහුල කරන ලද්දේ ද, ඒ ඒ අයුරින් වාසය කරද්දී 'ඉපදීම ක්ෂය විය. බඹසර වාසය නිමවන ලදී. කළ යුත්ත කරන ලදී. නිවන පිණිස වෙන කළ යුතු දෙයක් නැත්තේ යැ'යි යම් සේ ඔබ දැනගන්නෙහි නම් එසේ ඒ බව පිණිස පමුණුවනු ලබන්නේ ය."

සාදු! සාදු!! සාදු!!!

උදායී සූත්‍රය නිමා විය.

තුන්වෙනි උදායී වර්ගය අවසන් විය.

- **එහි පිළිවෙල උද්දානයයි :**

බෝධාය සූත්‍රය, දේසනා සූත්‍රය, ඨාන සූත්‍රය, යෝනිසෝ සූත්‍රය, අපරිහානීය සූත්‍රය, ඛය සූත්‍රය, නිරෝධ සූත්‍රය, නිබ්බේධ සූත්‍රය, ඒකධම්ම සූත්‍රය සහ උදායී සූත්‍රය වශයෙන් සූත්‍ර දසයකි.

4. නීවරණ වර්ගය

2.4.1.
කුසල සූත්‍රය
කුසල් ගැන වදාළ දෙසුම

මහණෙනි, යම්කිසි ධර්මයක් කුසල් වෙයි ද, කුසලයට අයත් වෙයි ද, කුසල පාක්ෂික වෙයි ද, ඒ සෑම කුසල ධර්මයක් ම අප්‍රමාදය මුල් කොට ඇත්තේ ය. අප්‍රමාදය වටා එක් වන්නේ ය. ඒ කුසල් දහම්වලට අප්‍රමාදය අග්‍ර යැයි කියනු ලැබේ. මහණෙනි, සප්ත බොජ්ඣංගයන් වඩන්නේ ය, සප්ත බොජ්ඣංගයන් බහුල ව ප්‍රගුණ කරන්නේ ය යන කරුණ අප්‍රමාදී භික්ෂුව විසින් කැමති විය යුත්තේ ය. මහණෙනි, භික්ෂුව කෙසේ නම් අප්‍රමාදී ව සති සම්බෝජ්ඣංගයන් වඩයි ද? සති සම්බොජ්ඣංගයන් බහුල ව ප්‍රගුණ කරයි ද?

මහණෙනි, මෙහිලා භික්ෂුව සති සම්බොජ්ඣංගය වඩයි. ....(පෙ).... කාය චිත්ත විවේකයෙන් යුතු ව, විරාගී සිතින් යුතු ව, අකුසල් නිරුද්ධ කරන සිතින් යුතු ව, නිවනට නැඹුරු වූ සිතින් යුතු ව උපෙක්ඛා සම්බොජ්ඣංගය වඩයි. මහණෙනි, අප්‍රමාදී භික්ෂුව මේ අයුරින් සප්ත බොජ්ඣංගයන් වඩන්නේ ය, මේ අයුරින් සප්ත බොජ්ඣංගයන් බහුල ව ප්‍රගුණ කරන්නේ ය.

සාදු! සාදු!! සාදු!!!

කුසල සූත්‍රය නිමා විය.

2.4.2.
දුතිය කුසල සූත්‍රය
කුසල් ගැන වදාළ දෙවෙනි දෙසුම

මහණෙනි, යම්කිසි ධර්මයක් කුසල් වෙයි ද, කුසලයට අයත් වෙයි ද, කුසල පාක්ෂික වෙයි ද, ඒ සෑම කුසල ධර්මයක් ම නුවණින් යුක්ත ව මෙනෙහි කිරීම මුල් කොට ඇත්තේ ය. නුවණින් යුක්ත ව මෙනෙහි කිරීම වටා එක් වන්නේ ය. ඒ කුසල් දහම්වලට නුවණින් යුක්ත ව මෙනෙහි කිරීම අග්‍ර යැයි කියනු ලැබේ. මහණෙනි, සප්ත බොජ්ඣංගයන් වඩන්නේ ය, සප්ත බොජ්ඣංගයන් බහුල ව ප්‍රගුණ කරන්නේ ය යන කරුණ නුවණින් යුක්ත ව මෙනෙහි කරන භික්ෂුව විසින් කැමති විය යුත්තේ ය. මහණෙනි, භික්ෂුව කෙසේ නම් යෝනිසෝ මනසිකාර සම්පන්න ව සති සම්බෝජ්ඣංගයන් වඩයි ද? සති සම්බොජ්ඣංගයන් බහුල ව ප්‍රගුණ කරයි ද?

මහණෙනි, මෙහිලා භික්ෂුව සති සම්බොජ්ඣංගය වඩයි. ....(පෙ).... කාය චිත්ත විවේකයෙන් යුතු ව, විරාගී සිතින් යුතු ව, අකුසල් නිරුද්ධ කරන සිතින් යුතු ව, නිවනට නැඹුරු වූ සිතින් යුතු ව උපෙක්ඛා සම්බොජ්ඣංගය වඩයි. මහණෙනි, නුවණින් යුක්ත ව මෙනෙහි කරන භික්ෂුව මේ අයුරින් සප්ත බොජ්ඣංගයන් වඩන්නේ ය, මේ අයුරින් සප්ත බොජ්ඣංගයන් බහුල ව ප්‍රගුණ කරන්නේ ය.

සාදු! සාදු!! සාදු!!!

දුතිය කුසල සූත්‍රය නිමා විය.

2.4.3.
කිලේස සූත්‍රය
කෙලෙස් ගැන වදාළ දෙසුම

මහණෙනි, යම් උපක්ලේශයකින් කිලුටට පත් වෙන රත්‍රන් මෘදු ත් නොවෙයි නම්, කර්මණ්‍ය ත් නොවෙයි නම්, ප්‍රභාෂ්වර ත් නොවෙයි නම්,

බිඳෙන සුළු ත් වෙයි නම්, ආභරණ තැනීමට මැනැවින් සුදුසු නොවෙයි නම්, එබඳු වූ මේ රත්‍රන්වලට උපක්ලේශ පසකි. ඒ කවර පසක් ද යත්;

මහණෙනි, යම් උපක්ලේශයකින් කිලුටට පත් වෙන රත්‍රන් මෘදු ත් නොවෙයි නම්, කර්මණ්‍ය ත් නොවෙයි නම්, ප්‍රභාෂ්වර ත් නොවෙයි නම්, බිඳෙන සුළු ත් වෙයි නම්, ආභරණ තැනීමට මැනැවින් සුදුසු නොවෙයි නම්, යකඩ රත්‍රන් වලට ඇති උපක්ලේශයකි. ....(පෙ).... මහණෙනි, තඹ පිත්තල ආදී ලෝහ රත්‍රන් වලට ඇති උපක්ලේශයකි. ....(පෙ).... මහණෙනි, කළු ඊයම් රත්‍රන් වලට ඇති උපක්ලේශයකි. ....(පෙ).... මහණෙනි, සුදු ඊයම් රත්‍රන් වලට ඇති උපක්ලේශයකි. මහණෙනි, යම් උපක්ලේශයකින් කිලුටට පත් වෙන රත්‍රන් මෘදු ත් නොවෙයි නම්, කර්මණ්‍ය ත් නොවෙයි නම්, ප්‍රභාෂ්වර ත් නොවෙයි නම්, බිඳෙන සුළු ත් වෙයි නම්, ආභරණ තැනීමට මැනැවින් සුදුසු නොවෙයි නම්, රිදී රත්‍රන් වලට ඇති උපක්ලේශයකි.

මහණෙනි, යම් උපක්ලේශයකින් කිලුටට පත් වෙන රත්‍රන් මෘදු ත් නොවෙයි නම්, කර්මණ්‍ය ත් නොවෙයි නම්, ප්‍රභාෂ්වර ත් නොවෙයි නම්, බිඳෙන සුළු ත් වෙයි නම්, ආභරණ තැනීමට මැනැවින් සුදුසු නොවෙයි නම්, මේ ඒ රත්‍රන්වලට ඇති උපක්ලේශයන් පස යි.

එසෙයින් ම මහණෙනි, යම් උපක්ලේශයකින් කිලුටට පත් වෙන සිත මෘදු ත් නොවෙයි නම්, කර්මණ්‍ය ත් නොවෙයි නම්, ප්‍රභාෂ්වර ත් නොවෙයි නම්, බිඳෙන සුළු ත් වෙයි නම්, ආශ්‍රවයන් ක්ෂය වීමට මැනැවින් සමාධිමත් නොවෙයි නම්, එබඳු වූ මේ සිතට ඇති උපක්ලේශ පසකි. ඒ කවර පසක් ද යත්;

මහණෙනි, යම් උපක්ලේශයකින් කිලුටට පත් වෙන සිත මෘදු ත් නොවෙයි නම්, කර්මණ්‍ය ත් නොවෙයි නම්, ප්‍රභාෂ්වර ත් නොවෙයි නම්, බිඳෙන සුළු ත් වෙයි නම්, ආශ්‍රවයන් ක්ෂය වීමට මැනැවින් සමාධිමත් නොවෙයි නම්, කාමච්ඡන්දය සිතට ඇති උපක්ලේශයකි. ....(පෙ).... මහණෙනි, ව්‍යාපාදය සිතට ඇති උපක්ලේශයකි. ....(පෙ).... මහණෙනි, ථීනමිද්ධය සිතට ඇති උපක්ලේශයකි. ....(පෙ).... මහණෙනි, උද්ධච්ච කුක්කුච්චය සිතට ඇති උපක්ලේශයකි. මහණෙනි, යම් උපක්ලේශයකින් කිලුටට පත් වෙන සිත මෘදු ත් නොවෙයි නම්, කර්මණ්‍ය ත් නොවෙයි නම්, ප්‍රභාෂ්වර ත් නොවෙයි නම්, බිඳෙන සුළු ත් වෙයි නම්, ආශ්‍රවයන් ක්ෂය වීමට මැනැවින් සමාධිමත් නොවෙයි නම්, විචිකිච්ඡාව සිතට ඇති උපක්ලේශයකි.

මහණෙනි, යම් උපක්ලේශයකින් කිලුටට පත් වෙන සිත මෘදු ත්

නොවෙයි නම්, කර්මණ්‍ය ත් නොවෙයි නම්, ප්‍රභාෂ්වර ත් නොවෙයි නම්, බිඳෙන සුළු ත් වෙයි නම්, ආශ්‍රවයන් ක්ෂය වීමට මැනැවින් සමාධිමත් නොවෙයි නම්, එබඳු වූ මේ සිතට ඇති උපක්ලේශ පස යි.

සාදු! සාදු!! සාදු!!!

කිලේස සූත්‍රය නිමා විය.

2.4.4.
අනාවරණ සූත්‍රය
නොඅවුරන බව ගැන වදාළ දෙසුම

මහණෙනි, මේ සප්ත බොජ්ඣංගයෝ නිවන් මග නොඅවුරති. නොවසති. සිත නොකෙලෙසති. භාවිත කරන ලදු ව බහුල ව කරන ලදු ව විද්‍යා විමුක්ති ඵල සාක්ෂාත් කිරීම පිණිස පවතින්නාහු ය. ඒ කවර සතක් ද යත්; මහණෙනි, සති සම්බොජ්ඣංගය නිවන් මග නොඅවුරයි, නොවසයි, සිත නොකෙලෙසයි, වඩන ලද්දේ බහුල කරන ලද්දේ විද්‍යා විමුක්ති ඵල සාක්ෂාත් කිරීම පිණිස පවතින්නේ ය. ....(පෙ).... මහණෙනි, උපේක්ෂා සම්බොජ්ඣංගය නිවන් මග නොඅවුරයි, නොවසයි, සිත නොකෙලෙසයි, වඩන ලද්දේ බහුල කරන ලද්දේ විද්‍යා විමුක්ති ඵල සාක්ෂාත් කිරීම පිණිස පවතින්නේ ය. මහණෙනි, මේ සප්ත බොජ්ඣංගයෝ නිවන් මග නොඅවුරති. නොවසති. සිත නොකෙලෙසති. භාවිත කරන ලදු ව බහුල ව කරන ලදු ව විද්‍යා විමුක්ති ඵල සාක්ෂාත් කිරීම පිණිස පවතින්නාහු ය.

සාදු! සාදු!! සාදු!!!

අනාවරණ සූත්‍රය නිමා විය.

2.4.5.
යෝනිසෝ සූත්‍රය
නුවණින් යුක්ත වීම ගැන වදාළ දෙසුම

මහණෙනි, නුවණින් තොර ව මෙනෙහි කරන්නාට නූපන් කාමච්ඡන්දය ත් උපදියි. උපන් කාමච්ඡන්දය ත් බොහෝ සෙයින් විපුල බවට පත්වෙයි. නූපන් ව්‍යාපාදය ත් උපදියි. උපන් ව්‍යාපාදය ත් බොහෝ සෙයින් විපුල බවට පත්වෙයි. නූපන් ථීනමිද්ධය ත් උපදියි. උපන් ථීනමිද්ධය ත් බොහෝ සෙයින් විපුල බවට පත්වෙයි. නූපන් උද්ධච්ච කුක්කුච්චය ත් උපදියි. උපන් උද්ධච්ච කුක්කුච්චය ත් බොහෝ සෙයින් විපුල බවට පත්වෙයි. නූපන් විචිකිච්ඡාව ත් උපදියි. උපන් විචිකිච්ඡාව ත් බොහෝ සෙයින් විපුල බවට පත්වෙයි.

මහණෙනි, නුවණින් යුක්ත ව මෙනෙහි කරන්නාට නූපන් සතිසම්බොජ්ඣංගය ත් උපදියි. උපන් සති සම්බොජ්ඣංගය ත් වැඩීමෙන් සම්පූර්ණත්වයට යයි. ....(පෙ).... නූපන් උපෙක්ඛා සම්බොජ්ඣංගය ත් උපදියි. උපන් උපේක්ෂා සම්බොජ්ඣංගය ත් වැඩීමෙන් සම්පූර්ණත්වයට යයි.

සාදු! සාදු!! සාදු!!!

යෝනිසෝ සූත්‍රය නිමා විය.

2.4.6.
බුද්ධි සූත්‍රය
බුද්ධිය ගැන වදාළ දෙසුම

මහණෙනි, මේ සප්ත බොජ්ඣංගයන් භාවිත කරන ලදු ව, බහුල කරන ලදු ව, බුද්ධිය නොපිරිහීම පිණිස පවතින්නේ ය. ඒ කවර සතක් ද යත්, සති සම්බොජ්ඣංගය ....(පෙ).... උපෙක්ඛා සම්බොජ්ඣංගය ය. මහණෙනි, මේ සප්ත බොජ්ඣංගයන් භාවිත කරන ලදු ව, බහුල කරන ලදු ව, බුද්ධිය නොපිරිහීම පිණිස පවතින්නේ ය.

සාදු! සාදු!! සාදු!!!

බුද්ධි සූත්‍රය නිමා විය.

2.4.7.
ආවරණ සූත්‍රය
අවුරන බව ගැන වදාළ දෙසුම

මහණෙනි, කුසල් සිත අවුරන, වසන, සිත කෙලෙසන, ප්‍රඥාව දුර්වල කරන මේ පස් දෙනෙකි. ඒ කවර පස් දෙනෙක් ද යත්, මහණෙනි, කාමච්ඡන්දය කුසල් සිත අවුරයි. වසයි. සිත කෙලෙසයි. නුවණ දුර්වල කරයි. මහණෙනි, ව්‍යාපාදය කුසල් සිත අවුරයි. වසයි. සිත කෙලෙසයි. නුවණ දුර්වල කරයි. මහණෙනි, ථීනමිද්ධය කුසල් සිත අවුරයි. වසයි. සිත කෙලෙසයි. නුවණ දුර්වල කරයි. මහණෙනි, උද්ධච්ච කුක්කුච්චය කුසල් සිත අවුරයි. වසයි. සිත කෙලෙසයි. නුවණ දුර්වල කරයි. මහණෙනි, විචිකිච්ඡාව කුසල් සිත අවුරයි. වසයි. සිත කෙලෙසයි. නුවණ දුර්වල කරයි. මහණෙනි, මේ වනාහී කුසල් සිත අවුරන, වසන, සිත කෙලෙසන, ප්‍රඥාව දුර්වල කරන පස් දෙනා ය.

සාදු! සාදු!! සාදු!!!

ආවරණ සූත්‍රය නිමා විය.

2.4.8.
අනීවරණ සූත්‍රය
නොවැසුණු බව ගැන වදාළ දෙසුම

මහණෙනි, යම් වෙලාවක ආර්ය ශ්‍රාවකයා ඉතා හොඳින් අවධානය යොමු කොට, මෙනෙහි කොට, මුළු සිත ම මෙහෙයවා, යොමු කළ කන් ඇති ව ධර්මය අසයි ද, ඒ අවස්ථාවෙහි ඔහු තුළ පංච නීවරණ නැත්තේ ය. ඒ අවස්ථාවෙහි සප්ත බොජ්ඣංගයෝ වැඩීමෙන් සම්පූර්ණත්වයට යති. ඔහුට ඒ අවස්ථාවේ නැත්තේ කවර පංච නීවරණයන් ද? ඒ අවස්ථාවෙහි ඔහුට කාමච්ඡන්ද නීවරණය නැත්තේ ය. ව්‍යාපාද නීවරණය ....(පෙ).... ථීනමිද්ධ නීවරණය ....(පෙ).... උද්ධච්ච කුක්කුච්ච නීවරණය ....(පෙ).... ඒ අවස්ථාවෙහි ඔහුට විචිකිච්ඡා නීවරණය නැත්තේ ය. ඒ අවස්ථාවෙහි ඔහු තුළ පංච නීවරණයෝ නැත්තාහ.

ඒ අවස්ථාවෙහි වැඩීමෙන් සම්පූර්ණත්වයට යන සප්ත බොජ්ඣංගයෝ මොනවා ද? ඒ අවස්ථාවෙහි සති සම්බොජ්ඣංගය වැඩීමෙන් සම්පූර්ණත්වයට යයි. ....(පෙ).... ඒ අවස්ථාවෙහි උපේක්ඛා සම්බොජ්ඣංගය වැඩීමෙන් සම්පූර්ණත්වයට යයි.

මහණෙනි, යම් වෙලාවක ආර්ය ශ්‍රාවකයා ඉතා හොඳින් අවධානය යොමු කොට, මෙනෙහි කොට, මුළු සිත ම මෙහෙයවා, යොමු කළ කන් ඇති ව ධර්මය අසයි ද, ඒ අවස්ථාවෙහි ඔහු තුළ මේ පංච නීවරණ නැත්තේ ය. ඒ අවස්ථාවෙහි මේ සප්ත බොජ්ඣංගයෝ වැඩීමෙන් සම්පූර්ණත්වයට යති.

සාදු! සාදු!! සාදු!!!

අනීවරණ සූත්‍රය නිමා විය.

2.4.9.
මහාරුක්ඛ සූත්‍රය
මහා වෘක්ෂ ගැන වදාළ දෙසුම

මහණෙනි, මහා වෘක්ෂයෝ ඇත්තාහ. ඒවා බීජයේ පටන් ක්‍රමයෙන් උසට වැඩී ගොස් මහා කයින් යුතු ව අන් වෘක්ෂයන් මැඩගෙන යති. ඒ මහා වෘක්ෂයෝ යම් මහා ගස් වලින් හාත්පසින් බිඳිනා ලදු ව හරහට ඇදගෙන වැටෙති. මහණෙනි, යම් මහා ගස් වලින් හාත්පසින් බිඳිනා ලදු ව හරහට ඇදගෙන වැටෙන යම් වෘක්ෂයෝ වෙත් නම්, බීජයේ පටන් ක්‍රමයෙන් වැඩී ගොස් මහා කයින් යුතු ගස් මැඩගෙන වැඩෙන ඒ මහා වෘක්ෂයෝ මොනවා ද? එනම් ඇහැටු ය, නුග ය, පුළිල ය, දිඹුල් ය, ඇටකසුක් ය, ගිවුළු ය. මහණෙනි, ගස් මැඩගෙන වැඩෙන මේ මහා වෘක්ෂයෝ යම් මහා ගස් වලින් හාත්පසින් බිඳිනා ලදු ව හරහට ඇදගෙන වැටෙත් නම්, බීජයේ පටන් ක්‍රමයෙන් උස් ව වැඩුණු මහා කය ඇති ගස් මැඩගෙන වැඩෙන මහා වෘක්ෂයෝ මේවා ය.

එසෙයින් ම මහණෙනි, මෙහිලා ඇතැම් කුලපුත්‍රයෙක් යම්බඳු කාමයන් අත්හැර දමා ගිහි ගෙයින් නික්ම අනගාරික සසුනෙහි පැවිදි වූයේ වෙයි ද, ඔහු එබඳු වූ කාමයන් කරණ කොට ගෙන හෝ එයට ත් වඩා පවිටු වූ කාමයන් කරණ කොට ගෙන හෝ හාත්පසින් කුසල් බිඳිනා ලද්දේ හරහට අපායෙහි වැටී නිදයි.

මහණෙනි, කුසල් සිත අවුරන, වසන, සිත යටපත් කරන, ප්‍රඥාව දුර්වල කරන මේ පස් දෙනෙකි. ඒ කවර පස් දෙනෙක් ද යත්, මහණෙනි, කාමච්ඡන්දය කුසල් සිත අවුරයි. වසයි. සිත යටපත් කරයි. නුවණ දුර්වල කරයි. මහණෙනි, ව්‍යාපාදය කුසල් සිත අවුරයි. වසයි. සිත යටපත් කරයි. නුවණ දුර්වල කරයි. මහණෙනි, ථීනමිද්ධය කුසල් සිත අවුරයි. වසයි. සිත යටපත් කරයි. නුවණ දුර්වල කරයි. මහණෙනි, උද්ධච්ච කුක්කුච්චය කුසල් සිත අවුරයි. වසයි. සිත යටපත් කරයි. නුවණ දුර්වල කරයි. මහණෙනි, විචිකිච්ඡාව කුසල් සිත අවුරයි. වසයි. සිත යටපත් කරයි. නුවණ දුර්වල කරයි. මහණෙනි, මේ වනාහී කුසල් සිත අවුරන, වසන, සිත යටපත් කරන, ප්‍රඥාව දුර්වල කරන පස් දෙනා ය.

මහණෙනි, මේ සප්ත බොජ්ඣංගයෝ නිවන් මග නොඅවුරති. නොවසති. සිත යටපත් නොකරති. භාවිත කරන ලදූ ව බහුල ව කරන ලදූ ව විද්‍යා විමුක්ති ඵල සාක්ෂාත් කිරීම පිණිස පවතින්නාහු ය. ඒ කවර සතක් ද යත්; මහණෙනි, සති සම්බොජ්ඣංගය නිවන් මග නොඅවුරයි, නොවසයි, සිත යටපත් නොකරයි, වඩන ලද්දේ බහුල කරන ලද්දේ විද්‍යා විමුක්ති ඵල සාක්ෂාත් කිරීම පිණිස පවතින්නේ ය. ....(පෙ).... මහණෙනි, උපේක්ෂා සම්බොජ්ඣංගය නිවන් මග නොඅවුරයි, නොවසයි, සිත යටපත් නොකරයි, වඩන ලද්දේ බහුල කරන ලද්දේ විද්‍යා විමුක්ති ඵල සාක්ෂාත් කිරීම පිණිස පවතින්නේ ය. මහණෙනි, මේ සප්ත බොජ්ඣංගයෝ නිවන් මග නොඅවුරති. නොවසති. සිත යටපත් නොකරති. භාවිත කරන ලදූ ව බහුල ව කරන ලදූ ව විද්‍යා විමුක්ති ඵල සාක්ෂාත් කිරීම පිණිස පවතින්නාහු ය.

සාදු! සාදු!! සාදු!!!

මහාරුක්ඛ සූත්‍රය නිමා විය.

2.4.10.
නීවරණ සූත්‍රය
වැසුණු බව ගැන වදාළ දෙසුම

මහණෙනි, මේ පස් වැදෑරුම් නීවරණයෝ අන්ධ බවට පත් කරති. නුවණැස ඇති නොකරති. අඥාන බවට පත් කරති. ප්‍රඥාව නිරුද්ධ කරති. දුක් උපදවන පක්ෂයෙහි සිටිති. නිවන පිණිස නොපවතින්නාහු ය. ඒ කවර පසක්

ද යත්; මහණෙනි, කාමච්ඡන්ද නීවරණය අන්ධ බවට පත් කරයි. නුවණැස ඇති නොකරයි. අඥාන බවට පත් කරයි. ප්‍රඥාව නිරුද්ධ කරයි. දුක් උපදවන පක්ෂයෙහි සිටියි. නිවන පිණිස නොපවතින්නේ ය. මහණෙනි, ව්‍යාපාද නීවරණය ....(පෙ).... මහණෙනි, ථීනමිද්ධ නීවරණය ....(පෙ).... මහණෙනි, උද්ධච්ච කුක්කුච්ච නීවරණය ....(පෙ).... මහණෙනි, විචිකිච්ඡා නීවරණය අන්ධ බවට පත් කරයි. නුවණැස ඇති නොකරයි. අඥාන බවට පත් කරයි. ප්‍රඥාව නිරුද්ධ කරයි. දුක් උපදවන පක්ෂයෙහි සිටියි. නිවන පිණිස නොපවතින්නේ ය. මහණෙනි, මේ පස් වැදෑරුම් නීවරණයෝ අන්ධ බවට පත් කරති. නුවණැස ඇති නොකරති. අඥාන බවට පත් කරති. ප්‍රඥාව නිරුද්ධ කරති. දුක් උපදවන පක්ෂයෙහි සිටිති. නිවන පිණිස නොපවතින්නාහු ය.

මහණෙනි, මේ සත් වැදෑරුම් බොජ්ඣංගයෝ නුවණැස ඇති කරති. ඥානය ඇති කරති. ප්‍රඥාව වැඩි දියුණු කරති. දුක් නූපදවන පක්ෂයෙහි සිටිති. නිවන පිණිස පවතින්නාහු ය. ඒ කවර සතක් ද යත්; මහණෙනි, සති සම්බොජ්ඣංගය නුවණැස ඇති කරයි. ඥානය ඇති කරයි. ප්‍රඥාව වැඩි දියුණු කරයි. දුක් නූපදවන පක්ෂයෙහි සිටියි. නිවන පිණිස පවතින්නේ ය. ....(පෙ).... මහණෙනි, උපෙක්ඛා සම්බොජ්ඣංගය නුවණැස ඇති කරයි. ඥානය ඇති කරයි. ප්‍රඥාව වැඩි දියුණු කරයි. දුක් නූපදවන පක්ෂයෙහි සිටියි. නිවන පිණිස පවතින්නේ ය. මහණෙනි, මේ සත් වැදෑරුම් බොජ්ඣංගයෝ නුවණැස ඇති කරති. ඥානය ඇති කරති. ප්‍රඥාව වැඩි දියුණු කරති. දුක් නූපදවන පක්ෂයෙහි සිටිති. නිවන පිණිස පවතින්නාහු ය.

සාදු! සාදු!! සාදු!!!

නීවරණ සූත්‍රය නිමා විය.

සිව්වෙනි නීවරණ වර්ගය අවසන් විය.

- එහි පිළිවෙල උද්දානයයි :

කුසල සූත්‍ර දෙක, කිලේස සූත්‍රය, අනාවරණ සූත්‍රය, යෝනිසෝ සූත්‍රය, බුද්ධි සූත්‍රය, ආවරණ සූත්‍රය, අනීවරණ සූත්‍රය, මහා රුක්ඛ සූත්‍රය සහ නීවරණ සූත්‍රය වශයෙන් සූත්‍ර දසයකි.

5. චක්කවත්ති වර්ගය

2.5.1.
විධා සූත්‍රය
මාන්නය ගැන වදාළ දෙසුම

මහණෙනි, අතීතයෙහි සිටි යම්කිසි ශ්‍රමණයෝ හෝ බ්‍රාහ්මණයෝ හෝ, ත්‍රිවිධ මාන්නය දුරු කළාහු නම්, ඒ සියල්ලෝ සප්ත බොජ්ඣංගයන් වැඩූ බැවින්, බහුල කළ බැවින් ය.

මහණෙනි, අනාගතයෙහි යම්කිසි ශ්‍රමණයෝ හෝ බ්‍රාහ්මණයෝ හෝ ත්‍රිවිධ මාන්නය දුරු කරන්නාහු නම්, ඒ සියල්ලෝ සප්ත බොජ්ඣංගයන් වැඩූ බැවින්, බහුල කළ බැවින් ය.

මහණෙනි, මෙකල යම්කිසි ශ්‍රමණයෝ හෝ බ්‍රාහ්මණයෝ හෝ ත්‍රිවිධ මාන්නය දුරු කරත් නම්, ඒ සියල්ලෝ සප්ත බොජ්ඣංගයන් වැඩූ බැවින්, බහුල කළ බැවින් ය. ඒ කවර සතක් ද යත්; සති සම්බොජ්ඣංගය ....(පෙ).... උපෙක්ඛා සම්බොජ්ඣංගය ය.

මහණෙනි, අතීතයෙහි සිටි යම්කිසි ශ්‍රමණයෝ හෝ බ්‍රාහ්මණයෝ හෝ ත්‍රිවිධ මාන්නය දුරු කළාහු නම් ....(පෙ).... දුරු කරන්නාහු නම් ....(පෙ).... දුරු කරත් නම්, ඒ සියල්ලෝ මේ සප්ත බොජ්ඣංගයන් භාවිත කළ බැවින්, බහුල කළ බැවින් ත්‍රිවිධ මාන්නය දුරු කරති.

සාදු! සාදු!! සාදු!!!

විධා සූත්‍රය නිමා විය.

2.5.2.
චක්කවත්ති සූත්‍රය
සක්විති රජු ගැන වදාළ දෙසුම

මහණෙනි, චක්‍රවර්තී රජෙකුගේ පහළ වීමෙන් සප්ත රත්නයන්ගේ පහළ වීම වෙයි. ඒ කවර සප්ත රත්නයක් ද යත්; චක්‍රරත්නයෙහි පහළ වීම වෙයි. හස්ති රත්නයෙහි පහළ වීම වෙයි. අශ්ව රත්නයෙහි පහළ වීම වෙයි. මාණික්‍ය රත්නයෙහි පහළ වීම වෙයි. ස්ත්‍රී රත්නයෙහි පහළ වීම වෙයි. ගෘහපති රත්නයෙහි පහළ වීම වෙයි. පුත්‍ර රත්නයෙහි පහළ වීම වෙයි. මහණෙනි, චක්‍රවර්තී රජෙකුගේ පහළ වීමෙන් මේ සප්ත රත්නයන්ගේ පහළ වීම වෙයි.

මහණෙනි, තථාගත අරහත් සම්මා සම්බුදුරජුන්ගේ පහළ වීමෙන් සප්ත බොජ්ඣංග රත්නයන්ගේ පහළ වීම වෙයි. ඒ කවර සප්ත රත්නයක් ද යත්; සති සම්බොජ්ඣංග රත්නයෙහි පහළ වීම වෙයි. ....(පෙ).... උපෙක්ඛා සම්බොජ්ඣංග රත්නයෙහි පහළ වීම වෙයි. මහණෙනි, තථාගත අරහත් සම්මා සම්බුදුරජුන්ගේ පහළ වීමෙන් මේ සප්ත රත්නයන්ගේ පහළ වීම වෙයි.

සාදු! සාදු!! සාදු!!!

චක්කවත්ති සූත්‍රය නිමා විය.

2.5.3.
මාර සූත්‍රය
මාරයා ගැන වදාළ දෙසුම

මහණෙනි, ඔබට මාර සේනාව මර්ධනය කරන මාර්ගය දේශනා කරන්නෙමි. එය අසව්. මහණෙනි, මාර සේනාව මර්ධනය කරන මාර්ගය යනු කුමක් ද? මේ සප්ත බොජ්ඣංගයෝ ය. ඒ කවර සතක් ද යත්; සති සම්බොජ්ඣංගය ය. ....(පෙ).... උපෙක්ඛා සම්බොජ්ඣංගය ය. මහණෙනි. මේ වනාහී මාර සේනාව මර්ධනය කරන මාර්ගය යි.

සාදු! සාදු!! සාදු!!!

මාර සූත්‍රය නිමා විය.

2.5.4.
දුප්පඤ්ඤ සූත්‍රය
ප්‍රඥාව නැති බව ගැන වදාළ දෙසුම

එකල්හී එක්තරා භික්ෂුවක් භාග්‍යවතුන් වහන්සේ වෙත පැමිණියේ ය. ....(පෙ).... එකත්පස් ව හුන් ඒ භික්ෂුව භාග්‍යවතුන් වහන්සේට මෙය පැවසුවේ ය.

"ස්වාමීනී, 'ප්‍රඥාව නැත්තේ ය - කෙළතොළු ය, ප්‍රඥාව නැත්තේ ය - කෙළතොළු ය' යි කියනු ලැබේ. ස්වාමීනී, ප්‍රඥාව නැති කෙළතොළු යැයි කියනු ලබන්නේ කවර කරුණු මත ද?"

"භික්ෂුව, සප්ත බොජ්ඣංගයන් භාවිත නොකළ බැවින්, බහුල නොකළ බැවින් ප්‍රඥාව නැති කෙළතොළු යැයි කියනු ලැබේ. ඒ කවර සතක් ද යත්, සති සම්බොජ්ඣංගය ය ....(පෙ).... උපෙක්ඛා සම්බොජ්ඣංගය ය. භික්ෂුව, මේ සප්ත බොජ්ඣංගයන් භාවිත නොකළ බැවින්, බහුල නොකළ බැවින් ප්‍රඥාව නැති කෙළතොළු යැයි කියනු ලැබේ."

සාදු! සාදු!! සාදු!!!

දුප්පඤ්ඤ සූත්‍රය නිමා විය.

2.5.5.
පඤ්ඤවා සූත්‍රය
ප්‍රඥාව ඇති බව ගැන වදාළ දෙසුම

"ස්වාමීනී, 'ප්‍රඥාව ඇත්තේ ය - කෙළතොළු නොවෙයි, ප්‍රඥාව ඇත්තේ ය - කෙළතොළු නොවෙයි' යි කියනු ලැබේ. ස්වාමීනී, ප්‍රඥාව ඇති නොකෙළතොළු යැයි කියනු ලබන්නේ කවර කරුණු මත ද?"

"භික්ෂුව, සප්ත බොජ්ඣංගයන් භාවිත කළ බැවින්, බහුල කළ බැවින් ප්‍රඥාව ඇති නොකෙළතොළු යැයි කියනු ලැබේ. ඒ කවර සතක් ද යත්, සති

සම්බොජ්ඣංගය ය ....(පෙ).... උපෙක්ඛා සම්බොජ්ඣංගය ය. භික්ෂුව, මේ සප්ත බොජ්ඣංගයන් භාවිත කළ බැවින්, බහුල කළ බැවින් ප්‍රඥාව ඇති නොකෙළතොළු යැයි කියනු ලැබේ.”

සාදු! සාදු!! සාදු!!!

පඤ්ඤවා සූත්‍රය නිමා විය.

2.5.6.
දළිද්ද සූත්‍රය
දිළිඳු බව ගැන වදාළ දෙසුම

“ස්වාමීනී, ‘දිළින්දෙකි, දිළින්දෙකි’ යි කියනු ලැබේ. ස්වාමීනී, දිළින්දෙකි යැයි කියනු ලබන්නේ කවර කරුණු මත ද?”

“භික්ෂුව, සප්ත බොජ්ඣංගයන් භාවිත නොකළ බැවින්, බහුල නොකළ බැවින් දිළින්දෙක් යැයි කියනු ලැබේ. ඒ කවර සතක් ද යත්, සති සම්බොජ්ඣංගය ය ....(පෙ).... උපෙක්ඛා සම්බොජ්ඣංගය ය. භික්ෂුව, මේ සප්ත බොජ්ඣංගයන් භාවිත නොකළ බැවින්, බහුල නොකළ බැවින් දිළින්දෙක් යැයි කියනු ලැබේ.”

සාදු! සාදු!! සාදු!!!

දළිද්ද සූත්‍රය නිමා විය.

2.5.7.
අදළිද්ද සූත්‍රය
දිළිඳු නැති බව ගැන වදාළ දෙසුම

“ස්වාමීනී, ‘නොදිළින්දෙකි, නොදිළින්දෙකි’ යි කියනු ලැබේ. ස්වාමීනී, දිළින්දෙකි යැයි කියනු ලබන්නේ කවර කරුණු මත ද?”

"භික්ෂුව, සප්ත බොජ්ඣංගයන් භාවිත කළ බැවින්, බහුල කළ බැවින් නොදිළින්දෙක් යැයි කියනු ලැබේ. ඒ කවර සතක් ද යත්, සති සම්බොජ්ඣංගය ය ....(පෙ).... උපෙක්ඛා සම්බොජ්ඣංගය ය. භික්ෂුව, මේ සප්ත බොජ්ඣංගයන් භාවිත කළ බැවින්, බහුල කළ බැවින් නොදිළින්දෙක් යැයි කියනු ලැබේ."

සාදු! සාදු!! සාදු!!!

අදළිද්ද සූත්‍රය නිමා විය.

2.5.8.
ආදිච්ච සූත්‍රය
හිරු ගැන වදාළ දෙසුම

මහණෙනි, හිරු මඬල නැග එන විට මුල් ම සළකුණ මෙය යි. මුල් ම නිමිත්ත මෙය යි. එනම් අරුණෝදය ඇතිවීම යි. මහණෙනි, එසෙයින් ම භික්ෂුවකට සප්ත බොජ්ඣංගයන් හටගැනීම පිණිස මුල් ම සළකුණ මෙය යි. මුල් ම නිමිත්ත මෙය යි. එනම් කල්‍යාණමිත්‍රයන් ඇති බව යි.

මහණෙනි, කලණ මිතුරන් ඇති භික්ෂුව සප්ත බොජ්ඣංගයන් වඩන්නේ ය, සප්ත බොජ්ඣංගයන් බහුල කරන්නේ ය යන්න කැමති විය යුත්තේ ය. මහණෙනි, කලණ මිතුරන් ඇති භික්ෂුව සප්ත බොජ්ඣංගයන් දියුණු කරන්නේ කෙසේ ද? සප්ත බොජ්ඣංගයන් බහුල ව ප්‍රගුණ කරන්නේ කෙසේ ද?

මහණෙනි, මෙහිලා භික්ෂුව සති සම්බොජ්ඣංගය වඩයි. ....(පෙ).... කාය චිත්ත විවේකයෙන් යුතු ව, විරාගී සිතින් යුතු ව, අකුසල් නිරුද්ධ කරන සිතින් යුතු ව, නිවනට නැඹුරු වූ සිතින් යුතු ව, උපේක්ෂා සම්බොජ්ඣංගය වඩයි.

මහණෙනි, කලණ මිතුරන් ඇති භික්ෂුව මෙසේ සප්ත බොජ්ඣංගයන් දියුණු කරන්නේ ය. සප්ත බොජ්ඣංගයන් බහුල ව ප්‍රගුණ කරන්නේ ය.

සාදු! සාදු!! සාදු!!!

ආදිච්ච සූත්‍රය නිමා විය.

2.5.9.
අංග සූත්‍රය
අංගය ගැන වදාළ දෙසුම

මහණෙනි, සප්ත බොජ්ඣංගයන්ගේ ඉපදීම පිණිස අභ්‍යන්තරයේ ඇති අංගයක් වශයෙන් ගෙන මහණෙනි, යම් මේ නුවණින් යුක්ත ව මෙනෙහි කිරීමක් ඇද්ද, මෙබඳු වූ අන් එක් අභ්‍යන්තර අංගයක් වත් මම නොදකිමි. මහණෙනි, නුවණින් යුක්ත ව මෙනෙහි කරන භික්ෂුව විසින් සප්ත බොජ්ඣංග යන් වඩන්නේ ය, සප්ත බොජ්ඣංගයන් බහුල කරන්නේ ය යන්න කැමති විය යුතුයි. මහණෙනි, කෙසේ නම් නුවණ යොදා මෙනෙහි කිරීමෙන් යුතු භික්ෂුව සප්ත බොජ්ඣංග වඩයි ද? සප්ත බොජ්ඣංග බහුල කරයි ද?

මහණෙනි, මෙහිලා භික්ෂුව සති සම්බොජ්ඣංගය වඩයි. ....(පෙ).... කාය චිත්ත විවේකයෙන් යුතු ව, විරාගී සිතින් යුතු ව, අකුසල් නිරුද්ධ කරන සිතින් යුතු ව, නිවනට නැඹුරු වූ සිතින් යුතු ව, උපේක්ෂා සම්බොජ්ඣංගය වඩයි. මහණෙනි, මෙසේ නුවණින් යුක්ත ව මෙනෙහි කරන භික්ෂුව සප්ත බොජ්ඣංගයන් වඩයි. සප්ත සම්බොජ්ඣංගයන් බහුල කරයි.

සාදු! සාදු!! සාදු!!!

අංග සූත්‍රය නිමා විය.

2.5.10.
දුතිය අංග සූත්‍රය
අංගය ගැන වදාළ දෙවෙනි දෙසුම

මහණෙනි, සප්ත බොජ්ඣංගයන්ගේ ඉපදීම පිණිස බාහිර ව ඇති අංගයක් වශයෙන් ගෙන මහණෙනි, යම් මේ කලණ මිතුරන් ඇති බවක් ඇද්ද, මෙබඳු වූ අන් එක් බාහිර අංගයක් වත් මම නොදකිමි. මහණෙනි, කලණ මිතුරන් ඇති භික්ෂුව විසින් සප්ත බොජ්ඣංගයන් වඩන්නේ ය, සප්ත බොජ්ඣංගයන් බහුල කරන්නේ ය යන්න කැමති විය යුතුයි. මහණෙනි, කෙසේ නම් කලණ

මිතුරන් ඇති භික්ෂුව සප්ත බොජ්ඣංගයන් වඩයි ද? සප්ත බොජ්ඣංගයන් බහුල කරයි ද?

මහණෙනි, මෙහිලා භික්ෂුව සති සම්බොජ්ඣංගය වඩයි. ....(පෙ).... කාය චිත්ත විවේකයෙන් යුතු ව, විරාගී සිතින් යුතු ව, අකුසල් නිරුද්ධ කරන සිතින් යුතු ව, නිවනට නැඹුරු වූ සිතින් යුතු ව, උපේක්ෂා සම්බොජ්ඣංගය වඩයි. මහණෙනි, මෙසේ කලණ මිතුරන් ඇති භික්ෂුව සප්ත බොජ්ඣංගයන් වඩයි. සප්ත බොජ්ඣංගයන් බහුල කරයි.

සාදු! සාදු!! සාදු!!!

දුතිය අංග සූත්‍රය නිමා විය.

පස්වෙනි චක්කවත්ති වර්ගය අවසන් විය.

- **එහි පිළිවෙල උද්දානයයි :**

විධා සූත්‍රය, චක්කවත්ති සූත්‍රය, මාර සූත්‍රය, දුප්පඤ්ඤ සූත්‍රය, පඤ්ඤවා සූත්‍රය, දළිද්ද සූත්‍රය, අදළිද්ද සූත්‍රය, ආදිච්ච සූත්‍රය සහ අංග සූත්‍ර දෙක වශයෙන් සූත්‍ර දසයකි.

6. බොජ්ඣංග වර්ගය

2.6.1.
ආහාර සූත්‍රය
ආහාර ගැන වදාළ දෙසුම

මහණෙනි, පංච නීවරණයන්ට ද, සප්ත බොජ්ඣංගයන්ට ද ඇති ආහාර ත්, ආහාර නොවන දෙය ත් ගැන ඔබට දේශනා කරන්නෙමි. එය අසව්.

මහණෙනි, නූපන් කාමච්ඡන්දයෙහි ඉපදීම පිණිස ත්, උපන් කාමච්ඡන්දය බොහෝ සෙයින් බලවත් වීම පිණිස ත්, ආහාරය වන්නේ කුමක් ද? මහණෙනි, සුභ නිමිත්තක් ඇත්තේ ය. ඒ පිළිබඳ ව නුවණින් තොර ව බහුල ව මෙනෙහි කිරීමක් ඇද්ද, නූපන් කාමච්ඡන්දය ඉපදීම පිණිස ත්, උපන් කාමච්ඡන්දය බොහෝ සෙයින් බලවත් වීම පිණිස ත්, මෙය ආහාරය වෙයි.

මහණෙනි, නූපන් ද්වේෂයෙහි ඉපදීම පිණිස ත්, උපන් ද්වේෂය බොහෝ සෙයින් බලවත් වීම පිණිස ත්, ආහාරය වන්නේ කුමක් ද? මහණෙනි, පටිඝ නිමිත්තක් ඇත්තේ ය. ඒ පිළිබඳ ව නුවණින් තොර ව බහුල ව මෙනෙහි කිරීමක් ඇද්ද, නූපන් ද්වේෂය ඉපදීම පිණිස ත්, උපන් ද්වේෂය බොහෝ සෙයින් බලවත් වීම පිණිස ත්, මෙය ආහාරය වෙයි.

මහණෙනි, නූපන් ථිනමිද්ධයෙහි ඉපදීම පිණිස ත්, උපන් ථිනමිද්ධය බොහෝ සෙයින් බලවත් වීම පිණිස ත්, ආහාරය වන්නේ කුමක් ද? මහණෙනි, හුදෙකලා වාසයේ ත්, කුසල් දහම්වල ත් නොඇලෙන බව හෙවත් අරතියක් ඇත්තේ ය. කම්මැලිකමක් ඇත්තේ ය. ඇනුම් ඇරීමක් ඇත්තේ ය. බත්මතයක් ඇත්තේ ය. සිතෙහි හැකිළීමක් ඇත්තේ ය. ඒ පිළිබඳ ව නුවණින් තොර ව බහුල ව මෙනෙහි කිරීමක් ඇද්ද, නූපන් ථිනමිද්ධය ඉපදීම පිණිස ත්, උපන් ථිනමිද්ධය බොහෝ සෙයින් බලවත් වීම පිණිස ත්, මෙය ආහාරය වෙයි.

මහණෙනි, නූපන් උද්ධච්ච කුක්කුච්චයෙහි ඉපදීම පිණිස ත්, උපන් උද්ධච්ච කුක්කුච්චය බොහෝ සෙයින් බලවත් වීම පිණිස ත්, ආහාරය වන්නේ කුමක් ද? මහණෙනි, සිතෙහි නොසංසිඳීමක් ඇත්තේ ය. ඒ පිළිබඳ ව නුවණින් තොර ව බහුල ව මෙනෙහි කිරීමක් ඇද්ද, නූපන් උද්ධච්ච කුක්කුච්චයෙහි ඉපදීම පිණිස ත්, උපන් උද්ධච්ච කුක්කුච්චය බොහෝ සෙයින් බලවත් වීම පිණිස ත්, මෙය ආහාරය වෙයි.

මහණෙනි, නූපන් විචිකිච්ඡාවෙහි ඉපදීම පිණිස ත්, උපන් විචිකිච්ඡාව බොහෝ සෙයින් බලවත් වීම පිණිස ත්, ආහාරය වන්නේ කුමක් ද? මහණෙනි, සැකය උපදවන කරුණු ඇත්තේ ය. ඒ පිළිබඳ ව නුවණින් තොර ව බහුල ව මෙනෙහි කිරීමක් ඇද්ද, නූපන් විචිකිච්ඡාව ඉපදීම පිණිස ත්, උපන් විචිකිච්ඡාව බොහෝ සෙයින් බලවත් වීම පිණිස ත්, මෙය ආහාරය වෙයි.

මහණෙනි, නූපන් සති සම්බොජ්ඣංගයෙහි ඉපදීම පිණිස ත්, උපන් සති සම්බොජ්ඣංගය භාවනාවෙන් සම්පූර්ණ වීම පිණිස ත් ආහාරය වන්නේ කුමක් ද? මහණෙනි, සති සම්බොජ්ඣංගයට හිත වූ කරුණු ඇත්තේ ය. ඒ පිළිබඳ ව නුවණින් යුක්ත ව බහුල ව මෙනෙහි කිරීමක් ඇද්ද, නූපන් සති සම්බොජ්ඣංගය ඉපදීම පිණිස ත්, උපන් සතිසම්බොජ්ඣංගය භාවනාවෙන් සම්පූර්ණ වීම පිණිස ත්, මෙය ආහාරය වෙයි.

මහණෙනි, නූපන් ධම්මවිචය සම්බොජ්ඣංගයෙහි ඉපදීම පිණිස ත්, උපන් ධම්මවිචය සම්බොජ්ඣංගය භාවනාවෙන් සම්පූර්ණ වීම පිණිස ත් ආහාරය වන්නේ කුමක් ද? මහණෙනි, කුසලාකුසල ධර්මයන්, වැරදි - නිවැරදි ධර්මයන්, හීන - ප්‍රණීත ධර්මයන්, කළු - සුදු පැහැ ගත් ධර්මයන් ඇත්තේ ය. ඒ පිළිබඳ ව නුවණින් යුක්ත ව බහුල ව මෙනෙහි කිරීමක් ඇද්ද, නූපන් ධම්මවිචය සම්බොජ්ඣංගය ඉපදීම පිණිස ත්, උපන් ධම්මවිචය සම්බොජ්ඣංගය භාවනාවෙන් සම්පූර්ණ වීම පිණිස ත්, මෙය ආහාරය වෙයි.

මහණෙනි, නූපන් විරිය සම්බොජ්ඣංගයෙහි ඉපදීම පිණිස ත්, උපන් විරිය සම්බොජ්ඣංගය භාවනාවෙන් සම්පූර්ණ වීම පිණිස ත් ආහාරය වන්නේ කුමක් ද? මහණෙනි, පටන් ගන්නා වීරියක් ඇත්තේ ය. අලස බවින් නික්මුණු වීරියක් ඇත්තේ ය. බලවත් ලෙස දැඩි ව උපදවා ගන්නා වීරියක් ඇත්තේ ය. ඒ පිළිබඳ ව නුවණින් යුක්ත ව බහුල ව මෙනෙහි කිරීමක් ඇද්ද, නූපන් විරිය සම්බොජ්ඣංගය ඉපදීම පිණිස ත්, උපන් විරිය සම්බොජ්ඣංගය භාවනාවෙන් සම්පූර්ණ වීම පිණිස ත්, මෙය ආහාරය වෙයි.

මහණෙනි, නූපන් පීති සම්බොජ්ඣංගයෙහි ඉපදීම පිණිස ත්, උපන්

පීති සම්බොජ්ඣංගය භාවනාවෙන් සම්පූර්ණ වීම පිණිස ත් ආහාරය වන්නේ කුමක් ද? මහණෙනි, පීති සම්බොජ්ඣංගයට හිත වූ කරුණු ඇත්තේ ය. ඒ පිළිබඳ ව නුවණින් යුක්ත ව බහුල ව මෙනෙහි කිරීමක් ඇද්ද, නූපන් පීති සම්බොජ්ඣංගය ඉපදීම පිණිස ත්, උපන් පීති සම්බොජ්ඣංගය භාවනාවෙන් සම්පූර්ණ වීම පිණිස ත්, මෙය ආහාරය වෙයි.

මහණෙනි, නූපන් පස්සද්ධි සම්බොජ්ඣංගයෙහි ඉපදීම පිණිස ත්, උපන් පස්සද්ධි සම්බොජ්ඣංගය භාවනාවෙන් සම්පූර්ණ වීම පිණිස ත් ආහාරය වන්නේ කුමක් ද? මහණෙනි, කයෙහි සැහැල්ලු බව ත්, සිතෙහි සැහැල්ලු බව ත් ඇත්තේ ය. ඒ පිළිබඳ ව නුවණින් යුක්ත ව බහුල ව මෙනෙහි කිරීමක් ඇද්ද, නූපන් පස්සද්ධි සම්බොජ්ඣංගය ඉපදීම පිණිස ත්, උපන් පස්සද්ධි සම්බොජ්ඣංගය භාවනාවෙන් සම්පූර්ණ වීම පිණිස ත්, මෙය ආහාරය වෙයි.

මහණෙනි, නූපන් සමාධි සම්බොජ්ඣංගයෙහි ඉපදීම පිණිස ත්, උපන් සමාධි සම්බොජ්ඣංගය භාවනාවෙන් සම්පූර්ණ වීම පිණිස ත් ආහාරය වන්නේ කුමක් ද? මහණෙනි, සමථ නිමිත්ත ත්, ඒකාග්‍ර නිමිත්ත ත් ඇත්තේ ය. ඒ පිළිබඳ ව නුවණින් යුක්ත ව බහුල ව මෙනෙහි කිරීමක් ඇද්ද, නූපන් සමාධි සම්බොජ්ඣංගය ඉපදීම පිණිස ත්, උපන් සමාධි සම්බොජ්ඣංගය භාවනාවෙන් සම්පූර්ණ වීම පිණිස ත්, මෙය ආහාරය වෙයි.

මහණෙනි, නූපන් උපෙක්ඛා සම්බොජ්ඣංගයෙහි ඉපදීම පිණිස ත්, උපන් උපෙක්ඛා සම්බොජ්ඣංගය භාවනාවෙන් සම්පූර්ණ වීම පිණිස ත් ආහාරය වන්නේ කුමක් ද? මහණෙනි, උපෙක්ඛා සම්බොජ්ඣංගයට හිත වූ කරුණු ඇත්තේ ය. ඒ පිළිබඳ ව නුවණින් යුක්ත ව බහුල ව මෙනෙහි කිරීමක් ඇද්ද, නූපන් උපෙක්ඛා සම්බොජ්ඣංගය ඉපදීම පිණිස ත්, උපන් උපෙක්ඛා සම්බොජ්ඣංගය භාවනාවෙන් සම්පූර්ණ වීම පිණිස ත්, මෙය ආහාරය වෙයි.

මහණෙනි, නූපන් කාමච්ඡන්දයෙහි ඉපදීම පිණිස ත්, උපන් කාමච්ඡන්දය බොහෝ සෙයින් බලවත් වීම පිණිස ත්, ආහාරය නොවන්නේ කුමක් ද? මහණෙනි, අසුභ නිමිත්තක් ඇත්තේ ය. ඒ පිළිබඳ ව නුවණින් යුක්ත ව බහුල ව මෙනෙහි කිරීමක් ඇද්ද, නූපන් කාමච්ඡන්දය ඉපදීම පිණිස ත්, උපන් කාමච්ඡන්දය බොහෝ සෙයින් බලවත් වීම පිණිස ත්, මෙය ආහාරය නොවෙයි.

මහණෙනි, නූපන් ද්වේෂයෙහි ඉපදීම පිණිස ත්, උපන් ද්වේෂය බොහෝ සෙයින් බලවත් වීම පිණිස ත්, ආහාරය නොවන්නේ කුමක් ද? මහණෙනි, මෛත්‍රී චිත්ත විමුක්තියක් ඇත්තේ ය. ඒ පිළිබඳ ව නුවණින් යුක්ත ව බහුල ව මෙනෙහි කිරීමක් ඇද්ද, නූපන් ද්වේෂය ඉපදීම පිණිස ත්, උපන් ද්වේෂය

බොහෝ සෙයින් බලවත් වීම පිණිස ත්, මෙය ආහාරය නොවෙයි.

මහණෙනි, නූපන් ථීනමිද්ධයෙහි ඉපදීම පිණිස ත්, උපන් ථීනමිද්ධය බොහෝ සෙයින් බලවත් වීම පිණිස ත්, ආහාරය නොවන්නේ කුමක් ද? මහණෙනි, වීරිය පටන් ගැනීම නම් ආරම්භ ධාතුව ත්, නීවරණයන්ගෙන් නික්මීමේ වීරිය නම් වූ නික්ඛම ධාතුව ත්, බලවත් ව නැවත නැවත යොදන වීරිය නම් වූ පරක්කම ධාතුවත් ඇත්තේ ය. ඒ පිළිබඳ ව නුවණින් යුක්ත ව බහුල ව මෙනෙහි කිරීමක් ඇද්ද, නූපන් ථීනමිද්ධය ඉපදීම පිණිස ත්, උපන් ථීනමිද්ධය බොහෝ සෙයින් බලවත් වීම පිණිස ත්, මෙය ආහාරය නොවෙයි.

මහණෙනි, නූපන් උද්ධච්ච කුක්කුච්චයෙහි ඉපදීම පිණිස ත්, උපන් උද්ධච්ච කුක්කුච්චය බොහෝ සෙයින් බලවත් වීම පිණිස ත්, ආහාරය නොවන්නේ කුමක් ද? මහණෙනි, සිතෙහි සංසිඳීමක් ඇත්තේ ය. ඒ පිළිබඳ ව නුවණින් යුක්ත ව බහුල ව මෙනෙහි කිරීමක් ඇද්ද, නූපන් උද්ධච්ච කුක්කුච්චයෙහි ඉපදීම පිණිස ත්, උපන් උද්ධච්ච කුක්කුච්චය බොහෝ සෙයින් බලවත් වීම පිණිස ත්, මෙය ආහාරය නොවෙයි.

මහණෙනි, නූපන් විචිකිච්ඡාවෙහි ඉපදීම පිණිස ත්, උපන් විචිකිච්ඡාව බොහෝ සෙයින් බලවත් වීම පිණිස ත්, ආහාරය නොවන්නේ කුමක් ද? මහණෙනි, කුසලාකුසල ධර්මයන්, වැරදි - නිවැරදි ධර්මයන්, හීන - ප්‍රණීත ධර්මයන්, කළු - සුදු පැහැ ගත් ධර්මයන් ඇත්තේ ය. ඒ පිළිබඳ ව නුවණින් යුක්ත ව බහුල ව මෙනෙහි කිරීමක් ඇද්ද, නූපන් විචිකිච්ඡාව ඉපදීම පිණිස ත්, උපන් විචිකිච්ඡාව බොහෝ සෙයින් බලවත් වීම පිණිස ත්, මෙය ආහාරය නොවෙයි.

මහණෙනි, නූපන් සති සම්බොජ්ඣංගයෙහි ඉපදීම පිණිස ත්, උපන් සති සම්බොජ්ඣංගය භාවනාවෙන් සම්පූර්ණ වීම පිණිස ත් ආහාරය නොවන්නේ කුමක් ද? මහණෙනි, සති සම්බොජ්ඣංගයට හිත වූ කරුණු ඇත්තේ ය. ඒ පිළිබඳ ව මෙනෙහි නොකිරීම බහුල ව කරයි ද, නූපන් සති සම්බොජ්ඣංගය ඉපදීම පිණිස ත්, උපන් සතිසම්බොජ්ඣංගය භාවනාවෙන් සම්පූර්ණ වීම පිණිස ත්, මෙය ආහාරය නොවෙයි.

මහණෙනි, නූපන් ධම්මවිචය සම්බොජ්ඣංගයෙහි ඉපදීම පිණිස ත්, උපන් ධම්මවිචය සම්බොජ්ඣංගය භාවනාවෙන් සම්පූර්ණ වීම පිණිස ත් ආහාරය නොවන්නේ කුමක් ද? මහණෙනි, කුසලාකුසල ධර්මයන්, වැරදි - නිවැරදි ධර්මයන්, හීන - ප්‍රණීත ධර්මයන්, කළු - සුදු පැහැ ගත් ධර්මයන් ඇත්තේ ය. ඒ පිළිබඳ ව මෙනෙහි නොකිරීම බහුල ව කරයි ද, නූපන් ධම්මවිචය

සම්බොජ්ඣංගය ඉපදීම පිණිස ත්, උපන් ධම්මවිචය සම්බොජ්ඣංගය භාවනාවෙන් සම්පූර්ණ වීම පිණිස ත්, මෙය ආහාරය නොවෙයි.

මහණෙනි, නූපන් විරිය සම්බොජ්ඣංගයෙහි ඉපදීම පිණිස ත්, උපන් විරිය සම්බොජ්ඣංගය භාවනාවෙන් සම්පූර්ණ වීම පිණිස ත් ආහාරය නොවන්නේ කුමක් ද? මහණෙනි, පටන් ගන්නා වීරියක් ඇත්තේ ය. අලස බවින් නික්මුණු වීරියක් ඇත්තේ ය. බලවත් ලෙස දැඩි ව උපදවා ගන්නා වීරියක් ඇත්තේ ය. ඒ පිළිබඳ ව මෙනෙහි නොකිරීම බහුල ව කරයි ද, නූපන් විරිය සම්බොජ්ඣංගය ඉපදීම පිණිස ත්, උපන් විරිය සම්බොජ්ඣංගය භාවනාවෙන් සම්පූර්ණ වීම පිණිස ත්, මෙය ආහාරය නොවෙයි.

මහණෙනි, නූපන් පීති සම්බොජ්ඣංගයෙහි ඉපදීම පිණිස ත්, උපන් පීති සම්බොජ්ඣංගය භාවනාවෙන් සම්පූර්ණ වීම පිණිස ත් ආහාරය නොවන්නේ කුමක් ද? මහණෙනි, පීති සම්බොජ්ඣංගයට හිත වූ කරුණු ඇත්තේ ය. ඒ පිළිබඳ ව මෙනෙහි නොකිරීම බහුල ව කරයි ද, නූපන් පීති සම්බොජ්ඣංගය ඉපදීම පිණිස ත්, උපන් පීති සම්බොජ්ඣංගය භාවනාවෙන් සම්පූර්ණ වීම පිණිස ත්, මෙය ආහාරය නොවෙයි.

මහණෙනි, නූපන් පස්සද්ධි සම්බොජ්ඣංගයෙහි ඉපදීම පිණිස ත්, උපන් පස්සද්ධි සම්බොජ්ඣංගය භාවනාවෙන් සම්පූර්ණ වීම පිණිස ත් ආහාරය නොවන්නේ කුමක් ද? මහණෙනි, කයෙහි සැහැල්ලු බව ත්, සිතෙහි සැහැල්ලු බව ත් ඇත්තේ ය. ඒ පිළිබඳ ව මෙනෙහි නොකිරීම බහුල ව කරයි ද, නූපන් පස්සද්ධි සම්බොජ්ඣංගය ඉපදීම පිණිස ත්, උපන් පස්සද්ධි සම්බොජ්ඣංගය භාවනාවෙන් සම්පූර්ණ වීම පිණිස ත්, මෙය ආහාරය නොවෙයි.

මහණෙනි, නූපන් සමාධි සම්බොජ්ඣංගයෙහි ඉපදීම පිණිස ත්, උපන් සමාධි සම්බොජ්ඣංගය භාවනාවෙන් සම්පූර්ණ වීම පිණිස ත් ආහාරය නොවන්නේ කුමක් ද? මහණෙනි, සමථ නිමිත්ත ත්, ඒකාග්‍ර නිමිත්ත ත් ඇත්තේ ය. ඒ පිළිබඳ ව මෙනෙහි නොකිරීම බහුල ව කරයි ද, නූපන් සමාධි සම්බොජ්ඣංගය ඉපදීම පිණිස ත්, උපන් සමාධි සම්බොජ්ඣංගය භාවනාවෙන් සම්පූර්ණ වීම පිණිස ත්, මෙය ආහාරය නොවෙයි.

මහණෙනි, නූපන් උපෙක්ඛා සම්බොජ්ඣංගයෙහි ඉපදීම පිණිස ත්, උපන් උපෙක්ඛා සම්බොජ්ඣංගය භාවනාවෙන් සම්පූර්ණ වීම පිණිස ත් ආහාරය නොවන්නේ කුමක් ද? මහණෙනි, උපෙක්ඛා සම්බොජ්ඣංගයට හිත වූ කරුණු ඇත්තේ ය. ඒ පිළිබඳ ව මෙනෙහි නොකිරීම බහුල ව කරයි ද, නූපන් උපෙක්ඛා සම්බොජ්ඣංගය ඉපදීම පිණිස ත්, උපන් උපෙක්ඛා සම්බොජ්ඣංගය

භාවනාවෙන් සම්පූර්ණ වීම පිණිස ත්, මෙය ආහාරය නොවෙයි.

සාදු! සාදු!! සාදු!!!

ආහාර සූත්‍රය නිමා විය.

2.6.2.
පරියාය සූත්‍රය
ධර්ම ක්‍රමය ගැන වදාළ දෙසුම

එකල්හී බොහෝ භික්ෂූහු පෙරවරුවෙහි සිවුරු හැඳ පොරොවාගෙන පාත්‍රය හා සිවුර ගෙන සැවැත් නුවර පිඬු පිණිස පිවිසියාහු ය. ඉක්බිති ඒ භික්ෂූන්ට මේ අදහස ඇතිවූයේ ය. 'සැවැත් නුවර පිඬු පිණිස හැසිරෙන්නට තව ම වේලාසන වැඩි ය. එහෙයින් අපි අන්‍යතීර්ථක පිරිවැජියන්ගේ ආරාමය වෙත යන්නෙමු නම් මැනැවැ' යි.

ඉක්බිති ඒ භික්ෂූහු අන්‍ය තීර්ථක පිරිවැජියන්ගේ ආරාමය කරා ගියහ. ගොස් ඒ අන්‍ය තීර්ථක පරිබ්‍රාජකයන් හා සතුටු වූහ. සතුටු විය යුතු සිහි කටයුතු පිළිසඳර කථාව නිමා කොට එකත්පස් ව හිඳගත්හ. එකත්පස් ව හුන් ඒ භික්ෂූන්ට ඒ අන්‍ය තීර්ථක පරිබ්‍රාජකයෝ මෙය පැවසූහ.

"ආයුෂ්මත්නි, ශ්‍රමණ ගෞතමයන් වහන්සේ ශ්‍රාවකයින්ට මෙසේ ධර්මය දෙසත් නොවැ. එනම්, 'එව් මහණෙනි, ඔබ සිත කෙලෙසන, ප්‍රඥාව දුර්වල කරන පංච නීවරණයන් දුරු කොට, සප්ත බොජ්ඣංගයන් ඒ වූ සැටියෙන් ම වඩව්' යනුවෙනි. ආයුෂ්මත්නි, අපි ත් ශ්‍රාවකයන්ට ඔය අයුරින් ධර්මය දෙසමු. එනම් 'එව් ආයුෂ්මත්නි, ඔබ සිත කෙලෙසන, ප්‍රඥාව දුර්වල කරන පංච නීවරණයන් දුරු කොට, සප්ත බොජ්ඣංගයන් ඒ වූ සැටියෙන් ම වඩව්' යනුවෙනි.

ආයුෂ්මත්නි, මෙහිලා ශ්‍රමණ ගෞතමයන් වහන්සේගේ හෝ අපගේ හෝ ධර්ම දේශනාවෙන් ධර්ම දේශනාව වේවා, අනුශාසනාවෙන් අනුශාසනාව වේවා, කවර විශේෂයක් ද? කවර අදහසක් ද? කවර නානත්වයක් ද?"

එකල්හී ඒ භික්ෂූහු ඒ අන්‍ය තීර්ථක පරිබ්‍රාජකයන්ගේ ප්‍රකාශය නොපිළිගත්තාහු ය. ප්‍රතික්ෂේප නොකළාහු ය. නොපිළිගෙන, ප්‍රතික්ෂේප

නොකොට 'භාග්‍යවතුන් වහන්සේ සමීපයෙහි මේ පැවසූ කරුණෙහි අර්ථය දැනගන්නෙමු' යි හුනස්නෙන් නැගිට පිටත් ව ගියාහු ය.

ඉක්බිති ඒ භික්ෂූහු සැවැත් නුවර පිඬු පිණිස හැසිර පසුබත් කාලයෙහි පිණ්ඩපාතයෙන් වැළකී භාග්‍යවතුන් වහන්සේ වෙත එළඹියහ. එළඹ භාග්‍යවතුන් වහන්සේට සකසා වන්දනා කොට එකත්පස් ව හිඳගත්හ. එකත්පස් ව හුන් ඒ භික්ෂූහු භාග්‍යවතුන් වහන්සේට මෙය පැවසූහ.

"ස්වාමීනී, මෙහිලා අපි පෙරවරුවෙහි සිවුරු හැඳ පොරොවාගෙන පාත්‍රය හා සිවුර ගෙන සැවැත් නුවර පිඬු පිණිස පිවිසියෙමු. ස්වාමීනී, ඉක්බිති අපට මේ අදහස ඇතිවූයේ ය. 'සැවැත් නුවර පිඬු පිණිස හැසිරෙන්නට තව ම වේලාසන වැඩි ය. එහෙයින් අපි අන්‍යතීර්ථක පිරිවැජියන්ගේ ආරාමය වෙත යන්නෙමු නම් මැනැවැ' යි.

ස්වාමීනී, ඉක්බිති ඒ අපි අන්‍ය තීර්ථක පිරිවැජියන්ගේ ආරාමය කරා ගියෙමු. ගොස් ඒ අන්‍ය තීර්ථක පරිබ්‍රාජකයන් හා සතුටු වුණෙමු. සතුටු විය යුතු සිහි කටයුතු පිළිසඳර කථාව නිමා කොට එකත්පස් ව හිඳගතිමු. ස්වාමීනී, එකත්පස් ව හුන් අපට ඒ අන්‍ය තීර්ථක පරිබ්‍රාජකයෝ මෙය පැවසූහ.

"ආයුෂ්මත්නි, ශ්‍රමණ ගෞතමයන් වහන්සේ ශ්‍රාවකයින්ට මෙසේ ධර්මය දෙසත් නොවැ. එනම්, 'එව් මහණෙනි, ඔබ සිත කෙලෙසන, ප්‍රඥාව දුර්වල කරන පංච නීවරණයන් දුරු කොට, සප්ත බොජ්ඣංගයන් ඒ වූ සැටියෙන් ම වඩව්' යනුවෙනි. ආයුෂ්මත්නි, අපි ත් ශ්‍රාවකයන්ට ඔය අයුරින් ධර්මය දෙසමු. එනම් 'එව් ආයුෂ්මත්නි, ඔබ සිත කෙලෙසන, ප්‍රඥාව දුර්වල කරන පංච නීවරණයන් දුරු කොට, සප්ත බොජ්ඣංගයන් ඒ වූ සැටියෙන් ම වඩව්' යනුවෙනි.

ආයුෂ්මත්නි, මෙහිලා ශ්‍රමණ ගෞතමයන් වහන්සේගේ හෝ අපගේ හෝ ධර්ම දේශනාවෙන් ධර්ම දේශනාව වේවා, අනුශාසනාවෙන් අනුශාසනාව වේවා, කවර විශේෂයක් ද? කවර අදහසක් ද? කවර නානත්වයක් ද?"

ස්වාමීනී, එකල්හී අපි ඒ අන්‍ය තීර්ථක පරිබ්‍රාජකයන්ගේ ප්‍රකාශය නොපිළිගත්තෙමු. ප්‍රතික්ෂේප නොකළෙමු. නොපිළිගෙන, ප්‍රතික්ෂේප නොකොට 'භාග්‍යවතුන් වහන්සේ සමීපයෙහි මේ පැවසූ කරුණෙහි අර්ථය දැනගන්නෙමු' යි හුනස්නෙන් නැගිට පිටත් ව ගියෙමු."

"මහණෙනි, ඔය අයුරින් පවසන අන්‍ය තීර්ථක පරිබ්‍රාජකයන්ට මෙසේ පිළිතුරු දිය යුත්තේ ය. 'ආයුෂ්මත්නි, යම් ධර්ම ක්‍රමයකට පැමිණ පංච නීවරණ

දස අයුරු වන ක්‍රමයක් ඇත්තේ ද? සප්ත බොජ්ඣංගයන් දහහතර අයුරු වන ක්‍රමයක් ඇත්තේ ද?' මහණෙනි, මෙසේ විමසූ විට අන්‍ය තීර්ථක පරිබ්‍රාජකයෝ පිළිතුරු දෙන්නට නොහැකිවන්නාහු ය. මත්තෙහි වෙහෙසට පත්වන්නාහු ය. ඒ මක් නිසා ද යත්, තමන්ට විෂය නොවන කරුණු අරභයා යම් සේ අසන ලද්දේ ද, එසේ ය.

මහණෙනි, තථාගතයන් විසින් හෝ තථාගත ශ්‍රාවකයෙකු විසින් හෝ මෙයින් අසා ඉගෙන ගත් කෙනෙකුන් හෝ හැර යමෙක් මේ ප්‍රශ්නයන් විසඳීමෙන් සිත සතුටු කරන්නේ නම්, දෙවියන් සහිත, මරුන් සහිත, බඹුන් සහිත, ශ්‍රමණ බ්‍රාහ්මණයන් සහිත දෙව් මිනිස් ප්‍රජාවෙන් යුතු ලෝකයෙහි එබඳු කෙනෙකු මම නොදකිමි.

මහණෙනි, යම් ධර්ම ක්‍රමයකට පැමිණ පංච නීවරණයන් දස අයුරු වෙත් නම්, ඒ ධර්ම ක්‍රමය කුමක් ද? මහණෙනි, ආධ්‍යාත්මික යම් කාමච්ඡන්දයක් ඇද්ද, එය ද නීවරණයකි. බාහිර යම් කාමච්ඡන්දයක් ඇද්ද, එය ද නීවරණයකි. මෙසේ මෙය කාමච්ඡන්ද නීවරණය යන ගණනට යයි. මේ ධර්ම ක්‍රමයෙන් මෙය දෙකක් වෙයි.

මහණෙනි, ආධ්‍යාත්මික යම් ව්‍යාපාදයක් ඇද්ද, එය ද නීවරණයකි. බාහිර යම් ව්‍යාපාදයක් ඇද්ද, එය ද නීවරණයකි. මෙසේ මෙය ව්‍යාපාද නීවරණය යන ගණනට යයි. මේ ධර්ම ක්‍රමයෙන් මෙය දෙකක් වෙයි.

මහණෙනි, යම් සිතෙහි කම්මැලිකමක් ඇද්ද, එය ද නීවරණයකි. යම් නිදිමතක් ඇද්ද, එය ද නීවරණයකි. මෙසේ මෙය ථීනමිද්ධ නීවරණය යන ගණනට යයි. මේ ධර්ම ක්‍රමයෙන් මෙය දෙකක් වෙයි.

මහණෙනි, යම් උද්ධච්චයක් ඇද්ද, එය ද නීවරණයකි. යම් කුකුසක් ඇද්ද, එය ද නීවරණයකි. මෙසේ මෙය උද්ධච්ච කුක්කුච්ච නීවරණය යන ගණනට යයි. මේ ධර්ම ක්‍රමයෙන් මෙය දෙකක් වෙයි.

මහණෙනි, ආධ්‍යාත්මික ධර්මයන් පිළිබඳ ව සැකයක් ඇද්ද, එය ද නීවරණයකි. බාහිර ධර්මයන් පිළිබඳ ව සැකයක් ඇද්ද, එය ද නීවරණයකි. මෙසේ මෙය විචිකිච්ඡා නීවරණය යන ගණනට යයි. මේ ධර්ම ක්‍රමයෙන් මෙය දෙකක් වෙයි.

මහණෙනි, යම් ධර්ම ක්‍රමයකට පැමිණ පංච නීවරණයන් දස අයුරු වෙත් නම්, ඒ ධර්ම ක්‍රමය මෙය යි.

මහණෙනි, යම් ධර්ම ක්‍රමයකට පැමිණ සප්ත බොජ්ඣංගයන් දහහතර අයුරු වෙත් නම්, ඒ ධර්ම ක්‍රමය කුමක් ද?

මහණෙනි, ආධ්‍යාත්මික ධර්මයන් පිළිබඳ ව යම් සිහියක් ඇද්ද, එය ත් සති සම්බොජ්ඣංගය යි. බාහිර ධර්මයන් පිළිබඳ ව යම් සිහියක් ඇද්ද, එය ත් සති සම්බොජ්ඣංගය යි. මෙසේ මෙය සති සම්බොජ්ඣංගය යන ගණනට යයි. මේ ධර්ම ක්‍රමයෙන් මෙය දෙකක් වෙයි.

මහණෙනි, ආධ්‍යාත්මික ධර්මයන් පිළිබඳ ව යම් ප්‍රඥාවෙන් විමසීමක් ඇද්ද, සෙවීමක් ඇද්ද, මැනැවින් විමසා බැලීමක් ඇද්ද, එය ත් ධම්මවිචය සම්බොජ්ඣංගය යි. බාහිර ධර්මයන් පිළිබඳ ව යම් ප්‍රඥාවෙන් විමසීමක් ඇද්ද, සෙවීමක් ඇද්ද, මැනැවින් විමසා බැලීමක් ඇද්ද, එය ත් ධම්මවිචය සම්බොජ්ඣංගය යි. මෙසේ මෙය ධම්මවිචය සම්බොජ්ඣංගය යන ගණනට යයි. මේ ධර්ම ක්‍රමයෙන් මෙය දෙකක් වෙයි.

මහණෙනි, යම් කායික වීරියක් ඇද්ද, එය ත් විරිය සම්බොජ්ඣංගය යි. යම් චෛතසික වීරියක් ඇද්ද, එය ත් විරිය සම්බොජ්ඣංගය යි. මෙසේ මෙය විරිය සම්බොජ්ඣංගය යන ගණනට යයි. මේ ධර්ම ක්‍රමයෙන් මෙය දෙකක් වෙයි.

මහණෙනි, විතර්ක සහිත විචාර සහිත යම් ප්‍රීතියක් ඇද්ද, එය ත් ප්‍රීති සම්බොජ්ඣංගය යි. විතර්ක රහිත විචාර රහිත යම් ප්‍රීතියක් ඇද්ද, එය ත් ප්‍රීති සම්බොජ්ඣංගය යි. මෙසේ මෙය ප්‍රීති සම්බොජ්ඣංගය යන ගණනට යයි. මේ ධර්ම ක්‍රමයෙන් මෙය දෙකක් වෙයි.

මහණෙනි, යම් කායික සැහැල්ලුවක් ඇද්ද, එය ත් පස්සද්ධි සම්බොජ්ඣංගය යි. යම් මානසික සැහැල්ලුවක් ඇද්ද, එය ත් පස්සද්ධි සම්බොජ්ඣංගය යි. මෙසේ මෙය පස්සද්ධි සම්බොජ්ඣංගය යන ගණනට යයි. මේ ධර්ම ක්‍රමයෙන් මෙය දෙකක් වෙයි.

මහණෙනි, විතර්ක සහිත විචාර සහිත යම් සමාධියක් ඇද්ද, එය ත් සමාධි සම්බොජ්ඣංගය යි. විතර්ක රහිත විචාර රහිත යම් සමාධියක් ඇද්ද, එය ත් සමාධි සම්බොජ්ඣංගය යි. මෙසේ මෙය සමාධි සම්බොජ්ඣංගය යන ගණනට යයි. මේ ධර්ම ක්‍රමයෙන් මෙය දෙකක් වෙයි.

මහණෙනි, ආධ්‍යාත්මික ධර්මයන් පිළිබඳ ව යම් උපේක්ෂාවක් ඇද්ද, එය ත් උපෙක්ඛා සම්බොජ්ඣංගය යි. බාහිර ධර්මයන් පිළිබඳ ව යම් උපේකෂාවක් ඇද්ද, එය ත් උපෙක්ඛා සම්බොජ්ඣංගය යි. මෙසේ මෙය උපෙක්ඛා

සම්බොජ්ඣංගය යන ගණනට යයි. මේ ධර්ම ක්‍රමයෙන් මෙය දෙකක් වෙයි.

මහණෙනි, යම් ධර්ම ක්‍රමයකට පැමිණ සප්ත බොජ්ඣංගයන් දහහතර අයුරු වෙත් නම්, ඒ ධර්ම ක්‍රමය මෙය යි.

සාදු! සාදු!! සාදු!!!

පරියාය සූත්‍රය නිමා විය.

2.6.3.
අග්ගි සූත්‍රය
ගින්න ගැන වදාළ දෙසුම

එකල්හී බොහෝ භික්ෂූහු පෙරවරුවෙහි සිවුරු හැඳ පොරොවාගෙන පාත්‍රය හා සිවුර ගෙන සැවැත් නුවර පිඬු පිණිස පිවිසියාහු ය. ....(පෙ).... **(පරියාය සූත්‍රයෙහි විස්තර කළ ලෙසින් කළ යුත්තේ ය.)** මහණෙනි, ඔය අයුරින් පවසන අන්‍ය තීර්ථක පරිබ්‍රාජකයන්ට මෙසේ පිළිතුරු දිය යුත්තේ ය.

'ආයුෂ්මත්නි, යම් අවස්ථාවක සිත සැඟවී ගියේ නම් ඒ අවස්ථාව කවර බොජ්ඣංගයන් වැඩීමට කාලය නොවෙයි ද? ඒ අවස්ථාව කවර බොජ්ඣංග යන් වැඩීමට කාලය වෙයි ද?

ආයුෂ්මත්නි, යම් අවස්ථාවක සිත නොසංසුන් වූයේ නම් ඒ අවස්ථාව කවර බොජ්ඣංගයන් වැඩීමට කාලය නොවෙයි ද? ඒ අවස්ථාව කවර බොජ්ඣංගයන් වැඩීමට කාලය වෙයි ද?'

මහණෙනි, මෙසේ විමසූ විට අන්‍ය තීර්ථක පරිබ්‍රාජකයෝ පිළිතුරු දෙන්නට නොහැකිවන්නාහු ය. මත්තෙහි වෙහෙසට පත්වන්නාහු ය. ඒ මක් නිසා ද යත්, තමන්ට විෂය නොවන කරුණු අරභයා යම් සේ අසන ලද්දේ ද, එසේ ය.

මහණෙනි, තථාගතයන් විසින් හෝ තථාගත ශ්‍රාවකයෙකු විසින් හෝ මෙයින් අසා ඉගෙන ගත් කෙනෙකුන් හෝ හැර යමෙක් මේ ප්‍රශ්නයන් විසඳීමෙන් සිත සතුටු කරන්නේ නම්, දෙවියන් සහිත, මරුන් සහිත, බඹුන් සහිත, ශ්‍රමණ බ්‍රාහ්මණයන් සහිත දෙව් මිනිස් ප්‍රජාවෙන් යුතු ලෝකයෙහි එබඳු

කෙනෙකු මම නොදකිමි.

මහණෙනි, යම් අවස්ථාවක සිත සැඟවුණේ නම් ඒ අවස්ථාව පස්සද්ධි සම්බොජ්ඣංගය වැඩීමට කාලය නොවෙයි. සමාධි සම්බොජ්ඣංගය වැඩීමට කාලය නොවෙයි. උපෙක්ඛා සම්බොජ්ඣංගය වැඩීමට කාලය නොවෙයි. ඒ මක් නිසා ද යත්, මහණෙනි, සිත සැඟ වී ගිය නිසා ය. ඒ සැඟවුණු සිත ඉහත කී ධර්මයන්ගෙන් නැගිටුවාලිය නොහැක්කේ ය.

මහණෙනි, එය මෙබඳු දෙයකි. පුරුෂයෙක් ස්වල්ප වූ ගින්නක් දල්වනු කැමැත්තේ වෙයි. ඔහු එහි අමු තණකොළ දමන්නේ ත් වෙයි. අමු ගොම දමන්නේ ත් වෙයි. අමු දර දමන්නේ ත් වෙයි. තෙත සුළඟ දෙන්නේ ත් වෙයි. පස් ඉසින්නේ ත් වෙයි. ඒ පුරුෂයා ස්වල්ප වූ ගින්න දල්වා ගන්නට සමර්ථ වන්නේ ද?" "ස්වාමීනී, එය නොවේ ම ය."

"එසෙයින් ම මහණෙනි, යම් අවස්ථාවක සිත සැඟවුණේ නම් ඒ අවස්ථාව පස්සද්ධි සම්බොජ්ඣංගය වැඩීමට කාලය නොවෙයි. සමාධි සම්බොජ්ඣංගය වැඩීමට කාලය නොවෙයි. උපෙක්ඛා සම්බොජ්ඣංගය වැඩීමට කාලය නොවෙයි. ඒ මක් නිසා ද යත්, මහණෙනි, සිත සැඟ වී ගිය නිසා ය. ඒ සැඟවුණු සිත ඉහත කී ධර්මයන්ගෙන් නැගිටුවාලිය නොහැක්කේ ය.

මහණෙනි, යම් අවස්ථාවක සිත සැඟවුණේ නම් ඒ අවස්ථාව ධම්මවිචය සම්බොජ්ඣංගය වැඩීමට කාලය යි. විරිය සම්බොජ්ඣංගය වැඩීමට කාලය යි. පීති සම්බොජ්ඣංගය වැඩීමට කාලය යි. ඒ මක් නිසා ද යත්, මහණෙනි, සිත සැඟ වී ගිය නිසා ය. මේ ධර්මයන් තුළින් සිත සැඟවී යෑම මැනැවින් ගොඩට ගත හැක්කේ වෙයි.

මහණෙනි, එය මෙබඳු දෙයකි. පුරුෂයෙක් ස්වල්ප වූ ගින්නක් දල්වනු කැමැත්තේ වෙයි. ඔහු එහි වියළි තණකොළ දමන්නේ ත් වෙයි. වියළි ගොම දමන්නේ ත් වෙයි. වියළි දර දමන්නේ ත් වෙයි. මුවින් සුළඟ දෙන්නේ ත් වෙයි. පස් නොඉසින්නේ ත් වෙයි. ඒ පුරුෂයා ස්වල්ප වූ ගින්න දල්වා ගන්නට සමර්ථ වන්නේ ද?" "එසේ ය, ස්වාමීනී."

එසෙයින් ම මහණෙනි, යම් අවස්ථාවක සිත සැඟවුණේ නම් ඒ අවස්ථාව ධම්මවිචය සම්බොජ්ඣංගය වැඩීමට කාලය යි. විරිය සම්බොජ්ඣංගය වැඩීමට කාලය යි. පීති සම්බොජ්ඣංගය වැඩීමට කාලය යි. ඒ මක් නිසා ද යත්, මහණෙනි, සිත සැඟ වී ගිය නිසා ය. මේ ධර්මයන් තුළින් සිත සැඟවී යෑම

මැනැවින් ගොඩට ගත හැක්කේ වෙයි.

මහණෙනි, යම් අවස්ථාවක සිත නොසංසුන් වූයේ නම් ඒ අවස්ථාව ධම්මවිචය සම්බොජ්ඣංගය වැඩීමට කාලය නොවෙයි. විරිය සම්බොජ්ඣංගය වැඩීමට කාලය නොවෙයි. පීති සම්බොජ්ඣංගය වැඩීමට කාලය නොවෙයි. ඒ මක් නිසා ද යත්, මහණෙනි, සිත නොසංසුන් වී ඇති නිසා ය. එය මේ ධර්මයන්ගෙන් සංසිඳවිය නොහැක්කේ ය.

මහණෙනි, එය මෙබඳු දෙයකි. පුරුෂයෙක් මහත් වූ ගින්නක් නිවනු කැමැත්තේ වෙයි. ඔහු එහි වියළි තණකොළ දමන්නේ ත් වෙයි. වියළි ගොම දමන්නේ ත් වෙයි. වියළි දර දමන්නේ ත් වෙයි. මුවින් සුළඟ දෙන්නේ ත් වෙයි. පස් නොඉසින්නේ ත් වෙයි. ඒ පුරුෂයා මහත් වූ ගින්න නිවා ගන්නට සමර්ථ වන්නේ ද?" "ස්වාමීනී, එය නොවේ ම ය."

එසෙයින් ම මහණෙනි, යම් අවස්ථාවක සිත නොසංසුන් වූයේ නම් ඒ අවස්ථාව ධම්මවිචය සම්බොජ්ඣංගය වැඩීමට කාලය නොවෙයි. විරිය සම්බොජ්ඣංගය වැඩීමට කාලය නොවෙයි. පීති සම්බොජ්ඣංගය වැඩීමට කාලය නොවෙයි. ඒ මක් නිසා ද යත්, මහණෙනි, සිත නොසංසුන් වී ඇති නිසා ය. එය මේ ධර්මයන්ගෙන් සංසිඳවිය නොහැක්කේ ය.

මහණෙනි, යම් අවස්ථාවක සිත නොසංසුන් වූයේ නම් ඒ අවස්ථාව පස්සද්ධි සම්බොජ්ඣංගය වැඩීමට කාලය යි. සමාධි සම්බොජ්ඣංගය වැඩීමට කාලය යි. උපෙක්ඛා සම්බොජ්ඣංගය වැඩීමට කාලය යි. ඒ මක් නිසා ද යත්, මහණෙනි, සිත නොසංසුන් වී ඇති නිසා ය. එය මේ ධර්මයන්ගෙන් මැනැවින් සංසිඳී යන්නේ වෙයි.

මහණෙනි, එය මෙබඳු දෙයකි. පුරුෂයෙක් මහත් වූ ගින්නක් නිවනු කැමැත්තේ වෙයි. ඔහු එහි අමු තණකොළ දමන්නේ ත් වෙයි. අමු ගොම දමන්නේ ත් වෙයි. අමු දර දමන්නේ ත් වෙයි. තෙත සුළඟ දෙන්නේ ත් වෙයි. පස් ඉසින්නේ ත් වෙයි. ඒ පුරුෂයා මහත් වූ ගින්න නිවා ගන්නට සමර්ථ වන්නේ ද?" "එසේ ය, ස්වාමීනී."

එසෙයින් ම මහණෙනි, යම් අවස්ථාවක සිත නොසංසුන් වූයේ නම් ඒ අවස්ථාව පස්සද්ධි සම්බොජ්ඣංගය වැඩීමට කාලය යි. සමාධි සම්බොජ්ඣංගය වැඩීමට කාලය යි. උපෙක්ඛා සම්බොජ්ඣංගය වැඩීමට කාලය යි. ඒ මක් නිසා ද යත්, මහණෙනි, සිත නොසංසුන් වී ඇති නිසා ය. එය මේ ධර්මයන්ගෙන් මැනැවින් සංසිඳී යන්නේ වෙයි.

මහණෙනි, සිහිය වනාහී හැමතන්හිදී ම තිබිය යුතු යැයි මම පවසමි.

සාදු! සාදු!! සාදු!!!

අග්ගි සූත්‍රය නිමා විය.

2.6.4.
මෙත්ත සූත්‍රය
මෛත්‍රිය ගැන වදාළ දෙසුම

එක් සමයක භාග්‍යවතුන් වහන්සේ කෝලිය ජනපදයෙහි හලිද්දවසන නම් වූ කෝලියවරුන්ගේ නියම් ගමෙහි වැඩවසන සේක. එකල්හී බොහෝ භික්ෂූහු පෙරවරුවෙහි සිවුරු හැඳ පොරොවා ගෙන පාත්‍රය හා සිවුර ගෙන හලිද්දවසන නියම්ගමට පිඬු පිණිස පිවිසියාහු ය.

ඉක්බිති ඒ භික්ෂූන්ට මේ අදහස ඇතිවූයේ ය. 'හලිද්දවසනයෙහි පිඬු පිණිස හැසිරෙන්නට තව ම වේලාසන වැඩි ය. එහෙයින් අපි අන්‍යතීර්ථක පිරිවැජියන්ගේ ආරාමය වෙත යන්නෙමු නම් මැනැවැ' යි.

ඉක්බිති ඒ භික්ෂූහු අන්‍ය තීර්ථක පිරිවැජියන්ගේ ආරාමය කරා ගියහ. ගොස් ඒ අන්‍ය තීර්ථක පරිබ්‍රාජකයන් හා සතුටු වූහ. සතුටු විය යුතු සිහි කටයුතු පිළිසඳර කථාව නිමා කොට එකත්පස් ව හිඳගත්හ. එකත්පස් ව හුන් ඒ භික්ෂූන්ට ඒ අන්‍ය තීර්ථක පරිබ්‍රාජකයෝ මෙය පැවසූහ.

"ආයුෂ්මත්නි, ශ්‍රමණ ගෞතමයන් වහන්සේ ශ්‍රාවකයින්ට මෙසේ ධර්මය දෙසත් නොවැ. එනම්, 'එව් මහණෙනි, ඔබ සිත කෙලෙසන, ප්‍රඥාව දුර්වල කරන පංච නීවරණයන් දුරු කොට, මෛත්‍රී සහගත සිතින් එක් දිශාවක් පතුරුවා වාසය කරව්. එසේ දෙවෙනි දිශාව ත්, එසේ තුන්වෙනි දිශාව ත්, එසේ සිව්වන දිශාව ත් පතුරුවා වාසය කරව්. මෙසේ උඩ - යට - සරස, සියළු තන්හි, සියළු ආකාරයෙන්. සකළ ලෝකයට විපුල වූ, මහද්ගත වූ, අප්‍රමාණ වූ, අවෛරී වූ, අව්‍යාපාදයෙන් යුතු මෛත්‍රී සහගත සිත පතුරුවා වාසය කරව්.

කරුණා සහගත සිතින් එක් දිශාවක් පතුරුවා වාසය කරව්. එසේ දෙවෙනි දිශාව ත්, එසේ තුන්වෙනි දිශාව ත්, එසේ සිව්වන දිශාව ත් පතුරුවා වාසය කරව්. මෙසේ උඩ - යට - සරස, සියළු තන්හි, සියළු ආකාරයෙන්.

සකළ ලෝකයට විපුල වූ, මහද්ගත වූ, අප්‍රමාණ වූ, අවෛරී වූ, අව්‍යාපාදයෙන් යුතු කරුණා සහගත සිත පතුරුවා වාසය කරව්.

මුදිතා සහගත සිතින් එක් දිශාවක් පතුරුවා වාසය කරව්. එසේ දෙවෙනි දිශාව ත්, එසේ තුන්වෙනි දිශාව ත්, එසේ සිව්වන දිශාව ත් පතුරුවා වාසය කරව්. මෙසේ උඩ - යට - සරස, සියළු තන්හි, සියළු ආකාරයෙන්. සකළ ලෝකයට විපුල වූ, මහද්ගත වූ, අප්‍රමාණ වූ, අවෛරී වූ, අව්‍යාපාදයෙන් යුතු මුදිතා සහගත සිත පතුරුවා වාසය කරව්.

උපේක්ෂා සහගත සිතින් එක් දිශාවක් පතුරුවා වාසය කරව්. එසේ දෙවෙනි දිශාව ත්, එසේ තුන්වෙනි දිශාව ත්, එසේ සිව්වන දිශාව ත් පතුරුවා වාසය කරව්. මෙසේ උඩ - යට - සරස, සියළු තන්හි, සියළු ආකාරයෙන්. සකළ ලෝකයට විපුල වූ, මහද්ගත වූ, අප්‍රමාණ වූ, අවෛරී වූ, අව්‍යාපාදයෙන් යුතු උපේක්ෂා සහගත සිත පතුරුවා වාසය කරව්" යනුවෙනි.

ආයුෂ්මත්නි, අපි ත් ශ්‍රාවකයන්ට ඔය අයුරින් දහම් දෙසමු. "එව් ආයුෂ්මත්නි, ඔබ සිත කෙලෙසන, ප්‍රඥාව දුර්වල කරන පංච නීවරණයන් දුරු කොට, මෛත්‍රී සහගත සිතින් එක් දිශාවක් පතුරුවා වාසය කරව්. ....(පෙ).... කරුණා සහගත සිතින් ....(පෙ).... මුදිතා සහගත සිතින් ....(පෙ).... උපේක්ෂා සහගත සිතින් එක් දිශාවක් පතුරුවා වාසය කරව්. එසේ දෙවෙනි දිශාව ත්, එසේ තුන්වෙනි දිශාව ත්, එසේ සිව්වන දිශාව ත් පතුරුවා වාසය කරව්. මෙසේ උඩ - යට - සරස, සියළු තන්හි, සියළු ආකාරයෙන්. සකළ ලෝකයට විපුල වූ, මහද්ගත වූ, අප්‍රමාණ වූ, අවෛරී වූ, අව්‍යාපාදයෙන් යුතු උපේක්ෂා සහගත සිත පතුරුවා වාසය කරව්" යනුවෙනි.

ආයුෂ්මත්නි, මෙහිලා ශ්‍රමණ ගෞතමයන් වහන්සේගේ හෝ අපගේ හෝ ධර්ම දේශනාවෙන් ධර්ම දේශනාව වේවා, අනුශාසනාවෙන් අනුශාසනාව වේවා, කවර විශේෂයක් ද? කවර අදහසක් ද? කවර නානත්වයක් ද?"

එකල්හී ඒ භික්ෂූහු ඒ අන්‍ය තීර්ථක පරිබ්‍රාජකයන්ගේ ප්‍රකාශය නොපිළිගත්තාහු ය. ප්‍රතික්ෂේප නොකළාහු ය. නොපිළිගෙන, ප්‍රතික්ෂේප නොකොට 'භාග්‍යවතුන් වහන්සේ සමීපයෙහි මේ පැවසූ කරුණෙහි අර්ථය දැනගන්නෙමු' යි හුනස්නෙන් නැගිට පිටත් ව ගියාහු ය.

ඉක්බිති ඒ භික්ෂූහු හලිද්දවසනයෙහි පිඬු පිණිස හැසිර පසුබත් කාලයෙහි පිණ්ඩපාතයෙන් වැළකී භාග්‍යවතුන් වහන්සේ වෙත එළඹියහ. එළඹ භාග්‍යවතුන් වහන්සේට සකසා වන්දනා කොට එකත්පස් ව හිඳගත්හ.

එකත්පස් ව හුන් ඒ භික්ෂූහු භාග්‍යවතුන් වහන්සේට මෙය පැවසූහ.

"ස්වාමීනී, මෙහිලා අපි පෙරවරුවෙහි සිවුරු හැඳ පොරොවාගෙන පාත්‍රය හා සිවුර ගෙන හලිද්දවසනයෙහි පිඬු පිණිස පිවිසියෙමු. ස්වාමීනී, ඉක්බිති අපට මේ අදහස ඇතිවූයේ ය. 'හලිද්දවසනයෙහි පිඬු පිණිස හැසිරෙන්නට තව ම වේලාසන වැඩි ය. එහෙයින් අපි අන්‍යතීර්ථක පිරිවැජියන්ගේ ආරාමය වෙත යන්නෙමු නම් මැනැවැ' යි.

ස්වාමීනී, ඉක්බිති ඒ අපි අන්‍ය තීර්ථක පිරිවැජියන්ගේ ආරාමය කරා ගියෙමු. ගොස් ඒ අන්‍ය තීර්ථක පරිබ්‍රාජකයන් හා සතුටු වුණෙමු. සතුටු විය යුතු සිහි කටයුතු පිළිසඳර කථාව නිමා කොට එකත්පස් ව හිඳගතිමු. ස්වාමීනී, එකත්පස් ව හුන් ඒ අපට ඒ අන්‍ය තීර්ථක පරිබ්‍රාජකයෝ මෙය පැවසූහ.

"ආයුෂ්මත්නි, ශ්‍රමණ ගෞතමයන් වහන්සේ ශ්‍රාවකයින්ට මෙසේ ධර්මය දෙසත් නොවැ. එනම්, 'එව් මහණෙනි, ඔබ සිත කෙලෙසන, ප්‍රඥාව දුර්වල කරන පංච නීවරණයන් දුරු කොට, මෛත්‍රී සහගත සිතින් එක් දිශාවක් පතුරුවා වාසය කරව්. ....(පෙ).... කරුණා සහගත සිතින් ....(පෙ).... මුදිතා සහගත සිතින් ....(පෙ).... උපේක්ෂා සහගත සිතින් එක් දිශාවක් පතුරුවා වාසය කරව්. එසේ දෙවෙනි දිශාව ත්, එසේ තුන්වෙනි දිශාව ත්, එසේ සිව්වන දිශාව ත් පතුරුවා වාසය කරව්. මෙසේ උඩ - යට - සරස, සියළු තන්හි, සියළු ආකාරයෙන්. සකළ ලෝකයට විපුල වූ, මහද්ගත වූ, අප්‍රමාණ වූ, අවෛරී වූ, අව්‍යාපාදයෙන් යුතු උපේක්ෂා සහගත සිත පතුරුවා වාසය කරව්" යනුවෙනි.

ආයුෂ්මත්නි, අපි ත් ශ්‍රාවකයන්ට ඔය අයුරින් දහම් දෙසමු. "එව් ආයුෂ්මත්නි, ඔබ සිත කෙලෙසන, ප්‍රඥාව දුර්වල කරන පංච නීවරණයන් දුරු කොට, මෛත්‍රී සහගත සිතින් එක් දිශාවක් පතුරුවා වාසය කරව්. ....(පෙ).... කරුණා සහගත සිතින් ....(පෙ).... මුදිතා සහගත සිතින් ....(පෙ).... උපේක්ෂා සහගත සිතින් එක් දිශාවක් පතුරුවා වාසය කරව්. එසේ දෙවෙනි දිශාව ත්, එසේ තුන්වෙනි දිශාව ත්, එසේ සිව්වන දිශාව ත් පතුරුවා වාසය කරව්. මෙසේ උඩ - යට - සරස, සියළු තන්හි, සියළු ආකාරයෙන්. සකළ ලෝකයට විපුල වූ, මහද්ගත වූ, අප්‍රමාණ වූ, අවෛරී වූ, අව්‍යාපාදයෙන් යුතු උපේක්ෂා සහගත සිත පතුරුවා වාසය කරව්' යනුවෙනි.

ආයුෂ්මත්නි, මෙහිලා ශ්‍රමණ ගෞතමයන් වහන්සේගේ හෝ අපගේ හෝ ධර්ම දේශනාවෙන් ධර්ම දේශනාව වේවා, අනුශාසනාවෙන් අනුශාසනාව වේවා, කවර විශේෂයක් ද? කවර අදහසක් ද? කවර නානත්වයක් ද?"

ස්වාමීනී, එකල්හී අපි ඒ අන්‍ය තීර්ථක පරිබ්‍රාජකයන්ගේ ප්‍රකාශය නොපිළිගත්තෙමු. ප්‍රතික්ෂේප නොකළෙමු. නොපිළිගෙන, ප්‍රතික්ෂේප නොකොට 'භාග්‍යවතුන් වහන්සේ සමීපයෙහි මේ පැවසූ කරුණෙහි අර්ථය දැනගන්නෙමු' යි හුනස්නෙන් නැගිට පිටත් ව ගියෙමු."

"මහණෙනි, ඔය අයුරින් පවසන අන්‍ය තීර්ථක පරිබ්‍රාජකයන්ට මෙසේ පිළිතුරු දිය යුත්තේ ය.

'ආයුෂ්මත්නි, මෛත්‍රී චිත්ත විමුක්තිය කුමන ගතියක් ඇත්තේ, කුමන උතුම් බවක් ඇත්තේ, කුමන ඵලයක් ඇත්තේ, කුමන අවසානයක් ඇත්තේ කෙසේ වැඩූ කල්හි ද?

ආයුෂ්මත්නි, කරුණා චිත්ත විමුක්තිය කුමන ගතියක් ඇත්තේ, කුමන උතුම් බවක් ඇත්තේ, කුමන ඵලයක් ඇත්තේ, කුමන අවසානයක් ඇත්තේ කෙසේ වැඩූ කල්හි ද?

ආයුෂ්මත්නි, මුදිතා චිත්ත විමුක්තිය කුමන ගතියක් ඇත්තේ, කුමන උතුම් බවක් ඇත්තේ, කුමන ඵලයක් ඇත්තේ, කුමන අවසානයක් ඇත්තේ කෙසේ වැඩූ කල්හි ද?

ආයුෂ්මත්නි, උපේක්ෂා චිත්ත විමුක්තිය කුමන ගතියක් ඇත්තේ, කුමන උතුම් බවක් ඇත්තේ, කුමන ඵලයක් ඇත්තේ, කුමන අවසානයක් ඇත්තේ කෙසේ වැඩූ කල්හි ද?'

මහණෙනි, මෙසේ විමසූ විට අන්‍ය තීර්ථක පරිබ්‍රාජකයෝ පිළිතුරු දෙන්නට නොහැකිවන්නාහු ය. මත්තෙහි වෙහෙසට පත්වන්නාහු ය. ඒ මක් නිසා ද යත්, තමන්ට විෂය නොවන කරුණු අරභයා යම් සේ අසන ලද්දේ ද, එසේ ය.

මහණෙනි, තථාගතයන් විසින් හෝ තථාගත ශ්‍රාවකයෙකු විසින් හෝ මෙයින් අසා ඉගෙන ගත් කෙනෙකුන් හෝ හැර යමෙක් මේ ප්‍රශ්නයන් විසඳීමෙන් සිත සතුටු කරන්නේ නම්, දෙවියන් සහිත, මරුන් සහිත, බඹුන් සහිත, ශ්‍රමණ බ්‍රාහ්මණයන් සහිත දෙව් මිනිස් ප්‍රජාවෙන් යුතු ලෝකයෙහි එබඳු කෙනෙකු මම නොදකිමි.

මහණෙනි, මෛත්‍රී චිත්ත විමුක්තිය කුමන ගතියක් ඇත්තේ, කුමන උතුම් බවක් ඇත්තේ, කුමන ඵලයක් ඇත්තේ, කුමන අවසානයක් ඇත්තේ කෙසේ වැඩූ කල්හි ද?

මහණෙනි, මෙහිලා භික්ෂුව කාය චිත්ත විවේකයෙන් යුතු ව, විරාගී සිතින් යුතු ව, අකුසල් නිරුද්ධ කරන සිතින් යුතු ව, නිවනට නැඹුරු වූ සිතින් යුතු ව මෛත්‍රී සහගත ව සති සම්බොජ්ඣංගය වඩයි. ....(පෙ).... කාය චිත්ත විවේකයෙන් යුතු ව, විරාගී සිතින් යුතු ව, අකුසල් නිරුද්ධ කරන සිතින් යුතු ව, නිවනට නැඹුරු වූ සිතින් යුතු ව මෛත්‍රී සහගත ව උපේක්ෂා සම්බොජ්ඣංගය වඩයි.

ඉදින් හේ පිළිකුල් නැති අරමුණෙහි පිළිකුල් හැඟීමෙන් වාසය කරන්නෙමි යි කැමති වෙයි නම් එහිලා පිළිකුල් සංඥාවෙන් වාසය කරයි. ඉදින් පිළිකුල් අරමුණෙහි පිළිකුල් නැති හැඟීමෙන් වාසය කරන්නෙමි යි කැමති වෙයි නම් එහිලා නොපිළිකුල් සංඥාවෙන් වාසය කරයි. ඉදින් නොපිළිකුල් අරමුණෙහි ත් පිළිකුල් අරමුණෙහි ත්, පිළිකුල් හැඟීමෙන් වාසය කරන්නෙමි යි කැමති වෙයි නම් එහිලා පිළිකුල් සංඥාවෙන් වාසය කරයි. ඉදින් පිළිකුල් අරමුණෙහි ත් නොපිළිකුල් අරමුණෙහි ත්, පිළිකුල් හැඟීමෙන් වාසය කරන්නෙමි යි කැමති වෙයි නම් එහිලා පිළිකුල් සංඥාවෙන් වාසය කරයි. ඉදින් නොපිළිකුල් අරමුණ ත්, පිළිකුල් අරමුණ ත් යන දෙක බැහැර කොට සිහි නුවණින් යුතු ව උපේක්ෂාවෙන් යුතු ව වාසය කරන්නෙමි යි කැමති වෙයි නම් එහිලා සිහි නුවණින් යුතු ව උපේක්ෂාවෙන් වාසය කරයි. සුභ විමෝක්ෂයට හෝ පැමිණ වාසය කරයි. මහණෙනි, මෙහිලා ප්‍රඥා සම්පන්න භික්ෂුවට මත්තෙහි අරහත්ඵල විමුක්තිය අවබෝධ නොකරන කල්හී මෛත්‍රී චිත්ත විමුක්තිය සුභ පරම කොට ඇතැයි මම කියමි.

මහණෙනි, කරුණා චිත්ත විමුක්තිය කුමන ගතියක් ඇත්තේ, කුමන උතුම් බවක් ඇත්තේ, කුමන ඵලයක් ඇත්තේ, කුමන අවසානයක් ඇත්තේ කෙසේ වැඩූ කල්හි ද?

මහණෙනි, මෙහිලා භික්ෂුව කාය චිත්ත විවේකයෙන් යුතු ව, විරාගී සිතින් යුතු ව, අකුසල් නිරුද්ධ කරන සිතින් යුතු ව, නිවනට නැඹුරු වූ සිතින් යුතු ව කරුණා සහගත ව සති සම්බොජ්ඣංගය වඩයි. ....(පෙ).... කාය චිත්ත විවේකයෙන් යුතු ව, විරාගී සිතින් යුතු ව, අකුසල් නිරුද්ධ කරන සිතින් යුතු ව, නිවනට නැඹුරු වූ සිතින් යුතු ව කරුණා සහගත ව උපේක්ෂා සම්බොජ්ඣංගය වඩයි.

ඉදින් හේ පිළිකුල් නැති අරමුණෙහි පිළිකුල් හැඟීමෙන් වාසය කරන්නෙමි යි කැමති වෙයි නම් එහිලා පිළිකුල් සංඥාවෙන් වාසය කරයි. ඉදින් පිළිකුල් අරමුණෙහි පිළිකුල් නැති හැඟීමෙන් වාසය කරන්නෙමි යි කැමති වෙයි නම්

එහිලා නොපිළිකුල් සංඥාවෙන් වාසය කරයි. ඉදින් නොපිළිකුල් අරමුණෙහි ත් පිළිකුල් අරමුණෙහි ත්, පිළිකුල් හැඟීමෙන් වාසය කරන්නෙමි යි කැමති වෙයි නම් එහිලා පිළිකුල් සංඥාවෙන් වාසය කරයි. ඉදින් පිළිකුල් අරමුණෙහි ත් නොපිළිකුල් අරමුණෙහි ත්, නොපිළිකුල් හැඟීමෙන් වාසය කරන්නෙමි යි කැමති වෙයි නම් එහිලා නොපිළිකුල් සංඥාවෙන් වාසය කරයි. ඉදින් නොපිළිකුල් අරමුණ ත්, පිළිකුල් අරමුණ ත් යන දෙක බැහැර කොට සිහි නුවණින් යුතු ව උපේක්ෂාවෙන් යුතු ව වාසය කරන්නෙමි යි කැමති වෙයි නම් එහිලා සිහි නුවණින් යුතු ව උපේක්ෂාවෙන් වාසය කරයි. සියළු අයුරින් රූප සංඥාවන් ඉක්ම යෑමෙන් ගොරෝසු සංඥාවන්ගේ නැතිවීමෙන් නා නා සංඥාවන් මෙනෙහි නොකිරීමෙන් අනන්ත වූ ආකාසය යැයි ආකාසානඤ්චායතනයට පැමිණ වාසය කරයි. මහණෙනි, මෙහිලා ප්‍රඥා සම්පන්න භික්ෂුවට මත්තෙහි අරහත්ඵල විමුක්තිය අවබෝධ නොකරන කල්හී කරුණා චිත්ත විමුක්තිය ආකාසානඤ්චායතනය පරම කොට ඇතැයි මම කියමි.

මහණෙනි, මුදිතා චිත්ත විමුක්තිය කුමන ගතියක් ඇත්තේ, කුමන උතුම් බවක් ඇත්තේ, කුමන ඵලයක් ඇත්තේ, කුමන අවසානයක් ඇත්තේ කෙසේ වැඩූ කල්හි ද?

මහණෙනි, මෙහිලා භික්ෂුව කාය චිත්ත විවේකයෙන් යුතු ව, විරාගී සිතින් යුතු ව, අකුසල් නිරුද්ධ කරන සිතින් යුතු ව, නිවනට නැඹුරු වූ සිතින් යුතු ව මුදිතා සහගත ව සති සම්බොජ්ඣංගය වඩයි. ....(පෙ).... කාය චිත්ත විවේකයෙන් යුතු ව, විරාගී සිතින් යුතු ව, අකුසල් නිරුද්ධ කරන සිතින් යුතු ව, නිවනට නැඹුරු වූ සිතින් යුතු ව මුදිතා සහගත ව උපේක්ෂා සම්බොජ්ඣංගය වඩයි.

ඉදින් හේ පිළිකුල් නැති අරමුණෙහි පිළිකුල් හැඟීමෙන් වාසය කරන්නෙමි යි කැමති වෙයි නම් එහිලා පිළිකුල් සංඥාවෙන් වාසය කරයි. ....(පෙ).... ඉදින් නොපිළිකුල් අරමුණ ත්, පිළිකුල් අරමුණ ත් යන දෙක බැහැර කොට සිහි නුවණින් යුතු ව උපේක්ෂාවෙන් යුතු ව වාසය කරන්නෙමි යි කැමති වෙයි නම් එහිලා සිහි නුවණින් යුතු ව උපේක්ෂාවෙන් වාසය කරයි.

සියළු අයුරින් ආකාසානඤ්චායතනය ඉක්ම යෑමෙන් අනන්ත වූ විඤ්ඤාණය යැයි විඤ්ඤාණඤ්චායතනයට පැමිණ වාසය කරයි. මහණෙනි, මෙහිලා ප්‍රඥා සම්පන්න භික්ෂුවට මත්තෙහි අරහත්ඵල විමුක්තිය අවබෝධ නොකරන කල්හී මුදිතා චිත්ත විමුක්තිය විඤ්ඤාණඤ්චායතනය පරම කොට ඇතැයි මම කියමි.

මහණෙනි, උපේක්ෂා චිත්ත විමුක්තිය කුමන ගතියක් ඇත්තේ, කුමන උතුම් බවක් ඇත්තේ, කුමන ඵලයක් ඇත්තේ, කුමන අවසානයක් ඇත්තේ කෙසේ වැඩූ කල්හි ද?

මහණෙනි, මෙහිලා භික්ෂුව කාය චිත්ත විවේකයෙන් යුතු ව, විරාගී සිතින් යුතු ව, අකුසල් නිරුද්ධ කරන සිතින් යුතු ව, නිවනට නැඹුරු වූ සිතින් යුතු ව උපේක්ෂා සහගත ව සති සම්බොජ්ඣංගය වඩයි. ....(පෙ).... කාය චිත්ත විවේකයෙන් යුතු ව, විරාගී සිතින් යුතු ව, අකුසල් නිරුද්ධ කරන සිතින් යුතු ව, නිවනට නැඹුරු වූ සිතින් යුතු ව උපේක්ෂා සහගත ව උපේක්ෂා සම්බොජ්ඣංගය වඩයි.

ඉදින් හේ පිළිකුල් නැති අරමුණෙහි පිළිකුල් හැඟීමෙන් වාසය කරන්නෙමි යි කැමති වෙයි නම් එහිලා පිළිකුල් සංඥාවෙන් වාසය කරයි. ඉදින් පිළිකුල් අරමුණෙහි පිළිකුල් නැති හැඟීමෙන් වාසය කරන්නෙමි යි කැමති වෙයි නම් එහිලා නොපිළිකුල් සංඥාවෙන් වාසය කරයි. ඉදින් නොපිළිකුල් අරමුණෙහි ත් පිළිකුල් අරමුණෙහි ත්, පිළිකුල් හැඟීමෙන් වාසය කරන්නෙමි යි කැමති වෙයි නම් එහිලා පිළිකුල් සංඥාවෙන් වාසය කරයි. ඉදින් පිළිකුල් අරමුණෙහි ත් නොපිළිකුල් අරමුණෙහි ත්, නොපිළිකුල් හැඟීමෙන් වාසය කරන්නෙමි යි කැමති වෙයි නම් එහිලා නොපිළිකුල් සංඥාවෙන් වාසය කරයි. ඉදින් නොපිළිකුල් අරමුණ ත්, පිළිකුල් අරමුණ ත් යන දෙක බැහැර කොට සිහි නුවණින් යුතු ව උපේක්ෂාවෙන් යුතු ව වාසය කරන්නෙමි යි කැමති වෙයි නම් එහිලා සිහි නුවණින් යුතු ව උපේක්ෂාවෙන් වාසය කරයි.

සියළු අයුරින් විඤ්ඤාණඤ්චායතනය ඉක්ම යැමෙන් කිසිවක් නැතැයි ආකිඤ්චඤ්ඤායතනයට පැමිණ වාසය කරයි. මහණෙනි, මෙහිලා ප්‍රඥා සම්පන්න භික්ෂුවට මත්තෙහි අරහත්ඵල විමුක්තිය අවබෝධ නොකරන කල්හී උපේක්ෂා චිත්ත විමුක්තිය ආකිඤ්චඤ්ඤායතනය පරම කොට ඇතැයි මම කියමි.

සාදු! සාදු!! සාදු!!!

මෙත්ත සූත්‍රය නිමා විය.

2.6.5.
සංගාරව සූත්‍රය
සංගාරව බ්‍රාහ්මණයාට වදාළ දෙසුම

එකල්හී සංගාරව බ්‍රාහ්මණයා භාග්‍යවතුන් වහන්සේ යම් තැනක වැඩසිටි සේක් ද, එතැනට පැමිණියේ ය. පැමිණ භාග්‍යවතුන් වහන්සේ සමඟ සතුටු වූයේ ය. සතුටු විය යුතු, සිහිකළ යුතු පිළිසඳර කතා බහ නිමවා එකත්පස් ව හිඳ ගත්තේ ය. එකත්පස් ව හුන් සංගාරව බමුණා භාග්‍යවතුන් වහන්සේට මෙය පැවසුවේ ය.

"භවත් ගෞතමයන් වහන්ස, යම් හෙයකින් ඇතැම් අවස්ථාවන් හිදී බොහෝ කලක් සජ්ඣායනා කළ වේද මන්ත්‍ර පවා අමතක වෙත් නම්, කලින් සජ්ඣායනා නොකළ දේ ත් නොවැටහෙත් නම්, එයට හේතුව කුමක් ද? ප්‍රත්‍යය කුමක් ද? භවත් ගෞතමයන් වහන්ස, යම් හෙයකින් ඇතැම් අවස්ථාවන් හිදී බොහෝ කලක් සජ්ඣායනා නොකළ වේද මන්ත්‍ර පවා වැටහෙත් නම්, කලින් සජ්ඣායනා කළ දේ ත් වැටහෙත් නම්, එයට හේතුව කුමක් ද? ප්‍රත්‍යය කුමක් ද?"

"බ්‍රාහ්මණය, යම් විටක කාමරාගයෙන් පෙරලී ගිය සිත් ඇතිව, කාමරාග යට යට වූ සිතින් වාසය කරයි නම් උපන්නා වූ කාමරාගයෙන් නිදහස් වීම ත් ඒ වූ පරිද්දෙන් නොදනියි නම්, එසමයෙහි තමාගේ යහපත ත් ඒ වූ පරිදි නොදන්නේ ය, නොදක්නේ ය. එසමයෙහි අනුන්ගේ යහපත ත් ඒ වූ පරිදි නොදන්නේ ය, නොදක්නේ ය. එසමයෙහි දෙපසෙහි ම යහපත ත් ඒ වූ පරිදි නොදන්නේ ය, නොදක්නේ ය. බොහෝ කලක් සජ්ඣායනා කළ වේද මන්ත්‍ර පවා අමතක වෙයි. කලින් සජ්ඣායනා නොකළ දේ ත් නොවැටහෙයි.

බ්‍රාහ්මණය, එය මෙබඳු දෙයකි. යම් සේ ලාකඩ පැහැයෙන් වේවා, කහ පැහැයෙන් වේවා, නිල් පැහැයෙන් වේවා, මදටිය පැහැයෙන් වේවා මිශ්‍ර වූ දිය බඳුනක් ඇද්ද, එහිදී ඇස් ඇති පුරුෂයෙක් සිය මුව සටහන ඒ තුළින් පිරික්සා බලද්දී ඒ අයුරින් ම නොදනියි. නොදකියි. එසෙයින් ම බ්‍රාහ්මණය, යම් විටක කාමරාගයෙන් පෙරලී ගිය සිත් ඇතිව, කාමරාගයට යට වූ සිතින් වාසය කරයි නම් උපන්නා වූ කාමරාගයෙන් නිදහස් වීම ත් ඒ වූ පරිද්දෙන් නොදනියි නම්, එසමයෙහි තමාගේ යහපත ත් ....(පෙ).... අනුන්ගේ යහපත

ත් ....(පෙ).... දෙපසෙහි ම යහපත ත් ඒ වූ පරිදි නොදන්නේ ය, නොදක්නේ ය. බොහෝ කලක් සජ්ඣායනා කළ වේද මන්ත්‍ර පවා අමතක වෙයි. කලින් සජ්ඣායනා නොකළ දේ ත් නොවැටහෙයි.

තව ද බ්‍රාහ්මණය, යම් විටක ද්වේෂයෙන් පෙරලී ගිය සිත් ඇතිව, ද්වේෂයට යට වූ සිතින් වාසය කරයි නම් උපන්නා වූ ද්වේෂයෙන් නිදහස් වීම ත් ඒ වූ පරිද්දෙන් නොදනියි නම්, එසමයෙහි තමාගේ යහපත ත් ....(පෙ).... අනුන්ගේ යහපත ත් ....(පෙ).... දෙපසෙහි ම යහපත ත් ඒ වූ පරිදි නොදන්නේ ය, නොදක්නේ ය. බොහෝ කලක් සජ්ඣායනා කළ වේද මන්ත්‍ර පවා අමතක වෙයි. කලින් සජ්ඣායනා නොකළ දේ ත් නොවැටහෙයි.

බ්‍රාහ්මණය, එය මෙබඳු දෙයකි. යම් සේ ගින්නෙන් රත් වූ කැකෑරුණු උණුසුම් වූ දිය බඳුනක් ඇද්ද, එහිදී ඇස් ඇති පුරුෂයෙක් සිය මුව සටහන ඒ තුළින් පිරික්සා බලද්දී ඒ අයුරින් ම නොදනියි. නොදකියි. එසෙයින් ම බ්‍රාහ්මණය, යම් විටක ද්වේෂයෙන් පෙරලී ගිය සිත් ඇතිව, ද්වේෂයට යට වූ සිතින් වාසය කරයි නම් උපන්නා වූ ද්වේෂයෙන් නිදහස් වීම ත් ඒ වූ පරිද්දෙන් නොදනියි නම්, එසමයෙහි තමාගේ යහපත ත් ....(පෙ).... අනුන්ගේ යහපත ත් ....(පෙ).... දෙපසෙහි ම යහපත ත් ඒ වූ පරිදි නොදන්නේ ය, නොදක්නේ ය. බොහෝ කලක් සජ්ඣායනා කළ වේද මන්ත්‍ර පවා අමතක වෙයි. කලින් සජ්ඣායනා නොකළ දේ ත් නොවැටහෙයි.

තව ද බ්‍රාහ්මණය, යම් විටක නිදිමත හා අලස බවින් පෙරලී ගිය සිත් ඇතිව, නිදිමත හා අලස බවට යට වූ සිතින් වාසය කරයි නම් උපන්නා වූ නිදිමත හා අලස බවින් නිදහස් වීම ත් ඒ වූ පරිද්දෙන් නොදනියි නම්, එසමයෙහි තමාගේ යහපත ත් ....(පෙ).... අනුන්ගේ යහපත ත් ....(පෙ).... දෙපසෙහි ම යහපත ත් ඒ වූ පරිදි නොදන්නේ ය, නොදක්නේ ය. බොහෝ කලක් සජ්ඣායනා කළ වේද මන්ත්‍ර පවා අමතක වෙයි. කලින් සජ්ඣායනා නොකළ දේ ත් නොවැටහෙයි.

බ්‍රාහ්මණය, එය මෙබඳු දෙයකි. යම් සේ දිය සෙවෙල් හා පෙඳ පාසි පිරී ගිය දිය බඳුනක් ඇද්ද, එහිදී ඇස් ඇති පුරුෂයෙක් සිය මුව සටහන ඒ තුළින් පිරික්සා බලද්දී ඒ අයුරින් ම නොදනියි. නොදකියි. එසෙයින් ම බ්‍රාහ්මණය, යම් විටක නිදිමත හා අලස බවින් පෙරලී ගිය සිත් ඇතිව, නිදිමත හා අලස බවට යට වූ සිතින් වාසය කරයි නම් උපන්නා වූ නිදිමත හා අලස බවින් නිදහස් වීම ත් ඒ වූ පරිද්දෙන් නොදනියි නම්, එසමයෙහි තමාගේ යහපත ත් ....(පෙ).... අනුන්ගේ යහපත ත් ....(පෙ).... දෙපසෙහි ම යහපත ත් ඒ වූ පරිදි

නොදන්නේ ය, නොදක්නේ ය. බොහෝ කලක් සජ්ඣායනා කළ වේද මන්ත්‍ර පවා අමතක වෙයි. කලින් සජ්ඣායනා නොකළ දේ ත් නොවැටහෙයි.

තව ද බ්‍රාහ්මණය, යම් විටක විසිරුණු සිතින් හා පසුතැවිල්ලෙන් පෙරලී ගිය සිත් ඇතිව, විසිරීමට හා පසුතැවීමට යට වූ සිතින් වාසය කරයි නම් උපන්නා වූ විසිරුණු සිතින් හා පසුතැවිල්ලෙන් නිදහස් වීම ත් ඒ වූ පරිද්දෙන් නොදනියි නම්, එසමයෙහි තමාගේ යහපත ත් ....(පෙ).... අනුන්ගේ යහපත ත් ....(පෙ).... දෙපසෙහි ම යහපත ත් ඒ වූ පරිදි නොදන්නේ ය, නොදක්නේ ය. බොහෝ කලක් සජ්ඣායනා කළ වේද මන්ත්‍ර පවා අමතක වෙයි. කලින් සජ්ඣායනා නොකළ දේ ත් නොවැටහෙයි.

බ්‍රාහ්මණය, එය මෙබඳු දෙයකි. යම් සේ සුළඟින් කැළඹී ගිය අවුල් වූ සැලුණු, දිය රළ ඇති දිය බඳුනක් ඇද්ද, එහිදී ඇස් ඇති පුරුෂයෙක් සිය මුව සටහන ඒ තුළින් පිරික්සා බලද්දී ඒ අයුරින් ම නොදනියි. නොදකියි. එසෙයින් ම බ්‍රාහ්මණය, යම් විටක විසිරුණු සිතින් හා පසුතැවිල්ලෙන් පෙරලී ගිය සිත් ඇතිව, විසිරීමට හා පසුතැවීමට යට වූ සිතින් වාසය කරයි නම් උපන්නා වූ විසිරුණු සිතින් හා පසුතැවිල්ලෙන් නිදහස් වීම ත් ඒ වූ පරිද්දෙන් නොදනියි නම්, එසමයෙහි තමාගේ යහපත ත් ....(පෙ).... අනුන්ගේ යහපත ත් ....(පෙ).... දෙපසෙහි ම යහපත ත් ඒ වූ පරිදි නොදන්නේ ය, නොදක්නේ ය. බොහෝ කලක් සජ්ඣායනා කළ වේද මන්ත්‍ර පවා අමතක වෙයි. කලින් සජ්ඣායනා නොකළ දේ ත් නොවැටහෙයි.

තව ද බ්‍රාහ්මණය, යම් විටක සැකයෙන් පෙරලී ගිය සිත් ඇතිව, සැකයට යට වූ සිතින් වාසය කරයි නම් උපන්නා වූ සැකයෙන් නිදහස් වීම ත් ඒ වූ පරිද්දෙන් නොදනියි නම්, එසමයෙහි තමාගේ යහපත ත් ....(පෙ).... අනුන්ගේ යහපත ත් ....(පෙ).... දෙපසෙහි ම යහපත ත් ඒ වූ පරිදි නොදන්නේ ය, නොදක්නේ ය. බොහෝ කලක් සජ්ඣායනා කළ වේද මන්ත්‍ර පවා අමතක වෙයි. කලින් සජ්ඣායනා නොකළ දේ ත් නොවැටහෙයි.

බ්‍රාහ්මණය, එය මෙබඳු දෙයකි. යම් සේ අපැහැදිලි වූ කැළඹී ගිය බොර වූ දිය බඳුනක් අඳුරෙහි ඇද්ද, එහිදී ඇස් ඇති පුරුෂයෙක් සිය මුව සටහන ඒ තුළින් පිරික්සා බලද්දී ඒ අයුරින් ම නොදනියි. නොදකියි. එසෙයින් ම බ්‍රාහ්මණය, යම් විටක සැකයෙන් පෙරලී ගිය සිත් ඇතිව, සැකයට යට වූ සිතින් වාසය කරයි නම් උපන්නා වූ සැකයෙන් නිදහස් වීම ත් ඒ වූ පරිද්දෙන් නොදනියි නම්, එසමයෙහි තමාගේ යහපත ත් ....(පෙ).... අනුන්ගේ යහපත ත් ....(පෙ).... දෙපසෙහි ම යහපත ත් ඒ වූ පරිදි නොදන්නේ ය, නොදක්නේ

ය. බොහෝ කලක් සජ්ඣායනා කළ වේද මන්ත්‍ර පවා අමතක වෙයි. කලින් සජ්ඣායනා නොකළ දේ ත් නොවැටහෙයි.

බ්‍රාහ්මණය, යම් හෙයකින් ඇතැම් අවස්ථාවන් හිදී බොහෝ කලක් සජ්ඣායනා කළ වේද මන්ත්‍ර පවා අමතක වෙත් නම්, කලින් සජ්ඣායනා නොකළ දේ ත් නොවැටහෙත් නම්, එයට හේතුව මෙය යි. ප්‍රත්‍යය මෙය යි. සජ්ඣායනා නොකළ මන්ත්‍ර ගැන කවර කථා ද?

බ්‍රාහ්මණය, යම් විටක කාමරාගයෙන් නොපෙරලී ගිය සිත් ඇතිව, කාමරාගයට යට නොවූ සිතින් වාසය කරයි නම් උපන්නා වූ කාමරාගයෙන් නිදහස් වීම ඒ වූ පරිද්දෙන් දනියි නම්, එසමයෙහි තමාගේ යහපත ත් ඒ වූ පරිදි දන්නේ ය, දක්නේ ය. එසමයෙහි අනුන්ගේ යහපත ත් ඒ වූ පරිදි දන්නේ ය, දක්නේ ය. එසමයෙහි දෙපසෙහි ම යහපත ත් ඒ වූ පරිදි දන්නේ ය, දක්නේ ය. බොහෝ කලක් සජ්ඣායනා නොකළ වේද මන්ත්‍ර පවා වැටහෙයි. කලින් සජ්ඣායනා කළ දේ ත් වැටහෙයි.

බ්‍රාහ්මණය, එය මෙබඳු දෙයකි. යම් සේ ලාකඩ පැහැයෙන් වේවා, කහ පැහැයෙන් වේවා, නිල් පැහැයෙන් වේවා, මදටිය පැහැයෙන් වේවා මිශ්‍ර නොවූ දිය බඳුනක් ඇද්ද, එහිදී ඇස් ඇති පුරුෂයෙක් සිය මුව සටහන ඒ තුළින් පිරික්සා බලද්දී ඒ අයුරින් ම දනියි. දකියි. එසෙයින් ම බ්‍රාහ්මණය, යම් විටක කාමරාග යෙන් නොපෙරලී ගිය සිත් ඇතිව, කාමරාගයට යට නොවූ සිතින් වාසය කරයි නම් උපන්නා වූ කාමරාගයෙන් නිදහස් වීම ඒ වූ පරිද්දෙන් දනියි නම්, එසමයෙහි තමාගේ යහපත ත් ඒ වූ පරිද්දෙන් දනියි. දකියි. අනුන්ගේ යහපත ත් ඒ වූ පරිද්දෙන් දනියි. දකියි. දෙපසෙහි ම යහපත ත් ඒ වූ පරිද්දෙන් දනියි. දකියි. ය. බොහෝ කලක් සජ්ඣායනා නොකළ වේද මන්ත්‍ර පවා වැටහෙයි. කලින් සජ්ඣායනා කළ දේ වැටහීම ගැන කවර කථා ද?

තව ද බ්‍රාහ්මණය, යම් විටක ද්වේෂයෙන් පෙරලී නොගිය සිත් ඇතිව, ද්වේෂයට යට නොවූ සිතින් වාසය කරයි නම්, උපන්නා වූ ද්වේෂයෙන් නිදහස් වීම ඒ වූ පරිද්දෙන් දනියි නම්, එසමයෙහි තමාගේ යහපත ත් ඒ වූ පරිද්දෙන් දනියි. දකියි. අනුන්ගේ යහපත ත් ඒ වූ පරිද්දෙන් දනියි. දකියි. දෙපසෙහි ම යහපත ත් ඒ වූ පරිද්දෙන් දනියි. දකියි. ය. බොහෝ කලක් සජ්ඣායනා නොකළ වේද මන්ත්‍ර පවා වැටහෙයි. කලින් සජ්ඣායනා කළ දේ වැටහීම ගැන කවර කථා ද?

බ්‍රාහ්මණය, එය මෙබඳු දෙයකි. යම් සේ ගින්නෙන් රත් නොවූ නොකැකෑරුණු උණුසුම් නොවූ දිය බඳුනක් ඇද්ද, එහිදී ඇස් ඇති පුරුෂයෙක්

සිය මුව සටහන ඒ තුළින් පිරික්සා බලද්දී ඒ අයුරින් ම දනියි. දකියි. එසෙයින් ම බ්‍රාහ්මණය, යම් විටක ද්වේෂයෙන් නොපෙරලී ගිය සිත් ඇතිව, ද්වේෂයට යට නොවූ සිතින් වාසය කරයි නම් උපන්නා වූ ද්වේෂයෙන් නිදහස් වීම ඒ වූ පරිද්දෙන් දනියි නම්, එසමයෙහි තමාගේ යහපත ත් ....(පෙ).... අනුන්ගේ යහපත ත් ....(පෙ).... දෙපසෙහි ම යහපත ත් ඒ වූ පරිදි දන්නේ ය, දක්නේ ය. බොහෝ කලක් සජ්ඣායනා නොකළ වේද මන්ත්‍ර පවා වැටහෙයි. කලින් සජ්ඣායනා කළ දේ වැටහීම ගැන කවර කථා ද?

තව ද බ්‍රාහ්මණය, යම් විටක නිදිමත හා අලස බවින් නොපෙරලී ගිය සිත් ඇතිව, නිදිමත හා අලස බවට යට නොවූ සිතින් වාසය කරයි නම් උපන්නා වූ නිදිමත හා අලස බවින් නිදහස් වීම ඒ වූ පරිද්දෙන් දනියි නම්, එසමයෙහි තමාගේ යහපත ත් ඒ වූ පරිද්දෙන් දනියි. දකියි. අනුන්ගේ යහපත ත් ඒ වූ පරිද්දෙන් දනියි. දකියි. දෙපසෙහි ම යහපත ත් ඒ වූ පරිද්දෙන් දනියි. දකියි. ය. බොහෝ කලක් සජ්ඣායනා නොකළ වේද මන්ත්‍ර පවා වැටහෙයි. කලින් සජ්ඣායනා කළ දේ වැටහීම ගැන කවර කථා ද?

බ්‍රාහ්මණය, එය මෙබඳු දෙයකි. යම් සේ දිය සෙවෙල් හා පෙඳ පාසි නොපිරී ගිය දිය බඳුනක් ඇද්ද, එහිදී ඇස් ඇති පුරුෂයෙක් සිය මුව සටහන ඒ තුළින් පිරික්සා බලද්දී ඒ අයුරින් ම දනියි. දකියි. එසෙයින් ම බ්‍රාහ්මණය, යම් විටක නිදිමත හා අලස බවින් නොපෙරලී ගිය සිත් ඇතිව, නිදිමත හා අලස බවට යට නොවූ සිතින් වාසය කරයි නම් උපන්නා වූ නිදිමත හා අලස බවින් නිදහස් වීම ඒ වූ පරිද්දෙන් දනියි නම්, එසමයෙහි තමාගේ යහපත ත් ....(පෙ).... අනුන්ගේ යහපත ත් ....(පෙ).... දෙපසෙහි ම යහපත ත් ඒ වූ පරිදි දන්නේ ය, දක්නේ ය. බොහෝ කලක් සජ්ඣායනා නොකළ වේද මන්ත්‍ර පවා වැටහෙයි. කලින් සජ්ඣායනා කළ දේ ත් වැටහෙයි.

තව ද බ්‍රාහ්මණය, යම් විටක විසිරුණු සිතින් හා පසුතැවිල්ලෙන් නොපෙරලී ගිය සිත් ඇතිව, විසිරීමට හා පසුතැවීමට යට නොවූ සිතින් වාසය කරයි නම් උපන්නා වූ විසිරුණු සිතින් හා පසුතැවිල්ලෙන් නිදහස් වීම ඒ වූ පරිද්දෙන් දනියි නම්, එසමයෙහි තමාගේ යහපත ත් ඒ වූ පරිද්දෙන් දනියි. දකියි. අනුන්ගේ යහපත ත් ඒ වූ පරිද්දෙන් දනියි. දකියි. දෙපසෙහි ම යහපත ත් ඒ වූ පරිද්දෙන් දනියි. දකියි. ය. බොහෝ කලක් සජ්ඣායනා නොකළ වේද මන්ත්‍ර පවා වැටහෙයි. කලින් සජ්ඣායනා කළ දේ වැටහීම ගැන කවර කථා ද?

බ්‍රාහ්මණය, එය මෙබඳු දෙයකි. යම් සේ සුළඟින් නොකැළඹී ගිය,

නොසැලුණ, අවුල් නොවූ දිය රළ නැති දිය බඳුනක් ඇද්ද, එහිදී ඇස් ඇති පුරුෂයෙක් සිය මුව සටහන ඒ තුළින් පිරික්සා බලද්දී ඒ අයුරින් ම දනියි. දකියි. එසෙයින් ම බ්‍රාහ්මණය, යම් විටක විසිරුණු සිතින් හා පසුතැවිල්ලෙන් නොපෙරලී ගිය සිත් ඇතිව, විසිරීමට හා පසුතැවීමට යට නොවූ සිතින් වාසය කරයි නම් උපන්නා වූ විසිරුණු සිතින් හා පසුතැවිල්ලෙන් නිදහස් වීම ඒ වූ පරිද්දෙන් දනියි නම්, එසමයෙහි තමාගේ යහපත ත් ....(පෙ).... අනුන්ගේ යහපත ත් ....(පෙ).... දෙපසෙහි ම යහපත ත් ඒ වූ පරිදි දන්නේ ය, දක්නේ ය. බොහෝ කලක් සජ්ඣායනා නොකළ වේද මන්ත්‍ර පවා වැටහෙයි. කලින් සජ්ඣායනා කළ දේ වැටහීම ගැන කවර කථා ද?

තව ද බ්‍රාහ්මණය, යම් විටක සැකයෙන් නොපෙරලී ගිය සිත් ඇතිව, සැකයට යට නොවූ සිතින් වාසය කරයි නම් උපන්නා වූ සැකයෙන් නිදහස් වීම ඒ වූ පරිද්දෙන් දනියි නම්, එසමයෙහි තමාගේ යහපත ත් ඒ වූ පරිද්දෙන් දනියි. දකියි. අනුන්ගේ යහපත ත් ඒ වූ පරිද්දෙන් දනියි. දකියි. දෙපසෙහි ම යහපත ත් ඒ වූ පරිද්දෙන් දනියි. දකියි. ය. බොහෝ කලක් සජ්ඣායනා නොකළ වේද මන්ත්‍ර පවා වැටහෙයි. කලින් සජ්ඣායනා කළ දේ වැටහීම ගැන කවර කථා ද?

බ්‍රාහ්මණය, එය මෙබඳු දෙයකි. යම් සේ පැහැදිලි වූ කැළඹී නොගිය බොර නොවූ දිය බඳුනක් එළියෙහි තබා ඇද්ද, එහිදී ඇස් ඇති පුරුෂයෙක් සිය මුව සටහන ඒ තුළින් පිරික්සා බලද්දී ඒ අයුරින් ම දනියි. දකියි. එසෙයින් ම බ්‍රාහ්මණය, යම් විටක සැකයෙන් නොපෙරලී ගිය සිත් ඇතිව, සැකයට යට නොවූ සිතින් වාසය කරයි නම් උපන්නා වූ සැකයෙන් නිදහස් වීම ඒ වූ පරිද්දෙන් දනියි නම්, එසමයෙහි තමාගේ යහපත ත් ....(පෙ).... අනුන්ගේ යහපත ත් ....(පෙ).... දෙපසෙහි ම යහපත ත් ඒ වූ පරිදි දන්නේ ය, දක්නේ ය. බොහෝ කලක් සජ්ඣායනා නොකළ වේද මන්ත්‍ර පවා වැටහෙයි. කලින් සජ්ඣායනා කළ දේ වැටහීම ගැන කවර කථා ද?

බ්‍රාහ්මණය, යම් හෙයකින් ඇතැම් අවස්ථාවන් හිදී කලින් සජ්ඣායනා නොකළ වේද මන්ත්‍ර පවා වැටහෙත් නම්, සජ්ඣායනා කළ දේ ත් වැටහෙත් නම්, එයට හේතුව මෙය යි. ප්‍රත්‍යය මෙය යි. කලින් සජ්ඣායනා කළ දේ වැටහීම ගැන කවර කථා ද?

බ්‍රාහ්මණය, මේ සප්ත බොජ්ඣංගයෝ නිවන් මග නොඅවුරති. නොවසති. සිත නොකෙලෙසති. භාවිත කරන ලදු ව බහුල ව කරන ලදු ව විද්‍යා විමුක්ති ඵල සාක්ෂාත් කිරීම පිණිස පවතින්නාහු ය. ඒ කවර සතක් ද යත්; බ්‍රාහ්මණය,

සති සම්බොජ්ඣංගය නිවන් මග නොඅවුරයි, නොවසයි, සිත නොකෙලෙසයි, වඩන ලද්දේ බහුල කරන ලද්දේ විද්‍යා විමුක්ති ඵල සාක්ෂාත් කිරීම පිණිස පවතින්නේ ය. ....(පෙ).... බ්‍රාහ්මණය, උපේක්ෂා සම්බොජ්ඣංගය නිවන් මග නොඅවුරයි, නොවසයි, සිත නොකෙලෙසයි, වඩන ලද්දේ බහුල කරන ලද්දේ විද්‍යා විමුක්ති ඵල සාක්ෂාත් කිරීම පිණිස පවතින්නේ ය. බ්‍රාහ්මණය, මේ සප්ත බොජ්ඣංගයෝ නිවන් මග නොඅවුරති. නොවසති. සිත නොකෙලෙසති. භාවිත කරන ලදු ව බහුල ව කරන ලදු ව විද්‍යා විමුක්ති ඵල සාක්ෂාත් කිරීම පිණිස පවතින්නාහු ය.

මෙසේ වදාළ කල්හී සංගාරව බ්‍රාහ්මණයා භාග්‍යවතුන් වහන්සේට මෙය පැවසුවේ ය.

"භවත් ගෞතමයන් වහන්ස, ඉතා මනහර ය. ....(පෙ).... අද පටන් මා දිවි හිමියෙන් තෙරුවන් සරණ ගිය උපාසකයෙකු වශයෙන් භවත් ගෞතමයන් වහන්සේ පිළිගන්නා සේක්වා !"

සාදු! සාදු!! සාදු!!!

සංගාරව සූත්‍රය නිමා විය.

2.6.6.
අභය සූත්‍රය
අභය රාජකුමාරයාට වදාළ දෙසුම

එක් සමයක භාග්‍යවතුන් වහන්සේ රජගහ නුවර ගිජ්ඣකූට පර්වතයෙහි වැඩවෙසෙන සේක. එකල්හී අභය රාජකුමාරයා භාග්‍යවතුන් වහන්සේ වෙත පැමිණියේ ය. පැමිණ භාග්‍යවතුන් වහන්සේට සකසා වන්දනා කොට එකත්පස් ව හිඳ ගත්තේ ය. එකත්පස් ව හුන් අභය රාජකුමාරයා භාග්‍යවතුන් වහන්සේට මෙය පැවසුවේ ය.

"ස්වාමීනී, පූරණ කස්සප මෙසේ කියයි. 'නොදැනීමට, නොදැකීමට හේතුවක් නැත්තේ ය. ප්‍රත්‍යයක් නැත්තේ ය. හේතු රහිත ව, ප්‍රත්‍ය රහිත ව නොදැනීම ත්, නොදැකීම ත් වෙයි. දැනීමට, දැකීමට හේතුවක් නැත්තේ ය, ප්‍රත්‍යයක් නැත්තේ ය. හේතු රහිත ව, ප්‍රත්‍ය රහිත ව දැනීම ත්, දැකීම ත් වෙයි' භාග්‍යවතුන් වහන්සේ මෙහිලා කුමක් වදාරණ සේක් ද?"

"රාජකුමාරය, නොදැනීමට නොදැකීමට හේතුවක් ඇත්තේ ය. ප්‍රත්‍යයක් ඇත්තේ ය. හේතු සහිත ව, ප්‍රත්‍ය සහිත ව නොදැනීම ත්, නොදැකීම ත් වෙයි. රාජකුමාරය, දැනීමට දැකීමට හේතුවක් ඇත්තේ ය. ප්‍රත්‍යයක් ඇත්තේ ය. හේතු සහිත ව, ප්‍රත්‍ය සහිත ව දැනීම ත්, දැකීම ත් වෙයි."

"ස්වාමීනී, නොදැනීමට නොදැකීමට හේතුව කුමක් ද? ප්‍රත්‍යය කුමක් ද? හේතු සහිත ව, ප්‍රත්‍ය සහිත ව නොදැනීම නොදැකීම කෙසේ වෙයි ද?"

"රාජකුමාරය, යම් අවස්ථාවක කාමරාගයට යට වූ සිතින්, කාමරාග යෙන් මැඩගත් සිතින් වාසය කරයි ද, උපන් කාමරාගයෙන් නිදහස් වීමක් ඒ වූ සැටියකින් නොදනියි ද, නොදකියි ද, රාජකුමාරය, නොදැනීමට ත්, නොදැකීමට ත් මෙය ද හේතුවකි. මෙය ද ප්‍රත්‍යයකි. මෙසේ හේතු සහිත ව, ප්‍රත්‍ය සහිත ව, නොදැනීම නොදැකීම වෙයි.

තව ද රාජකුමාරය, යම් අවස්ථාවක ව්‍යාපාදයට යට වූ සිතින්, ව්‍යාපාදයෙන් මැඩගත් සිතින් වාසය කරයි ද, උපන් ව්‍යාපාදයෙන් නිදහස් වීමක් ඒ වූ සැටියකින් නොදනියි ද, නොදකියි ද, රාජකුමාරය, නොදැනීමට ත්, නොදැකීමට ත් මෙය ද හේතුවකි. මෙය ද ප්‍රත්‍යයකි. මෙසේ හේතු සහිත ව, ප්‍රත්‍ය සහිත ව, නොදැනීම නොදැකීම වෙයි.

තව ද රාජකුමාරය, යම් අවස්ථාවක ථීනමිද්ධයට යට වූ සිතින්, ථීනමිද්ධයෙන් මැඩගත් සිතින් වාසය කරයි ද, උපන් ථීනමිද්ධයෙන් නිදහස් වීමක් ඒ වූ සැටියකින් නොදනියි ද, නොදකියි ද, රාජකුමාරය, නොදැනීමට ත්, නොදැකීමට ත් මෙය ද හේතුවකි. මෙය ද ප්‍රත්‍යයකි. මෙසේ හේතු සහිත ව, ප්‍රත්‍ය සහිත ව, නොදැනීම නොදැකීම වෙයි.

තව ද රාජකුමාරය, යම් අවස්ථාවක උද්ධච්ච කුක්කුච්චයට යට වූ සිතින්, උද්ධච්ච කුක්කුච්චයෙන් මැඩගත් සිතින් වාසය කරයි ද, උපන් උද්ධච්ච කුක්කුච්චයෙන් නිදහස් වීමක් ඒ වූ සැටියකින් නොදනියි ද, නොදකියි ද, රාජකුමාරය, නොදැනීමට ත්, නොදැකීමට ත් මෙය ද හේතුවකි. මෙය ද ප්‍රත්‍යයකි. මෙසේ හේතු සහිත ව, ප්‍රත්‍ය සහිත ව, නොදැනීම නොදැකීම වෙයි.

තව ද රාජකුමාරය, යම් අවස්ථාවක විචිකිච්ඡාවට යට වූ සිතින්, විචිකිච්ඡාවෙන් මැඩගත් සිතින් වාසය කරයි ද, උපන් විචිකිච්ඡාවෙන් නිදහස් වීමක් ඒ වූ සැටියකින් නොදනියි ද, නොදකියි ද, රාජකුමාරය, නොදැනීමට ත්, නොදැකීමට ත් මෙය ද හේතුවකි. මෙය ද ප්‍රත්‍යයකි. මෙසේ හේතු සහිත ව, ප්‍රත්‍ය සහිත ව, නොදැනීම නොදැකීම වෙයි."

"ස්වාමීනී, මේ ධර්ම ක්‍රමයෙහි නම කුමක් ද?"

"රාජකුමාරය, මේවා නීවරණයෝ නම් වෙති."

"භාග්‍යවතුන් වහන්ස, ඒකාන්තයෙන් ම නීවරණයෝ ය. සුගතයන් වහන්ස, ඒකානත්යෙන් ම නීවරණයෝ ය. ස්වාමීනී, මේ එක් එක් නීවරණයකින් පවා යටකොට ගත්තේ නම් ඇත්ත ඇති සැටියෙන් නොදන්නේ ය. නොදක්නේ ය. නීවරණයන් පහකින් මැඩගත් කල්හී කවර කථා ද?

ස්වාමීනී, දැනීමට ත්, දැකීමට ත් හේතුව කුමක් ද? ප්‍රත්‍යය කුමක් ද? හේතු සහිත ව ප්‍රත්‍යය සහිත ව දැනීම ත් දැකීම ත් කෙසේ ඇතිවෙයි ද?"

"රාජකුමාරය මෙහිලා භික්ෂුව කාය චිත්ත විවේකයෙන් යුතු ව, විරාගී සිතින් යුතු ව, අකුසල් නිරුද්ධ කරන සිතින් යුතු ව, නිවනට නැඹුරු වූ සිතින් යුතු ව සති සම්බොජ්ඣංගය වඩයි. ඔහු සති සම්බොජ්ඣංගය වැඩූ සිතින් ඇත්ත ඇති සැටියෙන් දනියි. දකියි. රාජකුමාරය, දැනීමට ත්, දැකීමට ත් මෙය ද හේතුවකි. මෙය ද ප්‍රත්‍යයකි. මෙසේ හේතු සහිත ව, ප්‍රත්‍ය සහිත ව, නොදැනීම නොදැකීම වෙයි. ....(පෙ).... තව ද රාජකුමාරය, භික්ෂුව කාය චිත්ත විවේකයෙන් යුතු ව, විරාගී සිතින් යුතු ව, අකුසල් නිරුද්ධ කරන සිතින් යුතු ව, නිවනට නැඹුරු වූ සිතින් යුතු ව උපේක්ෂා සම්බොජ්ඣංගය වඩයි. ඔහු උපේක්ෂා සම්බොජ්ඣංගය වැඩූ සිතින් ඇත්ත ඇති සැටියෙන් දනියි. දකියි. රාජකුමාරය, දැනීමට ත්, දැකීමට ත් මෙය ද හේතුවකි. මෙය ද ප්‍රත්‍යයකි. මෙසේ හේතු සහිත ව, ප්‍රත්‍ය සහිත ව, නොදැනීම නොදැකීම වෙයි."

"ස්වාමීනී, මේ ධර්ම ක්‍රමයෙහි නම කුමක් ද?"

"රාජකුමාරය, මේවා බොජ්ඣංගයෝ නම් වෙති."

"භාග්‍යවතුන් වහන්ස, ඒකාන්තයෙන් ම බොජ්ඣංගයෝ ය. සුගතයන් වහන්ස, ඒකාන්තයෙන් ම බොජ්ඣංගයෝ ය. ස්වාමීනී, මේ එක් එක් බොජ්ඣංගයකින් පවා යුක්ත වූයේ ඇත්ත ඇති සැටියෙන් දන්නේ ය. දක්නේ ය. බොජ්ඣංග සතෙන් යුක්ත වූ කල්හී කවර කථා ද? ස්වාමීනී, ගිජ්ඣකූට පර්වතයට නැගෙන මාගේ කයෙහි යම් වෙහෙසක් තිබුණේ ද, සිතෙහි යම් වෙහෙසක් තිබුණේ ද, මා තුළ එය ත් සංසිඳී ගියේ ය. මා හට ධර්මය ත් අවබෝධ වූයේ ය."

සාදු! සාදු!! සාදු!!!

අභය සූත්‍රය නිමා විය.

හයවෙනි බොජ්ඣංග වර්ගය අවසන් විය.

- එහි පිළිවෙල උද්දානයයි :

ආහාර සූත්‍රය, පරියාය සූත්‍රය, අග්ගි සූත්‍රය, මෙත්ත සූත්‍රය, සංගාරව සූත්‍රය, ගිජ්ඣකූළ පව්වෙහි දී අභය රාජ කුමරු ඇසූ ප්‍රශ්නය ඇතුළත් අභය සූත්‍රය වශයෙන් සූත්‍ර සයකි.

7. ආනාපාන වර්ගය

2.7.1.
අට්ඨික සූත්‍රය
අට්ඨික සංඥාව ගැන වදාළ දෙසුම

මහණෙනි, අට්ඨික සංඥාව දියුණු කරගත් විට, බහුල ව පුරුදු කරගත් විට මහත්ඵල මහානිශංස ඇත්තේ ය. මහණෙනි, කෙසේ දියුණු කරන ලද, කෙසේ බහුල ව පුරුදු කරන ලද අට්ඨික සංඥාව ද මහත්ඵල, මහානිශංස ලැබ දෙන්නේ? මහණෙනි, මෙහිලා භික්ෂුව කාය චිත්ත විවේකයෙන් යුතු ව, විරාගී සිතින් යුතු ව, අකුසල් නිරුද්ධ කරන සිතින් යුතු ව, නිවනට නැඹුරු වූ සිතින් යුතු ව අට්ඨික සංඥාවෙන් යුතු ව සති සම්බොජ්ඣංගය වඩයි. ....(පෙ).... කාය චිත්ත විවේකයෙන් යුතු ව, විරාගී සිතින් යුතු ව, අකුසල් නිරුද්ධ කරන සිතින් යුතු ව, නිවනට නැඹුරු වූ සිතින් යුතු ව අට්ඨික සංඥාවෙන් යුතු ව උපේක්ෂා සම්බොජ්ඣංගය වඩයි. මහණෙනි, මෙසේ දියුණු කරන ලද, කෙසේ බහුල ව පුරුදු කරන ලද අට්ඨික සංඥාව මහත්ඵල, මහානිශංස ලැබ දෙන්නේ ය.

සාදු! සාදු!! සාදු!!!!

අට්ඨික සූත්‍රය නිමා විය.

2.7.2.
දුතිය අට්ඨික සූත්‍රය
අට්ඨික සංඥාව ගැන වදාළ දෙවෙනි දෙසුම

මහණෙනි, අට්ඨික සංඥාව දියුණු කරගත් විට, බහුල ව පුරුදු කරගත් විට ඵල දෙකක් අතුරින් එක්තරා ඵලයක් කැමති විය යුත්තේ ය. මෙලොවදී

ම අරහත්වය හෝ උපාදාන ඉතිරි ව තිබේ නම් අනාගාමී බව යි. මහණෙනි, අට්ඨික සංඥාව කෙසේ දියුණු කිරීමෙන් ද, කෙසේ බහුල ව පුරුදු කරන කිරීමෙන් ද ඵල දෙකක් අතුරින් එක්තරා ඵලයක් කැමති විය යුත්තේ? එනම් මෙලොවදී ම අරහත්වය හෝ උපදාන ඉතිරි ව තිබේ නම් අනාගාමී බව යි.

මහණෙනි, මෙහිලා භික්ෂුව කාය චිත්ත විවේකයෙන් යුතු ව, විරාගී සිතින් යුතු ව, අකුසල් නිරුද්ධ කරන සිතින් යුතු ව, නිවනට නැඹුරු වූ සිතින් යුතු ව අට්ඨික සංඥාවෙන් යුතු ව සති සම්බොජ්ඣංගය වඩයි. ....(පෙ).... කාය චිත්ත විවේකයෙන් යුතු ව, විරාගී සිතින් යුතු ව, අකුසල් නිරුද්ධ කරන සිතින් යුතු ව, නිවනට නැඹුරු වූ සිතින් යුතු ව අට්ඨික සංඥාවෙන් යුතු ව උපේක්ෂා සම්බොජ්ඣංගය වඩයි. මහණෙනි, අට්ඨික සංඥාව මෙසේ දියුණු කිරීමෙන්, මෙසේ බහුල ව පුරුදු කිරීමෙන් ඵල දෙකක් අතුරින් එක්තරා ඵලයක් කැමති විය යුත්තේ ය. එනම් මෙලොවදී ම අරහත්වය හෝ උපදාන ඉතිරි ව තිබේ නම් අනාගාමී බව යි.

සාදු! සාදු!! සාදු!!!

දුතිය අට්ඨික සූත්‍රය නිමා විය.

2.7.3.
තතිය අට්ඨික සූත්‍රය
අට්ඨික සංඥාව ගැන වදාළ තුන්වෙනි දෙසුම

මහණෙනි, අට්ඨික සංඥාව දියුණු කරගත් විට, බහුල ව පුරුදු කරගත් විට මහත් යහපත පිණිස පවතියි. මහණෙනි, කෙසේ දියුණු කරන ලද, කෙසේ බහුල ව පුරුදු කරන ලද අට්ඨික සංඥාව ද මහත් යහපත පිණිස පවතින්නේ? මහණෙනි, මෙහිලා භික්ෂුව කාය චිත්ත විවේකයෙන් යුතු ව, විරාගී සිතින් යුතු ව, අකුසල් නිරුද්ධ කරන සිතින් යුතු ව, නිවනට නැඹුරු වූ සිතින් යුතු ව අට්ඨික සංඥාවෙන් යුතු ව සති සම්බොජ්ඣංගය වඩයි. ....(පෙ).... කාය චිත්ත විවේකයෙන් යුතු ව, විරාගී සිතින් යුතු ව, අකුසල් නිරුද්ධ කරන සිතින් යුතු ව, නිවනට නැඹුරු වූ සිතින් යුතු ව අට්ඨික සංඥාවෙන් යුතු ව උපේක්ෂා සම්බොජ්ඣංගය වඩයි. මහණෙනි, මෙසේ දියුණු කරන ලද, මෙසේ බහුල ව පුරුදු කරන ලද අට්ඨික සංඥාව මහත් යහපත පිණිස පවතින්නේ ය.

සාදු! සාදු!! සාදු!!!

තතිය අට්ඨික සූත්‍රය නිමා විය.

2.7.4.
චතුත්ථ අට්ඨික සූත්‍රය
අට්ඨික සංඥාව ගැන වදාළ සිව්වෙනි දෙසුම

මහණෙනි, අට්ඨික සංඥාව දියුණු කරගත් විට, බහුල ව පුරුදු කරගත් විට මහත් වූ කෙලෙස් යෝගයෙන් නිදහස් වීම පිණිස පවතියි. මහණෙනි, කෙසේ දියුණු කරන ලද, කෙසේ බහුල ව පුරුදු කරන ලද අට්ඨික සංඥාව ද මහත් වූ කෙලෙස් යෝගයෙන් නිදහස් වීම පිණිස පවතින්නේ?

මහණෙනි, මෙහිලා භික්ෂුව කාය චිත්ත විවේකයෙන් යුතු ව, විරාගී සිතින් යුතු ව, අකුසල් නිරුද්ධ කරන සිතින් යුතු ව, නිවනට නැඹුරු වූ සිතින් යුතු ව අට්ඨික සංඥාවෙන් යුතු ව සති සම්බොජ්ඣංගය වඩයි. ....(පෙ).... කාය චිත්ත විවේකයෙන් යුතු ව, විරාගී සිතින් යුතු ව, අකුසල් නිරුද්ධ කරන සිතින් යුතු ව, නිවනට නැඹුරු වූ සිතින් යුතු ව අට්ඨික සංඥාවෙන් යුතු ව උපේක්ෂා සම්බොජ්ඣංගය වඩයි. මහණෙනි, මෙසේ දියුණු කරන ලද, මෙසේ බහුල ව පුරුදු කරන ලද අට්ඨික සංඥාව මහත් වූ කෙලෙස් යෝගයෙන් නිදහස් වීම පිණිස පවතින්නේ ය.

සාදු! සාදු!! සාදු!!!

චතුත්ථ අට්ඨික සූත්‍රය නිමා විය.

2.7.5.
පඤ්චම අට්ඨික සූත්‍රය
අට්ඨික සංඥාව ගැන වදාළ පස්වෙනි දෙසුම

මහණෙනි, අට්ඨික සංඥාව දියුණු කරගත් විට, බහුල ව පුරුදු කරගත් විට මහත් වූ සංවේගය පිණිස පවතියි. මහණෙනි, කෙසේ දියුණු කරන ලද, කෙසේ බහුල ව පුරුදු කරන ලද අට්ඨික සංඥාව ද මහත් වූ සංවේගය පිණිස පවතින්නේ?

මහණෙනි, මෙහිලා භික්ෂුව කාය චිත්ත විවේකයෙන් යුතු ව, විරාගී

සිතින් යුතු ව, අකුසල් නිරුද්ධ කරන සිතින් යුතු ව, නිවනට නැඹුරු වූ සිතින් යුතු ව අට්ඨික සංඥාවෙන් යුතු ව සති සම්බොජ්ඣංගය වඩයි. ....(පෙ).... කාය චිත්ත විවේකයෙන් යුතු ව, විරාගී සිතින් යුතු ව, අකුසල් නිරුද්ධ කරන සිතින් යුතු ව, නිවනට නැඹුරු වූ සිතින් යුතු ව අට්ඨික සංඥාවෙන් යුතු ව උපේක්ෂා සම්බොජ්ඣංගය වඩයි. මහණෙනි, මෙසේ දියුණු කරන ලද, මෙසේ බහුල ව පුරුදු කරන ලද අට්ඨික සංඥාව මහත් වූ සංවේගය පිණිස පවතින්නේ ය.

සාදු! සාදු!! සාදු!!!

පඤ්චම අට්ඨික සූත්‍රය නිමා විය.

2.7.6.
ඡට්ඨ අට්ඨික සූත්‍රය
අට්ඨික සංඥාව ගැන වදාළ සයවෙනි දෙසුම

මහණෙනි, අට්ඨික සංඥාව දියුණු කරගත් විට, බහුල ව පුරුදු කරගත් විට මහත් වූ පහසු විහරණය පිණිස පවතියි. මහණෙනි, කෙසේ දියුණු කරන ලද, කෙසේ බහුල ව පුරුදු කරන ලද අට්ඨික සංඥාව ද මහත් වූ පහසු විහරණය පිණිස පවතින්නේ?

මහණෙනි, මෙහිලා භික්ෂුව කාය චිත්ත විවේකයෙන් යුතු ව, විරාගී සිතින් යුතු ව, අකුසල් නිරුද්ධ කරන සිතින් යුතු ව, නිවනට නැඹුරු වූ සිතින් යුතු ව අට්ඨික සංඥාවෙන් යුතු ව සති සම්බොජ්ඣංගය වඩයි. ....(පෙ).... කාය චිත්ත විවේකයෙන් යුතු ව, විරාගී සිතින් යුතු ව, අකුසල් නිරුද්ධ කරන සිතින් යුතු ව, නිවනට නැඹුරු වූ සිතින් යුතු ව අට්ඨික සංඥාවෙන් යුතු ව උපේක්ෂා සම්බොජ්ඣංගය වඩයි. මහණෙනි, මෙසේ දියුණු කරන ලද, මෙසේ බහුල ව පුරුදු කරන ලද අට්ඨික සංඥාව මහත් වූ පහසු විහරණය පිණිස පවතින්නේ ය.

සාදු! සාදු!! සාදු!!!

ඡට්ඨ අට්ඨික සූත්‍රය නිමා විය.

2.7.7. -12. පුළවක සූත්‍රයෝ
පුළවක සංඥාව ගැන වදාළ දෙසුම්

මහණෙනි, පුළවක සංඥාව ....(පෙ).... පවතින්නේ ය.

2.7.13. -18. විනීලක සූත්‍රයෝ
විනීලක සංඥාව ගැන වදාළ දෙසුම්

මහණෙනි, විනීලක සංඥාව ....(පෙ).... පවතින්නේ ය.

2.7.19. -24. විච්ඡිද්දක සූත්‍රයෝ
විච්ඡිද්දක සංඥාව ගැන වදාළ දෙසුම්

මහණෙනි, විච්ඡිද්දක සංඥාව ....(පෙ).... පවතින්නේ ය.

2.7.25. -30. උද්ධුමාතක සූත්‍රයෝ
උද්ධුමාතක සංඥාව ගැන වදාළ දෙසුම්

මහණෙනි, උද්ධුමාතක සංඥාව ....(පෙ).... පවතින්නේ ය.

2.7.31. -36. මෙත්තා සූත්‍රයෝ
මෛත්‍රීය ගැන වදාළ දෙසුම්

මහණෙනි, මෛත්‍රිය ....(පෙ).... පවතින්නේ ය.

2.7.37. -42. කරුණා සූත්‍රයෝ
කරුණාව ගැන වදාළ දෙසුම්

මහණෙනි, කරුණාව ....(පෙ).... පවතින්නේ ය.

2.7.43. -48. මුදිතා සූත්‍රයෝ
මුදිතාව ගැන වදාළ දෙසුම්

මහණෙනි, මුදිතාව ....(පෙ)... පවතින්නේ ය.

2.7.49. -54. උපෙක්ඛා සූත්‍රයෝ
උපේක්ෂාව ගැන වදාළ දෙසුම්

මහණෙනි, උපේක්ෂාව ....(පෙ).... පවතින්නේ ය.

2.7.55. -60. ආනාපානසති සූත්‍රයෝ
ආනාපානසතිය ගැන වදාළ දෙසුම්

මහණෙනි, ආනාපානසතිය ....(පෙ).... පවතින්නේ ය.

හත්වෙනි ආනාපාන වර්ගය අවසන් විය.

●   එහි පිළිවෙල උද්දානයයි :

අට්ඨික, පුළවක, විනීලක, විච්ඡිද්දක, උද්ධුමාතක, මෙත්තා, කරුණා, මුදිතා, උපෙක්ඛා, ආනාපාන වශයෙන් සය බැගින් දසයකි. මෙහි මුළු සූත්‍ර ගණන සැටකි.

8. නිරෝධ වර්ගය

2.8.1. -6. අසුභ සූත්‍රයෝ
අසුභය ගැන වදාළ දෙසුම්

මහණෙනි, අසුභ සංඥාව ....(පෙ).... පවතින්නේ ය.

2.8.7. -12. මරණ සූත්‍රයෝ
මරණසතිය ගැන වදාළ දෙසුම්

මහණෙනි, මරණ සංඥාව ....(පෙ).... පවතින්නේ ය.

2.8.13. -18. ආහාරේ පටික්කූල සූත්‍රයෝ
ආහාරයෙහි පිළිකුල් බව ගැන වදාළ දෙසුම්

මහණෙනි, ආහාරයෙහි පිළිකුල් සංඥාව ....(පෙ).... පවතින්නේ ය.

2.8.19. -24. සබ්බලෝකේ අනභිරත සූත්‍රයෝ
සියළු ලොවෙහි නොඇල්ම ගැන වදාළ දෙසුම්

මහණෙනි, සියළු ලොවෙහි නොඇලෙන සංඥාව ....(පෙ).... පවතින්නේය.

2.8.25. -30. අනිච්ච සූත්‍රයෝ
අනිත්‍යය ගැන වදාළ දෙසුම්

මහණෙනි, අනිත්‍ය සංඥාව ....(පෙ).... පවතින්නේ ය.

2.8.31. -36. අනිච්චේ දුක්ඛ සූත්‍රයෝ
අනිත්‍යයෙහි දුක ගැන වදාළ දෙසුම්

මහණෙනි, අනිත්‍යයෙහි දුක්ඛ සංඥාව ....(පෙ).... පවතින්නේ ය.

2.8.37. -42. දුක්ඛේ අනත්ත සූත්‍රයෝ

දුකෙහි අනාත්මය ගැන වදාළ දෙසුම්

මහණෙනි, දුකෙහි අනාත්ම සංඥාව ....(පෙ).... පවතින්නේ ය.

2.8.43. -48. පහාන සූත්‍රයෝ

ප්‍රහානය ගැන වදාළ දෙසුම්

මහණෙනි, ප්‍රහාන සංඥාව ....(පෙ).... පවතින්නේ ය.

2.8.49. -54. විරාග සූත්‍රයෝ

නොඇල්ම ගැන වදාළ දෙසුම්

මහණෙනි, විරාග සංඥාව ....(පෙ).... පවතින්නේ ය.

2.8.55.
නිරෝධ සූත්‍රය

නිරෝධය ගැන වදාළ දෙසුම

මහණෙනි, නිරෝධ සංඥාව දියුණු කරගත් විට, බහුල ව පුරුදු කරගත් විට මහත්ඵල මහානිශංස ඇත්තේ ය. මහණෙනි, කෙසේ දියුණු කරන ලද, කෙසේ බහුල ව පුරුදු කරන ලද නිරෝධ සංඥාව ද මහත්ඵල, මහානිශංස ලැබ දෙන්නේ? මහණෙනි, මෙහිලා භික්ෂුව කාය චිත්ත විවේකයෙන් යුතු ව, විරාගී සිතින් යුතු ව, අකුසල් නිරුද්ධ කරන සිතින් යුතු ව, නිවනට නැඹුරු වූ සිතින් යුතු ව නිරෝධ සංඥාවෙන් යුතු ව සති සම්බොජ්ඣංගය වඩයි. ....(පෙ).... කාය චිත්ත විවේකයෙන් යුතු ව, විරාගී සිතින් යුතු ව, අකුසල් නිරුද්ධ කරන සිතින් යුතු ව, නිවනට නැඹුරු වූ සිතින් යුතු ව නිරෝධ සංඥාවෙන් යුතු ව උපේක්ෂා සම්බොජ්ඣංගය වඩයි. මහණෙනි, මෙසේ දියුණු කරන ලද, මෙසේ බහුල ව පුරුදු කරන ලද නිරෝධ සංඥාව මහත්ඵල, මහානිශංස ලැබ දෙන්නේ ය.

සාදු! සාදු!! සාදු!!!

නිරෝධ සූත්‍රය නිමා විය.

2.8.56.
දුතිය නිරෝධ සූත්‍රය
නිරෝධය ගැන වදාළ දෙවෙනි දෙසුම

මහණෙනි, නිරෝධ සංඥාව දියුණු කරගත් විට, බහුල ව පුරුදු කරගත් විට ඵල දෙකක් අතුරින් එක්තරා ඵලයක් කැමති විය යුත්තේ ය. මෙලොවදී ම අරහත්වය හෝ උපාදාන ඉතිරි ව තිබේ නම් අනාගාමී බව යි. මහණෙනි, නිරෝධ සංඥාව කෙසේ දියුණු කිරීමෙන් ද, කෙසේ බහුල ව පුරුදු කිරීමෙන් ද, ඵල දෙකක් අතුරින් එක්තරා ඵලයක් කැමති විය යුත්තේ? එනම් මෙලොවදී ම අරහත්වය හෝ උපාදාන ඉතිරි ව තිබේ නම් අනාගාමී බව යි.

මහණෙනි, මෙහිලා භික්ෂුව කාය චිත්ත විවේකයෙන් යුතු ව, විරාගී සිතින් යුතු ව, අකුසල් නිරුද්ධ කරන සිතින් යුතු ව, නිවනට නැඹුරු වූ සිතින් යුතු ව නිරෝධ සංඥාවෙන් යුතු ව සති සම්බොජ්ඣංගය වඩයි. ....(පෙ).... කාය චිත්ත විවේකයෙන් යුතු ව, විරාගී සිතින් යුතු ව, අකුසල් නිරුද්ධ කරන සිතින් යුතු ව, නිවනට නැඹුරු වූ සිතින් යුතු ව නිරෝධ සංඥාවෙන් යුතු ව උපේක්ෂා සම්බොජ්ඣංගය වඩයි. මහණෙනි, නිරෝධ සංඥාව මෙසේ දියුණු කිරීමෙන්, මෙසේ බහුල ව පුරුදු කිරීමෙන් ඵල දෙකක් අතුරින් එක්තරා ඵලයක් කැමති විය යුත්තේ ය. එනම් මෙලොවදී ම අරහත්වය හෝ උපදාන ඉතිරි ව තිබේ නම් අනාගාමී බව යි.

සාදු! සාදු!! සාදු!!!

දුතිය නිරෝධ සූත්‍රය නිමා විය.

2.8.57.
තතිය නිරෝධ සූත්‍රය
නිරෝධය ගැන වදාළ තුන්වෙනි දෙසුම

මහණෙනි, නිරෝධ සංඥාව දියුණු කරගත් විට, බහුල ව පුරුදු කරගත් විට මහත් යහපත පිණිස පවතියි. මහණෙනි, කෙසේ දියුණු කරන ලද, කෙසේ

බහුල ව පුරුදු කරන ලද නිරෝධ සංඥාව ද මහත් යහපත පිණිස පවතින්නේ? මහණෙනි, මෙහිලා භික්ෂුව කාය චිත්ත විවේකයෙන් යුතු ව, විරාගී සිතින් යුතු ව, අකුසල් නිරුද්ධ කරන සිතින් යුතු ව, නිවනට නැඹුරු වූ සිතින් යුතු ව නිරෝධ සංඥාවෙන් යුතු ව සති සම්බොජ්ඣංගය වඩයි. ....(පෙ).... කාය චිත්ත විවේකයෙන් යුතු ව, විරාගී සිතින් යුතු ව, අකුසල් නිරුද්ධ කරන සිතින් යුතු ව, නිවනට නැඹුරු වූ සිතින් යුතු ව නිරෝධ සංඥාවෙන් යුතු ව උපේක්ෂා සම්බොජ්ඣංගය වඩයි. මහණෙනි, මෙසේ දියුණු කරන ලද, මෙසේ බහුල ව පුරුදු කරන ලද නිරෝධ සංඥාව මහත් යහපත පිණිස පවතින්නේ ය.

සාදු! සාදු!! සාදු!!!

තතිය නිරෝධ සූත්‍රය නිමා විය.

2.8.58.
චතුත්ථ නිරෝධ සූත්‍රය
නිරෝධය ගැන වදාළ සිව්වෙනි දෙසුම

මහණෙනි, නිරෝධ සංඥාව දියුණු කරගත් විට, බහුල ව පුරුදු කරගත් විට මහත් වූ කෙලෙස් යෝගයෙන් නිදහස් වීම පිණිස පවතියි. මහණෙනි, කෙසේ දියුණු කරන ලද, කෙසේ බහුල ව පුරුදු කරන ලද නිරෝධ සංඥාව ද මහත් වූ කෙලෙස් යෝගයෙන් නිදහස් වීම පිණිස පවතින්නේ?

මහණෙනි, මෙහිලා භික්ෂුව කාය චිත්ත විවේකයෙන් යුතු ව, විරාගී සිතින් යුතු ව, අකුසල් නිරුද්ධ කරන සිතින් යුතු ව, නිවනට නැඹුරු වූ සිතින් යුතු ව නිරෝධ සංඥාවෙන් යුතු ව සති සම්බොජ්ඣංගය වඩයි. ....(පෙ).... කාය චිත්ත විවේකයෙන් යුතු ව, විරාගී සිතින් යුතු ව, අකුසල් නිරුද්ධ කරන සිතින් යුතු ව, නිවනට නැඹුරු වූ සිතින් යුතු ව නිරෝධ සංඥාවෙන් යුතු ව උපේක්ෂා සම්බොජ්ඣංගය වඩයි. මහණෙනි, මෙසේ දියුණු කරන ලද, මෙසේ බහුල ව පුරුදු කරන ලද නිරෝධ සංඥාව මහත් වූ කෙලෙස් යෝගයෙන් නිදහස් වීම පිණිස පවතින්නේ ය.

සාදු! සාදු!! සාදු!!!

චතුත්ථ නිරෝධ සූත්‍රය නිමා විය.

2.8.59.
පඤ්චම නිරෝධ සූත්‍රය
නිරෝධය ගැන වදාළ පස්වෙනි දෙසුම

මහණෙනි, නිරෝධ සංඥාව දියුණු කරගත් විට, බහුල ව පුරුදු කරගත් විට මහත් වූ සංවේගය පිණිස පවතියි. මහණෙනි, කෙසේ දියුණු කරන ලද, කෙසේ බහුල ව පුරුදු කරන ලද නිරෝධ සංඥාව ද මහත් වූ සංවේගය පිණිස පවතින්නේ?

මහණෙනි, මෙහිලා භික්ෂුව කාය චිත්ත විවේකයෙන් යුතු ව, විරාගී සිතින් යුතු ව, අකුසල් නිරුද්ධ කරන සිතින් යුතු ව, නිවනට නැඹුරු වූ සිතින් යුතු ව නිරෝධ සංඥාවෙන් යුතු ව සති සම්බොජ්ඣංගය වඩයි. ....(පෙ).... කාය චිත්ත විවේකයෙන් යුතු ව, විරාගී සිතින් යුතු ව, අකුසල් නිරුද්ධ කරන සිතින් යුතු ව, නිවනට නැඹුරු වූ සිතින් යුතු ව නිරෝධ සංඥාවෙන් යුතු ව උපේක්ෂා සම්බොජ්ඣංගය වඩයි. මහණෙනි, මෙසේ දියුණු කරන ලද, මෙසේ බහුල ව පුරුදු කරන ලද නිරෝධ සංඥාව මහත් වූ සංවේගය පිණිස පවතින්නේ ය.

සාදු! සාදු!! සාදු!!!

පඤ්චම නිරෝධ සූත්‍රය නිමා විය.

2.8.60.
ඡට්ඨ නිරෝධ සූත්‍රය
නිරෝධය ගැන වදාළ සයවෙනි දෙසුම

මහණෙනි, නිරෝධ සංඥාව දියුණු කරගත් විට, බහුල ව පුරුදු කරගත් විට මහත් වූ පහසු විහරණය පිණිස පවතියි. මහණෙනි, කෙසේ දියුණු කරන ලද, කෙසේ බහුල ව පුරුදු කරන ලද නිරෝධ සංඥාව ද මහත් වූ පහසු විහරණය පිණිස පවතින්නේ?

මහණෙනි, මෙහිලා භික්ෂුව කාය චිත්ත විවේකයෙන් යුතු ව, විරාගී සිතින් යුතු ව, අකුසල් නිරුද්ධ කරන සිතින් යුතු ව, නිවනට නැඹුරු වූ සිතින්

යුතු ව නිරෝධ සංඥාවෙන් යුතු ව සති සම්බොජ්ඣංගය වඩයි. ....(පෙ).... කාය චිත්ත විවේකයෙන් යුතු ව, විරාගී සිතින් යුතු ව, අකුසල් නිරුද්ධ කරන සිතින් යුතු ව, නිවනට නැඹුරු වූ සිතින් යුතු ව නිරෝධ සංඥාවෙන් යුතු ව උපේක්ෂා සම්බොජ්ඣංගය වඩයි. මහණෙනි, මෙසේ දියුණු කරන ලද, මෙසේ බහුල ව පුරුදු කරන ලද නිරෝධ සංඥාව මහත් වූ පහසු විහරණය පිණිස පවතින්නේ ය.

සාදු! සාදු!! සාදු!!!

ෂට්ඨ නිරෝධ සූත්‍රය නිමා විය.

අටවෙනි නිරෝධ වර්ගය අවසන් විය.

- **එහි පිළිවෙල උද්දානයයි :**

අසුභ, මරණ, ආහාරේ පටික්කුල, අනභිරත, අනිච්ච, දුක්ඛ, අනත්ත, පහාන, විරාග, නිරෝධ වශයෙන් සය බැගින් දසයකි. මෙහි මුළු සූත්‍ර ගණන සැටකි.

9. ගංගා පෙය්‍යාල වර්ගය

2.9.1.-12 ගංගාදී සූත්‍රයෝ

ගංගාව ගැන වදාළ දෙසුම ආදී දෙසුම්

මහණෙනි, ගංගා නදිය පෙරදිගට නැමී, පෙරදිගට නැඹුරු වී, පෙරදිගට බර වී ඇත්තේ යම් සේ ද, එසෙයින් ම මහණෙනි, සප්ත බොජ්ඣංගයන් දියුණු කරන්නා වූ, සප්ත බොජ්ඣංගයන් බහුල ව ප්‍රගුණ කරන්නා වූ භික්ෂුව නිවනට නැමුණේ වෙයි. නිවනට නැඹුරු වූයේ වෙයි. නිවනට බර වූයේ වෙයි.

මහණෙනි, භික්ෂුවක් නිවනට නැමී සිටින්නේ, නිවනට නැඹුරු වන්නේ, නිවනට බර වන්නේ, කුමන අයුරින් සප්ත බොජ්ඣංගයන් දියුණු කරන විට ද? කුමන අයුරින් සප්ත බොජ්ඣංගයන් බහුල ව ප්‍රගුණ කරන විට ද?

මහණෙනි, මෙහිලා භික්ෂුව කාය චිත්ත විවේකයෙන් යුතු ව, විරාගී සිතින් යුතු ව, අකුසල් නිරුද්ධ කරන සිතින් යුතු ව, නිවනට නැඹුරු වූ සිතින් යුතු ව, සති සම්බොජ්ඣංගය වඩයි. ....(පෙ).... කාය චිත්ත විවේකයෙන් යුතු ව, විරාගී සිතින් යුතු ව, අකුසල් නිරුද්ධ කරන සිතින් යුතු ව, නිවනට නැඹුරු වූ සිතින් යුතු ව උපෙක්ඛා සම්බොජ්ඣංගය වඩයි.

මහණෙනි, භික්ෂුවක් නිවනට නැමී සිටින්නේ, නිවනට නැඹුරු වන්නේ, නිවනට බර වන්නේ, මේ අයුරින් සප්ත බොජ්ඣංගයන් දියුණු කරන විට ය. මේ අයුරින් සප්ත බොජ්ඣංගයන් බහුල ව ප්‍රගුණ කරන විට ය.

(දොළොසක් වූ සූත්‍රාන්තයෝ විස්තර කළ යුත්තාහු ය.)

නව වෙනි ගංගා පෙය්‍යාල වර්ගය අවසන් විය.

- එහි පිළිවෙල උද්දානයයි :

පාචීනනින්න සූත්‍ර සයකි. සමුද්දනින්න සූත්‍ර සූත්‍ර සයකි. මෙසේ සය බැගින් දොළොසකි. එයින් වර්ගය යැයි කියනු ලැබේ.

10. අප්පමාද වර්ගය

2.10.1.-10 තථාගතාදී සූත්‍රයෝ
තථාගතයන් වහන්සේ ගැන වදාළ දෙසුම ආදී දෙසුම්

මහණෙනි, යම්තාක් පා රහිත වූ ද, දෙපා ඇත්තා වූ ද, සිවු පා ඇත්තා වූ ද, බොහෝ පා ඇත්තා වූ ද සත්වයෝ සිටිත් ද, ...(පෙ)... බහුල ව ප්‍රගුණ කරයි.

(බොජ්ඣංග වශයෙන් දස සූත්‍රාන්තයෝ විස්තර කළ යුත්තාහු ය.)

දස වෙනි අප්පමාද වර්ගය අවසන් විය.

- එහි පිළිවෙල උද්දානයයි :

තථාගත, පද, කූට, මූල, සාර, වස්සික, රාජ, චන්දිම, සූරිය, වත්ථ වශයෙන් සූත්‍ර දසයකි. එයින් වර්ගය යැයි කියනු ලැබේ.

11. බලකරණීය වර්ගය

2.11.1.-12 බලාදී සූත්‍රයෝ
බලය ගැන වදාළ දෙසුම ආදී දෙසුම්

මහණෙනි, යම් සේ කායික සවියෙන් යුතු ව කළ යුතු කර්මාන්ත ආදිය ඇද්ද, ...(පෙ).... බහුල ව ප්‍රගුණ කරයි.

(බොජ්ඣංග වශයෙන් දොළොස් සූත්‍රාන්තයෝ විස්තර කළ යුත්තාහු ය.)

එකොළොස් වෙනි බලකරණීය වර්ගය අවසන් විය.

- එහි පිළිවෙල උද්දානයයි :

බල, බීජ, නාග, රුක්ඛ, කුම්භ, සූක, ආකාස, මේඝ සූත්‍ර දෙක, නාවා, ආගන්තුක, නදී සූත්‍රය වශයෙන් සූත්‍ර දොළොසකි.

12. ඒසනා වර්ගය

2.12.1.-40 ඒසනාදී සූත්‍රයෝ
සෙවීම ගැන වදාළ දෙසුම ආදී දෙසුම්

මහණෙනි, මේ සෙවීම් තුනකි. ඒ කවර තුනක් ද යත්, කාම ඒසනා ය, භව ඒසනා ය, බ්‍රහ්මචරිය ඒසනා ය. ....(පෙ).... වැඩිය යුත්තේ ය.

(මග්ග සංයුත්තයේ ඒසනා වර්ගය මෙන් විස්තර කළ යුත්තේය.)

දොළොස් වෙනි ඒසනා වර්ගය අවසන් විය.

- එහි පිළිවෙල උද්දානයයි :

ඒසනා, විධා, ආසව, භව, දුක්ඛතා, ඛිල, මල, නීඝ, වේදනා, තණ්හා වශයෙන් සතර බැගින් දසයකි. මෙහි මුළු සූත්‍ර ගණන සතළිසකි.

13. ඕඝ වර්ගය

2.13.1.-40 ඕඝාදී සූත්‍රයෝ
සැඩපහර ගැන වදාළ දෙසුම ආදී දෙසුම්

මහණෙනි, මේ සැඩපහර සතරකි. ඒ කවර සතරක් ද යත්, කාම ඕඝය, භව ඕඝය, දිට්ඨි ඕඝය, අවිද්‍යා ඕඝය ය. ....(පෙ).... වැඩිය යුත්තේ ය.

(මග්ග සංයුත්තයේ ඕඝ වර්ගය මෙන් විස්තර කළ යුත්තේය.)

දහතුන් වෙනි ඕඝ වර්ගය අවසන් විය.

- එහි පිළිවෙල උද්දානයයි :

ඕඝ, යෝග, උපාදාන, ගන්ථ, අනුසය, කාමගුණ, නීවරණ, ඛන්ධ, ඕරම්භාගිය, උද්ධම්භාගිය වශයෙන් සතර බැගින් දසයකි. මෙහි මුළු සූත්‍ර ගණන සතළිසකි.

14. පුන ගංගා පෙයයාල වර්ගය

2.14.1.-36 ගංගාදී සූත්‍රයෝ

ගංගාව ගැන වදාළ දෙසුම ආදී දෙසුම්

(රාගවිනය - අමෘතයෙහි බැසගැනීම - නිවනට නැමී පැවතීම ආදී වශයෙන් විස්තර කළ යුත්තාහු ය.)

දහහතර වෙනි පුන ගංගාපෙයයාල වර්ගය අවසන් විය.

- එහි පිළිවෙල උද්දානයයි :

පාචීනනින්න තුන බැගින් සයකි. සමුද්දනින්න තුන බැගින් සයකි. මෙසේ සය බැගින් දෙකක් වූ සූත්‍ර දොළොසකි. මුළු සූත්‍ර ගණන තිස් හයකි. එයින් වර්ගය යැයි කියනු ලැබේ.

15. පුන අප්පමාද වර්ගය

2.15.1.-30 තථාගතාදී සූත්‍රයෝ

තථාගතයන් වහන්සේ ගැන වදාළ දෙසුම ආදී දෙසුම්

(රාග විනයාදී වශයෙන් විස්තර කළ යුත්තාහු ය.)

පහළොස් වෙනි පුන අප්පමාද වර්ගය අවසන් විය.

- එහි පිළිවෙල උද්දානයයි :

තථාගත, පද, කූට, මූල, සාර, වස්සික, රාජ, චන්දිම, සූරිය, වත්ථ වශයෙන් තුන බැගින් දසයකි. සූත්‍ර තිහකි.

16. පුන බලකරණීය වර්ගය

2.16.1.-36 බලාදී සූත්‍රයෝ

බලය ගැන වදාළ දෙසුම ආදී දෙසුම්

(රාග විනයාදී වශයෙන් විස්තර කළ යුත්තාහු ය.)

දහසය වෙනි පුනබලකරණීය වර්ගය අවසන් විය.

- එහි පිළිවෙල උද්දානයයි :

බල, බීජ, නාග, රුක්ඛ, කුම්භ, සූක, ආකාස, මේඝ සූත්‍ර දෙක, නාවා, ආගන්තුක, නදී සූත්‍ර තුන් බැගින් දොළොසකි. සූත්‍ර තිස් හයකි.

17. පුන ඒසනා වර්ගය

2.17.1.-120 ඒසනාදී සූත්‍රයෝ

සෙවීම ගැන වදාළ දෙසුම ආදී දෙසුම්

(රාග විනයාදී වශයෙන් විස්තර කළ යුත්තාහු ය.)

දහ හත් වෙනි ඒසනා වර්ගය අවසන් විය.

- එහි පිළිවෙල උද්දානයයි :

ඒසනා, විධා, ආසව, භව, දුක්ඛතා, ඛිල, මල, නීඝ, වේදනා, තණ්හා වශයෙන් දොළොස බැගින් දසයකි. මෙහි මුළු සූත්‍ර ගණන එකසිය විස්සකි.

18. පුන ඕඝ වර්ගය

2.18.1.-120 ඕඝාදී සූත්‍රයෝ
සැඩපහර ගැන වදාළ දෙසුම ආදී දෙසුම්

(රාග විනයාදී වශයෙන් විස්තර කළ යුත්තාහු ය.)

දහඅට වෙනි පුන ඕඝ වර්ගය අවසන් විය.

- එහි පිළිවෙල උද්දානයයි :

ඕඝ, යෝග, උපාදාන, ගන්ථ, අනුසය, කාමගුණ, නීවරණ, ඛන්ධ, ඕරම්භාගිය, උද්ධම්භාගිය වශයෙන් දොළොස බැගින් දසයකි. මෙහි මුළු සූත්‍ර ගණන එකසිය විස්සකි.

බොජ්ඣංග සංයුත්තය අවසන් විය.

- එහි වර්ග නාමාවලිය :

පබ්බත, ගිලාන, උදායී, නීවරණ, චක්කවත්තී, බොජ්ඣංග, ආනාපාන, නිරෝධ, ගංගා පෙය්‍යාල, අප්පමාද, බලකරණීය, ඒසනා, ඕඝ යන මේ වර්ගයන් යළිත් පුන යන මුල්කොට ඇති පුන ගංගා පෙය්‍යාලය, පුන අප්පමාද, පුන බලකරණීය, පුන ඒසනා, පුන ඕඝ වශයෙන් පස ත් සමඟ බොජ්ඣංග සංයුත්තයේ වර්ග දහඅටකි.

3. සතිපට්ඨාන සංයුත්තය

1. අම්බපාලි වර්ගය

3.1.1.
අම්බපාලි සූත්‍රය
අම්බපාලි වනයෙහි දී වදාළ දෙසුම

මා විසින් මෙසේ අසන ලදී. එක් සමයක භාග්‍යවතුන් වහන්සේ විශාලා මහනුවර අම්බපාලි වනයෙහි වැඩවසන සේක. එහිදී භාග්‍යවතුන් වහන්සේ 'මහණෙනි' යි භික්ෂූන් ඇමතූ සේක. 'පින්වතුන් වහන්සැ' යි ඒ භික්ෂූහු භාග්‍යවතුන් වහන්සේට පිළිවදන් දුන්හ. භාග්‍යවතුන් වහන්සේ මෙය වදාළ සේක.

"මහණෙනි, මේ ඒකායන මාර්ගයකි. සත්වයන්ගේ විශුද්ධිය පිණිස, ශෝක වැළපීම් ඉක්මවීම පිණිස, දුක් දොම්නස් නැතිවීම පිණිස, ධර්ම මාර්ගය අවබෝධ වීම පිණිස, නිවන සාක්ෂාත් කිරීම පිණිස, මෙය පවතියි. එනම් මේ සතර සතිපට්ඨානය යි. ඒ කවර සතරක් ද යත්;

මහණෙනි, මෙහිලා භික්ෂුව කෙලෙස් තවන වීරියෙන් යුතු ව, සිහි නුවණින් යුතු ව, ලෝකයෙහි ඇලීම් ගැටීම් දුරුකොට, කය පිළිබඳ ව කායානුපස්සනාවෙන් වාසය කරයි. කෙලෙස් තවන වීරියෙන් යුතු ව, සිහි නුවණින් යුතු ව, ලෝකයෙහි ඇලීම් ගැටීම් දුරුකොට, විඳීම් පිළිබඳ ව වේදනානුපස්සනාවෙන් වාසය කරයි. කෙලෙස් තවන වීරියෙන් යුතු ව, සිහි නුවණින් යුතු ව, ලෝකයෙහි ඇලීම් ගැටීම් දුරුකොට, සිත පිළිබඳ ව

චිත්තානුපස්සනාවෙන් වාසය කරයි. කෙලෙස් තවන වීරියෙන් යුතු ව, සිහි නුවණින් යුතු ව, ලෝකයෙහි ඇලීම් ගැටීම් දුරුකොට, ධර්මයන් පිළිබඳ ව ධම්මානුපස්සනාවෙන් වාසය කරයි.

මහණෙනි, මේ ඒකායන මාර්ගයකි. සත්වයන්ගේ විශුද්ධිය පිණිස, ශෝක වැළපීම් ඉක්මවීම පිණිස, දුක් දොම්නස් නැතිවීම පිණිස, ධර්ම මාර්ගය අවබෝධ වීම පිණිස, නිවන සාක්ෂාත් කිරීම පිණිස, මෙය පවතියි. එනම් මේ සතර සතිපට්ඨානය යි."

භාග්‍යවතුන් වහන්සේ මෙය වදාළ සේක. සතුටු සිත් ඇති ඒ භික්ෂූහු භාග්‍යවතුන් වහන්සේගේ ඒ භාෂිතය සතුටින් පිළිගත්හ.

සාදු! සාදු!! සාදු!!!

අම්බපාලි සූත්‍රය නිමා විය.

3.1.2.
සතෝ සූත්‍රය
සිහි ඇති ව සිටීම ගැන වදාළ දෙසුම

එක් සමයක භාග්‍යවතුන් වහන්සේ විශාලා මහනුවර අම්බපාලි වනයෙහි වැඩවසන සේක. එහිදී භාග්‍යවතුන් වහන්සේ 'මහණෙනි' යි භික්ෂූන් ඇමතූ සේක. ....(පෙ)....

මහණෙනි, භික්ෂුවක් සිහියෙන් යුතු ව, නුවණින් යුතු ව වාසය කළ යුත්තේ ය. මෙය ඔබට අපගේ අනුශාසනාව යි.

මහණෙනි, භික්ෂුවක් සිහියෙන් ඉන්නේ කෙසේ ද? මහණෙනි, මෙහිලා භික්ෂුව කෙලෙස් තවන වීරියෙන් යුතු ව, සිහි නුවණින් යුතු ව, ලෝකයෙහි ඇලීම් ගැටීම් දුරුකොට, කය පිළිබඳ ව කායානුපස්සනාවෙන් වාසය කරයි. ....(පෙ).... විඳීම් පිළිබඳ ව වේදනානුපස්සනාවෙන් වාසය කරයි. ....(පෙ).... සිත පිළිබඳ ව චිත්තානුපස්සනාවෙන් වාසය කරයි. කෙලෙස් තවන වීරියෙන් යුතු ව, සිහි නුවණින් යුතු ව, ලෝකයෙහි ඇලීම් ගැටීම් දුරුකොට, ධර්මයන් පිළිබඳ ව ධම්මානුපස්සනාවෙන් වාසය කරයි. මහණෙනි, මෙසේ භික්ෂුව සිහි ඇත්තේ වෙයි.

මහණෙනි, භික්ෂුව නුවණින් යුතු ව ඉන්නේ කෙසේ ද? මහණෙනි, මෙහිලා භික්ෂුව ඉදිරියට යන කල්හි ද, ආපසු හැරී එන කල්හි ද, එය මනා නුවණින් යුතු ව කරන සුළු වෙයි. ඉදිරිය බලන කල්හි ද, වටපිට බලන කල්හි ද, එය මනා නුවණින් යුතු ව කරන සුළු වෙයි. අත් පා හකුළන කල්හි ද, දිගහරින කල්හි ද, එය මනා නුවණින් යුතු ව කරන සුළු වෙයි. සඟල සිවුරු, පාත්‍රය, සිවුරු පරිහරණය කරන කල්හී එය මනා නුවණින් යුතු ව කරන සුළු වෙයි. වළඳන - පානය කරන - අනුභව කරන - රස විඳින දෙයෙහි ද, එය මනා නුවණින් යුතු ව කරන සුළු වෙයි. වැසිකිලි කැසිකිලි කරන කල්හී, සිටින කල්හී, හිඳින කල්හී, නිදන කල්හී, නිදිවරන කල්හී, කතා කරන කල්හී, නිහඬව සිටින කල්හී, එය මනා නුවණින් යුතු ව කරන සුළු වෙයි. මහණෙනි, මෙසේ භික්ෂුව මනා නුවණින් යුතු වූයේ වෙයි.

මහණෙනි, භික්ෂුව සිහියෙන් හා නුවණින් යුතු ව විසිය යුත්තේ ය. මෙය ඔබට අපගේ අනුශාසනය යි.

සාදු! සාදු!! සාදු!!!

සතෝ සූත්‍රය නිමා විය.

3.1.3.
භික්ඛු සූත්‍රය
භික්ෂුවකට වදාළ දෙසුම

එකල්හී එක්තරා භික්ෂුවක් භාග්‍යවතුන් වහන්සේ වෙත පැමිණියේ ය. ....(පෙ).... එකත්පස් ව හුන් ඒ භික්ෂුව භාග්‍යවතුන් වහන්සේට මෙය පැවසුවේ ය.

"ස්වාමීනී, භාග්‍යවතුන් වහන්සේගෙන් යම් ධර්මයක් අසා මම තනි ව, හුදෙකලාව, අප්‍රමාදී ව, කෙලෙස් තවන වීරියෙන් යුතු ව, කාය ජීවිත දෙකෙහි අපේක්ෂා රහිත ව, වාසය කරන්නෙම් නම්, මා හට භාග්‍යවතුන් වහන්සේ එබඳු ධර්මයක් සංක්ෂේපයෙන් වදාරණ සේක් නම් යහපති."

"මෙහි ඔය අයුරින් ම ඇතැම් හිස් පුරුෂයෝ මට ම ඇරයුම් කරත් නොවැ. ධර්මය දෙසූ කල්හී ත් මාව ම ලුහුබැඳිය යුතු කොට සිතති."

"ස්වාමීනී, භාග්‍යවතුන් වහන්සේ මා හට සංක්ෂේපයෙන් දහම් දෙසන සේක්වා! සුගතයන් වහන්සේ මා හට සංක්ෂේපයෙන් දහම් දෙසන සේක්වා! භාග්‍යවතුන් වහන්සේගේ භාෂිතයෙහි අර්ථය මම දැනගන්නෙම් නම් ඉතා යහපති. භාග්‍යවතුන් වහන්සේගේ භාෂිතයට මම හිමිකරුවෙක් වන්නෙම් නම් ඉතා යහපති."

"එසේ වී නම් භික්ෂුව ඔබ කුසල් දහම්හි පටන් ගැනීම ම පිරිසිදු කරව. කුසල ධර්මයන්ගේ පටන් ගැනීම කුමක් ද? ඉතා පිරිසිදු සීලය ත්, ඍජු වූ දෘෂ්ටිය ත් ය.

භික්ෂුව, යම් කලෙක ඔබගේ සීලය ඉතා පිරිසිදු වන්නේ ද, දෘෂ්ටිය ඍජු වන්නේ ද, එකල්හී ඔබ භික්ෂුව, සීලය ඇසුරු කොට, සීලයෙහි පිහිටා සතර සතිපට්ඨානය තුන් අයුරකින් වැඩිය යුත්තෙහි ය. ඒ කවර සතරක් ද යත්;

මෙහිලා ඔබ භික්ෂුව කෙලෙස් තවන වීරියෙන් යුතු ව, සිහි නුවණින් යුතු ව, ලෝකයෙහි ඇලීම් ගැටීම් දුරුකොට, තමාගේ කය පිළිබඳ ව කායානුපස්සනාවෙන් වාසය කරව. කෙලෙස් තවන වීරියෙන් යුතු ව, සිහි නුවණින් යුතු ව, ලෝකයෙහි ඇලීම් ගැටීම් දුරුකොට, අනුන්ගේ කය පිළිබඳ ව කායානුපස්සනාවෙන් වාසය කරව. කෙලෙස් තවන වීරියෙන් යුතු ව, සිහි නුවණින් යුතු ව, ලෝකයෙහි ඇලීම් ගැටීම් දුරුකොට, තමාගේ ත් අනුන්ගේ ත් කය පිළිබඳ ව කායානුපස්සනාවෙන් වාසය කරව.

තමාගේ විඳීම් පිළිබඳ ව ....(පෙ).... අනුන්ගේ විඳීම් පිළිබඳ ව ....(පෙ).... තමාගේ ත්, අනුන්ගේ ත් විඳීම් පිළිබඳ ව වේදනානුපස්සනාවෙන් වාසය කරව.

තමාගේ සිත පිළිබඳ ව ....(පෙ).... අනුන්ගේ සිත පිළිබඳ ව ....(පෙ).... තමාගේ ත්, අනුන්ගේ ත් සිත පිළිබඳ ව චිත්තානුපස්සනාවෙන් වාසය කරව.

කෙලෙස් තවන වීරියෙන් යුතු ව, සිහි නුවණින් යුතු ව, ලෝකයෙහි ඇලීම් ගැටීම් දුරුකොට, තමාගේ ධර්මයන් පිළිබඳ ව ධම්මානුපස්සනාවෙන් වාසය කරව. කෙලෙස් තවන වීරියෙන් යුතු ව, සිහි නුවණින් යුතු ව, ලෝකයෙහි ඇලීම් ගැටීම් දුරුකොට, අනුන්ගේ ධර්මයන් පිළිබඳ ව ධම්මානුපස්සනාවෙන් වාසය කරව. කෙලෙස් තවන වීරියෙන් යුතු ව, සිහි නුවණින් යුතු ව, ලෝකයෙහි ඇලීම් ගැටීම් දුරුකොට, තමාගේ ත් අනුන්ගේ ත් ධර්මයන් පිළිබඳ ව ධම්මානුපස්සනාවෙන් වාසය කරව.

යම් කලෙක භික්ෂුව ඔබ සීලය ඇසුරු කොට, සීලයෙහි පිහිටා මේ සතර සතිපට්ඨානයන් තුන් අයුරකින් වඩන්නෙහි ද, එකල්හී භික්ෂුව, ඔබට

රැයක් හෝ දහවලක් හෝ පැමිණෙයි නම්, කුසල් දහම් පිළිබඳ ව දියුණුවක් ම කැමති විය යුත්තේ ය. පිරිහීමක් නම් නොවෙයි."

ඉක්බිති ඒ භික්ෂුව භාග්‍යවතුන් වහන්සේගේ භාෂිතය සතුටින් පිළිගෙන අනුමෝදන් වී හුනස්නෙන් නැගිට භාග්‍යවතුන් වහන්සේට සකසා වන්දනා කොට, පැදකුණු කොට පිටත් ව ගියේ ය. එකල්හී ඒ භික්ෂුව තනි වී, හුදෙකලා වී, අප්‍රමාදී ව, කෙලෙස් තවන වීරිය ඇති ව, කාය ජීවිත දෙකෙහි අපේක්ෂා රහිත ව වාසය කරන්නේ යම් කරුණක් උදෙසා කුලපුත්‍රයෝ මැනැවින් ගිහි ගෙයින් නික්ම බුදු සසුනෙහි පැවිදි වෙත් ද, ඒ බඹසරෙහි අවසානය වන අනුත්තර වූ අරහත්වය නොබෝ කලකින් ම සිය විශිෂ්ට නුවණින් සාක්ෂාත් කොට පැමිණ වාසය කළේ ය. 'ඉපදීම ක්ෂය විය. බඹසර වාසය නිමා විය. කළ යුත්ත කරන ලදී. නිවන පිණිස කළ යුතු අනෙකක් නැතැ' යි දැනගත්තේ ය. ඒ භික්ෂුව රහතන් වහන්සේලා අතර එක්තරා රහත් නමක් බවට පත්වූයේ ය.

සාදු! සාදු!! සාදු!!!

භික්ඛු සූත්‍රය නිමා විය.

3.1.4.
සාලා සූත්‍රය
සාලා ගමේ දී වදාළ දෙසුම

මා විසින් මෙසේ අසන ලදී. එක් සමයක භාග්‍යවතුන් වහන්සේ කොසොල් ජනපදයෙහි සාලා නම් බ්‍රාහ්මණ ගමෙහි වැඩවෙසෙන සේක. එහිදී භාග්‍යවතුන් වහන්සේ භික්ෂූන් ඇමතූ සේක.

මහණෙනි, යම් ඒ භික්ෂූහු නවක වෙත් ද, පැවිදි වී වැඩිකල් නැද්ද, ළඟදී මේ ධර්ම විනයට පැමිණියාහු වෙත් ද, මහණෙනි, ඔබ විසින් ඒ භික්ෂූහු සතර සතිපට්ඨානයන් වැඩීමෙහි සමාදන් කරවිය යුත්තාහු ය. වාසය කරවිය යුත්තාහු ය. පිහිටුවිය යුත්තාහු ය. ඒ කවර සතරක් ද යත්,

'එව් ආයුෂ්මත්නි, ඔබ කෙලෙස් තවන වීරිය ඇති ව, මනා දැනුම් ඇති ව, එකඟ සිත් ඇති ව, ඉතා පහන් සිත් ඇති ව, සමාහිත සිත් ඇති ව,

ඒකාග්‍ර සිත් ඇති ව, කයෙහි සැබෑ තතු අවබෝධ කරනු පිණිස කය පිළිබඳ ව කායානුපස්සනාවෙන් වාසය කරව්.

කෙලෙස් තවන වීරිය ඇති ව, මනා දැනුම් ඇති ව, එකඟ සිත් ඇති ව, ඉතා පහන් සිත් ඇති ව, සමාහිත සිත් ඇති ව, ඒකාග්‍ර සිත් ඇති ව, වේදනාවන්හි සැබෑ තතු අවබෝධ කරනු පිණිස විඳීම් පිළිබඳ වේදනානුපස්සනාවෙන් වාසය කරව්.

කෙලෙස් තවන වීරිය ඇති ව, මනා දැනුම් ඇති ව, එකඟ සිත් ඇති ව, ඉතා පහන් සිත් ඇති ව, සමාහිත සිත් ඇති ව, ඒකාග්‍ර සිත් ඇති ව, සිතෙහි සැබෑ තතු අවබෝධ කරනු පිණිස සිත පිළිබඳ ව චිත්තානුපස්සනාවෙන් වාසය කරව්.

කෙලෙස් තවන වීරිය ඇති ව, මනා දැනුම් ඇති ව, එකඟ සිත් ඇති ව, ඉතා පහන් සිත් ඇති ව, සමාහිත සිත් ඇති ව, ඒකාග්‍ර සිත් ඇති ව, ධර්මයන්හි සැබෑ තතු අවබෝධ කරනු පිණිස ධර්මයන් පිළිබඳ ව ධම්මානුපස්සනාවෙන් වාසය කරව්.'

මහණෙනි, යම් ඒ භික්ෂූහු නිවන් මගෙහි හික්මෙමින් සිටිත් ද, අනුත්තර යෝගක්ඛේම නම් වූ නිවන පතමින් නොපැමිණි අරහත්වය ඇති ව සිටිත් ද, ඒ භික්ෂූහු ත් කෙලෙස් තවන වීරිය ඇති ව, මනා දැනුම් ඇති ව, එකඟ සිත් ඇති ව, ඉතා පහන් සිත් ඇති ව, සමාහිත සිත් ඇති ව, ඒකාග්‍ර සිත් ඇති ව, කයෙහි සැබෑ තතු පිරිසිඳ දකිනු පිණිස කය පිළිබඳ ව කායානුපස්සනාවෙන් වාසය කරති. ....(පෙ).... වේදනාවන්ගේ සැබෑ තතු පිරිසිඳ දකිනු පිණිස විඳීම් පිළිබඳ වේදනානුපස්සනාවෙන් වාසය කරති. ....(පෙ).... සිතෙහි සැබෑ තතු පිරිසිඳ දකිනු පිණිස සිත පිළිබඳ ව චිත්තානුපස්සනාවෙන් වාසය කරති. කෙලෙස් තවන වීරිය ඇති ව, මනා දැනුම් ඇති ව, එකඟ සිත් ඇති ව, ඉතා පහන් සිත් ඇති ව, සමාහිත සිත් ඇති ව, ඒකාග්‍ර සිත් ඇති ව, ධර්මයන්හි සැබෑ තතු පිරිසිඳ දකිනු පිණිස ධර්මයන් පිළිබඳ ව ධම්මානුපස්සනාවෙන් වාසය කරති.

මහණෙනි, යම් ඒ භික්ෂූහු අරහත් වූවාහු වෙත් ද, ක්ෂීණාශ්‍රව වෙත් ද, නිම වූ බඹසර ඇති, කළ යුත්ත කරන ලද, කෙලෙස් බර බහා තැබූ, පිළිවෙලින් පැමිණි අරහත්වය ඇති, භව සංයෝජන ක්ෂය කොට මැනැවින් දැන මිදුණාහු වෙත් ද, ඔවුහු ත් කෙලෙස් තවන වීරිය ඇති ව, මනා දැනුම් ඇති ව, එකඟ සිත් ඇති ව, ඉතා පහන් සිත් ඇති ව, සමාහිත සිත් ඇති ව, ඒකාග්‍ර සිත් ඇති ව, කය හා එක් නොවී, කය පිළිබඳ ව කායානුපස්සනාවෙන් වාසය කරති. ....(පෙ).... විඳීම් හා එක් නොවී, විඳීම් පිළිබඳ වේදනානුපස්සනාවෙන් වාසය

කරති. ....(පෙ).... සිත හා එක් නොවී, සිත පිළිබඳ ව චිත්තානුපස්සනාවෙන් වාසය කරති. කෙලෙස් තවන වීරිය ඇති ව, මනා දැනුම් ඇති ව, එකඟ සිත් ඇති ව, ඉතා පහන් සිත් ඇති ව, සමාහිත සිත් ඇති ව, ඒකාග්‍ර සිත් ඇති ව, ධර්මයන් හා එක් නොවී, ධර්මයන් පිළිබඳ ව ධම්මානුපස්සනාවෙන් වාසය කරති.

මහණෙනි, යම් ඒ භික්ෂූහු නවක වෙත් ද, පැවිදි වී වැඩිකල් නැද්ද, ළඟදී මේ ධර්ම විනයට පැමිණියාහු වෙත් ද, මහණෙනි, ඔබ විසින් ඒ භික්ෂූහු සතර සතිපට්ඨානයන් වැඩීමෙහි සමාදන් කරවිය යුත්තාහු ය. වාසය කරවිය යුත්තාහු ය. පිහිටුවිය යුත්තාහු ය.

සාදු! සාදු!! සාදු!!!

සාලා සූත්‍රය නිමා විය.

3.1.5.
කුසලරාසි සූත්‍රය
කුසල් රැස ගැන වදාළ දෙසුම

මහණෙනි, අකුසල් රැසක් යැයි කියන කල්හී මැනැවින් කියන්නේ නම්, පංච නීවරණයන්ට කිව යුත්තේ ය. මහණෙනි, යම් මේ පංච නීවරණයෝ වෙත් ද, මෙය මුළුමනින් ම අකුසල් රැසකි. ඒ කවර පසක් ද යත්, කාමච්ඡන්ද නීවරණය ය, ව්‍යාපාද නීවරණය ය, ථීනමිද්ධ නීවරණය ය, උද්ධච්ච කුක්කුච්ච නීවරණය ය, විචිකිච්ඡා නීවරණය ය. මහණෙනි, අකුසල් රැසක් යැයි කියන කල්හී මැනැවින් කියන්නේ නම්, මේ පංච නීවරණයන්ට කිව යුත්තේ ය. මහණෙනි, යම් මේ පංච නීවරණයෝ වෙත් ද, මෙය මුළුමනින් ම අකුසල් රැ සකි.

මහණෙනි, කුසල් රැසක් යැයි කියන කල්හී මැනැවින් කියන්නේ නම්, සතර සතිපට්ඨානයට කිව යුත්තේ ය. මහණෙනි, යම් මේ සතර සතිපට්ඨානයෝ වෙත් ද, මෙය මුළුමනින් ම කුසල් රැසකි. ඒ කවර සතරක් ද යත්, මහණෙනි, මෙහිලා භික්ෂුව කෙලෙස් තවන වීරියෙන් යුතු ව, සිහි නුවණින් යුතු ව, ලෝකයෙහි ඇලීම් ගැටීම් දුරුකොට, කය පිළිබඳ ව කායානුපස්සනාවෙන් වාසය කරයි. ....(පෙ).... විඳීම් පිළිබඳ ව වේදනානුපස්සනාවෙන් වාසය කරයි. ....(පෙ).... සිත පිළිබඳ ව චිත්තානුපස්සනාවෙන් වාසය කරයි. කෙලෙස් තවන

වීරියෙන් යුතු ව, සිහි නුවණින් යුතු ව, ලෝකයෙහි ඇලීම් ගැටීම් දුරුකොට, ධර්මයන් පිළිබඳ ව ධම්මානුපස්සනාවෙන් වාසය කරයි. මහණෙනි, කුසල් රැසක් යැයි කියන කල්හී මැනැවින් කියන්නේ නම්, මේ සතර සතිපට්ඨානයට කිව යුත්තේ ය. මහණෙනි, යම් මේ සතර සතිපට්ඨානයෝ වෙත් ද, මෙය මුළුමනින් ම කුසල් රැසකි.

සාදු! සාදු!! සාදු!!!

කුසලරාසි සූත්‍රය නිමා විය.

3.1.6.
සකුණග්ඝි සූත්‍රය
ගිජුලිහිණිය උපමා කොට වදාළ දෙසුම

මහණෙනි, මෙය පෙර සිදු වූ දෙයකි. ගිජුලිහිණියක් බලහත්කාරයෙන් පැමිණ කැටකුරුල්ලෙකු අල්ලා ගත්තා ය. මහණෙනි, එකල්හී කැටකුරුල්ලා තමා ව රැගෙන යනු ලබන ගිජුලිහිණියට හඬමින් මෙසේ කීවේ ය.

'අපි ම කාලකන්නි වෙමු. අපි ම පින් නැත්තෝ වෙමු. යම් බඳු අපි අපට අයත් නැති, අනුන් අයත් විෂයෙහි හැසිරුණෙමු. ඉදින් අපි අද තමන්ගේ පියා සතු ගෝචර විෂයෙහි හැසිරුණෝ නම් මේ ගිජුලිහිණිය මේ යුද්ධයට සමර්ථ වන්නේ නැතැ' යි.

'එම්බා කැටකුරුල්ල, තොපගේ බල ප්‍රදේශය වූ තම පියා සතු විෂය යනු කුමක් ද?'

'නඟුලෙන් සාන ලද කෙතෙහි මැටි කැට උස් ව නැගුණු තැන යි.'

එකල්හී මහණෙනි, ගිජුලිහිණිය තම බලයෙහි දැඩි ව සිට තම බලය පවසමින් කුරුල්ලා මුදා හැරියා ය. 'එම්බා කැටකුරුල්ල, තෝ යව. එතැනට ගොසිනුත් මාගෙන් නිදහස් නොවන්නෙහි ය' යි.

ඉක්බිති මහණෙනි, කැටකුරුල්ලා නඟුලෙන් සාන ලද කෙතෙහි උස් ව නැගුණු මැටි කැටය ඇති තැනට ගොස් මහත් මැටි කැටයකට නැග 'ගිජුලිහිණිය, දැන් එව. ගිජුලිහිණිය, දැන් එව' යි ගිජුලිහිණියට කියමින් සිටියේ ය. එකල්හී මහණෙනි, ඒ ගිජුලිහිණිය තම බලයෙහි දැඩි ව සිට, තම බලය

ගැන කියවමින් දෙපියාපත් නගා කැටකුරුල්ලා වෙත සැහැසි ව කඩා පැන්නා ය. මහණෙනි, කැටකුරුල්ලා යම් කලෙක 'මේ ගිජුලිහිණියා මා ගනු පිණිස බොහෝ දුර ආවා යැ' යි දැනගත්තේ ද, එකල්හී ඒ මැටි කැටය ඇතුළට පිවිසියේ ය. එකල්හී මහණෙනි, ගිජුලිහිණිය එතැන ම ළය තලා ගත්තා ය. මහණෙනි, යමෙක් තමන්ට අයත් නැති බලප්‍රදේශයෙහි, අනුන් අයත් බල ප්‍රදේශයෙහි හැසිරෙයි නම් එය මෙසේ ම වෙයි.

එහෙයින් මහණෙනි, අනුන්ගේ බල ප්‍රදේශයෙහි, අගෝචරයෙහි හැසිරෙන්නට එපා. මහණෙනි, අනුන් අයත් බල ප්‍රදේශයෙහි, අගෝචරයෙහි හැසිරෙන්නා ව අල්ලා ගන්නට මාරයා අවකාශ ලබයි. මාරයා අරමුණක් ලබයි. මහණෙනි, භික්ෂුවකට අගෝචර වූ අනුන් අයත් බල ප්‍රදේශය යනු කුමක් ද? මේ පංච කාම ගුණයෝ ය. ඒ කවර පසක් ද යත්, ඉෂ්ට වූ, කාන්ත වූ, මනාප වූ, ප්‍රිය ස්වභාව ඇති, කාමූපසංහිත, කෙලෙස් උපදවන, ඇසින් දැක්ක යුතු රූපයෝ ය. ....(පෙ).... කනින් ඇසිය යුතු ශබ්දයෝ ය. ....(පෙ).... නාසයෙන් දත යුතු ගන්ධයෝ ය. ....(පෙ).... දිවෙන් දත යුතු රසයෝ ය. ඉෂ්ට වූ, කාන්ත වූ, මනාප වූ, ප්‍රිය ස්වභාව ඇති, කාමූපසංහිත, කෙලෙස් උපදවන, කයෙන් දත යුතු ස්පර්ශයෝ ය. මහණෙනි, මෙය භික්ෂුවකට අයත් නොවූ අන්‍යයන්ට අයත් බල ප්‍රදේශය යි.

මහණෙනි, තමන්ට අයත් වූ තම පියාණන් සතු බල ප්‍රදේශයෙහි හැසිරෙව්. මහණෙනි, තමන්ට අයත් වූ තම පියාණන් සතු බල ප්‍රදේශයෙහි හැසිරෙන්නවුන් ග්‍රහණය කරගන්නට මාරයා අවකාශයක් නොලබයි. මාරයා අරමුණක් නොලබයි.

මහණෙනි, භික්ෂුවට අයත් වූ සිය පියාණන් සතු බල ප්‍රදේශය කුමක් ද? ඒ මේ සතර සතිපට්ඨානයෝ ය. ඒ කවර සතරක් ද යත්, මහණෙනි, මෙහිලා භික්ෂුව කෙලෙස් තවන වීරියෙන් යුතු ව, සිහි නුවණින් යුතු ව, ලෝකයෙහි ඇලීම් ගැටීම් දුරුකොට, කය පිළිබඳ ව කායානුපස්සනාවෙන් වාසය කරයි. ....(පෙ).... විඳීම් පිළිබඳ ව වේදනානුපස්සනාවෙන් වාසය කරයි. ....(පෙ).... සිත පිළිබඳ ව චිත්තානුපස්සනාවෙන් වාසය කරයි. කෙලෙස් තවන වීරියෙන් යුතු ව, සිහි නුවණින් යුතු ව, ලෝකයෙහි ඇලීම් ගැටීම් දුරුකොට, ධර්මයන් පිළිබඳ ව ධම්මානුපස්සනාවෙන් වාසය කරයි. මහණෙනි, මෙය භික්ෂුවට අයත් සිය පියාණන් සතු බල ප්‍රදේශය වෙයි.

සාදු! සාදු!! සාදු!!!

සකුණග්ඝි සූත්‍රය නිමා විය.

3.1.7.
මක්කට සූත්‍රය
වඳුරා උපමා කොට වදාළ දෙසුම

මහණෙනි, යම් තැනක වඳුරන්ගේ හැසිරීමක් නැද්ද, මිනිසුන්ගේ හැසිරීමකුත් නැද්ද, හිමාල පර්වතරාජයාගේ එබඳු යා ගත නොහැකි විෂම ප්‍රදේශ ඇත්තේ ය.

මහණෙනි, යම් තැනක වඳුරන්ගේ හැසිරීමක් ඇද්ද, මිනිසුන්ගේ හැසිරීමක් නැද්ද, හිමාල පර්වතරාජයාගේ එබඳු මිනිසුන්ට යා ගත නොහැකි විෂම ප්‍රදේශ ඇත්තේ ය.

මහණෙනි, යම් තැනක වඳුරන්ගේ හැසිරීමකුත් ඇද්ද, මිනිසුන්ගේ හැසිරීමකුත් ඇද්ද, හිමාල පර්වතරාජයාගේ එබඳු රමණීය සම භූමිභාග ඇත්තේ ය. මහණෙනි, එහිදී වැද්දෝ වඳුරන් යන මාවතෙහි වඳුරන් නසනු පිණිස වඳුරු ලාටු අලවා තබති. මහණෙනි, එහිදී යම් ඒ වඳුරෝ බාල ගති නැති ව, ලොල් ගති නැති ව සිටිත් ද, ඔවුහු දුර දී ම ඒ ලහටු දැක දුරු කරති. යම් ඒ වඳුරෙක් බාල ගති ඇති ව, ලොල් ගති ඇති ව සිටියි ද, ඔහු ඒ ලහටු කරා ගොස් අතින් ගනියි. ඔහු එහි බැඳෙයි. අත ගලවා ගන්නෙමි යි සිතා දෙවෙනි අතින් ගනියි. ඔහු එහි බැඳෙයි. දෙඅත් ගලවා ගන්නෙමි යි සිතා පාදයෙන් ගනියි. ඔහු එහි බැඳෙයි. දෙඅත් ද, පාදය ද ගලවා ගන්නෙමි යි සිතා දෙවෙනි පාදයෙන් ගනියි. ඔහු එහි බැඳෙයි. දෙඅත් ද, දෙපා ද ගලවා ගන්නෙමි යි සිතා මුවින් ගනියි. ඔහු එහි බැඳෙයි. මෙසේ මහණෙනි, ඒ වඳුරා පස් තැනකින් ඇලෙන ලද්දේ විපතට පත් වූයේ, ව්‍යසනයට පත්වූයේ වැද්දාට කැමති දෙයක් කළ හැකි වූයේ තතනමින් තිදයි. මහණෙනි, වැද්දා ඒ වඳුරාට එහිදි ම විද උදුරා බැහැර නොකොට කැමති දිශාවකට යයි. මහණෙනි, යමෙක් අන්‍යයන් සතු අගෝචර විෂයෙහි හැසිරෙයි නම් එය මෙසේ ම වෙයි.

එහෙයින් මහණෙනි, අනුන්ගේ බල ප්‍රදේශයෙහි, අගෝචරයෙහි හැසිරෙන්නට එපා. මහණෙනි, අනුන් අයත් බල ප්‍රදේශයෙහි, අගෝචරයෙහි හැසිරෙන්නා ව අල්ලා ගන්නට මාරයා අවකාශ ලබයි. මාරයා අරමුණක් ලබයි. මහණෙනි, භික්ෂුවකට අගෝචර වූ අනුන් අයත් බල ප්‍රදේශය යනු කුමක් ද? මේ පංච කාම ගුණයෝ ය. ඒ කවර පසක් ද යත්, ඉෂ්ට වූ, කාන්ත වූ, මනාප වූ, ප්‍රිය ස්වභාව ඇති, කාමූපසංහිත, කෙලෙස් උපදවන, ඇසින් දැක්ක යුතු

රූපයෝ ය. ....(පෙ).... කනින් ඇසිය යුතු ශබ්දයෝ ය. ....(පෙ).... නාසයෙන් දත යුතු ගන්ධයෝ ය. ....(පෙ).... දිවෙන් දත යුතු රසයෝ ය. ඉෂ්ට වූ, කාන්ත වූ, මනාප වූ, ප්‍රිය ස්වභාව ඇති, කාමූපසංහිත, කෙලෙස් උපදවන, කයෙන් දත යුතු ස්පර්ශයෝ ය. මහණෙනි, මෙය භික්ෂුවකට අයත් නොවූ අන්‍යයන්ට අයත් බල ප්‍රදේශය යි.

මහණෙනි, තමන්ට අයත් වූ තම පියාණන් සතු බල ප්‍රදේශයෙහි හැසිරෙව්. මහණෙනි, තමන්ට අයත් වූ තම පියාණන් සතු බල ප්‍රදේශයෙහි හැසිරෙන්නවුන් ග්‍රහණය කරගන්නට මාරයා අවකාශයක් නොලබයි. මාරයා අරමුණක් නොලබයි.

මහණෙනි, භික්ෂුවට අයත් වූ සිය පියාණන් සතු බල ප්‍රදේශය කුමක් ද? ඒ මේ සතර සතිපට්ඨානයෝ ය. ඒ කවර සතරක් ද යත්, මහණෙනි, මෙහිලා භික්ෂුව කෙලෙස් තවන වීරියෙන් යුතු ව, සිහි නුවණින් යුතු ව, ලෝකයෙහි ඇලීම් ගැටීම් දුරුකොට, කය පිළිබඳ ව කායානුපස්සනාවෙන් වාසය කරයි. ....(පෙ).... විඳීම් පිළිබඳ ව වේදනානුපස්සනාවෙන් වාසය කරයි. ....(පෙ).... සිත පිළිබඳ ව චිත්තානුපස්සනාවෙන් වාසය කරයි. කෙලෙස් තවන වීරියෙන් යුතු ව, සිහි නුවණින් යුතු ව, ලෝකයෙහි ඇලීම් ගැටීම් දුරුකොට, ධර්මයන් පිළිබඳ ව ධම්මානුපස්සනාවෙන් වාසය කරයි. මහණෙනි, මෙය භික්ෂුවට අයත් සිය පියාණන් සතු බල ප්‍රදේශය වෙයි.

සාදු! සාදු!! සාදු!!!

මක්කට සූත්‍රය නිමා විය.

3.1.8.
සූද සූත්‍රය
අරක්කැමියා උපමා කොට වදාළ දෙසුම

මහණෙනි, එය මෙබඳු දෙයකි. බාල වූ, අව්‍යක්ත වූ, අදක්ෂ වූ අරක්කැමියෙක් සිටියි. ඔහු ඇඹුලින් යුක්ත වූ ත්, තිත්තෙන් යුක්ත වූ ත්, කටුක රසයෙන් යුක්ත වූ ත්, මිහිරි රසයෙන් යුක්ත වූ ත්, කර රසයෙන් යුක්ත වූ ත්, කර රස නැත්තා වූ ත්, ලුණු රසයෙන් යුක්ත වූ ත්, ලුණු රස නැත්තා වූ ත්, නොයෙක් ආකාරයෙන් සැකසූ සූපයන්ගෙන් යුතු ව රජු වෙත හෝ

රාජ මහාමාත්‍යයෙක් වෙත හෝ එළඹ සිටියේ වෙයි. මහණෙනි, ඒ මේ බාල වූ, අව්‍යක්ත වූ, අදක්ෂ වූ අරක්කැමියා තම ස්වාමියාගේ භෝජන නිමිත්ත නොඉගෙන ගනියි. එනම් 'අද මාගේ ස්වාමියාට මේ සූප රසය රුචි වෙයි' කියා හෝ 'මෙය ගැනීමට අත දිගු කරයි' කියා හෝ 'මෙය බොහෝ කොට ගනියි' කියා හෝ 'මෙහි ගුණ කියයි' කියා හෝ 'අද මාගේ ස්වාමියාට ඇඹුලෙන් යුතු සූපය රුචි වෙයි කියා හෝ ඇඹුලෙන් යුත සූපයට අත දිගු කරයි කියා හෝ ඇඹුලෙන් යුතු සූපය බොහෝ කොට ගනියි කියා හෝ ඇඹුලෙන් යුතු සූපයෙහි ගුණ කියයි' කියා හෝ 'අද මාගේ ස්වාමියා තිත්ත රසයෙන් යුතු සූපය හෝ ....(පෙ).... අද මාගේ ස්වාමියා කටුක රසයෙන් යුතු සූපය හෝ ....(පෙ).... අද මාගේ ස්වාමියා මිහිරි රසයෙන් යුතු සූපය හෝ ....(පෙ).... අද මාගේ ස්වාමියා කර රසයෙන් යුතු සූපය හෝ ....(පෙ).... අද මාගේ ස්වාමියා කර රස නැති යුතු සූපය හෝ ....(පෙ).... අද මාගේ ස්වාමියා ලුණු රසයෙන් යුතු සූපය හෝ ....(පෙ).... අද මාගේ ස්වාමියා ලුණු රස නැති යුතු සූපය රුචි කරයි කියා හෝ 'ලුණු රස නැති සූපය ගැනීමට අත දිගු කරයි' කියා හෝ ලුණු රස නැති සූපය බොහෝ කොට ගනියි' කියා හෝ 'ලුණු රස නැති සූපයෙහි ගුණ කියයි' කියා හෝ ඉගෙන නොගනියි.

මහණෙනි, ඒ බාල වූ, අව්‍යක්ත වූ, අදක්ෂ වූ අරක්කැමියා වස්ත්‍ර ද නොලබන සුළු වෙයි. වැටුප් ද නොලබන සුළු වෙයි. තුටුපඬුරු ද නොලබන සුළු වෙයි. ඒ මක් නිසා ද යත්, මහණෙනි, බාල වූ, අව්‍යක්ත වූ, අදක්ෂ වූ ඒ අරක්කැමියා සිය ස්වාමියාගේ භෝජන නිමිත්ත ඉගෙන නොගනියි ද, එනිසා ය.

එසෙයින් ම මහණෙනි, මෙහිලා බාල වූ, අව්‍යක්ත වූ, අදක්ෂ වූ ඇතැම් භික්ෂුවක් කය පිළිබඳ ව කෙලෙස් තවන වීරියෙන් යුතු ව, මනා දැනුමින් යුතුව, සිහියෙන් යුතුව, ලෝකයෙහි ඇලීම් ගැටීම් දුරු කොට කායානුපස්සනාවෙන් වාසය නොකරයි. කය පිළිබඳ ව කායානුපස්සනාවෙන් වාසය නොකරන ඔහුගේ සිත සමාධිමත් නොවෙයි. උපක්ලේශයෝ ප්‍රහීණ නොවෙති. ඔහු ඒ නිමිත්ත ඉගෙන නොගනියි. වේදනාවන් පිළිබඳ ව ....(පෙ).... සිත පිළිබඳ ව ....(පෙ).... ධර්මයන් පිළිබඳ ව කෙලෙස් තවන වීරියෙන් යුතු ව, මනා දැනුමින් යුතුව, සිහියෙන් යුතුව, ලෝකයෙහි ඇලීම් ගැටීම් දුරු කොට ධම්මානුපස්සනාවෙන් වාසය නොකරයි. ධර්මයන් පිළිබඳ ව ධම්මානුපස්සනාවෙන් වාසය නොකරන ඔහුගේ සිත සමාධිමත් නොවෙයි. උපක්ලේශයෝ ප්‍රහීණ නොවෙති. ඔහු ඒ නිමිත්ත ඉගෙන නොගනියි.

මහණෙනි, ඒ බාල වූ, අව්‍යක්ත වූ, අදක්ෂ වූ භික්ෂුව මෙලොව දී ලබන

සැප විහරණය නොලබන්නේ ද වෙයි. සිහි නුවණ නොලබන්නේ ද වෙයි. ඒ මක් නිසා ද යත්, මහණෙනි, ඒ බාල වූ, අව්‍යක්ත වූ, අදක්ෂ වූ භික්ෂුව ස්වකීය සිතෙහි නිමිත්ත ඉගෙන නොගත් නිසා ය.

මහණෙනි, එය මෙබඳු දෙයකි. නුවණැති වූ, ව්‍යක්ත වූ, දක්ෂ වූ අරක්කැමියෙක් සිටියි. ඔහු ඇඹුලින් යුක්ත වූ ත්, තිත්තෙන් යුක්ත වූ ත්, කටුක රසයෙන් යුක්ත වූ ත්, මිහිරි රසයෙන් යුක්ත වූ ත්, කර රසයෙන් යුක්ත වූ ත්, කර රස නැත්තා වූ ත්, ලුණු රසයෙන් යුක්ත වූ ත්, ලුණු රස නැත්තා වූ ත්, නොයෙක් ආකාරයෙන් සැකසූ සූපයන්ගෙන් යුතු ව රජු වෙත හෝ රාජ මහාමාත්‍යයෙක් වෙත හෝ එළඹ සිටියේ වෙයි. මහණෙනි, ඒ මේ නුවණැති වූ, ව්‍යක්ත වූ, දක්ෂ වූ අරක්කැමියා තම ස්වාමියාගේ භෝජන නිමිත්ත ඉගෙන ගනියි.

එනම් 'අද මාගේ ස්වාමියාට මේ සූප රසය රුචි වෙයි' කියා හෝ 'මෙය ගැනීමට අත දිගු කරයි' කියා හෝ 'මෙය බොහෝ කොට ගනියි' කියා හෝ 'මෙහි ගුණ කියයි' කියා හෝ 'අද මාගේ ස්වාමියාට ඇඹුලෙන් යුතු සූපය රුචි වෙයි කියා හෝ ඇඹුලෙන් යුත සූපයට අත දිගු කරයි කියා හෝ ඇඹුලෙන් යුතු සූපය බොහෝ කොට ගනියි කියා හෝ ඇඹුලෙන් යුතු සූපයෙහි ගුණ කියයි' කියා හෝ 'අද මාගේ ස්වාමියා තිත්ත රසයෙන් යුතු සූපය හෝ ....(පෙ).... අද මාගේ ස්වාමියා කටුක රසයෙන් යුතු සූපය හෝ ....(පෙ).... අද මාගේ ස්වාමියා මිහිරි රසයෙන් යුතු සූපය හෝ ....(පෙ).... අද මාගේ ස්වාමියා කර රසයෙන් යුතු සූපය හෝ ....(පෙ).... අද මාගේ ස්වාමියා කර රස නැති යුතු සූපය හෝ ....(පෙ).... අද මාගේ ස්වාමියා ලුණු රසයෙන් යුතු සූපය හෝ ....(පෙ).... අද මාගේ ස්වාමියා ලුණු රස නැති යුතු සූපය රුචි කරයි කියා හෝ 'ලුණු රස නැති සූපය ගැනීමට අත දිගු කරයි' කියා හෝ ලුණු රස නැති සූපය බොහෝ කොට ගනියි' කියා හෝ 'ලුණු රස නැති සූපයෙහි ගුණ කියයි' කියා හෝ ඉගෙන ගනියි.

මහණෙනි, ඒ නුවණැති වූ, ව්‍යක්ත වූ, දක්ෂ වූ අරක්කැමියා වස්ත්‍ර ද ලබන සුළු වෙයි. වැටුප් ද ලබන සුළු වෙයි. තුටුපඬුරු ද ලබන සුළු වෙයි. ඒ මක් නිසා ද යත්, මහණෙනි, නුවණැති වූ, ව්‍යක්ත වූ, දක්ෂ වූ ඒ අරක්කැමියා සිය ස්වාමියාගේ භෝජන නිමිත්ත ඉගෙනගනියි ද, එනිසා ය.

එසෙයින් ම මහණෙනි, මෙහිලා නුවණැති වූ, ව්‍යක්ත වූ, දක්ෂ වූ ඇතැම් භික්ෂුව ක් කය පිළිබඳ ව කෙලෙස් තවන වීරියෙන් යුතු ව, මනා දැනුමින් යුතුව, සිහියෙන් යුතුව, ලෝකයෙහි ඇලීම් ගැටීම් දුරු කොට කායානුපස්සනාවෙන් වාසය කරයි. කය පිළිබඳ ව කායානුපස්සනාවෙන් වාසය කරන ඔහුගේ සිත

සමාධිමත් වෙයි. උපක්ලේශයෝ ප්‍රහීණ වෙති. ඔහු ඒ නිමිත්ත ඉගෙන ගනියි. වේදනාවන් පිළිබඳ ව ....(පෙ).... සිත පිළිබඳ ව ....(පෙ).... ධර්මයන් පිළිබඳ ව කෙලෙස් තවන වීරියෙන් යුතු ව, මනා දැනුමින් යුතුව, සිහියෙන් යුතුව, ලෝකයෙහි ඇලීම් ගැටීම් දුරු කොට ධම්මානුපස්සනාවෙන් වාසය කරයි. ධර්මයන් පිළිබඳ ව ධම්මානුපස්සනාවෙන් වාසය කරන ඔහුගේ සිත සමාධිමත් වෙයි. උපක්ලේශයෝ ප්‍රහීණ වෙති. ඔහු ඒ නිමිත්ත ඉගෙනගනියි.

මහණෙනි, ඒ නුවණැති වූ, ව්‍යක්ත වූ, දක්ෂ වූ භික්ෂුව මෙලොව දී ලබන සැප විහරණය ලබන්නේ ද වෙයි. සිහි නුවණ ලබන්නේ ද වෙයි. ඒ මක් නිසා ද යත්, මහණෙනි, ඒ නුවණැති වූ, ව්‍යක්ත වූ, දක්ෂ වූ භික්ෂුව ස්වකීය සිතෙහි නිමිත්ත ඉගෙනගත් නිසා ය.

සාදු! සාදු!! සාදු!!!

සූද සූත්‍රය නිමා විය.

3.1.9.
ගිලාන සූත්‍රය
ගිලන් ව වැඩසිටි භාග්‍යවතුන් වහන්සේ වදාළ දෙසුම

එක් සමයක භාග්‍යවතුන් වහන්සේ විශාලා මහනුවර බේලුව ගමෙහි වැඩවසන සේක. එහිදී භාග්‍යවතුන් වහන්සේ භික්ෂූන් ඇමතූ සේක.

"මහණෙනි, එව්. ඔබ විශාලා මහනුවර හාත්පස යම් සේ යහළුවන් සිටිත් ද, යම් සේ දැක පුරුදු යහළුවන් සිටිත් ද, යම් සේ දැඩි මිතුරු යහළුවන් සිටිත් ද, එහි වස් වසව්. මම මෙහි ම බේලුව ගමෙහි වස් වසමි" යි.

"එසේ ය, ස්වාමීනී" යි ඒ භික්ෂූහු භාග්‍යවතුන් වහන්සේට පිළිතුරු දී විශාලා මහනුවර හාත්පස යම් සේ යහළුවන් සිටිත් ද, යම් සේ දැක පුරුදු යහළුවන් සිටිත් ද, යම් සේ දැඩි මිතුරු යහළුවන් සිටිත් ද, එහි වස් වැසූහ. භාග්‍යවතුන් වහන්සේ වනාහී ඒ බේලුව ගමෙහි ම වස් වැසූ සේක. එකල්හී වස් වසා සිටි භාග්‍යවතුන් වහන්සේට දරුණු ආබාධයක් හටගත්තේ ය. මාරාන්තික වූ බලවත් වේදනාවෝ පවතිත්. භාග්‍යවතුන් වහන්සේ මනා සිහි නුවණින් යුතු ව පීඩාවට පත් නොවෙමින් ඒ වේදනා ඉවසූ සේක. ඉක්බිති භාග්‍යවතුන් වහන්සේට මේ අදහස ඇතිවූයේ ය.

'යම් බඳු මම උපස්ථායකයන් නොඅමතා, භික්ෂු සංඝයාට නොදන්වා, පිරිනිවෙන්නෙම් නම් එය මට සුදුසු නොවෙයි. ඉදින් මම මේ ආබාධය වීර්යයෙන් යටපත් කොට ජීවිත සංස්කාරය අධිෂ්ඨාන කොට වසන්නෙම් නම් යහපති' යි.

ඉක්බිති භාග්‍යවතුන් වහන්සේ ඒ ආබාධය වීර්යයෙන් යටපත් කොට, ජීවිත සංස්කාරය අදිටන් කොට වාසය කළ සේක. එකල්හී භාග්‍යවතුන් වහන්සේ ගිලන් බවින් නැගිට වැඩිකල් නොගොස් විහාරය පිටුපස සෙවණැල්ලෙහි පණවන ලද ආසනයෙහි වැඩහුන් සේක.

එකල්හී ආයුෂ්මත් ආනන්දයන් වහන්සේ භාග්‍යවතුන් වහන්සේ වෙත පැමිණියහ. පැමිණ භාග්‍යවතුන් වහන්සේට සකසා වන්දනා කොට එකත්පස් ව හිඳගත්හ. එකත්පස් ව හුන් ආයුෂ්මත් ආනන්දයන් වහන්සේ භාග්‍යවතුන් වහන්සේට මෙසේ පැවසී ය.

"ස්වාමීනී, භාග්‍යවතුන් වහන්සේට ඉවසිය හැකි යැයි මා විසින් දකිනා ලදී. ස්වාමීනී, භාග්‍යවතුන් වහන්සේට යැපිය හැකි යැයි මා විසින් දකිනා ලදී. වැලිදු ස්වාමීනී, භාග්‍යවතුන් වහන්සේගේ ගිලන් බව හේතුවෙන් මාගේ ශරීරය බර වූවක් මෙන් වැටහෙයි. මට බැලිය යුතු දිශාව වත් පැහැදිලි නොවෙයි. ධර්මය ද මට නොවැටහෙයි. එමෙන් ම ස්වාමීනී, මට මේ අදහස ඇතිවූයේ ය. 'භාග්‍යවතුන් වහන්සේ දැන් ම පිරිනිවන් නොපානා සේක. භාග්‍යවතුන් වහන්සේ භික්ෂු සංඝයා අරභයා තව ම කිසිවක් ගෙනහැර නොපානා සේක' යි කිසියම් අස්වැසිලි මාත්‍රයක් ඇත්තේ ය."

"ආනන්දයෙනි, දැන් භික්ෂු සංඝයා මගෙන් කුමක් අපේක්ෂා කරන්නේ ද? ආනන්දයෙනි, මා විසින් ඇතුළත පිටත නොකොට ධර්මය දෙසන ලද්දේ ය. ආනන්දයෙනි, තථාගතයන්ගේ ධර්මය තුළ ආචාර්යවරයා මිටින් සඟවා ගත් දෙයක් නැත්තේ ය. ආනන්දයෙනි, යමෙකුට මෙබඳු අදහසක් ඇත්තේ නම්, එනම් 'මම භික්ෂු සංඝයා පරිහරණය කරන්නෙමි' යි කියා හෝ 'භික්ෂු සංඝයා මා උදෙසිය යුතු කොට පවතින්නේ ය' කියා හෝ ආනන්දයෙනි, ඔහු නම් භික්ෂු සංඝයා අරභයා කිසිවක් ගෙනහැර පානු ඇත. එනමුදු ආනන්දයෙනි, තථාගතයන් තුළ මෙබඳු අදහසක් නැත්තේ ය. එනම් 'මම භික්ෂු සංඝයා පරිහරණය කරන්නෙමි' යි කියා හෝ 'භික්ෂු සංඝයා මා උදෙසිය යුතු කොට පවතින්නේ ය' කියා හෝ ය. එසේ ඇති කල්හී කුමක් හෙයින් ආනන්දයෙනි, තථාගත තෙමේ භික්ෂු සංඝයා අරභයා කිසිවක් ගෙනහැර පාන්නේ ද?

ආනන්දයෙනි, මෙකල්හී ජරාවට පත්වූයේ, වයෝවෘද්ධ වූයේ, වැඩිමහළු

වූයේ, කල්ගත වූයේ, පිළිවෙලින් මහළු වූයේ වෙමි. මාගේ අසූ වැනි විය පවතියි. ආනන්දයෙනි, දිරූ කරත්තයක් උණ පතුරු බැඳීමෙන් කළ පිළිසකරින් යැපෙන්නේ යම් සේ ද, එපරිද්දෙන් ආනන්දයෙනි, තථාගතයන්ගේ කය ද උණ පතුරු බැඳීමෙන් කළ පිළිසකරින් මෙන් යැපෙයි.

ආනන්දයෙනි, යම් අවස්ථාවක තථාගත තෙමේ සියළු නිමිති මෙනෙහි නොකිරීමෙන්, ඇතැම් වේදනාවන්ගේ නිරෝධයෙන්, නිමිති රහිත චිත්ත සමාධියක් උපදවාගෙන වාසය කරයි නම්, ආනන්දයෙනි, ඒ අවස්ථාවෙහි තථාගතයන්ට වඩා ත් පහසු වෙයි.

එහෙයින් ආනන්දයෙනි, තමා පිහිට කොට වාසය කරව්. තමා සරණ කොට, අන් කෙනෙක් සරණ නොකොට වාසය කරව්. ධර්මය පිහිට කොට, ධර්මය සරණ කොට, අන් දෙයක් සරණ නොකොට වාසය කරව්. ආනන්දයෙනි, භික්ෂුවක් තමා පිහිට කොට, තමා සරණ කොට, අන් කෙනෙක් සරණ නොකොට, ධර්මය පිහිට කොට, ධර්මය සරණ කොට, අන් දෙයක් සරණ නොකොට වාසය කරන්නේ කෙසේ ද?

ආනන්දයෙනි, මෙහිලා භික්ෂුව කෙලෙස් තවන වීරියෙන් යුතු ව, සිහි නුවණින් යුතු ව, ලෝකයෙහි ඇලීම් ගැටීම් දුරුකොට, කය පිළිබඳ ව කායානුපස්සනාවෙන් වාසය කරයි. ....(පෙ).... විඳීම් පිළිබඳ ව වේදනානුපස්සනාවෙන් වාසය කරයි. ....(පෙ).... සිත පිළිබඳ ව චිත්තානුපස්සනාවෙන් වාසය කරයි. කෙලෙස් තවන වීරියෙන් යුතු ව, සිහි නුවණින් යුතු ව, ලෝකයෙහි ඇලීම් ගැටීම් දුරුකොට, ධර්මයන් පිළිබඳ ව ධම්මානුපස්සනාවෙන් වාසය කරයි.

ආනන්දයෙනි, භික්ෂුවක් තමා පිහිට කොට, තමා සරණ කොට, අන් කෙනෙක් සරණ නොකොට, ධර්මය පිහිට කොට, ධර්මය සරණ කොට, අන් දෙයක් සරණ නොකොට වාසය කරන්නේ මේ අයුරිනි. ආනන්දයෙනි, යම්කිසි භික්ෂු කෙනෙක් මෙකල හෝ මාගේ ඇවෑමෙන් හෝ තමා පිහිට කොට, තමා සරණ කොට, අන් කෙනෙක් සරණ නොකොට, ධර්මය පිහිට කොට, ධර්මය සරණ කොට, අන් දෙයක් සරණ නොකොට වාසය කරන්නාහු නම්, යම්කිසි කෙනෙක් සතිපට්ඨානය තුළ හික්මෙනු කැමති නම්, ආනන්දයෙනි, ඒ භික්ෂූහු අග්‍ර වන්නාහු ය."

සාදු! සාදු!! සාදු!!!

ගිලාන සූත්‍රය නිමා විය.

3.1.10.
භික්ඛුනූපස්සය සූත්‍රය
මෙහෙණවරෙහි දී ඇති වූ කතාබහ මුල්කොට වදාළ දෙසුම

ඉක්බිති ආයුෂ්මත් ආනන්දයන් වහන්සේ පෙරවරුවෙහි සිවුරු හැඳ පොරවාගෙන පාත්‍රය හා සිවුර ගෙන එක්තරා මෙහෙණවරකට වැඩියහ. වැඩම කොට පණවන ලද අසුනෙහි වැඩහුන්හ. එකල්හී බොහෝ භික්ෂුණීහු ආයුෂ්මත් ආනන්දයන් වහන්සේ වෙත පැමිණියහ. පැමිණ ආයුෂ්මත් ආනන්දයන් වහන්සේට සකසා වන්දනා කොට එකත්පස් ව හිඳගත්හ. එකත්පස් ව හුන් ඒ භික්ෂුණීහු ආයුෂ්මත් ආනන්දයන් වහන්සේට මෙය පැවසූහ.

"ස්වාමීනී, ආනන්දයන් වහන්ස, මෙහි බොහෝ භික්ෂුණීහු සතර සතිපට්ඨානය තුළ මැනැවින් සිත පිහිටුවාගෙන වාසය කරන්නාහු ය. කලින්ට වඩා කිසියම් උදාර විශේෂයක් පසු ව හඳුනාගන්නාහු ය."

"සොයුරියෙනි, එය එසේ ම ය. සොයුරියෙනි, එය එසේ ම ය. සොයුරියෙනි, යම්කිසි භික්ෂුවක් වේවා, භික්ෂුණියක් වේවා, සතර සතිපට්ඨානය තුළ මැනැවින් සිත පිහිටුවාගෙන වසයි නම්, කලින්ට වඩා උදාර විශේෂයක් පසු ව හඳුනාගන්නේ ය යන්න ඔහු විසින් කැමති විය යුත්තේ ය."

ඉක්බිති ආයුෂ්මත් ආනන්දයන් වහන්සේ ඒ භික්ෂුණීන්ට ධර්ම කථාවෙන් කරුණු දක්වා, සමාදන් කරවා, උනන්දු කරවා, සතුටු කරවා හුනස්නෙන් නැගිට වැඩියහ.

ඉක්බිති ආයුෂ්මත් ආනන්දයන් වහන්සේ සැවැත් නුවර පිඬු පිණිස හැසිර පසුබත් කාලයෙහි පිණ්ඩපාතයෙන් වැළකී භාග්‍යවතුන් වහන්සේ වෙත වැඩියහ. වැඩම කොට භාග්‍යවතුන් වහන්සේට සකසා වන්දනා කොට එකත්පස් ව හිඳගත්හ. එකත්පස් ව හුන් ආයුෂ්මත් ආනන්දයන් වහන්සේ භාග්‍යවතුන් වහන්සේට මෙය සැළකළහ.

"ස්වාමීනී, මෙහි මම පෙරවරුවෙහි සිවුරු හැඳ පොරවාගෙන පාත්‍රය හා සිවුර ගෙන එක්තරා මෙහෙණවරකට වැඩියෙමි. වැඩම කොට පණවන ලද අසුනෙහි හිඳගත්තෙමි. එකල්හී ස්වාමීනී, බොහෝ භික්ෂුණීහු මා වෙත

පැමිණියහ. පැමිණ මට සකසා වන්දනා කොට එකත්පස් ව හිඳගත්හ. ස්වාමීනී, එකත්පස් ව හුන් ඒ භික්ෂුණීහු මට මෙය පැවසූහ.

'ස්වාමීනී, ආනන්දයන් වහන්ස, මෙහි බොහෝ භික්ෂුණීහු සතර සතිපට්ඨානය තුළ මැනැවින් සිත පිහිටුවාගෙන වාසය කරන්නාහු ය. කලින්ට වඩා කිසියම් උදාර විශේෂයක් පසු ව හඳුනාගන්නාහු ය.'

ස්වාමීනී, මෙසේ පැවසූ කල්හී මම ඒ භික්ෂුණීන්ට මෙය පැවසූයෙමි. 'සොයුරියෙනි, එය එසේ ම ය. සොයුරියෙනි, එය එසේ ම ය. සොයුරියෙනි, යම්කිසි භික්ෂුවක් වේවා, භික්ෂුණියක් වේවා, සතර සතිපට්ඨානය තුළ මැනැවින් සිත පිහිටුවාගෙන වසයි නම්, කලින්ට වඩා උදාර විශේෂයක් පසු ව හඳුනා ගන්නේ ය යන්න ඔහු විසින් කැමති විය යුත්තේ ය' යි.

"ආනන්දයෙනි, එය එසේ ම ය. ආනන්දයෙනි, එය එසේ ම ය. ආනන්දයෙනි, යම්කිසි භික්ෂුවක් වේවා, භික්ෂුණියක් වේවා, සතර සතිපට්ඨානය තුළ මැනැවින් සිත පිහිටුවාගෙන වසයි නම්, කලින්ට වඩා උදාර විශේෂයක් පසු ව හඳුනාගන්නේ ය යන්න ඔහු විසින් කැමති විය යුත්තේ ය.

ඒ කවර සතරක් තුළ ද යත්, ආනන්දයෙනි, මෙහිලා භික්ෂුව කෙලෙස් තවන වීරියෙන් යුතු ව, සිහි නුවණින් යුතු ව, ලෝකයෙහි ඇලීම් ගැටීම් දුරුකොට, කය පිළිබඳ ව කායානුපස්සනාවෙන් වාසය කරයි. කය පිළිබඳ කායානුපස්සනාවෙන් වාසය කරන ඔහුට කය අරමුණු කොට ඇති කයෙහි දැවිල්ලක් හෝ උපදියි. සිතෙහි සැඟවුණු බවක් හෝ ඇතිවෙයි. බාහිරට හෝ සිත විසිරෙයි. ආනන්දයෙනි, එකල්හී ඒ භික්ෂුව විසින් කිසියම් ප්‍රසාදනීය නිමිත්තක සිත පිහිටුවිය යුත්තේ ය. කිසියම් ප්‍රසාදනීය නිමිත්තක සිත පිහිටුවන ඔහු තුළ ප්‍රමුදිත බව ඇතිවෙයි. ප්‍රමුදිතවූවහුට ප්‍රීතිය ඇතිවෙයි. ප්‍රීති සිත් ඇත්තහුගේ කය සංසිඳෙයි. සංසිඳුණු කය ඇති කෙනා සැපයක් විඳියි. සැප ඇත්තහුගේ සිත සමාධිමත් වෙයි. ඔහු මෙසේ නුවණින් සළකයි. 'මම යම් කරුණක් සඳහා සිත පිහිටුවෙම් ද, මට එකරුණ ලැබුණේ ය. දැන් ඉතින් සිත නැවත කායානුපස්සනාවට ගනිමි' යි හෙතෙම කායානුපස්සනාවට සිත ගනියි. විතර්ක නොකරයි. විචාර නොකරයි. 'විතර්ක නැත්තෙම්, විචාර නැත්තෙම් ආධ්‍යාත්මයෙහි සිහි ඇති ව සුව ඇත්තෙමි' යි දැනගනියි.

තව ද ආනන්දයෙනි, භික්ෂුව කෙලෙස් තවන වීරියෙන් යුතු ව, සිහි නුවණින් යුතු ව, ලෝකයෙහි ඇලීම් ගැටීම් දුරුකොට, විඳීම් පිළිබඳ ව වේදනානුපස්සනාවෙන් වාසය කරයි. විඳීම් පිළිබඳ වේදනානුපස්සනාවෙන් වාසය කරන ඔහුට විඳීම් අරමුණු කොට ඇති කයෙහි දැවිල්ලක් හෝ උපදියි.

....(පෙ).... දැනගනියි.

තව ද ආනන්දයෙනි, භික්ෂුව කෙලෙස් තවන වීරියෙන් යුතු ව, සිහි නුවණින් යුතු ව, ලෝකයෙහි ඇලීම් ගැටීම් දුරුකොට, සිත පිළිබඳ ව චිත්තානුපස්සනාවෙන් වාසය කරයි. සිත පිළිබඳ චිත්තානුපස්සනාවෙන් වාසය කරන ඔහුට සිත අරමුණු කොට ඇති කයෙහි දැවිල්ලක් හෝ උපදියි. ....(පෙ).... දැනගනියි.

තව ද ආනන්දයෙනි, භික්ෂුව කෙලෙස් තවන වීරියෙන් යුතු ව, සිහි නුවණින් යුතු ව, ලෝකයෙහි ඇලීම් ගැටීම් දුරුකොට, ධර්මයන් පිළිබඳ ව ධම්මානුපස්සනාවෙන් වාසය කරයි. ධර්මයන් පිළිබඳ ධම්මානුපස්සනාවෙන් වාසය කරන ඔහුට ධර්මයන් අරමුණු කොට ඇති කයෙහි දැවිල්ලක් හෝ උපදියි. සිතෙහි සැඟවුණු බවක් හෝ ඇතිවෙයි. බාහිරට හෝ සිත විසිරෙයි. ආනන්දයෙනි, එකල්හී ඒ භික්ෂුව විසින් කිසියම් ප්‍රසාදනීය නිමිත්තක සිත පිහිටුවිය යුත්තේ ය. කිසියම් ප්‍රසාදනීය නිමිත්තක සිත පිහිටුවන ඔහු තුළ ප්‍රමුදිත බව ඇතිවෙයි. ප්‍රමුදිතවූවහුට ප්‍රීතිය ඇතිවෙයි. ප්‍රීති සිත් ඇත්තහුගේ කය සංසිඳෙයි. සංසිඳුණු කය ඇති කෙනා සැපයක් විඳියි. සැප ඇත්තහුගේ සිත සමාධිමත් වෙයි. ඔහු මෙසේ නුවණින් සළකයි. 'මම යම් කරුණක් සඳහා සිත පිහිටුවෙම් ද, මට එකරුණ ලැබුණේ ය. දැන් ඉතින් සිත නැවත ධම්මානුපස්සනාවට ගනිමි' යි හෙතෙම ධම්මානුපස්සනාවට සිත ගනියි. විතර්ක නොකරයි. විචාර නොකරයි. 'විතර්ක නැත්තෙමි, විචාර නැත්තෙමි ආධ්‍යාත්මයෙහි සිහි ඇති ව සුව ඇත්තෙමි' යි දැනගනියි.

ආනන්දයෙනි, මෙසේ සිත පිහිටුවා වැඩීම වෙයි.

ආනන්දයෙනි, සිත නොපිහිටුවා වැඩීම වන්නේ කෙසේ ද? ආනන්දයෙනි, භික්ෂුව කායානුපස්සනාවෙන් බාහිර නිමිත්තක සිත නොපිහිටුවා ඇති විට 'මාගේ සිත බාහිර නිමිත්තක නොපිහිටුවන ලද' යි දැනගනියි. නැවත පසු-පෙර නොහැකිලුණේ, මිදුණේ, නොපිහිටුවන ලද්දේ යැයි දැනගනියි. එකල්හී ත් 'කය පිළිබඳ කායානුපස්සනාවෙන් වාසය කරමි. කෙලෙස් තවන වීරියෙන් යුතු ව, සිහි නුවණින් යුතු ව සුව සේ සිටිමි' යි දැනගනියි.'

ආනන්දයෙනි, භික්ෂුව වේදනානුපස්සනාවෙන් බාහිර නිමිත්තක සිත නොපිහිටුවා ඇති විට 'මාගේ සිත බාහිර නිමිත්තක නොපිහිටුවන ලද' යි දැනගනියි. නැවත පසු-පෙර නොහැකිලුණේ, මිදුණේ, නොපිහිටුවන ලද්දේ යැයි දැනගනියි. එකල්හී ත් 'විඳීම් පිළිබඳ වේදනානුපස්සනාවෙන් වාසය කරමි. කෙලෙස් තවන වීරියෙන් යුතු ව, සිහි නුවණින් යුතු ව සුව සේ සිටිමි' යි

දැනගනියි.'

ආනන්දයෙනි, භික්ෂුව චිත්තානුපස්සනාවෙන් බාහිර නිමිත්තක සිත නොපිහිටුවා ඇති විට 'මාගේ සිත බාහිර නිමිත්තක නොපිහිටුවන ලද' යි දැනගනියි. නැවත පසු-පෙර නොහැකිලුණේ, මිදුණේ, නොපිහිටුවන ලද්දේ යැයි දැනගනියි. එකල්හී ත් 'සිත පිළිබඳ චිත්තානුපස්සනාවෙන් වාසය කරමි. කෙලෙස් තවන වීරියෙන් යුතු ව, සිහි නුවණින් යුතු ව සුව සේ සිටිමි' යි දැනගනියි.'

ආනන්දයෙනි, භික්ෂුව ධම්මානුපස්සනාවෙන් බාහිර නිමිත්තක සිත නොපිහිටුවා ඇති විට 'මාගේ සිත බාහිර නිමිත්තක නොපිහිටුවන ලද' යි දැනගනියි. නැවත පසු-පෙර නොහැකිලුණේ, මිදුණේ, නොපිහිටුවන ලද්දේ යැයි දැනගනියි. එකල්හී ත් 'ධර්මයන් පිළිබඳ ධම්මානුපස්සනාවෙන් වාසය කරමි. කෙලෙස් තවන වීරියෙන් යුතු ව, සිහි නුවණින් යුතු ව සුව සේ සිටිමි' යි දැනගනියි. මෙසේ ආනන්දයෙනි, අප්පණිධාය භාවනාව වෙයි.

ආනන්දයෙනි, මෙසේ මා විසින් සිත බාහිර නිමිත්තක පිහිටුවා වැඩීම නම් වූ පණිධාය භාවනාව ත් දෙසන ලද්දේ ය. සිත බාහිර නිමිත්තක නොපිහිටුවා වැඩීම නම් වූ අප්පණිධාය භාවනාව ත් දෙසන ලද්දේ ය. ආනන්දයෙනි, ශ්‍රාවකයින්ට හිතවත් වූ, අනුකම්පා ඇති ශාස්තෘවරයෙකු විසින් අනුකම්පාව උපදවා යමක් කළ යුතු නම්, මා විසින් එය ඔබට කරන ලද්දේ ය. ආනන්දයෙනි, ඔය තිබෙන්නේ රුක්මුල් ය. ඔය තිබෙන්නේ ශූන්‍යාගාරයන් ය. ආනන්දයෙනි, ධ්‍යාන වඩව්. ප්‍රමාද නොවෙව්. පසු ව පසුතැවිල්ලට පත්වන්නට එපා! මෙය ඔබට අපගේ අනුශාසනාව යි.

සාදු! සාදු!! සාදු!!!

භික්ඛුනූපස්සය සූත්‍රය නිමා විය.

පළමු වෙනි අම්බපාලි වර්ගය අවසන් විය.

- එහි පිළිවෙල උද්දානයයි :

අම්බපාලි සූත්‍රය, සතෝ සූත්‍රය, භික්ඛු සූත්‍රය, සාලා සූත්‍රය, කුසලරාසි සූත්‍රය, සකුණග්ඝි සූත්‍රය, මක්කට සූත්‍රය, සූද සූත්‍රය, ගිලාන සූත්‍රය සහ භික්ඛුනූපස්සය සූත්‍රය වශයෙන් මෙහි සූත්‍ර දසයකි.

2. නාලන්දා වර්ගය

3.2.1.
මහාපුරිස සූත්‍රය
මහා පුරුෂයා ගැන වදාළ දෙසුම

සැවැත් නුවර දී ය.....

එකල්හී ආයුෂ්මත් සාරිපුත්තයන් වහන්සේ භාග්‍යවතුන් වහන්සේ වෙත වැඩියහ. ....(පෙ).... එකත්පස් ව හුන් ආයුෂ්මත් සාරිපුත්තයන් වහන්සේ භාග්‍යවතුන් වහන්සේට මෙය සැළකළහ.

"ස්වාමීනී, 'මහා පුරුෂයා, මහා පුරුෂයා' යැයි කියනු ලැබේ. ස්වාමීනී, මහා පුරුෂයෙකු වන්නේ කොපමණ කරුණු මත ද?"

"සාරිපුත්තයෙනි, කෙලෙසුන් ගෙන් මිදුණු සිත් ඇති බැවින් මහා පුරුෂයා යැයි මම කියමි. කෙලෙසුන් ගෙන් නොමිදුණු සිත් ඇති බැවින් මහා පුරුෂයා නොවේ යැයි මම කියමි. සාරිපුත්තයෙනි, කෙලෙසුන් ගෙන් මිදුණු සිතැත්තෙක් වන්නේ කෙසේ ද?

සාරිපුත්තයෙනි, මෙහිලා භික්ෂුව කෙලෙස් තවන වීරියෙන් යුතු ව, සිහි නුවණින් යුතු ව, ලෝකයෙහි ඇලීම් ගැටීම් දුරුකොට, කය පිළිබඳ ව කායානුපස්සනාවෙන් වාසය කරයි. කය පිළිබඳ ව කායානුපස්සනාවෙන් වාසය කරන ඔහුගේ සිත නොඇලෙයි. උපාදාන රහිත ව ආශ්‍රවයන්ගෙන් නිදහස් වෙයි. ....(පෙ).... විඳීම් පිළිබඳ ව වේදනානුපස්සනාවෙන් වාසය කරයි. ....(පෙ).... සිත පිළිබඳ ව චිත්තානුපස්සනාවෙන් වාසය කරයි. ....(පෙ).... කෙලෙස් තවන වීරියෙන් යුතු ව, සිහි නුවණින් යුතු ව, ලෝකයෙහි ඇලීම් ගැටීම් දුරුකොට, ධර්මයන් පිළිබඳ ව ධම්මානුපස්සනාවෙන් වාසය කරයි. ධර්මයන් පිළිබඳ ව

ධම්මානුපස්සනාවෙන් වාසය කරන ඔහුගේ සිත නොඇලෙයි. උපාදාන රහිත ව ආශ්‍රවයන්ගෙන් නිදහස් වෙයි.

සාරිපුත්තයෙනි, මෙසේ කෙලෙසුන් ගෙන් මිදුණු සිත් ඇත්තෙක් වෙයි. සාරිපුත්තයෙනි, කෙලෙසුන්ගෙන් මිදුණු සිත් ඇති බැවින් මහා පුරුෂයා යැයි මම කියමි. කෙලෙසුන් ගෙන් නොමිදුණු සිත් ඇති බැවින් මහා පුරුෂයා නොවේ යැයි මම කියමි."

සාදු! සාදු!! සාදු!!!

මහාපුරිස සූත්‍රය නිමා විය.

3.2.2.
නාලන්දා සූත්‍රය
නාලන්දාවේ දී වදාළ දෙසුම

එක් සමයක භාග්‍යවතුන් වහන්සේ නාලන්දාවෙහි පාවාරික අඹ වනයෙහි වැඩවෙසෙන සේක. එකල්හී ආයුෂ්මත් සාරිපුත්තයන් වහන්සේ භාග්‍යවතුන් වහන්සේ වෙත වැඩියහ. ....(පෙ).... එකත්පස් ව හුන් ආයුෂ්මත් සාරිපුත්තයන් වහන්සේ භාග්‍යවතුන් වහන්සේට මෙය පැවසූහ.

"ස්වාමීනී, මම භාග්‍යවතුන් වහන්සේ පිළිබඳ ව මෙබඳු වූ පැහැදීමකින් සිටිමි. එනම් යම් මේ සම්බුද්ධත්වයක් ඇද්ද, භාග්‍යවතුන් වහන්සේ තුළ ඇති ඒ සම්බුදු නුවණට වඩා වැඩි නුවණ ඇති අන්‍ය වූ කිසි ශ්‍රමණයෙක් වේවා, බ්‍රාහ්මණයෙක් වේවා අතීතයෙහි ත් නොසිටියේ ය. අනාගතයෙහි ත් නොවන්නේ ය. මෙකල ද නැත්තේ ය" යි.

"සාරිපුත්තයෙනි, ඔබ විසින් උදාර වූ, නිර්භීත වචනයක් කියන ලද්දේ ය. ඒකාන්ත කොට ගත් වචනයක් කියන ලද්දේ ය. සිංහ නාදයක් කරන ලද්දේ ය. එනම් 'ස්වාමීනී, මම භාග්‍යවතුන් වහන්සේ පිළිබඳ ව මෙබඳු වූ පැහැදීමකින් සිටිමි. එනම් යම් මේ සම්බුද්ධත්වයක් ඇද්ද, භාග්‍යවතුන් වහන්සේ තුළ ඇති ඒ සම්බුදු නුවණට වඩා වැඩි නුවණ ඇති අන්‍ය වූ කිසි ශ්‍රමණයෙක් වේවා, බ්‍රාහ්මණයෙක් වේවා අතීතයෙහි ත් නොසිටියේ ය. අනාගතයෙහි ත් නොවන්නේ ය. මෙකල ද නැත්තේ ය' යන කරුණ යි.

කිම, සාරිපුත්තයෙනි, අතීතයෙහි ත් යම් ඒ අරහත් සම්මා සම්බුදුවරු වැඩසිටියාහු ද, ඔබ විසින් ඒ සියළු අතීත බුදුවරුන්ගේ සිත තම සිතින් පිරිසිඳ දන්නා ලද්දේ ද? 'ඒ භාග්‍යවතුන් වහන්සේලා මෙබඳු සිල් ඇති ව සිටි සේක. ඒ භාග්‍යවතුන් වහන්සේලා මෙබඳු ධර්මයන් ඇති ව සිටි සේක. ඒ භාග්‍යවතුන් වහන්සේලා මෙබඳු ප්‍රඥා ඇති ව සිටි සේක. ඒ භාග්‍යවතුන් වහන්සේලා මෙබඳු විහරණ ඇති ව සිටි සේක. ඒ භාග්‍යවතුන් වහන්සේලා මෙබඳු විමුක්තියක් ඇති ව සිටි සේක' යනුවෙන්?" "ස්වාමීනී, එසේ නැත්තේ ය."

එසේ නම් කිම, සාරිපුත්තයෙනි, අනාගතයෙහි යම් ඒ අරහත් සම්මා සම්බුදුවරු පහළ වන්නාහු ද, ඔබ විසින් ඒ සියළු අනාගත බුදුවරුන්ගේ සිත තම සිතින් පිරිසිඳ දන්නා ලද්දේ ද? 'ඒ භාග්‍යවතුන් වහන්සේලා මෙබඳු සිල් ඇති ව සිටින්නාහ. ඒ භාග්‍යවතුන් වහන්සේලා මෙබඳු ධර්මයන් ඇති ව සිටින්නාහ. ඒ භාග්‍යවතුන් වහන්සේලා මෙබඳු ප්‍රඥා ඇති ව සිටින්නාහ. ඒ භාග්‍යවතුන් වහන්සේලා මෙබඳු විහරණ ඇති ව සිටින්නාහ. ඒ භාග්‍යවතුන් වහන්සේලා මෙබඳු විමුක්තියක් ඇති ව සිටින්නාහ' යනුවෙන්?" "ස්වාමීනී, එසේ නැත්තේ ය."

එසේ නම් කිම, සාරිපුත්තයෙනි, මෙකල අරහත් සම්මා සම්බුදුහු මම වෙමි. ඒ මාගේ සිත ඔබ විසින් පිරිසිඳ දන්නා ලද්දේ ද? 'භාග්‍යවතුන් වහන්සේ මෙබඳු සිල් ඇති ව සිටින සේක. භාග්‍යවතුන් වහන්සේ මෙබඳු ධර්මයන් ඇති ව සිටින සේක. භාග්‍යවතුන් වහන්සේ මෙබඳු ප්‍රඥා ඇති ව සිටින සේක. භාග්‍යවතුන් වහන්සේ මෙබඳු විහරණ ඇති ව සිටින සේක. ඒ භාග්‍යවතුන් වහන්සේ මෙබඳු විමුක්තියක් ඇති ව සිටින සේක' යනුවෙන්?" "ස්වාමීනී, එසේ නැත්තේ ය."

සාරිපුත්තයෙනි, මෙහිලා ඔබට අතීත - අනාගත - වර්තමාන අරහත් සම්මා සම්බුදුවරයන්ගේ සිත් දැනීමෙහි ඥානයක් නැත්තේ ය. එසේ ඇති කල්හී කුමක් හෙයින් සාරිපුත්තයෙනි, ඔබ විසින් මේ උදාර වූ නිර්භය වචනය පවසන ලද්දේ ද? මෙකරුණ ඒකාන්ත කොට ගන්නා ලද්දේ ද? සිංහනාදයක් කරන ලද්දේ ද? එනම් 'ස්වාමීනී, මම භාග්‍යවතුන් වහන්සේ පිළිබඳ ව මෙබඳු වූ පැහැදීමකින් සිටිමි. එනම් යම් මේ සම්බුද්ධත්වයක් ඇද්ද, භාග්‍යවතුන් වහන්සේ තුළ ඇති ඒ සම්බුදු නුවණට වඩා වැඩි නුවණ ඇති අන්‍ය වූ ශ්‍රමණයෙක් වේවා, බ්‍රාහ්මණයෙක් වේවා අතීතයෙහි ත් නොසිටියේ ය. අනාගතයෙහි ත් නොවන්නේ ය. මෙකල ද නැත්තේ ය' යන කරුණ යි."

"ස්වාමීනී, මා හට අතීත - අනාගත - වර්තමාන අරහත් සම්මා

සම්බුදුවරයන්ගේ සිත් දැනීමෙහි ඥානයක් නැත්තේ ය. වැලිදු ස්වාමීනී. මා විසින් ධර්මයට අනුව වූ වැටහීමක් දන්නා ලද්දේ ය.

ස්වාමීනී, එය මෙබඳු දෙයකි. රජෙකු හට දැඩි ප්‍රාකාර ඇති, දැඩි ප්‍රාකාර තොරණ ඇති, යෑම් - ඊම් සඳහා එක ම දොරටුවක් ඇති ඇත පිහිටි නගරයක් ඇත්තේ ය. එහි ඉතා නැණවත්, ව්‍යක්ත, ප්‍රඥාසම්පන්න දොරටුපාලයෙක් සිටියි. ඔහු නොදන්නවුන්ගේ ඇතුල් වීම වළක්වයි. දන්නවුන් පමණක් ඇතුල් කරවයි. දිනක් හේ එම නගරයේ පවුර වටා පිටින් ඇති මාවත දිගේ ඇවිදගෙන ගියේ ය. එකල්හී හේ අඩුගණනේ බළලෙකුට හෝ රහසින් ඇතුළු විය හැකි ප්‍රාකාර සංධියක් හෝ ප්‍රාකාර විවරයක් හෝ නුදුටුවේ ය. එවිට ඔහුට මෙසේ සිතුණේ ය. යම්කිසි ගොරෝසු සත්තු මේ නගරයට පිවිසෙත් නම්, නගරයෙන් නික්මෙත් නම්, ඒ සියළු සත්හු ම මේ දොරටුවෙන් ම පිවිසෙති. මෙයින් ම නික්මෙති යි.

ස්වාමීනී, ඒ අයුරින් ම ධර්මය අනුව ගිය වැටහීමක් මා විසින් දන්නා ලද්දේ ය. ස්වාමීනී, එනම් අතීතයෙහි යම් අරහත් සම්මා සම්බුදුවරු වැඩසිටියාහු ද, ඒ සියළු භාග්‍යවතුන් වහන්සේලා සිතට උපක්ලේශ වූ, ප්‍රඥාව දුර්වල කරන පංච නීවරණයන් ප්‍රහාණය කොට සතර සතිපට්ඨානයන්හි මැනැවින් සිත පිහිටුවා සප්ත බොජ්ඣංග ධර්මයන් ඒ වූ සැටියෙන් ම දියුණු කොට අනුත්තර වූ සම්මා සම්බෝධිය අවබෝධ කළ සේක.

ස්වාමීනී, එසෙයින් ම අනාගතයෙහි යම් අරහත් සම්මා සම්බුදුවරු වැඩසිටින්නාහු ද, ඒ සියළු භාග්‍යවතුන් වහන්සේලා සිතට උපක්ලේශ වූ, ප්‍රඥාව දුර්වල කරන පංච නීවරණයන් ප්‍රහාණය කොට සතර සතිපට්ඨානයන්හි මැනැවින් සිත පිහිටුවා සප්ත බොජ්ඣංග ධර්මයන් ඒ වූ සැටියෙන් ම දියුණු කොට අනුත්තර වූ සම්මා සම්බෝධිය අවබෝධ කරන්නාහු ය.

ස්වාමීනී, මෙකල අරහත් සම්මා සම්බුදුහු භාග්‍යවතුන් වහන්සේ වන සේක. භාග්‍යවතුන් වහන්සේ ද සිතට උපක්ලේශ වූ, ප්‍රඥාව දුර්වල කරන පංච නීවරණයන් ප්‍රහාණය කොට සතර සතිපට්ඨානයන්හි මැනැවින් සිත පිහිටුවා සප්ත බොජ්ඣංග ධර්මයන් ඒ වූ සැටියෙන් ම දියුණු කොට අනුත්තර වූ සම්මා සම්බෝධිය අවබෝධ කළ සේක යන කරුණ යි."

"සාරිපුත්තයෙනි, යහපති, යහපති. සාරිපුත්තයෙනි, එහෙයින් ඔබ මෙම ධර්ම පරියාය නිතර භික්ෂූන්ට, භික්ෂුණීන්ට, උපාසකයන්ට, උපාසිකාවන්ට පවසව. සාරිපුත්තයෙනි, යම් හිස් පුරුෂයන්ට තථාගතයන් කෙරෙහි යම් සැකයක් හෝ විමතියක් හෝ වන්නේ නම්, මේ ධර්ම ක්‍රමය අසා ඔවුන් තුළ ත් තථාගතයන් කෙරෙහි යම් සැකයක් හෝ විමතියක් හෝ ඇද්ද, එය ප්‍රහීණ

වන්නේ ය.

සාදු! සාදු!! සාදු!!!

නාලන්දා සූත්‍රය නිමා විය.

3.2.3.
චුන්ද සූත්‍රය
චුන්ද සාමණේරයන්ට වදාළ දෙසුම

එක් සමයක භාග්‍යවතුන් වහන්සේ සැවැත් නුවර ජේතවන නම් අනේපිඬු සිටුහුගේ ආරාමයෙහි වැඩවෙසෙන සේක. එසමයෙහි ආයුෂ්මත් සාරිපුත්තයන් වහන්සේ මගධ ජනපදයෙහි නාලක ගමෙහි රෝගී ව, දුකට පත් ව, දැඩි සේ ගිලන් ව වැඩවෙසෙති. චුන්ද සාමණේර තෙමේ ආයුෂ්මත් සාරිපුත්තයන් වහන්සේට උපස්ථාන කරන්නේ වෙයි. එකල්හී ආයුෂ්මත් සාරිපුත්තයන් වහන්සේ ඒ ආබාධයෙන් ම පිරිනිවන් පෑ සේක.

ඉක්බිති චුන්ද සාමණේර තෙමේ ආයුෂ්මත් සාරිපුත්තයන් වහන්සේගේ පාත්‍රය ද, සිවුරු ද ගෙන සැවැත් නුවර ජේතවන නම් වූ අනේපිඬු සිටුහුගේ ආරාමයෙහි ආයුෂ්මත් ආනන්දයන් වහන්සේ වෙත පැමිණියේ ය. පැමිණ ආයුෂ්මත් ආනන්දයන් වහන්සේට සකසා වන්දනා කොට එකත්පස් ව හිඳ ගත්තේ ය. එකත්පස් ව හුන් චුන්ද සාමණේර තෙමේ ආයුෂ්මත් ආනන්දයන් වහන්සේට මෙය පැවසුවේ ය.

"ස්වාමීනී, ආයුෂ්මත් සාරිපුත්තයන් වහන්සේ පිරිනිවන් පා වදාළ සේක. මේ උන්වහන්සේගේ පාත්‍රය හා සිවුරු ය."

"ආයුෂ්මත, භාග්‍යවතුන් වහන්සේ බැහැදැකීමට මෙය වැදගත් කරුණකි. ආයුෂ්මත් චුන්දයෙනි, යමු. භාග්‍යවතුන් වහන්සේ වෙත එළඹෙන්නෙමු. එළඹ භාග්‍යවතුන් වහන්සේට මෙකරුණ සැළකරන්නෙමු."

"එසේ ය, ස්වාමීනී" යි චුන්ද සාමණේර තෙමේ ආයුෂ්මත් ආනන්දයන් වහන්සේට පිළිතුරු දුන්නේ ය. ඉක්බිති ආයුෂ්මත් ආනන්දයන් වහන්සේ ත්, චුන්ද සාමණේර ත් භාග්‍යවතුන් වහන්සේ වෙත පැමිණියහ. පැමිණ භාග්‍යවතුන් වහන්සේට සකසා වන්දනා කොට එකත්පස් ව හිඳගත්හ. එකත්පස් ව හුන්

ආයුෂ්මත් ආනන්දයන් වහන්සේ භාග්‍යවතුන් වහන්සේට මෙය සැළ කළහ.

"ස්වාමීනී, මේ චුන්ද සාමණේර තෙමේ මෙසේ කියයි. 'ස්වාමීනී, ආයුෂ්මත් සාරිපුත්තයන් වහන්සේ පිරිනිවන් පා වදාළ සේක. මේ උන්වහන්සේගේ පාත්‍රය හා සිවුරු ය' යි. ස්වාමීනී, ආයුෂ්මත් සාරිපුත්තයන් වහන්සේගේ පිරිනිවීම අසා මාගේ ශරීරය බර වූවක් මෙන් වැටහෙයි. මට බැලිය යුතු දිශාව වත් පැහැදිලි නොවෙයි. ධර්මය ද මට නොවැටහෙයි."

"කිම, ආනන්දයෙනි, සාරිපුත්තයෝ ඔබගේ සීලස්කන්ධය හෝ රැගෙන පිරිනිවී ගියාහු ද? සමාධිස්කන්ධය හෝ රැගෙන පිරිනිවී ගියාහු ද? ප්‍රඥාස්කන්ධය හෝ රැගෙන පිරිනිවී ගියාහු ද? විමුක්තිස්කන්ධය හෝ රැගෙන පිරිනිවී ගියාහු ද? විමුක්තිඥානදර්ශනස්කන්ධය හෝ රැගෙන පිරිනිවී ගියාහු ද?"

"ස්වාමීනී, ආයුෂ්මත් සාරිපුත්තයන් වහන්සේ මාගේ සීලස්කන්ධය හෝ රැගෙන පිරිනිවන් නොපෑහ. ....(පෙ).... විමුක්තිඥානදර්ශන ස්කන්ධය හෝ රැගෙන පිරිනිවන් නොපෑහ. එනමුදු ස්වාමීනී, ආයුෂ්මත් සාරිපුත්තයන් වහන්සේ සංඝයාට අවවාද කරන කෙනෙක් වූහ. කරුණු හඟවන කෙනෙක් වූහ. කරුණු දක්වන කෙනෙක් වූහ. සමාදන් කරවන කෙනෙක් වූහ. උත්සාහවත් කරවන කෙනෙක් වූහ. සතුටු කරවන කෙනෙක් වූහ. ධර්ම දේශනාවෙහිලා නොපසුබට වූහ. සබ්‍රහ්මචාරීන් වහන්සේලාට අනුග්‍රහ කරන කෙනෙක් වූහ. අපි ආයුෂ්මත් සාරිපුත්තයන් වහන්සේගේ ඒ ධර්ම ඕජස, ධර්ම භෝගය, ධර්ම අනුග්‍රහය සිහි කරමු."

"ආනන්දයෙනි, ප්‍රිය මනාප සියළු දෙයින් වෙනස් වන බව ත්, වෙන් වන බව ත්, අන්‍ය ස්වභාවයකට පත්වන බව ත් මා විසින් ඔබට කලින් ම නොපවසන ලද්දේ ද? ආනන්දයෙනි, යමක් උපන්නේ ද, හටගත්තේ ද, හේතු ප්‍රත්‍යයන්ගෙන් සකස් වූයේ ද, නැසෙන ස්වභාව ඇත්තේ ද, එය ඒකාන්තයෙන් නොනැසේවා යි යන කරුණ කොයින් ලැබිය හැක්කේ ද? එකරුණ නැත්තේ ම ය. ආනන්දයෙනි, අරටුව ඇති මහා වෘක්ෂයක ඒ මහා ඇතුළු කඳක් තිබේ ද, එය නැසෙන්නේ යම් සෙයින් ද, එසෙයින් ම ආනන්දයෙනි, මහා භික්ෂු සංඝයාගේ අරටුව වශයෙන් සිටි සාරිපුත්තයෝ ද පිරිනිවන් පෑහ. ආනන්දයෙනි, යමක් උපන්නේ ද, හටගත්තේ ද, හේතු ප්‍රත්‍යයන්ගෙන් සකස් වූයේ ද, නැසෙන ස්වභාව ඇත්තේ ද, එය ඒකාන්තයෙන් නොනැසේවා යි යන කරුණ කොයින් ලැබිය හැක්කේ ද? එකරුණ නැත්තේ ම ය.

එහෙයින් ආනන්දයෙනි, තමා පිහිට කොට වාසය කරව්. තමා සරණ කොට, අන් කෙනෙක් සරණ නොකොට වාසය කරව්. ධර්මය පිහිට කොට,

ධර්මය සරණ කොට, අන් දෙයක් සරණ නොකොට වාසය කරව්. ආනන්දයෙනි, භික්ෂුවක් තමා පිහිට කොට, තමා සරණ කොට, අන් කෙනෙක් සරණ නොකොට, ධර්මය පිහිට කොට, ධර්මය සරණ කොට, අන් දෙයක් සරණ නොකොට වාසය කරන්නේ කෙසේ ද?

ආනන්දයෙනි, මෙහිලා භික්ෂුව කෙලෙස් තවන වීරියෙන් යුතු ව, සිහි නුවණින් යුතු ව, ලෝකයෙහි ඇලීම් ගැටීම් දුරුකොට, කය පිළිබඳ ව කායානුපස්සනාවෙන් වාසය කරයි. ....(පෙ).... විඳීම් පිළිබඳ ව වේදනානුපස්සනාවෙන් වාසය කරයි. ....(පෙ).... සිත පිළිබඳ ව චිත්තානුපස්සනාවෙන් වාසය කරයි. කෙලෙස් තවන වීරියෙන් යුතු ව, සිහි නුවණින් යුතු ව, ලෝකයෙහි ඇලීම් ගැටීම් දුරුකොට, ධර්මයන් පිළිබඳ ව ධම්මානුපස්සනාවෙන් වාසය කරයි.

ආනන්දයෙනි, භික්ෂුවක් තමා පිහිට කොට, තමා සරණ කොට, අන් කෙනෙක් සරණ නොකොට, ධර්මය පිහිට කොට, ධර්මය සරණ කොට, අන් දෙයක් සරණ නොකොට වාසය කරන්නේ මේ අයුරිනි. ආනන්දයෙනි, යම්කිසි භික්ෂු කෙනෙක් මෙකල හෝ මාගේ ඇවෑමෙන් හෝ තමා පිහිට කොට, තමා සරණ කොට, අන් කෙනෙක් සරණ නොකොට, ධර්මය පිහිට කොට, ධර්මය සරණ කොට, අන් දෙයක් සරණ නොකොට වාසය කරන්නාහු නම්, යම්කිසි කෙනෙක් සතිපට්ඨානය තුළ හික්මෙනු කැමති නම්, ආනන්දයෙනි, ඒ භික්ෂූහු අග්‍ර වන්නාහු ය.”

සාදු! සාදු!! සාදු!!!

චුන්ද සූත්‍රය නිමා විය.

3.2.4.
උක්කචේල සූත්‍රය
උක්කචේල නුවර දී වදාළ දෙසුම

එක් සමයක භාග්‍යවතුන් වහන්සේ වජ්ජි ජනපදයෙහි උක්කචේල නුවර නදී තීරයෙහි මහත් භික්ෂු සංඝයා සමඟ වැඩවෙසෙන සේක. ඒ සාරිපුත්ත මොග්ගල්ලානයන් වහන්සේලා දෙනම පිරිනිවන් පා වැඩිකලක් නැති අවදියකි. එසමයෙහි භාග්‍යවතුන් වහන්සේ භික්ෂු සංඝයා පිරිවරා එළිමහනෙහි වැඩහුන්

සේක. එකල්හී නිහඬ ව වැඩසිටි භික්ෂු සංඝයා දෙස බලා භාග්‍යවතුන් වහන්සේ භික්ෂූන් ඇමතූ සේක.

"මහණෙනි, සාරිපුත්ත මොග්ගල්ලානයන් පිරිනිවන් පෑ කල්හී මේ මුළු පිරිස ම හිස් වූවාක් මෙන් වැටහෙයි. මහණෙනි, යම් දිශාවක මේ සාරිපුත්ත මොග්ගල්ලානයෝ සිටිත් ද, මාගේ ඒ පිරිස හිස් නැත්තේ ය. ඒ දිශාවෙහි පිරිස දෙස බැලිය යුතු යැයි මට අපේක්ෂාවක් නොවෙයි.

මහණෙනි, අතීතයෙහි යම් ඒ අරහත් සම්මා සම්බුදුවරු වැඩසිටියාහු ද, ඒ භාග්‍යවතුන් වහන්සේලාට ත් දැන් මට සාරිපුත්ත මොග්ගල්ලානයන් සිටිය පරිද්දෙන් මෙබඳු වූ පරම ශ්‍රාවක යුගලක් වූහ. මහණෙනි, අනාගතයෙහි යම් ඒ අරහත් සම්මා සම්බුදුවරු වැඩසිටින්නාහු ද, ඒ භාග්‍යවතුන් වහන්සේලාට ත් දැන් මට සාරිපුත්ත මොග්ගල්ලානයන් සිටිය පරිද්දෙන් මෙබඳු වූ පරම ශ්‍රාවක යුගලක් වන්නාහු ය.

මහණෙනි, ශ්‍රාවකයන්ගේ ආශ්චර්යයකි! මහණෙනි, ශ්‍රාවකයන්ගේ අද්භූතයෙකි! ශාස්තෘන් වහන්සේ හා සම ව සසුන කරන්නෝ වන්නාහ. අවවාදයට අනුව ක්‍රියා කරන්නෝ ය. සිව් පිරිසට ප්‍රිය ව, මනාප ව, ගරු සම්භාවනාවට පාත්‍ර වන්නෝ ය.

මහණෙනි, තථාගතයන්ගේ ආශ්චර්යයකි! මහණෙනි, තථාගතයන්ගේ අද්භූතයෙකි! මෙබඳු වූ ශ්‍රාවක යුගලයක් පිරිනිවන් පෑ කල්හී පවා තථාගතයන් හට ශෝකයක් හෝ වැළපීමක් හෝ නැත්තේ ය. මහණෙනි, යමක් උපන්නේ ද, හටගත්තේ ද, හේතු ප්‍රත්‍යයන්ගෙන් සකස් වූයේ ද, නැසෙන ස්වභාව ඇත්තේ ද, එය ඒකාන්තයෙන් නොනැසේවා යි යන කරුණ කොයින් ලැබිය හැක්කේ ද? එකරුණ නැත්තේ ම ය.

මහණෙනි, අරටුව ඇති මහා වෘක්ෂයක යම් මහා ඇතුළු කඳක් තිබේ ද, එය නැසෙන්නේ යම් සෙයින් ද, එසෙයින් ම මහණෙනි, මහා භික්ෂු සංඝයාගේ අරටුව වශයෙන් සිටි සාරිපුත්තමොග්ගල්ලානයෝ ද පිරිනිවන් පෑහ. මහණෙනි, යමක් උපන්නේ ද, හටගත්තේ ද, හේතු ප්‍රත්‍යයන්ගෙන් සකස් වූයේ ද, නැසෙන ස්වභාව ඇත්තේ ද, එය ඒකාන්තයෙන් නොනැසේවා යි යන කරුණ කොයින් ලැබිය හැක්කේ ද? එකරුණ නැත්තේ ම ය.

එහෙයින් මහණෙනි, තමා පිහිට කොට වාසය කරව්. තමා සරණ කොට, අන් කෙනෙක් සරණ නොකොට වාසය කරව්. ධර්මය පිහිට කොට, ධර්මය සරණ කොට, අන් දෙයක් සරණ නොකොට වාසය කරව්. මහණෙනි, භික්ෂුවක්

තමා පිහිට කොට, තමා සරණ කොට, අන් කෙනෙක් සරණ නොකොට, ධර්මය පිහිට කොට, ධර්මය සරණ කොට, අන් දෙයක් සරණ නොකොට වාසය කරන්නේ කෙසේ ද?

මහණෙනි, මෙහිලා භික්ෂුව කෙලෙස් තවන වීරියෙන් යුතු ව, සිහි නුවණින් යුතු ව, ලෝකයෙහි ඇලීම් ගැටීම් දුරුකොට, කය පිළිබඳ ව කායානුපස්සනාවෙන් වාසය කරයි. ....(පෙ).... විඳීම් පිළිබඳ ව වේදනානුපස්සනාවෙන් වාසය කරයි. ....(පෙ).... සිත පිළිබඳ ව චිත්තානුපස්සනාවෙන් වාසය කරයි. කෙලෙස් තවන වීරියෙන් යුතු ව, සිහි නුවණින් යුතු ව, ලෝකයෙහි ඇලීම් ගැටීම් දුරුකොට, ධර්මයන් පිළිබඳ ව ධම්මානුපස්සනාවෙන් වාසය කරයි.

මහණෙනි, භික්ෂුවක් තමා පිහිට කොට, තමා සරණ කොට, අන් කෙනෙක් සරණ නොකොට, ධර්මය පිහිට කොට, ධර්මය සරණ කොට, අන් දෙයක් සරණ නොකොට වාසය කරන්නේ මේ අයුරිනි. මහණෙනි, යම්කිසි භික්ෂු කෙනෙක් මෙකල හෝ මාගේ ඇවෑමෙන් හෝ තමා පිහිට කොට, තමා සරණ කොට, අන් කෙනෙක් සරණ නොකොට, ධර්මය පිහිට කොට, ධර්මය සරණ කොට, අන් දෙයක් සරණ නොකොට වාසය කරන්නාහු නම්, යම්කිසි කෙනෙක් සතිපට්ඨානය තුළ හික්මෙනු කැමති නම්, මහණෙනි, ඒ භික්ෂූහු අග්‍ර වන්නාහු ය.”

සාදු! සාදු!! සාදු!!!

උක්කචේල සූත්‍රය නිමා විය.

3.2.5.
බාහිය සූත්‍රය
බාහිය තෙරුන්ට වදාළ දෙසුම

එකල්හී ආයුෂ්මත් බාහිය තෙරණුවෝ භාග්‍යවතුන් වහන්සේ වෙත පැමිණියහ. ....(පෙ).... එකත්පස් ව හුන් ආයුෂ්මත් බාහිය තෙරණුවෝ භාග්‍යවතුන් වහන්සේට මෙය පැවසූහ.

“ස්වාමීනී, භාග්‍යවතුන් වහන්සේගෙන් යම් ධර්මයක් අසා මම තනි ව, හුදෙකලාව, අප්‍රමාදී ව, කෙලෙස් තවන වීරියෙන් යුතු ව, කාය ජීවිත දෙකෙහි

අපේක්ෂා රහිත ව, වාසය කරන්නෙම් නම්, මා හට භාග්‍යවතුන් වහන්සේ එබඳු ධර්මයක් සංක්ෂේපයෙන් වදාරණ සේක් නම් යහපති."

"එසේ වී නම් බාහිය, ඔබ කුසල් දහම්හි පටන් ගැනීම ම පිරිසිදු කරව. කුසල ධර්මයන්ගේ පටන් ගැනීම කුමක් ද? ඉතා පිරිසිදු සීලය ත්, ඍජු වූ දෘෂ්ටිය ත් ය.

බාහිය, යම් කලෙක ඔබගේ සීලය ඉතා පිරිසිදු වන්නේ ද, දෘෂ්ටිය ඍජු වන්නේ ද, එකල්හී ඔබ බාහිය, සීලය ඇසුරු කොට, සීලයෙහි පිහිටා සතර සතිපට්ඨානය වැඩිය යුත්තෙහි ය. ඒ කවර සතරක් ද යත්;

මෙහිලා ඔබ බාහිය කෙලෙස් තවන වීරියෙන් යුතු ව, සිහි නුවණින් යුතු ව, ලෝකයෙහි ඇලීම් ගැටීම් දුරුකොට, කය පිළිබඳ ව කායානුපස්සනාවෙන් වාසය කරව. විඳීම් පිළිබඳ ව ....(පෙ).... සිත පිළිබඳ ව ....(පෙ).... කෙලෙස් තවන වීරියෙන් යුතු ව, සිහි නුවණින් යුතු ව, ලෝකයෙහි ඇලීම් ගැටීම් දුරුකොට, ධර්මයන් පිළිබඳ ව ධම්මානුපස්සනාවෙන් වාසය කරව.

බාහිය, ඔබ යම් කලක සීලය ඇසුරු කොට, සීලයෙහි පිහිටා මේ සතර සතිපට්ඨානයන් මෙසේ වඩන්නෙහි නම් බාහිය, එකල්හී ඔබට යම් රැයක් හෝ දහවලක් හෝ පැමිණෙන්නේ ද, කුසල් දහම් පිළිබඳ ව දියුණුවක් ම කැමති විය යුත්තේ ය. පිරිහීමක් නම් නොවෙයි."

එකල්හී ආයුෂ්මත් බාහිය තෙරණුවෝ භාග්‍යවතුන් වහන්සේගේ භාෂිතය සතුටින් පිළිගෙන අනුමෝදන් වී හුනස්නෙන් නැගිට භාග්‍යවතුන් වහන්සේට සකසා වන්දනා කොට, පැදකුණු කොට පිටත් ව ගියහ. එකල්හී ආයුෂ්මත් බාහිය තෙරණුවෝ තනි වී, හුදෙකලා වී, අප්‍රමාදී ව, කෙලෙස් තවන වීරිය ඇති ව, කාය ජීවිත දෙකෙහි අපේක්ෂා රහිත ව වාසය කරන්නේ නොබෝ කලකින් ම යම් කරුණක් උදෙසා කුලපුත්‍රයෝ මැනැවින් ගිහි ගෙයින් නික්ම බුදු සසුනෙහි පැවිදි වෙත් ද, ඒ බඹසරෙහි අවසානය වන අනුත්තර වූ අරහත්වය මේ ජීවිතයේ දී ම සිය විශිෂ්ට නුවණින් සාක්ෂාත් කොට පැමිණ වාසය කළහ. 'ඉපදීම ක්ෂය විය. බඹසර වාසය නිමා විය. කළ යුත්ත කරන ලදී. නිවන පිණිස කළ යුතු අනෙකක් නැතැ' යි දැනගත්හ. ආයුෂ්මත් බාහිය තෙරණුවෝ රහතන් වහන්සේලා අතර එක්තරා රහත් නමක් බවට පත්වූහ.

සාදු! සාදු!! සාදු!!!

බාහිය සූත්‍රය නිමා විය.

3.2.6.
උත්තිය සූත්‍රය
උත්තිය තෙරුන්ට වදාළ දෙසුම

එකල්හී ආයුෂ්මත් උත්තිය තෙරණුවෝ භාග්‍යවතුන් වහන්සේ වෙත පැමිණියහ. ....(පෙ).... එකල්හී උත්තිය, ඔබ මාරයාගේ බල ප්‍රදේශයෙන් එතෙරට යන්නෙහි ය. ....(පෙ).... ආයුෂ්මත් උත්තිය තෙරණුවෝ රහතන් වහන්සේලා අතරෙහි එක්තරා රහතන් වහන්සේ නමක් බවට පත්වූහ.

සාදු! සාදු!! සාදු!!!

උත්තිය සූත්‍රය නිමා විය.

3.2.7.
අරිය සූත්‍රය
ආර්ය බව ගැන වදාළ දෙසුම

මහණෙනි, භාවිත කරන ලද, බහුල කරන ලද ආර්ය වූ නිවනට පමුණුවන්නා වූ මේ සතර සතිපට්ඨානයෝ පිළිපදින විට මැනැවින් දුක් ගෙවීමට පමුණුවන්නාහු ය. ඒ කවර සතරක් ද යත්,

මහණෙනි, මෙහිලා භික්ෂුව කෙලෙස් තවන වීරියෙන් යුතු ව, සිහි නුවණින් යුතු ව, ලෝකයෙහි ඇලීම් ගැටීම් දුරුකොට, කය පිළිබඳ ව කායානුපස්සනාවෙන් වාසය කරයි. ....(පෙ).... විඳීම් පිළිබඳ ව වේදනානුපස්සනාවෙන් වාසය කරයි. ....(පෙ).... සිත පිළිබඳ ව චිත්තානුපස්සනාවෙන් වාසය කරයි. කෙලෙස් තවන වීරියෙන් යුතු ව, සිහි නුවණින් යුතු ව, ලෝකයෙහි ඇලීම් ගැටීම් දුරුකොට, ධර්මයන් පිළිබඳ ව ධම්මානුපස්සනාවෙන් වාසය කරයි.

මහණෙනි, භාවිත කරන ලද, බහුල කරන ලද ආර්ය වූ නිවනට පමුණුවන්නා වූ මේ සතර සතිපට්ඨානයෝ පිළිපදින විට මැනැවින් දුක් ගෙවීමට පමුණුවන්නාහු ය.

සාදු! සාදු!! සාදු!!!

අරිය සූත්‍රය නිමා විය.

3.2.8.
බ්‍රහ්ම සූත්‍රය
සහම්පතී බ්‍රහ්මයා අනුමෝදන් වූ දෙසුම

එක් සමයක භාග්‍යවතුන් වහන්සේ සම්බුද්ධත්වය ලැබූ මුල් අවදියෙහි උරුවෙල් ජනපදයෙහි නේරංජරා නදී තෙර අජපාල නුගරුක් සෙවණෙහි වැඩසිටි සේක. එකල්හී හුදෙකලාවෙහි භාවනාවෙන් වසන භාග්‍යවතුන් වහන්සේට මෙබඳු චිත්ත පරිවිතර්කයක් ඇති වූයේ ය. එනම්,

'මෙය ඒකායන මාර්ගයකි. සත්වයන්ගේ විශුද්ධිය පිණිස, ශෝක වැළපීම් ඉක්මවීම පිණිස, දුක් දොම්නස් නැතිවීම පිණිස, ධර්ම මාර්ගය අවබෝධ වීම පිණිස, නිවන සාක්ෂාත් කිරීම පිණිස, මෙය පවතියි. එනම් මේ සතර සතිපට්ඨානය යි. ඒ කවර සතරක් ද යත්;

භික්ෂුවක් කෙලෙස් තවන වීරියෙන් යුතු ව, සිහි නුවණින් යුතු ව, ලෝකයෙහි ඇලීම් ගැටීම් දුරුකොට, කය පිළිබඳ ව කායානුපස්සනාවෙන් වාසය කරයි. කෙලෙස් තවන වීරියෙන් යුතු ව, සිහි නුවණින් යුතු ව, ලෝකයෙහි ඇලීම් ගැටීම් දුරුකොට, විඳීම් පිළිබඳ ව වේදනානුපස්සනාවෙන් වාසය කරයි. කෙලෙස් තවන වීරියෙන් යුතු ව, සිහි නුවණින් යුතු ව, ලෝකයෙහි ඇලීම් ගැටීම් දුරුකොට, සිත පිළිබඳ ව චිත්තානුපස්සනාවෙන් වාසය කරයි. කෙලෙස් තවන වීරියෙන් යුතු ව, සිහි නුවණින් යුතු ව, ලෝකයෙහි ඇලීම් ගැටීම් දුරුකොට, ධර්මයන් පිළිබඳ ව ධම්මානුපස්සනාවෙන් වාසය කරයි.

මෙය ඒකායන මාර්ගයකි. සත්වයන්ගේ විශුද්ධිය පිණිස, ශෝක වැළපීම් ඉක්මවීම පිණිස, දුක් දොම්නස් නැතිවීම පිණිස, ධර්ම මාර්ගය අවබෝධ වීම පිණිස, නිවන සාක්ෂාත් කිරීම පිණිස, මෙය පවතියි. එනම් මේ සතර සතිපට්ඨානය යි.'

එකල්හී සහම්පතී බ්‍රහ්මරාජයා භාග්‍යවතුන් වහන්සේගේ චිත්ත පරිවිතර්කය සිය සිතින් දැන බලවත් පුරුෂයෙක් හැකිලූ අතක් දිගු කරන්නේ

යම් සේ ද, දිගු කළ අතක් හකුලන්නේ යම් සේ ද, එසෙයින් ම බඹලොවින් නොපෙනී ගොස් භාග්‍යවතුන් වහන්සේ ඉදිරියෙහි පහළ වූයේ ය. ඉක්බිති සහම්පතී බ්‍රහ්මරාජයා උතුරු සළුව ඒකාංශ කොට, භාග්‍යවතුන් වහන්සේ වෙත ඇඳිලි බැඳ වන්දනා කොට භාග්‍යවතුන් වහන්සේට මෙය පැවසුවේ ය.

'භාග්‍යවතුන් වහන්ස, එය එසේ ම ය, සුගතයන් වහන්ස, එය එසේ ම ය. ස්වාමීනී, මෙය ඒකායන මාර්ගයකි. සත්වයන්ගේ විශුද්ධිය පිණිස, ශෝක වැළපීම් ඉක්මවීම පිණිස, දුක් දොම්නස් නැතිවීම පිණිස, ධර්ම මාර්ගය අවබෝධ වීම පිණිස, නිවන සාක්ෂාත් කිරීම පිණිස, මෙය පවතියි. එනම් මේ සතර සතිපට්ඨානය යි. ඒ කවර සතරක් ද යත්;

ස්වාමීනී, භික්ෂුවක් කෙලෙස් තවන වීරියෙන් යුතු ව, සිහි නුවණින් යුතු ව, ලෝකයෙහි ඇලීම් ගැටීම් දුරුකොට, කය පිළිබඳ ව කායානුපස්සනාවෙන් වාසය කරයි. ....(පෙ).... විඳීම් පිළිබඳ ව වේදනානුපස්සනාවෙන් වාසය කරයි. ....(පෙ).... සිත පිළිබඳ ව චිත්තානුපස්සනාවෙන් වාසය කරයි. ස්වාමීනී, භික්ෂුවක් කෙලෙස් තවන වීරියෙන් යුතු ව, සිහි නුවණින් යුතු ව, ලෝකයෙහි ඇලීම් ගැටීම් දුරුකොට, ධර්මයන් පිළිබඳ ව ධම්මානුපස්සනාවෙන් වාසය කරයි.

ස්වාමීනී, මෙය ඒකායන මාර්ගයකි. සත්වයන්ගේ විශුද්ධිය පිණිස, ශෝක වැළපීම් ඉක්මවීම පිණිස, දුක් දොම්නස් නැතිවීම පිණිස, ධර්ම මාර්ගය අවබෝධ වීම පිණිස, නිවන සාක්ෂාත් කිරීම පිණිස, මෙය පවතියි. එනම් මේ සතර සතිපට්ඨානය යි."

සහම්පතී බ්‍රහ්ම රාජයා මෙය පැවසුවේ ය. මෙය පවසා යළි මෙය ද පැවසුවේ ය.

(ගාථාවකි)

ඉපදීමෙහි නිමාව වන නිවන දකින්නා වූ හිතානුකම්පී වූ භාග්‍යවතුන් වහන්සේ ඒකායන නිවන් මග දන්නා සේක. යම් කෙනෙක් සසර සැඩපහර පෙර තරණය කළාහු ද, අනාගතයෙහි තරණය කරන්නාහු ද, මෙකල තරණය කරත් ද, ඔවුහු මේ මාර්ගයෙන් තරණය කළාහු ය. තරණය කරන්නාහු ය. තරණය කරති.

සාදු! සාදු!! සාදු!!!

බ්‍රහ්ම සූත්‍රය නිමා විය.

3.2.9.
සේදක සූත්‍රය
සේදක නියම් ගමෙහි දී වදාළ දෙසුම

එක් සමයක භාග්‍යවතුන් වහන්සේ සුම්භ ජනපදයෙහි සේදක නම් සුම්භයන්ගේ නියම්ගමෙහි වැඩවෙසෙන සේක. එහිදී භාග්‍යවතුන් වහන්සේ භික්ෂූන් ඇමතූ සේක.

මහණෙනි, මෙය පෙර සිදු වූ දෙයකි. චණ්ඩාලවංශිකයෙක් සැඩොල් හුණ ගස ඔසොවා මේදකථාලික නම් අතවැසියා ඇමතුවේ ය. 'යහළු මේදකථාලිකය, ඔබ එව. සැඩොල් හුණ ගසට නැගී මාගේ කඳ මත සිටුව' යි. 'එසේ ය, ආචාර්යය' යි මහණෙනි, මේදකථාලික අතවැසියා සැඩොල්වංශිකයාට පිළිතුරු දී සැඩොල් හුණ ගසට නැගී ආචාර්යයාගේ කඳ මත සිටගත්තේ ය. එකල්හී මහණෙනි, චණ්ඩාලවංශිකයා මේදකථාලික අතවැසියාට මෙය පැවසුවේ ය. 'යහළු මේදකථාලිකය, ඔබ මාව රකුව. මම ඔබ රකින්නෙමි. මෙසේ අපි එකිනෙකා රැකගෙන, එකිනෙකා ආරක්ෂා කරගෙන ශිල්ප ත් දක්වන්නෙමු. ලාභ ත් ලබන්නෙමු. සුව සේ සැඩොල් හුණ ගසින් ද බසින්නෙමු' යි.

මෙසේ පැවසූ කල්හී මහණෙනි, මේදකථාලික අතවැසියා චණ්ඩාලවංශිකයාට මෙය පැවසුවේ ය. 'ආචාර්යය, එය මෙසේ නොවන්නේ ය. ආචාර්යය, ඔබ තමා ව රකිනු මැනැව. මම මාව රකින්නෙමි. මෙසේ අපි තමා ව රකිමින් තමා ව ආරක්ෂා කරමින් ශිල්ප ත් දක්වන්නෙමු. ලාභ ත් ලබන්නෙමු. සුව සේ සැඩොල් හුණ ගසින් බසින්නෙමු' යි."

මේදකථාලක අතවැසියා ආචාර්යයා හට යම් සේ පැවසුවේ ද, එය එහි ඇති න්‍යාය යැයි භාග්‍යවතුන් වහන්සේ වදාළ සේක.

"මහණෙනි, 'තමා ව රකින්නෙමි' යි සතිපට්ඨානය සේවනය කළ යුත්තේ ය. 'අනුන් ව රකින්නෙමි' යි සතිපට්ඨානය සේවනය කළ යුත්තේ ය. මහණෙනි, තමා ව රකින්නේ අනුන් ව රකියි. අනුන් ව රකින්නේ තමා ව රකියි. මහණෙනි, තමා ව රකින්නේ අනුන් ව රකියි යන්න කෙසේ ද යත්, සතිපට්ඨානය සේවනය කිරීමෙන් ය, වැඩීමෙන් ය, බහුල ව කිරීමෙන් ය. මෙසේ මහණෙනි, තමා ව රකින්නේ අනුන් ව රකියි. මහණෙනි, අනුන් ව රකින්නේ

තමා ව රකියි යන්න කෙසේ ද යත්, ඉවසීමෙන් ය, අවිහිංසාවෙන් ය, මෛත්‍රී චිත්තයෙන් ය, කරුණාවෙන් ය. මහණෙනි, මෙසේ අනුන් රකින්නේ තමා ව රකියි.

මහණෙනි, තමා ව රකින්නෙමි යි සතිපට්ඨානය සේවනය කළ යුත්තේ ය. අනුන් රකින්නෙමි යි සතිපට්ඨානය සේවනය කළ යුත්තේ ය. මහණෙනි, තමා ව රකින්නා අනුන් ව රකියි. අනුන් රකින්නා තමා ව රකියි.

සාදු! සාදු!! සාදු!!!

සේදක සූත්‍රය නිමා විය.

3.2.10.
ජනපදකල්‍යාණී සූත්‍රය
ජනපදකල්‍යාණිය උපමා කොට වදාළ දෙසුම

එක් සමයක භාග්‍යවතුන් වහන්සේ සුම්භ ජනපදයෙහි සේදක නම් සුම්භයන්ගේ නියම්ගමෙහි වැඩවෙසෙන සේක. එහිදී භාග්‍යවතුන් වහන්සේ භික්ෂූන් ඇමතූ සේක.

මහණෙනි, ජනපද කල්‍යාණිය යම් සේ ද, මහණෙනි, ජනපදකල්‍යාණිය යන නම අසා මහා ජනයා රැස් වෙයි. ඒ ජනපදකල්‍යාණිය නැටුමෙහි ඉතා උතුම් හැකියා ඇත්තී ය. ගායනයෙහි උතුම් හැකියා ඇත්තී ය. මහණෙනි, ජනපද කල්‍යාණිය නටන්නී ය. ගයන්නී ය යැයි ඇසූ විට බොහෝ සෙයින් ම මහාජනයා එය දැකීමට රැස් වෙයි. එකල්හී ජීවත් වනු කැමති, නොමැරෙනු කැමති, සැප කැමති, දුක පිළිකුල් කරන පුරුෂයෙක් එයි. ඔහුට මෙසේ ත් කියයි. 'එම්බා පුරුෂය, මුවවිට තෙක් පිරී ඇති මේ තෙල් බඳුන ඔබ ගෙන මහාජනයා අතරින් ජනපද කල්‍යාණිය අසලින් රැගෙන යා යුත්තේ ය. කඩුවක් ඔසොවාගත් පුරුෂයෙක් ඔබ පසුපස ලුහුබඳිනු ඇත. යම් තැනක ස්වල්පයක් හෝ තෙල් බිම වැටෙන්නේ නම් එතැනදී ම ඔබගේ හිස කපා හෙලන්නේ ය.'

මහණෙනි, ඒ කිමෙකැයි හඟිව් ද? අර පුරුෂයා ඒ තෙල් බඳුන මෙනෙහි නොකොට බාහිර අරමුණු කෙරෙහි ප්‍රමාදයට පැමිණෙන්නේ ද?" "ස්වාමීනී, එය නොවේ ම ය."

"මහණෙනි, අරුත් පැහැදිලි කරදීම පිණිස මා විසින් මේ උපමාව කරන ලද්දේ ය. මෙහි ඇති අර්ථය මෙය යි. මහණෙනි, මුවවිට තෙක් පිරී ඇති තෙල් බඳුන යනු මෙය කායගතාසතියට නමකි. එහෙයින් මහණෙනි, මෙසේ හික්මිය යුත්තේ ය. අප විසින් කායගතාසතිය වඩනු ලබන්නේ, බහුල කරනු ලබන්නේ, යානාවක් මෙන් කරනු ලබන්නේ, සිටිය හැකි තැනක් මෙන් කරනු ලබන්නේ, බලවත් ව පිහිටුවනු ලබන්නේ, ප්‍රගුණ කරනු ලබන්නේ, මනැවින් අරඹන ලද්දේ වන්නේ ය කියා ය. මහණෙනි, මෙසේ ත් ඔබ හික්මිය යුත්තේ ය.

සාදු! සාදු!! සාදු!!!

ජනපදකලයාණි සූත්‍රය නිමා විය.

දෙවෙනි නාලන්දා වර්ගය අවසන් විය.

- එහි පිළිවෙල උද්දානයයි :

මහාපුරිස සූත්‍රය, නාලන්දා සූත්‍රය, චුන්ද සූත්‍රය, උක්කචේල සූත්‍රය, බාහිය සූත්‍රය, උත්තිය සූත්‍රය, අරිය සූත්‍රය, බ්‍රහ්ම සූත්‍රය, සේදක සූත්‍රය සහ ජනපදකලයාණි සූත්‍රය වශයෙන් මෙහි සූත්‍ර දසයකි.

3. සීලට්ඨිති වර්ගය

3.3.1.
සීල සූත්‍රය
සීලය ගැන වදාළ දෙසුම

එක් සමයක ආයුෂ්මත් ආනන්දයන් වහන්සේ ත්, ආයුෂ්මත් භද්ද තෙරණුවෝ ත් පාටලීපුත්‍ර නුවර කුක්කුටාරාමයෙහි වැඩවෙසෙති. එකල්හී ආයුෂ්මත් භද්ද තෙරණුවෝ සවස් වරුවෙහි භාවනාවෙන් නැගිට ආයුෂ්මත් ආනන්දයන් වහන්සේ වෙත පැමිණියහ. පැමිණ ආයුෂ්මත් ආනන්දයන් වහන්සේ සමඟ සතුටු වූහ. ....(පෙ).... ආයුෂ්මත් ආනන්දයන් වහන්සේට මෙය පැවසූහ.

"ආයුෂ්මත් ආනන්දයෙනි, භාග්‍යවතුන් වහන්සේ විසින් යම් මේ කුසල් සිල් පිළිබඳ ව වදාරණ ලද්දේ ද, භාග්‍යවතුන් වහන්සේ විසින් වදාරණ ලද්දේ මේ කුසල් සිල් කුමක් සඳහා කියා ද?"

"ආයුෂ්මත් භද්දයෙනි, යහපති, යහපති. ආයුෂ්මත් භද්ද, ඔබගේ ප්‍රශ්න වැටහීම යහපති. ප්‍රතිභානය යහපති. ප්‍රශ්න විමසීම යහපති. ආයුෂ්මත් භද්ද, ඔබ මෙසේ ඇසුවෙහි ය. 'ආයුෂ්මත් ආනන්දයෙනි, භාග්‍යවතුන් වහන්සේ විසින් යම් මේ කුසල් සිල් පිළිබඳ ව වදාරණ ලද්දේ ද, භාග්‍යවතුන් වහන්සේ විසින් වදාරණ ලද්දේ මේ කුසල් සිල් කුමක් සඳහා කියා ද?' යනුවෙනි."

"එසේ ය ආයුෂ්මත."

"ආයුෂ්මත් භද්ද, භාග්‍යවතුන් වහන්සේ විසින් යම් මේ කුසල් සිල් වදාරණ ලද්දේ ද, භාග්‍යවතුන් වහන්සේ විසින් මේ කුසල් සිල් පිළිබඳ ව වදාරණ ලද්දේ සතර සතිපට්ඨානය වැඩීම පිණිස ම ය. ඒ කවර සතරක් ද යත්,

ආයුෂ්මත, මෙහිලා භික්ෂුව කෙලෙස් තවන වීරියෙන් යුතු ව, සිහි නුවණින් යුතු ව, ලෝකයෙහි ඇලීම් ගැටීම් දුරුකොට, කය පිළිබඳ ව කායානුපස්සනාවෙන් වාසය කරයි. ....(පෙ).... විඳීම් පිළිබඳ ව වේදනානුපස්සනාවෙන් වාසය කරයි. ....(පෙ).... සිත පිළිබඳ ව චිත්තානුපස්සනාවෙන් වාසය කරයි. කෙලෙස් තවන වීරියෙන් යුතු ව, සිහි නුවණින් යුතු ව, ලෝකයෙහි ඇලීම් ගැටීම් දුරුකොට, ධර්මයන් පිළිබඳ ව ධම්මානුපස්සනාවෙන් වාසය කරයි.

ආයුෂ්මත් භද්ද, භාග්‍යවතුන් වහන්සේ විසින් යම් මේ කුසල් සිල් වදාරණ ලද්දේ ද, භාග්‍යවතුන් වහන්සේ විසින් මේ කුසල් සිල් පිළිබඳ ව වදාරණ ලද්දේ මේ සතර සතිපට්ඨානයන් වැඩීම පිණිස ම ය.

සාදු! සාදු!! සාදු!!!

සීල සූත්‍රය නිමා විය.

3.3.2.
ඨිති සූත්‍රය
පැවැත්ම ගැන වදාළ දෙසුම

කුක්කුටාරාමයෙහි දී ය .....

"ආයුෂ්මත් ආනන්දයෙනි, යම් හෙයකින් තථාගතයන් වහන්සේ පිරිනිවන් පා වදාළ කල්හී සද්ධර්මය බොහෝ කල් නොපවතින්නේ නම් එයට හේතුව කුමක් ද? ප්‍රත්‍යය කුමක් ද? ආයුෂ්මත් ආනන්දයෙනි, යම් හෙයකින් තථාගතයන් වහන්සේ පිරිනිවන් පා වදාළ කල්හී සද්ධර්මය බොහෝ කල් පවතින්නේ නම් එයට හේතුව කුමක් ද? ප්‍රත්‍යය කුමක් ද?"

"ආයුෂ්මත් භද්දයෙනි, යහපති, යහපති. ආයුෂ්මත් භද්ද, ඔබගේ ප්‍රශ්න වැටහීම යහපති. ප්‍රතිභානය යහපති. ප්‍රශ්න විමසීම යහපති. ආයුෂ්මත් භද්ද, ඔබ මෙසේ ඇසුවෙහි ය. 'ආයුෂ්මත් ආනන්දයෙනි, යම් හෙයකින් තථාගතයන් වහන්සේ පිරිනිවන් පා වදාළ කල්හී සද්ධර්මය බොහෝ කල් නොපවතින්නේ නම් එයට හේතුව කුමක් ද? ප්‍රත්‍යය කුමක් ද? ආයුෂ්මත් ආනන්දයෙනි, යම් හෙයකින් තථාගතයන් වහන්සේ පිරිනිවන් පා වදාළ කල්හී සද්ධර්මය බොහෝ කල් පවතින්නේ නම් එයට හේතුව කුමක් ද? ප්‍රත්‍යය කුමක් ද?' යනුවෙනි."

"එසේ ය ආයුෂ්මත."

"ආයුෂ්මත, සතර සතිපට්ඨානය භාවිත නොකිරීමෙන්, බහුල නොකිරීමෙන් තථාගතයන් වහන්සේ පිරිනිවන් පා වදාළ කල්හී සද්ධර්මය බොහෝ කල් නොපවතින්නේ වෙයි. ආයුෂ්මත, සතර සතිපට්ඨානය භාවිත කිරීමෙන්, බහුල කිරීමෙන් තථාගතයන් වහන්සේ පිරිනිවන් පා වදාළ කල්හී සද්ධර්මය බොහෝ කල් පවතින්නේ වෙයි. ඒ කවර සතරක් ද යත්,

ආයුෂ්මත, මෙහිලා භික්ෂුව කෙලෙස් තවන වීරියෙන් යුතු ව, සිහි නුවණින් යුතු ව, ලෝකයෙහි ඇලීම් ගැටීම් දුරුකොට, කය පිළිබඳ ව කායානුපස්සනාවෙන් වාසය කරයි. ....(පෙ).... විඳීම් පිළිබඳ ව වේදනානුපස්සනාවෙන් වාසය කරයි. ....(පෙ).... සිත පිළිබඳ ව චිත්තානුපස්සනාවෙන් වාසය කරයි. කෙලෙස් තවන වීරියෙන් යුතු ව, සිහි නුවණින් යුතු ව, ලෝකයෙහි ඇලීම් ගැටීම් දුරුකොට, ධර්මයන් පිළිබඳ ව ධම්මානුපස්සනාවෙන් වාසය කරයි.

ආයුෂ්මත, මේ සතර සතිපට්ඨානය භාවිත නොකිරීමෙන්, බහුල නොකිරීමෙන් තථාගතයන් වහන්සේ පිරිනිවන් පා වදාළ කල්හී සද්ධර්මය බොහෝ කල් නොපවතින්නේ වෙයි. ආයුෂ්මත, මේ සතර සතිපට්ඨානය භාවිත කිරීමෙන්, බහුල කිරීමෙන් තථාගතයන් වහන්සේ පිරිනිවන් පා වදාළ කල්හී සද්ධර්මය බොහෝ කල් පවතින්නේ වෙයි."

සාදු! සාදු!! සාදු!!!

ඨිති සූත්‍රය නිමා විය.

3.3.3.
පරිහාන සූත්‍රය
පිරිහීම ගැන වදාළ දෙසුම

කුක්කුටාරාමයෙහි දී ය .....

"ආයුෂ්මත් ආනන්දයෙනි, යම් හෙයකින් සද්ධර්මය පිරිහෙන්නේ නම් එයට හේතුව කුමක් ද? ප්‍රත්‍යය කුමක් ද? ආයුෂ්මත් ආනන්දයෙනි, යම් හෙයකින් සද්ධර්මය නොපිරිහෙන්නේ නම් එයට හේතුව කුමක් ද? ප්‍රත්‍යය කුමක් ද?"

"ආයුෂ්මත් භද්දයෙනි, යහපති, යහපති. ආයුෂ්මත් භද්ද, ඔබගේ ප්‍රශ්න වැටහීම යහපති. ප්‍රතිභානය යහපති. ප්‍රශ්න විමසීම යහපති. ආයුෂ්මත් භද්ද, ඔබ මෙසේ ඇසුවෙහි ය. 'ආයුෂ්මත් ආනන්දයෙනි, යම් හෙයකින් සද්ධර්මය පිරිහෙන්නේ නම් එයට හේතුව කුමක් ද? ප්‍රත්‍යය කුමක් ද? ආයුෂ්මත් ආනන්දයෙනි, යම් හෙයකින් සද්ධර්මය නොපිරිහෙන්නේ නම් එයට හේතුව කුමක් ද? ප්‍රත්‍යය කුමක් ද?' යනුවෙනි."

"එසේ ය ආයුෂ්මත."

"ආයුෂ්මත, සතර සතිපට්ඨානය භාවිත නොකිරීමෙන්, බහුල නොකිරීමෙන් සද්ධර්මය පිරිහෙන්නේ වෙයි. ආයුෂ්මත, සතර සතිපට්ඨානය භාවිත කිරීමෙන්, බහුල කිරීමෙන් සද්ධර්මය නොපිරිහෙන්නේ වෙයි. ඒ කවර සතරක් ද යත්,

ආයුෂ්මත, මෙහිලා භික්ෂුව කෙලෙස් තවන වීරියෙන් යුතු ව, සිහි නුවණින් යුතු ව, ලෝකයෙහි ඇලීම් ගැටීම් දුරුකොට, කය පිළිබඳ ව කායානුපස්සනාවෙන් වාසය කරයි. ....(පෙ).... විඳීම් පිළිබඳ ව වේදනානුපස්සනාවෙන් වාසය කරයි. ....(පෙ).... සිත පිළිබඳ ව චිත්තානුපස්සනාවෙන් වාසය කරයි. කෙලෙස් තවන වීරියෙන් යුතු ව, සිහි නුවණින් යුතු ව, ලෝකයෙහි ඇලීම් ගැටීම් දුරුකොට, ධර්මයන් පිළිබඳ ව ධම්මානුපස්සනාවෙන් වාසය කරයි.

ආයුෂ්මත, මේ සතර සතිපට්ඨානය භාවිත නොකිරීමෙන්, බහුල නොකිරීමෙන් සද්ධර්මය පිරිහෙන්නේ වෙයි. ආයුෂ්මත, මේ සතර සතිපට්ඨානය භාවිත කිරීමෙන්, බහුල කිරීමෙන් සද්ධර්මය නොපිරිහෙන්නේ වෙයි."

සාදු! සාදු!! සාදු!!!

පරිහාන සූත්‍රය නිමා විය.

3.3.4.
සුද්ධක සූත්‍රය
පිරිසිදු බව ගැන වදාළ දෙසුම

සැවැත් නුවර දී ය ......

මහණෙනි, මේ සතරක් වූ සතිපට්ඨානයෝ ය. ඒ කවර සතරක් ද යත්,

මහණෙනි, මෙහිලා භික්ෂුව කෙලෙස් තවන වීරියෙන් යුතු ව, සිහි නුවණින් යුතු ව, ලෝකයෙහි ඇලීම් ගැටීම් දුරුකොට, කය පිළිබඳ ව කායානුපස්සනාවෙන් වාසය කරයි. ....(පෙ).... විඳීම් පිළිබඳ ව වේදනානුපස්සනාවෙන් වාසය කරයි. ....(පෙ).... සිත පිළිබඳ ව චිත්තානුපස්සනාවෙන් වාසය කරයි. කෙලෙස් තවන වීරියෙන් යුතු ව, සිහි නුවණින් යුතු ව, ලෝකයෙහි ඇලීම් ගැටීම් දුරුකොට, ධර්මයන් පිළිබඳ ව ධම්මානුපස්සනාවෙන් වාසය කරයි.

මහණෙනි, මේ වනාහී සතරක් වූ සතිපට්ඨානයෝ ය

සාදු! සාදු!! සාදු!!!

සුද්ධක සූත්‍රය නිමා විය.

3.3.5.
බ්‍රාහ්මණ සූත්‍රය
බ්‍රාහ්මණයෙකුට වදාළ දෙසුම

සැවැත් නුවර දී ය .....

එකල්හී එක්තරා බ්‍රාහ්මණයෙක් භාග්‍යවතුන් වහන්සේ වෙත පැමිණියේ ය. පැමිණ භාග්‍යවතුන් වහන්සේ සමඟ සතුටු වූයේ ය. සතුටු විය යුතු සිහිකටයුතු පිළිසඳර කථාව නිමවා එකත්පස් ව හිඳගත්තේ ය. එකත්පස් ව හුන් ඒ බ්‍රාහ්මණයා භාග්‍යවතුන් වහන්සේට මෙය පැවසුවේ ය.

"භවත් ගෞතමයන් වහන්ස, යම් හෙයකින් තථාගතයන් වහන්සේ

පිරිනිවන් පා වදාළ කල්හී සද්ධර්මය බොහෝ කල් නොපවතින්නේ නම් එයට හේතුව කුමක් ද? ප්‍රත්‍යය කුමක් ද? භවත් ගෞතමයන් වහන්ස, යම් හෙයකින් තථාගතයන් වහන්සේ පිරිනිවන් පා වදාළ කල්හී සද්ධර්මය බොහෝ කල් පවතින්නේ නම් එයට හේතුව කුමක් ද? ප්‍රත්‍යය කුමක් ද?"

"බ්‍රාහ්මණය, සතර සතිපට්ඨානය භාවිත නොකිරීමෙන්, බහුල නොකිරීමෙන් තථාගතයන් වහන්සේ පිරිනිවන් පා වදාළ කල්හී සද්ධර්මය බොහෝ කල් නොපවතින්නේ වෙයි. බ්‍රාහ්මණය, සතර සතිපට්ඨානය භාවිත කිරීමෙන්, බහුල කිරීමෙන් තථාගතයන් වහන්සේ පිරිනිවන් පා වදාළ කල්හී සද්ධර්මය බොහෝ කල් පවතින්නේ වෙයි. ඒ කවර සතරක් ද යත්,

බ්‍රාහ්මණය, මෙහිලා භික්ෂුව කෙලෙස් තවන වීරියෙන් යුතු ව, සිහි නුවණින් යුතු ව, ලෝකයෙහි ඇලීම් ගැටීම් දුරුකොට, කය පිළිබඳ ව කායානුපස්සනාවෙන් වාසය කරයි. ....(පෙ).... විඳීම් පිළිබඳ ව වේදනානුපස්සනාවෙන් වාසය කරයි. ....(පෙ).... සිත පිළිබඳ ව චිත්තානුපස්සනාවෙන් වාසය කරයි. කෙලෙස් තවන වීරියෙන් යුතු ව, සිහි නුවණින් යුතු ව, ලෝකයෙහි ඇලීම් ගැටීම් දුරුකොට, ධර්මයන් පිළිබඳ ව ධම්මානුපස්සනාවෙන් වාසය කරයි.

බ්‍රාහ්මණය, මේ සතර සතිපට්ඨානය භාවිත නොකිරීමෙන්, බහුල නොකිරීමෙන් තථාගතයන් වහන්සේ පිරිනිවන් පා වදාළ කල්හී සද්ධර්මය බොහෝ කල් නොපවතින්නේ වෙයි. බ්‍රාහ්මණය, මේ සතර සතිපට්ඨානය භාවිත කිරීමෙන්, බහුල කිරීමෙන් තථාගතයන් වහන්සේ පිරිනිවන් පා වදාළ කල්හී සද්ධර්මය බොහෝ කල් පවතින්නේ වෙයි."

මෙසේ වදාළ කල්හී ඒ බ්‍රාහ්මණ තෙමේ භාග්‍යවතුන් වහන්සේට මෙය සැළකළේ ය.

"භවත් ගෞතමයන් වහන්ස, ඉතා මනහර ය. ....(පෙ).... අද පටන් දිවි හිමියෙන් තෙරුවන් සරණ ගිය උපාසකයෙකු ලෙස පිළිගන්නා සේක්වා!"

සාදු! සාදු!! සාදු!!!

බ්‍රාහ්මණ සූත්‍රය නිමා විය.

3.3.6.
පදේස සූත්‍රය
කොටසක් ගැන වදාළ දෙසුම

එක් සමයක ආයුෂ්මත් සාරිපුත්තයන් වහන්සේ ත්, ආයුෂ්මත් මහා මොග්ගල්ලානයන් වහන්සේ ත්, ආයුෂ්මත් අනුරුද්ධයන් වහන්සේ ත් සාකේත නුවර කණ්ටකී වනයෙහි වැඩවෙසෙන සේක. එකල්හී ආයුෂ්මත් සාරිපුත්තයන් වහන්සේ ත්, ආයුෂ්මත් මහා මොග්ගල්ලානයන් වහන්සේ ත් සවස් වරුවෙහි භාවනාවෙන් නැගිට ආයුෂ්මත් අනුරුද්ධයන් වහන්සේ වෙත පැමිණියහ. පැමිණ ආයුෂ්මත් අනුරුද්ධයන් වහන්සේ සමඟ සතුටු වූහ. සතුටු විය යුතු සිහිකටයුතු පිළිසඳර කථාව නිමවා එකත්පස් ව හිඳගත්හ. එකත්පස් ව හුන් ආයුෂ්මත් සාරිපුත්තයන් වහන්සේ ආයුෂ්මත් අනුරුද්ධයන් වහන්සේට මෙය පැවසූහ.

"ආයුෂ්මත් අනුරුද්ධයෙනි, 'නිවන් මගෙහි හික්මෙන තැනැත්තා, නිවන් මගෙහි හික්මෙන තැනැත්තා' යැයි කියනු ලැබේ. ආයුෂ්මත, නිවන් මගෙහි හික්මෙන තැනැත්තා යැයි කිව යුතු වන්නේ කොපමණ කරුණු මත ද?"

"ආයුෂ්මත්නි, සතර සතිපට්ඨානයන්ගේ කොටසක් දියුණු කරගත් බැවින් නිවන් මගෙහි හික්මෙන තැනැත්තා වෙයි. ඒ කවර සතරක් ද යත්, ආයුෂ්මත්නි, මෙහිලා භික්ෂුව කෙලෙස් තවන වීරියෙන් යුතු ව, සිහි නුවණින් යුතු ව, ලෝකයෙහි ඇලීම් ගැටීම් දුරුකොට, කය පිළිබඳ ව කායානුපස්සනාවෙන් වාසය කරයි. ....(පෙ).... විඳීම් පිළිබඳ ව වේදනානුපස්සනාවෙන් වාසය කරයි. ....(පෙ).... සිත පිළිබඳ ව චිත්තානුපස්සනාවෙන් වාසය කරයි. කෙලෙස් තවන වීරියෙන් යුතු ව, සිහි නුවණින් යුතු ව, ලෝකයෙහි ඇලීම් ගැටීම් දුරුකොට, ධර්මයන් පිළිබඳ ව ධම්මානුපස්සනාවෙන් වාසය කරයි. ආයුෂ්මත්නි, මේ සතර සතිපට්ඨානයන්ගේ කොටසක් දියුණු කරගත් බැවින් නිවන් මගෙහි හික්මෙන තැනැත්තා වෙයි."

සාදු! සාදු!! සාදු!!!

පදේස සූත්‍රය නිමා විය.

3.3.7.
සමත්ත සූත්‍රය
සමාප්ත කරන ලද දෙය ගැන වදාළ දෙසුම

කණ්ටකී වනයෙහි දී ය ......

"ආයුෂ්මත් අනුරුද්ධයෙනි, 'නිවන් මගෙහි හික්මීම සම්පූර්ණ කළ තැනැත්තා, නිවන් මගෙහි හික්මීම සම්පූර්ණ කළ තැනැත්තා' යැයි කියනු ලැබේ. ආයුෂ්මත, නිවන් මගෙහි හික්මීම සම්පූර්ණ කළ තැනැත්තා යැයි කිව යුතු වන්නේ කොපමණ කරුණු මත ද?"

"ආයුෂ්මත්නි, සතර සතිපට්ඨානයන් සම්පූර්ණයෙන් වඩන ලද බැවින් නිවන් මගෙහි හික්මීම සම්පූර්ණ කළ තැනැත්තා වෙයි. ඒ කවර සතරක් ද යත්, ආයුෂ්මත්නි, මෙහිලා භික්ෂුව කෙලෙස් තවන වීරියෙන් යුතු ව, සිහි නුවණින් යුතු ව, ලෝකයෙහි ඇලීම් ගැටීම් දුරුකොට, කය පිළිබඳ ව කායානුපස්සනාවෙන් වාසය කරයි. ....(පෙ).... විඳීම් පිළිබඳ ව වේදනානුපස්සනාවෙන් වාසය කරයි. ....(පෙ).... සිත පිළිබඳ ව චිත්තානුපස්සනාවෙන් වාසය කරයි. කෙලෙස් තවන වීරියෙන් යුතු ව, සිහි නුවණින් යුතු ව, ලෝකයෙහි ඇලීම් ගැටීම් දුරුකොට, ධර්මයන් පිළිබඳ ව ධම්මානුපස්සනාවෙන් වාසය කරයි. ආයුෂ්මත්නි, මේ සතර සතිපට්ඨානයන් සම්පූර්ණයෙන් වඩන ලද බැවින් නිවන් මගෙහි හික්මීම සම්පූර්ණ කළ තැනැත්තා වෙයි."

සාදු! සාදු!! සාදු!!!

සමත්ත සූත්‍රය නිමා විය.

3.3.8.
ලෝක සූත්‍රය
ලෝකය ගැන වදාළ දෙසුම

කණ්ටකී වනයෙහි දී ය ......

"ආයුෂ්මත් අනුරුද්ධ තෙමේ කවර ධර්මයන් භාවිත කිරීම හේතුවෙන් ද, බහුල කිරීම හේතුවෙන් ද, ලෝකයෙහි මහා නුවණැති බවට පත් වූයේ?"

"ආයුෂ්මත්නි, සතර සතිපට්ඨානයන් භාවිත කිරීම හේතුවෙන්, බහුල කිරීම හේතුවෙන්, ලෝකයෙහි මහා නුවණැති බවට පත් වුණෙමි. ඒ කවර සතරක් ද යත්, ආයුෂ්මත්නි, මෙහිලා මම කෙලෙස් තවන වීරියෙන් යුතු ව, සිහි නුවණින් යුතු ව, ලෝකයෙහි ඇලීම් ගැටීම් දුරුකොට, කය පිළිබඳ ව කායානුපස්සනාවෙන් වාසය කරමි. ....(පෙ).... විඳීම් පිළිබඳ ව වේදනානුපස්සනාවෙන් වාසය කරමි. ....(පෙ).... සිත පිළිබඳ ව චිත්තානුපස්සනාවෙන් වාසය කරමි. කෙලෙස් තවන වීරියෙන් යුතු ව, සිහි නුවණින් යුතු ව, ලෝකයෙහි ඇලීම් ගැටීම් දුරුකොට, ධර්මයන් පිළිබඳ ව ධම්මානුපස්සනාවෙන් වාසය කරමි. ආයුෂ්මත්නි, මේ සතර සතිපට්ඨානයන් භාවිත කිරීම හේතුවෙන්, බහුල කිරීමෙ හේතුවෙන් ලෝකයෙහි මහා නුවණැති බවට පත්වුණෙමි. ආයුෂ්මත්නි, මේ සතර සතිපට්ඨානයන් භාවිත කිරීම හේතුවෙන්, බහුල කිරීම හේතුවෙන්, මම දහසක් ලෝකය විශේෂයෙන් දනිමි."

සාදු! සාදු!! සාදු!!!

ලෝක සූත්‍රය නිමා විය.

3.3.9.
සිරිවඩ්ඪ සූත්‍රය
සිරිවඩ්ඪ ගෘහපතියාට වදාළ දෙසුම

එක් සමයක ආයුෂ්මත් ආනන්දයන් වහන්සේ රජගහ නුවර කලන්දක නිවාප නම් වූ වේළුවනයෙහි වැඩවෙසෙති. එසමයෙහි සිරිවඩ්ඪ ගෘහපති තෙමේ

රෝගී ව, දුකට පත් ව, බොහෝ සේ ගිලන් වූයේ වෙයි. එකල්හී සිරිවඩ්ඪ ගෘහපති එක්තරා පුරුෂයෙකු ඇමතුවේ ය.

"එම්බා පුරුෂය, එව. ඔබ ආයුෂ්මත් ආනන්දයන් වහන්සේ වෙත එළඹෙව. එළඹ මාගේ වචනයෙන් ආයුෂ්මත් ආනන්දයන් වහන්සේගේ පාදයන් සිරසින් වඳුව. 'ස්වාමීනී, සිරිවඩ්ඪ ගෘහපති තෙමේ රෝගී වූයේ, දුකට පත් වූයේ, දැඩි ව ගිලන් වූයේ වෙයි. ඔහු ආයුෂ්මත් ආනන්දයන් වහන්සේගේ පාදයන් සිරසින් වඳින්නේ ය.' මෙසේ ත් කියව. 'ස්වාමීනී, ආයුෂ්මත් ආනන්දයන් වහන්සේ අනුකම්පාව උපදවා සිරිවඩ්ඪ ගෘහපතියාගේ නිවසට වඩින සේක් නම් යහපති' යි."

"එසේ ය, ස්වාමීනී" යි ඒ පුරුෂයා සිරිවඩ්ඪ ගෘහපතියාට පිළිවදන් දී ආයුෂ්මත් ආනන්දයන් වහන්සේ වෙත පැමිණියේ ය. පැමිණ ආයුෂ්මත් ආනන්දයන් වහන්සේට වන්දනා කොට එකත්පස් ව හිඳගත්තේ ය. එකත්පස් ව හුන් ඒ පුරුෂයා ආයුෂ්මත් ආනන්දයන් වහන්සේට මෙය පැවසුවේ ය.

"ස්වාමීනී, සිරිවඩ්ඪ ගෘහපති තෙමේ රෝගී වූයේ, දුකට පත් වූයේ, දැඩි ව ගිලන් වූයේ වෙයි. ඔහු ආයුෂ්මත් ආනන්දයන් වහන්සේගේ පාදයන් සිරසින් වඳින්නේ ය. මෙසේ ත් කියයි. ස්වාමීනී, ආයුෂ්මත් ආනන්දයන් වහන්සේ අනුකම්පාව උපදවා සිරිවඩ්ඪ ගෘහපතියාගේ නිවසට වඩින සේක් නම් යහපති."

එවිට ආයුෂ්මත් ආනන්දයන් වහන්සේ නිශ්ශබ්ද වීමෙන් එම ඇරයුම භාරගත්හ.

ඉක්බිති ආයුෂ්මත් ආනන්දයන් වහන්සේ පෙරවරුවෙහි සිවුරු හැඳ පොරොවාගෙන පාත්‍රය හා සිවුර ගෙන සිරිවඩ්ඪ ගෘහපතියාගේ නිවසට වැඩම කළහ. වැඩම කොට පණවන ලද අසුනෙහි වැඩහුන්හ. වැඩහුන් ආයුෂ්මත් ආනන්දයන් වහන්සේ සිරිවඩ්ඪ ගෘහපතියාට මෙය වදාළහ.

"කිම, ගෘහපතිය, ඔබට ඉවසිය හැක්කේ ද? කිම, යැපිය හැක්කේ ද? කිම, දුක් වේදනා අඩු වෙයි ද? වැඩි නොවෙයි ද? කිම, දුක් වේදනා අඩු වීමක් පෙනෙයි ද? වැඩිවීමක් නොපෙනෙයි ද?"

"ස්වාමීනී, මට ඉවසිය නොහැක්කේ ය. යැපිය නොහැක්කේ ය. මාගේ දැඩි වූ දුක් වේදනා වැඩිවෙයි. අඩු නොවෙයි. වැඩිවීමක් පෙනෙයි. අඩු වීමක් නොපෙනෙයි."

"එසේ වී නම් ගෘහපතිය, ඔබ විසින් මෙසේ හික්මිය යුත්තේ ය. කෙලෙස්

තවන වීරියෙන් යුතු ව, සිහි නුවණින් යුතු ව, ලෝකයෙහි ඇලීම් ගැටීම් දුරුකොට, කය පිළිබඳ ව කායානුපස්සනාවෙන් වාසය කරන්නෙමි. ....(පෙ).... විඳීම් පිළිබඳ ව වේදනානුපස්සනාවෙන් වාසය කරන්නෙමි. ....(පෙ).... සිත පිළිබඳ ව චිත්තානුපස්සනාවෙන් වාසය කරන්නෙමි. කෙලෙස් තවන වීරියෙන් යුතු ව, සිහි නුවණින් යුතු ව, ලෝකයෙහි ඇලීම් ගැටීම් දුරුකොට, ධර්මයන් පිළිබඳ ව ධම්මානුපස්සනාවෙන් වාසය කරන්නෙමි. ගෘහපතිය, ඔබ විසින් මෙසේ ම හික්මිය යුත්තේ ය."

"ස්වාමීනී, භාග්‍යවතුන් වහන්සේ විසින් යම් මේ සතර සතිපට්ඨානයෝ වදාරණ ලද්දාහු ද, ඒ ධර්මයෝ මා තුළ දිස්වෙති. මම ද ඒ ධර්මයන් තුළ දිස්වෙමි. ස්වාමීනී, මම කෙලෙස් තවන වීරියෙන් යුතු ව, සිහි නුවණින් යුතු ව, ලෝකයෙහි ඇලීම් ගැටීම් දුරුකොට, කය පිළිබඳ ව කායානුපස්සනාවෙන් වාසය කරමි. ....(පෙ).... විඳීම් පිළිබඳ ව වේදනානුපස්සනාවෙන් වාසය කරමි. ....(පෙ).... සිත පිළිබඳ ව චිත්තානුපස්සනාවෙන් වාසය කරමි. කෙලෙස් තවන වීරියෙන් යුතු ව, සිහි නුවණින් යුතු ව, ලෝකයෙහි ඇලීම් ගැටීම් දුරුකොට, ධර්මයන් පිළිබඳ ව ධම්මානුපස්සනාවෙන් වාසය කරමි.

ස්වාමීනී, භාග්‍යවතුන් වහන්සේ විසින් යම් මේ පංච ඕරම්භාගීය සංයෝජනයෝ වදාරණ ලද්දාහු ද, මා තුළ ප්‍රහීණ නොවූ ඒ කිසිවක් නොදකිමි."

"ගෘහපතිය, ඔබට ලාභයකි. ගෘහපතිය, ඔබට මනා වූ ලාභයකි. ගෘහපතිය, ඔබ විසින් අනාගාමී ඵලය පවසන ලද්දේ ය."

සාදු! සාදු!! සාදු!!!

සිරිවඩ්ඪ සූත්‍රය නිමා විය.

3.3.10.
මානදින්න සූත්‍රය
මානදින්න ගෘහපතියාට වදාළ දෙසුම

එක් සමයක ආයුෂ්මත් ආනන්දයන් වහන්සේ රජගහ නුවර කලන්දක නිවාප නම් වූ වේළුවනයෙහි වැඩවෙසෙති. එසමයෙහි මානදින්න ගෘහපති තෙමේ රෝගී ව, දුකට පත් ව, බොහෝ සේ ගිලන් වූයේ වෙයි. එකල්හී මානදින්න

ගෘහපති එක්තරා පුරුෂයෙකු ඇමතුවේ ය. ....(පෙ).... ස්වාමීනි, මම මෙබඳු වූ දුක් වේදනාවෙන් පීඩා විඳිද්දී ම කෙලෙස් තවන වීරියෙන් යුතු ව, සිහි නුවණින් යුතු ව, ලෝකයෙහි ඇලීම් ගැටීම් දුරුකොට, කය පිළිබඳ ව කායානුපස්සනාවෙන් වාසය කරමි. ....(පෙ).... විඳීම් පිළිබඳ ව වේදනානුපස්සනාවෙන් වාසය කරමි. ....(පෙ).... සිත පිළිබඳ ව චිත්තානුපස්සනාවෙන් වාසය කරමි. කෙලෙස් තවන වීරියෙන් යුතු ව, සිහි නුවණින් යුතු ව, ලෝකයෙහි ඇලීම් ගැටීම් දුරුකොට, ධර්මයන් පිළිබඳ ව ධම්මානුපස්සනාවෙන් වාසය කරමි. ස්වාමීනී, භාග්‍යවතුන් වහන්සේ විසින් යම් මේ පංච ඕරම්භාගීය සංයෝජනයෝ වදාරණ ලද්දාහු ද, ස්වාමීනී, ඒ අතුරින් මා තුළ ප්‍රහීණ නොවූ කිසිවක් මම නොදකිමි."

"ගෘහපතිය, ඔබට ලාභයකි. ගෘහපතිය, ඔබට මනා වූ ලාභයකි. ගෘහපතිය, ඔබ විසින් අනාගාමී ඵලය පවසන ලද්දේ ය."

සාදු! සාදු!! සාදු!!!

මානදින්න සූත්‍රය නිමා විය.

තුන්වෙනි සීලට්ඨිති වර්ගය අවසන් විය.

- එහි පිළිවෙල උද්දානයයි :

සීල සූත්‍රය, ඨිති සූත්‍රය, පරිහාන සූත්‍රය, සුද්ධක සූත්‍රය, බ්‍රාහ්මණ සූත්‍රය, පදේස සූත්‍රය, සමත්ත සූත්‍රය, ලෝක සූත්‍රය, සිරිවඩ්ඪ සූත්‍රය සහ මානදින්න සූත්‍රය වශයෙන් මෙහි සූත්‍ර දසයකි.

4. අනනුස්සුත වර්ගය

3.4.1.
අනනුස්සුත සූත්‍රය
නොඇසූ විරූ දෙය ගැන වදාළ දෙසුම

සැවැත් නුවර දී ය .....

මහණෙනි, මෙය කය පිළිබඳ වූ කායානුපස්සනාව යැයි මා හට පෙර නොඇසූ විරූ ධර්මයන් පිළිබඳ ව දහම් ඇස පහළ වූයේ ය. නුවණ පහළ වූයේ ය. ප්‍රඥාව පහළ වූයේ ය. විද්‍යාව පහළ වූයේ ය. ආලෝකය පහළ වූයේ ය. මහණෙනි, ඒ මේ කය පිළිබඳ ව වූ කායානුපස්සනාව වැඩිය යුත්තේ යැයි ....(පෙ).... මහණෙනි, ඒ මේ කය පිළිබඳ ව වූ කායානුපස්සනාව වඩන ලද්දේ යැයි මා හට පෙර නොඇසූ විරූ ධර්මයන් පිළිබඳ ව දහම් ඇස පහළ වූයේ ය. නුවණ පහළ වූයේ ය. ප්‍රඥාව පහළ වූයේ ය. විද්‍යාව පහළ වූයේ ය. ආලෝකය පහළ වූයේ ය.

මෙය විඳීම් පිළිබඳ වේදනානුපස්සනාව යැයි ....(පෙ).... මෙය සිත පිළිබඳ චිත්තානුපස්සනාව යැයි ....(පෙ).... මහණෙනි, මෙය ධර්මයන් පිළිබඳ වූ ධම්මානුපස්සනාව යැයි මා හට පෙර නොඇසූ විරූ ධර්මයන් පිළිබඳ ව දහම් ඇස පහළ වූයේ ය. නුවණ පහළ වූයේ ය. ප්‍රඥාව පහළ වූයේ ය. විද්‍යාව පහළ වූයේ ය. ආලෝකය පහළ වූයේ ය. මහණෙනි, ඒ මේ ධර්මයන් පිළිබඳ ව වූ ධම්මානුපස්සනාව වැඩිය යුත්තේ යැයි ....(පෙ).... මහණෙනි, ඒ මේ ධර්මයන් පිළිබඳ ව වූ ධම්මානුපස්සනාව වඩන ලද්දේ යැයි මා හට පෙර නොඇසූ විරූ ධර්මයන් පිළිබඳ ව දහම් ඇස පහළ වූයේ ය. නුවණ පහළ වූයේ ය. ප්‍රඥාව පහළ වූයේ ය. විද්‍යාව පහළ වූයේ ය. ආලෝකය පහළ වූයේ ය.

සාදු! සාදු!! සාදු!!!

අනනුස්සුත සූත්‍රය නිමා විය.

3.4.2.
විරාග සූත්‍රය
නොඇලීම ගැන වදාළ දෙසුම

මහණෙනි, මේ සතර සතිපට්ඨානයන් භාවිත කිරීමෙන්, බහුල කිරීමෙන් ඒකාන්ත කලකිරීම පිණිස, විරාගය පිණිස, නිරෝධය පිණිස, සංසිඳීම පිණිස, විශිෂ්ට ඥානය පිණිස, සත්‍යාවබෝධය පිණිස, නිවන පිණිස පවතින්නේ ය. ඒ කවර සතරක් ද යත්,

මහණෙනි, මෙහිලා භික්ෂුව කෙලෙස් තවන වීරියෙන් යුතු ව, සිහි නුවණින් යුතු ව, ලෝකයෙහි ඇලීම් ගැටීම් දුරුකොට, කය පිළිබඳ ව කායානුපස්සනාවෙන් වාසය කරයි. ....(පෙ).... විඳීම් පිළිබඳ ව වේදනානුපස්සනාවෙන් වාසය කරයි. ....(පෙ).... සිත පිළිබඳ ව චිත්තානුපස්සනාවෙන් වාසය කරයි. කෙලෙස් තවන වීරියෙන් යුතු ව, සිහි නුවණින් යුතු ව, ලෝකයෙහි ඇලීම් ගැටීම් දුරුකොට, ධර්මයන් පිළිබඳ ව ධම්මානුපස්සනාවෙන් වාසය කරයි.

මහණෙනි, මේ සතර සතිපට්ඨානයන් භාවිත කිරීමෙන්, බහුල කිරීමෙන් ඒකාන්ත කලකිරීම පිණිස, විරාගය පිණිස, නිරෝධය පිණිස, සංසිඳීම පිණිස, විශිෂ්ට ඥානය පිණිස, සත්‍යාවබෝධය පිණිස, නිවන පිණිස පවතින්නේ ය.

සාදු! සාදු!! සාදු!!!

විරාග සූත්‍රය නිමා විය.

3.4.3.
විරද්ධ සූත්‍රය
වරද්දා ගැනීම ගැන වදාළ දෙසුම

මහණෙනි, යම්කිසි කෙනෙකුන් විසින් මේ සතර සතිපට්ඨානයන් වරද්දා ගත්තේ නම් ඔවුන්ට වැරදුණේ මැනැවින් දුක් ගෙවීමට යන්නා වූ ආර්ය අෂ්ටාංගික මාර්ගය යි. මහණෙනි, යම්කිසි කෙනෙකුන් විසින් මේ සතර සතිපට්ඨානයන් හරි ලෙස ගත්තේ නම් ඔවුන්ට හරිගියේ මැනැවින් දුක් ගෙවීමට යන්නා වූ

ආර්ය අෂ්ටාංගික මාර්ගය යි. ඒ කවර සතරක් ද යත්,

මහණෙනි, මෙහිලා භික්ෂුව කෙලෙස් තවන වීරියෙන් යුතු ව, සිහි නුවණින් යුතු ව, ලෝකයෙහි ඇලීම් ගැටීම් දුරුකොට, කය පිළිබඳ ව කායානුපස්සනාවෙන් වාසය කරයි. ....(පෙ).... විඳීම් පිළිබඳ ව වේදනානුපස්සනාවෙන් වාසය කරයි. ....(පෙ).... සිත පිළිබඳ ව චිත්තානුපස්සනාවෙන් වාසය කරයි. කෙලෙස් තවන වීරියෙන් යුතු ව, සිහි නුවණින් යුතු ව, ලෝකයෙහි ඇලීම් ගැටීම් දුරුකොට, ධර්මයන් පිළිබඳ ව ධම්මානුපස්සනාවෙන් වාසය කරයි.

මහණෙනි, යම්කිසි කෙනෙකුන් විසින් මේ සතර සතිපට්ඨානයන් වරද්දා ගත්තේ නම් ඔවුන්ට වැරදුණේ මැනැවින් දුක් ගෙවීමට යන්නා වූ ආර්ය අෂ්ටාංගික මාර්ගය යි. මහණෙනි, යම්කිසි කෙනෙකුන් විසින් මේ සතර සතිපට්ඨානයන් හරි ලෙස ගත්තේ නම් ඔවුන්ට හරිගියේ මැනැවින් දුක් ගෙවීමට යන්නා වූ ආර්ය අෂ්ටාංගික මාර්ගය යි.

සාදු! සාදු!! සාදු!!!

විරද්ධ සූත්‍රය නිමා විය.

3.4.4.
භාවිත සූත්‍රය
භාවිතය ගැන වදාළ දෙසුම

මහණෙනි, මේ සතර සතිපට්ඨානයන් භාවිත කිරීමෙන්, බහුල කිරීමෙන් මෙතෙරින් එතෙරට යාම පිණිස පවතින්නේ ය. ඒ කවර සතරක් ද යත්,

මහණෙනි, මෙහිලා භික්ෂුව කෙලෙස් තවන වීරියෙන් යුතු ව, සිහි නුවණින් යුතු ව, ලෝකයෙහි ඇලීම් ගැටීම් දුරුකොට, කය පිළිබඳ ව කායානුපස්සනාවෙන් වාසය කරයි. ....(පෙ).... විඳීම් පිළිබඳ ව වේදනානුපස්සනාවෙන් වාසය කරයි. ....(පෙ).... සිත පිළිබඳ ව චිත්තානුපස්සනාවෙන් වාසය කරයි. කෙලෙස් තවන වීරියෙන් යුතු ව, සිහි නුවණින් යුතු ව, ලෝකයෙහි ඇලීම් ගැටීම් දුරුකොට, ධර්මයන් පිළිබඳ ව ධම්මානුපස්සනාවෙන් වාසය කරයි.

මහණෙනි, මේ සතර සතිපට්ඨානයන් භාවිත කිරීමෙන්, බහුල කිරීමෙන් මෙතෙරින් එතෙරට යාම පිණිස පවතින්නේ ය.

සාදු! සාදු!! සාදු!!!

භාවිත සූත්‍රය නිමා විය.

3.4.5.
සතෝ සූත්‍රය
සිහි ඇති බව ගැන වදාළ දෙසුම

මහණෙනි, භික්ෂුවක් සිහි ඇති ව, මනා දැනුමෙන් යුතු ව වාසය කරන්නේ ය. මෙය ඔබට අපගේ අනුශාසනය යි. මහණෙනි, භික්ෂුවක් සිහියෙන් යුතු වන්නේ කෙසේ ද?

මහණෙනි, මෙහිලා භික්ෂුව කෙලෙස් තවන වීරියෙන් යුතු ව, සිහි නුවණින් යුතු ව, ලෝකයෙහි ඇලීම් ගැටීම් දුරුකොට, කය පිළිබඳ ව කායානුපස්සනාවෙන් වාසය කරයි. ....(පෙ).... විඳීම් පිළිබඳ ව වේදනානුපස්සනාවෙන් වාසය කරයි. ....(පෙ).... සිත පිළිබඳ ව චිත්තානුපස්සනාවෙන් වාසය කරයි. කෙලෙස් තවන වීරියෙන් යුතු ව, සිහි නුවණින් යුතු ව, ලෝකයෙහි ඇලීම් ගැටීම් දුරුකොට, ධර්මයන් පිළිබඳ ව ධම්මානුපස්සනාවෙන් වාසය කරයි. මහණෙනි, මෙසේ භික්ෂුව සිහි ඇත්තේ වෙයි.

මහණෙනි, භික්ෂුව මනා දැනුමෙන් යුතු වන්නේ කෙසේ ද? මහණෙනි, මෙහිලා භික්ෂුව තුළ විඳීම් දැනගෙන ම උපදියි. දැනගෙන ම පවතියි. දැනගෙන ම නැතිවෙයි. විතර්ක දැනගෙන ම උපදියි. දැනගෙන ම පවතියි. දැනගෙන ම නැතිවෙයි. සංඥා දැනගෙන ම උපදියි. දැනගෙන ම පවතියි. දැනගෙන ම නැතිවෙයි. මහණෙනි, මෙසේ භික්ෂුව මනා දැනුමෙන් යුතු වන්නේ වෙයි.

මහණෙනි, භික්ෂුවක් සිහියෙන් හා මනා දැනුමෙන් යුක්ත ව වසන්නේ වෙයි. මෙය ඔබට අපගේ අනුශාසනය යි.

සාදු! සාදු!! සාදු!!!

සතෝ සූත්‍රය නිමා විය.

3.4.6.
අඤ්ඤා සූත්‍රය
අරහත්වය ගැන වදාළ දෙසුම

මහණෙනි, මේ සතර සතිපට්ඨානයෝ ය. ඒ කවර සතරක් ද යත්,

මහණෙනි, මෙහිලා භික්ෂුව කෙලෙස් තවන වීරියෙන් යුතු ව, සිහි නුවණින් යුතු ව, ලෝකයෙහි ඇලීම් ගැටීම් දුරුකොට, කය පිළිබඳ ව කායානුපස්සනාවෙන් වාසය කරයි. ....(පෙ).... විඳීම් පිළිබඳ ව වේදනානුපස්සනාවෙන් වාසය කරයි. ....(පෙ).... සිත පිළිබඳ ව චිත්තානුපස්සනාවෙන් වාසය කරයි. කෙලෙස් තවන වීරියෙන් යුතු ව, සිහි නුවණින් යුතු ව, ලෝකයෙහි ඇලීම් ගැටීම් දුරුකොට, ධර්මයන් පිළිබඳ ව ධම්මානුපස්සනාවෙන් වාසය කරයි.

මහණෙනි, මේ සතර සතිපට්ඨානයන් භාවිත කිරීමෙන්, බහුල ව ප්‍රගුණ කිරීමෙන්, ප්‍රතිඵල දෙකක් අතුරින් එක්තරා ප්‍රතිඵලයක් කැමති විය යුත්තේ ය. එනම්, මෙලොවදී ම අරහත්වය ලැබීම හෝ උපාදාන ඉතිරි ව ඇති කල්හී අනාගාමී බව යි.

සාදු! සාදු!! සාදු!!!

අඤ්ඤා සූත්‍රය නිමා විය.

3.4.7.
ඡන්ද සූත්‍රය
කැමැත්ත ගැන වදාළ දෙසුම

මහණෙනි, මේ සතර සතිපට්ඨානයෝ ය. ඒ කවර සතරක් ද යත්,

මහණෙනි, මෙහිලා භික්ෂුව කෙලෙස් තවන වීරියෙන් යුතු ව, සිහි නුවණින් යුතු ව, ලෝකයෙහි ඇලීම් ගැටීම් දුරුකොට, කය පිළිබඳ ව කායානුපස්සනාවෙන් වාසය කරයි. කය පිළිබඳ කායානුපස්සනාවෙන් වාසය කරන ඔහුට කය කෙරෙහි යම් කැමැත්තක් ඇද්ද, එය ප්‍රහීණ වෙයි. ඒ තෘෂ්ණාව

ප්‍රහීණ වීමෙන් අමෘතය සාක්ෂාත් කරන ලද්දේ වෙයි. ....(පෙ).... විඳීම් පිළිබඳ ව වේදනානුපස්සනාවෙන් වාසය කරයි. විඳීම් කෙරෙහි යම් කැමැත්තක් ඇද්ද, එය ප්‍රහීණ වෙයි. ඒ තෘෂ්ණාව ප්‍රහීණ වීමෙන් අමෘතය සාක්ෂාත් කරන ලද්දේ ය. ....(පෙ).... සිත පිළිබඳ ව චිත්තානුපස්සනාවෙන් වාසය කරයි. සිත කෙරෙහි යම් කැමැත්තක් ඇද්ද, එය ප්‍රහීණ වෙයි. ඒ තෘෂ්ණාව ප්‍රහීණ වීමෙන් අමෘතය සාක්ෂාත් කරන ලද්දේ ය. කෙලෙස් තවන වීරියෙන් යුතු ව, සිහි නුවණින් යුතු ව, ලෝකයෙහි ඇලීම් ගැටීම් දුරුකොට, ධර්මයන් පිළිබඳ ව ධම්මානුපස්සනාවෙන් වාසය කරයි. ධර්මයන් පිළිබඳ ධම්මානුපස්සනාවෙන් වාසය කරන ඔහුට ධර්මයන් කෙරෙහි යම් කැමැත්තක් ඇද්ද, එය ප්‍රහීණ වෙයි. ඒ තෘෂ්ණාව ප්‍රහීණ වීමෙන් අමෘතය සාක්ෂාත් කරන ලද්දේ වෙයි.

සාදු! සාදු!! සාදු!!!

ඡන්ද සූත්‍රය නිමා විය.

3.4.8.
පරිඤ්ඤාත සූත්‍රය
පිරිසිඳ දැනීම ගැන වදාළ දෙසුම

මහණෙනි, මේ සතර සතිපට්ඨානයෝ ය. ඒ කවර සතරක් ද යත්,

මහණෙනි, මෙහිලා භික්ෂුව කෙලෙස් තවන වීරියෙන් යුතු ව, සිහි නුවණින් යුතු ව, ලෝකයෙහි ඇලීම් ගැටීම් දුරුකොට, කය පිළිබඳ ව කායානුපස්සනාවෙන් වාසය කරයි. කය පිළිබඳ කායානුපස්සනාවෙන් වාසය කරන ඔහු විසින් කය පිරිසිඳ දන්නා ලද්දේ වෙයි. කය පිරිසිඳ දැනීමෙන් අමෘතය සාක්ෂාත් කරන ලද්දේ වෙයි. ....(පෙ).... විඳීම් පිළිබඳ ව වේදනානුපස්සනාවෙන් වාසය කරයි. විඳීම් පිරිසිඳ දන්නා ලද්දේ වෙයි. විඳීම් පිරිසිඳ දැනීමෙන් අමෘතය සාක්ෂාත් කරන ලද්දේ වෙයි. ....(පෙ).... සිත පිළිබඳ ව චිත්තානුපස්සනාවෙන් වාසය කරයි. සිත පිරිසිඳ දන්නා ලද්දේ වෙයි. සිත පිරිසිඳ දැනීමෙන් අමෘතය සාක්ෂාත් කරන ලද්දේ වෙයි. කෙලෙස් තවන වීරියෙන් යුතු ව, සිහි නුවණින් යුතු ව, ලෝකයෙහි ඇලීම් ගැටීම් දුරුකොට, ධර්මයන් පිළිබඳ ව ධම්මානුපස්සනාවෙන් වාසය කරයි. ධර්මයන් පිළිබඳ ධම්මානුපස්සනාවෙන් වාසය කරන ඔහු විසින් ධර්මයන් පිරිසිඳ දන්නා ලද්දේ වෙයි. ධර්මයන් පිරිසිඳ

දැනීමෙන් අමෘතය සාක්ෂාත් කරන ලද්දේ වෙයි.

සාදු! සාදු!! සාදු!!!

පරිඤ්ඤාත සූත්‍රය නිමා විය.

3.4.9.
භාවනා සූත්‍රය
වැඩීම ගැන වදාළ දෙසුම

මහණෙනි, සතර සතිපට්ඨානයන් වැඩීම ගැන දේශනා කරන්නෙමි. එය අසව්. මහණෙනි, සතර සතිපට්ඨානයන්ගේ වැඩීම යනු කුමක් ද?

මහණෙනි, මෙහිලා භික්ෂුව කෙලෙස් තවන වීරියෙන් යුතු ව, සිහි නුවණින් යුතු ව, ලෝකයෙහි ඇලීම් ගැටීම් දුරුකොට, කය පිළිබඳ ව කායානුපස්සනාවෙන් වාසය කරයි. ....(පෙ).... විඳීම් පිළිබඳ ව වේදනානුපස්සනාවෙන් වාසය කරයි. ....(පෙ).... සිත පිළිබඳ ව චිත්තානුපස්සනාවෙන් වාසය කරයි. කෙලෙස් තවන වීරියෙන් යුතු ව, සිහි නුවණින් යුතු ව, ලෝකයෙහි ඇලීම් ගැටීම් දුරුකොට, ධර්මයන් පිළිබඳ ව ධම්මානුපස්සනාවෙන් වාසය කරයි. මහණෙනි, මෙය වනාහී සතර සතිපට්ඨානයන්ගේ වැඩීම යි.

සාදු! සාදු!! සාදු!!!

භාවනා සූත්‍රය නිමා විය.

3.4.10.
විභංග සූත්‍රය
විග්‍රහ කොට පවසා වදාළ දෙසුම

මහණෙනි, ඔබට සතිපට්ඨානය ත්, සතිපට්ඨානය වැඩීම ත්, සතිපට්ඨානය වැඩීම පිණිස ඇති ප්‍රතිපදාව ත් ගැන දේශනා කරන්නෙමි. එය අසව්.

මහණෙනි, සතිපට්ඨානය යනු කුමක් ද? මහණෙනි, මෙහිලා භික්ෂුව කෙලෙස් තවන වීරියෙන් යුතු ව, සිහි නුවණින් යුතු ව, ලෝකයෙහි ඇලීම් ගැටීම් දුරුකොට, කය පිළිබඳ ව කායානුපස්සනාවෙන් වාසය කරයි. ....(පෙ).... විඳීම් පිළිබඳ ව වේදනානුපස්සනාවෙන් වාසය කරයි. ....(පෙ).... සිත පිළිබඳ ව චිත්තානුපස්සනාවෙන් වාසය කරයි. කෙලෙස් තවන වීරියෙන් යුතු ව, සිහි නුවණින් යුතු ව, ලෝකයෙහි ඇලීම් ගැටීම් දුරුකොට, ධර්මයන් පිළිබඳ ව ධම්මානුපස්සනාවෙන් වාසය කරයි. මහණෙනි, මෙය සතිපට්ඨානය යැයි කියනු ලැබේ.

මහණෙනි, සතිපට්ඨානය වැඩීම යනු කුමක් ද? මහණෙනි, මෙහිලා භික්ෂුව කය පිළිබඳ ව හටගන්නා ස්වභාවය දකිමින් කෙලෙස් තවන වීරියෙන් යුතු ව, සිහි නුවණින් යුතු ව, ලෝකයෙහි ඇලීම් ගැටීම් දුරුකොට වාසය කරයි. කය පිළිබඳ ව නැසීයන ස්වභාවය දකිමින් කෙලෙස් තවන වීරියෙන් යුතු ව, සිහි නුවණින් යුතු ව, ලෝකයෙහි ඇලීම් ගැටීම් දුරුකොට වාසය කරයි. කය පිළිබඳ ව හටගන්නා නැසීයන ස්වභාවය දකිමින් කෙලෙස් තවන වීරියෙන් යුතු ව, සිහි නුවණින් යුතු ව, ලෝකයෙහි ඇලීම් ගැටීම් දුරුකොට වාසය කරයි. වේදනා පිළිබඳ හටගන්නා ස්වභාවය දකිමින් ....(පෙ).... වේදනා පිළිබඳ නැසීයන ස්වභාවය දකිමින් ....(පෙ).... වේදනා පිළිබඳ හටගන්නා නැසීයන ස්වභාවය දකිමින් ....(පෙ).... සිත පිළිබඳ හටගන්නා ස්වභාවය දකිමින් ....(පෙ).... සිත පිළිබඳ නැසීයන ස්වභාවය දකිමින් ....(පෙ).... සිත පිළිබඳ හටගන්නා නැසීයන ස්වභාවය දකිමින් ....(පෙ).... ධර්මයන් පිළිබඳ ව හටගන්නා ස්වභාවය දකිමින් කෙලෙස් තවන වීරියෙන් යුතු ව, සිහි නුවණින් යුතු ව, ලෝකයෙහි ඇලීම් ගැටීම් දුරුකොට වාසය කරයි. ධර්මයන් පිළිබඳ ව නැසීයන ස්වභාවය දකිමින් කෙලෙස් තවන වීරියෙන් යුතු ව, සිහි නුවණින් යුතු ව, ලෝකයෙහි ඇලීම් ගැටීම් දුරුකොට වාසය කරයි. ධර්මයන් පිළිබඳ ව හටගන්නා නැසීයන ස්වභාවය දකිමින් කෙලෙස් තවන වීරියෙන් යුතු ව, සිහි නුවණින් යුතු ව, ලෝකයෙහි ඇලීම් ගැටීම් දුරුකොට වාසය කරයි. මහණෙනි, මෙය සතිපට්ඨානය වැඩීම යැයි කියනු ලැබේ.

මහණෙනි, සතිපට්ඨානය වැඩීම පිණිස ඇති ප්‍රතිපදාව කුමක් ද? ඒ මේ ආර්ය අෂ්ටාංගික මාර්ගය යි. එනම් නිවැරදි දෘෂ්ටිය ය, නිවැරදි සංකල්පනා ය, නිවැරදි වචන භාවිතය ය, නිවැරදි කායික ක්‍රියා ය, නිවැරදි ජීවිකාව ය, නිවැරදි උත්සාහය ය, නිවැරදි සිහිය ය, නිවැරදි චිත්තේකාග්‍රතාවය ය. මහණෙනි, මෙය සතිපට්ඨානය වැඩීම පිණිස ඇති ප්‍රතිපදාව යැයි කියනු ලැබේ.

සාදු! සාදු!! සාදු!!!

විභංග සූත්‍රය නිමා විය.

සිව්වෙනි අනනුස්සුත වර්ගය අවසන් විය.

- එහි පිළිවෙල උද්දානයයි :

අනනුස්සුත සූත්‍රය, විරාග සූත්‍රය, විරද්ධ සූත්‍රය, භාවිත සූත්‍රය, සතෝ සූත්‍රය, අඤ්ඤා සූත්‍රය, ඡන්ද සූත්‍රය, පරිඤ්ඤාත සූත්‍රය, භාවනා සූත්‍රය සහ විභංග සූත්‍රය වශයෙන් මෙහි සූත්‍ර දසයකි.

5. අමත වර්ගය

3.5.1.
අමත සූත්‍රය
අමෘතය ගැන වදාළ දෙසුම

මහණෙනි, සතර සතිපට්ඨානය තුළ මැනැවින් සිත පිහිටුවාගෙන වාසය කරව්. ඔබගේ අමෘතය විනාශ නොවේවා! ඒ කවර සතරක් තුළ ද යත්, මහණෙනි, මෙහිලා භික්ෂුව කෙලෙස් තවන වීරියෙන් යුතු ව, සිහි නුවණින් යුතු ව, ලෝකයෙහි ඇලීම් ගැටීම් දුරුකොට, කය පිළිබඳ ව කායානුපස්සනාවෙන් වාසය කරයි. ....(පෙ).... විඳීම් පිළිබඳ ව වේදනානුපස්සනාවෙන් වාසය කරයි. ....(පෙ).... සිත පිළිබඳ ව චිත්තානුපස්සනාවෙන් වාසය කරයි. කෙලෙස් තවන වීරියෙන් යුතු ව, සිහි නුවණින් යුතු ව, ලෝකයෙහි ඇලීම් ගැටීම් දුරුකොට, ධර්මයන් පිළිබඳ ව ධම්මානුපස්සනාවෙන් වාසය කරයි. මහණෙනි, මේ සතර සතිපට්ඨානය තුළ මැනැවින් සිත පිහිටුවාගෙන වාසය කරව්. ඔබගේ අමෘතය විනාශ නොවේවා!

සාදු! සාදු!! සාදු!!!

අමත සූත්‍රය නිමා විය.

3.5.2.
සමුදය සූත්‍රය
හටගැනීම ගැන වදාළ දෙසුම

සැවැත් නුවර දී ය ....

මහණෙනි, සතර සතිපට්ඨානයෙහි හටගැනීම ත්, නැතිවීම ත් දේශනා කරන්නෙමි. එය අසව්. මහණෙනි, කයෙහි හටගැනීම යනු කුමක් ද? ආහාර හටගැනීමෙන් කයෙහි හටගැනීම වෙයි. ආහාර නිරුද්ධ වීමෙන් කයෙහි නැති වීම වෙයි. ස්පර්ශය හටගැනීමෙන් වේදනාවන්ගේ හටගැනීම වෙයි. ස්පර්ශය නිරුද්ධ වීමෙන් වේදනාවන්ගේ නැතිවීම වෙයි. නාමරූප හටගැනීමෙන් සිතෙහි හටගැනීම වෙයි. නාමරූප නිරුද්ධ වීමෙන් සිතෙහි නැතිවීම වෙයි. මනසිකාර හටගැනීමෙන් ධර්මයන්ගේ හටගැනීම වෙයි. මනසිකාර නිරුද්ධ වීමෙන් ධර්මයන්ගේ නැතිවීම වෙයි.

සාදු! සාදු!! සාදු!!!

සමුදය සූත්‍රය නිමා විය.

3.5.3.
මග්ග සූත්‍රය
මාර්ගය ගැන වදාළ දෙසුම

එක් සමයක භාග්‍යවතුන් වහන්සේ සැවැත් නුවර ජේතවනය නම් වූ අනේපිඬු සිටුහුගේ ආරාමයෙහි වැඩවසන සේක. එහිදී භාග්‍යවතුන් වහන්සේ භික්ෂූන් ඇමතූ සේක.

"මහණෙනි, එක් කලක මම සම්බුද්ධත්වය ලැබූ මුල් අවදියෙහි උරුවෙල් ජනපදයෙහි නේරංජරා නදී තෙර අජපාල නුගරුක් සෙවණෙහි වැඩසිටියෙමි. මහණෙනි, එකල්හී හුදෙකලාවෙහි භාවනාවෙන් වසන මට මෙබඳු චිත්ත පරිවිතර්කයක් ඇති වූයේ ය. එනම්,

'මෙය ඒකායන මාර්ගයකි. සත්වයන්ගේ විශුද්ධිය පිණිස, ශෝක වැළපීම් ඉක්මවීම පිණිස, දුක් දොම්නස් නැතිවීම පිණිස, ධර්ම මාර්ගය අවබෝධ වීම පිණිස, නිවන සාක්ෂාත් කිරීම පිණිස, මෙය පවතියි. එනම් මේ සතර සතිපට්ඨානය යි. ඒ කවර සතරක් ද යත්;

භික්ෂුවක් කෙලෙස් තවන වීරියෙන් යුතු ව, සිහි නුවණින් යුතු ව, ලෝකයෙහි ඇලීම් ගැටීම් දුරුකොට, කය පිළිබඳ ව කායානුපස්සනාවෙන් වාසය කරයි. භික්ෂුවක් කෙලෙස් තවන වීරියෙන් යුතු ව, සිහි නුවණින් යුතු ව, ලෝකයෙහි ඇලීම් ගැටීම් දුරුකොට, විඳීම් පිළිබඳ ව වේදනානුපස්සනාවෙන් වාසය කරයි. භික්ෂුවක් කෙලෙස් තවන වීරියෙන් යුතු ව, සිහි නුවණින් යුතු ව, ලෝකයෙහි ඇලීම් ගැටීම් දුරුකොට, සිත පිළිබඳ ව චිත්තානුපස්සනාවෙන් වාසය කරයි. භික්ෂුවක් කෙලෙස් තවන වීරියෙන් යුතු ව, සිහි නුවණින් යුතු ව, ලෝකයෙහි ඇලීම් ගැටීම් දුරුකොට, ධර්මයන් පිළිබඳ ව ධම්මානුපස්සනාවෙන් වාසය කරයි.

මෙය ඒකායන මාර්ගයකි. සත්වයන්ගේ විශුද්ධිය පිණිස, ශෝක වැළපීම් ඉක්මවීම පිණිස, දුක් දොම්නස් නැතිවීම පිණිස, ධර්ම මාර්ගය අවබෝධ වීම පිණිස, නිවන සාක්ෂාත් කිරීම පිණිස, මෙය පවතියි. එනම් මේ සතර සතිපට්ඨානය යි.'

එකල්හී මහණෙනි, සහම්පතී බ්‍රහ්මරාජයා මාගේ චිත්ත පරිවිතර්කය සිය සිතින් දැන බලවත් පුරුෂයෙක් හැකිලූ අතක් දිගු කරන්නේ යම් සේ ද, දිගු කළ අතක් හකුලන්නේ යම් සේ ද, එසෙයින් ම බඹලොවින් නොපෙනී ගොස් මා ඉදිරියෙහි පහළ වූයේ ය. මහණෙනි, ඉක්බිති සහම්පතී බ්‍රහ්මරාජයා උතුරු සළුව ඒකාංශ කොට, මා වෙත ඇඳිලි බැඳ වන්දනා කොට මා හට මෙය පැවසුවේ ය.

'භාග්‍යවතුන් වහන්ස, එය එසේ ම ය, සුගතයන් වහන්ස, එය එසේ ම ය. ස්වාමීනී, මෙය ඒකායන මාර්ගයකි. සත්වයන්ගේ විශුද්ධිය පිණිස, ශෝක වැළපීම් ඉක්මවීම පිණිස, දුක් දොම්නස් නැතිවීම පිණිස, ධර්ම මාර්ගය අවබෝධ වීම පිණිස, නිවන සාක්ෂාත් කිරීම පිණිස, මෙය පවතියි. එනම් මේ සතර සතිපට්ඨානය යි. ඒ කවර සතරක් ද යත්;

ස්වාමීනී, භික්ෂුවක් කෙලෙස් තවන වීරියෙන් යුතු ව, සිහි නුවණින් යුතු ව, ලෝකයෙහි ඇලීම් ගැටීම් දුරුකොට, කය පිළිබඳ ව කායානුපස්සනාවෙන් වාසය කරයි. ....(පෙ).... විඳීම් පිළිබඳ ව වේදනානුපස්සනාවෙන් වාසය කරයි. ....(පෙ).... සිත පිළිබඳ ව චිත්තානුපස්සනාවෙන් වාසය කරයි. ස්වාමීනී,

භික්ෂුවක් කෙලෙස් තවන වීරියෙන් යුතු ව, සිහි නුවණින් යුතු ව, ලෝකයෙහි ඇලීම් ගැටීම් දුරුකොට, ධර්මයන් පිළිබඳ ව ධම්මානුපස්සනාවෙන් වාසය කරයි.

ස්වාමීනී, මෙය ඒකායන මාර්ගයකි. සත්වයන්ගේ විශුද්ධිය පිණිස, ශෝක වැළපීම් ඉක්මවීම පිණිස, දුක් දොම්නස් නැතිවීම පිණිස, ධර්ම මාර්ගය අවබෝධ වීම පිණිස, නිවන සාක්ෂාත් කිරීම පිණිස, මෙය පවතියි. එනම් මේ සතර සතිපට්ඨානය යි."

මහණෙනි, සහම්පතී බ්‍රහ්ම රාජයා මෙය පැවසුවේ ය. මෙය පවසා යළි මෙය ද පැවසුවේ ය.

(ගාථාවකි)

ඉපදීමෙහි නිමාව වන නිවන දකින්නා වූ හිතානුකම්පී වූ භාග්‍යවතුන් වහන්සේ ඒකායන නිවන් මග දන්නා සේක. යම් කෙනෙක් සසර සැඩපහර පෙර තරණය කළාහු ද, අනාගතයෙහි තරණය කරන්නාහු ද, මෙකල තරණය කරත් ද, ඔවුහු මේ මාර්ගයෙන් තරණය කළාහු ය. තරණය කරන්නාහු ය. තරණය කරති.

සාදු! සාදු!! සාදු!!!

මග්ග සූත්‍රය නිමා විය.

3.5.4.
සතෝ සූත්‍රය
සිහි ඇති බව ගැන වදාළ දෙසුම

මහණෙනි, භික්ෂුවක් සිහි ඇති ව වාසය කරන්නේ ය. මෙය ඔබට අපගේ අනුශාසනය යි. මහණෙනි, භික්ෂුවක් සිහියෙන් යුතු වන්නේ කෙසේ ද?

මහණෙනි, මෙහිලා භික්ෂුව කෙලෙස් තවන වීරියෙන් යුතු ව, සිහි නුවණින් යුතු ව, ලෝකයෙහි ඇලීම් ගැටීම් දුරුකොට, කය පිළිබඳ ව කායානුපස්සනාවෙන් වාසය කරයි. ....(පෙ).... විඳීම් පිළිබඳ ව වේදනානුපස්සනාවෙන් වාසය කරයි.

....(පෙ).... සිත පිළිබඳ ව චිත්තානුපස්සනාවෙන් වාසය කරයි. කෙලෙස් තවන වීරියෙන් යුතු ව, සිහි නුවණින් යුතු ව, ලෝකයෙහි ඇලීම් ගැටීම් දුරුකොට, ධර්මයන් පිළිබඳ ව ධම්මානුපස්සනාවෙන් වාසය කරයි. මහණෙනි, මෙසේ භික්ෂුව සිහි ඇත්තේ වෙයි. මහණෙනි, භික්ෂුවක් සිහියෙන් වාසය කරන්නේ ය. මෙය ඔබට අපගේ අනුශාසනය යි.

සාදු! සාදු!! සාදු!!!

සතෝ සූත්‍රය නිමා විය.

3.5.5.
කුසලරාසි සූත්‍රය
කුසල් රැස ගැන වදාළ දෙසුම

මහණෙනි, කුසල් රැස කියා කියන්නෙක් මැනැවින් කියයි නම්, සතර සතිපට්ඨානයට ම කිව යුත්තේ ය. මහණෙනි, යම් මේ සතර සතිපට්ඨානයක් ඇද්ද, මෙය මුළුමනින් ම කුසල් රැසකි. ඒ කවර සතරක් ද යත්,

මහණෙනි, මෙහිලා භික්ෂුව කෙලෙස් තවන වීරියෙන් යුතු ව, සිහි නුවණින් යුතු ව, ලෝකයෙහි ඇලීම් ගැටීම් දුරුකොට, කය පිළිබඳ ව කායානුපස්සනාවෙන් වාසය කරයි. ....(පෙ).... විඳීම් පිළිබඳ ව වේදනානුපස්සනාවෙන් වාසය කරයි. ....(පෙ).... සිත පිළිබඳ ව චිත්තානුපස්සනාවෙන් වාසය කරයි. කෙලෙස් තවන වීරියෙන් යුතු ව, සිහි නුවණින් යුතු ව, ලෝකයෙහි ඇලීම් ගැටීම් දුරුකොට, ධර්මයන් පිළිබඳ ව ධම්මානුපස්සනාවෙන් වාසය කරයි.

මහණෙනි, කුසල් රැස කියා කියන්නෙක් මැනැවින් කියයි නම්, මේ සතර සතිපට්ඨානයට ම කිව යුත්තේ ය. මහණෙනි, යම් මේ සතර සතිපට්ඨානයක් ඇද්ද, මෙය මුළුමනින් ම කුසල් රැසකි.

සාදු! සාදු!! සාදු!!!

කුසලරාසි සූත්‍රය නිමා විය.

3.5.6.
පාතිමොක්ඛ සූත්‍රය
ප්‍රාතිමෝක්ෂය ගැන වදාළ දෙසුම

එකල්හී එක්තරා භික්ෂුවක් භාග්‍යවතුන් වහන්සේ වෙත පැමිණියේ ය. පැමිණ භාග්‍යවතුන් වහන්සේට සකසා වන්දනා කොට එකත්පස් ව හිඳගත්තේ ය. එකත්පස් ව හුන් ඒ භික්ෂුව භාග්‍යවතුන් වහන්සේට මෙය පැවසුවේ ය.

"ස්වාමීනී, භාග්‍යවතුන් වහන්සේගේ යම් ධර්මයක් අසා තනි වී, හුදෙකලා වී, අප්‍රමාදී ව, කෙලෙස් තවන වීර්යයෙන් යුතු ව, කාය ජීවිත දෙකෙහි අපේක්ෂා රහිත ව මම වාසය කරන්නෙම් නම් භාග්‍යවතුන් වහන්සේ මට එබඳු ධර්මයක් සංක්ෂේපයෙන් වදාරණ සේක් නම් යහපති."

"එසේ වී නම් භික්ෂුව මෙහිලා ඔබ කුසල ධර්මයන්හි පටන් ගැනීම ම පිරිසිඳු කරව. කුසල ධර්මයන්ගේ ආරම්භය කුමක් ද? භික්ෂුව, මෙහිලා ඔබ ප්‍රාතිමෝක්ෂ සංවරයෙන් සංවර ව, මනා ඇවතුම් පැවැතුම් වලින් යුතු ව වසව. අණුමාත්‍ර වූ වරදෙහි ත් භය දකිමින්, ශික්ෂාපදයන්හි සමාදන් ව හික්මෙව. භික්ෂුව, යම් කලෙක ඔබ ප්‍රාතිමෝක්ෂ සංවරයෙන් සංවර ව, මනා ඇවතුම් පැවැතුම් වලින් යුතු ව වසන්නෙහි ද, අණුමාත්‍ර වූ වරදෙහි ත් භය දකිමින්, ශික්ෂාපදයන්හි සමාදන් ව හික්මෙන්නේ ද, එකල්හී ඔබ භික්ෂුව සීලය ඇසුරු කොට, සීලයෙහි පිහිටා සතර සතිපට්ඨානයන් වඩන්නෙහි. ඒ කවර සතරක් ද යත්,

මෙහිලා භික්ෂුව, ඔබ කෙලෙස් තවන වීරියෙන් යුතු ව, සිහි නුවණින් යුතු ව, ලෝකයෙහි ඇලීම් ගැටීම් දුරුකොට, කය පිළිබඳ ව කායානුපස්සනාවෙන් වාසය කරව. ....(පෙ).... විඳීම් පිළිබඳ ව වේදනානුපස්සනාවෙන් වාසය කරව. ....(පෙ).... සිත පිළිබඳ ව චිත්තානුපස්සනාවෙන් වාසය කරව. කෙලෙස් තවන වීරියෙන් යුතු ව, සිහි නුවණින් යුතු ව, ලෝකයෙහි ඇලීම් ගැටීම් දුරුකොට, ධර්මයන් පිළිබඳ ව ධම්මානුපස්සනාවෙන් වාසය කරව.

භික්ෂුව, ඔබ යම් කලෙක සීලය ඇසුරු කොට, සීලයෙහි පිහිටා මේ සතර සතිපට්ඨානයන් මෙසේ වඩන්නෙහි නම් එකල්හී භික්ෂුව ඔබට යම් රාත්‍රියක් හෝ දහවලක් හෝ පැමිණෙන්නේ ද, කුසල් ධර්මයන් තුළ දියුණුවක් ම කැමති විය යුත්තේ ය. පිරිහීමක් නම් නොවෙයි. එකල්හී ඒ භික්ෂුව භාග්‍යවතුන්

වහන්සේගේ භාෂිතය ....(පෙ).... ඒ භික්ෂුව රහතන් වහන්සේලා අතුරින් එක්තරා රහතන් වහන්සේ නමක් බවට පත්වූයේ ය.

සාදු! සාදු!! සාදු!!!

පාතිමොක්ඛ සූත්‍රය නිමා විය.

3.5.7.
දුච්චරිත සූත්‍රය
දුශ්චරිතය ගැන වදාළ දෙසුම

එකල්හී එක්තරා භික්ෂුවක් භාග්‍යවතුන් වහන්සේ වෙත පැමිණියේ ය. පැමිණ භාග්‍යවතුන් වහන්සේට සකසා වන්දනා කොට එකත්පස් ව හිඳගත්තේ ය. එකත්පස් ව හුන් ඒ භික්ෂුව භාග්‍යවතුන් වහන්සේට මෙය පැවසුවේ ය.

"ස්වාමීනී, භාග්‍යවතුන් වහන්සේගේ යම් ධර්මයක් අසා තනි වී, හුදෙකලා වී, අප්‍රමාදී ව, කෙලෙස් තවන වීර්යයෙන් යුතු ව, කාය ජීවිත දෙකෙහි අපේක්ෂා රහිත ව මම වාසය කරන්නෙම් නම් භාග්‍යවතුන් වහන්සේ මට එබඳු ධර්මයක් සංක්ෂේපයෙන් වදාරණ සේක් නම් යහපති."

"එසේ වී නම් භික්ෂුව මෙහිලා ඔබ කුසල ධර්මයන්හි පටන් ගැනීම ම පිරිසිඳු කරව. කුසල ධර්මයන්ගේ ආරම්භය කුමක් ද? භික්ෂුව, මෙහිලා ඔබ කාය දුශ්චරිතය දුරු කොට කාය සුචරිතය වඩන්න. වචී දුශ්චරිතය දුරු කොට වචී සුචරිතය වඩන්න. මනෝ දුශ්චරිතය දුරු කොට මනෝ සුචරිතය වඩන්න. භික්ෂුව, ඔබ යම් කලක කාය දුශ්චරිතය දුරු කොට කාය සුචරිතය වඩන්නෙහි ද, වචී දුශ්චරිතය දුරු කොට වචී සුචරිතය වඩන්නෙහි ද, මනෝ දුශ්චරිතය දුරු කොට මනෝ සුචරිතය වඩන්නෙහි ද, භික්ෂුව එකල ඔබ සීලය ඇසුරු කොට සීලයෙහි පිහිටා සතර සතිපට්ඨානයන් වඩන්න. ඒ කවර සතරක් ද යත්,

මෙහිලා භික්ෂුව, ඔබ කෙලෙස් තවන වීරියෙන් යුතු ව, සිහි නුවණින් යුතු ව, ලෝකයෙහි ඇලීම් ගැටීම් දුරුකොට, කය පිළිබඳ ව කායානුපස්සනාවෙන් වාසය කරව. ....(පෙ).... විඳීම් පිළිබඳ ව වේදනානුපස්සනාවෙන් වාසය කරව. ....(පෙ).... සිත පිළිබඳ ව චිත්තානුපස්සනාවෙන් වාසය කරව. කෙලෙස් තවන

වීරියෙන් යුතු ව, සිහි නුවණින් යුතු ව, ලෝකයෙහි ඇලීම් ගැටීම් දුරුකොට, ධර්මයන් පිළිබඳ ව ධම්මානුපස්සනාවෙන් වාසය කරව.

භික්ෂුව, ඔබ යම් කලෙක සීලය ඇසුරු කොට, සීලයෙහි පිහිටා මේ සතර සතිපට්ඨානයන් මෙසේ වඩන්නෙහි නම් එකල්හී භික්ෂුව ඔබට යම් රාත්‍රියක් හෝ දහවලක් හෝ පැමිණෙන්නේ ද, කුසල් ධර්මයන් තුළ දියුණුවක් ම කැමති විය යුත්තේ ය. පිරිහීමක් නම් නොවෙයි. එකල්හී ඒ භික්ෂුව භාග්‍යවතුන් වහන්සේගේ භාෂිතය ....(පෙ).... ඒ භික්ෂුව රහතන් වහන්සේලා අතුරින් එක්තරා රහතන් වහන්සේ නමක් බවට පත්වූයේ ය.

සාදු! සාදු!! සාදු!!!

දුච්චරිත සූත්‍රය නිමා විය.

3.5.8.
මිත්ත සූත්‍රය
මිත්‍රයා ගැන වදාළ දෙසුම

මහණෙනි, යම් කෙනෙකුන්ට අනුකම්පා කරව් ද, යම් කෙනෙකුන් ඔබට ඇහුම්කන් දිය යුතු යැයි සිතත් ද, මිත්‍රයෝ වෙත්වා, යහළුවෝ වෙත්වා, ඥාතීහු වෙත්වා, ලේඥාතීහු වෙත්වා, මහණෙනි, ඔබ විසින් ඔවුන් සතර සතිපට්ඨානය වැඩීම පිණිස සමාදන් කරවිය යුත්තාහු ය. වාසය කරවිය යුත්තාහු ය. පිහිටුවිය යුත්තාහු ය. ඒ කවර සතරක් ද යත්,

මහණෙනි, මෙහිලා භික්ෂුව කෙලෙස් තවන වීරියෙන් යුතු ව, සිහි නුවණින් යුතු ව, ලෝකයෙහි ඇලීම් ගැටීම් දුරුකොට, කය පිළිබඳ ව කායානුපස්සනාවෙන් වාසය කරයි. ....(පෙ).... විඳීම් පිළිබඳ ව වේදනානුපස්සනාවෙන් වාසය කරයි. ....(පෙ).... සිත පිළිබඳ ව චිත්තානුපස්සනාවෙන් වාසය කරයි. කෙලෙස් තවන වීරියෙන් යුතු ව, සිහි නුවණින් යුතු ව, ලෝකයෙහි ඇලීම් ගැටීම් දුරුකොට, ධර්මයන් පිළිබඳ ව ධම්මානුපස්සනාවෙන් වාසය කරයි.

මහණෙනි, යම් කෙනෙකුන්ට අනුකම්පා කරව් ද, යම් කෙනෙකුන් ඔබට ඇහුම්කන් දිය යුතු යැයි සිතත් ද, මිත්‍රයෝ වෙත්වා, යහළුවෝ වෙත්වා, ඥාතීහු වෙත්වා, ලේඥාතීහු වෙත්වා, මහණෙනි, ඔබ විසින් ඔවුන් මේ සතර

සතිපට්ඨානය වැඩීම පිණිස සමාදන් කරවිය යුත්තාහු ය. වාසය කරවිය යුත්තාහු ය. පිහිටුවිය යුත්තාහු ය.

සාදු! සාදු!! සාදු!!!

මිත්ත සූත්‍රය නිමා විය.

3.5.9.
වේදනා සූත්‍රය
විඳීම ගැන වදාළ දෙසුම

මහණෙනි, මේ විඳීම් තුනකි. ඒ කවර තුනක් ද යත්, සැප විඳීම ය, දුක් විඳීම ය, දුක් සැප රහිත විඳීම ය. මහණෙනි, මේ වනාහී තුනක් වූ වේදනාවෝ ය. මහණෙනි, මේ විඳීම් තුන පිරිසිඳ අවබෝධ කිරීම පිණිස සතර සතිපට්ඨානය වැඩිය යුත්තේ ය. ඒ කවර සතරක් ද යත්,

මහණෙනි, මෙහිලා භික්ෂුව කෙලෙස් තවන වීරියෙන් යුතු ව, සිහි නුවණින් යුතු ව, ලෝකයෙහි ඇලීම් ගැටීම් දුරුකොට, කය පිළිබඳ ව කායානුපස්සනාවෙන් වාසය කරයි. ....(පෙ).... විඳීම් පිළිබඳ ව වේදනානුපස්සනාවෙන් වාසය කරයි. ....(පෙ).... සිත පිළිබඳ ව චිත්තානුපස්සනාවෙන් වාසය කරයි. කෙලෙස් තවන වීරියෙන් යුතු ව, සිහි නුවණින් යුතු ව, ලෝකයෙහි ඇලීම් ගැටීම් දුරුකොට, ධර්මයන් පිළිබඳ ව ධම්මානුපස්සනාවෙන් වාසය කරයි.

මහණෙනි, මේ විඳීම් තුන පිරිසිඳ අවබෝධ කිරීම පිණිස මේ සතර සතිපට්ඨානය වැඩිය යුත්තේ ය.

සාදු! සාදු!! සාදු!!!

වේදනා සූත්‍රය නිමා විය.

3.5.10.
ආසව සූත්‍රය
ආශ්‍රව ගැන වදාළ දෙසුම

මහණෙනි, මේ ආශ්‍රව තුනකි. ඒ කවර තුනක් ද යත්, කාම ආශ්‍රව ය, භව ආශ්‍රව ය, අවිජ්ජා ආශ්‍රව ය. මහණෙනි, මේ වනාහී තුනක් වූ ආශ්‍රවයෝ ය. මහණෙනි, මේ ආශ්‍රව තුන ප්‍රහාණය කිරීම පිණිස සතර සතිපට්ඨානය වැඩිය යුත්තේ ය. ඒ කවර සතරක් ද යත්,

මහණෙනි, මෙහිලා භික්ෂුව කෙලෙස් තවන වීරියෙන් යුතු ව, සිහි නුවණින් යුතු ව, ලෝකයෙහි ඇලීම් ගැටීම් දුරුකොට, කය පිළිබඳ ව කායානුපස්සනාවෙන් වාසය කරයි. ....(පෙ).... විඳීම් පිළිබඳ ව වේදනානුපස්සනාවෙන් වාසය කරයි. ....(පෙ).... සිත පිළිබඳ ව චිත්තානුපස්සනාවෙන් වාසය කරයි. කෙලෙස් තවන වීරියෙන් යුතු ව, සිහි නුවණින් යුතු ව, ලෝකයෙහි ඇලීම් ගැටීම් දුරුකොට, ධර්මයන් පිළිබඳ ව ධම්මානුපස්සනාවෙන් වාසය කරයි.

මහණෙනි, මේ ආශ්‍රව තුන ප්‍රහාණය කිරීම පිණිස මේ සතර සතිපට්ඨානය වැඩිය යුත්තේ ය.

සාදු! සාදු!! සාදු!!!

ආසව සූත්‍රය නිමා විය.

පස්වෙනි අමත වර්ගය අවසන් විය.

- එහි පිළිවෙල උද්දානයයි :

අමත සූත්‍රය, සමුදය සූත්‍රය, මග්ග සූත්‍රය, සතෝ සූත්‍රය, කුසල රාසි සූත්‍රය, පාතිමොක්ඛ සූත්‍රය, දුච්චරිත සූත්‍රය, මිත්ත සූත්‍රය, වේදනා සූත්‍රය සහ ආසව සූත්‍රය වශයෙන් මෙහි සූත්‍ර දසයකි.

6. ගංගා පෙය්‍යාල වර්ගය

3.6.1.-48 ගංගාදී සූත්‍රයෝ

ගංගාව ගැන වදාළ දෙසුම ආදී දෙසුම්

මහණෙනි, ගංගා නදිය පෙරදිගට නැමී, පෙරදිගට නැඹුරු වී, පෙරදිගට බර වී ඇත්තේ යම් සේ ද, ...(පෙ).... නිවනට නැමී සිටින්නේ ය.

(ගංගා පෙය්‍යාලය සතිපට්ඨාන වශයෙන් විස්තර කළ යුත්තාහු ය.)

සය වෙනි ගංගා පෙය්‍යාල වර්ගය අවසන් විය.

- එහි පිළිවෙල උද්දානයයි :

පාචීනනින්න සූත්‍ර චතුෂ්ක සයකි. සමුද්දනින්න සූත්‍ර චතුෂ්ක සයකි. මෙසේ දෙකොටසින් ම චතුෂ්ක දොළොසකි. එයින් වර්ගය යැයි කියනු ලැබේ.

(විවේක නිස්සිත ආදී වශයෙන් ද, රාගවිනය පරියෝසාන ආදී වශයෙන් ද, අමතෝගධ ආදී වශයෙන් ද, නිබ්බානනින්න ආදී වශයෙන් ද එක එක සතර බැගින් හතළිස් අට සූත්‍රයෝ විස්තර කළ යුත්තාහු ය.)

7. අප්පමාද වර්ගය

3.7.1.-40 තථාගතාදී සූත්‍රයෝ

තථාගතයන් වහන්සේ ගැන වදාළ දෙසුම ආදී දෙසුම්

මහණෙනි, යම්තාක් පා රහිත වූ ද, දෙපා ඇත්තා වූ ද, සිවු පා ඇත්තා

වූ ද, බොහෝ පා ඇත්තා වූ ද සත්වයෝ සිටිත් ද, ...(පෙ)... බහුල ව ප්‍රගුණ කරයි.

(අප්පමාද වර්ගය සතිපට්ඨාන වශයෙන් විස්තර කළ යුත්තාහු ය.)

සත් වෙනි අප්පමාද වර්ගය අවසන් විය.

- එහි පිළිවෙල උද්දානයයි :

තථාගත, පද, කූට, මූල, සාර, වස්සික, රාජ, චන්දිම, සූරිය, වත්ථ වශයෙන් සූත්‍ර දසයකි. එයින් වර්ගය යැයි කියනු ලැබේ.

(මෙහි ද එක එක සතර බැගින් හතළිසක් සූත්‍රයෝ විස්තර කළ යුත්තාහු ය.)

8. බලකරණීය වර්ගය

3.8.1.-48 බලාදී සූත්‍රයෝ

බලය ගැන වදාළ දෙසුම ආදී දෙසුම්

මහණෙනි, යම් සේ කායික සවියෙන් යුතු ව කළ යුතු කර්මාන්ත ආදිය ඇද්ද, ...(පෙ).... බහුල ව ප්‍රගුණ කරයි.

(බලකරණීය වර්ගය සතිපට්ඨාන වශයෙන් විස්තර කළ යුත්තාහු ය.)

අට වෙනි බලකරණීය වර්ගය අවසන් විය.

- එහි පිළිවෙල උද්දානයයි :

බල, බීජ, නාග, රුක්ඛ, කුම්භ, සූක, ආකාස, මේඝ සූත්‍ර දෙක, නාවා, ආගන්තුක, නදී සූත්‍රය වශයෙන් සූත්‍ර දොළොසකි. එයින් වර්ගය යැයි කියනු ලැබේ.

(මෙහිදු එක එක සතර බැගින් හතළිස් අට සූත්‍රයෝ විස්තර කළ යුත්තාහු ය.)

9. ඒසනා වර්ගය

3.9.1.-160 ඒසනාදී සූත්‍රයෝ
සෙවීම ගැන වදාළ දෙසුම ආදී දෙසුම්

මහණෙනි, මේ සෙවීම් තුනකි. ඒ කවර තුනක් ද යත්, කාම ඒසනා ය, භව ඒසනා ය, බ්‍රහ්මචරිය ඒසනා ය. ....(පෙ).... වැඩිය යුත්තේ ය.

(ඒසනා වර්ගය සතිපට්ඨාන වශයෙන් විස්තර කළ යුත්තේ ය.)

නව වෙනි ඒසනා වර්ගය අවසන් විය.

- එහි පිළිවෙල උද්දානයයි :

ඒසනා, විධා, ආසව, භව, දුක්ඛතා, ඛිල, මල, නීඝ, වේදනා, තණ්හා වශයෙන් සතර බැගින් දසයකි. මෙහි මුළු සූත්‍ර ගණන සතළිසකි.

(කලින් සඳහන් කළ පරිදි සතර ආකාරයෙන් ද, නැවත ත් අභිඤ්ඤා - පරිඤ්ඤා - පරික්ඛය - පහාන යන සතර ආකාරයෙන් ද බෙදා එක එකක් දහසය දහසය බැගින් මේ එකසිය හැට සූත්‍රයෝ විස්තර කළ යුත්තේ ය.)

10. ඕඝ වර්ගය

3.10.1.-159 ඕඝාදී සූත්‍රයෝ
සැඩපහර ගැන වදාළ දෙසුම ආදී දෙසුම්

මහණෙනි, මේ සැඩපහර සතරකි. ඒ කවර සතරක් ද යත්, කාම ඕඝය, භව ඕඝය, දිට්ඨි ඕඝය, අවිද්‍යා ඕඝය ය. මහණෙනි, මේ වනාහී සතර ඕඝයෝ ය. මහණෙනි, මේ සතර ඕඝයන් විශිෂ්ට ඥානයෙන් අවබෝධ කිරීම පිණිස සතර සතිපට්ඨානය වැඩිය යුත්තේ ය. කවර සතරක් ද යත්, ...(පෙ).... වැඩිය යුත්තේ ය.

3.10.160
උද්ධම්භාගිය සූත්‍රය
උද්ධම්භාගිය සංයෝජන ගැන වදාළ දෙසුම

මහණෙනි, මේ උද්ධම්භාගිය සංයෝජන පසකි. ඒ කවර පසක් ද යත්; රූපරාගය ය, අරූපරාගය ය, මාන්නය ය, උද්ධච්චය ය, අවිද්‍යාව ය. මහණෙනි, මේ වනාහී පංච උද්ධම්භාගිය සංයෝජනයෝ ය. මහණෙනි, මේ පංච උද්ධම්භාගිය සංයෝජනයන් ප්‍රහාණය පිණිස සතර සතිපට්ඨානය වැඩිය යුත්තේ ය. කවර සතරක් ද යත්, මහණෙනි, මෙහිලා භික්ෂුව කෙලෙස් තවන වීරියෙන් යුතු ව, සිහි නුවණින් යුතු ව, ලෝකයෙහි ඇලීම් ගැටීම් දුරුකොට, කය පිළිබඳ ව කායානුපස්සනාවෙන් වාසය කරයි. ....(පෙ).... විඳීම් පිළිබඳ ව වේදනානුපස්සනාවෙන් වාසය කරයි. ....(පෙ).... සිත පිළිබඳ ව චිත්තානුපස්සනාවෙන් වාසය කරයි. කෙලෙස් තවන වීරියෙන් යුතු ව, සිහි නුවණින් යුතු ව, ලෝකයෙහි ඇලීම් ගැටීම් දුරුකොට, ධර්මයන් පිළිබඳ ව ධම්මානුපස්සනාවෙන් වාසය කරයි. මහණෙනි, මේ පංච උද්ධම්භාගිය සංයෝජනයන් ප්‍රහාණය පිණිස මේ සතර සතිපට්ඨානය වැඩිය යුත්තේ ය.

(ඕඝ වර්ගය සතිපට්ඨාන වශයෙන් විස්තර කළ යුත්තේය.)

දහවෙනි ඕඝ වර්ගය අවසන් විය.

- එහි පිළිවෙල උද්දානයයි :

ඕඝ, යෝග, උපාදාන, ගන්ථ, අනුසය, කාමගුණ, නිවරණ, ඛන්ධ, ඕරම්භාගිය, උද්ධම්භාගිය වශයෙන් සූත්‍ර දහසය බැගින් වන කොටස් දසයකි. එයින් වර්ගය යැයි කියනු ලැබේ.

(මෙහිදු ඒසනා වර්ගයෙහි මෙන් එකසිය හැටක් සූත්‍රයෝ විස්තර කළ යුත්තාහු ය.)

සතිපට්ඨාන සංයුත්තය අවසන් විය.

- එහි වර්ග නාමාවලිය :

අම්බපාලී වර්ගය, නාලන්ද වර්ගය, සීලට්ඨිති වර්ගය, අනනුස්සුත වර්ගය, අමත වර්ගය, ගංගාපෙය්‍යාල වර්ගය, අප්පමාද වර්ගය, බලකරණීය වර්ගය, ඒසනා වර්ගය සහ ඕඝ වර්ගය වශයෙන් මෙම සතිපට්ඨාන සංයුත්තයෙහි වර්ග දහයකි.

4. ඉන්ද්‍රිය සංයුත්තය

1. සුද්ධක වර්ගය

4.1.1.
සුද්ධක සූත්‍රය
පිරිසිදු බව ගැන වදාළ දෙසුම

සැවැත් නුවර දී ය.....

මහණෙනි, මේ ඉන්ද්‍රියයෝ පසකි. ඒ කවර පසක් ද යත්, ශ්‍රද්ධා ඉන්ද්‍රිය ය, විරිය ඉන්ද්‍රිය ය, සති ඉන්ද්‍රිය ය, සමාධි ඉන්ද්‍රිය ය, ප්‍රඥා ඉන්ද්‍රිය ය. මහණෙනි, මේ වනාහී පසක් වූ ඉන්ද්‍රියයෝ ය.

සාදු! සාදු!! සාදු!!!

සුද්ධක සූත්‍රය නිමා විය.

4.1.2.
සෝත සූත්‍රය
නිවන් මග ගැන වදාළ දෙසුම

මහණෙනි, මේ ඉන්ද්‍රියයෝ පසකි. ඒ කවර පසක් ද යත්, ශ්‍රද්ධා ඉන්ද්‍රිය ය, විරිය ඉන්ද්‍රිය ය, සති ඉන්ද්‍රිය ය, සමාධි ඉන්ද්‍රිය ය, ප්‍රඥා ඉන්ද්‍රිය ය. මහණෙනි,

යම් කලෙක ආර්ය ශ්‍රාවකයා මේ පංච ඉන්ද්‍රියයන්ගේ ආශ්වාදය ත්, ආදීනවය ත්, නිස්සරණය ත් ඒ වූ සැටියෙන් ම දනියි ද, මහණෙනි, මේ ආර්ය ශ්‍රාවකයා අපායෙහි නොවැටෙන ස්වභාවයෙන් යුතු වූයේ, නියත වශයෙන් නිවන අවබෝධ කරන්නේ සෝතාපන්න වූයේ යැයි කියනු ලැබේ.

සාදු! සාදු!! සාදු!!!

සෝත සූත්‍රය නිමා විය.

4.1.3.
දුතිය සෝත සූත්‍රය
නිවන් මග ගැන වදාළ දෙවෙනි දෙසුම

මහණෙනි, මේ ඉන්ද්‍රියයෝ පසකි. ඒ කවර පසක් ද යත්, ශ්‍රද්ධා ඉන්ද්‍රිය ය, විරිය ඉන්ද්‍රිය ය, සති ඉන්ද්‍රිය ය, සමාධි ඉන්ද්‍රිය ය, ප්‍රඥා ඉන්ද්‍රිය ය. මහණෙනි, යම් කලෙක ආර්ය ශ්‍රාවකයා මේ පංච ඉන්ද්‍රියයන්ගේ හටගැනීම ත්, නැතිවීම ත්, ආශ්වාදය ත්, ආදීනවය ත්, නිස්සරණය ත් ඒ වූ සැටියෙන් ම දනියි ද, මහණෙනි, මේ ආර්ය ශ්‍රාවකයා අපායෙහි නොවැටෙන ස්වභාවයෙන් යුතු වූයේ, නියත වශයෙන් නිවන අවබෝධ කරන්නේ සෝතාපන්න වූයේ යැයි කියනු ලැබේ.

සාදු! සාදු!! සාදු!!!

දුතිය සෝත සූත්‍රය නිමා විය.

4.1.4.
අරහන්ත සූත්‍රය
රහතන් වහන්සේ ගැන වදාළ දෙසුම

මහණෙනි, මේ ඉන්ද්‍රියයෝ පසකි. ඒ කවර පසක් ද යත්, ශ්‍රද්ධා ඉන්ද්‍රිය ය, විරිය ඉන්ද්‍රිය ය, සති ඉන්ද්‍රිය ය, සමාධි ඉන්ද්‍රිය ය, ප්‍රඥා ඉන්ද්‍රිය ය. මහණෙනි, යම් කලෙක භික්ෂුව මේ පංච ඉන්ද්‍රියයන්ගේ ආශ්වාදය ත්, ආදීනවය ත්,

නිස්සරණය ත් ඒ වූ සැටියෙන් ම දැන උපාදාන රහිත ව නිදහස් වූයේ වෙයි ද, මහණෙනි, මේ භික්ෂුව ආශ්‍රවයන් ක්ෂය කරන ලද්දේ, බඹසර නිමාකරන ලද්දේ, කළ යුත්ත කරන ලද්දේ, කෙලෙස් බර බැහැර කරන ලද්දේ, අනුපිළිවෙලින් පැමිණි අරහත්වය ඇත්තේ, භව සංයෝජන ක්ෂය කරන ලද්දේ, මැනැවින් දැන නිදහස් වූයේ, රහතන් වහන්සේ යැයි කියනු ලැබේ.

සාදු! සාදු!! සාදු!!!

අරහන්ත සූත්‍රය නිමා විය.

4.1.5.
දුතිය අරහන්ත සූත්‍රය
රහතන් වහන්සේ ගැන වදාළ දෙවෙනි දෙසුම

මහණෙනි, මේ ඉන්ද්‍රියයෝ පසකි. ඒ කවර පසක් ද යත්, ශ්‍රද්ධා ඉන්ද්‍රිය ය, විරිය ඉන්ද්‍රිය ය, සති ඉන්ද්‍රිය ය, සමාධි ඉන්ද්‍රිය ය, ප්‍රඥා ඉන්ද්‍රිය ය. මහණෙනි, යම් කලෙක භික්ෂුව මේ පංච ඉන්ද්‍රියයන්ගේ හටගැනීම ත්, නැතිවීම ත්, ආශ්වාදය ත්, ආදීනවය ත්, නිස්සරණය ත් ඒ වූ සැටියෙන් ම දැන උපාදාන රහිත ව නිදහස් වූයේ වෙයි ද, මහණෙනි, මේ භික්ෂුව ආශ්‍රවයන් ක්ෂය කරන ලද්දේ, බඹසර නිමාකරන ලද්දේ, කළ යුත්ත කරන ලද්දේ, කෙලෙස් බර බැහැර කරන ලද්දේ, අනුපිළිවෙලින් පැමිණි අරහත්වය ඇත්තේ, භව සංයෝජන ක්ෂය කරන ලද්දේ, මැනැවින් දැන නිදහස් වූයේ, රහතන් වහන්සේ යැයි කියනු ලැබේ.

සාදු! සාදු!! සාදු!!!

දුතිය අරහන්ත සූත්‍රය නිමා විය.

4.1.6.
සමණ සූත්‍රය
ශ්‍රමණයා ගැන වදාළ දෙසුම

මහණෙනි, මේ ඉන්ද්‍රියයෝ පසකි. ඒ කවර පසක් ද යත්, ශ්‍රද්ධා ඉන්ද්‍රිය ය, විරිය ඉන්ද්‍රිය ය, සති ඉන්ද්‍රිය ය, සමාධි ඉන්ද්‍රිය ය, ප්‍රඥා ඉන්ද්‍රිය ය. මහණෙනි, යම්කිසි ශ්‍රමණයෝ හෝ බ්‍රාහ්මණයෝ හෝ මේ පංච ඉන්ද්‍රිය ධර්මයන්ගේ හටගැනීම ත්, නැතිවීම ත්, ආශ්වාදය ත්, ආදීනවය ත්, නිස්සරණය ත් ඒ වූ සැටියෙන් ම නොදන්නාහු ද, මහණෙනි, ඒ මේ ශ්‍රමණයෝ වෙත්වා, බ්‍රාහ්මණයෝ වෙත්වා, ශ්‍රමණයන් අතර ශ්‍රමණයෝ යැයි සම්මත නොවෙති. බ්‍රාහ්මණයන් අතර බ්‍රාහ්මණයෝ යැයි සම්මත නොවෙති. ඒ ආයුෂ්මත්වරු ශ්‍රමණභාවයෙහි අර්ථය හෝ බ්‍රාහ්මණභාවයෙහි අර්ථය හෝ මේ ජීවිතයේ දී ම සිය විශිෂ්ට නුවණින් පසක් කොට එයට පැමිණ වාසය නොකරති.

මහණෙනි, යම්කිසි ශ්‍රමණයෝ හෝ බ්‍රාහ්මණයෝ හෝ මේ පංච ඉන්ද්‍රිය ධර්මයන්ගේ හටගැනීම ත්, නැතිවීම ත්, ආශ්වාදය ත්, ආදීනවය ත්, නිස්සරණය ත් ඒ වූ සැටියෙන් ම දන්නාහු ද, මහණෙනි, ඒ මේ ශ්‍රමණයෝ වෙත්වා, බ්‍රාහ්මණයෝ වෙත්වා, ශ්‍රමණයන් අතර ශ්‍රමණයෝ යැයි සම්මත වෙති. බ්‍රාහ්මණයන් අතර බ්‍රාහ්මණයෝ යැයි සම්මත වෙති. ඒ ආයුෂ්මත්වරු ශ්‍රමණභාවයෙහි අර්ථය හෝ බ්‍රාහ්මණභාවයෙහි අර්ථය හෝ මේ ජීවිතයේ දී ම සිය විශිෂ්ට නුවණින් පසක් කොට එයට පැමිණ වාසය කරති.

සාදු! සාදු!! සාදු!!!

සමණ සූත්‍රය නිමා විය.

4.1.7.
දුතිය සමණ සූත්‍රය
ශ්‍රමණයා ගැන වදාළ දෙවෙනි දෙසුම

මහණෙනි, යම්කිසි ශ්‍රමණයෝ හෝ බ්‍රාහ්මණයෝ හෝ ශ්‍රද්ධා ඉන්ද්‍රිය නොදනිත් ද, ශ්‍රද්ධා ඉන්ද්‍රියෙහි හටගැනීම නොදනිත් ද, ශ්‍රද්ධා ඉන්ද්‍රියෙහි

නිරෝධය නොදනිත් ද, ශ්‍රද්ධා ඉන්ද්‍රිය නිරුද්ධ වන්නා වූ මාර්ගය නොදනිත් ද, විරිය ඉන්ද්‍රිය නොදනිත් ද, ...(පෙ).... සති ඉන්ද්‍රිය නොදනිත් ද, ...(පෙ).... සමාධි ඉන්ද්‍රිය නොදනිත් ද, ...(පෙ).... ප්‍රඥා ඉන්ද්‍රිය නොදනිත් ද, ප්‍රඥා ඉන්ද්‍රිය හටගැනීම නොදනිත් ද, ප්‍රඥා ඉන්ද්‍රියෙහි නිරෝධය නොදනිත් ද, ප්‍රඥා ඉන්ද්‍රිය නිරුද්ධ වන්නා වූ මාර්ගය නොදනිත් ද, මහණෙනි, ඒ මේ ශ්‍රමණයෝ වෙත්වා, බ්‍රාහ්මණයෝ වෙත්වා, ශ්‍රමණයන් අතර ශ්‍රමණයෝ යැයි සම්මත නොවෙති. බ්‍රාහ්මණයන් අතර බ්‍රාහ්මණයෝ යැයි සම්මත නොවෙති. ඒ ආයුෂ්මත්වරු ශ්‍රමණභාවයෙහි අර්ථය හෝ බ්‍රාහ්මණභාවයෙහි අර්ථය හෝ මේ ජීවිතයේ දී ම සිය විශිෂ්ට නුවණින් පසක් කොට එයට පැමිණ වාසය නොකරති.

මහණෙනි, යම්කිසි ශ්‍රමණයෝ හෝ බ්‍රාහ්මණයෝ හෝ ශ්‍රද්ධා ඉන්ද්‍රිය දනිත් ද, ශ්‍රද්ධා ඉන්ද්‍රියෙහි හටගැනීම දනිත් ද, ශ්‍රද්ධා ඉන්ද්‍රියෙහි නිරෝධය දනිත් ද, ශ්‍රද්ධා ඉන්ද්‍රිය නිරුද්ධ වන්නා වූ මාර්ගය දනිත් ද, විරිය ඉන්ද්‍රිය දනිත් ද, ...(පෙ).... සති ඉන්ද්‍රිය දනිත් ද, ...(පෙ).... සමාධි ඉන්ද්‍රිය දනිත් ද, ...(පෙ).... ප්‍රඥා ඉන්ද්‍රිය දනිත් ද, ප්‍රඥා ඉන්ද්‍රිය හටගැනීම දනිත් ද, ප්‍රඥා ඉන්ද්‍රියෙහි නිරෝධය දනිත් ද, ප්‍රඥා ඉන්ද්‍රිය නිරුද්ධ වන්නා වූ මාර්ගය දනිත් ද, මහණෙනි, ඒ මේ ශ්‍රමණයෝ වෙත්වා, බ්‍රාහ්මණයෝ වෙත්වා, ශ්‍රමණයන් අතර ශ්‍රමණයෝ යැයි සම්මත වෙති. බ්‍රාහ්මණයන් අතර බ්‍රාහ්මණයෝ යැයි සම්මත වෙති. ඒ ආයුෂ්මත්වරු ශ්‍රමණභාවයෙහි අර්ථය හෝ බ්‍රාහ්මණභාවයෙහි අර්ථය හෝ මේ ජීවිතයේ දී ම සිය විශිෂ්ට නුවණින් පසක් කොට එයට පැමිණ වාසය කරති.

සාදු! සාදු!! සාදු!!!

දුතිය සමණ සූත්‍රය නිමා විය.

4.1.8.
දට්ඨබ්බ සූත්‍රය
දැක්ක යුතු දේ ගැන වදාළ දෙසුම

මහණෙනි, මේ ඉන්ද්‍රියයෝ පසකි. ඒ කවර පසක් ද යත්, ශ්‍රද්ධා ඉන්ද්‍රිය ය, විරිය ඉන්ද්‍රිය ය, සති ඉන්ද්‍රිය ය, සමාධි ඉන්ද්‍රිය ය, ප්‍රඥා ඉන්ද්‍රිය ය.

මහණෙනි, ශ්‍රද්ධා ඉන්ද්‍රිය දැක්ක යුත්තේ කොතැන්හි ද? සතර සෝතාපත්ති අංගයන්හි ය. ශ්‍රද්ධා ඉන්ද්‍රිය දැක්ක යුතු වන්නේ මෙහි ය.

මහණෙනි, විරිය ඉන්ද්‍රිය දැක්ක යුත්තේ කොතැන්හි ද? සතර සම්‍යක් ප්‍රධානයන්හි ය. විරිය ඉන්ද්‍රිය දැක්ක යුතු වන්නේ මෙහි ය.

මහණෙනි, සති ඉන්ද්‍රිය දැක්ක යුත්තේ කොතැන්හි ද? සතර සතිපට්ඨානයෙහි ය. සති ඉන්ද්‍රිය දැක්ක යුතු වන්නේ මෙහි ය.

මහණෙනි, සමාධි ඉන්ද්‍රිය දැක්ක යුත්තේ කොතැන්හි ද? සතර ධ්‍යානයන්හි ය. සමාධි ඉන්ද්‍රිය දැක්ක යුතු වන්නේ මෙහි ය.

මහණෙනි, ප්‍රඥා ඉන්ද්‍රිය දැක්ක යුත්තේ කොතැන්හි ද? සතර ආර්ය සත්‍යයෙහි ය. ප්‍රඥා ඉන්ද්‍රිය දැක්ක යුතු වන්නේ මෙහි ය.

මහණෙනි, මේ වනාහී පංච ඉන්ද්‍රියයෝ ය.

සාදු! සාදු!! සාදු!!!

දට්ඨබ්බ සූත්‍රය නිමා විය.

4.1.9.

විභංග සූත්‍රය

විග්‍රහ කොට වදාළ දෙසුම

මහණෙනි, මේ ඉන්ද්‍රියයෝ පසකි. ඒ කවර පසක් ද යත්, ශ්‍රද්ධා ඉන්ද්‍රිය ය, විරිය ඉන්ද්‍රිය ය, සති ඉන්ද්‍රිය ය, සමාධි ඉන්ද්‍රිය ය, ප්‍රඥා ඉන්ද්‍රිය ය.

මහණෙනි, ශ්‍රද්ධා ඉන්ද්‍රිය යනු කුමක් ද? මහණෙනි, මෙහිලා ආර්ය ශ්‍රාවකයා ශ්‍රද්ධා ඇත්තේ වෙයි. තථාගතයන්ගේ අවබෝධය අදහන්නේ වෙයි. එනම් 'ඒ භාග්‍යවතුන් වහන්සේ මේ මේ කරුණින් අරහං වන සේක. සම්මා සම්බුද්ධ වන සේක. විජ්ජාචරණ සම්පන්න වන සේක. සුගත වන සේක. ලෝකවිදූ වන සේක. අනුත්තරෝ පුරිසදම්ම සාරථී වන සේක. සත්ථා දේවමනුස්සානං වන සේක. බුද්ධ වන සේක. භගවා වන සේක' යනුවෙනි. මහණෙනි, මෙය ශ්‍රද්ධා ඉන්ද්‍රිය යැයි කියනු ලැබේ.

මහණෙනි, වීරිය ඉන්ද්‍රිය යනු කුමක් ද? මහණෙනි, මෙහිලා ආර්ය ශ්‍රාවකයා පටන් ගත් වීරිය ඇතිව වාසය කරයි. අකුසල් දහම් ප්‍රහාණය කිරීමට හා කුසල් දහම් උපදවා ගැනීමට දැඩි වීරියෙන් යුතු වූයේ, දැඩි පරාක්‍රමයෙන් යුතු

වූයේ, කුසල් දහම් පිළිබඳ ව පසුබට නොවන වීරිය ඇත්තේ වෙයි. මහණෙනි, මෙය වීරිය ඉන්ද්‍රිය යැයි කියනු ලැබේ.

මහණෙනි, සති ඉන්ද්‍රිය යනු කුමක් ද? මහණෙනි, මෙහිලා ආර්ය ශ්‍රාවකයා සිහි ඇත්තේ වෙයි. උතුම් සිහියෙන් හා අවස්ථාවෝචිත නුවණින් යුක්ත වූයේ වෙයි. බොහෝ කලකට පෙර කළ දෑ ත්, බොහෝ කලකට පෙර කියූ දෑ ත් සිහි කරයි. නැවත නැවත සිහි කරයි. මහණෙනි, මෙය සති ඉන්ද්‍රිය යැයි කියනු ලැබේ.

මහණෙනි, සමාධි ඉන්ද්‍රිය යනු කුමක් ද? මහණෙනි, මෙහිලා ආර්ය ශ්‍රාවකයා නිවන අරමුණු කොට සමාධිය ලබයි. සිතෙහි එකඟ බව ලබයි. මහණෙනි, මෙය සමාධි ඉන්ද්‍රිය යැයි කියනු ලැබේ.

මහණෙනි, ප්‍රඥා ඉන්ද්‍රිය යනු කුමක් ද? මහණෙනි, මෙහිලා ආර්ය ශ්‍රාවකයා ප්‍රඥාවන්ත වෙයි. හටගැනීම ත්, නැතිවීම ත් දැකීමට සමර්ථ ප්‍රඥාවෙන් යුක්ත වූයේ වෙයි. ආර්ය වූ තියුණු අවබෝධය ඇති කරවන, මැනැවින් දුක් ක්ෂය කරවන ප්‍රඥාවෙන් යුක්ත වූයේ වෙයි. මහණෙනි, මෙය ප්‍රඥා ඉන්ද්‍රිය යැයි කියනු ලැබේ.

මහණෙනි, මේ වනාහී පංච ඉන්ද්‍රියයෝ ය.

සාදු! සාදු!! සාදු!!!

විභංග සූත්‍රය නිමා විය.

4.1.10.
දුතිය විභංග සූත්‍රය
විග්‍රහ කොට වදාළ දෙවෙනි දෙසුම

මහණෙනි, මේ ඉන්ද්‍රියයෝ පසකි. ඒ කවර පසක් ද යත්, ශ්‍රද්ධා ඉන්ද්‍රිය ය, විරිය ඉන්ද්‍රිය ය, සති ඉන්ද්‍රිය ය, සමාධි ඉන්ද්‍රිය ය, ප්‍රඥා ඉන්ද්‍රිය ය.

මහණෙනි, ශ්‍රද්ධා ඉන්ද්‍රිය යනු කුමක් ද? මහණෙනි, මෙහිලා ආර්ය ශ්‍රාවකයා ශ්‍රද්ධා ඇත්තේ වෙයි. තථාගතයන්ගේ අවබෝධය අදහන්නේ වෙයි. එනම් 'ඒ භාග්‍යවතුන් වහන්සේ මේ මේ කරුණින් අරහං වන සේක. ....(පෙ).... සත්ථා දේවමනුස්සානං වන සේක. බුද්ධ වන සේක. භගවා වන සේක'

යනුවෙනි. මහණෙනි, මෙය ශ්‍රද්ධා ඉන්ද්‍රිය යැයි කියනු ලැබේ.

මහණෙනි, වීරිය ඉන්ද්‍රිය යනු කුමක් ද? මහණෙනි, මෙහිලා ආර්ය ශ්‍රාවකයා පටන් ගත් වීරිය ඇති වාසය කරයි. අකුසල් දහම් ප්‍රහාණය කිරීමට හා කුසල් දහම් උපදවා ගැනීමට දැඩි වීරියෙන් යුතු වූයේ, දැඩි පරාක්‍රමයෙන් යුතු වූයේ, කුසල් දහම් පිළිබඳ ව පසුබට නොවන වීරිය ඇත්තේ වෙයි. ඔහු නූපන් පාපී අකුසල් දහම් නූපදවීම පිණිස කැමැත්ත උපදවයි. වෑයම් කරයි. වීරිය අරඹයි. සිත දැඩිකොට ගනියි. පධන් වෙර වඩයි. උපන් පාපී අකුසල් දහම් ප්‍රහාණය පිණිස කැමැත්ත උපදවයි. වෑයම් කරයි. වීරිය අරඹයි. සිත දැඩිකොට ගනියි. පධන් වෙර වඩයි. නූපන් කුසල් දහම් ඉපිදවීම පිණිස කැමැත්ත උපදවයි. වෑයම් කරයි. වීරිය අරඹයි. සිත දැඩිකොට ගනියි. පධන් වෙර වඩයි. උපන් කුසල් දහම් පැවැත්ම පිණිස, නැති නොවීම පිණිස, බොහෝ සෙයින් විපුල බවට පත්වීම පිණිස, වැඩීමෙන් සම්පූර්ණ කරගැනීම පිණිස කැමැත්ත උපදවයි. වෑයම් කරයි. වීරිය අරඹයි. සිත දැඩිකොට ගනියි. පධන් වෙර වඩයි. මහණෙනි, මෙය වීරිය ඉන්ද්‍රිය යැයි කියනු ලැබේ.

මහණෙනි, සති ඉන්ද්‍රිය යනු කුමක් ද? මහණෙනි, මෙහිලා ආර්ය ශ්‍රාවකයා සිහි ඇත්තේ වෙයි. උතුම් සිහියෙන් හා අවස්ථාවෝචිත නුවණින් යුක්ත වූයේ වෙයි. බොහෝ කලකට පෙර කළ දෑ ත්, බොහෝ කලකට පෙර කියූ දෑ ත් සිහි කරයි. නැවත නැවත සිහි කරයි. ඔහු කය පිළිබඳ කායානුපස්සනාවෙන් වාසය කරයි. ....(පෙ).... විඳීම් පිළිබඳ වේදනානුපස්සනාවෙන් වාසය කරයි. ....(පෙ).... සිත පිළිබඳ චිත්තානුපස්සනාවෙන් වාසය කරයි. ....(පෙ).... කෙලෙස් තවන වීරියෙන් යුතු ව, මනා සිහි නුවණින් යුතු ව, ලෝකයෙහි ඇලීම් ගැටීම් දුරු කොට ධර්මයන් පිළිබඳ ව ධම්මානුපස්සනාවෙන් වාසය කරයි. මහණෙනි, මෙය සති ඉන්ද්‍රිය යැයි කියනු ලැබේ.

මහණෙනි, සමාධි ඉන්ද්‍රිය යනු කුමක් ද? මහණෙනි, මෙහිලා ආර්ය ශ්‍රාවකයා නිවන අරමුණු කොට සමාධිය ලබයි. සිතෙහි එකඟ බව ලබයි. ඔහු කාමයන්ගෙන් වෙන් ව, අකුසල ධර්මයන්ගෙන් වෙන් ව, විතර්ක විචාර සහිත වූ විවේකයෙන් හටගත් ප්‍රීති සුඛය ඇති පළමුවෙනි ධ්‍යානය උපදවාගෙන වාසය කරයි. ....(පෙ).... දෙවෙනි ධ්‍යානය ....(පෙ).... තුන්වෙනි ධ්‍යානය උපදවාගෙන වාසය කරයි. සැපය ද ප්‍රහාණය කිරීමෙන්, දුක ද ප්‍රහාණය කිරීමෙන් කලින් ම සොම්නස් දොම්නස් ඉක්ම යෑමෙන් දුක් සැප රහිත වූ උපෙක්ෂා සති පාරිශුද්ධියෙන් යුතු සතර වෙනි ධ්‍යානය උපදවාගෙන වාසය කරයි. මහණෙනි, මෙය සමාධි ඉන්ද්‍රිය යැයි කියනු ලැබේ.

මහණෙනි, ප්‍රඥා ඉන්ද්‍රිය යනු කුමක් ද? මහණෙනි, මෙහිලා ආර්ය ශ්‍රාවකයා ප්‍රඥාවන්ත වෙයි. හටගැනීම ත්, නැතිවීම ත් දැකීමට සමර්ථ ප්‍රඥාවෙන් යුක්ත වූයේ වෙයි. ආර්ය වූ තියුණු අවබෝධය ඇති කරවන, මැනැවින් දුක් ක්ෂය කරවන ප්‍රඥාවෙන් යුක්ත වූයේ වෙයි. ඔහු මෙය දුක යැයි ඒ වූ සැටියෙන් ම දැනගනියි. මෙය දුකෙහි හටගැනීම යැයි ඒ වූ සැටියෙන් ම දැනගනියි. මෙය දුකෙහි නිරෝධය යැයි ඒ වූ සැටියෙන් ම දැනගනියි. මෙය දුක් නිරුද්ධ වන්නා වූ මාර්ගය යැයි ඒ වූ සැටියෙන් ම දැනගනියි. මහණෙනි, මෙය ප්‍රඥා ඉන්ද්‍රිය යැයි කියනු ලැබේ.

මහණෙනි, මේ වනාහී පංච ඉන්ද්‍රියයෝ ය.

සාදු! සාදු!! සාදු!!!

දුතිය විභංග සූත්‍රය නිමා විය.

පළමුවෙනි සුද්ධක වර්ගය අවසන් විය.

- එහි පිළිවෙළ උද්දානයයි :

සුද්ධක සූත්‍රය, සෝත සූත්‍ර දෙක, අරහන්ත සූත්‍ර දෙක, ශ්‍රමණ සූත්‍ර දෙක, දට්ඨබ්බ සූත්‍රය සහ විභංග සූත්‍ර දෙක වශයෙන් මෙහි සූත්‍ර දසයකි.

2. මුදුතර වර්ගය

4.2.1.
පටිලාභ සූත්‍රය
ලැබීම ගැන වදාළ දෙසුම

මහණෙනි, මේ ඉන්ද්‍රියයෝ පසකි. ඒ කවර පසක් ද යත්, ශ්‍රද්ධා ඉන්ද්‍රිය ය, විරිය ඉන්ද්‍රිය ය, සති ඉන්ද්‍රිය ය, සමාධි ඉන්ද්‍රිය ය, ප්‍රඥා ඉන්ද්‍රිය ය.

මහණෙනි, ශ්‍රද්ධා ඉන්ද්‍රිය යනු කුමක් ද? මහණෙනි, මෙහිලා ආර්ය ශ්‍රාවකයා ශ්‍රද්ධා ඇත්තේ වෙයි. තථාගතයන්ගේ අවබෝධය අදහන්නේ වෙයි. එනම් 'ඒ භාග්‍යවතුන් වහන්සේ මේ මේ කරුණින් අරහං වන සේක. සම්මා සම්බුද්ධ වන සේක. ....(පෙ).... සත්ථා දේවමනුස්සානං වන සේක. බුද්ධ වන සේක. භගවා වන සේක' යනුවෙනි. මහණෙනි, මෙය ශ්‍රද්ධා ඉන්ද්‍රිය යැයි කියනු ලැබේ.

මහණෙනි, වීරිය ඉන්ද්‍රිය යනු කුමක් ද? මහණෙනි, සතර සම්‍යක් ප්‍රධානයන් අරභයා යම් වීරියයක් ලබයි ද, මහණෙනි, මෙය වීරිය ඉන්ද්‍රිය යැයි කියනු ලැබේ.

මහණෙනි, සති ඉන්ද්‍රිය යනු කුමක් ද? මහණෙනි, සතර සතිපට්ඨානය අරභයා යම් සිහියක් ලබයි ද, මහණෙනි, මෙය සති ඉන්ද්‍රිය යැයි කියනු ලැබේ.

මහණෙනි, සමාධි ඉන්ද්‍රිය යනු කුමක් ද? මහණෙනි, මෙහිලා ආර්ය ශ්‍රාවකයා නිවන අරමුණු කොට සමාධිය ලබයි. සිතෙහි එකඟ බව ලබයි. මහණෙනි, මෙය සමාධි ඉන්ද්‍රිය යැයි කියනු ලැබේ.

මහණෙනි, ප්‍රඥා ඉන්ද්‍රිය යනු කුමක් ද? මහණෙනි, මෙහිලා ආර්ය

ශ්‍රාවකයා ප්‍රඥාවන්ත වෙයි. හටගැනීම ත්, නැතිවීම ත් දැකීමට සමර්ථ ප්‍රඥාවෙන් යුක්ත වූයේ වෙයි. ආර්ය වූ තියුණු අවබෝධය ඇති කරවන, මැනැවින් දුක් ක්ෂය කරවන ප්‍රඥාවෙන් යුක්ත වූයේ වෙයි. මහණෙනි, මෙය ප්‍රඥා ඉන්ද්‍රිය යැයි කියනු ලැබේ.

මහණෙනි, මේ වනාහී පංච ඉන්ද්‍රියයෝ ය.

සාදු! සාදු!! සාදු!!!

පටිලාභ සූත්‍රය නිමා විය.

4.2.2.
සංඛිත්ත සූත්‍රය
කෙටියෙන් වදාළ දෙසුම

මහණෙනි, මේ ඉන්ද්‍රියයෝ පසකි. ඒ කවර පසක් ද යත්, ශ්‍රද්ධා ඉන්ද්‍රිය ය, විරිය ඉන්ද්‍රිය ය, සති ඉන්ද්‍රිය ය, සමාධි ඉන්ද්‍රිය ය, ප්‍රඥා ඉන්ද්‍රිය ය. මහණෙනි, මේ වනාහී පසක් වූ ඉන්ද්‍රියයෝ ය.

මහණෙනි, මේ පංච ඉන්ද්‍රිය ධර්මයන් සම්පූර්ණයෙන් පරිපූර්ණ කළ බැවින් අරහත් වෙයි. එයට වඩා මෘදු ව කළ කල්හී අනාගාමී වෙයි. එයට ත් වඩා මෘදු ව කළ කල්හී සකදාගාමී වෙයි. එයට ත් වඩා මෘදු ව කළ කල්හී සෝවාන් වෙයි. එයට ත් වඩා මෘදු ව කළ කල්හී ධම්මානුසාරී වෙයි. එයට ත් වඩා මෘදු ව කළ කල්හී ශ්‍රද්ධානුසාරී වෙයි.

සාදු! සාදු!! සාදු!!!

සංඛිත්ත සූත්‍රය නිමා විය.

4.2.3.
දුතිය සංඛිත්ත සූත්‍රය
කෙටියෙන් වදාළ දෙවෙනි දෙසුම

මහණෙනි, මේ ඉන්ද්‍රියයෝ පසකි. ඒ කවර පසක් ද යත්, ශ්‍රද්ධා ඉන්ද්‍රිය ය, විරිය ඉන්ද්‍රිය ය, සති ඉන්ද්‍රිය ය, සමාධි ඉන්ද්‍රිය ය, ප්‍රඥා ඉන්ද්‍රිය ය. මහණෙනි, මේ වනාහී පසක් වූ ඉන්ද්‍රියයෝ ය.

මහණෙනි, මේ පංච ඉන්ද්‍රිය ධර්මයන් සම්පූර්ණයෙන් පරිපූර්ණ කළ බැවින් අරහත් වෙයි. එයට වඩා මෘදු ව කළ කල්හී අනාගාමී වෙයි. එයට ත් වඩා මෘදු ව කළ කල්හී සකදාගාමී වෙයි. එයට ත් වඩා මෘදු ව කළ කල්හී සෝවාන් වෙයි. එයට ත් වඩා මෘදු ව කළ කල්හී ධම්මානුසාරී වෙයි. එයට ත් වඩා මෘදු ව කළ කල්හී ශ්‍රද්ධානුසාරී වෙයි. මහණෙනි, මෙසේ ඉන්ද්‍රියයන්ගේ විවිධත්වයෙන් ඵලයන්ගේ විවිධත්වය ත් (ඵලයන්ගේ විවිධත්වයෙන් පුද්ගලයන්ගේ විවිධත්වය ත්) වෙයි.

සාදු! සාදු!! සාදු!!!

දුතිය සංඛිත්ත සූත්‍රය නිමා විය.

4.2.4.
තතිය සංඛිත්ත සූත්‍රය
කෙටියෙන් වදාළ තුන්වෙනි දෙසුම

මහණෙනි, මේ ඉන්ද්‍රියයෝ පසකි. ඒ කවර පසක් ද යත්, ශ්‍රද්ධා ඉන්ද්‍රිය ය, විරිය ඉන්ද්‍රිය ය, සති ඉන්ද්‍රිය ය, සමාධි ඉන්ද්‍රිය ය, ප්‍රඥා ඉන්ද්‍රිය ය. මහණෙනි, මේ වනාහී පසක් වූ ඉන්ද්‍රියයෝ ය.

මහණෙනි, මේ පංච ඉන්ද්‍රිය ධර්මයන් සම්පූර්ණයෙන් පරිපූර්ණ කළ බැවින් අරහත් වෙයි. එයට වඩා මෘදු ව කළ කල්හී අනාගාමී වෙයි. එයට ත් වඩා මෘදු ව කළ කල්හී සකදාගාමී වෙයි. එයට ත් වඩා මෘදු ව කළ කල්හී සෝවාන් වෙයි. එයට ත් වඩා මෘදු ව කළ කල්හී ධම්මානුසාරී වෙයි. එයට ත් වඩා මෘදු

ව කළ කල්හී ශ්‍රද්ධානුසාරී වෙයි. මහණෙනි, මෙසේ පිරිපුන් ලෙස කරන්නේ පිරිපුන් අරහත්වය සපයයි. කොටස් වශයෙන් කරන්නේ කොටස් වශයෙන් මගඵල සපයයි. මහණෙනි, මම මේ පංච ඉන්ද්‍රිය ධර්මයන් වඳ නැත්තේ යැයි කියමි.

සාදු! සාදු!! සාදු!!!

තතිය සංඛිත්ත සූත්‍රය නිමා විය.

4.2.5.
විත්ථාර සූත්‍රය
විස්තර වශයෙන් වදාළ දෙසුම

මහණෙනි, මේ ඉන්ද්‍රියයෝ පසකි. ඒ කවර පසක් ද යත්, ශ්‍රද්ධා ඉන්ද්‍රිය ය, විරිය ඉන්ද්‍රිය ය, සති ඉන්ද්‍රිය ය, සමාධි ඉන්ද්‍රිය ය, ප්‍රඥා ඉන්ද්‍රිය ය. මහණෙනි, මේ වනාහී පසක් වූ ඉන්ද්‍රියයෝ ය.

මහණෙනි, මේ පංච ඉන්ද්‍රිය ධර්මයන් සම්පූර්ණයෙන් පරිපූර්ණ කළ බැවින් අරහත් වෙයි. එයට වඩා මෘදු ව කළ කල්හී අන්තරා පරිනිබ්බායී වෙයි. එයට වඩා මෘදු ව කළ කල්හී උපහච්ච පරිනිබ්බායී වෙයි. එයට වඩා මෘදු ව කළ කල්හී අසංඛාර පරිනිබ්බායී වෙයි. එයට වඩා මෘදු ව කළ කල්හී සසංඛාර පරිනිබ්බායී වෙයි. එයට වඩා මෘදු ව කළ කල්හී උද්ධංසෝත අකනිට්ඨගාමී වෙයි. එයට ත් වඩා මෘදු ව කළ කල්හී සකදාගාමී වෙයි. එයට ත් වඩා මෘදු ව කළ කල්හී සෝවාන් වෙයි. එයට ත් වඩා මෘදු ව කළ කල්හී ධම්මානුසාරී වෙයි. එයට ත් වඩා මෘදු ව කළ කල්හී ශ්‍රද්ධානුසාරී වෙයි.

සාදු! සාදු!! සාදු!!!

විත්ථාර සූත්‍රය නිමා විය.

4.2.6.
දුතිය විත්ථාර සූත්‍රය
විස්තර වශයෙන් වදාළ දෙවෙනි දෙසුම

මහණෙනි, මේ ඉන්ද්‍රියයෝ පසකි. ඒ කවර පසක් ද යත්, ශ්‍රද්ධා ඉන්ද්‍රිය ය, විරිය ඉන්ද්‍රිය ය, සති ඉන්ද්‍රිය ය, සමාධි ඉන්ද්‍රිය ය, ප්‍රඥා ඉන්ද්‍රිය ය. මහණෙනි, මේ වනාහී පසක් වූ ඉන්ද්‍රියයෝ ය.

මහණෙනි, මේ පංච ඉන්ද්‍රිය ධර්මයන් සම්පූර්ණයෙන් පරිපූර්ණ කළ බැවින් අරහත් වෙයි. එයට වඩා මෘදු ව කළ කල්හී අන්තරා පරිනිබ්බායී වෙයි. එයට වඩා මෘදු ව කළ කල්හී උපහච්ච පරිනිබ්බායී වෙයි. එයට වඩා මෘදු ව කළ කල්හී අසංඛාර පරිනිබ්බායී වෙයි. එයට වඩා මෘදු ව කළ කල්හී සසංඛාර පරිනිබ්බායී වෙයි. එයට වඩා මෘදු ව කළ කල්හී උද්ධංසෝත අකනිට්ඨගාමී වෙයි. එයට ත් වඩා මෘදු ව කළ කල්හී සකදාගාමී වෙයි. එයට ත් වඩා මෘදු ව කළ කල්හී සෝවාන් වෙයි. එයට ත් වඩා මෘදු ව කළ කල්හී ධම්මානුසාරී වෙයි. එයට ත් වඩා මෘදු ව කළ කල්හී ශ්‍රද්ධානුසාරී වෙයි. මහණෙනි, මෙසේ ඉන්ද්‍රියයන්ගේ විවිධත්වයෙන්, ඵලයන්ගේ විවිධත්වය ත්, ඵලයන්ගේ විවිධත්වයෙන්, පුද්ගලයන්ගේ විවිධත්වය ත් වෙයි.

සාදු! සාදු!! සාදු!!!

දුතිය විත්ථාර සූත්‍රය නිමා විය.

4.2.7.
තතිය විත්ථාර සූත්‍රය
විස්තර වශයෙන් වදාළ තෙවෙනි දෙසුම

මහණෙනි, මේ ඉන්ද්‍රියයෝ පසකි. ඒ කවර පසක් ද යත්, ශ්‍රද්ධා ඉන්ද්‍රිය ය, විරිය ඉන්ද්‍රිය ය, සති ඉන්ද්‍රිය ය, සමාධි ඉන්ද්‍රිය ය, ප්‍රඥා ඉන්ද්‍රිය ය. මහණෙනි, මේ වනාහී පසක් වූ ඉන්ද්‍රියයෝ ය.

මහණෙනි, මේ පංච ඉන්ද්‍රිය ධර්මයන් සම්පූර්ණයෙන් පරිපූර්ණ කළ

බැවින් අරහත් වෙයි. එයට වඩා මෘදු ව කළ කල්හී අන්තරා පරිනිබ්බායී වෙයි. එයට වඩා මෘදු ව කළ කල්හී උපහච්ච පරිනිබ්බායී වෙයි. එයට වඩා මෘදු ව කළ කල්හී අසංඛාර පරිනිබ්බායී වෙයි. එයට වඩා මෘදු ව කළ කල්හී සසංඛාර පරිනිබ්බායී වෙයි. එයට වඩා මෘදු ව කළ කල්හී උද්ධංසෝත අකනිට්ඨගාමී වෙයි. එයට ත් වඩා මෘදු ව කළ කල්හී සකදාගාමී වෙයි. එයට ත් වඩා මෘදු ව කළ කල්හී සෝවාන් වෙයි. එයට ත් වඩා මෘදු ව කළ කල්හී ධම්මානුසාරී වෙයි. එයට ත් වඩා මෘදු ව කළ කල්හී ශ්‍රද්ධානුසාරී වෙයි. මහණෙනි, මෙසේ පිරිපුන් ලෙස කරන්නේ පිරිපුන් අරහත්වය සපයයි. කොටස් වශයෙන් කරන්නේ කොටස් වශයෙන් මගඵල සපයයි. මහණෙනි, මම මේ පංච ඉන්ද්‍රිය ධර්මයන් වඳ නැත්තේ යැයි කියමි.

සාදු! සාදු!! සාදු!!!

තතිය විත්ථාර සූත්‍රය නිමා විය.

4.2.8.
පටිපන්න සූත්‍රය
පිළිපන් බව ගැන වදාළ දෙසුම

මහණෙනි, මේ ඉන්ද්‍රියයෝ පසකි. ඒ කවර පසක් ද යත්, ශ්‍රද්ධා ඉන්ද්‍රිය ය, විරිය ඉන්ද්‍රිය ය, සති ඉන්ද්‍රිය ය, සමාධි ඉන්ද්‍රිය ය, ප්‍රඥා ඉන්ද්‍රිය ය. මහණෙනි, මේ වනාහී පසක් වූ ඉන්ද්‍රියයෝ ය.

මහණෙනි, මේ පංච ඉන්ද්‍රිය ධර්මයන් සම්පූර්ණයෙන් පරිපූර්ණ කළ බැවින් අරහත් වෙයි. එයට වඩා මෘදු ව කළ කල්හී අරහත් ඵලය සාක්ෂාත් කිරීමට පිළිපන්නේ වෙයි. එයට ත් වඩා මෘදු ව කළ කල්හී අනාගාමී වෙයි. එයට ත් වඩා මෘදු ව කළ කල්හී අනාගාමී ඵලය සාක්ෂාත් කිරීමට පිළිපන්නේ වෙයි. එයට ත් වඩා මෘදු ව කළ කල්හී සකදාගාමී වෙයි. එයට ත් වඩා මෘදු ව කළ කල්හී සකදාගාමී ඵලය සාක්ෂාත් කිරීමට පිළිපන්නේ වෙයි. එයට ත් වඩා මෘදු ව කළ කල්හී සෝවාන් වෙයි. එයට ත් වඩා මෘදු ව කළ කල්හී සෝවාන් ඵලය සාක්ෂාත් කිරීමට පිළිපන්නේ වෙයි. මහණෙනි, යමෙකු හට මේ පංච ඉන්ද්‍රිය ධර්මයන් මුළුමනින් ම සියළු අයුරින් සියළු තන්හි සියල්ල නැද්ද, මම ඔහු සසුනෙන් බැහැර වූ පෘථග්ජන පක්ෂයෙහි සිටින කෙනෙකි යි පවසමි.

සාදු! සාදු!! සාදු!!!

පටිපන්න සූත්‍රය නිමා විය.

4.2.9.
සම්පන්න සූත්‍රය
යුක්ත බව ගැන වදාළ දෙසුම

එකල්හී එක්තරා භික්ෂුවක් භාග්‍යවතුන් වහන්සේ වෙත පැමිණියේ ය. ....(පෙ).... එකත්පස් ව හුන් ඒ භික්ෂුව භාග්‍යවතුන් වහන්සේට මෙය පැවසුවේ ය. ස්වාමීනි, 'ඉන්ද්‍රියයන්ගෙන් යුක්ත ය, ඉන්ද්‍රියයන්ගෙන් යුක්ත ය' යැයි කියනු ලැබේ. ස්වාමීනී, ඉන්ද්‍රියයන්ගෙන් යුක්ත වන්නේ කවර කරුණු මත ද?"

"භික්ෂුව මෙහිලා භික්ෂුවක් සංසිඳවීම කරා යන, සත්‍යාවබෝධය කරා යන පරිදි ශ්‍රද්ධා ඉන්ද්‍රිය දියුණු කරයි ද, ...(පෙ).... සංසිඳවීම කරා යන, සත්‍යාවබෝධය කරා යන පරිදි ප්‍රඥා ඉන්ද්‍රිය දියුණු කරයි ද, භික්ෂුව, මෙපමණකින් ඉන්ද්‍රියයන්ගෙන් යුක්ත වූයේ යැයි කියනු ලැබේ."

සාදු! සාදු!! සාදු!!!

සම්පන්න සූත්‍රය නිමා විය.

4.2.10.
ආසවක්ඛය සූත්‍රය
ආශ්‍රවයන් ක්ෂය වීම ගැන වදාළ දෙසුම

මහණෙනි, මේ ඉන්ද්‍රියයෝ පසකි. ඒ කවර පසක් ද යත්, ශ්‍රද්ධා ඉන්ද්‍රිය ය, විරිය ඉන්ද්‍රිය ය, සති ඉන්ද්‍රිය ය, සමාධි ඉන්ද්‍රිය ය, ප්‍රඥා ඉන්ද්‍රිය ය. මහණෙනි, මේ වනාහී පසක් වූ ඉන්ද්‍රියයෝ ය. මහණෙනි, මේ පංච ඉන්ද්‍රියයන් වඩන ලද බැවින්, බහුල කරන ලද බැවින් භික්ෂුව ආශ්‍රවයන් ක්ෂය කිරීමෙන් අනාශ්‍රව වූ චිත්ත විමුක්තිය ත්, ප්‍රඥා විමුක්තිය ත් මෙලොව දී ම ස්වකීය විශිෂ්ට ඥානයෙන් පසක් කොට එයට පැමිණ වාසය කරයි.

සාදු! සාදු!! සාදු!!!

ආසවක්ඛය සූත්‍රය නිමා විය.

දෙවෙනි මුදුතර වර්ගය අවසන් විය.

● එහි පිළිවෙල උද්දානයයි :

පටිලාභ සූත්‍රය, සංඛිත්ත සූත්‍ර තුන, විත්ථාර සූත්‍ර තුන, පටිපන්න සූත්‍රය, සම්පන්න සූත්‍රය සහ ආසවක්ඛය සූත්‍රය වශයෙන් මෙහි සූත්‍ර දසයකි.

3. ෂළින්ද්‍රිය වර්ගය

4.3.1.
පුනබ්භව සූත්‍රය
පුනර්භවය ගැන වදාළ දෙසුම

මහණෙනි, මේ ඉන්ද්‍රියයෝ පසකි. ඒ කවර පසක් ද යත්, ශ්‍රද්ධා ඉන්ද්‍රිය ය, විරිය ඉන්ද්‍රිය ය, සති ඉන්ද්‍රිය ය, සමාධි ඉන්ද්‍රිය ය, ප්‍රඥා ඉන්ද්‍රිය ය.

මහණෙනි, මම යම්තාක් කල් මේ පංච ඉන්ද්‍රිය ධර්මයන්ගේ හටගැනීම ත්, නැතිවීම ත්, ආශ්වාදය ත්, ආදීනවය ත්, නිස්සරණය ත් ඒ වූ සැටියෙන් ම අවබෝධ නොකළෙම් ද, මහණෙනි, මම ඒ තාක් දෙවියන් සහිත, මරුන් සහිත, බඹුන් සහිත, ශ්‍රමණ බ්‍රාහ්මණයන් සහිත, දෙව් මිනිස් ප්‍රජාවෙන් යුතු ලෝකයෙහි අනුත්තර වූ සම්මා සම්බෝධිය අවබෝධ කළෙමි යි ප්‍රතිඥා නොදුන්නෙමි.

මහණෙනි, මම යම් කලෙක මේ පංච ඉන්ද්‍රිය ධර්මයන්ගේ හටගැනීම ත්, නැතිවීම ත්, ආශ්වාදය ත්, ආදීනවය ත්, නිස්සරණය ත් ඒ වූ සැටියෙන් ම අවබෝධ කළෙම් ද, එකල්හී මහණෙනි, මම දෙවියන් සහිත, මරුන් සහිත, බඹුන් සහිත, ශ්‍රමණ බ්‍රාහ්මණයන් සහිත, දෙව් මිනිස් ප්‍රජාවෙන් යුතු ලෝකයෙහි අනුත්තර වූ සම්මා සම්බෝධිය අවබෝධ කළෙමි යි ප්‍රතිඥා දුන්නෙමි.

මා හට ඥාන දර්ශනය පහළ විය. මාගේ චිත්ත විමුක්තිය නොසෙල්වෙයි. මේ මාගේ අන්තිම ඉපදීම යි. දැන් පුනර්භවයක් නැත්තේ ය.

සාදු! සාදු!! සාදු!!!

පුනබ්භව සූත්‍රය නිමා විය.

4.3.2.
ජීවිතින්ද්‍රිය සූත්‍රය
ජීවිතින්ද්‍රිය ගැන වදාළ දෙසුම

මහණෙනි, මේ ඉන්ද්‍රියයෝ තුනකි. ඒ කවර තුනක් ද යත්, ස්ත්‍රී ඉන්ද්‍රිය, පුරුෂ ඉන්ද්‍රිය, ජීවිත ඉන්ද්‍රිය ය. මහණෙනි, මේ වනාහී තුනක් වූ ඉන්ද්‍රියයෝ ය.

සාදු! සාදු!! සාදු!!!

ජීවිතින්ද්‍රිය සූත්‍රය නිමා විය.

4.3.3.
අඤ්ඤින්ද්‍රිය සූත්‍රය
අඤ්ඤින්ද්‍රිය ගැන වදාළ දෙසුම

මහණෙනි, මේ ඉන්ද්‍රියයෝ තුනකි. ඒ කවර තුනක් ද යත්, සෝවාන් කෙනාට ඇති ඉන්ද්‍රිය වන අවබෝධ නොකළ දෙය අවබෝධ කරමි යි දැඩි ව පිහිටන අනඤ්ඤාතඤ්ඤස්සාමීති ඉන්ද්‍රිය ය, සෝවාන් ඵලයේ සිට අරහත් මාර්ගය දක්වා මාර්ගය මැනැවින් දකින්නා වූ අඤ්ඤින්ද්‍රිය ය. අරහත්ඵලයේ දී අවබෝධ කළ බව මැනැවින් දන්නා වූ අඤ්ඤාතාවී ඉන්ද්‍රිය ය. මහණෙනි, මේ වනාහී තුනක් වූ ඉන්ද්‍රියයෝ ය.

සාදු! සාදු!! සාදු!!!

අඤ්ඤින්ද්‍රිය සූත්‍රය නිමා විය.

4.3.4.
ඒකබීජී සූත්‍රය
ඒකබීජී පුද්ගලයා ගැන වදාළ දෙසුම

මහණෙනි, මේ ඉන්ද්‍රියයෝ පසකි. ඒ කවර පසක් ද යත්, ශ්‍රද්ධා ඉන්ද්‍රිය ය, විරිය ඉන්ද්‍රිය ය, සති ඉන්ද්‍රිය ය, සමාධි ඉන්ද්‍රිය ය, ප්‍රඥා ඉන්ද්‍රිය ය. මහණෙනි, මේ වනාහී පසක් වූ ඉන්ද්‍රියයෝ ය.

මහණෙනි, මේ පංච ඉන්ද්‍රිය ධර්මයන් සම්පූර්ණයෙන් පරිපූර්ණ කළ බැවින් අරහත් වෙයි. එයට වඩා මෘදු ව කළ කල්හී අන්තරා පරිනිබ්බායී වෙයි. එයට වඩා මෘදු ව කළ කල්හී උපහච්ච පරිනිබ්බායී වෙයි. එයට වඩා මෘදු ව කළ කල්හී අසංඛාර පරිනිබ්බායී වෙයි. එයට වඩා මෘදු ව කළ කල්හී සසංඛාර පරිනිබ්බායී වෙයි. එයට වඩා මෘදු ව කළ කල්හී උද්ධංසෝත අකනිට්ඨගාමී වෙයි. එයට ත් වඩා මෘදු ව කළ කල්හී සකදාගාමී වෙයි. එයට ත් වඩා මෘදු ව කළ කල්හී (එක්වරක් පමණක් පිළිසිඳ ගන්නා) ඒකබීජී වෙයි. එයට ත් වඩා මෘදු ව කළ කල්හී (දෙතුන් වරක් පිළිසිඳ ගන්නා) කෝළංකෝල වෙයි. එයට ත් වඩා මෘදු ව කළ කල්හී (සත්වරක් දක්වා පිළිසිඳ ගන්නා) සත්තක්ඛත්තුපරම වෙයි. එයට ත් වඩා මෘදු ව කළ කල්හී ධම්මානුසාරී වෙයි. එයට ත් වඩා මෘදු ව කළ කල්හී ශ්‍රද්ධානුසාරී වෙයි.

සාදු! සාදු!! සාදු!!!

ඒකබීජී සූත්‍රය නිමා විය.

4.3.5.
සුද්ධක සූත්‍රය
පිරිසිදු බව ගැන වදාළ දෙසුම

මහණෙනි, මේ ඉන්ද්‍රියයෝ සයකි. ඒ කවර සයක් ද යත්, ඇස නම් වූ ඉන්ද්‍රිය ය, කන නම් වූ ඉන්ද්‍රිය ය, නාසය නම් වූ ඉන්ද්‍රිය ය, දිව නම් වූ ඉන්ද්‍රිය ය, කය නම් වූ ඉන්ද්‍රිය ය, මනස නම් වූ ඉන්ද්‍රිය ය. මහණෙනි, මේ වනාහී

සයක් වූ ඉන්ද්‍රියයෝ ය.

සාදු! සාදු!! සාදු!!!

සුද්ධක සූත්‍රය නිමා විය.

4.3.6.
සෝතාපන්න සූත්‍රය
සෝවාන් පුද්ගලයා ගැන වදාළ දෙසුම

මහණෙනි, මේ ඉන්ද්‍රියයෝ සයකි. ඒ කවර සයක් ද යත්, ඇස නම් වූ ඉන්ද්‍රිය ය, කන නම් වූ ඉන්ද්‍රිය ය, නාසය නම් වූ ඉන්ද්‍රිය ය, දිව නම් වූ ඉන්ද්‍රිය ය, කය නම් වූ ඉන්ද්‍රිය ය, මනස නම් වූ ඉන්ද්‍රිය ය. මහණෙනි, යම් කලක ආර්ය ශ්‍රාවකයා මේ ඉන්ද්‍රියයන් සය පිළිබඳ ව හටගැනීම ත්, නැසීම ත්, ආශ්වාදය ත්, ආදීනවය ත්, නිස්සරණය ත් ඒ වූ සැටියෙන් ම දැනගනියි ද, මහණෙනි, මෙම ආර්ය ශ්‍රාවකයා අපායට නොවැටෙන ස්වභාවයෙන් යුතු වූයේ නියත වශයෙන් ම නිවන පිහිට කොට ඇත්තේ සෝවාන් පුද්ගලයා යැයි කියනු ලැබේ.

සාදු! සාදු!! සාදු!!!

සෝතාපන්න සූත්‍රය නිමා විය.

4.3.7.
අරහන්ත සූත්‍රය
රහතන් වහන්සේ ගැන වදාළ දෙසුම

මහණෙනි, මේ ඉන්ද්‍රියයෝ සයකි. ඒ කවර සයක් ද යත්, ඇස නම් වූ ඉන්ද්‍රිය ය, කන නම් වූ ඉන්ද්‍රිය ය, නාසය නම් වූ ඉන්ද්‍රිය ය, දිව නම් වූ ඉන්ද්‍රිය ය, කය නම් වූ ඉන්ද්‍රිය ය, මනස නම් වූ ඉන්ද්‍රිය ය. මහණෙනි, යම් කලක භික්ෂුව මේ ඉන්ද්‍රියයන් සය පිළිබඳ ව හටගැනීම ත්, නැසීම ත්, ආශ්වාදය ත්, ආදීනවය ත්, නිස්සරණය ත් ඒ වූ සැටියෙන් ම දැන උපාදාන රහිත ව නිදහස්

වූයේ වෙයි ද, මහණෙනි, මේ භික්ෂුව ආශ්‍රවයන් ක්ෂය කරන ලද්දේ, බඹසර නිමාකරන ලද්දේ, කළ යුත්ත කරන ලද්දේ, කෙලෙස් බර බැහැර කරන ලද්දේ, අනුපිළිවෙලින් පැමිණි අරහත්වය ඇත්තේ, භව සංයෝජන ක්ෂය කරන ලද්දේ, මැනැවින් දැන නිදහස් වූයේ, රහතන් වහන්සේ යැයි කියනු ලැබේ.

සාදු! සාදු!! සාදු!!!

අරහන්ත සූත්‍රය නිමා විය.

4.3.8.
බුද්ධ සූත්‍රය
බුදුරජ ගැන වදාළ දෙසුම

මහණෙනි, මේ ඉන්ද්‍රියයෝ සයකි. ඒ කවර සයක් ද යත්, ඇස නම් වූ ඉන්ද්‍රිය ය, කන නම් වූ ඉන්ද්‍රිය ය, නාසය නම් වූ ඉන්ද්‍රිය ය, දිව නම් වූ ඉන්ද්‍රිය ය, කය නම් වූ ඉන්ද්‍රිය ය, මනස නම් වූ ඉන්ද්‍රිය ය. මහණෙනි, යම්තාක් කල් මම මේ ඉන්ද්‍රියයන් සය පිළිබඳ ව හටගැනීම ත්, නැසීම ත්, ආශ්වාදය ත්, ආදීනවය ත්, නිස්සරණය ත් ඒ වූ සැටියෙන් අවබෝධ නොකළෙම් ද, ...(පෙ).... මට ඥානදර්ශනය පහළ විය. මාගේ චිත්ත විමුක්තිය නොසෙල්වෙයි. මේ අන්තිම ඉපදීම යි. දැන් පුනර්භවයක් නැත්තේ ය.

සාදු! සාදු!! සාදු!!!

බුද්ධ සූත්‍රය නිමා විය.

4.3.9.
සමණබ්‍රාහ්මණ සූත්‍රය
ශ්‍රමණ බ්‍රාහ්මණවරු ගැන වදාළ දෙසුම

මහණෙනි, මේ ඉන්ද්‍රියයෝ සයකි. ඒ කවර සයක් ද යත්, ඇස නම් වූ ඉන්ද්‍රිය ය, කන නම් වූ ඉන්ද්‍රිය ය, නාසය නම් වූ ඉන්ද්‍රිය ය, දිව නම් වූ

ඉන්ද්‍රිය ය, කය නම් වූ ඉන්ද්‍රිය ය, මනස නම් වූ ඉන්ද්‍රිය ය. මහණෙනි, යම්කිසි ශ්‍රමණයෝ හෝ බ්‍රාහ්මණයෝ හෝ මේ ඉන්ද්‍රියයන් සය පිළිබඳ ව හටගැනීම ත්, නැසීම ත්, ආශ්වාදය ත්, ආදීනවය ත්, නිස්සරණය ත් ඒ වූ සැටියෙන් නොදනිත් ද, ...(පෙ).... දනිත් ද, ...(පෙ).... සිය විශිෂ්ට ඥානයෙන් දැන එයට පැමිණ වාසය කරන්නාහු වෙති.

සාදු! සාදු!! සාදු!!!

සමණබ්‍රාහ්මණ සූත්‍රය නිමා විය.

4.3.10.
දුතිය සමණබ්‍රාහ්මණ සූත්‍රය
ශ්‍රමණ බ්‍රාහ්මණවරු ගැන වදාළ දෙවෙනි දෙසුම

මහණෙනි, යම්කිසි ශ්‍රමණයෝ හෝ බ්‍රාහ්මණයෝ හෝ ඇස නමැති ඉන්ද්‍රිය නොදනිත් ද, ඇස නමැති ඉන්ද්‍රියයෙහි හටගැනීම නොදනිත් ද, ඇස නමැති ඉන්ද්‍රියයෙහි නිරෝධය නොදනිත් ද, ඇස නමැති ඉන්ද්‍රිය නිරුද්ධ වන්නා වූ මාර්ගය නොදනිත් ද, කන නමැති ඉන්ද්‍රිය නොදනිත් ද ....(පෙ).... නාසය නමැති ඉන්ද්‍රිය නොදනිත් ද ....(පෙ).... දිව නමැති ඉන්ද්‍රිය නොදනිත් ද ....(පෙ).... කය නමැති ඉන්ද්‍රිය නොදනිත් ද ....(පෙ).... මනස නමැති ඉන්ද්‍රිය නොදනිත් ද, මනස නමැති ඉන්ද්‍රියයෙහි හටගැනීම නොදනිත් ද, මනස නමැති ඉන්ද්‍රියයෙහි නිරෝධය නොදනිත් ද, මනස නමැති ඉන්ද්‍රිය නිරුද්ධ වන්නා වූ මාර්ගය නොදනිත් ද, ...(පෙ).... දනිත් ද, ...(පෙ).... සිය විශිෂ්ට ඥානයෙන් දැන එයට පැමිණ වාසය කරන්නාහු වෙති.

සාදු! සාදු!! සාදු!!!

දුතිය සමණබ්‍රාහ්මණ සූත්‍රය නිමා විය.

තුන්වෙනි ඡළින්ද්‍රිය වර්ගය අවසන් විය.

- එහි පිළිවෙල උද්දානයයි :

පුනබ්භව සූත්‍රය, ජීවිතින්ද්‍රිය සූත්‍රය, අඤ්ඤින්ද්‍රිය සූත්‍රය, ඒකබීජී සූත්‍රය, සුද්ධක සූත්‍රය, සෝතාපන්න සූත්‍රය, අරහන්ත සූත්‍රය, බුද්ධ සූත්‍රය සහ සමණබ්‍රාහ්මණ සූත්‍ර දෙක වශයෙන් මෙහි සූත්‍ර දසයකි.

4. සුඛින්ද්‍රිය වර්ගය

4.4.1.
සුද්ධක සූත්‍රය
පිරිසිදු බව ගැන වදාළ දෙසුම

මහණෙනි, මේ ඉන්ද්‍රියයෝ පසකි. ඒ කවර පසක් ද යත්, සැපය නම් වූ ඉන්ද්‍රියයකි. දුක නම් වූ ඉන්ද්‍රියයකි. සොම්නස නම් වූ ඉන්ද්‍රියයකි. දොම්නස නම් වූ ඉන්ද්‍රියයකි. උපේක්ෂාව නම් වූ ඉන්ද්‍රියයකි. මහණෙනි, මේ වනාහී පංච ඉන්ද්‍රියයෝ ය.

සාදු! සාදු!! සාදු!!!

සුද්ධක සූත්‍රය නිමා විය.

4.4.2.
සෝතාපන්න සූත්‍රය
සෝවාන් පුද්ගලයා ගැන වදාළ දෙසුම

මහණෙනි, මේ ඉන්ද්‍රියයෝ පසකි. ඒ කවර පසක් ද යත්, සැපය නම් වූ ඉන්ද්‍රියයකි. දුක නම් වූ ඉන්ද්‍රියයකි. සොම්නස නම් වූ ඉන්ද්‍රියයකි. දොම්නස නම් වූ ඉන්ද්‍රියයකි. උපේක්ෂාව නම් වූ ඉන්ද්‍රියයකි. මහණෙනි, යම් කලක ආර්ය ශ්‍රාවකයා මේ ඉන්ද්‍රියයන් පස පිළිබඳ ව හටගැනීම ත්, නැසීම ත්, ආශ්වාදය ත්, ආදීනවය ත්, නිස්සරණය ත් ඒ වූ සැටියෙන් ම දැනගනියි ද, මහණෙනි, මෙම

ආර්ය ශ්‍රාවකයා අපායට නොවැටෙන ස්වභාවයෙන් යුතු වූයේ නියත වශයෙන් ම නිවන පිහිට කොට ඇත්තේ සෝවාන් පුද්ගලයා යැයි කියනු ලැබේ.

සාදු! සාදු!! සාදු!!!

සෝතාපන්න සූත්‍රය නිමා විය.

4.4.3.
අරහන්ත සූත්‍රය
රහතන් වහන්සේ ගැන වදාළ දෙසුම

මහණෙනි, මේ ඉන්ද්‍රියයෝ පසකි. ඒ කවර පසක් ද යත්, සැපය නම් වූ ඉන්ද්‍රියයකි. දුක නම් වූ ඉන්ද්‍රියයකි. සොම්නස නම් වූ ඉන්ද්‍රියයකි. දොම්නස නම් වූ ඉන්ද්‍රියයකි. උපේක්ෂාව නම් වූ ඉන්ද්‍රියයකි. මහණෙනි, යම් කලක භික්ෂුව මේ ඉන්ද්‍රියයන් පස පිළිබඳ ව හටගැනීම ත්, නැසීම ත්, ආශ්වාදය ත්, ආදීනවය ත්, නිස්සරණය ත් ඒ වූ සැටියෙන් ම දැන උපාදාන රහිත ව නිදහස් වූයේ වෙයි ද, මහණෙනි, මේ භික්ෂුව ආශ්‍රවයන් ක්ෂය කරන ලද්දේ, බඹසර නිමාකරන ලද්දේ, කළ යුත්ත කරන ලද්දේ, කෙලෙස් බර බැහැර කරන ලද්දේ, අනුපිළිවෙලින් පැමිණි අරහත්වය ඇත්තේ, භව සංයෝජන ක්ෂය කරන ලද්දේ, මැනැවින් දැන නිදහස් වූයේ, රහතන් වහන්සේ යැයි කියනු ලැබේ.

සාදු! සාදු!! සාදු!!!

අරහන්ත සූත්‍රය නිමා විය.

4.4.4.
සමණබ්‍රාහ්මණ සූත්‍රය
ශ්‍රමණ බ්‍රාහ්මණවරු ගැන වදාළ දෙසුම

මහණෙනි, මේ ඉන්ද්‍රියයෝ පසකි. ඒ කවර පසක් ද යත්, සැපය නම් වූ ඉන්ද්‍රියයකි. දුක නම් වූ ඉන්ද්‍රියයකි. සොම්නස නම් වූ ඉන්ද්‍රියයකි. දොම්නස නම්

වූ ඉන්ද්‍රියයකි. උපේක්ෂාව නම් වූ ඉන්ද්‍රියයකි. මහණෙනි, යම්කිසි ශ්‍රමණයෝ හෝ බ්‍රාහ්මණයෝ හෝ මේ ඉන්ද්‍රියයන් පස පිළිබඳ ව හටගැනීම ත්, නැසීම ත්, ආශ්වාදය ත්, ආදීනවය ත්, නිස්සරණය ත් ඒ වූ සැටියෙන් නොදනිත් ද, ...(පෙ).... දනිත් ද, ...(පෙ).... සිය විශිෂ්ට ඥානයෙන් දැන එයට පැමිණ වාසය කරන්නාහු වෙති.

සාදු! සාදු!! සාදු!!!

සමණබ්‍රාහ්මණ සූත්‍රය නිමා විය.

4.4.5.
දුතිය සමණබ්‍රාහ්මණ සූත්‍රය
ශ්‍රමණ බ්‍රාහ්මණවරු ගැන වදාළ දෙවෙනි දෙසුම

මහණෙනි, මේ ඉන්ද්‍රියයෝ පසකි. ඒ කවර පසක් ද යත්, සැපය නම් වූ ඉන්ද්‍රියයකි. දුක නම් වූ ඉන්ද්‍රියයකි. සොම්නස නම් වූ ඉන්ද්‍රියයකි. දොම්නස නම් වූ ඉන්ද්‍රියයකි. උපේක්ෂාව නම් වූ ඉන්ද්‍රියයකි. මහණෙනි, යම්කිසි ශ්‍රමණයෝ හෝ බ්‍රාහ්මණයෝ හෝ සැප නමැති ඉන්ද්‍රිය නොදනිත් ද, සැප නමැති ඉන්ද්‍රියයෙහි හටගැනීම නොදනිත් ද, සැප නමැති ඉන්ද්‍රියයෙහි නිරෝධය නොදනිත් ද, සැප නමැති ඉන්ද්‍රිය නිරුද්ධ වන්නා වූ මාර්ගය නොදනිත් ද, දුක නමැති ඉන්ද්‍රිය නොදනිත් ද ....(පෙ).... සොම්නස නමැති ඉන්ද්‍රිය නොදනිත් ද ....(පෙ).... දොම්නස නමැති ඉන්ද්‍රිය නොදනිත් ද ....(පෙ).... උපේක්ෂාව නමැති ඉන්ද්‍රිය නොදනිත් ද, උපේක්ෂාව නමැති ඉන්ද්‍රියයෙහි හටගැනීම නොදනිත් ද, උපේක්ෂාව නමැති ඉන්ද්‍රියයෙහි නිරෝධය නොදනිත් ද, උපේක්ෂාව නමැති ඉන්ද්‍රිය නිරුද්ධ වන්නා වූ මාර්ගය නොදනිත් ද, ...(පෙ).... දනිත් ද, ...(පෙ).... සිය විශිෂ්ට ඥානයෙන් දැන එයට පැමිණ වාසය කරන්නාහු වෙති.

සාදු! සාදු!! සාදු!!!

දුතිය සමණබ්‍රාහ්මණ සූත්‍රය නිමා විය.

4.4.6.
විභංග සූත්‍රය
විග්‍රහ කොට වදාළ දෙසුම

මහණෙනි, මේ ඉන්ද්‍රියයෝ පසකි. ඒ කවර පසක් ද යත්, සැපය නම් වූ ඉන්ද්‍රියයකි. දුක නම් වූ ඉන්ද්‍රියයකි. සොම්නස නම් වූ ඉන්ද්‍රියයකි. දොම්නස නම් වූ ඉන්ද්‍රියයකි. උපේක්ෂාව නම් වූ ඉන්ද්‍රියයකි.

මහණෙනි, සැප ඉන්ද්‍රිය යනු කුමක් ද? මහණෙනි, යම් කායික සැපක් ඇද්ද, යම් කායික මිහිරක් ඇද්ද, කයෙහි ස්පර්ශයෙන් හටගන්නා සැපවත් වූ මිහිරි වූ විඳින බවක් ඇද්ද, මෙය මහණෙනි, සැප ඉන්ද්‍රිය යැයි කියනු ලැබේ.

මහණෙනි, දුක් ඉන්ද්‍රිය යනු කුමක් ද? මහණෙනි, යම් කායික දුකක් ඇද්ද, යම් කායික අමිහිරක් ඇද්ද, කයෙහි ස්පර්ශයෙන් හටගන්නා දුක් වූ අමිහිරි වූ විඳින බවක් ඇද්ද, මෙය මහණෙනි, දුක් ඉන්ද්‍රිය යැයි කියනු ලැබේ.

මහණෙනි, සොම්නස් ඉන්ද්‍රිය යනු කුමක් ද? මහණෙනි, යම් මානසික සැපක් ඇද්ද, යම් මානසික මිහිරක් ඇද්ද, මනසෙහි ස්පර්ශයෙන් හටගන්නා සැපවත් වූ මිහිරි වූ විඳින බවක් ඇද්ද, මෙය මහණෙනි, සොම්නස් ඉන්ද්‍රිය යැයි කියනු ලැබේ.

මහණෙනි, දොම්නස් ඉන්ද්‍රිය යනු කුමක් ද? මහණෙනි, යම් මානසික දුකක් ඇද්ද, යම් මානසික අමිහිරක් ඇද්ද, මනසෙහි ස්පර්ශයෙන් හටගන්නා දුක් වූ අමිහිරි වූ විඳින බවක් ඇද්ද, මෙය මහණෙනි, දොම්නස් ඉන්ද්‍රිය යැයි කියනු ලැබේ.

මහණෙනි, උපේක්ෂා ඉන්ද්‍රිය යනු කුමක් ද? මහණෙනි, කායික හෝ මානසික හෝ මිහිරි ත් නොවූ, අමිහිරිත් නොවූ යම් විඳින බවක් ඇද්ද, මෙය මහණෙනි, උපේක්ෂා ඉන්ද්‍රිය යැයි කියනු ලැබේ.

මහණෙනි, මේ වනාහී පංච ඉන්ද්‍රියයෝ ය.

සාදු! සාදු!! සාදු!!!

විභංග සූත්‍රය නිමා විය.

4.4.7.
දුතිය විභංග සූත්‍රය
විග්‍රහ කොට වදාළ දෙවෙනි දෙසුම

මහණෙනි, මේ ඉන්ද්‍රියයෝ පසකි. ඒ කවර පසක් ද යත්, සැපය නම් වූ ඉන්ද්‍රියයකි. දුක නම් වූ ඉන්ද්‍රියයකි. සොම්නස නම් වූ ඉන්ද්‍රියයකි. දොම්නස නම් වූ ඉන්ද්‍රියයකි. උපේක්ෂාව නම් වූ ඉන්ද්‍රියයකි.

මහණෙනි, සැප ඉන්ද්‍රිය යනු කුමක් ද? මහණෙනි, යම් කායික සැපක් ඇද්ද, යම් කායික මිහිරක් ඇද්ද, කයෙහි ස්පර්ශයෙන් හටගන්නා සැපවත් වූ මිහිරි වූ විඳින බවක් ඇද්ද, මෙය මහණෙනි, සැප ඉන්ද්‍රිය යැයි කියනු ලැබේ. මහණෙනි, දුක් ඉන්ද්‍රිය යනු කුමක් ද? ....(පෙ).... මහණෙනි, සොම්නස් ඉන්ද්‍රිය යනු කුමක් ද? ....(පෙ).... මහණෙනි, දොම්නස් ඉන්ද්‍රිය යනු කුමක් ද? ....(පෙ).... මහණෙනි, උපේක්ෂා ඉන්ද්‍රිය යනු කුමක් ද? මහණෙනි, කායික හෝ මානසික හෝ මිහිරි ත් නොවූ, අමිහිරිත් නොවූ යම් විඳින බවක් ඇද්ද, මෙය මහණෙනි, උපේක්ෂා ඉන්ද්‍රිය යැයි කියනු ලැබේ.

මහණෙනි, එහි යම් සැප ඉන්ද්‍රියක් ඇද්ද, යම් සොම්නස් ඉන්ද්‍රියයක් ඇද්ද, එය සැප විඳීම ලෙස දැක්ක යුත්තේ ය. මහණෙනි, එහි යම් දුක් ඉන්ද්‍රියයක් ඇද්ද, යම් දොම්නස් ඉන්ද්‍රියයක් ඇද්ද, එය දුක් විඳීම ලෙස දැක්ක යුත්තේ ය. මහණෙනි, එහි යම් මේ උපේක්ෂා ඉන්ද්‍රියයක් ඇද්ද, එය දුක් සැප රහිත විඳීම ලෙස දැක්ක යුත්තේ ය.

මහණෙනි, මේ වනාහී පංච ඉන්ද්‍රියයෝ ය.

සාදු! සාදු!! සාදු!!!

දුතිය විභංග සූත්‍රය නිමා විය.

4.4.8.
තතිය විභංග සූත්‍රය
විග්‍රහ කොට වදාළ තෙවෙනි දෙසුම

මහණෙනි, මේ ඉන්ද්‍රියයෝ පසකි. ඒ කවර පසක් ද යත්, සැපය නම් වූ ඉන්ද්‍රියයකි. දුක නම් වූ ඉන්ද්‍රියයකි. සොම්නස නම් වූ ඉන්ද්‍රියයකි. දොම්නස නම් වූ ඉන්ද්‍රියයකි. උපේක්ෂාව නම් වූ ඉන්ද්‍රියයකි.

මහණෙනි, සැප ඉන්ද්‍රිය යනු කුමක් ද? මහණෙනි, යම් කායික සැපක් ඇද්ද, යම් කායික මිහිරක් ඇද්ද, කයෙහි ස්පර්ශයෙන් හටගන්නා සැපවත් වූ මිහිරි වූ විඳින බවක් ඇද්ද, මෙය මහණෙනි, සැප ඉන්ද්‍රිය යැයි කියනු ලැබේ. මහණෙනි, දුක් ඉන්ද්‍රිය යනු කුමක් ද? ....(පෙ).... මහණෙනි, සොම්නස් ඉන්ද්‍රිය යනු කුමක් ද? ....(පෙ).... මහණෙනි, දොම්නස් ඉන්ද්‍රිය යනු කුමක් ද? ....(පෙ).... මහණෙනි, උපේක්ෂා ඉන්ද්‍රිය යනු කුමක් ද? මහණෙනි, කායික හෝ මානසික හෝ මිහිරි ත් නොවූ, අමිහිරිත් නොවූ යම් විඳින බවක් ඇද්ද, මෙය මහණෙනි, උපේක්ෂා ඉන්ද්‍රිය යැයි කියනු ලැබේ.

මහණෙනි, එහි යම් සැප ඉන්ද්‍රියයක් ඇද්ද, යම් සොම්නස් ඉන්ද්‍රියයක් ඇද්ද, එය සැප විඳීම ලෙස දැක්ක යුත්තේ ය. මහණෙනි, එහි යම් දුක් ඉන්ද්‍රියයක් ඇද්ද, යම් දොම්නස් ඉන්ද්‍රියයක් ඇද්ද, එය දුක් විඳීම ලෙස දැක්ක යුත්තේ ය. මහණෙනි, එහි යම් මේ උපේක්ෂා ඉන්ද්‍රියයක් ඇද්ද, එය දුක් සැප රහිත විඳීම ලෙස දැක්ක යුත්තේ ය. මෙසේ මහණෙනි, මේ පංච ඉන්ද්‍රියයෝ පහක් වී තුනක් බවට පත්වෙති. තුනක් වී පහක් බවට පත්වෙති. ඒ ධර්මය පවසන අයුරින් ය.

සාදු! සාදු!! සාදු!!!

තතිය විභංග සූත්‍රය නිමා විය.

4.4.9.
කට්ඨෝපම සූත්‍රය
ගිනිගානා දණ්ඩ උපමා කොට වදාළ දෙසුම

මහණෙනි, මේ ඉන්ද්‍රියයෝ පසකි. ඒ කවර පසක් ද යත්, සැපය නම් වූ ඉන්ද්‍රියයකි. සොම්නස නම් වූ ඉන්ද්‍රියයකි. දුක නම් වූ ඉන්ද්‍රියයකි. දොම්නස නම් වූ ඉන්ද්‍රියයකි. උපේක්ෂාව නම් වූ ඉන්ද්‍රියයකි.

මහණෙනි, සැප විඳීමට හේතු වූ ස්පර්ශය නිසා සැප ඉන්ද්‍රිය උපදියි. එවිට ඔහු සැපයට පත් ව, සුඛිත වූයෙමි යි දැනගනියි. ඒ සැප විඳීමට හේතු වූ ස්පර්ශය නිරුද්ධ වීමෙන් එයින් හටගත් යම් විඳීමක් ඇද්ද, එනම් සැප වේදනාව ඇති කළ ස්පර්ශය නිසා උපන් සැප ඉන්ද්‍රියයක් ඇද්ද, එය නිරුද්ධ වෙයි. එය සංසිඳෙයි යැයි දැනගනියි.

මහණෙනි, දුක් විඳීමට හේතු වූ ස්පර්ශය නිසා දුක් ඉන්ද්‍රිය උපදියි. එවිට ඔහු දුකට පත් ව, දුක්ඛිත වූයෙමි යි දැනගනියි. ඒ දුක් විඳීමට හේතු වූ ස්පර්ශය නිරුද්ධ වීමෙන් එයින් හටගත් යම් විඳීමක් ඇද්ද, එනම් දුක් වේදනාව ඇති කළ ස්පර්ශය නිසා උපන් දුක් ඉන්ද්‍රියයක් ඇද්ද, එය නිරුද්ධ වෙයි. එය සංසිඳෙයි යැයි දැනගනියි.

මහණෙනි, මානසික සැප විඳීමට හේතු වූ ස්පර්ශය නිසා සොම්නස් ඉන්ද්‍රිය උපදියි. එවිට ඔහු මානසික සැපයට පත් ව, සැපවත් සිත් ඇතිවූයෙමි යි දැනගනියි. ඒ මානසික සැප විඳීමට හේතු වූ ස්පර්ශය නිරුද්ධ වීමෙන් එයින් හටගත් යම් විඳීමක් ඇද්ද, එනම් මානසික සැප වේදනාව ඇති කළ ස්පර්ශය නිසා උපන් සොම්නස් ඉන්ද්‍රියයක් ඇද්ද, එය නිරුද්ධ වෙයි. එය සංසිඳෙයි යැයි දැනගනියි.

මහණෙනි, මානසික දුක් විඳීමට හේතු වූ ස්පර්ශය නිසා දොම්නස් ඉන්ද්‍රිය උපදියි. එවිට ඔහු මානසික දුකට පත් ව, දුකට පත් සිත් ඇතිවූයෙමි යි දැනගනියි. ඒ මානසික දුක් විඳීමට හේතු වූ ස්පර්ශය නිරුද්ධ වීමෙන් එයින් හටගත් යම් විඳීමක් ඇද්ද, එනම් මානසික දුක් වේදනාව ඇති කළ ස්පර්ශය නිසා උපන් දොම්නස් ඉන්ද්‍රියයක් ඇද්ද, එය නිරුද්ධ වෙයි. එය සංසිඳෙයි යැයි දැනගනියි.

මහණෙනි, උපේක්ෂා විඳීමට හේතු වූ ස්පර්ශය නිසා උපේක්ෂා ඉන්ද්‍රිය

උපදියි. එවිට ඔහු උපේක්ෂාවට පත් ව, උපේක්ෂාව ඇතිවූයෙමි යි දැනගනියි. ඒ උපේක්ෂා විඳීමට හේතු වූ ස්පර්ශය නිරුද්ධ වීමෙන් එයින් හටගත් යම් විඳීමක් ඇද්ද, එනම් උපේක්ෂා වේදනාව ඇති කළ ස්පර්ශය නිසා උපන් උපේක්ෂා ඉන්ද්‍රියයක් ඇද්ද, එය නිරුද්ධ වෙයි. එය සංසිඳෙයි යැයි දැනගනියි.

මහණෙනි, එය මෙබඳු දෙයකි. ගිනිගානා දඬු දෙකක් සට්ඨනය කිරීමෙන් එකිනෙක එකතු වීමෙන් උණුසුම උපදියි. ගින්න හටගනියි. ඒ ගිනි ගානා දඬු දෙකෙහි ම වෙන්වීමෙන්, වෙන් කොට තැබීමෙන් එයින් හටගත් යම් උණුසුමක් ඇද්ද, එය නිරුද්ධ වෙයි. එය සංසිඳෙයි.

එසෙයින් ම මහණෙනි, සැප විඳීමට හේතු වූ ස්පර්ශය නිසා සැප ඉන්ද්‍රිය උපදියි. එවිට ඔහු සැපයට පත් ව, සුඛිත වූයෙමි යි දැනගනියි. ඒ සැප විඳීමට හේතු වූ ස්පර්ශය නිරුද්ධ වීමෙන් එයින් හටගත් යම් විඳීමක් ඇද්ද, එනම් සැප වේදනාව ඇති කළ ස්පර්ශය නිසා උපන් සැප ඉන්ද්‍රියයක් ඇද්ද, එය නිරුද්ධ වෙයි. එය සංසිඳෙයි යැයි දැනගනියි.

මහණෙනි, දුක් විඳීමට හේතු වූ ස්පර්ශය නිසා දුක් ඉන්ද්‍රිය උපදියි. එවිට ඔහු දුකට පත් ව, දුක්ඛිත වූයෙමි යි දැනගනියි. ඒ දුක් විඳීමට හේතු වූ ස්පර්ශය නිරුද්ධ වීමෙන් එයින් හටගත් යම් විඳීමක් ඇද්ද, එනම් දුක් වේදනාව ඇති කළ ස්පර්ශය නිසා උපන් දුක් ඉන්ද්‍රියයක් ඇද්ද, එය නිරුද්ධ වෙයි. එය සංසිඳෙයි යැයි දැනගනියි.

මහණෙනි, මානසික සැප විඳීමට හේතු වූ ස්පර්ශය නිසා සොම්නස් ඉන්ද්‍රිය උපදියි. එවිට ඔහු මානසික සැපයට පත් ව, සැපවත් සිත් ඇතිවූයෙමි යි දැනගනියි. ඒ මානසික සැප විඳීමට හේතු වූ ස්පර්ශය නිරුද්ධ වීමෙන් එයින් හටගත් යම් විඳීමක් ඇද්ද, එනම් මානසික සැප වේදනාව ඇති කළ ස්පර්ශය නිසා උපන් සොම්නස් ඉන්ද්‍රියයක් ඇද්ද, එය නිරුද්ධ වෙයි. එය සංසිඳෙයි යැයි දැනගනියි.

මහණෙනි, මානසික දුක් විඳීමට හේතු වූ ස්පර්ශය නිසා දොම්නස් ඉන්ද්‍රිය උපදියි. එවිට ඔහු මානසික දුකට පත් ව, දුකට පත් සිත් ඇතිවූයෙමි යි දැනගනියි. ඒ මානසික දුක් විඳීමට හේතු වූ ස්පර්ශය නිරුද්ධ වීමෙන් එයින් හටගත් යම් විඳීමක් ඇද්ද, එනම් මානසික දුක් වේදනාව ඇති කළ ස්පර්ශය නිසා උපන් දොම්නස් ඉන්ද්‍රියයක් ඇද්ද, එය නිරුද්ධ වෙයි. එය සංසිඳෙයි යැයි දැනගනියි.

මහණෙනි, උපේක්ෂා විඳීමට හේතු වූ ස්පර්ශය නිසා උපේක්ෂා ඉන්ද්‍රිය

උපදියි. එවිට ඔහු උපේක්ෂාවට පත් ව, උපේක්ෂාව ඇතිවූයෙමි යි දැනගනියි. ඒ උපේක්ෂා විඳීමට හේතු වූ ස්පර්ශය නිරුද්ධ වීමෙන් එයින් හටගත් යම් විඳීමක් ඇද්ද, එනම් උපේක්ෂා වේදනාව ඇති කළ ස්පර්ශය නිසා උපන් උපේක්ෂා ඉන්ද්‍රියයක් ඇද්ද, එය නිරුද්ධ වෙයි. එය සංසිඳෙයි යැයි දැනගනියි.

සාදු! සාදු!! සාදු!!!

කට්ඨෝපම සූත්‍රය නිමා විය.

4.4.10.
උප්පටිපාටික සූත්‍රය
උපිළිවෙල ගැන වදාළ දෙසුම

මහණෙනි, මේ ඉන්ද්‍රියයෝ පසකි. ඒ කවර පසක් ද යත්, සැපය නම් වූ ඉන්ද්‍රියයකි. සොම්නස නම් වූ ඉන්ද්‍රියයකි. දුක නම් වූ ඉන්ද්‍රියයකි. දොම්නස නම් වූ ඉන්ද්‍රියයකි. උපේක්ෂාව නම් වූ ඉන්ද්‍රියයකි.

මහණෙනි, මෙහිලා භික්ෂුව හට අප්‍රමාදී ව කෙලෙස් තවන වීරියෙන් යුතු ව, කාය ජීවිත දෙකෙහි අපේක්ෂා රහිත ව වාසය කරද්දී දුක් ඉන්ද්‍රිය උපදියි. ඔහු මෙසේ දැනගනියි. 'මා හට මේ දුක් ඉන්ද්‍රිය උපන්නේ ය. එය වනාහී හේතු සහිත වූ, නිදාන සහිත වූ, සංස්කාර සහිත වූ, ප්‍රත්‍ය සහිත වූ දෙයකි. ඒකාන්තයෙන් ඒ දුක් ඉන්ද්‍රිය හේතු රහිත ව, නිදාන රහිත ව, සංස්කාර රහිත ව, ප්‍රත්‍ය රහිත ව උපදින්නේ ය යන කරුණ සිදු නොවන දෙයකි' යි.

ඔහු දුක් ඉන්ද්‍රියය ත් දැනගනියි. දුක් ඉන්ද්‍රියෙහි හටගැනීමත් දැනගනියි. දුක් ඉන්ද්‍රිය නිරුද්ධ වීම ත් දැනගනියි. යම් තැනක උපන් දුක් ඉන්ද්‍රිය ඉතිරි නැති ව නිරුද්ධ වෙයි ද එය ත් දැනගනියි. උපන් දුක් ඉන්ද්‍රිය ඉතුරු නැති ව නිරුද්ධ වන්නේ කොතැන ද? මහණෙනි, මෙහිලා භික්ෂුව කාමයන්ගෙන් වෙන් ව, අකුසල ධර්මයන්ගෙන් වෙන් ව, විතර්ක විචාර සහිත වූ විවේකයෙන් හටගත් ප්‍රීති සුඛය ඇති පළමුවෙනි ධ්‍යානය උපදවාගෙන වාසය කරයි. උපන් දුක් ඉන්ද්‍රිය ඉතුරු නැති ව නිරුද්ධ වන්නේ මෙහි ය. මහණෙනි, මේ භික්ෂුව දුක් ඉන්ද්‍රියයේ නිරෝධය දැනගත්තේ ය. එබඳු බව පිණිස සිත යොමු කොට සිටින්නේ යැයි කියනු ලැබේ.

මහණෙනි, මෙහිලා භික්ෂුව හට අප්‍රමාදී ව කෙලෙස් තවන වීරියෙන් යුතු ව, කාය ජීවිත දෙකෙහි අපේක්ෂා රහිත ව වාසය කරද්දී දොම්නස් ඉන්ද්‍රිය උපදියි. ඔහු මෙසේ දැනගනියි. 'මා හට මේ දොම්නස් ඉන්ද්‍රිය උපන්නේ ය. එය වනාහී හේතු සහිත වූ, නිදාන සහිත වූ, සංස්කාර සහිත වූ, ප්‍රත්‍ය සහිත වූ දෙයකි. ඒකාන්තයෙන් ඒ දොම්නස් ඉන්ද්‍රිය හේතු රහිත ව, නිදාන රහිත ව, සංස්කාර රහිත ව, ප්‍රත්‍ය රහිත ව උපදින්නේ ය යන කරුණ සිදු නොවන දෙයකි' යි.

ඔහු දොම්නස් ඉන්ද්‍රියය ත් දැනගනියි. දොම්නස් ඉන්ද්‍රියයෙහි හටගැනීමත් දැනගනියි. දොම්නස් ඉන්ද්‍රිය නිරුද්ධ වීම ත් දැනගනියි. යම් තැනක උපන් දොම්නස් ඉන්ද්‍රිය ඉතිරි නැති ව නිරුද්ධ වෙයි ද එය ත් දැනගනියි. උපන් දොම්නස් ඉන්ද්‍රිය ඉතුරු නැති ව නිරුද්ධ වන්නේ කොතැන ද? මහණෙනි, මෙහිලා භික්ෂුව විතර්ක විචාරයන් සංසිඳීමෙන් තමා තුළ පැහැදීම ඇති කරවන සිතේ එකඟ බවින් යුතුව විතර්ක විචාර රහිත වූ සමාධියෙන් හටගත් ප්‍රීති සැපය ඇති දෙවෙනි ධ්‍යානය උපදවාගෙන වාසය කරද්දී උපන් දොම්නස් ඉන්ද්‍රිය ඉතුරු නැති ව නිරුද්ධ වන්නේ මෙහි ය. මහණෙනි, මේ භික්ෂුව දොම්නස් ඉන්ද්‍රියයේ නිරෝධය දැනගත්තේ ය. එබඳු බව පිණිස සිත යොමු කොට සිටින්නේ යැයි කියනු ලැබේ.

මහණෙනි, මෙහිලා භික්ෂුව හට අප්‍රමාදී ව කෙලෙස් තවන වීරියෙන් යුතු ව, කාය ජීවිත දෙකෙහි අපේක්ෂා රහිත ව වාසය කරයි සැප ඉන්ද්‍රිය උපදියි. ඔහු මෙසේ දැනගනියි. 'මා හට මේ සැප ඉන්ද්‍රිය උපන්නේ ය. එය වනාහී හේතු සහිත වූ, නිදාන සහිත වූ, සංස්කාර සහිත වූ, ප්‍රත්‍ය සහිත වූ දෙයකි. ඒකාන්තයෙන් ඒ සැප ඉන්ද්‍රිය හේතු රහිත ව, නිදාන රහිත ව, සංස්කාර රහිත ව, ප්‍රත්‍ය රහිත ව උපදින්නේ ය යන කරුණ සිදු නොවන දෙයකි' යි.

ඔහු සැප ඉන්ද්‍රියය ත් දැනගනියි. සැප ඉන්ද්‍රියයෙහි හටගැනීමත් දැනගනියි. සැප ඉන්ද්‍රිය නිරුද්ධ වීම ත් දැනගනියි. යම් තැනක උපන් සැප ඉන්ද්‍රිය ඉතිරි නැති ව නිරුද්ධ වෙයි ද එය ත් දැනගනියි. උපන් සැප ඉන්ද්‍රිය ඉතුරු නැති ව නිරුද්ධ වන්නේ කොතැන ද? මහණෙනි, මෙහිලා භික්ෂුව ප්‍රීතියට ද නොඇලීමෙන් සිහියෙන් හා නුවණින් යුතුව උපේක්ෂාවෙන් වසයි. කයෙන් සැපයක් ද විඳියි. ආර්යයන් වහන්සේලා උපේක්ෂාවෙන් යුතුව, සිහියෙන් යුතුව ඇති සැප විහරණය යැයි යම් ධ්‍යානයකට කියන ලද්දේ ද, ඒ තුන්වෙනි ධ්‍යානය උපදවාගෙන වාසය කරයි. උපන් සැප ඉන්ද්‍රිය ඉතුරු නැති ව නිරුද්ධ වන්නේ මෙහි ය. මහණෙනි, මේ භික්ෂුව සැප ඉන්ද්‍රියයේ නිරෝධය දැනගත්තේ ය. එබඳු බව පිණිස සිත යොමු කොට සිටින්නේ යැයි කියනු ලැබේ.

මහණෙනි, මෙහිලා භික්ෂුව හට අප්‍රමාදී ව කෙලෙස් තවන වීරියෙන් යුතු ව, කාය ජීවිත දෙකෙහි අපේක්ෂා රහිත ව වාසය කරද්දී සොම්නස් ඉන්ද්‍රිය උපදියි. ඔහු මෙසේ දැනගනියි. 'මා හට මේ සොම්නස් ඉන්ද්‍රිය උපන්නේ ය. එය වනාහී හේතු සහිත වූ, නිදාන සහිත වූ, සංස්කාර සහිත වූ, ප්‍රත්‍ය සහිත වූ දෙයකි. ඒකාන්තයෙන් ඒ සොම්නස් ඉන්ද්‍රිය හේතු රහිත ව, නිදාන රහිත ව, සංස්කාර රහිත ව, ප්‍රත්‍ය රහිත ව උපදින්නේ ය යන කරුණ සිදු නොවන දෙයකි' යි.

ඔහු සොම්නස් ඉන්ද්‍රියය ත් දැනගනියි. සොමනස් ඉන්ද්‍රියයෙහි හටගැනීම ත් දැනගනියි. සොම්නස් උපන් ඉන්ද්‍රිය නිරුද්ධ වීම ත් දැනගනියි. යම් තැනක උපන් සොම්නස් ඉන්ද්‍රිය ඉතිරි නැති ව නිරුද්ධ වෙයි ද එය ත් දැනගනියි. සොම්නස් ඉන්ද්‍රිය ඉතුරු නැති ව නිරුද්ධ වන්නේ කොතැන ද? මහණෙනි, මෙහිලා භික්ෂුව සැපය ද ප්‍රහාණය කිරීමෙන්, දුක ද ප්‍රහාණය කිරීමෙන් කලින් ම සොම්නස් දොම්නස් ඉක්ම යෑමෙන් දුක් සැප රහිත වූ උපේක්ෂා සති පාරිශුද්ධියෙන් යුතු සතර වෙනි ධ්‍යානය උපදවාගෙන වාසය කරයි. උපන් සොම්නස් ඉන්ද්‍රිය ඉතුරු නැති ව නිරුද්ධ වන්නේ මෙහි ය. මහණෙනි, මේ භික්ෂුව සොම්නස් ඉන්ද්‍රියයේ නිරෝධය දැනගත්තේ ය. එබඳු බව පිණිස සිත යොමු කොට සිටින්නේ යැයි කියනු ලැබේ.

මහණෙනි, මෙහිලා භික්ෂුව හට අප්‍රමාදී ව කෙලෙස් තවන වීරියෙන් යුතු ව, කාය ජීවිත දෙකෙහි අපේක්ෂා රහිත ව වාසය කරද්දී උපේක්ෂා ඉන්ද්‍රිය උපදියි. ඔහු මෙසේ දැනගනියි. 'මා හට මේ උපේක්ෂා ඉන්ද්‍රිය උපන්නේ ය. එය වනාහී හේතු සහිත වූ, නිදාන සහිත වූ, සංස්කාර සහිත වූ, ප්‍රත්‍ය සහිත වූ දෙයකි. ඒකාන්තයෙන් ඒ උපේක්ෂා ඉන්ද්‍රිය හේතු රහිත ව, නිදාන රහිත ව, සංස්කාර රහිත ව, ප්‍රත්‍ය රහිත ව උපදින්නේ ය යන කරුණ සිදු නොවන දෙයකි' යි.

ඔහු උපේක්ෂා ඉන්ද්‍රියය ත් දැනගනියි. උපේක්ෂා ඉන්ද්‍රයයෙහි හටගැනීම ත් දැනගනියි. උපන් උපේක්ෂා ඉන්ද්‍රිය නිරුද්ධ වීම ත් දැනගනියි. යම් තැනක උපන් උපේක්ෂා ඉන්ද්‍රිය ඉතිරි නැති ව නිරුද්ධ වෙයි ද එය ත් දැනගනියි. උපේක්ෂා ඉන්ද්‍රිය ඉතුරු නැති ව නිරුද්ධ වන්නේ කොතැන ද? මහණෙනි, මෙහිලා භික්ෂුව සියළු අයුරින් නේවසංඥානාසංඥායතනය ඉක්ම ගොස් සංඥා වේදයිත නිරෝධයට පැමිණ වාසය කරයි. උපන් උපේක්ෂා ඉන්ද්‍රිය ඉතුරු නැති ව නිරුද්ධ වන්නේ මෙහි ය. මහණෙනි, මේ භික්ෂුව උපේක්ෂා ඉන්ද්‍රියයේ නිරෝධය දැනගත්තේ ය. එබඳු බව පිණිස සිත යොමු කොට සිටින්නේ යැයි කියනු ලැබේ.

සාදු! සාදු!! සාදු!!!

උප්පටිපාටික සූත්‍රය නිමා විය.

සිව්වෙනි සුඛින්ද්‍රිය වර්ගය අවසන් විය.

- **එහි පිළිවෙල උද්දානයයි :**

සුද්ධක සූත්‍රය, සෝතාපන්න සූත්‍රය, අරහන්ත සූත්‍රය, සමණබ්‍රාහ්මණ සූත්‍ර දෙක, විභංග සූත්‍ර තුන, කට්ඨෝපම සූත්‍රය, සහ උප්පටිපාටික සූත්‍රය වශයෙන් මෙහි සූත්‍ර දසයකි.

5. ජරා වර්ගය

4.5.1.
ජරා සූත්‍රය
ජරාවට පත්වීම ගැන වදාළ දෙසුම

එක් සමයක භාග්‍යවතුන් වහන්සේ සැවැත් නුවර මිගාරමාතු ප්‍රාසාදය නම් පූර්වාරාමයෙහි වැඩවෙසෙන සේක. එසමයෙහි භාග්‍යවතුන් වහන්සේ සවස් වරුවෙහි භාවනාවෙන් නැගී සිටි සේක් වෙහෙර පිටුපස අව්වට පිට තවමින් වැඩහුන් සේක. එකල්හී ආයුෂ්මත් ආනන්දයන් වහන්සේ භාග්‍යවතුන් වහන්සේ වෙත එළඹියහ. එළඹ භාග්‍යවතුන් වහන්සේට සකසා වන්දනා කොට භාග්‍යවතුන් වහන්සේගේ පාදයන් අතින් පිරිමදිමින් භාග්‍යවතුන් වහන්සේට මෙය පැවසූහ.

"ස්වාමීනී, ආශ්චර්යයකි! ස්වාමීනී, අද්භූතයෙකි! දැන් වනාහී භාග්‍යවතුන් වහන්සේගේ සමෙහි පැහැය පෙර පරිද්දෙන් පිරිසිදු ව නොබබලයි. අත් පා සියල්ල ලිහිල් වී ඇත්තේ ය. රැළි හටගෙන ඇත්තේ ය. කය ද මදක් ඉදිරියට නැමුණේ ය. ඇස නම් වූ ඉන්ද්‍රියේ ත්, කන නම් වූ ඉන්ද්‍රියේ ත්, නාසය නම් වූ ඉන්ද්‍රියේ ත්, දිව නම් වූ ඉන්ද්‍රියේ ත්, කය නම් වූ ඉන්ද්‍රියේ ත් යන ඉන්ද්‍රියයන්ගේ වෙනස් බවකුත් පෙනෙයි."

"ආනන්දයෙනි, එය එසේ ම නොවැ. යෞවනයෙහි දිරන ස්වභාව ඇත්තේ ය. ආරෝග්‍යයෙහි ලෙඩ වෙන ස්වභාව ඇත්තේ ය. ජීවිතයෙහි මැරෙන ස්වභාවය ඇත්තේ ය. සමෙහි පැහැය පෙර පරිද්දෙන් පිරිසිදු ව නොබබලයි. අත් පා සියල්ල ලිහිල් වී ඇත්තේ ය. රැළි හටගෙන ඇත්තේ ය. කය ද මදක් ඉදිරියට නැමුණේ ය. ඇස නම් වූ ඉන්ද්‍රියේ ත්, කන නම් වූ ඉන්ද්‍රියේ ත්, නාසය නම් වූ ඉන්ද්‍රියේ ත්, දිව නම් වූ ඉන්ද්‍රියේ ත්, කය නම් වූ ඉන්ද්‍රියේ ත්

යන ඉන්ද්‍රියයන්ගේ වෙනස් බවකුත් පෙනෙයි."

භාග්‍යවතුන් වහන්සේ මෙය වදාළ සේක. මෙය වදාළ සුගත වූ ශාස්තෘන් වහන්සේ යළි ත් මෙය වදාළ සේක.

(ගාථාවන් ය...)

1. එම්බා ලාමක ජරාව, දුර්වර්ණ බව ඇති කරදෙන ජරාවට නින්දා වේවා! ඒ තාක් මනෝරම්‍ය වූ සිරුර ජරාවෙන් දැඩි ලෙස මඩින ලද්දේ ය.

2. යමෙක් සියක් වසරක් ජීවත් වෙන නමුත් ඔහු ත් මරු වසඟයට යන්නේ ය. මරණය කිසිවක් අත්නොහරියි. සියල්ල ම දැඩි ලෙස මඩින්නේ ය.

සාදු! සාදු!! සාදු!!!

ජරා සූත්‍රය නිමා විය.

4.5.2.
උණ්ණාභබ්‍රාහ්මණ සූත්‍රය
උණ්ණාභ බ්‍රාහ්මණයාට වදාළ දෙසුම

එකල්හී උණ්ණාභ බ්‍රාහ්මණයා භාග්‍යවතුන් වහන්සේ වෙත පැමිණියේ ය. පැමිණ භාග්‍යවතුන් වහන්සේ සමඟ සතුටු වූයේ ය. සතුටු විය යුතු සිහි කටයුතු පිළිසඳර කථාව නිමවා එකත්පස් ව හිඳගත්තේ ය. එකත්පස් ව හුන් උණ්ණාභ බ්‍රාහ්මණ තෙමේ භාග්‍යවතුන් වහන්සේට මෙය පැවසුවේ ය.

"භවත් ගෞතමයන් වහන්ස, මේ ඉන්ද්‍රියයෝ පසකි. මේවා වෙන් වෙන් විෂය ඇත්තාහු ය. වෙන් වෙන් අරමුණු ඇත්තාහු ය. එකිනෙකාට අරමුණු වන දෙය හුවමාරු කොට නොවිඳිති. ඒ කවර පසක් ද යත්, ඇස නම් වූ ඉන්ද්‍රිය ය, කන නම් වූ ඉන්ද්‍රිය ය, නාසය නම් වූ ඉන්ද්‍රිය ය, දිව නම් වූ ඉන්ද්‍රිය ය, කය නම් වූ ඉන්ද්‍රිය ය. භවත් ගෞතමයන් වහන්ස, මේ වෙන් වෙන් විෂය ඇති, වෙන් වෙන් අරමුණු ඇති, එකිනෙකාගේ අරමුණු හුවමාරු නොකොට විඳින්නා වූ පංච ඉන්ද්‍රියයන් හට ඇති පිළිසරණ කුමක් ද? මොවුන්ට අරමුණු වන දෙය විඳින්නේ කවරෙක් ද?"

"බ්‍රාහ්මණය, මේ ඉන්ද්‍රියයෝ පසකි. මේවා වෙන් වෙන් විෂය ඇත්තාහු

ය. වෙන් වෙන් අරමුණු ඇත්තාහු ය. එකිනෙකාට අරමුණු වන දෙය හුවමාරු කොට නොවිඳිති. ඒ කවර පසක් ද යත්, ඇස නම් වූ ඉන්ද්‍රිය ය, කන නම් වූ ඉන්ද්‍රිය ය, නාසය නම් වූ ඉන්ද්‍රිය ය, දිව නම් වූ ඉන්ද්‍රිය ය, කය නම් වූ ඉන්ද්‍රිය ය. බ්‍රාහ්මණය, මේ වෙන් වෙන් විෂය ඇති, වෙන් වෙන් අරමුණු ඇති, එකිනෙකාගේ අරමුණු හුවමාරු නොකොට විඳින්නා වූ පංච ඉන්ද්‍රියයන් හට ඇති පිළිසරණ මනස යි. මොවුන්ට අරමුණු වන දෙය විඳින්නේ ද මනස යි."

"භවත් ගෞතමයන් වහන්ස, මනසට ඇති පිළිසරණ කුමක් ද?"

"බ්‍රාහ්මණය, මනසට ඇති පිළිසරණ සිහිය යි."

"භවත් ගෞතමයන් වහන්ස, සිහියට ඇති පිළිසරණ කුමක් ද?"

"බ්‍රාහ්මණය, සිහියට ඇති පිළිසරණ විමුක්තිය යි."

"භවත් ගෞතමයන් වහන්ස, විමුක්තියට ඇති පිළිසරණ කුමක් ද?"

"බ්‍රාහ්මණය, විමුක්තියට ඇති පිළිසරණ නිවන යි."

"භවත් ගෞතමයන් වහන්ස, නිවනට ඇති පිළිසරණ කුමක් ද?"

"බ්‍රාහ්මණය, ප්‍රශ්නය ඉක්මවා ගියේ ය. ප්‍රශ්නයෙහි කෙළවරක් ගැනීමට නොහැකි වූයේ ය. බ්‍රාහ්මණය, නිවනට බැසගෙන, නිවන පිහිට කොට, නිවන අවසාන ඉලක්කය කොට බඹසර වසනු ලැබේ."

එකල්හී උණ්ණාභ බ්‍රාහ්මණ තෙමේ භාග්‍යවතුන් වහන්සේ භාෂිතය සතුටින් පිළිගෙන, අනුමෝදන් ව හුනස්නෙන් නැගී භාග්‍යවතුන් වහන්සේට සකසා වන්දනා කොට, පැදකුණු කොට නික්ම ගියේ ය. ඉක්බිති උණ්ණාභ බ්‍රාහ්මණයා නික්ම ගිය නොබෝ වේලාවකින් භාග්‍යවතුන් වහන්සේ භික්ෂූන් ඇමතූ සේක.

"මහණෙනි, එය මෙබඳු දෙයකි. උස් මුදුන් වහළ ඇති නිවසක් හෝ උස් මුදුන් වහළ ඇති ශාලාවක් හෝ තිබෙයි. එහි නැගෙනහිර දෙසට ජනේල ඇත්තේ ය. හිරු නැගෙන විට ඒ ජනේලයෙන් වැටෙන හිරු රැස් පිහිටන්නේ කොහේ ද?"

"ස්වාමීනී, බටහිර බිත්තියේ ය."

"එසෙයින් ම මහණෙනි, උණ්ණාභ බ්‍රාහ්මණයා තුළ තථාගතයන් වහන්සේ පිළිබඳ ව ශ්‍රද්ධාව බැසගත්තේ ය. මුල් හටගත්තේ ය. පිහිටියේ ය.

දැඩිවූයේ ය. ලෝකයෙහි කිසි ශ්‍රමණයෙකු හෝ බ්‍රාහ්මණයෙකු හෝ දෙවියෙකු හෝ මාරයෙකු හෝ බ්‍රහ්මයෙකු හෝ ලෝකයෙහි කිසිවෙකු හෝ විසින් වැනසිය නොහැක්කේ ය. මහණෙනි, ඉදින් උණ්ණාභ බ්‍රාහ්මණයා මේ අවස්ථාවෙහි කළුරිය කරන්නේ නමුත් යම් සංයෝජනයකින් බැඳුණු උණ්ණාභ බ්‍රාහ්මණයා නැවත මනුලොවට පැමිණෙයි නම් එබඳු සංයෝජනයක් නැත්තේ ය."

සාදු! සාදු!! සාදු!!!

උණ්ණාභබ්‍රාහ්මණ සූත්‍රය නිමා විය.

4.5.3.
සාකේත සූත්‍රය
සාකේත නුවර දී වදාළ දෙසුම

එක් සමයක භාග්‍යවතුන් වහන්සේ සාකේත නුවර අංජන වනය නම් වූ මිගදායෙහි වැඩවෙසෙන සේක. එහිදී භාග්‍යවතුන් වහන්සේ භික්ෂූන් ඇමතූ සේක.

"මහණෙනි, යම් ධර්ම ක්‍රමයකට පැමිණ යම් පංච ඉන්ද්‍රියයන් ඇද්ද, ඒවා ම පංච බල වෙයි නම්, යම් පංච බල ඇද්ද, ඒවා පංච ඉන්ද්‍රියය වෙයි නම් එබඳු ධර්ම ක්‍රමයක් ඇද්ද?"

"ස්වාමීනී, අපගේ ධර්මය භාග්‍යවතුන් වහන්සේ මුල් කොට ඇත්තේ ය. ....(පෙ).... මහණෙනි, යම් ධර්ම ක්‍රමයකට පැමිණ යම් පංච ඉන්ද්‍රියයන් ඇද්ද, ඒවා ම පංච බල වෙයි නම්, යම් පංච බල ඇද්ද, ඒවා පංච ඉන්ද්‍රියය වෙයි නම් එබඳු ධර්ම ක්‍රමයක් ඇත්තේ ය.

මහණෙනි, යම් ධර්ම ක්‍රමයකට පැමිණ යම් පංච ඉන්ද්‍රියයන් ඇද්ද, ඒවා ම පංච බල වෙයි නම්, යම් පංච බල ඇද්ද, ඒවා පංච ඉන්ද්‍රියය වෙයි නම් එබඳු වූ ධර්ම ක්‍රමය කුමක් ද?

මහණෙනි, යම් ශ්‍රද්ධා ඉන්ද්‍රියයක් ඇද්ද, ශ්‍රද්ධා බලය වන්නේ එය යි. යම් ශ්‍රද්ධා බලයක් ඇද්ද, ශ්‍රද්ධා ඉන්ද්‍රිය වන්නේ එය යි.

යම් විරිය ඉන්ද්‍රියයක් ඇද්ද, විරිය බලය වන්නේ එය යි. යම් විරිය

බලයක් ඇද්ද, විරිය ඉන්ද්‍රිය වන්නේ එය යි.

යම් සති ඉන්ද්‍රියයක් ඇද්ද, සති බලය වන්නේ එය යි. යම් සති බලයක් ඇද්ද, සති ඉන්ද්‍රිය වන්නේ එය යි.

යම් සමාධි ඉන්ද්‍රියයක් ඇද්ද, සමාධි බලය වන්නේ එය යි. යම් සමාධි බලයක් ඇද්ද, සමාධි ඉන්ද්‍රිය වන්නේ එය යි.

යම් ප්‍රඥා ඉන්ද්‍රියයක් ඇද්ද, ප්‍රඥා බලය වන්නේ එය යි. යම් ප්‍රඥා බලයක් ඇද්ද, ප්‍රඥා ඉන්ද්‍රිය වන්නේ එය යි.

මහණෙනි, එය මෙබඳු දෙයකි. පෙරදිගට නැමුණු, පෙරදිගට නැඹුරු වූ, පෙරදිගට බර වූ නදියක් ඇත්තේ ය. ඒ නදිය මැද දූපතක් ඇත්තේ ය. මහණෙනි, යම් ක්‍රමයකට පැමිණ ඒ නදියෙහි එක ම සැඩ පහරක් ය යන ගණනට යයි නම් එබඳු ක්‍රමයක් ද ඇත්තේ ය. මහණෙනි, යම් ක්‍රමයකට පැමිණ ඒ නදියෙහි සැඩ පහර දෙකක් ඇත්තේ ය යන ගණනට යයි නම්, එබඳු ක්‍රමයක් ද ඇත්තේ ය.

මහණෙනි, යම් ක්‍රමයකට පැමිණ ඒ නදියෙහි එක ම සැඩ පහරක් ය යන ගණනට යයි නම් එබඳු වූ ක්‍රමය කුමක් ද? මහණෙනි, ඒ දූපතට නැගෙනහිර කොනෙනුත් ගලන යම් දියක් ඇද්ද, බටහිර කොනෙනුත් ගලන යම් දියක් ඇද්ද, මහණෙනි, යම් ක්‍රමයකට පැමිණ ඒ නදියෙහි එක ම සැඩ පහරක් ය යන ගණනට යයි නම් එබඳු වූ ක්‍රමය මෙය යි.

මහණෙනි, යම් ක්‍රමයකට පැමිණ ඒ නදියෙහි සැඩ පහර දෙකක් ය යන ගණනට යයි නම් එබඳු වූ ක්‍රමය කුමක් ද? මහණෙනි, ඒ දූපතට උතුරු කොනෙනුත් ගලන යම් දියක් ඇද්ද, දකුණු කොනෙනුත් ගලන යම් දියක් ඇද්ද, මහණෙනි, යම් ක්‍රමයකට පැමිණ ඒ නදියෙහි සැඩ පහර දෙකක් ය යන ගණනට යයි නම් එබඳු වූ ක්‍රමය මෙය යි.

එසෙයින් ම මහණෙනි, යම් ශ්‍රද්ධා ඉන්ද්‍රියයක් ඇද්ද, ශ්‍රද්ධා බලය එය යි. යම් ශ්‍රද්ධා බලයක් ඇද්ද, ශ්‍රද්ධා ඉන්ද්‍රිය එය යි. ....(පෙ).... යම් ප්‍රඥා ඉන්ද්‍රියයක් ඇද්ද, ප්‍රඥා බලය වන්නේ එය යි. යම් ප්‍රඥා බලයක් ඇද්ද, ප්‍රඥා ඉන්ද්‍රිය වන්නේ එය යි.

මහණෙනි, මේ පංච ඉන්ද්‍රියයන් වැඩූ බැවින්, බහුල ව වැඩූ බැවින් භික්ෂුව ආශ්‍රවයන් ක්ෂය කොට අනාශ්‍රව වූ චිත්ත විමුක්තිය ත්, ප්‍රඥා විමුක්තිය ත් මෙලොව දී ම ස්වකීය විශිෂ්ට ඥානයෙන් දැන සාක්ෂාත් කොට එයට පැමිණ

වාසය කරන්නේ ය.

සාදු! සාදු!! සාදු!!!

සාකේත සූත්‍රය නිමා විය.

4.5.4.
පුබ්බකොට්ඨක සූත්‍රය
පුබ්බකොට්ඨකයේ දී වදාළ දෙසුම

එක් සමයක භාග්‍යවතුන් වහන්සේ සැවැත් නුවර පුබ්බකොට්ඨකයෙහි වැඩවෙසෙන සේක. එහිදී භාග්‍යවතුන් වහන්සේ ආයුෂ්මත් සාරිපුත්තයන් වහන්සේ ඇමතූ සේක.

"සාරිපුත්තයෙනි, 'ශ්‍රද්ධා ඉන්ද්‍රිය වඩන ලද්දේ, බහුල ව වඩන ලද්දේ, අමෘතයෙහි බැසගන්නේ ය. අමෘතය පිහිටකොට ගන්නේ ය. අමෘතයෙන් අවසන් වන්නේ ය. විරිය ඉන්ද්‍රිය ....(පෙ).... සති ඉන්ද්‍රිය ....(පෙ).... සමාධි ඉන්ද්‍රිය ....(පෙ).... ප්‍රඥා ඉන්ද්‍රිය වඩන ලද්දේ, බහුල ව වඩන ලද්දේ, අමෘතයෙහි බැසගන්නේ ය. අමෘතය පිහිටකොට ගන්නේ ය. අමෘතයෙන් අවසන් වන්නේ ය' යන කරුණ ඔබ අදහන්නෙහි ද?"

"ස්වාමීනී, ශ්‍රද්ධා ඉන්ද්‍රිය වඩන ලද්දේ, බහුල ව වඩන ලද්දේ, අමෘතයෙහි බැසගන්නේ ය. අමෘතය පිහිටකොට ගන්නේ ය. අමෘතයෙන් අවසන් වන්නේ ය. විරිය ඉන්ද්‍රිය ....(පෙ).... සති ඉන්ද්‍රිය ....(පෙ).... සමාධි ඉන්ද්‍රිය ....(පෙ).... ප්‍රඥා ඉන්ද්‍රිය වඩන ලද්දේ, බහුල ව වඩන ලද්දේ, අමෘතයෙහි බැසගන්නේ ය. අමෘතය පිහිටකොට ගන්නේ ය. අමෘතයෙන් අවසන් වන්නේ ය' යන කරුණ මම භාග්‍යවතුන් වහන්සේ කෙරෙහි ශ්‍රද්ධාවෙන් පමණක් නිමාවට නොයමි.

ස්වාමීනී, යමෙකුන් විසින් මෙය නොදන්නා ලද්දේ නම්, නොදක්නා ලද්දේ නම්, නොදැන ගත්තේ නම්, සාක්ෂාත් නොකළේ නම්, ප්‍රඥාවෙන් ස්පර්ශ නොකළේ නම්, ඔවුහු 'ශ්‍රද්ධා ඉන්ද්‍රිය වඩන ලද්දේ, බහුල ව වඩන ලද්දේ, අමෘතයෙහි බැසගන්නේ ය. අමෘතය පිහිටකොට ගන්නේ ය. අමෘතයෙන් අවසන් වන්නේ ය. විරිය ඉන්ද්‍රිය ....(පෙ).... සති ඉන්ද්‍රිය ....(පෙ).... සමාධි ඉන්ද්‍රිය ....(පෙ).... ප්‍රඥා ඉන්ද්‍රිය වඩන ලද්දේ, බහුල ව වඩන ලද්දේ, අමෘතයෙහි බැසග

න්නේ ය. අමෘතය පිහිටකොට ගන්නේ ය. අමෘතයෙන් අවසන් වන්නේ ය' යන කරුණ අන්‍යයන් කෙරෙහි ශ්‍රද්ධාවෙන් ගන්නාහු ය.

ස්වාමීනී, යමෙකුන් විසින් මෙය දන්නා ලද්දේ නම්, දක්නා ලද්දේ නම්, දැන ගත්තේ නම්, සාක්ෂාත් කළේ නම්, ප්‍රඥාවෙන් ස්පර්ශ කළේ නම්, ඔවුහු 'ශ්‍රද්ධා ඉන්ද්‍රිය වඩන ලද්දේ, බහුල ව වඩන ලද්දේ, අමෘතයෙහි බැසගන්නේ ය. අමෘතය පිහිටකොට ගන්නේ ය. අමෘතයෙන් අවසන් වන්නේ ය. විරිය ඉන්ද්‍රිය ....(පෙ).... සති ඉන්ද්‍රිය ....(පෙ).... සමාධි ඉන්ද්‍රිය ....(පෙ).... ප්‍රඥා ඉන්ද්‍රිය වඩන ලද්දේ, බහුල ව වඩන ලද්දේ, අමෘතයෙහි බැසගන්නේ ය. අමෘතය පිහිටකොට ගන්නේ ය. අමෘතයෙන් අවසන් වන්නේ ය' යන කරුණ පිළිබඳ ව සැක නැත්තේ ම ය. විචිකිච්ඡා නැත්තේ ම ය.

ස්වාමීනී, මා විසිනු ත් මෙය දන්නා ලද්දේ ය, දක්නා ලද්දේ ය, දැන ගත්තේ ය, සාක්ෂාත් කළේ ය, ප්‍රඥාවෙන් ස්පර්ශ කළේ ය, මා තුළ 'ශ්‍රද්ධා ඉන්ද්‍රිය වඩන ලද්දේ, බහුල ව වඩන ලද්දේ, අමෘතයෙහි බැසගන්නේ ය. අමෘතය පිහිටකොට ගන්නේ ය. අමෘතයෙන් අවසන් වන්නේ ය. විරිය ඉන්ද්‍රිය ....(පෙ).... සති ඉන්ද්‍රිය ....(පෙ).... සමාධි ඉන්ද්‍රිය ....(පෙ).... ප්‍රඥා ඉන්ද්‍රිය වඩන ලද්දේ, බහුල ව වඩන ලද්දේ, අමෘතයෙහි බැසගන්නේ ය. අමෘතය පිහිටකොට ගන්නේ ය. අමෘතයෙන් අවසන් වන්නේ ය' යන කරුණ පිළිබඳ ව සැක නැත්තේ ම ය. විචිකිච්ඡා නැත්තේ ම ය."

"සාරිපුත්තයෙනි, යහපති, යහපති. සාරිපුත්තයෙනි, යමෙකුන් විසින් මෙය නොදන්නා ලද්දේ නම්, නොදක්නා ලද්දේ නම්, නොදැන ගත්තේ නම්, සාක්ෂාත් නොකළේ නම්, ප්‍රඥාවෙන් ස්පර්ශ නොකළේ නම්, ඔවුහු 'ශ්‍රද්ධා ඉන්ද්‍රිය වඩන ලද්දේ, බහුල ව වඩන ලද්දේ, අමෘතයෙහි බැසගන්නේ ය. අමෘතය පිහිටකොට ගන්නේ ය. අමෘතයෙන් අවසන් වන්නේ ය. විරිය ඉන්ද්‍රිය ....(පෙ).... සති ඉන්ද්‍රිය ....(පෙ).... සමාධි ඉන්ද්‍රිය ....(පෙ).... ප්‍රඥා ඉන්ද්‍රිය වඩන ලද්දේ, බහුල ව වඩන ලද්දේ, අමෘතයෙහි බැසගන්නේ ය. අමෘතය පිහිටකොට ගන්නේ ය. අමෘතයෙන් අවසන් වන්නේ ය' යන කරුණ අන්‍යයන් කෙරෙහි ශ්‍රද්ධාවෙන් ගන්නාහු ය.

සාරිපුත්තයෙනි, යමෙකුන් විසින් මෙය දන්නා ලද්දේ නම්, දක්නා ලද්දේ නම්, දැන ගත්තේ නම්, සාක්ෂාත් කළේ නම්, ප්‍රඥාවෙන් ස්පර්ශ කළේ නම්, ඔවුහු 'ශ්‍රද්ධා ඉන්ද්‍රිය වඩන ලද්දේ, බහුල ව වඩන ලද්දේ, අමෘතයෙහි බැසගන්නේ ය. අමෘතය පිහිටකොට ගන්නේ ය. අමෘතයෙන් අවසන් වන්නේ ය. විරිය ඉන්ද්‍රිය ....(පෙ).... සති ඉන්ද්‍රිය ....(පෙ).... සමාධි ඉන්ද්‍රිය ....(පෙ).... ප්‍රඥා ඉන්ද්‍රිය වඩන ලද්දේ, බහුල ව වඩන ලද්දේ, අමෘතයෙහි බැසගන්නේ ය.

අමෘතය පිහිටකොට ගන්නේ ය. අමෘතයෙන් අවසන් වන්නේ ය' යන කරුණ පිළිබඳ ව සැක නැත්තේ ම ය. විචිකිච්ඡා නැත්තේ ම ය."

සාදු! සාදු!! සාදු!!!

පුබ්බකොට්ඨක සූත්‍රය නිමා විය.

4.5.5.
පුබ්බාරාම සූත්‍රය
පූර්වාරාමයේ දී වදාළ දෙසුම

එක් සමයක භාග්‍යවතුන් වහන්සේ සැවැත් නුවර පූර්වාරාමය නම් මිගාරමාතු ප්‍රාසාදයෙහි වැඩවෙසෙන සේක. එහිදී භාග්‍යවතුන් වහන්සේ භික්ෂූන් ඇමතූ සේක. ....(පෙ)....

"මහණෙනි, කොපමණ ඉන්ද්‍රියයන් වැඩූ බැවින් ද, බහුල ව වැඩූ බැවින් ද ක්ෂීණාශ්‍රව භික්ෂුව 'ඉපදීම ක්ෂය විය, බඹසර වාසය නිමා විය, කළ යුත්ත කරන ලදී. නිවන පිණිස කළ යුතු වෙනෙකක් නැතැ යි දැනගතිමි' යි අරහත්වය ප්‍රකාශ කරන්නේ?"

"ස්වාමීනී, අපගේ ධර්මය භාග්‍යවතුන් වහන්සේ මුල්කොට ඇත්තේ ය. ....(පෙ)....

"මහණෙනි, එක ම ඉන්ද්‍රියයක් වැඩූ බැවින්, බහුල ව වැඩූ බැවින් ක්ෂීණාශ්‍රව භික්ෂුව 'ඉපදීම ක්ෂය විය, බඹසර වාසය නිමා විය, කළ යුත්ත කරන ලදී. නිවන පිණිස කළ යුතු වෙනෙකක් නැතැ යි දැනගතිමි' යි අරහත්වය ප්‍රකාශ කරන්නේ ය. ඒ කවර එක ම ඉන්ද්‍රියයක් ද? ප්‍රඥා ඉන්ද්‍රිය යි.

මහණෙනි, ප්‍රඥාවන්ත ආර්ය ශ්‍රාවකයා හට ඒ අනුව යන ශ්‍රද්ධාව පිහිටයි. ඒ අනුව යන වීර්යය පිහිටයි. ඒ අනුව යන සිහිය පිහිටයි. ඒ අනුව යන සමාධිය පිහිටයි. මහණෙනි, මේ එක ම ඉන්ද්‍රියයක් වැඩූ බැවින්, බහුල ව වැඩූ බැවින් ක්ෂීණාශ්‍රව භික්ෂුව 'ඉපදීම ක්ෂය විය, බඹසර වාසය නිමා විය, කළ යුත්ත කරන ලදී. නිවන පිණිස කළ යුතු වෙනෙකක් නැතැ යි දැනගතිමි' යි අරහත්වය ප්‍රකාශ කරන්නේ ය.

සාදු! සාදු!! සාදු!!!

පුබ්බාරාම සූත්‍රය නිමා විය.

4.5.6.
දුතිය පුබ්බාරාම සූත්‍රය
පූර්වාරාමයේ දී වදාළ දෙවෙනි දෙසුම

"මහණෙනි, කොපමණ ඉන්ද්‍රියයන් වැඩූ බැවින් ද, බහුල ව වැඩූ බැවින් ද ක්ෂීණාශ්‍රව භික්ෂුව 'ඉපදීම ක්ෂය විය, බඹසර වාසය නිමා විය, කළ යුත්ත කරන ලදී. නිවන පිණිස කළ යුතු වෙනෙකක් නැතැ යි දැනගතිමි' යි අරහත්වය ප්‍රකාශ කරන්නේ?"

"ස්වාමීනී, අපගේ ධර්මය භාග්‍යවතුන් වහන්සේ මුල්කොට ඇත්තේ ය. ....(පෙ)....

"මහණෙනි, ඉන්ද්‍රියයන් දෙකක් වැඩූ බැවින්, බහුල ව වැඩූ බැවින් ක්ෂීණාශ්‍රව භික්ෂුව 'ඉපදීම ක්ෂය විය, බඹසර වාසය නිමා විය, කළ යුත්ත කරන ලදී. නිවන පිණිස කළ යුතු වෙනෙකක් නැතැ යි දැනගතිමි' යි අරහත්වය ප්‍රකාශ කරන්නේ ය. ඒ කවර ඉන්ද්‍රියයන් දෙකක් ද? ආර්ය වූ ප්‍රඥාව ත්, ආර්ය වූ විමුක්තිය ත් ය.

මහණෙනි, ඔහුට යම් ආර්ය ප්‍රඥාවක් ඇද්ද, එය ඔහුගේ ප්‍රඥා ඉන්ද්‍රිය යි. මහණෙනි, ඔහුට යම් ආර්ය විමුක්තියක් ඇද්ද, එය ඔහුගේ සමාධි ඉන්ද්‍රිය යි.

මහණෙනි, මේ ඉන්ද්‍රියයන් දෙක වැඩූ බැවින්, බහුල ව වැඩූ බැවින් ක්ෂීණාශ්‍රව භික්ෂුව 'ඉපදීම ක්ෂය විය, බඹසර වාසය නිමා විය, කළ යුත්ත කරන ලදී. නිවන පිණිස කළ යුතු වෙනෙකක් නැතැ යි දැනගතිමි' යි අරහත්වය ප්‍රකාශ කරන්නේ ය.

සාදු! සාදු!! සාදු!!!

දුතිය පුබ්බාරාම සූත්‍රය නිමා විය.

4.5.7.
තතිය පුබ්බාරාම සූත්‍රය
පූර්වාරාමයේ දී වදාළ තෙවෙනි දෙසුම

"මහණෙනි, කොපමණ ඉන්ද්‍රියයන් වැඩූ බැවින් ද, බහුල ව වැඩූ බැවින් ද ක්ෂීණාශ්‍රව භික්ෂුව 'ඉපදීම ක්ෂය විය, බඹසර වාසය නිමා විය, කළ යුත්ත කරන ලදී. නිවන පිණිස කළ යුතු වෙනෙකක් නැතැ යි දැනගතිමි' යි අරහත්වය ප්‍රකාශ කරන්නේ?"

"ස්වාමීනී, අපගේ ධර්මය භාග්‍යවතුන් වහන්සේ මුල්කොට ඇත්තේ ය. ....(පෙ)....

"මහණෙනි, ඉන්ද්‍රියයන් සතරක් වැඩූ බැවින්, බහුල ව වැඩූ බැවින් ක්ෂීණාශ්‍රව භික්ෂුව 'ඉපදීම ක්ෂය විය, බඹසර වාසය නිමා විය, කළ යුත්ත කරන ලදී. නිවන පිණිස කළ යුතු වෙනෙකක් නැතැ යි දැනගතිමි' යි අරහත්වය ප්‍රකාශ කරන්නේ ය. ඒ කවර ඉන්ද්‍රියයන් සතරක් ද? විරිය ඉන්ද්‍රිය ය, සති ඉන්ද්‍රිය ය, සමාධි ඉන්ද්‍රිය ය, ප්‍රඥා ඉන්ද්‍රිය ය.

මහණෙනි, මේ ඉන්ද්‍රියයන් සතර වැඩූ බැවින්, බහුල ව වැඩූ බැවින් ක්ෂීණාශ්‍රව භික්ෂුව 'ඉපදීම ක්ෂය විය, බඹසර වාසය නිමා විය, කළ යුත්ත කරන ලදී. නිවන පිණිස කළ යුතු වෙනෙකක් නැතැ යි දැනගතිමි' යි අරහත්වය ප්‍රකාශ කරන්නේ ය.

සාදු! සාදු!! සාදු!!!

තතිය පුබ්බාරාම සූත්‍රය නිමා විය.

4.5.8.
චතුත්ථ පුබ්බාරාම සූත්‍රය
පූර්වාරාමයේ දී වදාළ සිව්වෙනි දෙසුම

"මහණෙනි, කොපමණ ඉන්ද්‍රියයන් වැඩූ බැවින් ද, බහුල ව වැඩූ බැවින්

ද ක්ෂීණාශ්‍රව භික්ෂුව 'ඉපදීම ක්ෂය විය, බඹසර වාසය නිමා විය, කළ යුත්ත කරන ලදී. නිවන පිණිස කළ යුතු වෙනෙකක් නැතැ යි දැනගතිමි' යි අරහත්වය ප්‍රකාශ කරන්නේ?"

"ස්වාමීනී, අපගේ ධර්මය භාග්‍යවතුන් වහන්සේ මුල්කොට ඇත්තේ ය. ....(පෙ)....

"මහණෙනි, ඉන්ද්‍රියයන් පසක් වැඩූ බැවින්, බහුල ව වැඩූ බැවින් ක්ෂීණාශ්‍රව භික්ෂුව 'ඉපදීම ක්ෂය විය, බඹසර වාසය නිමා විය, කළ යුත්ත කරන ලදී. නිවන පිණිස කළ යුතු වෙනෙකක් නැතැ යි දැනගතිමි' යි අරහත්වය ප්‍රකාශ කරන්නේ ය. ඒ කවර ඉන්ද්‍රියයන් පසක් ද? ශ්‍රද්ධා ඉන්ද්‍රිය ය, විරිය ඉන්ද්‍රිය ය, සති ඉන්ද්‍රිය ය, සමාධි ඉන්ද්‍රිය ය, ප්‍රඥා ඉන්ද්‍රිය ය.

මහණෙනි, මේ ඉන්ද්‍රියයන් පස වැඩූ බැවින්, බහුල ව වැඩූ බැවින් ක්ෂීණාශ්‍රව භික්ෂුව 'ඉපදීම ක්ෂය විය, බඹසර වාසය නිමා විය, කළ යුත්ත කරන ලදී. නිවන පිණිස කළ යුතු වෙනෙකක් නැතැ යි දැනගතිමි' යි අරහත්වය ප්‍රකාශ කරන්නේ ය.

සාදු! සාදු!! සාදු!!!

චතුත්ථ පුබ්බාරාම සූත්‍රය නිමා විය.

4.5.9.
පිණ්ඩෝල සූත්‍රය
පිණ්ඩෝල තෙරුන් ගැන වදාළ දෙසුම

එක් සමයක භාග්‍යවතුන් වහන්සේ කොසඹෑ නුවර ඝෝෂිතාරාමයෙහි වැඩවෙසෙන සේක. එසමයෙහි ආයුෂ්මත් පිණ්ඩෝල භාරද්වාජයන් වහන්සේ විසින් 'ඉපදීම ක්ෂය විය, බඹසර වාසය නිමා විය, කළ යුත්ත කරන ලදී. නිවන පිණිස කළ යුතු වෙනෙකක් නැතැ යි දැනගතිමි' යි අරහත්වය පවසන ලද්දේ ය. එකල්හී බොහෝ භික්ෂූහු භාග්‍යවතුන් වහන්සේ වෙත එළඹියහ. එළඹ භාග්‍යවතුන් වහන්සේට සකසා වන්දනා කොට එකත්පස් ව හිඳගත්හ. එකත්පස් ව හුන් ඒ භික්ෂූහු භාග්‍යවතුන් වහන්සේට මෙය සැළකළහ.

"ස්වාමීනී, ආයුෂ්මත් පිණ්ඩෝල භාරද්වාජයන් වහන්සේ විසින් 'ඉපදීම

ක්ෂය විය, බඹසර වාසය නිමා විය, කළ යුත්ත කරන ලදී. නිවන පිණිස කළ යුතු වෙනෙකක් නැතැ යි දැනගතිමි' යි අරහත්වය පවසන ලද්දේ ය. ස්වාමීනී, ආයුෂ්මත් පිණ්ඩෝල භාරද්වාජයන් වහන්සේ විසින් 'ඉපදීම ක්ෂය විය, බඹසර වාසය නිමා විය, කළ යුත්ත කරන ලදී. නිවන පිණිස කළ යුතු වෙනෙකක් නැතැ යි දැනගතිමි' යි අරහත්වය පවසන ලද්දේ කවර කරුණු දකිමින් ද?"

"මහණෙනි, ඉන්ද්‍රියයන් තුනක් වැඩූ බැවින්, බහුල ව වැඩූ බැවින් පිණ්ඩෝල භාරද්වාජ භික්ෂුව විසින් 'ඉපදීම ක්ෂය විය, බඹසර වාසය නිමා විය, කළ යුත්ත කරන ලදී. නිවන පිණිස කළ යුතු වෙනෙකක් නැතැ යි දැනගතිමි' යි අරහත්වය පවසන ලද්දේ ය. ඒ කවර තුනක් ද යත්, සති ඉන්ද්‍රිය, සමාධි ඉන්ද්‍රිය, ප්‍රඥා ඉන්ද්‍රිය ය.

මහණෙනි, මේ ඉන්ද්‍රියයන් තුන වැඩූ බැවින්, බහුල ව වැඩූ බැවින් පිණ්ඩෝල භාරද්වාජ භික්ෂුව විසින් 'ඉපදීම ක්ෂය විය, බඹසර වාසය නිමා විය, කළ යුත්ත කරන ලදී. නිවන පිණිස කළ යුතු වෙනෙකක් නැතැ යි දැනගතිමි' යි අරහත්වය පවසන ලද්දේ ය.

මහණෙනි, මේ ඉන්ද්‍රියයෝ තුන කුමක් අවසානය කොට ඇත්තාහු ද? ක්ෂය කිරීම අවසානය කොට ඇත්තාහු ය.

කුමක් ක්ෂය කිරීම අවසානය කොට ඇත්තාහු ද? ඉපදීම, ජරාව, මරණය යි. මහණෙනි, ඉපදීම, ජරාව, මරණය ක්ෂය කිරීම අවසන් කොට ඇති බව දකින්නා වූ පිණ්ඩෝල භාරද්වාජ භික්ෂුව විසින් 'ඉපදීම ක්ෂය විය, බඹසර වාසය නිමා විය, කළ යුත්ත කරන ලදී. නිවන පිණිස කළ යුතු වෙනෙකක් නැතැ යි දැනගතිමි' යි අරහත්වය පවසන ලද්දේ ය.

සාදු! සාදු!! සාදු!!!

පිණ්ඩෝල සූත්‍රය නිමා විය.

4.5.10.
ආපණ සූත්‍රය
ආපණ නියම්ගමෙහි දී වදාළ දෙසුම

එක් සමයක භාග්‍යවතුන් වහන්සේ අංග ජනපදයෙහි අංගයන්ගේ ආපණ

නම් නියම්ගමෙහි වැඩවෙසෙන සේක. එහිදී භාග්‍යවතුන් වහන්සේ ආයුෂ්මත් සාරිපුත්තයන් වහන්සේ ඇමතූ සේක.

"සාරිපුත්තයෙනි, යම් ඒ ආර්ය ශ්‍රාවකයෙක් තථාගතයන් පිළිබඳ ව ඒකාන්ත බවට පැහැදී ගොස් බලවත් ශ්‍රද්ධාවෙන් යුක්ත වූයේ නම්, ඔහු තථාගතයන් පිළිබඳ ව හෝ තථාගතයන්ගේ සසුන පිළිබඳ ව හෝ සැක කරන්නේ ද? විචිකිච්ඡා කරන්නේ ද?"

"ස්වාමීනී, යම් ඒ ආර්ය ශ්‍රාවකයෙක් තථාගතයන් වහන්සේ පිළිබඳ ව ඒකාන්ත බවට පැහැදී ගොස් බලවත් ශ්‍රද්ධාවෙන් යුක්ත වූයේ නම්, ඔහු තථාගතයන් වහන්සේ පිළිබඳ ව හෝ තථාගතයන්ගේ සසුන පිළිබඳ ව හෝ සැක නොකරන්නේ ය, විචිකිච්ඡා නොකරන්නේ ය.

ස්වාමීනී, සැදැහැවත් ආර්ය ශ්‍රාවකයා හට මෙය කැමති විය යුත්තේ ය. එනම් 'අකුසල් දහම් ප්‍රහාණය පිණිස, කුසල් දහම් ඉපිදවීම පිණිස, කුසල් දහම් පිළිබඳ ව දැඩි වීර්යයක්, දැඩි පරාක්‍රමයක්, අත්නොහළ වීර්යයක් ඇති ව, පටන් ගත් වීරියෙන් වාසය කරන්නේ ය' යන කරුණ යි. ස්වාමීනී, ඔහු තුළ යම් වීරියක් ඇද්ද, එය ඔහුගේ වීරිය ඉන්ද්‍රිය යි.

ස්වාමීනී, පටන්ගත් වීරිය ඇති සැදැහැවත් ආර්ය ශ්‍රාවකයා හට මෙය කැමති විය යුත්තේ ය. එනම් 'උතුම් සිහියෙන් හා අවස්ථාවෝචිත නුවණින් යුක්ත වූයේ වෙයි. බොහෝ කලකට පෙර කළ දෑ ත්, බොහෝ කලකට පෙර කියූ දෑ ත් සිහි කරයි. නැවත නැවත සිහි කරයි. සිහි ඇත්තේ වෙයි' යන කරුණ යි. ස්වාමීනි, ඔහු තුළ යම් සතියක් ඇද්ද, එය ඔහුගේ සති ඉන්ද්‍රිය යි.

ස්වාමීනී, පටන්ගත් වීරිය ඇති, පිහිටුවා ගත් සිහිය ඇති, සැදැහැවත් ආර්ය ශ්‍රාවකයා හට මෙය කැමති විය යුත්තේ ය. එනම් 'නිවන අරමුණු කොට සමාධිය ලබන්නේ ය, සිතෙහි ඒකාග්‍රතාවය ලබන්නේ ය' යන කරුණ යි. ස්වාමීනී, ඔහු තුළ යම් සමාධියක් ඇද්ද, එය ඔහුගේ සමාධි ඉන්ද්‍රිය යි.

ස්වාමීනී, පටන්ගත් වීරිය ඇති, පිහිටුවා ගත් සිහිය ඇති, සමාහිත සිත් ඇති, සැදැහැවත් ආර්ය ශ්‍රාවකයා හට මෙය කැමති විය යුත්තේ ය. එනම් 'මේ සංසාරය කෙළවරක් දැක්ක නොහැකි ය. අවිද්‍යාවෙන් වැසුණු, තණ්හාවෙන් බැඳුණු සත්වයන්ගේ සසර සැරිසරායාමෙහි ආරම්භක කෙළවරක් නොපෙනෙයි. අවිද්‍යාව නම් වූ ඝනාන්ධකාරයෙහි ඉතිරි නැති ව විරාග නිරෝධයක් ඇද්ද, යම් මේ සියළු සංස්කාරයන්ගේ සංසිඳීමක් ඇද්ද, සියළු උපධීන්ගේ බැහැර කිරීමක් ඇද්ද, තෘෂ්ණාව ක්ෂය කිරීමක් ඇද්ද, විරාගයක් ඇද්ද, නිරෝධයක්

ඇද්ද, නිවනක් ඇද්ද මෙය ශාන්ත වූ දෙයකි. මෙය ප්‍රණීත වූ දෙයකි යනුවෙන් නිවන පිළිබඳ ව මෙසේ දන්නේ ය යන කරුණ යි. ස්වාමීනී, ඔහු තුළ යම් ප්‍රඥාවක් ඇද්ද, එය ඔහුගේ ප්‍රඥා ඉන්ද්‍රිය යි.

ස්වාමීනී, ඒ මේ ආර්ය ශ්‍රාවකයා මෙසේ ඉතා බලවත් ලෙස වීර්යය කර කර, මෙසේ සිහි කර කර, මෙසේ සිත තැන්පත් කර කර, මෙසේ දැන දැන, මෙසේ ගැඹුරින් අදහයි. එනම් 'යම් ධර්මයක් මා කලින් අසන ලද්දේ ද, මේ ඒ ධර්මයෝ නොවැ. ඒ ධර්මයන් මම දැන් කයෙන් ද ස්පර්ශ කොට වාසය කරමි. ප්‍රඥාවෙන් ද විනිවිද දකිමි. ස්වාමීනී, ඔහුගේ යම් ශ්‍රද්ධාවක් ඇද්ද, එය ඔහුගේ ශ්‍රද්ධා ඉන්ද්‍රිය යි."

"සාරිපුත්තයෙනි, යහපති, යහපති. සාරිපුත්තයෙනි, යම් ඒ ආර්ය ශ්‍රාවකයෙක් තථාගතයන් පිළිබඳ ව ඒකාන්ත බවට පැහැදී ගොස් බලවත් ශ්‍රද්ධාවෙන් යුක්ත වූයේ නම්, ඔහු තථාගතයන් පිළිබඳ ව හෝ තථාගතයන්ගේ සසුන පිළිබඳ ව හෝ සැක නොකරන්නේ ය, විචිකිච්ඡා නොකරන්නේ ය.

සාරිපුත්තයෙනි, සැදැහැවත් ආර්ය ශ්‍රාවකයා හට මෙය කැමති විය යුත්තේ ය. එනම් 'අකුසල් දහම් ප්‍රහාණය පිණිස, කුසල් දහම් ඉපිදවීම පිණිස, කුසල් දහම් පිළිබඳ ව දැඩි වීර්යයක්, දැඩි පරාක්‍රමයක්, අත්නොහළ වීර්යයක් ඇති ව, පටන් ගත් වීරියෙන් වාසය කරන්නේ ය' යන කරුණ යි. සාරිපුත්තයෙනි, ඔහු තුළ යම් වීරියක් ඇද්ද, එය ඔහුගේ වීරිය ඉන්ද්‍රිය යි.

සාරිපුත්තයෙනි, පටන්ගත් වීරිය ඇති සැදැහැවත් ආර්ය ශ්‍රාවකයා හට මෙය කැමති විය යුත්තේ ය. ....(පෙ).... සාරිපුත්තයෙනි, ඔහු තුළ යම් ප්‍රඥාවක් ඇද්ද, එය ඔහුගේ ප්‍රඥා ඉන්ද්‍රිය යි.

සාරිපුත්තයෙනි, ඒ මේ ආර්ය ශ්‍රාවකයා මෙසේ ඉතා බලවත් ලෙස වීර්යය කර කර, මෙසේ සිහි කර කර, මෙසේ සිත තැන්පත් කර කර, මෙසේ දැන දැන, මෙසේ ගැඹුරින් අදහයි. එනම් 'යම් ධර්මයක් මා කලින් අසන ලද්දේ ද, මේ ඒ ධර්මයෝ නොවැ. ඒ ධර්මයන් මම දැන් කයෙන් ද ස්පර්ශ කොට වාසය කරමි. ප්‍රඥාවෙන් ද විනිවිද දකිමි. සාරිපුත්තයෙනි, ඔහුගේ යම් ශ්‍රද්ධාවක් ඇද්ද, එය ඔහුගේ ශ්‍රද්ධා ඉන්ද්‍රිය යි."

සාදු! සාදු!! සාදු!!!

ආපණ සූත්‍රය නිමා විය.

පස්වෙනි ජරා වර්ගය අවසන් විය.

● එහි පිළිවෙල උද්දානයයි :

ජරා සූත්‍රය, උණ්ණාභබ්‍රාහ්මණ සූත්‍රය, සාකේත සූත්‍රය, පුබ්බකොට්ඨක සූත්‍රය, පුබ්බාරාම සූත්‍ර සතර, පිණ්ඩෝල සූත්‍රය සහ ආපණ සූත්‍රය වශයෙන් මෙහි සූත්‍ර දසයකි.

6. සූකරඛත වර්ගය

4.6.1.
සාලා සූත්‍රය
සාලා ගමෙහි දී වදාළ දෙසුම

එක් සමයක භාග්‍යවතුන් වහන්සේ කොසොල් ජනපදයෙහි සාලා නම් බ්‍රාහ්මණ ගමෙහි වැඩවෙසෙන සේක. එහිදී භාග්‍යවතුන් වහන්සේ භික්ෂූන් ඇමතූ සේක. ....(පෙ)....

මහණෙනි, එය මෙබඳු දෙයකි. යම්කිසි තිරිසන් ගත සත්වයෝ සිටිත් ද, මෘගරාජ වූ සිංහයා ඔවුන්ට අග්‍ර යැයි කියනු ලැබේ. ඒ ශක්තියෙනුත්, ජවයෙනුත්, ශූරත්වයෙනුත් ය. එසෙයින් ම මහණෙනි, යම්කිසි බෝධිපාක්ෂික ධර්මයෝ වෙත් ද, ඒ ධර්මයන්ට ප්‍රඥා ඉන්ද්‍රිය අග්‍ර යැයි කියනු ලැබේ. ඒ අවබෝධය ලැබීම පිණිස ය.

මහණෙනි, බෝධිපාක්ෂික ධර්ම යනු මොනවා ද? මහණෙනි, ශ්‍රද්ධා ඉන්ද්‍රිය බෝධිපාක්ෂික ධර්මයකි. එය අවබෝධය පිණිස පවතියි. විරිය ඉන්ද්‍රිය බෝධිපාක්ෂික ධර්මයකි. එය අවබෝධය පිණිස පවතියි. සති ඉන්ද්‍රිය බෝධිපාක්ෂික ධර්මයකි. එය අවබෝධය පිණිස පවතියි. සමාධි ඉන්ද්‍රිය බෝධිපාක්ෂික ධර්මයකි. එය අවබෝධය පිණිස පවතියි. ප්‍රඥා ඉන්ද්‍රිය බෝධිපාක්ෂික ධර්මයකි. එය අවබෝධය පිණිස පවතියි.

මහණෙනි, එය මෙබඳු දෙයකි. යම්කිසි තිරිසන් ගත සත්වයෝ සිටිත් ද, මෘගරාජ වූ සිංහයා ඔවුන්ට අග්‍ර යැයි කියනු ලැබේ. ඒ ශක්තියෙනුත්, ජවයෙනුත්, ශූරත්වයෙනුත් ය. එසෙයින් ම මහණෙනි, යම්කිසි බෝධිපාක්ෂික ධර්මයෝ වෙත් ද, ඒ ධර්මයන්ට ප්‍රඥා ඉන්ද්‍රිය අග්‍ර යැයි කියනු ලැබේ. ඒ අවබෝධය

ලැබීම පිණිස ය.

සාදු! සාදු!! සාදු!!!

සාලා සූත්‍රය නිමා විය.

4.6.2.
මල්ලක සූත්‍රය
මල්ලක නියම්ගමෙහි දී වදාළ දෙසුම

එක් සමයක භාග්‍යවතුන් වහන්සේ මල්ලක ජනපදයෙහි උරුවේලකප්ප නම් මල්ලකයන්ගේ නියම්ගමෙහි වැඩවෙසෙන සේක. එහිදී භාග්‍යවතුන් වහන්සේ භික්ෂූන් ඇමතූ සේක.

මහණෙනි, ආර්ය ශ්‍රාවකයා හට යම්තාක් ආර්ය ඥානය නූපන්නේ වෙයි ද, ඒ තාක් ම ඉන්ද්‍රියයන් සතරක පිහිටීම නොවෙයි. ඒ තාක් ම ඉන්ද්‍රියයන් සතරෙහි බැසගෙන සිටීම නොවෙයි.

මහණෙනි, යම් කලෙක ආර්ය ශ්‍රාවකයා හට ආර්ය ඥානය උපන්නේ වෙයි ද, එකල්හී ඉන්ද්‍රියයන් සතරක පිහිටීම වෙයි. එකල්හී ඉන්ද්‍රියයන් සතරෙහි බැසගෙන සිටීම වෙයි.

මහණෙනි, එය මෙබඳු දෙයකි. උස් මුදුන් වහළ ඇති නිවසක කැණිමඬල යම්තාක් උඩට නොඔසොවන ලද්දේ වෙයි ද, ඒ තාක් පරාලයන් එක් ව පිහිටන්නේ නොවෙයි. ඒ තාක් ම පරාලයන්ගේ පිවිසීම පිහිටන්නේ නොවෙයි.

මහණෙනි, යම් කලෙක උස් මුදුන් වහළ ඇති නිවසක කැණිමඬල උඩට ඔසොවන ලද්දේ වෙයි ද, එකල්හී පරාලයන් එක් ව පිහිටන්නේ වෙයි. එකල්හී පරාලයන්ගේ පිවිසීම පිහිටන්නේ වෙයි.

එසෙයින් ම මහණෙනි, ආර්ය ශ්‍රාවකයා හට යම්තාක් ආර්ය ඥානය නූපන්නේ වෙයි ද, ඒ තාක් ම ඉන්ද්‍රියයන් සතරක පිහිටීම නොවෙයි. ඒ තාක් ම ඉන්ද්‍රියයන් සතරෙහි බැසගෙන සිටීම නොවෙයි.

මහණෙනි, යම් කලෙක ආර්ය ශ්‍රාවකයා හට ආර්ය ඥානය උපන්නේ වෙයි ද, එකල්හී ඉන්ද්‍රියයන් සතරක පිහිටීම වෙයි. එකල්හී ඉන්ද්‍රියයන් සතරෙහි

බැසගෙන සිටීම වෙයි. ඒ කවර සතරක් ද යත්, ශ්‍රද්ධා ඉන්ද්‍රිය ය, විරිය ඉන්ද්‍රිය ය, සති ඉන්ද්‍රිය ය, සමාධි ඉන්ද්‍රිය ය. මහණෙනි, ප්‍රඥාවන්ත ආර්ය ශ්‍රාවකයා හට ඒ ප්‍රඥාව අනුව යන ශ්‍රද්ධාව පිහිටයි. ඒ අනුව යන වීරිය පිහිටයි. ඒ අනුව සිහිය පිහිටයි. ඒ අනුව යන සමාධිය පිහිටයි.

සාදු! සාදු!! සාදු!!!

මල්ලක සූත්‍රය නිමා විය.

4.6.3.
සේඛ සූත්‍රය
නිවන් මගෙහි හික්මෙන භික්ෂුව ගැන වදාළ දෙසුම

එක් සමයක භාග්‍යවතුන් වහන්සේ කොසඹෑ නුවර ඝෝෂිතාරාමයෙහි වැඩවෙසෙන සේක. එහිදී භාග්‍යවතුන් වහන්සේ භික්ෂූන් ඇමතූ සේක.

"මහණෙනි, යම් ක්‍රමයකට පැමිණ නිවන් මගෙහි හික්මෙන සේඛ භික්ෂුව සේඛ භූමියෙහි සිටියේ සේඛයෙක් වෙමි යි දන්නේ නම්, නිවන් මග සම්පූර්ණ කළ අසේඛ භික්ෂුව අසේඛ භූමියෙහි සිටියේ අසේඛයෙක් වෙමි යි දන්නේ නම්, එබඳු ක්‍රමයක් ඇත්තේ ද?"

"ස්වාමීනී, භාග්‍යවතුන් වහන්සේ මුල්කොට අපගේ ධර්මය ඇත්තේ ය. ....(පෙ)....

මහණෙනි, යම් ක්‍රමයකට පැමිණ නිවන් මගෙහි හික්මෙන සේඛ භික්ෂුව සේඛ භූමියෙහි සිටියේ සේඛයෙක් වෙමි යි දන්නේ නම්, නිවන් මග සම්පූර්ණ කළ අසේඛ භික්ෂුව අසේඛ භූමියෙහි සිටියේ අසේඛයෙක් වෙමි යි දන්නේ නම්, එබඳු ක්‍රමයක් ඇත්තේ ය.

මහණෙනි, යම් ක්‍රමයකට පැමිණ නිවන් මගෙහි හික්මෙන සේඛ භික්ෂුව සේඛ භූමියෙහි සිටියේ සේඛයෙක් වෙමි යි දන්නේ නම්, එබඳු වූ ක්‍රමය කුමක් ද?

මහණෙනි, මෙහිලා නිවන් මගෙහි හික්මෙන සේඛ භික්ෂුව මෙය දුක යැයි ඒ වූ සැටියෙන් ම දනියි. මෙය දුකෙහි හටගැනීම යැයි ඒ වූ සැටියෙන්

ම දනියි. මෙය දුකෙහි නිරෝධය යැයි ඒ වූ සැටියෙන් ම දනියි. මෙය දුක් නිරුද්ධ වන්නා වූ ප්‍රතිපදාව යැයි ඒ වූ සැටියෙන් ම දනියි.

මහණෙනි, යම් ක්‍රමයකට පැමිණ නිවන් මගෙහි හික්මෙන සේඛ භික්ෂුව සේඛ භූමියෙහි සිටියේ සේඛයෙක් වෙමි යි දන්නේ නම්, මෙය ත් වනාහී එබඳු වූ ක්‍රමයකි.

තව ද මහණෙනි, සේඛ භික්ෂුව මෙසේ නුවණින් සළකයි. 'භාග්‍යවතුන් වහන්සේ මෙන් මෙසේ සිදු වූ, සත්‍ය වූ, නොවෙනස් වූ ධර්මයක් දේශනා කරන්නා වූ වෙනත් ශ්‍රමණයෙක් හෝ බ්‍රාහ්මණයෙක් හෝ මේ බුදු සසුනෙන් බැහැර ව සිටින්නේ දැ'යි. ඔහු මෙසේ දැනගනියි. 'භාග්‍යවතුන් වහන්සේ මෙන් මෙසේ සිදු වූ, සත්‍ය වූ, නොවෙනස් වූ ධර්මයක් දේශනා කරන්නා වූ අන්‍ය වූ වූ ශ්‍රමණයෙක් හෝ බ්‍රාහ්මණයෙක් හෝ මේ බුදු සසුනෙන් බැහැර ව නැත්තේ ය' යි.

මහණෙනි, යම් ක්‍රමයකට පැමිණ නිවන් මගෙහි හික්මෙන සේඛ භික්ෂුව සේඛ භූමියෙහි සිටියේ සේඛයෙක් වෙමි යි දන්නේ නම්, මෙය ත් වනාහී එබඳු වූ ක්‍රමයකි.

තව ද මහණෙනි, සේඛ භික්ෂුව පංච ඉන්ද්‍රියයන් දනියි. එනම් ශ්‍රද්ධා ඉන්ද්‍රිය ය, විරිය ඉන්ද්‍රිය ය, සති ඉන්ද්‍රිය ය, සමාධි ඉන්ද්‍රිය ය, ප්‍රඥා ඉන්ද්‍රිය ය. යමක් ගතිය කොට, යමක් පරම කොට, යමක් බලය කොට, යමක් අවසානය කොට ඇද්ද, ඒ මේ ඉන්ද්‍රියයන් කයෙන් ස්පර්ශ නොකොට වාසය කරන නමුත් ප්‍රඥාවෙන් විනිවිද දකියි.

මහණෙනි, යම් ක්‍රමයකට පැමිණ නිවන් මගෙහි හික්මෙන සේඛ භික්ෂුව සේඛ භූමියෙහි සිටියේ සේඛයෙක් වෙමි යි දන්නේ නම්, මෙය ත් වනාහී එබඳු වූ ක්‍රමයකි.

මහණෙනි, යම් ක්‍රමයකට පැමිණ නිවන් මග සම්පූර්ණ කළ අසේඛ භික්ෂුව අසේඛ භූමියෙහි සිටියේ අසේඛයෙක් වෙමි යි දන්නේ නම්, එබඳු ක්‍රමය කුමක් ද?

මහණෙනි, මෙහිලා අසේඛ භික්ෂුව පංච ඉන්ද්‍රියයන් දනියි. එනම් ශ්‍රද්ධා ඉන්ද්‍රිය ය, විරිය ඉන්ද්‍රිය ය, සති ඉන්ද්‍රිය ය, සමාධි ඉන්ද්‍රිය ය, ප්‍රඥා ඉන්ද්‍රිය ය. යමක් ගතිය කොට, යමක් පරම කොට, යමක් බලය කොට, යමක් අවසානය කොට ඇද්ද, ඒ මේ ඉන්ද්‍රියයන් කයෙනුත් ස්පර්ශ කොට වාසය කරයි. ප්‍රඥාවෙනුත් විනිවිද දකියි.

මහණෙනි, යම් ක්‍රමයකට පැමිණ නිවන් මග සම්පූර්ණ කළ අසේඛ භික්ෂුව අසේඛ භූමියෙහි සිටියේ අසේඛයෙක් වෙමි යි දන්නේ නම්, මෙය ත් එබඳු ක්‍රමයකි.

තව ද මහණෙනි, අසේඛ භික්ෂුව ඉන්ද්‍රියයන් සය පිළිබඳ ව දනියි. එනම්, ඇස නම් වූ ඉන්ද්‍රිය ය, කන නම් වූ ඉන්ද්‍රිය ය, නාසය නම් වූ ඉන්ද්‍රිය ය, දිව නම් වූ ඉන්ද්‍රිය ය, කය නම් වූ ඉන්ද්‍රිය ය, මනස නම් වූ ඉන්ද්‍රිය ය. මේ ඉන්ද්‍රියයන් සය මුළුමනින් ම, සියල්ල ම, සියළු අයුරින්, සියල්ල ඉතිරි නැති ව නිරුද්ධ වන්නේ ය, අන්‍ය වූ ඉන්ද්‍රියයන් සයක් කොහේවත්, කොතැනකවත් යළි නූපදින්නේ ය යැයි දැනගනියි.

මහණෙනි, යම් ක්‍රමයකට පැමිණ නිවන් මග සම්පූර්ණ කළ අසේඛ භික්ෂුව අසේඛ භූමියෙහි සිටියේ අසේඛයෙක් වෙමි යි දන්නේ නම්, මෙය ත් එබඳු ක්‍රමයකි.

සාදු! සාදු!! සාදු!!!

සේඛ සූත්‍රය නිමා විය.

4.6.4.
පද සූත්‍රය
දහම් පදය ගැන වදාළ දෙසුම

මහණෙනි, එය මෙබඳු දෙයකි. යම්කිසි ඇවිද යන සත්වයන්ගේ පියවර සටහන් ඇද්ද, ඒ සියල්ල ඇත් පියවරෙහි ඇතුල් කළ හැක්කේ ය. ඇත් පියවර විශාලත්වයෙන් ඒ සියළු පා සටහන් වලට වඩා අග්‍ර යැයි කියනු ලැබේ. එසෙයින් ම මහණෙනි, අවබෝධය පිණිස යම්කිසි දහම් පදයෝ වෙත් නම්, ඒ සියළු දහම් පදයන්ට වඩා යම් මේ අවබෝධය පිණිස ප්‍රඥා ඉන්ද්‍රිය අග්‍ර යැයි කියනු ලැබේ.

මහණෙනි, අවබෝධය පිණිස ඇති දහම් පද මොනවා ද? මහණෙනි, ශ්‍රද්ධා ඉන්ද්‍රිය දහම් පදයකි. එය අවබෝධය පිණිස පවතියි. විරිය ඉන්ද්‍රිය දහම් පදයකි. එය අවබෝධය පිණිස පවතියි. සති ඉන්ද්‍රිය දහම් පදයකි. එය අවබෝධය පිණිස පවතියි. සමාධි ඉන්ද්‍රිය දහම් පදයකි. එය අවබෝධය පිණිස පවතියි. ප්‍රඥා ඉන්ද්‍රිය දහම් පදයකි. එය අවබෝධය පිණිස පවතියි.

මහණෙනි, එය මෙබඳු දෙයකි. යම්කිසි ඇවිද යන සත්වයන්ගේ පියවර සටහන් ඇද්ද, ඒ සියල්ල ඇත් පියවරෙහි ඇතුල් කළ හැක්කේ ය. ඇත් පියවර විශාලත්වයෙන් ඒ සියළු පා සටහන් වලට වඩා අග්‍ර යැයි කියනු ලැබේ. එසෙයින් ම මහණෙනි, අවබෝධය පිණිස යම්කිසි දහම් පදයෝ වෙත් නම්, ඒ සියළු දහම් පදයන්ට වඩා යම් මේ අවබෝධය පිණිස ප්‍රඥා ඉන්ද්‍රිය අග්‍ර යැයි කියනු ලැබේ.

සාදු! සාදු!! සාදු!!!

පද සූත්‍රය නිමා විය.

4.6.5.
සාර සූත්‍රය
හරය ගැන වදාළ දෙසුම

මහණෙනි, එය මෙබඳු දෙයකි. යම්කිසි අරටු සුවඳක් ඇද්ද, රත් සඳුන් අරටු සුවඳට වඩා අග්‍ර යැයි කියනු ලැබේ. එසෙයින් ම මහණෙනි, යම්කිසි බෝධිපාක්ෂික ධර්මයෝ වෙත් ද, ඒවා අතර යම් මේ අවබෝධය පිණිස ප්‍රඥා ඉන්ද්‍රිය අග්‍ර යැයි කියනු ලැබේ.

මහණෙනි, බෝධිපාක්ෂික ධර්ම යනු මොනවා ද? මහණෙනි, ශ්‍රද්ධා ඉන්ද්‍රිය බෝධිපාක්ෂික ධර්මයකි. එය අවබෝධය පිණිස පවතියි. විරිය ඉන්ද්‍රිය බෝධිපාක්ෂික ධර්මයකි. එය අවබෝධය පිණිස පවතියි. සති ඉන්ද්‍රිය බෝධිපාක්ෂික ධර්මයකි. එය අවබෝධය පිණිස පවතියි. සමාධි ඉන්ද්‍රිය බෝධිපාක්ෂික ධර්මයකි. එය අවබෝධය පිණිස පවතියි. ප්‍රඥා ඉන්ද්‍රිය බෝධිපාක්ෂික ධර්මයකි. එය අවබෝධය පිණිස පවතියි.

මහණෙනි, එය මෙබඳු දෙයකි. යම්කිසි අරටු සුවඳක් ඇද්ද, රත් සඳුන් අරටු සුවඳට වඩා අග්‍ර යැයි කියනු ලැබේ. එසෙයින් ම මහණෙනි, යම්කිසි බෝධිපාක්ෂික ධර්මයෝ වෙත් ද, ඒවා අතර යම් මේ අවබෝධය පිණිස ප්‍රඥා ඉන්ද්‍රිය අග්‍ර යැයි කියනු ලැබේ.

සාදු! සාදු!! සාදු!!!

සාර සූත්‍රය නිමා විය.

4.6.6.
පතිට්ඨිත සූත්‍රය
පිහිටා ඇති දෙය ගැන වදාළ දෙසුම

සැවැත් නුවර දී ය.....

මහණෙනි, එක් ධර්මයක පිහිටා සිටින භික්ෂුවගේ පංච ඉන්ද්‍රියයෝ දියුණු වී යති. මැනැවින් දියුණු වී යති. කවර එක් ධර්මයක ද යත්, අප්‍රමාදයෙහි ය. මහණෙනි, අප්‍රමාදය යනු කුමක් ද? මහණෙනි, මෙහිලා භික්ෂුව ආශ්‍රවයන්ගෙනුත්, ආශ්‍රවයන් සහිත ධර්මයන්ගෙනුත් සිත රකියි. ඒ ආශ්‍රවයන්ගෙනුත්, ආශ්‍රවයන් සහිත ධර්මයන්ගෙනුත් සිත රකින්නා වූ ඔහු තුළ ශ්‍රද්ධා ඉන්ද්‍රියත් වැඩීමෙන් සම්පූර්ණත්වයට යයි. විරිය ඉන්ද්‍රිය ත් ....(පෙ).... සති ඉන්ද්‍රිය ත් ....(පෙ).... සමාධි ඉන්ද්‍රිය ත් ....(පෙ).... ප්‍රඥා ඉන්ද්‍රියත් වැඩීමෙන් සම්පූර්ණත්වයට යයි. මෙසේ මහණෙනි, එක් ධර්මයක පිහිටා සිටින භික්ෂුවගේ පංච ඉන්ද්‍රියයෝ දියුණු වී යති. මැනැවින් දියුණු වී යති.

සාදු! සාදු!! සාදු!!!

පතිට්ඨිත සූත්‍රය නිමා විය.

4.6.7.
බ්‍රහ්ම සූත්‍රය
සහම්පතී බ්‍රහ්මයා අනුමෝදන් වූ දෙසුම

මා විසින් මෙසේ අසන ලදී. එක් සමයක භාග්‍යවතුන් වහන්සේ සම්බුද්ධත්වය ලැබූ මුල් අවදියෙහි උරුවෙල් ජනපදයෙහි නේරංජරා නදී තෙර අජපාල නුගරුක් සෙවණෙහි වැඩසිටි සේක. එකල්හී හුදෙකලාවෙහි භාවනාවෙන් වසන භාග්‍යවතුන් වහන්සේට මෙබඳු චිත්ත පරිවිතර්කයක් ඇති වූයේ ය. එනම්,

'පංච ඉන්ද්‍රියයෝ දියුණු කරගත් විට, බහුල ව ප්‍රගුණ කරගත් විට නිවනට බැසගන්නාහු ය. නිවන පිහිට කොට ඇත්තාහු ය. නිවන අවසන් කොට

ඇත්තාහු ය. ඒ කවර පසක් ද යත්, ශ්‍රද්ධා ඉන්ද්‍රිය දියුණු කරගත් විට, බහුල ව ප්‍රගුණ කරගත් විට නිවනට බැසගන්නේ ය. නිවන පිහිට කොට ඇත්තේ ය. නිවන අවසන් කොට ඇත්තේ ය. විරිය ඉන්ද්‍රිය ....(පෙ).... සති ඉන්ද්‍රිය ....(පෙ).... සමාධි ඉන්ද්‍රිය ....(පෙ).... ප්‍රඥා ඉන්ද්‍රිය දියුණු කරගත් විට, බහුල ව ප්‍රගුණ කරගත් විට නිවනට බැසගන්නේ ය. නිවන පිහිට කොට ඇත්තේ ය. නිවන අවසන් කොට ඇත්තේ ය. මේ පංච ඉන්ද්‍රියයෝ දියුණු කරගත් විට, බහුල ව ප්‍රගුණ කරගත් විට නිවනට බැසගන්නාහු ය. නිවන පිහිට කොට ඇත්තාහු ය. නිවන අවසන් කොට ඇත්තාහු ය.'

එකල්හී සහම්පතී බ්‍රහ්මරාජයා භාග්‍යවතුන් වහන්සේගේ චිත්ත පරිවිතර්කය සිය සිතින් දැන බලවත් පුරුෂයෙක් හැකිලූ අතක් දිගු කරන්නේ යම් සේ ද, දිගු කළ අතක් හකුලන්නේ යම් සේ ද, එසෙයින් ම බඹලොවින් නොපෙනී ගොස් භාග්‍යවතුන් වහන්සේ ඉදිරියෙහි පහළ වූයේ ය. ඉක්බිති සහම්පතී බ්‍රහ්මරාජයා උතුරු සළුව ඒකාංශ කොට, භාග්‍යවතුන් වහන්සේ වෙත ඇඳිලි බැඳ වන්දනා කොට භාග්‍යවතුන් වහන්සේට මෙය පැවසුවේ ය.

'භාග්‍යවතුන් වහන්ස, එය එසේ ම ය, සුගතයන් වහන්ස, එය එසේ ම ය. ස්වාමීනී, පංච ඉන්ද්‍රියයෝ දියුණු කරගත් විට, බහුල ව ප්‍රගුණ කරගත් විට නිවනට බැසගන්නාහු ය. නිවන පිහිට කොට ඇත්තාහු ය. නිවන අවසන් කොට ඇත්තාහු ය. ඒ කවර පසක් ද යත්, ශ්‍රද්ධා ඉන්ද්‍රිය දියුණු කරගත් විට, බහුල ව ප්‍රගුණ කරගත් විට නිවනට බැසගන්නේ ය. නිවන පිහිට කොට ඇත්තේ ය. නිවන අවසන් කොට ඇත්තේ ය. විරිය ඉන්ද්‍රිය ....(පෙ).... සති ඉන්ද්‍රිය ....(පෙ).... සමාධි ඉන්ද්‍රිය ....(පෙ).... ප්‍රඥා ඉන්ද්‍රිය දියුණු කරගත් විට, බහුල ව ප්‍රගුණ කරගත් විට නිවනට බැසගන්නේ ය. නිවන පිහිට කොට ඇත්තේ ය. නිවන අවසන් කොට ඇත්තේ ය. මේ පංච ඉන්ද්‍රියයෝ දියුණු කරගත් විට, බහුල ව ප්‍රගුණ කරගත් විට නිවනට බැසගන්නාහු ය. නිවන පිහිට කොට ඇත්තාහු ය. නිවන අවසන් කොට ඇත්තාහු ය.

ස්වාමීනී, මම පූර්වයෙහි දී කාශ්‍යප සම්මා සම්බුදුරජාණන් වහන්සේගේ ශාසනයෙහි බඹසර හැසිරුණෙමි. එහිදී ද මාව 'සහක භික්ෂුව, සහක භික්ෂුව' වශයෙන් මෙසේ දනිති. ස්වාමීනී, ඒ මම මේ පංච ඉන්ද්‍රිය ධර්මයන් දියුණු කරගත් බැවින්, බහුල ව ප්‍රගුණ කරගත් බැවින් කාමයන්හි කාමච්ඡන්දය දුරු කොට කය බිඳී මරණින් මතු සුගති සංඛ්‍යාත බඹලොව උපන්නෙමි. එහිදී ත් මාව 'සහම්පතී බ්‍රහ්මයා ය, සහම්පතී බ්‍රහ්මයා ය' වශයෙන් මෙසේ දනිති. භාග්‍යවතුන් වහන්ස, එය එසේ ම ය. සුගතයන් වහන්ස, එය එසේ ම ය. මේ පංච ඉන්ද්‍රියයෝ දියුණු කරගත් විට, බහුල ව ප්‍රගුණ කරගත් විට යම් සේ

නිවනට බැසගන්නාහු ය. නිවන පිහිට කොට ඇත්තාහු ය. නිවන අවසන් කොට ඇත්තාහු යි මම මෙය දනිමි. මම මෙය දකිමි."

සාදු! සාදු!! සාදු!!!

බ්‍රහ්ම සූත්‍රය නිමා විය.

4.6.8.
සූකරඛත සූත්‍රය
සූකරඛත ලෙනෙහි දී වදාළ දෙසුම

මා විසින් මෙසේ අසන ලදී. එක් සමයක භාග්‍යවතුන් වහන්සේ රජගහ නුවර ගිජ්ඣකූට පර්වතයෙහි සූකරඛත ලෙනෙහි වැඩවෙසෙන සේක. එහිදී භාග්‍යවතුන් වහන්සේ ආයුෂ්මත් සාරිපුත්තයන් වහන්සේ ඇමතූ සේක.

"සාරිපුත්තයෙනි, ක්ෂීණාශ්‍රව භික්ෂුවක් තථාගතයන් කෙරෙහි හෝ තථාගතයන්ගේ ශාසනය කෙරෙහි හෝ පරම යටහත් ගෞරවාදරයක් දක්වමින් සිටින්නේ කවර අර්ථයක් දකිමින් ද?"

"ස්වාමීනී, ක්ෂීණාශ්‍රව භික්ෂුව අනුත්තර යෝගක්ඛේම නම් වූ නිවන දකිමින් ය, තථාගතයන් වහන්සේ කෙරෙහි හෝ තථාගතයන් වහන්සේගේ ශාසනය කෙරෙහි හෝ පරම යටහත් ගෞරවාදරයක් දක්වමින් සිටින්නේ."

"සාරිපුත්තයෙනි, යහපති, යහපති. සාරිපුත්තයෙනි, ක්ෂීණාශ්‍රව භික්ෂුව අනුත්තර යෝගක්ඛේම නම් වූ නිවන දකිමින් තථාගතයන් කෙරෙහි හෝ තථාගතයන්ගේ ශාසනය කෙරෙහි හෝ පරම යටහත් ගෞරවාදරයක් දක්වමින් සිටින්නේ ය.

සාරිපුත්තයෙනි, ක්ෂීණාශ්‍රව භික්ෂුවක් තථාගතයන් කෙරෙහි හෝ තථාගතයන්ගේ ශාසනය කෙරෙහි හෝ පරම යටහත් ගෞරවාදරයක් දක්වමින් සිටින්නේ යමක් දකිමින් නම්, ඒ අනුත්තර යෝගක්ඛේමය කුමක් ද?"

"ස්වාමීනී, මෙහිලා ක්ෂීණාශ්‍රව භික්ෂුව සංසිඳවීමට යන පරිදි, අවබෝධයට යන පරිදි ශ්‍රද්ධා ඉන්ද්‍රිය වඩයි. ....(පෙ).... විරිය ඉන්ද්‍රිය වඩයි. ....(පෙ).... සති ඉන්ද්‍රිය වඩයි. ....(පෙ).... සමාධි ඉන්ද්‍රිය වඩයි. සංසිඳවීමට යන

පරිදි, අවබෝධයට යන පරිදි ප්‍රඥා ඉන්ද්‍රිය වඩයි. ස්වාමීනී, ක්ෂීණාශ්‍රව භික්ෂුවක් තථාගතයන් වහන්සේ කෙරෙහි හෝ තථාගතයන් වහන්සේගේ ශාසනය කෙරෙහි හෝ පරම යටහත් ගෞරවාදරයක් දක්වමින් සිටින්නේ යමක් දකිමින් නම්, ඒ අනුත්තර යෝගක්ඛේමය නම් මෙය යි."

"සාරිපුත්තයෙනි, යහපති, යහපති. සාරිපුත්තයෙනි, ක්ෂීණාශ්‍රව භික්ෂුවක් තථාගතයන් කෙරෙහි හෝ තථාගතයන්ගේ ශාසනය කෙරෙහි හෝ පරම යටහත් ගෞරවාදරයක් දක්වමින් සිටින්නේ යමක් දකිමින් නම්, මේ ඒ අනුත්තර යෝග ක්ඛේමය යි.

සාරිපුත්තයෙනි, ක්ෂීණාශ්‍රව භික්ෂුව තථාගතයන් කෙරෙහි හෝ තථාගතයන්ගේ ශාසනය කෙරෙහි හෝ යම් පරම යටහත් ගෞරවාදරයක් දක්වමින් සිටින්නේ නම් ඒ පරම යටහත් ගෞරවාදරය කුමක් ද?"

"ස්වාමීනී, මෙහිලා ක්ෂීණාශ්‍රව භික්ෂුව ශාස්තෘන් වහන්සේ කෙරෙහි ගෞරව සහිත ව යටහත් පැවැතුම් ඇති ව වාසය කරන්නේ වෙයි. ධර්මය කෙරෙහි ගෞරව සහිත ව යටහත් පැවැතුම් ඇති ව වාසය කරන්නේ වෙයි. සංඝයා කෙරෙහි ගෞරව සහිත ව යටහත් පැවැතුම් ඇති ව වාසය කරන්නේ වෙයි. ශික්ෂාව කෙරෙහි ගෞරව සහිත ව යටහත් පැවැතුම් ඇති ව වාසය කරන්නේ වෙයි. සමාධිය කෙරෙහි ගෞරව සහිත ව යටහත් පැවැතුම් ඇති ව වාසය කරන්නේ වෙයි. ස්වාමීනී, ක්ෂීණාශ්‍රව භික්ෂුව තථාගතයන් වහන්සේ කෙරෙහි හෝ තථාගතයන් වහන්සේගේ ශාසනය කෙරෙහි හෝ යම් පරම යටහත් ගෞරවාදරයක් දක්වමින් සිටින්නේ නම් ඒ පරම යටහත් ගෞරවාදරය මෙය යි."

"සාරිපුත්තයෙනි, යහපති, යහපති. සාරිපුත්තයෙනි, ක්ෂීණාශ්‍රව භික්ෂුව තථාගතයන් කෙරෙහි හෝ තථාගතයන්ගේ ශාසනය කෙරෙහි හෝ යම් පරම යටහත් ගෞරවාදරයක් දක්වමින් සිටින්නේ නම් මේ ඒ පරම යටහත් ගෞරවාදරය යි."

සාදු! සාදු!! සාදු!!!

සූකරඛත සූත්‍රය නිමා විය.

4.6.9.
උප්පාද සූත්‍රය
ඉපදීම ගැන වදාළ දෙසුම

සැවැත් නුවර දී ය.....

මහණෙනි, තථාගත අරහත් සම්මා සම්බුදුරජුන්ගේ පහළ වීමෙන් තොර ව වෙනත් කලෙක වඩන ලද්දා වූ, බහුල කරන ලද්දා වූ නූපන්නා වූ මේ පංච ඉන්ද්‍රියයෝ නූපදිති. ඒ කවර පසක් ද යත්, ශ්‍රද්ධා ඉන්ද්‍රිය ය, විරිය ඉන්ද්‍රිය ය, සති ඉන්ද්‍රිය ය, සමාධි ඉන්ද්‍රිය ය, ප්‍රඥා ඉන්ද්‍රිය ය.

මහණෙනි, තථාගත අරහත් සම්මා සම්බුදුරජුන්ගේ පහළ වීමෙන් තොර ව වෙනත් කලෙක වඩන ලද්දා වූ, බහුල කරන ලද්දා වූ නූපන්නා වූ මේ පංච ඉන්ද්‍රියයෝ නූපදිති.

සාදු! සාදු!! සාදු!!!

උප්පාද සූත්‍රය නිමා විය.

4.6.10.
දුතිය උප්පාද සූත්‍රය
ඉපදීම ගැන වදාළ දෙවෙනි දෙසුම

සැවැත් නුවර දී ය.....

මහණෙනි, සුගත විනය නම් වූ බුදු සසුනෙන් තොර ව වෙනත් තැනක වඩන ලද්දා වූ, බහුල කරන ලද්දා වූ නූපන්නා වූ මේ පංච ඉන්ද්‍රියයෝ නූපදිති. ඒ කවර පසක් ද යත්, ශ්‍රද්ධා ඉන්ද්‍රිය ය, විරිය ඉන්ද්‍රිය ය, සති ඉන්ද්‍රිය ය, සමාධි ඉන්ද්‍රිය ය, ප්‍රඥා ඉන්ද්‍රිය ය.

මහණෙනි, සුගත විනය නම් වූ බුදු සසුනෙන් තොර ව වෙනත් තැනක වඩන ලද්දා වූ, බහුල කරන ලද්දා වූ නූපන්නා වූ මේ පංච ඉන්ද්‍රියයෝ නූපදිති.

සාදු! සාදු!! සාදු!!!

දුතිය උප්පාද සූත්‍රය නිමා විය.

සය වෙනි සූකරඛත වර්ගය අවසන් විය.

- එහි පිළිවෙල උද්දානයයි :

සාලා සූත්‍රය, මල්ලක සූත්‍රය, සේඛ සූත්‍රය, පද සූත්‍රය, සාර සූත්‍රය, පතිට්ඨිත සූත්‍රය, බ්‍රහ්ම සූත්‍රය, සූකරඛත සූත්‍රය සහ උප්පාද සූත්‍ර දෙක වශයෙන් මෙහි සූත්‍ර දසයකි.

7. සම්බෝධි වර්ගය

4.7.1.

සංයෝජන සූත්‍රය

සසර බන්ධන ගැන වදාළ දෙසුම

සැවැත් නුවර දී ය .....

මහණෙනි, මේ පංච ඉන්ද්‍රියයෝ දියුණු කරගත් විට, බහුල ව ප්‍රගුණ කරගත් විට, සංයෝජනයන් ප්‍රහාණය පිණිස පවතින්නාහු ය. ඒ කවර පසක් ද යත්, ශ්‍රද්ධා ඉන්ද්‍රිය ය ....(පෙ).... ප්‍රඥා ඉන්ද්‍රිය ය. මහණෙනි, මේ පංච ඉන්ද්‍රියයෝ දියුණු කරගත් විට, බහුල ව ප්‍රගුණ කරගත් විට, සංයෝජනයන් ප්‍රහාණය පිණිස පවතින්නාහු ය.

සාදු! සාදු!! සාදු!!!

සංයෝජන සූත්‍රය නිමා විය.

4.7.2.

අනුසය සූත්‍රය

අප්‍රකට කෙලෙස් ගැන වදාළ දෙසුම

මහණෙනි, මේ පංච ඉන්ද්‍රියයෝ දියුණු කරගත් විට, බහුල ව ප්‍රගුණ කරගත් විට, අප්‍රකට කෙලෙස් නැසීම පිණිස පවතින්නාහු ය. ඒ කවර පසක් ද යත්, ශ්‍රද්ධා ඉන්ද්‍රිය ය ....(පෙ).... ප්‍රඥා ඉන්ද්‍රිය ය. මහණෙනි, මේ පංච

ඉන්ද්‍රියයෝ දියුණු කරගත් විට, බහුල ව ප්‍රගුණ කරගත් විට, අප්‍රකට කෙලෙස් නැසීම පිණිස පවතින්නාහු ය.

සාදු! සාදු!! සාදු!!!

අනුසය සූත්‍රය නිමා විය.

4.7.3.
අද්ධාන සූත්‍රය
දිගු සසර ගමන ගැන වදාළ දෙසුම

මහණෙනි, මේ පංච ඉන්ද්‍රියයෝ දියුණු කරගත් විට, බහුල ව ප්‍රගුණ කරගත් විට, දිගු සසර ගමන පිරිසිඳ දැනීම පිණිස පවතින්නාහු ය. ඒ කවර පසක් ද යත්, ශ්‍රද්ධා ඉන්ද්‍රිය ය ....(පෙ).... ප්‍රඥා ඉන්ද්‍රිය ය. මහණෙනි, මේ පංච ඉන්ද්‍රියයෝ දියුණු කරගත් විට, බහුල ව ප්‍රගුණ කරගත් විට, දිගු සසර ගමන පිරිසිඳ දැනීම පිණිස පවතින්නාහු ය.

සාදු! සාදු!! සාදු!!!

අද්ධාන සූත්‍රය නිමා විය.

4.7.4.
ආසවක්ඛය සූත්‍රය
ආශ්‍රවයන් ක්ෂය වීම ගැන වදාළ දෙසුම

මහණෙනි, මේ පංච ඉන්ද්‍රියයෝ දියුණු කරගත් විට, බහුල ව ප්‍රගුණ කරගත් විට, ආශ්‍රවයන් ක්ෂය වීම පිණිස පවතින්නාහු ය. ඒ කවර පසක් ද යත්, සද්ධා ඉන්ද්‍රිය ය ....(පෙ).... ප්‍රඥා ඉන්ද්‍රිය ය. මහණෙනි, මේ පංච ඉන්ද්‍රියයෝ දියුණු කරගත් විට, බහුල ව ප්‍රගුණ කරගත් විට, ආශ්‍රවයන් ක්ෂය වීම පිණිස පවතින්නාහු ය.

සාදු! සාදු!! සාදු!!!

ආසවක්ඛය සූත්‍රය නිමා විය.

4.7.5.
ඵල සූත්‍රය
ප්‍රතිඵල ගැන වදාළ දෙසුම

මහණෙනි, මේ පංච ඉන්ද්‍රියයෝ ය. ඒ කවර පසක් ද යත්, ශ්‍රද්ධා ඉන්ද්‍රිය ය ....(පෙ).... ප්‍රඥා ඉන්ද්‍රිය ය. මහණෙනි, මේ වනාහී පසක් වූ ඉන්ද්‍රියයෝ ය. මහණෙනි, මේ පංච ඉන්ද්‍රියයන් දියුණු කරන ලද බැවින්, බහුල වශයෙන් ප්‍රගුණ කරන ලද බැවින් දෙවැදෑරුම් ප්‍රතිඵලයන් අතරින් එක්තරා ප්‍රතිඵලයක් කැමති විය යුත්තේ ය. එනම් මෙලොව දී ම අරහත්වයට පත්වීම හෝ උපදාන ඉතිරි ව තිබෙන කල්හී අනාගාමී බව යි.

සාදු! සාදු!! සාදු!!!

ඵල සූත්‍රය නිමා විය.

4.7.6.
දුතිය ඵල සූත්‍රය
ප්‍රතිඵල ගැන වදාළ දෙවෙනි දෙසුම

මහණෙනි, මේ පංච ඉන්ද්‍රියයෝ ය. ඒ කවර පසක් ද යත්, ශ්‍රද්ධා ඉන්ද්‍රිය ය ....(පෙ).... ප්‍රඥා ඉන්ද්‍රිය ය. මහණෙනි, මේ වනාහී පසක් වූ ඉන්ද්‍රියයෝ ය. මහණෙනි, මේ පංච ඉන්ද්‍රියයන් දියුණු කරන ලද බැවින්, බහුල වශයෙන් ප්‍රගුණ කරන ලද බැවින් ප්‍රතිඵල සතක්, අනුසස් සතක් කැමති විය යුත්තේ ය. ඒ ප්‍රතිඵල සත, අනුසස් සත මොනවාද?

මෙලොව දී ම කලින් ම අරහත්වයට පත්වෙයි. ඉදින් මෙලොව දී කලින් ම අරහත්වයට පත් නොවූයේ නම්, මරණ කාලයෙහි අරහත්වයට පත්වෙයි.

ඉදින් මෙලොව දී කලින් අරහත්වට පත් නොවූයේ නම්, ඉදින් මරණ කාලයේ දී ත් අරහත්වයට පත්නොවූයේ නම්, එකල්හී පංච ඕරම්භාගිය සංයෝජනයන් ක්ෂය කොට අන්තරා පරිනිබ්බායී වෙයි. උපහච්ච පරිනිබ්බායී වෙයි. අසංඛාර පරිනිබ්බායී වෙයි. සසංඛාර පරිනිබ්බායී වෙයි. උද්ධංසෝත

අකනිට්ඨගාමී වෙයි.

මහණෙනි, මේ පංච ඉන්ද්‍රියයන් දියුණු කරන ලද බැවින්, බහුල වශයෙන් ප්‍රගුණ කරන ලද බැවින් මේ ප්‍රතිඵල සත, මේ අනුසස් සත කැමති විය යුත්තේ ය.

සාදු! සාදු!! සාදු!!!

දුතිය ඵල සූත්‍රය නිමා විය.

4.7.7.
රුක්ඛ සූත්‍රය
වෘක්ෂය ගැන වදාළ දෙසුම

මහණෙනි, එය මෙබඳු දෙයකි. ජම්බුද්වීපයෙහි යම්කිසි වෘක්ෂ ජාතීහු වෙත් ද, ඒවා අතර දඹරුක අග්‍ර යැයි කියනු ලැබේ. එසෙයින් ම මහණෙනි, අවබෝධය පිණිස පවතින යම්කිසි බෝධිපාක්ෂික ධර්මයෝ වෙත් ද, ඒවා අතර ප්‍රඥා ඉන්ද්‍රිය අග්‍ර යැයි කියනු ලැබේ. මහණෙනි, බෝධිපාක්ෂික ධර්මයෝ මොනවා ද? මහණෙනි, ශ්‍රද්ධා ඉන්ද්‍රිය බෝධි පාක්ෂික ධර්මයකි. එය අවබෝධය පිණිස පවතියි. විරිය ඉන්ද්‍රිය ....(පෙ).... සති ඉන්ද්‍රිය ....(පෙ).... සමාධි ඉන්ද්‍රිය ....(පෙ).... ප්‍රඥා ඉන්ද්‍රිය බෝධි පාක්ෂික ධර්මයකි. එය අවබෝධය පිණිස පවතියි.

මහණෙනි, එය මෙබඳු දෙයකි. ජම්බුද්වීපයෙහි යම්කිසි වෘක්ෂ ජාතීහු වෙත් ද, ඒවා අතර දඹරුක අග්‍ර යැයි කියනු ලැබේ. එසෙයින් ම මහණෙනි, අවබෝධය පිණිස පවතින යම්කිසි බෝධිපාක්ෂික ධර්මයෝ වෙත් ද, ඒවා අතර ප්‍රඥා ඉන්ද්‍රිය අග්‍ර යැයි කියනු ලැබේ.

සාදු! සාදු!! සාදු!!!

රුක්ඛ සූත්‍රය නිමා විය.

4.7.8.
දුතිය රුක්ඛ සූත්‍රය
වෘක්ෂය ගැන වදාළ දෙවෙනි දෙසුම

මහණෙනි, එය මෙබඳු දෙයකි. තව්තිසාවෙහි දෙවියන් හට යම්කිසි වෘක්ෂ ජාතීහු වෙත් ද, ඒවා අතර පරසතු රුක අග්‍ර යැයි කියනු ලැබේ. එසෙයින් ම මහණෙනි, අවබෝධය පිණිස පවතින යම්කිසි බෝධිපාක්ෂික ධර්මයෝ වෙත් ද, ඒවා අතර ප්‍රඥා ඉන්ද්‍රිය අග්‍ර යැයි කියනු ලැබේ. මහණෙනි, බෝධිපාක්ෂික ධර්මයෝ මොනවා ද? මහණෙනි, ශ්‍රද්ධා ඉන්ද්‍රිය බෝධි පාක්ෂික ධර්මයකි. එය අවබෝධය පිණිස පවතියි. විරිය ඉන්ද්‍රිය ....(පෙ).... සති ඉන්ද්‍රිය ....(පෙ).... සමාධි ඉන්ද්‍රිය ....(පෙ).... ප්‍රඥා ඉන්ද්‍රිය බෝධි පාක්ෂික ධර්මයකි. එය අවබෝධය පිණිස පවතියි.

මහණෙනි, එය මෙබඳු දෙයකි. තව්තිසාවෙහි දෙවියන් හට යම්කිසි වෘක්ෂ ජාතීහු වෙත් ද, ඒවා අතර පරසතු රුක අග්‍ර යැයි කියනු ලැබේ. එසෙයින් ම මහණෙනි, අවබෝධය පිණිස පවතින යම්කිසි බෝධිපාක්ෂික ධර්මයෝ වෙත් ද, ඒවා අතර ප්‍රඥා ඉන්ද්‍රිය අග්‍ර යැයි කියනු ලැබේ.

සාදු! සාදු!! සාදු!!!

දුතිය රුක්ඛ සූත්‍රය නිමා විය.

4.7.9.
තතිය රුක්ඛ සූත්‍රය
වෘක්ෂය ගැන වදාළ තෙවෙනි දෙසුම

මහණෙනි, එය මෙබඳු දෙයකි. අසුරයන් හට යම්කිසි වෘක්ෂ ජාතීහු වෙත් ද, ඒවා අතර චිත්තපාටලී වෘක්ෂය අග්‍ර යැයි කියනු ලැබේ. එසෙයින් ම මහණෙනි, අවබෝධය පිණිස පවතින යම්කිසි බෝධිපාක්ෂික ධර්මයෝ වෙත් ද, ඒවා අතර ප්‍රඥා ඉන්ද්‍රිය අග්‍ර යැයි කියනු ලැබේ. මහණෙනි, බෝධිපාක්ෂික ධර්මයෝ මොනවා ද? මහණෙනි, ශ්‍රද්ධා ඉන්ද්‍රිය බෝධි පාක්ෂික ධර්මයකි.

එය අවබෝධය පිණිස පවතියි. විරිය ඉන්ද්‍රිය ....(පෙ).... සති ඉන්ද්‍රිය ....(පෙ).... සමාධි ඉන්ද්‍රිය ....(පෙ).... ප්‍රඥා ඉන්ද්‍රිය බෝධි පාක්ෂික ධර්මයකි. එය අවබෝධය පිණිස පවතියි.

මහණෙනි, එය මෙබඳු දෙයකි. අසුරයන් හට යම්කිසි වෘක්ෂ ජාතීහු වෙත් ද, ඒවා අතර චිත්තපාටලී වෘක්ෂය අග්‍ර යැයි කියනු ලැබේ. එසෙයින් ම මහණෙනි, අවබෝධය පිණිස පවතින යම්කිසි බෝධිපාක්ෂික ධර්මයෝ වෙත් ද, ඒවා අතර ප්‍රඥා ඉන්ද්‍රිය අග්‍ර යැයි කියනු ලැබේ.

සාදු! සාදු!! සාදු!!!

තතිය රුක්ඛ සූත්‍රය නිමා විය.

4.7.10.
චතුත්ථ රුක්ඛ සූත්‍රය
වෘක්ෂය ගැන වදාළ සිව්වෙනි දෙසුම

මහණෙනි, එය මෙබඳු දෙයකි. ගුරුළන් හට යම්කිසි වෘක්ෂ ජාතීහු වෙත් ද, ඒවා අතර කෝටසිම්බලී වෘක්ෂය (කොටහිඹුල් රුක) අග්‍ර යැයි කියනු ලැබේ. එසෙයින් ම මහණෙනි, අවබෝධය පිණිස පවතින යම්කිසි බෝධිපාක්ෂික ධර්මයෝ වෙත් ද, ඒවා අතර ප්‍රඥා ඉන්ද්‍රිය අග්‍ර යැයි කියනු ලැබේ. මහණෙනි, බෝධිපාක්ෂික ධර්මයෝ මොනවා ද? මහණෙනි, ශ්‍රද්ධා ඉන්ද්‍රිය බෝධි පාක්ෂික ධර්මයකි. එය අවබෝධය පිණිස පවතියි. විරිය ඉන්ද්‍රිය ....(පෙ).... සති ඉන්ද්‍රිය ....(පෙ).... සමාධි ඉන්ද්‍රිය ....(පෙ).... ප්‍රඥා ඉන්ද්‍රිය බෝධි පාක්ෂික ධර්මයකි. එය අවබෝධය පිණිස පවතියි.

මහණෙනි, එය මෙබඳු දෙයකි. ගුරුළන් හට යම්කිසි වෘක්ෂ ජාතීහු වෙත් ද, ඒවා අතර කෝටසිම්බලී වෘක්ෂය (කොටහිඹුල් රුක) අග්‍ර යැයි කියනු ලැබේ. එසෙයින් ම මහණෙනි, අවබෝධය පිණිස පවතින යම්කිසි බෝධිපාක්ෂික ධර්මයෝ වෙත් ද, ඒවා අතර ප්‍රඥා ඉන්ද්‍රිය අග්‍ර යැයි කියනු ලැබේ.

සාදු! සාදු!! සාදු!!!

චතුත්ථ රුක්ඛ සූත්‍රය නිමා විය.

සත්වෙනි සම්බෝධි වර්ගය අවසන් විය.

- එහි පිළිවෙල උද්දානයයි :

සංයෝජන සූත්‍රය, අනුසය සූත්‍රය, අද්ධාන සූත්‍රය, ආසවක්ඛය සූත්‍රය, ඵල සූත්‍ර දෙක සහ රුක්ඛ සූත්‍ර සතර වශයෙන් මෙහි සූත්‍ර දසයකි.

8. ගංගා පෙය්‍යාල වර්ගය

4.8.1.-12 පාචීනනින්නාදි සූත්‍රයෝ
පෙරදිගට නැමීම ගැන වදාළ දෙසුම ආදී දෙසුම්

මහණෙනි, ගංගා නදිය පෙරදිගට නැමී, පෙරදිගට නැඹුරු වී, පෙරදිගට බර වී ඇත්තේ යම් සේ ද, ...(පෙ)....නිවනට බර වූයේ වෙයි.

(ඉන්ද්‍රිය සංයුත්තයේ ගංගා පෙය්‍යාලය විවේක නිස්සිත ආදී වශයෙන් විස්තර කළ යුත්තේ ය.)

අට වෙනි ගංගා පෙය්‍යාල වර්ගය අවසන් විය.

- එහි පිළිවෙල උද්දානයයි :

පාචීනනින්න සූත්‍ර සයකි. සමුද්දනින්න සූත්‍ර සූත්‍ර සයකි. මෙසේ සය බැගින් සූත්‍ර දොළොසකි. එයින් වර්ගය යැයි කියනු ලැබේ.

9. අප්පමාද වර්ගය

4.9.1.-10 තථාගතාදී සූත්‍රයෝ
තථාගතයන් වහන්සේ ගැන වදාළ දෙසුම ආදී දෙසුම්

මහණෙනි, යම්තාක් පා රහිත වූ ද, දෙපා ඇත්තා වූ ද, සිවු පා ඇත්තා වූ ද, බොහෝ පා ඇත්තා වූ ද සත්වයෝ සිටිත් ද, ...(පෙ)... බහුල ව ප්‍රගුණ කරයි.

(අප්පමාද වර්ගය ද විවේක නිස්සිත ආදී වශයෙන් විස්තර කළ යුත්තේ ය.)

නව වෙනි අප්පමාද වර්ගය අවසන් විය.

- එහි පිළිවෙල උද්දානයයි :

තථාගත, පද, කූට, මූල, සාර, වස්සික, රාජ, චන්දිම, සූරිය, වත්ථ වශයෙන් සූත්‍ර දසයකි. එයින් වර්ගය යැයි කියනු ලැබේ.

10. බලකරණීය වර්ගය

4.10.1.-12 බලාදී සූත්‍රයෝ

බලය ගැන වදාළ දෙසුම ආදී දෙසුම්

මහණෙනි, යම් සේ කායික සවියෙන් යුතු ව කළ යුතු යම්කිසි කර්මාන්ත ආදිය ඇද්ද, ...(පෙ).... බහුල ව ප්‍රගුණ කරයි.

(බලකරණීය වර්ගය ද විවේක නිස්සිත ආදී වශයෙන් විස්තර කළ යුත්තේය.)

දස වෙනි බලකරණීය වර්ගය අවසන් විය.

- එහි පිළිවෙල උද්දානයයි :

බල, බීජ, නාග, රුක්ඛ, කුම්භ, සූක, ආකාස, මේඝ සූත්‍ර දෙක, නාවා, ආගන්තුක, නදී සූත්‍රය වශයෙන් සූත්‍ර දොළොසකි. එයින් වර්ගය යැයි කියනු ලැබේ.

11. ඒසනා වර්ගය

4.11.1.-40 ඒසනාදී සූත්‍රයෝ
සෙවීම ගැන වදාළ දෙසුම ආදී දෙසුම්

මහණෙනි, මේ සෙවීම් තුනකි. ඒ කවර තුනක් ද යත්, කාම ඒසනා ය, භව ඒසනා ය, බ්‍රහ්මචරිය ඒසනා ය. ....(පෙ).... වැඩිය යුත්තේ ය.

(ඒසනා වර්ගය ද විවේක නිස්සිත ආදී වශයෙන් විස්තර කළ යුත්තේ ය.)

එකොළොස් වෙනි ඒසනා වර්ගය අවසන් විය.

- එහි පිළිවෙල උද්දානයයි :

ඒසනා, විධා, ආසව, භව, දුක්ඛතා, ඛිල, මල, නීඝ, වේදනා, තණ්හා වශයෙන් සතර බැගින් දසයකි. මෙහි මුළු සූත්‍ර ගණන සතළිසකි.

12. ඕඝ වර්ගය

4.12.1.-40 ඕඝාදී සූත්‍රයෝ
සැඩපහර ගැන වදාළ දෙසුම ආදී දෙසුම්

මහණෙනි, මේ සැඩපහර සතරකි. ඒ කවර සතරක් ද යත්, කාම ඕඝය, භව ඕඝය, දිට්ඨි ඕඝය, අවිද්‍යා ඕඝය ය. ....(පෙ).... වැඩිය යුත්තේ ය.

(ඕඝ වර්ගය ද විවේක නිස්සිත ආදී වශයෙන් විස්තර කළ යුත්තේ ය.)

දොළොස් වෙනි ඕඝ වර්ගය අවසන් විය.

- එහි පිළිවෙල උද්දානයයි :

ඕඝ, යෝග, උපාදාන, ගන්ථ, අනුසය, කාමගුණ, නීවරණ, ඛන්ධ, ඕරම්භාගිය, උද්ධම්භාගිය වශයෙන් සතර බැගින් දසයකි. මෙහි මුළු සූත්‍ර ගණන සතළිසකි.

13. පුන ගංගා පෙය්‍යාල වර්ගය

4.13.1.-36 පාචීනනින්නාදි සූත්‍රයෝ
පෙරදිගට නැඹුරුවීම ගැන වදාළ දෙසුම ආදී දෙසුම්

මහණෙනි, ගංගා නදිය පෙරදිගට නැමී, පෙරදිගට නැඹුරු වී, පෙරදිගට බර වී ඇත්තේ යම් සේ ද, ...(පෙ)....නිවනට බර වූයේ වෙයි.

(ඉන්ද්‍රිය සංයුත්තයෙහි පුන ගංගාපෙය්‍යාල වර්ගය ද රාගවිනය - අමෘතයෙහි බැසගැනීම - නිවනට නැමී පැවතීම ආදී වශයෙන් විස්තර කළ යුත්තේ ය. එක එකක තුන බැගින් සූත්‍රයෝ තිස් හයක් ඇති බව දත යුත්තේ ය.)

දහතුන් වෙනි පුන ගංගාපෙය්‍යාල වර්ගය අවසන් විය.

- එහි පිළිවෙල උද්දානයයි :

පාචීනනින්න තුන බැගින් සයකි. සමුද්දනින්න තුන බැගින් සයකි. මෙසේ සය බැගින් දොළොස් සූත්‍ර තුනකි. මුළු සූත්‍ර ගණන තිස් හයකි. එයින් වර්ගය යැයි කියනු ලැබේ.

14. පුන අප්පමාද වර්ගය

4.14.1.-30 තථාගතාදී සූත්‍රයෝ
තථාගතයන් වහන්සේ ගැන වදාළ දෙසුම ආදී දෙසුම්

මහණෙනි, යම්තාක් පා රහිත වූ ද, ...(පෙ)... බහුල ව ප්‍රගුණ කරයි.

(කලින් විස්තර කරන ලද ක්‍රමයට මෙම තිස් සූත්‍රයෝ ද දත යුත්තේ ය.)

දහ හතර වෙනි පුන අප්පමාද වර්ගය අවසන් විය.

- එහි පිළිවෙල උද්දානයයි :

තථාගත, පද, කුට, මූල, සාර, වස්සික, රාජ, චන්දිම, සූරිය, වත්ථ වශයෙන් තුන බැගින් දසයකි. සූත්‍ර තිහකි.

15. පුන බලකරණීය වර්ගය

4.15.1.-36 බලාදී සූත්‍රයෝ

බලය ගැන වදාළ දෙසුම ආදී දෙසුම්

මහණෙනි, යම් සේ කායික සවියෙන් යුතු ව කළ යුතු යම්කිසි කර්මාන්ත ආදිය ඇද්ද, ...(පෙ).... බහුල ව ප්‍රගුණ කරයි.

(කලින් විස්තර කරන ලද ක්‍රමයට ම මෙම තිස් හය සූත්‍රයෝ ද විස්තර කළ යුත්තේ ය.)

පහළොස් වෙනි පුන බලකරණීය වර්ගය අවසන් විය.

- එහි පිළිවෙල උද්දානයයි :

බල, බීජ, නාග, රුක්ඛ, කුම්භ, සූක, ආකාස, මේඝ සූත්‍ර දෙක, නාවා, ආගන්තුක, නදී සූත්‍ර තුන බැගින් දොළොසකි. සූත්‍ර තිස් හයකි.

16. පුන ඒසනා වර්ගය

4.16.1.-120 ඒසනාදී සූත්‍රයෝ
සෙවීම ගැන වදාළ දෙසුම ආදී දෙසුම්

මහණෙනි, මේ සෙවීම් තුනකි. ....(පෙ).... වැඩිය යුත්තේ ය.

(කලින් විස්තර කළ ආකාරයට ද, 'විශිෂ්ට ඥානයෙන් අවබෝධ කිරීම' යනාදී වශයෙන් ද, මෙම එකසිය විසි සූත්‍රයෝ විස්තර කළ යුත්තේ ය.)

දහසය වෙනි පුන ඒසනා වර්ගය අවසන් විය.

- එහි පිළිවෙල උද්දානයයි :

ඒසනා, විධා, ආසව, භව, දුක්ඛතා, ඛිල, මල, නීඝ, වේදනා, තණ්හා වශයෙන් දොළොස බැගින් දසයකි. මෙහි මුළු සූත්‍ර ගණන එකසිය විස්සකි.

17. පුන ඕඝ වර්ගය

4.17.1.-119 ඕඝාදී සූත්‍රයෝ
සැඩපහර ගැන වදාළ දෙසුම ආදී දෙසුම්

මහණෙනි, මේ සැඩපහර සතරකි. ....(පෙ).... වැඩිය යුත්තේ ය.

4.17.120
උද්ධම්භාගිය සූත්‍රය
උද්ධම්භාගිය සංයෝජන ගැන වදාළ දෙසුම්

මහණෙනි, මේ උද්ධම්භාගිය සංයෝජන පසකි. ඒ කවර පසක් ද

යත්; රූපරාගය ය, අරූපරාගය ය, මාන්නය ය, උද්ධච්චය ය, අවිද්‍යාව ය. මහණෙනි, මේ වනාහී පංච උද්ධම්භාගිය සංයෝජනයෝ ය. මහණෙනි, මේ පංච උද්ධම්භාගිය සංයෝජනයන් ප්‍රහාණය පිණිස පංච ඉන්ද්‍රියයන් වැඩිය යුත්තේ ය. කවර පසක් ද යත්, මහණෙනි, මෙහිලා භික්ෂුව නිවනට නැමී, නිවනට නැඹුරු වී, නිවට බර වී ශ්‍රද්ධා ඉන්ද්‍රිය වඩයි. ....(පෙ).... නිවනට නැමී, නිවනට නැඹුරු වී, නිවට බර වී ප්‍රඥා ඉන්ද්‍රිය වඩයි. මහණෙනි, මේ පංච උද්ධම්භාගිය සංයෝජනයන් ප්‍රහාණය පිණිස මේ පංච ඉන්ද්‍රියයන් වැඩිය යුත්තේ ය.

(මෙහි ද කලින් කී ආකාරයෙන් ද, විශිෂ්ට ඥානයෙන් අවබෝධ කිරීම ආදී වශයෙන් ද, මේ එකසිය විසි සූත්‍රයන් විස්තර කළ යුත්තේ ය.)

දහහත් වෙනි පුන ඕඝ වර්ගය අවසන් විය.

- **එහි පිළිවෙල උද්දානයයි :**

ඕඝ, යෝග, උපාදාන, ගන්ථ, අනුසය, කාමගුණ, නීවරණ, ඛන්ධ, ඕරම්භාගිය, උද්ධම්භාගිය වශයෙන් සූත්‍ර දොළොස බැගින් වන කොටස් දසයකි. මුළු සූත්‍ර ගණන එකසිය විස්සකි. එයින් වර්ගය යැයි කියනු ලැබේ.

ඉන්ද්‍රිය සංයුත්තය අවසන් විය.

- **එහි වර්ග නාමාවලිය :**

සුද්ධක වර්ගය, මුදුතර වර්ගය, ඡළින්ද්‍රිය වර්ගය, සුඛින්ද්‍රිය වර්ගය, ජරා වර්ගය, සූකරඛත වර්ගය, සම්බෝධි වර්ගය, ගංගාපෙය්‍යාල වර්ගය, අප්පමාද වර්ගය, බලකරණීය වර්ගය, ඒසනා වර්ගය සහ ඕඝ වර්ගය ද, නැවත පුන ගංගා පෙය්‍යාල වර්ගය ආදී වර්ග පසත් සමඟ වශයෙන් මෙම ඉන්ද්‍රිය සංයුත්තයෙහි වර්ග දහ හතකි.

5. සම්මප්පධාන සංයුත්තය

1. ගංගා පෙය්‍යාලය

5.1.1.
පාචීනනින්න සූත්‍රය
පෙරදිගට නැමී තිබීම ගැන වදාළ දෙසුම

සැවැත් නුවර දී ය .....

මහණෙනි, මේ සම්‍යක් ප්‍රධන් වීර්යයෝ සතරකි. ඒ කවර සතරක් ද යත්;

මහණෙනි, මෙහිලා භික්ෂුව නූපන් පාපී අකුසල් දහම් නූපදවීම පිණිස කැමැත්ත උපදවයි. වෑයම් කරයි. වීරිය අරඹයි. සිත දැඩිකොට ගනියි. බලවත් උත්සාහයක යෙදෙයි. උපන් පාපී අකුසල් දහම් ප්‍රහාණය කිරීම පිණිස කැමැත්ත උපදවයි. වෑයම් කරයි. වීරිය අරඹයි. සිත දැඩිකොට ගනියි. බලවත් උත්සාහයක යෙදෙයි. නූපන් කුසල් දහම් ඉපිදවීම පිණිස කැමැත්ත උපදවයි. වෑයම් කරයි. වීරිය අරඹයි. සිත දැඩිකොට ගනියි. බලවත් උත්සාහයක යෙදෙයි. උපන් කුසල් දහම් දිගට ම පැවැත්වීම පිණිස ත්, එහි නොමුලා බව පිණිස ත්, බොහෝ සෙයින් දියුණු වීම පිණිස ත්, විපුල බව පිණිස ත්, නැවත නැවත දියුණු කොට පිරිපුන් බවට පත් කිරීම පිණිස ත් කැමැත්ත උපදවයි. වෑයම් කරයි. වීරිය අරඹයි. සිත දැඩිකොට ගනියි. බලවත් උත්සාහයක යෙදෙයි.

මහණෙනි, මේ වනාහී සම්‍යක් ප්‍රධන් වීර්යයෝ සතර යි.

මහණෙනි, ගංගා නදිය පෙරදිගට නැමී, පෙරදිගට නැඹුරු වී, පෙරදිගට බර වී ඇත්තේ යම් සේ ද, එසෙයින් ම මහණෙනි, සතර සම්‍යක් ප්‍රධන් වීර්යය දියුණු කරන්නා වූ, සතර සම්‍යක් ප්‍රධන් වීර්යය බහුල ව ප්‍රගුණ කරන්නා වූ භික්ෂුව නිවනට නැමුණේ වෙයි. නිවනට නැඹුරු වූයේ වෙයි. නිවනට බර වූයේ වෙයි.

මහණෙනි, භික්ෂුවක් නිවනට නැමී සිටින්නේ, නිවනට නැඹුරු වන්නේ, නිවනට බර වන්නේ, කුමන අයුරින් සතර සම්‍යක් ප්‍රධන් වීර්යය දියුණු කරන විට ද? කුමන අයුරින් සතර සම්‍යක් ප්‍රධන් වීර්යය බහුල ව ප්‍රගුණ කරන විට ද?

මහණෙනි, මෙහිලා භික්ෂුව නූපන් පාපී අකුසල් දහම් නූපදවීම පිණිස කැමැත්ත උපදවයි. වෑයම් කරයි. වීරිය අරඹයි. සිත දැඩිකොට ගනියි. බලවත් උත්සාහයක යෙදෙයි. උපන් පාපී අකුසල් දහම් ප්‍රහාණය කිරීම පිණිස කැමැත්ත උපදවයි. වෑයම් කරයි. වීරිය අරඹයි. සිත දැඩිකොට ගනියි. බලවත් උත්සාහයක යෙදෙයි. නූපන් කුසල් දහම් ඉපිදවීම පිණිස කැමැත්ත උපදවයි. වෑයම් කරයි. වීරිය අරඹයි. සිත දැඩිකොට ගනියි. බලවත් උත්සාහයක යෙදෙයි. උපන් කුසල් දහම් දිගට ම පැවැත්වීම පිණිස ත්, එහි නොමුලා බව පිණිස ත්, බොහෝ සෙයින් දියුණු වීම පිණිස ත්, විපුල බව පිණිස ත්, නැවත නැවත දියුණු කොට පිරිපුන් බවට පත් කිරීම පිණිස ත් කැමැත්ත උපදවයි. වෑයම් කරයි. වීරිය අරඹයි. සිත දැඩිකොට ගනියි. බලවත් උත්සාහයක යෙදෙයි.

මහණෙනි, භික්ෂුවක් නිවනට නැමී සිටින්නේ, නිවනට නැඹුරු වන්නේ, නිවනට බර වන්නේ, මේ අයුරින් සතර සම්‍යක් ප්‍රධන් වීර්යය දියුණු කරන විට ය. මේ අයුරින් සතර සම්‍යක් ප්‍රධන් වීර්යය බහුල ව ප්‍රගුණ කරන විට ය.

5.1.2.-48 දුතිය පාචීනින්නාදි සූත්‍රයෝ
පෙරදිගට නැමීම ගැන වදාළ දෙසුම ආදී දෙසුම්

මහණෙනි, මේ සම්‍යක් ප්‍රධානයෝ සතරකි. ....(පෙ)....නිවනට බර වූයේ වෙයි.

(පෙර පරිදි විස්තර කළ යුත්තේ ය.)

පළමු වෙනි ගංගා පෙය්‍යාල වර්ගය අවසන් විය.

- **එහි පිළිවෙල උද්දානයයි :**

පාචීනනින්න සූත්‍ර සයකි. සමුද්දනින්න සූත්‍ර සූත්‍ර සයකි. මෙසේ සතර බැගින් සූත්‍ර දොළොසකි. එයින් වර්ගය යැයි කියනු ලැබේ. මුළු සූත්‍ර ගණන හතළිස් අටකි.

2. අප්පමාද වර්ගය

5.2.1.-40 තථාගතාදී සූත්‍රයෝ

තථාගතයන් වහන්සේ ගැන වදාළ දෙසුම ආදී දෙසුම්

මහණෙනි, යම්තාක් පා රහිත වූ ද, දෙපා ඇත්තා වූ ද, සිවු පා ඇත්තා වූ ද, බොහෝ පා ඇත්තා වූ ද සත්වයෝ සිටිත් ද, ...(පෙ)... බහුල ව ප්‍රගුණ කරයි.

(පෙර පරිදි විස්තර කළ යුත්තේ ය.)

දෙවෙනි අප්පමාද වර්ගය අවසන් විය.

- **එහි පිළිවෙල උද්දානයයි :**

තථාගත, පද, කූට, මූල, සාර, වස්සික, රාජ, චන්දිම, සූරිය, වත්ථ වශයෙන් සූත්‍ර සතර බැගින් වූ දසයකි. මුළු සූත්‍ර ගණන සතළිහකි. එයින් වර්ගය යැයි කියනු ලැබේ.

3. බලකරණීය වර්ගය

5.3.1.-48 බලාදී සූත්‍රයෝ

බලය ගැන වදාළ දෙසුම ආදී දෙසුම්

මහණෙනි, යම් සේ කායික සවියෙන් යුතු ව කළ යුතු යම්කිසි

කර්මාන්තාදිය කරත් නම්, ඒ සියල්ල පොළොව නිසා, පොළොවෙහි පිහිටා මෙසේ මේ කාය බලයෙන් යුතු ව කළ යුතු කර්මාන්ත කරනු ලැබේ.

එසෙයින් ම මහණෙනි, භික්ෂුවක් සීලය නිසා, සීලයෙහි පිහිටා සතර සම්‍යක් ප්‍රධාන වීර්යය වඩයි. සතර සම්‍යක් ප්‍රධාන වීර්යය බහුල කරයි.

මහණෙනි, භික්ෂුව සීලය නිසා, සීලයෙහි පිහිටා ආර්ය සතර සම්‍යක් ප්‍රධාන වීර්යය දියුණු කරන්නේ කෙසේ ද? සතර සම්‍යක් ප්‍රධාන වීර්යය බහුල ව ප්‍රගුණ කරන්නේ කෙසේ ද?

මහණෙනි, මෙහිලා භික්ෂුව නූපන් පාපී අකුසල් දහම් නූපදවීම පිණිස කැමැත්ත උපදවයි. වෑයම් කරයි. වීරිය අරඹයි. සිත දැඩිකොට ගනියි. බලවත් උත්සාහයක යෙදෙයි. උපන් පාපී අකුසල් දහම් ප්‍රහාණය කිරීම පිණිස ....(පෙ).... නූපන් කුසල් දහම් ඉපිදවීම පිණිස ....(පෙ).... උපන් කුසල් දහම් දිගට ම පැවැත්වීම පිණිස ත්, එහි නොමුලා බව පිණිස ත්, බොහෝ සෙයින් දියුණු වීම පිණිස ත්, විපුල බව පිණිස ත්, නැවත නැවත දියුණු කොට පිරිපුන් බවට පත් කිරීම පිණිස ත් කැමැත්ත උපදවයි. වෑයම් කරයි. වීරිය අරඹයි. සිත දැඩිකොට ගනියි. බලවත් උත්සාහයක යෙදෙයි.

මහණෙනි, භික්ෂුව සීලය නිසා, සීලයෙහි පිහිටා මෙසේ සතර සම්‍යක් ප්‍රධාන වීර්යය දියුණු කරයි. මෙසේ සතර සම්‍යක් ප්‍රධාන වීර්යය බහුල ව ප්‍රගුණ කරයි.

(මේ ආකාරයට හතළිස් අට සූත්‍රයන් විස්තර කළ යුත්තේය.)

තුන්වෙනි බලකරණීය වර්ගය අවසන් විය.

- **එහි පිළිවෙල උද්දානයයි :**

බල, බීජ, නාග, රුක්ඛ, කුම්භ, සූක, ආකාස වශයෙන් සූත්‍ර සතර බැගින් කොටස් සතකි. මේඝ සූත්‍ර සතර බැගින් කොටස් දෙකකි. නාවා, ආගන්තුක, නදී වශයෙන් සූත්‍ර සතර බැගින් කොටස් තුනකි. මුළු සූත්‍ර ගණන හතළිස් අටකි. එයින් වර්ගය යැයි කියනු ලැබේ.

4. ඒසනා වර්ගය

5.4.1.-160 ඒසනාදී සූත්‍රයෝ
සෙවීම ගැන වදාළ දෙසුම ආදී දෙසුම්

මහණෙනි, මේ සෙවීම් තුනකි. ඒ කවර තුනක් ද යත්; කාමයන් සෙවීම ය. භවයන් සෙවීම ය. වැරදි මාර්ගයෙන් විමුක්තිය සෙවීම ය. මහණෙනි, මේ වනාහී සෙවීම් තුන යි. මහණෙනි, මේ සෙවීම් තුන විශිෂ්ට ඥානයෙන් අවබෝධ කරනු පිණිස සතර සම්‍යක් ප්‍රධාන වීර්යය වැඩිය යුත්තේ ය. කවර සතර සම්‍යක් ප්‍රධාන වීර්යයක් ද යත්, මහණෙනි, මෙහිලා භික්ෂුව නූපන් පාපී අකුසල් දහම් නූපදවීම පිණිස කැමැත්ත උපදවයි. වෑයම් කරයි. වීරිය අරඹයි. සිත දැඩිකොට ගනියි. බලවත් උත්සාහයක යෙදෙයි. ....(පෙ).... උපන් කුසල් දහම් දිගට ම පැවැත්වීම පිණිස ත්, එහි නොමුලා බව පිණිස ත්, බොහෝ සෙයින් දියුණු වීම පිණිස ත්, විපුල බව පිණිස ත්, නැවත නැවත දියුණු කොට පිරිපුන් බවට පත් කිරීම පිණිස ත් කැමැත්ත උපදවයි. වෑයම් කරයි. වීරිය අරඹයි. සිත දැඩිකොට ගනියි. බලවත් උත්සාහයක යෙදෙයි. මහණෙනි, මේ සෙවීම් තුන විශිෂ්ට ඥානයෙන් අවබෝධ කරනු පිණිස මේ සතර සම්‍යක් ප්‍රධාන වීර්යය වැඩිය යුත්තේ ය. ....(පෙ).... වැඩිය යුත්තේ ය.

(මේ ආකාරයට අභිඤ්ඤා - පරිඤ්ඤා - පරික්ඛය - පහාන වශයෙන් සොළොස බැගින් කොට සූත්‍ර එකසිය හැටක් විස්තර කළ යුත්තේ ය.)

සිව් වෙනි ඒසනා වර්ගය අවසන් විය.

- **එහි පිළිවෙල උද්දානයයි :**

ඒසනා, විධා, ආසව, භව, දුක්ඛතා, ඛිල, මල, නීඝ, වේදනා, තණ්හා වශයෙන් දහසය බැගින් දසයකි. මෙහි මුළු සූත්‍ර ගණන එකසිය හැටකි.

5. ඕඝ වර්ගය

5.5.1.-159 ඕඝාදී සූත්‍රයෝ
සැඩපහර ගැන වදාළ දෙසුම ආදී දෙසුම්

මහණෙනි, මේ සැඩපහර සතරකි. ....(පෙ).... වැඩිය යුත්තේ ය.

(විස්තර කළ යුත්තේ ය.)

5.5.160
උද්ධම්භාගිය සූත්‍රය
උද්ධම්භාගිය සංයෝජන ගැන වදාළ දෙසුම

මහණෙනි, මේ උද්ධම්භාගිය සංයෝජන පසකි. ඒ කවර පසක් ද යත්; රූපරාගය ය, අරූපරාගය ය, මාන්නය ය, උද්ධච්චය ය, අවිද්‍යාව ය. මහණෙනි, මේ වනාහී පංච උද්ධම්භාගිය සංයෝජනයෝ ය.

මහණෙනි, මේ පංච උද්ධම්භාගිය සංයෝජනයන් ප්‍රහාණය පිණිස සතර සම්‍යක් ප්‍රධාන වීර්යය වැඩිය යුත්තේ ය. කවර සතරක් ද යත්,

මහණෙනි, මෙහිලා භික්ෂුව නූපන් පාපී අකුසල් දහම් නූපදවීම පිණිස කැමැත්ත උපදවයි. වෑයම් කරයි. වීරිය අරඹයි. සිත දැඩිකොට ගනියි. බලවත් උත්සාහයක යෙදෙයි. උපන් පාපී අකුසල් දහම් ප්‍රහාණය කිරීම පිණිස කැමැත්ත උපදවයි. වෑයම් කරයි. වීරිය අරඹයි. සිත දැඩිකොට ගනියි. බලවත් උත්සාහයක යෙදෙයි. නූපන් කුසල් දහම් ඉපිදවීම පිණිස කැමැත්ත උපදවයි. වෑයම් කරයි. වීරිය අරඹයි. සිත දැඩිකොට ගනියි. බලවත් උත්සාහයක යෙදෙයි. උපන් කුසල් දහම් දිගට ම පැවැත්වීම පිණිස ත්, එහි නොමුලා බව පිණිස ත්, බොහෝ සෙයින් දියුණු වීම පිණිස ත්, විපුල බව පිණිස ත්, නැවත නැවත දියුණු කොට පිරිපුන් බවට පත් කිරීම පිණිස ත් කැමැත්ත උපදවයි. වෑයම් කරයි. වීරිය අරඹයි. සිත දැඩිකොට ගනියි. බලවත් උත්සාහයක යෙදෙයි.

මහණෙනි, මේ පංච උද්ධම්භාගිය සංයෝජනයන් ප්‍රහාණය පිණිස මේ

සතර සම්‍යක් ප්‍රධාන වීර්යය වැඩිය යුත්තේ ය.

(පෙර පරිදි ම එකසිය හැටක් වූ සූත්‍ර විස්තර කළ යුත්තේ ය.)

පස්වෙනි ඕඝ වර්ගය අවසන් විය.

- එහි පිළිවෙල උද්දානයයි :

ඕඝ, යෝග, උපාදාන, ගන්ථ, අනුසය, කාමගුණ, නීවරණ, ඛන්ධ, ඕරම්භාගිය, උද්ධම්භාගිය වශයෙන් සූත්‍ර දහසය බැගින් වූ කොටස් දසයකි. මුළු සූත්‍ර ගණන එකසිය හැටකි. එයින් වර්ගය යැයි කියනු ලැබේ.

සම්මප්පධාන සංයුත්තය අවසන් විය.

- එහි වර්ග නාමාවලිය :

ගංගාපෙය්‍යාල වර්ගය, අප්පමාද වර්ගය, බලකරණීය වර්ගය, ඒසනා වර්ගය සහ ඕඝ වර්ගය වශයෙන් මෙම සම්මප්පධාන සංයුත්තයෙහි වර්ග පසකි.

6. බල සංයුත්තය

1. ගංගා පෙය්‍යාලය

6.1.1.-12.
පාචීනනින්නාදී සූත්‍රයෝ
පෙරදිගට නැමී තිබීම ගැන වදාළ දෙසුම ආදී දෙසුම්

සැවැත් නුවර දී ය .....

මහණෙනි, මේ බල පසකි. ඒ කවර පසක් ද යත්; ශ්‍රද්ධා බලය ය, විරිය බලය ය, සති බලය ය, සමාධි බලය ය, ප්‍රඥා බලය ය. මහණෙනි, මේ වනාහී බල පස යි.

මහණෙනි, ගංගා නදිය පෙරදිගට නැමී, පෙරදිගට නැඹුරු වී, පෙරදිගට බර වී ඇත්තේ යම් සේ ද, එසෙයින් ම මහණෙනි, පංච බල දියුණු කරන්නා වූ, පංච බල බහුල ව ප්‍රගුණ කරන්නා වූ භික්ෂුව නිවනට නැමුණේ වෙයි. නිවනට නැඹුරු වූයේ වෙයි. නිවනට බර වූයේ වෙයි.

මහණෙනි, භික්ෂුවක් නිවනට නැමී සිටින්නේ, නිවනට නැඹුරු වන්නේ, නිවනට බර වන්නේ, කුමන අයුරින් පංච බල දියුණු කරන විට ද? කුමන අයුරින් පංච බල බහුල ව ප්‍රගුණ කරන විට ද?

මහණෙනි, මෙහිලා භික්ෂුව කාය චිත්ත විවේකයෙන් යුතු ව, නොඇල්මෙන් යුතුව, තෘෂ්ණා නිරෝධයෙන් යුතුව, නිවනට නැඹුරු වී ශ්‍රද්ධා බල වඩයි. ....(පෙ).... විරිය බලය ....(පෙ).... සති බලය ....(පෙ).... සමාධි බලය

....(පෙ).... කාය චිත්ත විවේකයෙන් යුතු ව, නොඇල්මෙන් යුතුව, තෘෂ්ණා නිරෝධයෙන් යුතුව, නිවනට නැඹුරු වීප්‍රඥා බලය වඩයි.

මහණෙනි, භික්ෂුවක් මේ අයුරින් පංච බල දියුණු කරන විට ය. මේ අයුරින් පංච බල බහුල ව ප්‍රගුණ කරන විට නිවනට නැමී සිටින්නේ ය, නිවනට නැඹුරු වන්නේ ය, නිවනට බර වන්නේ ය. ....(පෙ).... නිවනට බර වන්නේ ය.

පළමු වෙනි ගංගා පෙයියාල වර්ගය අවසන් විය.

- එහි පිළිවෙල උද්දානයයි :

පාචීනනින්න සූත්‍ර සයකි. සමුද්දනින්න සූත්‍ර සූත්‍ර සයකි. මෙසේ සය බැගින් සූත්‍ර දොළොසකි. එයින් වර්ගය යැයි කියනු ලැබේ.

2. අප්පමාද වර්ගය

6.2.1.-10 තථාගතාදී සූත්‍රයෝ

තථාගතයන් වහන්සේ ගැන වදාළ දෙසුම ආදී දෙසුම්

මහණෙනි, යම්තාක් පා රහිත වූ ද, දෙපා ඇත්තා වූ ද, ...(පෙ)... බහුල ව ප්‍රගුණ කරයි.

(කාය චිත්ත විවේකය ඇසුරු කරමින් ආදී වශයෙන් විස්තර කළ යුත්තේ ය.)

දෙවෙනි අප්පමාද වර්ගය අවසන් විය.

- එහි පිළිවෙල උද්දානයයි :

තථාගත, පද, කූට, මූල, සාර, වස්සික, රාජ, චන්දිම, සූරිය, වත්ථ වශයෙන් සූත්‍ර සතර බැගින් වූ දසයකි. එයින් වර්ගය යැයි කියනු ලැබේ.

3. බලකරණීය වර්ගය

6.3.1.-12 බලාදී සූත්‍රයෝ
බලය ගැන වදාළ දෙසුම ආදී දෙසුම්

මහණෙනි, යම් සේ කායික සවියෙන් යුතු ව කළ යුතු යම්කිසි කර්මාන්තාදිය කරත් නම්, ...(පෙ).... බහුල ව ප්‍රගුණ කරයි.

(පවසන ලද ආකාරයට විස්තර කළ යුත්තේය.)

තුන්වෙනි බලකරණීය වර්ගය අවසන් විය.

- එහි පිළිවෙල උද්දානයයි :

බල, බීජ, නාග, රුක්ඛ, කුම්භ, සූක, ආකාස වශයෙන් සූත්‍ර සතකි. මේඝ සූත්‍ර දෙකකි. නාවා, ආගන්තුක, නදී වශයෙන් සූත්‍ර තුනකි. මුළු සූත්‍ර ගණන දොළොසකි. එයින් වර්ගය යැයි කියනු ලැබේ.

4. ඒසනා වර්ගය

6.4.1.-40 ඒසනාදී සූත්‍රයෝ
සෙවීම ගැන වදාළ දෙසුම ආදී දෙසුම්

මහණෙනි, මේ සෙවීම් තුනකි. ඒ කවර තුනක් ද යත්; ....(පෙ).... වැඩිය යුත්තේ ය.

(විස්තර කළ යුත්තේ ය.)

සිව් වෙනි ඒසනා වර්ගය අවසන් විය.

- එහි පිළිවෙල උද්දානයයි :

ඒසනා, විධා, ආසව, භව, දුක්ඛතා, ඛිල, මල, නීඝ, වේදනා, තණ්හා වශයෙන් සතර බැගින් දසයකි. මෙහි මුළු සූත්‍ර ගණන සතළිහකි.

5. ඕඝ වර්ගය

6.5.1.-39 ඕඝාදී සූත්‍රයෝ
සැඩපහර ගැන වදාළ දෙසුම ආදී දෙසුම්

මහණෙනි, මේ සැඩපහර සතරකි. ඒ කවර සතරක් ද යත්, ...(පෙ).... වැඩිය යුත්තේ ය.

6.5.40
උද්ධම්භාගිය සූත්‍රය
උද්ධම්භාගිය සංයෝජන ගැන වදාළ දෙසුම

මහණෙනි, මේ උද්ධම්භාගිය සංයෝජන පසකි. ඒ කවර පසක් ද යත්; රූපරාගය ය, අරූපරාගය ය, මාන්නය ය, උද්ධච්චය ය, අවිද්‍යාව ය. මහණෙනි, මේ වනාහී පංච උද්ධම්භාගිය සංයෝජනයෝ ය.

මහණෙනි, මේ පංච උද්ධම්භාගිය සංයෝජනයන් විශිෂ්ට අවබෝධය පිණිස පංච බලයන් වැඩිය යුත්තේ ය. කවර පසක් ද යත්,

මහණෙනි, මෙහිලා භික්ෂුව කාය චිත්ත විවේකයෙන් යුතු ව, නොඇල්මෙන් යුතුව, තෘෂ්ණා නිරෝධයෙන් යුතුව, නිවනට නැඹුරු වී ශ්‍රද්ධා ඉන්ද්‍රිය වඩයි. ....(පෙ).... විරිය බලය ....(පෙ).... සති බලය ....(පෙ).... සමාධි බලය ....(පෙ).... කාය චිත්ත විවේකයෙන් යුතු ව, නොඇල්මෙන් යුතුව, තෘෂ්ණා නිරෝධයෙන් යුතුව, නිවනට නැඹුරු වී ප්‍රඥා ඉන්ද්‍රිය වඩයි.

මහණෙනි, මේ පංච උද්ධම්භාගිය සංයෝජනයන් විශිෂ්ට අවබෝධය පිණිස මේ පංච බලයන් වැඩිය යුත්තේ ය.

පස්වෙනි ඕඝ වර්ගය අවසන් විය.

- එහි පිළිවෙල උද්දානයයි :

ඕඝ, යෝග, උපාදාන, ගන්ථ, අනුසය, කාමගුණ, නීවරණ, ඛන්ධ, ඕරම්භාගිය, උද්ධම්භාගිය වශයෙන් සූත්‍ර සතර බැගින් වූ කොටස් දසයකි. මුළු සූත්‍ර ගණන සතළිසකි. එයින් වර්ගය යැයි කියනු ලැබේ.

6. පුන ගංගා පෙයයාල වර්ගය

6.6.1.-36 පාචීනනින්නාදි සූත්‍රයෝ
පෙරදිගට නැඹුරුවීම ගැන වදාළ දෙසුම ආදී දෙසුම්

මහණෙනි, ගංගා නදිය පෙරදිගට නැමී, පෙරදිගට නැඹුරු වී, පෙරදිගට බර වී ඇත්තේ යම් සේ ද, ...(පෙ)....නිවනට බර වූයේ වෙයි.

(බල සංයුත්තයෙහි පුන ගංගාපෙයයාල වර්ගය ද රාගවිනය - අමෘතයෙහි බැසගැනීම - නිවනට නැමී පැවතීම ආදී වශයෙන් විස්තර කළ යුත්තේ ය. එක එකක තුන බැගින් සූත්‍රයෝ තිස් හයක් ඇති බව දත යුත්තේ ය.)

සය වෙනි පුන ගංගාපෙයයාල වර්ගය අවසන් විය.

- එහි පිළිවෙල උද්දානයයි :

පාචීනනින්න තුන බැගින් සයකි. සමුද්දනින්න තුන බැගින් සයකි. මෙසේ සය බැගින් දොළොස් සූත්‍ර තුනකි. මුළු සූත්‍ර ගණන තිස් හයකි. එයින් වර්ගය යැයි කියනු ලැබේ.

7. පුන අප්පමාද වර්ගය

6.7.1.-30 තථාගතාදී සූත්‍රයෝ

තථාගතයන් වහන්සේ ගැන වදාළ දෙසුම ආදී දෙසුම්

මහණෙනි, යම්තාක් පා රහිත වූ ද, ...(පෙ)... බහුල ව ප්‍රගුණ කරයි.

(කලින් විස්තර කරන ලද ක්‍රමයට මෙම තිස් සූත්‍රයෝ ද දත යුත්තේ ය.)

සත් වෙනි පුන අප්පමාද වර්ගය අවසන් විය.

- එහි පිළිවෙල උද්දානයයි :

තථාගත, පද, කූට, මූල, සාර, වස්සික, රාජ, චන්දිම, සූරිය, වත්ථ වශයෙන් තුන බැගින් දසයකි. සූත්‍ර තිහකි.

8. පුන බලකරණීය වර්ගය

6.8.1.-36 බලාදී සූත්‍රයෝ

බලය ගැන වදාළ දෙසුම ආදී දෙසුම්

මහණෙනි, යම් සේ කායික සවියෙන් යුතු ව කළ යුතු යම්කිසි කර්මාන්ත ආදිය ඇද්ද, ...(පෙ).... බහුල ව ප්‍රගුණ කරයි.

(කලින් විස්තර කරන ලද ක්‍රමයට ම මෙම තිස් හය සූත්‍රයෝ ද විස්තර කළ යුත්තේ ය.)

අට වෙනි බලකරණීය වර්ගය අවසන් විය.

- එහි පිළිවෙල උද්දානයයි :

බල, බීජ, නාග, රුක්ඛ, කුම්භ, සූක, ආකාස, මේඝ සූත්‍ර දෙක, නාවා, ආගන්තුක, නදී සූත්‍ර තුන් බැගින් දොළොසකි. සූත්‍ර තිස් හයකි.

9. පුන ඒසනා වර්ගය

6.9.1.-120 ඒසනාදි සූත්‍රයෝ
සෙවීම ගැන වදාළ දෙසුම ආදී දෙසුම්

මහණෙනි, මේ සෙවීම් තුනකි. ....(පෙ).... වැඩිය යුත්තේ ය.

(කලින් විස්තර කළ ආකාරයට ද, 'විශිෂ්ට ඥානයෙන් අවබෝධ කිරීම' යනාදී වශයෙන් ද, මෙම එකසිය විසි සූත්‍රයෝ විස්තර කළ යුත්තේ ය.)

නව වෙනි ඒසනා වර්ගය අවසන් විය.

- එහි පිළිවෙල උද්දානයයි :

ඒසනා, විධා, ආසව, භව, දුක්ඛතා, ඛිල, මල, නීඝ, වේදනා, තණ්හා වශයෙන් දොළොස බැගින් දසයකි. මෙහි මුළු සූත්‍ර ගණන එකසිය විස්සකි.

10. පුන ඕඝ වර්ගය

6.10.1.-119 ඕඝාදී සූත්‍රයෝ
සැඩපහර ගැන වදාළ දෙසුම ආදී දෙසුම්

මහණෙනි, මේ සැඩපහර සතරකි. ....(පෙ).... වැඩිය යුත්තේ ය.

(පෙර පරිදි ම විස්තර කළ යුත්තේ ය.)

6.10.120
උද්ධම්භාගිය සූත්‍රය
උද්ධම්භාගිය සංයෝජන ගැන වදාළ දෙසුම

මහණෙනි, මේ උද්ධම්භාගිය සංයෝජන පසකි. ඒ කවර පසක් ද යත්; රූපරාගය ය, අරූපරාගය ය, මාන්නය ය, උද්ධච්චය ය, අවිද්‍යාව ය. මහණෙනි, මේ වනාහී පංච උද්ධම්භාගිය සංයෝජනයෝ ය. මහණෙනි, මේ පංච උද්ධම්භාගිය සංයෝජනයන් ප්‍රහාණය පිණිස පංච බලයන් වැඩිය යුත්තේ ය. කවර පසක් ද යත්, මහණෙනි, මෙහිලා භික්ෂුව කාය චිත්ත විවේකයෙන් යුතු ව, නොඇල්මෙන් යුතුව, තෘෂ්ණා නිරෝධයෙන් යුතුව, නිවනට නැඹුරු වී ශ්‍රද්ධා බලය වඩයි. ....(පෙ).... විරිය බලය ....(පෙ).... සති බලය ....(පෙ).... සමාධි බලය ....(පෙ).... කාය චිත්ත විවේකයෙන් යුතු ව, නොඇල්මෙන් යුතුව, තෘෂ්ණා නිරෝධයෙන් යුතුව, නිවනට නැඹුරු වී ප්‍රඥා ඉන්ද්‍රිය වඩයි. මහණෙනි, මේ පංච උද්ධම්භාගිය සංයෝජනයන් ප්‍රහාණය පිණිස මේ පංච බලයන් වැඩිය යුත්තේ ය.

දස වෙනි පුන ඕඝ වර්ගය අවසන් විය.

- **එහි පිළිවෙල උද්දානයයි :**

ඕඝ, යෝග, උපාදාන, ගන්ථ, අනුසය, කාමගුණ, නීවරණ, ඛන්ධ, ඕරම්භාගිය, උද්ධම්භාගිය වශයෙන් සූත්‍ර දොළොස බැගින් වන කොටස් දසයකි. මුළු සූත්‍ර ගණන එකසිය විස්සකි. එයින් වර්ගය යැයි කියනු ලැබේ.

බල සංයුත්තය අවසන් විය.

- **එහි වර්ග නාමාවලිය :**

ගංගාපෙය්‍යාල වර්ගය, අප්පමාද වර්ගය, බලකරණීය වර්ගය, ඒසනා වර්ගය සහ ඕඝ වර්ගය ද, නැවත පුන ගංගා පෙය්‍යාල වර්ගය ආදී වර්ග පස ත් සමඟ මෙම බල සංයුත්තයෙහි වර්ග දසයකි.

දසබලසේලප්පභවා නිබ්බානමහාසමුද්දපරියන්තා
අට්ඨංග මග්ගසලිලා ජිනවචනනදී චිරං වහතූති.

දසබලයන් වහන්සේ නමැති ශෛලමය පර්වතයෙන් පැන නැගී
අමා මහ නිවන නම් වූ මහා සාගරය අවසන් කොට ඇති
ආර්ය අෂ්ටාංගික මාර්ගය නම් වූ සිහිල් දිය දහරින් හෙබි
උතුම් ශ්‍රී මුඛ බුද්ධ වචන ගංගාවෝ (ලෝ සතුන්ගේ සසර දුක නිවාලමින්)
බොහෝ කල් ගලාබස්නා සේක්වා !

(සළායතන සංයුත්තය - උද්දාන ගාථා)

සාදු! සාදු!! සාදු!!!

නමෝ තස්ස භගවතෝ අරහතෝ සම්මාසම්බුද්ධස්ස.
ඒ භාග්‍යවත් අරහත් සම්මා සම්බුදුරජාණන් වහන්සේට නමස්කාර වේවා!

මේ උතුම් ගෞතම බුදු සසුනේදීම මේ ආශ්චර්යවත් ශ්‍රී සද්ධර්මය මැනැවින් උගෙන තම තමන්ගේ නුවණ මෙහෙයවා ධර්මයෙහි හැසිරීමෙන් ආර්ය ශ්‍රාවකයන් බවට පත්ව සතර අපා දුකෙන් සදහටම මිදෙනු කැමැති ලංකාවාසී සැදැහැවත් නුවණැතියන් හට වඩාත් හොඳින් තේරුම් ගැනීම පිණිස මහත් ශ්‍රද්ධාවෙන් යුතුව සිංහල භාෂාවට සංයුත්ත නිකායෙහි පස්වෙනි කොටස වන මහා වර්ගයෙහි ප්‍රථම භාගය පරිවර්තනය කිරීමෙන් ලත් සකල විපුල පුණ්‍ය සම්භාර ධර්මයන් පින් කැමැති සියල්ලෝම සතුටින් අනුමෝදන් වෙත්වා! අප සියලු දෙනාටම වහ වහා උතුම් චතුරාර්ය සත්‍ය ධර්මය සත්‍ය ඥාණ වශයෙන්ද, කෘත්‍ය ඥාණ වශයෙන්ද, කෘත ඥාණ වශයෙන්ද අවබෝධ වීම පිණිස ඒකාන්තයෙන්ම මේ පුණ්‍ය වාසනාව උපකාර වේවා!

සාදු! සාදු!! සාදු!!!

නමෝ තස්ස භගවතෝ අරහතෝ සම්මාසම්බුද්ධස්ස.

www.ingramcontent.com/pod-product-compliance
Lightning Source LLC
Chambersburg PA
CBHW062057090426
42741CB00015B/3258